KB022733

학현 변형윤 선생 추모논문집

# 한국경제

## 미래를 설계하다

학현 변형윤 선생 추모논문집

# 한국경제

## 미래를 설계하다

*A Memorial Collection of Writings in Honor of Professor Byun, Hyung-yoon*

***S. Korea's Economy: Designing the Future***

학현 변형윤 선생 추모논문집 발간위원회 엮음

한울
아카데미

## 차례



### 학현 선생님을 추억하며



### 제1부 한국경제 패러다임의 전환

## 제2부 패러다임 전환의 논리

## 第4부 경제 불평등 해소와 포용

# 연보

1927. 1 황해도 황주읍 예동리 231에서 아버지 변철희(邊喆熙)와 어머니 이정사(李貞姒)의 3남 4녀 중 장남으로 출생(1.6)

1933. 4 황주공립보통학교 입학(1939.3 황주명덕초등학교 졸업)

1939. 4 경기공립중학교(5년제) 재학(1944.3 졸업)

1945. 4 경성경제전문학교(1946.8 서울대학교 상과대학으로 승격) 입학〔1948.7 서울대학교 상과대학 전문부 3년 졸업, 1948.9 학부 2년 진학, 1951.3 상과대학 졸업(경제학사)〕

1950.11 연락장교 시험 합격. 육군본부 공병감실 배속(1951.3 육군 병기학교 배속, 1954.6 육군사관학교 교관, 1955.9 육군 대위 제대)

1953. 3 부산에서 최명순(崔明淳)과 결혼

1955. 3 장남 기홍(奇弘) 출생

1955. 9 서울대학교 상과대학 시간강사

1957. 2 서울대학교 상과대학 전임강사·조교수·부교수(~1965.2)
서울대학교 대학원 졸업(경제학석사)

1957. 3 장녀 기원(奇媛) 출생

1958.11 차녀 기혜(奇惠) 출생

1960. 4 4·25 교수단 데모에 참가

1960. 9 서울대학교 상과대학 교무과장(~1963.4)

1962. 6 세계계량경제학회 회원

1963. 3 동남아시아(인도, 파키스탄, 태국, 대만, 일본 등) 시찰

1963. 8 미국 밴더빌트대학 대학원에서 연구(~1964.8)

1964. 4 미국경제학회 회원(~1980.12)

1965. 3 서울대학교 상과대학 교수(~1975.2)

1965. 9 세계계량경제학회 제1차 세계회의(로마) 참석

1966. 9 경제개발5개년계획 평가교수(~1980.2)

1967. 2 동남아시아(베트남, 홍콩, 대만 등) 시찰

1967. 7 일본경제연구센터 특별회원

1967. 8 서울대학교 상과대학 한국경제연구소 소장(~1971.2)

1968. 2 서울대학교 대학원 경제학 박사

1968. 11 UN 경제개발연수원(방콕) 강사(~1968.12)

1970. 3 UN 아시아통계연구소(도쿄) 운영위원(~1971.8)

1970. 7 세계연구소장 회의(캐나다 몬트벨로) 참석

1970. 9 세계계량경제학회 제2차 세계회의(영국 케임브리지) 참석

1970. 11 서울대학교 상과대학 학장(~1975.2)

1971. 8 미국통계학회 회원

1972. 4 대한통계협회 회장(~1976.2)

1974.10 서울대학교 한국무역연구소 소장(~1976.3)

1975. 3 서울대학교 사회과학대학 교수(~1980.7)

1975. 9 세계계량경제학회 제3차 세계회의(토론토) 참석

1978. 3 대한상공회의소 한국경제연구센터 이사(~1981.2)

1979. 2 대한상공회의소 물가안정대책위원회 위원장(~1980.3)

1980. 3 서울대학교 교수협의회 회장(~1980.7)

1980. 7 서울대학교 사회과학대학 교수 해직

1982. 5 학현연구실 개설(~1993.2)

1983. 4 '오늘의 책' 선정위원회 위원장(~1985.9)

1983. 10 해직교수협의회 운영위원(~1984.9)

1984. 9 서울대학교 사회과학대학 교수 복직

1985. 2 파리대학 등 시찰(프랑스 정부 초청)

1985. 8 세계계량경제학회 제5차 세계회의(미국 케임브리지) 참석

1986. 12 한국계량경제학회 초대 회장(~1988.12)

1987. 4 한국사회경제학회 초대 회장(~1991.3)

서울 이코노미스트클럽 회장(~1993.10)

1987. 9 서울대학교 교수협의회 회장(~1989.3)

1987. 10 국제통계협회(ISI) 회원

1988. 2 전국국립대학교 교수협의회장단 의장(~1989.2)

1988. 10 한겨레신문사 창간위원회 위원·고문

1989. 1 남북교수대학생교류협의회 자문위원(~1995.12)

1989. 2 한국경제학회 회장(~1990.2)

한국노사문제협의회 이사장(~1991.4)

1989. 6 세계계량경제학회 제2차 극동회의(도쿄) 참석

1989. 7 경제정의실천시민연합 공동대표(~1994.2)

1989. 8 세계경제학회(IEA) 제9차 세계회의(아테네) 참석

1990. 6 (사)경제정의연구소 이사장

1990. 8 세계계량경제학회 제6차 세계회의(바르셀로나) 참석

1991. 3 한겨레신문사 이사(~1996.6)

1991. 6 미·아시아경제학회 회의(일본 히라즈카) 참석·발표

세계계량경제학회 제3차 극동회의(서울) 참석

1991. 7 중국, 소련, 헝가리, 독일 시찰

1992. 2 서울대학교 사회과학대학 교수 정년 퇴임

1992. 4 서울대학교 명예교수

1992. 7 (사)한국환경사회정책연구소 이사장

1992. 9 일본 '중심 21' 회의(도쿄, 오사카) 참석

한미경제학회(KAEA) 제2차 위싱턴회의 참석·발표

1992. 11 미·아시아경제학회, 중국사회과학원 공동 주최 베이징회의 참석·발표

1993. 3 (사)서울사회경제연구소 初代 이사장(~2021.2)·초대 소장(~2007.2)

1993. 6 중국, 일본 시찰

1993. 7 대한민국 학술원 회원

세계계량경제학회 호주·뉴질랜드 회의(시드니) 참석

학교법인 제철학원 이사(~1996.1)

1994. 1 미국경제학회(보스턴) 참석

1994. 6 한국노동연구원 이사장(~1999)

1994. 8 미·아시아경제학회, 인도네시아대 공동주최 발리회의 참석·발표

1994. 10 미국, 일본 산업시찰

1994. 12 한국경제발전학회 초대 회장(~1995.12)

1995. 1 국제정치경제학회(IPEA)(서울)에서 기조연설

1995. 8 세계계량경제학회 제7차 세계회의(도쿄) 참석

중국 백두산, 연변, 하얼빈, 집안 등 방문

1995. 12 세계경제학회(IEA) 제11차 세계회의(튀니지 튀니스) 참석

1996. 1 학교법인 포항공과대학교 이사(~2005.3)

1996. 2 재단법인 수암장학문화재단 이사장

1996. 7 한겨레신문사 한겨레통일문화재단 이사장(~2006.3)

1996. 11 서울시정개발연구원 이사장(~2001)

1997. 5 (사)한국사회경제학회 이사장(~2006)

1998. 5 통일부 통일고문(~2000)

1998. 8 학교법인 한국외국어대학교 이사장(~2001.12)

1998. 10 제2의건국범국민추진위원회 대표공동위원장(~2000.10)

1999. 6 한국사회정책학회 회장(~2002.6)

1999. 8　남미 브라질, 아르헨티나, 페루 등 방문

2000. 3　재단법인 박현주장학문화재단 이사장(~2012.3)

2000. 8　중국 태산 등반 및 청도 방문

2001. 8　중국 황산 등반 및 소주 절강대 등 방문

2001. 9　금강산 방문

2002. 8　바이칼호, 몽골 울란바토르 방문

2003. 8　인도 첸나이 방문

2003. 11　시베리아(하바로프스크, 블라디보스토크 방문)

2004. 1　학교법인 상지학원(상지대학교) 이사장(~2007.5)

2004. 2　말레이시아 쿠알라룸푸르, 싱가포르 방문

2004. 6　평양, 백두산 방문〔(사)남북어린이어깨동무 어린이병원 개원식 참가〕
중국 상해, 중경 등 방문

2004. 8　(사)따뜻한 한반도 사랑의 연탄 나눔운동 이사장(~2020.12)

2005. 2　베트남 호치민, 하롱베이 및 캄보디아 방문

2005. 5　개성공단 방문

2005. 6　평양 방문(6·15공동선언 5주년 기념행사 참가)

2005. 10　평양, 묘향산 방문〔(사)남북어린이어깨동무 연필·볼펜공장 행사 참가〕

2006. 4　개성공단 방문〔(사)따뜻한 한반도 사랑의 연탄 나눔운동 행사 참가〕
중국 광주, 심천 등 방문

2006. 8　금강산 방문

2006. 4　개성공단 방문〔(사)따뜻한 한반도 사랑의 연탄 나눔운동 행사 참가〕
중국 대련, 장춘, 심양 방문

2006. 10　(사)한국경제발전학회 이사장(~2022.12)

2008. 4　처 최명순(崔明淳) 사망

2010. 2　개성공단 방문〔(사)따뜻한 한반도 사랑의 연탄 나눔운동 행사 참가〕

2010. 6　태국 방콕, 미얀마 양곤, 만달레이 방문

2011. 7 세계경제학회(IFA) 제16차 세계회의(베이징) 참석, 발표

2013. 2 개성 방문〔(사)따뜻한 한반도 사랑의 연탄 나눔운동 행사 참가〕

2021. 2 (사)서울사회경제연구소 명예이사장

2022.12 서울에서 타계(12.24)

## 상훈

1977 대통령 표창

1978 한국경제학술상

1987 다산경제학상

1987 황해도민상

1992 국민포장

2000 국민훈장 무궁화장

2001 서울시 문화상

2014 신태환학술상

# 연구 업적

〈단행본〉

## 1. 저서

1957 『경제수학』(일조각)

1958 『통계학』(공저, 일조각)

1960 『경제 및 경영통계』(옥천사)

1962 『현대경제학』(박영사)

1968 Readings in Business Cycles(서울대학교 출판부)

1969 『소비구조의 변화와 유통경제』(대한상공회의소 한국경제연구센터)

1971 Readings in Statistics and Econometrics(서울대학교 출판부)

1974 Readings in Regional Economics(공저, 광일사)

1975 『통계학』(공저, 서울대학교 출판부)

1976 『독과점규제의 경제적 효과』(대한상공회의소 한국경제연구센터)

『경기순환연구』(유풍출판사)

1977 『한국경제론』(편저, 유풍출판사)

1980 『한국경제의 진단과 반성』(지식산업사)

1983 『분배의 경제학』(한길사)

1984 『경제학 대논쟁』(공편, 매일경제신문사)

『경제발전과 서비스산업에 관한 연구』(대한상공회의소 한국경제연구센터)

1985 『경제석학의 생애와 사상 상·하』(공편, 매일경제신문사)

『현대경제학연구』(범조사)

1986 『한국경제연구』(유풍출판사)

『경제학교수와 경제현실』(시인사)

『냉철한 머리 따뜻한 마음』(지식산업사)

1987 『한 구조론자의 변』(유풍출판사)

1989 『한국경제론』(개정판, 유풍출판사)

1991 『경제와 휴머니즘』(동아출판사)

1995 『한국경제론』(제3판, 유풍출판사)

2000 『경제를 되새기며』(여강출판사)

2012 『변형윤 대화록: 냉철한 머리, 뜨거운 가슴을 잃다』(지식산업사)

2019 『학현일지: 변형윤 회고록』(현대경영사)

### 2. 역서

1961 「경제후진성과 경제성장」, 『후진국경제론』(진명문화사)

「경제발전론」, 『후진국경제론』(진명문화사)

1972 『경제학』(공역, 장문각)

1979 『제3세계의 경제발전』(공편역, 까치)

1981 『반주류의 경제학』(편역, 청람)

1987 『경제정책이론』(한국경제신문사)

## 〈논문〉

### 1. 학위논문

1957 「물가지수의 함수론적 해석」(서울대학교 대학원 석사학위논문)

1968 「한국의 경제성장, 고용 및 임금」(서울대학교 대학원 박사학위논문)

## 2. 학술지 수록 논문

1964 「한국의 임금」, ≪경제논집≫, 3권, 3호(서울대학교 한국경제연구소)

「한국경제의 계량경제학적 모형」, ≪인문사회과학≫, 10집(서울대학교 논문집)

1965 「한국수출의 추세와 예측」, ≪경제논집≫, 4권, 2호(서울대학교 한국경제연구소)

1966 「경제학에 있어서 요인분석의 적용」, ≪경제논집≫, 5권, 2호(서울대학교 한국경제연구소)

「성장과 순환의 종합」, ≪경제논집≫, 5권, 4호(서울대학교 한국경제연구소)

1967 「한국의 경제성장, 고용, 임금」, ≪경제논집≫, 6권, 3호(서울대학교 한국경제연구소)

「한국의 산업구조」, ≪경제논집≫, 6권, 4호(서울대학교 한국경제연구소)

1968 「구드윈의 순환적 성장모형」, ≪경제논집≫, 7권, 3호(서울대학교 한국경제연구소)

「한국의 경제개발계획」, ≪경제논총≫, 1집(고려대학교)

1969 "Industrial Structure of Korea," The Seoul National University Economic Review, Vol. 1, No. 1

「한국 산업구조의 특징」, ≪경제논집≫, 8권, 3호(서울대학교 한국경제연구소)

1970 「과잉인구의 압력」, ≪경제논집≫, 9권, 2호(서울대학교 한국경제연구소)

「한국의 대외경제거래」, ≪국제관계연구≫, 1권, 1호(한국국제관계연구소)

1971 「경제체제에 관하여」, ≪경제논집≫, 10권, 3호(서울대학교 한국경제연구소)

1972 「필립스의 순환적 성장모델」, ≪경제논집≫, 11권, 1호(서울대학교

한국경제연구소)

「칼레키의 경기순환론에 관하여」, ≪경제논집≫, 11권, 4호(서울대학교 한국경제연구소)

1975 「한국에 있어서의 경제학교육의 과제」, ≪경제논집≫, 14권, 1호(서울대학교 경제연구소)

1976 「아담 스미드와 현대경제학」, ≪경제논집≫, 15권, 4호(서울대학교 경제연구소)

1977 「산업구조와 전환능력」, ≪경제논집≫, 16권, 4호(서울대학교 경제연구소)

1987 「한국경제정책 개관」, ≪경제논집≫(숭실대학교 경제연구소)

1988 「일본경제를 보는 한국의 시각」, ≪경제논집≫, 27권, 1호(서울대학교 경제연구소)

「경제민주화의 과제」, ≪경제학연구≫, 36권, 1호(한국경제학회)

「마샬의 경제발전론」, ≪경제논집≫, 27권, 4호(서울대학교 경제연구소)

1990 「한국경제발전의 전개과정」, ≪경제논집≫, 29권, 2호(서울대학교 경제연구소)

"Korea's Five-Year Economic Plans and Their Impact," Seoul Journal of Economics, Vol. 3, No. 2

1992 「마샬경제학의 정책적 측면에 관한 연구」, ≪경제논집≫, 31권, 1호(서울대학교 경제연구소)

"Economic Development and Inflation: Lessons from the Korean Experience," Seoul journal of Economics, Vol. 5, No. 4(Seoul National University)

「마샬경제학의 정책적 측면에 관한 연구」, ≪경제논집≫, 31권, 1호(서울대학교 경제연구소)

1993 「경제정의와 시민윤리」, 『한국자본주의와 경제윤리』(아산사회복지

사업재단)

1994 "Trade Liberalization in the Asia-Pacific Region," Asia-Pacific Economies: 1990s and Beyond

"What Are the Economic Issues Which Need To Be Emphasized? Papers and Proceedings," Korea-America Economic Association, Vol. 3, No. 5

「경제개혁과 한국경제학의 과제」, ≪경제학연구≫, 42권, 1호

1996 "Technology Transfer and Multinational Enterprises: The case of South Korea," Asia-Pacific Economic Cooperation: Theory and Practice

1997 「마샬경제학의 진화론적 기초」, ≪대한민국학술원 논문집(인문사회과학편)≫, 36집

「계획시대(1962-79)교훈」, ≪경제발전연구≫, 3권

「박정희 시대 개발주의에 대한 역사적 평가」, ≪경제발전연구≫, 3권

1998 「IMF 과제를 넘어서, 위기의 한국경제: 어떻게 극복할 것인가?」, 서경연심포지움시리즈 V

「한국경제발전모델의 평가와 교훈」, ≪대한민국학술원 논문집(인문사회과학편)≫, 37집

1999 「21세기 한국경제의 방향, IMF 관리후 한국의 경제정책: 평가와 과제」, 서경연 연구총서 VI

2000 「중화학공업화와 한국경제」, ≪대한민국학술원 논문집(인문사회과학편)≫, 39집

"Industrial Alliance for Competitiveness: The Case of Korea," Multinational Business Review

2002 「마셜의 경제기사도에 관하여」, ≪경제발전연구≫, 8권, 2호

2003 「동북아시아 경제권 형성과 九州」, SIES Working Paper Series 162

2004 「한국의 Globalization의 전개방향」, SIES Working Paper Series 180

2005 「한국경제론」, ≪한국의 학술연구: 인문사회과학편≫, 6집(대한민국 학술원)

2007 「한·중의 경제계획비교연구」, ≪대한민국학술원 논문집(인문사회과학편)≫, 46집, 2호

### 3. 단행본 수록 및 기타 논문

1958 「한국 주요상품가격의 계절적 변동 연구」, mimeo

1960 「사회과학에 있어서의 수학적 방법」, 『현대사상강좌 7』

1967 「경제개발계획」, 『동화연감』

1969 「대일무역불균형 시정방안」, ≪무역연구≫

「로스토우 도약이론의 한국경제에 대한 적용문제」, 『한국경제발전의 이론과 현실』

「한국경제성장의 제문제」, 『한국경제발전의 이론과 현실』

「저축증대와 전시효과」, 『저축과 성장』

1970 "Comparative Study of Economic System in South and North Korea"(고려대학교 아세아경제연구소)

「경제계획과 통화」, ≪경제기획원 통계월보≫

"Economy," Korean Studies Today

1971 「1970년대의 세계무역의 전망과 한국무역의 진로」, ≪무역연구≫

1972 「경제계획 10년의 결산」, 『합동연감』

「한국의 경제」, 『한국학』

1974 「경제개발계획의 방향」, 『현대인의 사상』

「국제경제정세의 변화와 한국수출정책의 방향」, ≪무역연구≫

「중립적 기술진보」, ≪한국경제경영학논총≫

1975 "The Economic Development of East and Southeast: Korea," Economic Development of East and Southeast Asia

"Korea's Economic Development," Economic Development of East and Southeast Asia

1978 "Modernization of Private Enterprises in the Republic of Korea," Institute of Developing Economies

1979 「현대경제학 비판」, ≪동아연구≫

「마샬경제학 연구」, 『운암 이상구박사 화갑기념논문집』

1981 「한국통계의 현황과 장래」, ≪통계학연구≫

1982 「한국 기술흡수 경험: 사례A — 철강」, 『기술흡수 경제학』

1983 「경제개발 현단계 과제」, 『한국 경제발선』

1984 「자유시장경제와 간섭주의」(한국무역학회)

「Smith, Marshall, Keynes」(한국국제경제학회)

「경제성장과 기술진보」, ≪국민은행 조사월보≫

1985 「분단과 산업구조의 변화」, 『분단시대와 한국사회』

1986 「한국의 물가」, 『한국경제정책 40년사』

「산업구조고도화와 서비스산업」, ≪국민은행 조사월보≫

「한국경제발전 전개과정」, 『한국 경제발전 노사관계』

1987 「한국경제의 성장과 변천」, 『한국경제의 이해』(비봉출판사)

1988 「슈몰러와 멩거의 방법논쟁」, 『경제학대논쟁』

1988 「신고전파와 그 비판」, 『경제학대논쟁』

1988 「한국의 경제발전과 독점자본」, 『한국사회의 재인식 I』

1988 「서비스산업과 산업구조고도화」, 『경제발전의 이론과 역사』

「기술종속과 기술종속의 문제」, 『사회과학의 제문제』

1990 「한국의 복지정책」, 『복지사회의 앞날』

1991 「통일한국의 경제상」, 『민족통일』

1997 「한국경제, 무엇이 문제인가」, 새얼아침대화 140회〔『시대의 아침을 준비하는 사람들』(2006, 새얼문화재단)에 게재〕

2011 「Change in the Global Economic Order and Challenges for the Korean Economy」, 제38회 대한민국학술원 국제학술대회 기조 발표

2015 「Marshall과 Samuelson 그리고 한국경제」, 한국경제학회 제1회 '원로 석학과의 대화' 심포지엄 발표

2016 「경제정의와 경제민주화」, 서울대학교 공익인권법센터 주최 2016년 경제민주화 심포지엄 특별강연

### 〈전집 및 기념논문집〉

2012 학현 변형윤 전집 총 9권: 『경제사상과 경제철학』; 『경제학이론』; 『한국 경제발전의 역사』; 『한국의 경제개발계획』; 『경제정의와 경제민주화』; 『한국의 대외경제정책』; 『한국의 산업구조』; 『학현 수상집』; 『삶의 발자취』(학현 변형윤 전집 간행위원회, 지식산업사)

1987 학현 변형윤 박사 화갑기념논문집: 『경제발전의 이론과 실제』; 『한국경제론』; Theory and Practice of Economic Development(학현 변형윤 박사 회갑기념논문집 간행위원회, 비봉출판사)

1992 학현 변형윤 박사 정년퇴임기념논문집: 『경제민주화의 길』(학현 변형윤 박사 정년퇴임기념논문집 간행위원회, 비봉출판사)

1997 학현 변형윤 박사 고희기념논문집: 『한국경제의 구조개혁 과제』(학현 변형윤 박사 고희기념논문집 간행위원회, 서울사회경제연구소)

# 가족 관계

변형윤(邊衡尹) - 처 최명순(崔明淳)

장남 변기홍(邊奇弘, 동국대 명예교수·공학)

자부 김찬희(金燦希)

손자 변희준(邊熙埈)

손자 변희재(邊熙宰)

장녀 변기원(邊奇媛, 부천대 명예교수·이학)

사위 이종훈(李鍾勳, 전 재무부 과장)

손자 이현우(李炫雨)

손자 이석우(李碩雨)

차녀 변기혜(邊奇惠)

사위 최익권(崔翼權, 충북대 명예교수·공학)

손자 최우주(崔宇柱)

손녀 최우경(崔宇慶)

# 발간사

이 책은 학현 변형윤 선생님의 1주기를 맞아 제자들이 펴낸 선생님을 추모하는 글 9편과 선생님의 학문적 업적을 계승하는 제자들의 논문 25편을 함께 모은 추모 논문집입니다. 추모 논문집이라 회고적인 추모의 글로 시작하지만, 학현 선생님의 학문적 공헌을 미래의 한국경제를 위하여 계승·발전시키려는 미래 지향적인 논문들로 이어지므로 부제로 "한국경제: 미래를 설계하다"라는 이름을 붙이기로 하였습니다.

안타깝게도, 참으로 안타깝게도, 학현 변형윤 선생님께서 지난해 세모에 96세를 일기로 돌아가셨습니다. 8월, 9월까지만 해도 주 2회씩 정정하게 연구소에 출퇴근하시던 선생님께서 갑자기 돌아가셨다는 소식은 제자들 모두에게 커다란 충격이고 슬픔이었습니다. 그도 몇 개월 뒤인 올 5월에는 연구소 창립 30주년을 맞아 학현학술상을 대폭 확대 개편하는 등 선생님과 협의하며 여러 가지 기념행사를 준비하던 중이라, 선생님께서 미처 이를 지켜보지 못하고 돌아가셔서 안타까움을 더했습니다. 올해 5월 창립 30주년 기념행사를 마치며 연구소와 제자들은 연말 선생님의 1주기를 맞아 추모행사와 함께 추모 논문집을 발간하기로 하고 추모집 발간위원회를 구성하였습니다. 이에 많은 선생님의 제자들이 회답하여 추모의 글 9편과 논문 25편을 보내왔고, 발간위원회에서 이를 함께 모아 펴내게 된 것이 바로 이 책입니다.

추모의 글 9편은 선생님의 제자인 정기준 님, 정일용 님, 이정우 님, 이종기 님, 양동휴 님, 김용복 님, 원승연 님, 박복영 님과 선생님의 외손자인 이현우 님이 써 주셨습니다. 정기준 님은 변형윤 선생님의 최고의 업적으로 계량경제학을 도입한 것을 꼽고, "냉철한 머리와 따뜻한 마음"이 잘못 해석될 수 있음을 경계합니다. 사실 저는 이 발간사에서 추모의 글에는 아무런 논평도 덧붙이지 않으려고 했지만, 정기준 님의 글을 읽고는 짧은 감탄을 표시하지 않기 어려워졌습니다. 마셜에 대한 케인스의 추모사가 명문이라고 하지만, 정기준 님의 글은 논리적으로 명문이면서도 유머와 감동이 함께 어우러져 있었기 때문입니다. 정일용 님은 "내가 보고 겪은 학현 선생"에서 취업, 유학, 나아가 외대 교수직 임용에서, 연구소 소장으로 이어온 선생님과의 50여 년에 걸친 인연과 추모의 심경을 애잔하게 회고하고 있습니다. 이정우 님은 학현 선생님, 조순, 이현재 은사님으로 이어지는 트로이카의 추억을 회상하며, "산천도 변했으니, 인걸이 그래도 있을쏜가"라고 탄식합니다. 10여 년의 학창 생활을 같이한 저로서 회고가 모두 바르다는 증언을 덧붙입니다.

이종기 님은 선생님이 상영산업과 인연을 맺게 한 과정을 소개하면서 태산, 황산, 하롱베이, 미얀마, 바이칼호로 이어지는 여행경험을 회고하면서 선생님의 장엄한 삶에 대한 존경을 표현하고 있습니다. 양동휴 님은 연구소, 유학, 주례, 20여 편의 저술에 이르기까지 선생님과의 오랜 인연을 회고합니다. 김용복 님은 가장 가까이에서 오랫동안 선생님을 모신 시각에서 주류와 비주류, 이론과 응용, 진보와 보수를 모두 아우르는 선생님의 사랑과 포용을 회고하고, 선생님의 독립심과 연구소에 제자들의 발길이 끊이지 않은 것을 기리고 있습니다. 원승연 님은 학현학파는 선생님께서 보이신 포용의 세칭이라고 해석하며, 선생님께서 절제와 사양의 미덕을 실천하고 가르쳤다고 회고합니다. 이현우 님은 연초에 외할아버지인 선생님께 세배를 드리러 많은 제자가 찾아오는 풍경을 묘사하고, 선생님의 사회적 기여의 정신을 이어서 누구나 차별 없이 컴퓨터의 혜택을 누릴 수 있도록 노력하겠다고 회고합니다.

박복영 님의 "학현이 이끈 서울사회경제연구소 30년"은 서울사회경제연구소의 연구 경향을 학설사적으로 탐구한 논문으로 다른 추모의 글과 결이 다르지만, 회고의 성격이므로 추모의 글 마지막에 배치하였습니다. 그는 창립 30주년까지 연구소의 연구총서 43권의 내용을 국내외 경제 환경과 주요 연구 내용에 따라 5개 시기로 구분하여 검토하고 있습니다. 경제민주화와 경제구조개혁을 주창한 제1기(1992~1997년), 외환위기 이후 새로운 경제모델을 모색한 제2기(1998~2002년), 세계화를 수용하고 경제 양극화에 대응책을 모색한 제3기(2003~2008년), 글로벌 금융위기 이후 복지국가를 지향하는 제4기(2009~2016년), 성장을 넘어 삶의 질을 위한 사회경제 전환을 주창한 제5기(2017~현재)가 그것입니다.

제자들이 보내온 25개의 연구 논문은 내용에 따라 크게 제1부 한국경제 패러다임의 전환, 제2부 패러다임 전환의 논리, 제3부 기후 위기 대응과 경제혁신, 제4부 경제 불평등 해소와 포용으로 크게 구분하였습니다.

제1부 '한국경제 패러다임의 전환'은 안국신 님, 이제민 님, 이근 님, 조홍식 님의 4개 논문으로 구성되어 있으며, 각각 경제정의, 세계질서, 혁신시스템, 포용복지를 다루고 있습니다. 안국신 님은 「경제정의와 한국경제의 전환」에서 경제정의를 변형윤 선생님이 공동대표를 맡으셨던 경실련의 실천적 경험으로부터, 또 경제정의와 공정에 대한 이론적 접근과 실증적 접근으로부터 우리나라에 맞는 공정한 사회는 "누구나 평등한 기본적 자유와 균등한 기회를 누리고, 실패해도 최소한의 인간적이 삶을 영위할 수 있으며, 능력껏 노력하여 이룬 것을 누리고, 상호주의가 이루어지는 사회"라고 주장하고 있습니다.

이제민 님은 「세계질서의 지각변동과 한국경제의 미래」에서 우리나라가 구한말에 어떻게 실패하였고, 1960년대 이후에 어떻게 성공했는지를 비교하면서, 국제경제질서에 적절히 대응하는가의 중요성을 강조한 후, 미·중 갈등이 지속되는 현재의 국제환경을 구한말과 비교하면서 무엇보다 정치적 양극화로 국내적 결속력이 약하다는 약점을 극복해야 한다고 주장합니다.

이근 님은 「한국경제와 혁신시스템의 추격과 수렴」에서 한국의 혁신체제는 기술 수명이 길어지고, 토착화가 진행되고, 융복합도가 증가하고, 다각화가 진행되는 등 선진국형으로 수렴하고 있지만, 거시변수에서 저성장, 분배 악화라는 일본식 수렴도 함께 일어나는바, 후자를 초래하는 과도한 금융화를 경계해야 한다고 주장합니다.

조홍식 님은 「포용복지 국가로 가는 길」에서 한국경제의 문제를 저출생·고령화, 성장 동력의 약화, 노동시장의 이중구조, 불평등과 계층 이동성의 저하, 남북분단으로 지적하고, 포용복지 국가로 이행하기 위하여 지속가능성의 회복, 포용복지 국가 기반의 구축, 공정한 혁신 생태계의 구축, 포용국가를 위한 국제협력의 제고를 주장합니다.

제2부 '패러다임 전환의 논리'는 강철규 님, 박진도 님, 이근식 님, 박동철 님, 이병천 님의 5개 논문으로 구성되어 있으며, 각각 사회적 기술, 국민총행복, 자유주의 비판, 아나키즘, 생태 경제학을 탐구하고 있습니다. 강철규 님은 「인간 존중의 가치 실현: 역사적 사례」에서 인간 존중의 가치 실현을 위한 사회적 기술 발전의 예시로 ① 신분 평등화: 로마의 해방노예제, 르네상스인 탄생, 미국의 노예 해방, 한국의 농지개혁, ② 경제성장: 네덜란드의 번영, 영국의 산업혁명, ③ 견제와 균형: 영국의 의회제도, 미국의 삼권분립, ④ 신뢰와 협력: 유럽의 EU 통합, 싱가포르와 홍콩의 반부패 제도를 들면서, 정치의 목표는 시대 상황에 맞는 사회적 기술을 찾아내고 이를 실현하는 것이라고 주장합니다.

박진도 님은 「GDP 너머 국민총행복: Beyond GDP의 연구 및 실천 동향」에서 한국은 성장과 행복의 괴리가 크다고 지적하고, 한국은 국민총행복의 발전 단계에서 2단계인 특수이익 국가에 속하여, 여기서 나아가 공동이익 국가로 발전하기 위해서는 단순한 선진국의 벤치마킹이 아니라 규범·가치·제도가 함께 변화해야 한다고 주장합니다.

이근식 님은 「자유주의와 신자유주의의 비판적 고찰」에서 정치적 자유주의의

(평등, 인권, 자유)는 모두 수용하되 경제적 자유주의는 비판적으로 수용해야 한다고, 즉 자유시장경제를 수용하되 적절한 정부개입의 필요성을 인정해야 한다고 주장하고, 현재 우리나라의 진영대립은 이념대립이 아니라 계층대립이라고 진단하면서, 대립 갈등을 상생의 원리로 풀어나가야 한다고 제안합니다.

박동철 님은 「이 시대에 맞서 싸우기 위한 하나의 방편」에서 환경파괴, 불평등, 사회적 다윈주의와 같은 복합적인 위기 아래 대두되는 범세계적 파시즘을 경계하고, 테세우스가 미로를 빠져나오는 아리아드네의 실과 같은 비책(祕策, *deus ex machina*)은 없지만 시장과 국가의 질서 사이에 존재하는 공동체 제도, 인문학적 상상력을 동원하면 노자나 장자가 가르친 것처럼 소박하고 절제된 공생을 삶을 기반으로 하는 상호부조의 아나키즘을 제안합니다.

이병천 님은 「학현 변형윤, 한국 사회생태 경제학의 선구자」에서 변형윤 선생님이 강조하신 네 가지 요소(현실, 제도, 인간, 환경) 중 환경에 관한 선생님의 선구적 업적이 경제민주화에 대한 업적 못지않게 중요하지만, 학현 전집 등에서 소홀하게 다루어지고 있다고 비판하면서, 군나르 뮈르달을 지지하며 지속가능한 균형 발전을 강조한 선생님의 연구는 기후 위기 대응으로 연결되는 선구적 연구로서 법고창신(法古創新)하여 계승되어야 한다고 주장합니다.

제3부 '기후 위기 대응과 경제혁신'은 강남훈 님, 김윤자 님, 이재우 님, 안충영 님, 류근관 님, 정세은 님, 이상영 님, 유재원 님, 나원준 님의 9개 논문으로 구성되어 있으며, 각각 탄소중립, 통합전력망, 금융혁신, 대외통상전략, 통계 거버넌스, 국민연금 재정추계, 주거체제 변화, 가계 부채 문제를 다루고 있습니다. 강남훈 님은 「탄소중립을 위한 몇 가지 제안」에서 온난화가 가져오는 생명 비용을 생각하면 어떻게든 2050년까지 탄소중립을 이뤄야 한다고 전제하고 이를 위한 여섯 가지 제안을 하고 있는바, ① 2035년까지 발전 부문에서 90% 탈탄소(원자력 30%, 재생에너지 60%)를 이룰 것, ② 이를 위한 재원 500조 원을 기후채권을 발행하고 한국은행이 인수하여 조달할 것, ③ 시도별로 토지의 1.5%

를 재생에너지 용도(태양광, 풍력)로 지정할 것, ④ 탄소세를 국제 수준으로 부과하고 이를 탄소 배당으로 국민에게 지급할 것, ⑤ 에너지 기업에 횡재세를 부과할 것, ⑥ 발전공기업을 대통합할 것이 그것입니다.

김윤자 님은 「에너지 전환과 통합전력망 운영」에서 분산된 재생 에너지의 공급에 전력망의 역할이 전제되어야 하며 선진국에서도 분산형 전원에 따라 송배전 영업이익의 비중이 급증함을 지적하고, 그물형 전력망, 서열적 통합망 등 전력망 모형을 검토한 후, 전력망 산업은 독점규제에도 불구하고 내재한 규모의 경제와 범위의 경제로 독점의 규모와 범위가 확대되는 경향이 있으므로, 거래비용을 줄여주고 네트워크 외부성을 내부화하는 플랫폼 조정자가 매우 중요하므로 조정자로서 전력 공기업을 적극 활용해야 한다고 주장합니다.

이재우 님은 「한국 금융산업의 현주소와 금융혁신을 위한 정책적 방향」에서 우리나라의 금융산업이 양적 성장은 물론, 접근성, 효율성 지수에서도 선진국을 압도하지만, 경제기여도는 평균을 밑돌며 경쟁력도 하위에 머물고 있는데, 그 이유는 경쟁이 적고 집중화되어 있어 리스크관리에 취약하기 때문이라고 진단하면서, 최근 핀테크의 도입이 포용성 확대와 집중화의 완화에 부분적으로 이바지할 수 있다고 반기면서도 신속한 정보로 쏠림현상이 발생할 수 있음을 경계해야 한다고 주장합니다.

안충영 님은 「한국의 인도 태평양 전략과 대외통상 및 기술정책 방향」에서 세계 경제의 분절화 속에서 한국의 대외통상 및 기술 협력 방안을 모색한 후, 우리나라는 ① 개방성, 자유성, 포용성을 추구하여 협력의 공간을 넓히며 상생 협력의 기조를 적극 유지하고, ② 자유, 민주, 시장경제라는 보편적 가치 유지 창출에 적극 참여하고, ③ CPTPP의 가입을 서두르고 RCEP의 자유화 기제를 강화하여, 양자를 수렴 융합시키도록 중재하고, ④ 중국의 자국 중심 일방주의에서 중진국 연대에 적극 참가하고 보호주의에 제동을 걸어야 한다고 주장합니다.

류근관 님은 「국가 통계 데이터의 안전한 연계 활용 체계」에서 가계 부채, 연금 개혁, 인구절벽 대응 등의 문제는 정부 부처 간 연계되고 상호 검증된 통계 데이터에 바탕을 둔 국정운영으로 풀어나가야 하는바, 이를 위해서는 중앙의 통계등록부(허브)에 각 부처의 데이터(스포크)를 블록체인으로 연결하는 허브-스포크 모형이 필요한데, 그러려면 기재부 산하의 통계청을 총리실 산하의 통계처로 승격시켜서 허브를 관리하도록 하고 여기에 각 부처에 분산된 통계 데이터를 연결하는 방식으로 공유, 상호검증, 분석하여야 한다고 주장합니다.

정세은 님은 「국민연금 재정추계에 대한 비판적 평가와 정책적 시사점」에서 올해 3월 말에 5년 만에 발표된 국민연금 재정추계의 타당성과 한계를 검토하고, 낮은 출생률이 지속된다는 가정, 고령화 심화로 인한 저투자, 저생산성을 방치한다는 가정에 대해서 비판하고, 비관적 전망이 경제위축으로 연금 전망을 더욱 어둡게 만들 수 있음을 경계하여야 하며, 정책의 적극적 역할을 포함한 다양한 민감도 분석이 추가로 요구된다고 주장합니다.

이상영 님은 「경제발전론의 관점에서 본 우리나라 주거체제 형성과 전망」에서 우리나라의 주거체제는 전통적으로 생산주의 주거체제에 속하며, 현재 자유주의 주거체제로 이행하고 있는바, 생산주의 주거체제의 병폐는 해소하되 일본의 자유주의 주거체제처럼 오히려 주거환경이 악화하지 않도록 유도하기 위하여 현재 자가 58% - 민간임대 34% - 공공임대 8%의 점유비율 구성은 공공임대를 늘려 자가 60% - 민간임대 20% - 공공임대 20%의 구성으로 변화시키거나, 제3섹터(사회적 임대인)가 10%를 담당하게 하여 자가 60% - 민간임대 20% - 사회임대 10% - 공공임대 10%의 구성이 되도록 주거체제를 변화시켜야 한다고 주장합니다.

유재원 님은 「가계부채의 리스크 관리」에서 한국의 높은 가계 부채가 금리하락 → 부동산가격 상승 → 가계대출 증가의 경로로 증가해왔다고 진단하며, 가계 부채의 거시적 리스크를 관리하기 위하여 ① 금융기관의 건전성 관리(DSR, 원리금 분할상환 고정금리 확대) 강화, ② 전세제도의 월세 변환 유도 등 부동산가격의 하향 안정화, ③ 취약층에 대한 부채탕감을 포함한 신용 회복 지원 등이 필요하다고 주장합니다.

나원준 님은 「Evaluating the economic recovery from the COVID-19 crisis in South Korea(코로나19 위기로부터의 한국 경제 회복의 평가)」에서 주로 문재인 정부에서 이루어진 코로나 대응 정책이 전반적으로 좋은 성과를 보였지만, 그래도 상당 기간 일자리가 줄어들고 소득 불평등이 악화하였다고 평가하며, 그 중요한 원인으로 보수적인 재정 운영을 들고, 이를 유동성 지원으로 보완하는 과정에서 부동산가격이 폭등하여 가계 부채가 세계적으로 높은 수준으로 오르게 되었다고 주장합니다.

제4부 '경제 불평등 해소와 포용'은 전강수 님, 홍민기 님, 지민웅 님과 박진 님, 강병구 님, 배영목 님, 이병희 님, 김혜원 님이 쓴 7개의 논문으로 구성되어 있으며, 각각 부동산 불평등, 소득 불평등, 협력업체 임금 격차, 재정 재분배정책, 금융포용전략, 소득 기반 사회보험, 사회적 기업정책을 다루고 있습니다. 전강수 님은 「불평등과 민주주의, 그리고 국민의 도덕성」에서 민주주의의 취약성을 지적한 헨리 조지의 패러다임에서 한국 정치를 평가하여 문재인 정부가 부동산 불평등이라는 암종을 방치하여, 국민의 분노가 검찰 정권으로 표출되었다고 진단하는바, 역사적으로 사적으로 이승만·노태우·노무현 정부 정부가 이뤄낸 '평등지권사회'의 성과를 이명박·박근혜 정부가 뒤집어 놓고 문재인 정부가 적당히 마사지만 하다가 '부동산 공화국'이라는 후과를 맞았다고 분석하고, 이를 극복하려면 국민이 이기적 행동에서 탈피하여 이타심, 애국심과 같은 도덕성을 회복해야 한다고 주장합니다.

홍민기 님은 「소득 불평등의 현황과 대책」에서 2010년 이후 소득 불평등의 추이를 분석하면서, 우리나라의 소득 불평등이 OECD 평균에 비추어, 임금 불평등이 높고, 개인에 비하여 가구 시장소득 불평등이 낮고, 정부의 재분배 기능이 약하고, 노인 불평등과 빈곤율이 높으며, 소득에 비하여 자산 불평등이 낮다고 진단하면서, 부동산이 투자의 대상이기도 한 것을 인정할 것, 노인 빈곤 문제에 대해서 기초연금을 높이고 공공형 노인 일자리와 의료서비스 확대하는 등 부문별로 정부의 정책 방향을 제안합니다.

지민웅 님과 박진 님은 「비대칭적 시장지배력 완화를 통한 기업 간 임금 격차 완화방안」에서 현대기아자동차 482개 협력업체의 패널자료를 이용해서 협력업체의 협상력이 당해 업체 노동자 임금에 미치는 영향을 통계적으로 분석한바, 협력업체 임금 결정에서 납품단가가 가장 중요한 결정요인이며, 기술 주도성도 유의미하게 중요하지만, 전속거래의 영향은 복합적이라고 분석 결과를 보고하면서, 협력업체의 납품단가는 수요독점이라는 시장실패의 영역으로 정부의 개입이 필요하며, 타 기업 거래의 보복, 무리한 납품단가 인하를 단호하고 일관성 있게 처벌하고, 그 신고 유인의 제고도 필요하다고 주장합니다.

강병구 님은 「불평등 해소를 위한 재정정책」에서, 우리나라의 처분가능소득 불평등은 여전히 높다고 진단하고, 불평등이 내수기반을 취약하게 하여 성장을 제약하고 불안정을 증폭시키기도 하므로, 조세, 재정정책을 적극 활용해서 분배를 개선해야 하는바, 재정지출 효율화를 위해, 재정 분권, 정보공개, 재정 통합관리가 중요하며, 조세도 누진적 보편과세로 단계적으로 증세하되 소득세와 자산 과세부터 시작하여 소비세의 인상도 모색하고, 사회보험을 소득 기반 체계로 개편하여 사각지대를 축소해야 하며, 나아가 재정 운영 거버넌스에서 국회의 예산결산 기능을 강화해야 한다고 주장합니다.

배영목 님은 「금융포용 전략과 정책과제」에서 한국의 금융포용 수준은 다른 선진국에 비해서도 낮은 편이 아니고 다른 선진국이나 개도국에 비해서도 체계적인 추진전략을 갖추고 있지만, 우리나라 가계의 신용이용 수준은 소득, 부동산이나 금융저축 등 자산상태에 따라 큰 차이를 보이고 가구주의 성, 교육수준, 종사상 위치 등 사회적 요인에 따른 차이도 존재하기 때문에, 금융포용의 다원화와 접근성 제고, 신용장벽의 완화, 지역 밀착 금융기관의 육성은 여전히 필요하다고 주장합니다.

이병희 님은 「소득 기반 사회보험 전환: 쟁점과 과제」에서 고용관계가 유연화, 외부화, 비전형과 됨에 따라, 안정된 고용관계를 전제한 사회보험제도는 특수형태, 프리랜서, 플랫폼 노동자, 영세 자영업자 등의 사각지대를 초래하므로, 사회보험 행정에 조세 행정의 소득정보를 연계하여 사각지대를 없애고 이중신고 부담을 줄일 것을 제안하면서, 다만 그 이행과정에서 사회보험 행정의 개편, 사회보험 간 종합성의 검토 등이 필요하다고 주장합니다.

김혜원 님은 「사회적 기업의 경제이론과 한국 사회적 기업 정책의 함의」에서 공익(공공재 또는 적정품질)과 사익을 동시에 추구하는 사회적 기업이 어떻게 시장경제에서 소비자 지원이나 우수 기업가에 의하여 사익만 추구하는 영리기업과 어떻게 병존할 수 있는지를 분석하여, 사회적 기업이 모든 이윤을 재투자한다면 사회적으로 우월하며, 더욱이 보조금을 지원하는 효과도 사회적 기업이 우월함을 보인 후, 이에 기반하여 3년의 한시적 지원과 인건비 위주인 현재의 사회적 기업 지원정책을 재설계해야 한다고 주장합니다.

한 분 한 분 좋은 글을 음미하다 보니, 발간사가 제법 길어졌습니다. 선생님을 기리며 추모의 글과 논문을 흔쾌히 써주신 필자 여러분께 깊이 감사드립니다. 끝까지 편집을 챙겨주신 (주)한울엠플러스의 윤순현 님, 김우영 님, 우리 연구소의 김용복 님, 정희수 님, 여러 차례 회의를 통해 이 책의 구성을 검토해 주신 발간위원회 여러분께도 깊이 감사드립니다.

선생님을 잠원한신아파트에 모셔다드릴 때, 꼭 옆자리에 타셨지요. 차 안에서 농담도 많이 하셨어요. 문득 선생님께서 하늘나라에서 추모집을 내는 제자들의 모습을 멀리 내려다보시면 어떤 말씀을 하실까 궁금해집니다. 아마도 "이만하면 당당하게 잘 살았지, 제자들도 잘 키워냈지!"하고 미소를 지으실 것만 같습니다. 선생님, 감사합니다. 이제 높은 하늘나라에서 바람처럼 자유롭고 편안하게 노니소서!

2023년 11월

학현 변형윤 선생 추모논문집 발간위원회 장세진

# 학현 선생님을 추억하며

# 1

# 학현 변형윤 선생님을 추모하며

정기준 | 서울대학교 명예교수

군자삼락과 인생의 오복을 다 누리신 분이 돌아가셨다. 학현 변형윤 선생님(1927~2022)이시다. 선생님께서 삼락과 오복을 다 누리셨다는 이 말은, 경제학자에게 허용되는 범위를 훨씬 밑도는 오차범위 안에서, 참이다.

학현 선생님은 1927년 황해도 황주에서 유교가문의 장손이자 7남매의 셋째로 태어나셨다. 황주에서 초등학교를 마치고 중학교는 단신 상경하여 경기공립중학교를 졸업하셨다. 해방 직전인 1945년 4월 경성경제전문학교에 입학하셨으나, 해방 후 1946년에 국립대학인 서울대학교 상과대학이 설립되면서 경성경제전문학교는 서울대학교 상과대학 전문부로 개편되었다. 학현 선생님은 1948년 상과대학 전문부를 졸업하시고 그대로 상과대학 학부과정에 진학하셨다.

학현 선생님은 학부과정 재학 중에 6·25 전쟁을 겪게 된다. 3개월의 적치(赤治)하에서 몇 번의 위기를 모면하시고, 서울 수복 후 1950년 11월에 군에 입대하여, 1955년 11월까지 만 5년간 복무하셨다. 군복무기간 동안에, 1951년 9월 상과대학 학부과정을 졸업하신 후 곧 대학원에 진학하였으며, 1954년 4월부터 제대하실 때까지는 육군사관학교 교관을 지내셨다. 이 교관 기간 동안에 육사 제11기에서 15기까지의 생도들과 관계를 맺게 되신 것이 그 후 학현 선생님의 인생 고비 고비마다 에서 적지 않은 영향을 미쳤다.

학현 선생님은 28세인 1955년 대위로 예편과 동시에 서울대학교 상과대학의 전임강사 대우 시간강사가 되어 고등수학과 경제수학을 가르치시게 되었고, 1957년에는 전임강사가 되어 통계학도 가르치시게 되었다. 그리고 1958년에는 우리나라 최초로 계량경제학 강의를 개설하셨다. 그리고 1959년에는 산업연관론도 가르치시게 되었다.

1960년의 4·19, 1961년의 5·16은 나라 전체를 큰 변화 속으로 휘몰아 넣은 사건이었지만, 그 기간 동안에 상과대학은 그에 못지않게 큰 내부적 격동을 겪었다. 이 와중에 학현 선생님은 1960년 9월 상과대학 교무과장이 되시어 이 사태를 슬기롭게 수습하여 상과대학의 혁신을 이룩하였다.

1962년에 학현 선생님은 『현대경제학』이라는 책을 출판하셨다. 도프먼(Dorfman), 새뮤얼슨(Samuelson), 솔로(Solow)의 Linear Programming and Economic Analysis(1958)의 발췌 번역이다. 세 저자의 이름자를 축약한 DOSSO라는 이름으로 알려진 이 책은 당시 경제학의 새로운 개념, 예컨대 레온티에프의 투입산출모형, 폰노이만의 게임이론 등을 기존의 경제이론과 함께 리니어프로그래밍의 어렵지 않은 수학으로 묶어 놓은 "현대의 고전"인데, 원서를 입수하는 일조차 쉽지 않았던 당시에 그렇게 빨리 이 책을 소개하셨다는 것은 학현 선생님의 주류경제학에 대단한 정열을 보여주는 예화임이 틀림없다. 후에 나는 수리경제학을 강의하다가 이 책의 "직접간접 투입소요량"이란 개념의 정의가 옳지 않음을 발견하고, 이를 수정한 논문을 Macroeconomic Journal(1982)에 투고한 바 있다. 그 저널의 편집자는 이미 노벨상을 받은 두 저자 솔로와 새뮤얼슨에게 사전에 투고내용을 알려, 잘못을 인정받은 후에야 내 논문을 게재해주는 신중함을 보였다.

학현 선생님은 원래 학자로서 대성하는 꿈을 가지고 계셨다. 그런데 1963년 이를 위한 좋은 기회가 왔다. 미국 밴더빌트 대학에 유학의 기회가 온 것이다. 그것도 세계 최일류 석학인 그 대학 교수 조제스큐-로젠 교수의 초청과 장학금 주선으로 말이다. 국내사정과 가정 사정으로 그 유학기간은 1년에 불과했지만, 최일류 교수의 연구태도와 연구수준에 큰 감명을 받으시고, 이후 상과대학에서의 교육에 지대한 영향을 미치셨다. 학현 선생님은 그 후 나에게 조제스큐-로젠 교수의 Analytical Economics(1966)와 The Entropy Law and Economic

Process(1971)를 소개해 주셨는데, 나는 이 두 책을 통하여 서양 과학의 실상을 알게 되었다. 이 둘은 경제학의 흐름을 바꾸어 놓는 책이고, 지금 활발히 논의되고 있는 "지속가능한 경제발전" 논의의 단초를 제공한 책이다.

이후 주변의 여건은 학현 선생님이 순수하게 학문에만 전념하시기 어려운 상황으로 몰고 갔다. 대학의 다른 일에 매달릴 수밖에 없게 되신 선생님은, 1967년 1학기에 경제수학 강의를 조교인 나에게 맡기시고, 1967년 2학기에는 통계학도 맡기셨다. 1968년 전임강사가 된 나는 계량경제학 강의까지도 맡게 되고, 선생님은 한국경제론, 경기변동론, 경제발전론 등을 맡으셨다.

학현 선생님은 20대에 교수, 30대에 학장을 맡으셨지만 강직하고, 불의를 보면 못 참는 성품은 변함이 없으셨다. 정년퇴임에 대한 집념이 확고하여, 외부의 어떤 상임직도 거절하셨다. 제자에 대한 사랑이 남다르시고, 한 번 제자는 영원한 제자로 여기셨다. 세월이 어수선하여 정의감 있는 제자가 소위 시국사범으로 고초를 겪을 때, 자신을 돌보지 않고 성심껏 변호하여 고초를 면할 수 있게 하신 일도 자주 있었다. 학현 선생님이 1980년 8월부터 1984년 9월까지 4년여 동안 해직교수가 되신 것은, 이러한 일이 누적된 결과로 나타난 현상이었다.

정년퇴임을 지상목표로 삼으셨던 학현 선생님으로서 해직교수가 되었다는 것은 청천벽력과 같은 일이었다. 그러나 평소의 적덕(積德)이 선생님을 외롭지 않게 해 드리는 힘으로 작용하기 시작했다. 상과대학의 나의 기(期)에서도 십여 명이 후원회를 조직하여 매달 선생님과 식사를 같이 하면서 약간의 도움을 드리는 등으로, 상대 졸업생들은 각기별로 나름의 방법을 안출하여 선생님을 도와 드렸다. 해직기간 동안 선생님의 교유범위가 크게 확장되셨고, 활동 내용도 다양해지고, 특히 저술활동이 활발해지셨다. 해직기간 중에 가장 두드러진 것은 선생님의 등산 활동이었다. 평소에 등산을 그리 즐기지 않던 분이 등산에 취미가 붙어 전국 명산을 섭렵하게 되니, 따라서 좋아진 것은 선생님의 건강이었다. 돌아가시기 직전까지 꼿꼿한 자세를 유지하신 것은 그 덕일 것이다.

한국의 경제학에 "계량경제학"을 도입하신 일은 실로 획기적인 일이며, 학문적으로 학현 선생님의 최고 업적이라 할 것이다. 특히 그 후의 학문 발전과정에서 볼 때 그렇게 말할 수 있다. 계량경제학은 경제학과 수학과 통계학의 종합학문인데, theory with measurement를 모토로 1930년 말 세계계량경제학회 즉, The Econometric Society(ES)가 창립되면서 탄생한 신생학문이었다.

1965년부터 매 5년마다 ES의 세계대회 World Congress: ESWC가 열리는데, 제1회 대회는 1965년 로마에서 열렸다. 당시에는 해외여행이 극히 어려운 일이었는데도 불구하고, 대회를 주관한 모리시마(Morishima) 교수의 초청과 아시아재단의 도움으로 학현 선생님은 여기에 참석하시어 세계계량경제학회 ES 창립자이며 노벨경제학상 최초 수상자인 틴베르헌(Tinbergen)과 프리슈(Frisch)를 비롯한 세계 일류 학자들을 만나는 기쁨을 누리셨다. 그때의 감격을 학현 선생님은 회고록에서 다음과 같이 표현하셨다:

> 정말로 시골사람(?)이 로마에 와서 세계대회에 참석하고 있다는 사실이 꿈만 같았다. 나는 부지런히 여러 세션에 들어가서 세계적인 학자들의 논문발표와 토론을 들었다. 이 열흘 동안 나는 정말로 행복한 사람이었다.

ESWC 제2회 대회는 1970년 영국 케임브리지에서 열렸는데, 여기서 학현 선생님은 새뮤얼슨 강연 뒤에 벌어진 토빈(Tobin), 컬도어(Kaldor), 프리드먼(Friedman), 존슨(H.G. Johnson), 로빈슨(J. Robinson) 등이 참여하는 열띤 논쟁을 직접 목격하는 감격을 누리셨다. 그리고 학현 선생님이 흠모하는 앨프리드 마셜(Alfred Marshall)의 기념도서관 등을 둘러보고 다음과 같은 표현을 남기셨다.

> 케임브리지대학은 경제학의 메카 같은 곳이 아닌가! 마셜과 케인스가 숨 쉬던 공기를 맛보고 그들이 다녔던 도서관과 강의실에서 책을 보는 경험을 어떻게 말로써 다 설명할 수 있겠는가? 내 일생을 통해 정말로 행복한 일주일이었다.

시간의 경과와 함께 국내외로 계량경제학 이론경제학을 전공하는 학자들의 수가 빠르게 증가하였다. 그러나 계량경제학을 대표하는 분은 학현 선생님이었다. 1984년 해직 상황에서 벗어난 후 학현 선생님은 1985년 미국 보스턴에서의 ESWC 제5차 대회에 참석하셨다. 여기에서 한국이 1991년 세계계량경제학회 극동대회를 주관해 주기를 바라는 제의를 받았다. 당시 한국경제학회는 그런 제의를 수용할 태세가 되어있지 않았으므로, 학현 선생님은 "한국계량경제학회"를 창립하여 그 제의를 수용하기로 작정하고 1986년 학회를 창립하여 초대 회장을 맡으셨고 나는 그 간사를 맡았다.

세계계량경제학회 극동대회 즉 Far-Eastern Meetings of the Econometric Society(FEMES)는 2년마다 홀수년에 열리는 지역대회인데, 1989년에 교토, 1991년 서울, 1993년 타이베이에서 열렸다. 서울대회 준비 차, 한국계량경제학회에서는 1990년 바르셀로나에서 열린 ESWC 제6차 세계대회에 다수가 참가하였다.

1991년 FEMES 서울대회는 대성공이었다. 노벨상 수상자 애로(Arrow) 교수가 참석하였고, 후에 수상자가 된 스티글리츠(Stiglitz) 교수, 후르비치(Hurwicz) 교수를 비롯하여 세계 각국에서 온 삼백여 명의 경제학자들이 논문을 발표하는 등으로, 2년 전 교토 대회의 성과를 압도하였다. 이 성공에는 외부의 적극적 지원도 주효하였는데, 정부에서는 "한국계량경제학회"를 이어 마크하여 예산으로 지원해 주었고, KDI, 한국은행, 전경련 등에서도 도움을 주었다. 당시 가난한 중국에서도 30명가량의 학자가 참가하였는데, 이들을 위해서는 선경해운에서 왕복 페리탑승권을 제공하기도 하였다.

학현 선생님은 1989년 한국경제학회의 회장으로 추대되시고 나는 사무국장을 맡게 되었다. 이때 회장으로서 추진한 가장 중요한 일은 경제학 관련 학회들의 총괄기능이 전혀 없었던 한국경제학회를 총괄학회가 되도록 만든 일이었다. 한국경제학회의 회장으로서 선생님은 한국국제경제학회 등 몇 개 학회들을 설득하여, 발표회를 통합하는 일을 성사시키셨다. 그 후에 호응하는 학회들이 빠른 속도로 늘어, 결국 모든 학회가 한국경제학회의 주도로 같은 날 같은 장소에서 연차 논문발표대회 가지게 되었으며, 이 전통은 연면히 잘 이어져 오고 있다. 대한민국학술원이 경제학 분야의 신임회원 추천을 한국경제학회에 일임하고 있는 전통도 이를 계기로 가능하게 된 일이었다.

세계계량경제학회의 2025년 ESWC 제13차 대회가 서울에서 열리게 되었다는 소식이 2023년 劈頭에 발표되었다. 이를 유치하는 일은 경제학계를 대표하는 한국경제학회가 주도하고 있다. 세계계량경제학회는 좁은 의미의 계량경제학자의 학회가 아니라 이론경제학 전체를 포괄하는 학회다. 그리고 경제학 분야 세계대회를 여는 다른 학회는 없으므로, ESWC를 "세계경제학자대회"라고 부르고, "경제학의 올림픽"이라는 비유적 표현을 쓰는 것도 허용될 수 있다고 생각된다. 2025년 ESWC 세계대회의 서울 유치를 추진하고 있다는 소식을, 돌아가시기 여러 달 전에 학현 선생님께 보고드렸을 때, 선생님께서는 매우 기뻐하셨다. 유치 성공에는 윤 대통령의 지원서신도 한 몫 하였는데, 거기에는 대한민국학술원과 관련 있는 다음 구절이 있다.

> For a personal reason, hosting the 2025 ESWC in Seoul conveys a special meaning to me since my father has dedicated his whole life to economic research, especially in econometrics, and fostering young scholars in the field in Korea.

끝으로 학현 선생님의 좌우명 "냉철한 머리와 따뜻한 마음"에 관하여 한마디 언급하고 싶다. 이 말은 학현 선생님이 비주류 경제학자라는 인상을 주는데 오용되는 경향이 너무 강하기 때문이다. 학현 선생님은 회고록 『학현일지』에 다음과 같이 썼다.

> 어느 날, 마샬이 케임브리지대 교수가 되면서 연설한 취임사의 마지막 구절인 '냉철한 머리와 따뜻한 마음을 가진 with cool heads but warm hearts' 제자를 가르치겠다

는 말을 접하는 순간 내 가슴속에 커다란 격랑이 이는 것을 느꼈다. 한 시대를 풍미했던 석학이 '인간'이라는 화두를 놓고 겪었을 고민이 녹아 있는 이 말이 이후 내 인생의 소중한 행동지침으로 자리 잡게 되었다. …… 마샬은 케임브리지대 경제학 교수로서 주류경제학자의 대표적인 존재였음에도 항상 분배의 문제를 중시하고 빈민을 비롯한 사회적 약자들에 대한 관심을 가졌던 것이 나의 마음을 사로잡았다.

이처럼 학현 선생님에게 감명을 준 마셜의 연설, Present Position of Economics의 해당 원문을 보자.

It will be my most cherished ambition, my highest endeavor, to do what with my poor ability and my limited strength I may, to increase the numbers of those whom Cambridge, the great mother of strong men, sends out into the world with cool heads but warm hearts, willing to give some at least of their best powers to grappling with the social suffering around them; resolved not to rest content till they have done what in them lies to discover how far it is possible to open up to all the material means of a refined and noble life.

(번역) 끝으로 내 간절한 소망을 말씀드리겠다. 케임브리지대학은 강인한 인간을 배출하는 위대한 어머니다. 케임브리지대학이 세계를 향해 배출하는 인재는, 냉철한 두뇌로 그러나 따뜻한 가슴으로, 자기 주위의 사회적 痛苦를 해결하기 위해 자기가 가진 최고의 능력을 조금이나마 기꺼이 바치겠다는 의지를 가진 인재들이다. 모든 사람들이 떳떳하고 고상한 삶을 영위하는데 필요한 물질적 수단을 발굴할 수 있게 하는 일이 어디까지 가능할지를 알아낼 때까지, 자신이 가진 능력을 최대한 발휘하지 않고서는 만족하지 못하는 결의에 찬 인재들이다. 미력이나마 힘이 닿는 데까지 이런 인재들을 많이 배출하는 일에 진력하겠다는 것이 나의 간절한 소망이다.

이 글을 보면, 우선 마셜이 길러내고 싶은 인재는, 사회적 통고에 대해서 "따뜻한 가슴"을 가진 인재들이며, 이 통고를 해결하는데 필요한 물질적 수단을 발굴할 방법을 모색하는 "냉철한 두뇌"를 가진 인재들이다. 이 마셜의 글에서, 마셜은 사회주의자에 가깝다는 추론이 나올까? 그 연설문의 다른 부분을 보면 그렇지 않다는 것을 알 수 있다. 마셜은, "물질적 수단이 부족해서 사람답게 살 기회를 박탈당하는 사람이 하나도 없게 만들어야 한다." 라는 명제를 격정적 사회주의자들이나 무식한 웅변가들에게만 맡겨두는 것은 옳지 않다고 말하면서, 그 이유는 그들이 내세우는 처방이란 것이, 고치고자 하는 사회악을 오히려 키우는 설익은 처방이기 때문이라고 한다. 또 그 이유는, 어려우며 복잡한 문제를 철저하게 분석하는 훈련이 부족하기 때문이라고 본다. 그리고 그런 훈련은 과학적인 사고방법의 훈련인데, 세상에는 그런 훈련이 아주 부족하나 우리 케임브리지 대학에는 아주 풍부하다라고 말한다.

특히 마셜은 값싼 온정주의 예컨대 퍼주기 같은 정책을 반대하는데, 그 이유는, 이 정의롭고 고상한 정조가 값싼 온정주의와 다른 점은, 값싼 온정주의는 위험을 내포하고 있는 데 반하여, 고상한 정조는 그런 위험이 없다는 것이다. 그 위험이란 고상한 정조가 값싼 온정주의로 변질할 위험, 자존감을 완전히 잃게 할 위험, 그리고 멋진 영업장소가 부정행위의 결과물일 가능성이 있다는 일반 사람들의 선입견을 키울 위험 등이다. 여기서 마셜이 말하는 고상한 정조란, 물질적 수단의 부족으로 인한 사회악의 근원적 원인을 찾아내어 이를 제거하려는 결의를 말한다.

그 원인을 제거할 수 있는 명제를 과학적인 방법으로 찾아내어 경제학의 체계를 세운 것이 그가 말하는 organon이며, 이 오르가논을 구축하기 위해서는, 당시 케임브리지에서 도덕과학 부문의 한 구석을 차지하고 있던 경제학을 독립시켜, 과학적 경제학자를 양성하는 독립 기관으로서의 경제학부를 만들겠다는 선언문이 그 연설문, Present Position of Economics다. 그리고 그 실현물이 케임브리지의 주류경제학이다. 이를 보고 학현 선생님은 케임브리지를 "경제학의 메카"라고 부르는 것이다.

학현 선생님은 마셜을 존경하는 주류경제학자다. 계량경제학을 귀하게 여기는 분이시며, 레온티에프 투입산출모형, 폰노이만 경제모형, 램지 경제모형을 중히 여기는 경제학자셨다. 다만 다른 생각을 가진 사람들의 주장에도 귀를 기울이는 능력이 탁월하셨을 뿐이다. 제자들을 끔찍하게 사랑하여 병풍 노릇을 도맡으셨을 뿐이다. 시중에서 이야기되는 소위 "학현학파"라는 것은 존재하지 않는다.

나는 학현 선생님의 수제자 소리를 듣는 것을 자랑스럽게 또 영광스럽게 생각한다. 나와 안병직 교수는 50년도 넘게 철이 바뀔 때마다 학현 선생님을 모시고 사당동 수수한 식당에서 식사를 해 왔다. 운전을 할 줄 모르는 세 사람은 항상 지하철 아니면 버스를 타고 온다. 각자 자기주장을 분명히 하지만, 헤어질 때는 모두 기분 좋게 헤어지면서 다음을 기약한다. 선생님이 돌아가시기 직전에도 일간에 만나기로 하였었다. 그러나 만나지 못한 채, 선생님께서는 96년에 약간 못 미치는, 그러나 삼락과 오복을 갖춘 일생을 사시고, 2022년 12월 24일에 돌아가셨다. 지금으로부터 99년 전인 1924년 마셜이 돌아갔을 때, 케인스가 추모문에서 한 말로 끝을 맺는다.

He passed away into rest.

(Economic Journal, September 1924)

2

# 내가 보고 겪은 학현 선생

정일용 | 한국외국어대학교 명예교수

작년 겨울 선생님이 돌아가셨다. 이 글을 쓰는 지금도 선생님을 잃은 슬픔과 선생님에 대한 그리움에 가슴이 먹먹해지고 눈시울이 붉어진다. 코로나로 문병이 금지되었지만 병문안도 못하고 임종을 못한 것이 큰 한으로 남는다.

선생님은 대학 시절 강의에 늦으면 호통쳐서 강의실에서 내쫓는 엄한 선생님이었으나 나에게는 한없이 자상하게 돌보아주시는 은사였다. 학현 선생과의 특별한 인연은 내가 한국은행 입행 시험에 합격하여 연수를 기다리고 있는 중 한국은행으로부터 시험 합격 취소를 통보받은 후부터이다. 한국은행에 찾아가 항의하였으나 중앙정보부로부터 합격을 취소하라는 명령이어서 불가피하다는 것이었다. 며칠을 고민 끝에 학현 선생을 찾아갔다. 선생님께서는 경제연구소 소장실에 조교로 근무하라는 것이었다. 선생님 개인 조교였지만 생활에 충분한 돈을 주셨다. 선생님 일을 돕고 경제학 공부도 하면서 입행 취소로 인한 고통과 방황 없이 잘 지냈다.

선생께서는 나에게 해외유학의 기회까지 주셨다. 1977년 내가 근무하고 있는 외환은행 조사부에 사모님을 통해 태국 타마사트대학 MA과정 장학증서와 입학 신청 서류를 보내셨다. 난 너무 기쁘고 고마웠다. 그러나 이번에도 신원조회의 벽을 넘지 못했다. 국제경제연구소 연구원으로 자리를 옮긴 후 영국 British Council 장학생으로 선발되어 영국 유학의 기회를 갖게 되었다. 비록 타마사대학 유학은 실패하였으나 영국 유학이 가능했던 것은 선생님의 배려와 도움 때문이었다고 생각된다.

영국 유학을 마치고 당시 외대 경제과 박찬일 교수의 권유로 외대 교수직에 지원하였고 채용되는 행운을 얻었다. 학현 선생이 아끼는 제자라는 것이 결정적인 이유였다. 학현 선생님 밑에서 1년 조교로 근무한 것이 나에게는 큰 훈장이 되었던 셈이다. 학현 선생은 나를 교수로 만들어준 은인인 셈이다.

1980년 학현 선생은 서울대 교수협의회 회장으로서 학원 자율화와 사회 민주화 선언을 주도했다는 혐의로 전두환 군부 정권에 의해 교수직에서 해직당하셨다. 해직 후 선생님은 이종태 선배의 후원으로 학현연구실을 마련하셨다. 당시 학현연구실은 선생님과 뜻을 같이 하는 선생님의 후학, 제자, 대학원생들이 공부하는 모임이 되었다. 나도 격주로 모이는 세미나 모임에 참석하였다. 공부와 연구의 내용은 맑스이론, 종속이론, 슘페터이론 등을 포함한 비주류 경제이론 그리고 학현 선생의 한국경제론이었다. 안병직 교수, 이대근 교수 등의 한국경제사팀도 학현연구실 공부에 함께 참석하였다.

학현 선생은 1984년 서울대 교수로 복귀한 뒤에도 계속 학현연구실을 유지하셨고 젊은 후학과 제자들에게 공부의 장으로 이용케 하셨다. 선생님은 전두환 정권에 대항하여 호헌철폐를 요구하는 교수선언을 주도하셨다. 나도 외대 교수들의 시국선언을 주도하였고 학현연구실의 공부에 참여하는 많은 교수들이 각각 대학의 교수 시국선언에 참여하기도 하였다. 선생님은 우리에게 행동하는 지식인의 모습을 모범적으로 보여주신 것이다.

1987년에 한국사회경제학회가 창립되었다. 사회경제학회는 좀 더 급진적이고 진보적인 학회다. 당시 억압적인 분위기에서 공안 탄압의 위험이 있었지만 선생님께서는 후배들에게 병풍 노릇을 해주겠다는 뜻으로 초대 회장을 맡아주셨다. 학현 선생은 신고전파 주류경제이론을 중심으로 하는 한국경제학회와 진보적 체제 비판적 경제학을 중심으로 하는 한국사회경제학회가 양대 축을 이루면서 발전하기를 원하셨던 것이다. 그러나 현실은 이에 못 미치고 있다. 나도 한국사회경제학회의 회장을 했던 만큼 그 책임에서 자유롭다고 할 수 없다.

1992년 선생님은 정년퇴임하셨다. 학현연구실을 확대 개편하여 서울사회경제연구소로 창립하였다. 건물은 수산중공업 박주탁사장이 제공하였고 나는 기금 확보 업무를 맡았다. 서울상대 각 기수별로 모금액을 할당하여 모금이 이루어졌다. 작은 금액으로 다수가 참여케 하는 것이 선생님의 원칙이었다. 선생님에 대한 졸업생들의 존경심이 깊었기에 모금은 수월하게 이루어졌고 법인 설립에 대한 행정 사무적 절차는 장세진교수가 수고하였다.

연구소 회원이 크게 확대되었고 연구 주제도 다양화되었다. 그러나 여전히 소득분배 문제, 경제정의, 경제민주화 등이 연구의 중심이 되었다. 매월 세미나 개최와 워킹페이퍼 발간, 매년 심포지엄 개최 그리고 연구총서 발간이 체계적이고 규칙적으로 이루어졌다.

학현연구실을 모태로 하여 한국사회경제학회가 창립되었듯이 1994년 서울사회경제연구소를 모태로 하여 한국경제발전학회가 창립되었다. 서울사회경제연구소에는 선생님을 비롯하여 경제발전론 전공자가 많았기 때문이다. 연구소가 발간한 연구총서, 『경제연구』가 학술진흥재단에 의해 연구 실적으로 인정받지 못한다는 것이 학회 창립의 한 요인으로 작용하였다. 선생님이 초대 회장과 이사장을 맡아주셨다.

1997년 김대중 정부의 성립과 함께 언론에 '학현학파'라는 명칭이 자주 등장하게 되었다. 한국사회경제학회, 한국경제발전학회. 서울사회경제연구소를 중심으로 활동하는 교수들이 김대중 정부 내 고위 관료 또는 연구원장으로 참여하면서 이들을 학현학파 교수로 불렀기 때문이다. 항간에서는 연구소가 집단적으로 정부의 경제정책을 지원하는 단체가 아니냐 하는 설도 있었지만 학현선생은 연구소와 직접적으로는 관계없는 일이라고 항상 말씀하셨다. 선생님은 자유당 정부나 박정희 정부, 전두환 정부 등에서 교수들이 정계 관계로 진출해서 곡학아세하는 것을 보아왔기 때문에 본인 자신 정계나 관계로 진출하는 것을 극히 꺼리셨다.

2007년 봄 학현 선생께서 내가 총장 선거에서 낙방하여 시간 여유가 많을 테니 소장직을 맡아달라고 말씀하셨다. 나는 소장직 맡는 것이 두려웠지만 선생님 명령을 거역할 수 없어서 따르게 되었다. 학현선생이 건강하시고 계속 출근하셔서 일하실 것이라는 것도 내가 맡게 된 한 이유였다. 소장직을 맡으면서 보람된 일은 새로운 연구소를 매입하여 이전하게 된 것이다. 연구소 이전에 이종태 사장, 홍용찬 사장, 김동녕 회장, 성기학 회장, 정몽준 회장이 큰 도움을 주었다. 소장직에 있으면서 가장 보람 있었던 일은 '학현 변형윤전집' 발간이었다. 2009년 8월 한국경제발전학회, 한국사회경제학회, 서울사회경제연구소가 학현경제학을 주제로 학술대회를 공동으로 개최하였다. 그때 나는 '학현 변형윤선생의 삶과 학문'이라는 제목으로 논문을 발표하면서 '학현 변형윤전집' 발간을 제안하였다.

3년간의 준비 끝에 선생님의 학문 세계와 치열했던 사회활동을 담은 기록물이 아홉 권의 책으로 정리되어 출간되었다. 윤진호 교수는 대화 형식으로 학문과 삶을 기술하는 평전을 펴냈다. 전집은 후세에도 전수되어 큰 가르침을 줄 수 있는 역사적 기록물이라고 생각된다. 간행위원장으로 강철규 현 이사장이 수고하였고 나는 편집 일을 도왔다.

1997년에 내가 근무하는 외대에 학사 비리와 재단 비리로 재단이 해체되고 임시 이사체제가 들어서게 되었다. 대학 민주화와 재단 개혁을 바라는 교수들이 당시 퇴진하는 재단을 옹호하는 교수협의회를 탄핵하고 나를 비상교수협의회의 회장으로 뽑았다. 개혁을 바라는 교수들은 학현 선생이 이사장직을 맡아주기를 바랐다. 당시 학현 선생이 학술진흥재단 이사장직 제의를 거절한 적이 있다는 것을 알고 있던 나는 학현 선생을 찾아가 이번에 외대 임시이사회 이사장직 제의가 오면 제발 거절하지 말아 달라고 말씀드렸다. 선생님은 이번에는 거절하지 않고 임시 이사회체제의 이사장직을 수락하셨다. 비리재단을 옹호하고 복귀를 바라는 측은 '외내가 서울상대 식민지냐!' '정일용은 변형윤의 30년 조교!'라는 대자보를 붙이고 비방하였다. 나는 한번 조교는 평생 조교라는 생각에 '30년 조교'에 토를 달지 않았다. 비상교수협의회 회장직을 마치고 나는 교무처장에 임명되었다. 학현 선생은 공평무사하고 민주적인 경영과 업무 처리로 정상화의 기반을 마련하셨다. 학현 선생이 이사장직을 맡은 3년 반 동안 나는 선생님과 함께 매주 산행을 하였다. 즐겁고 행복한 시간이었다.

선생님과 연구소 일을 함께 하면서 즐거웠던 일도 많았다. 연구소의 워크숍 프로그램에 따라서 국내외 여행을 했다. 등산, 역사 유적지 탐방, 산업시찰로 이루어지는 프로그램이다. 해외여행은 대기업의 지원이 필요했다. 대부분의 대기업 회장, 사장이 선생님의 제자들이었기 때문에 가능한 일이었다. 가장 기억에 남는 여행은 바이칼 여행, 베트남 여행이다. 바이칼 호수에 도착하자마자 큰 컵으로 물을 떠서 먹어보라고 하신 일이다. 선생님은 보온병에 담아서 사모님께 갖다 드렸다 한다. 우리는 아무도 없는 무인도 섬에서 발가벗고 수영을 즐겼다.

돌이켜보면 나는 50여 년을 선생님과 함께 한 셈이다. 살면서 선생님의 제자로서 선생님의 고귀한 가르침과 많은 사랑을 받았다. 선생님과 함께해서 행복했다고 말할 수 있다.

선생님! 고맙고 그립습니다! 하늘나라에서 편히 쉬십시오!

# 3

# 트로이카의 추억

이정우 | 경북대학교 명예교수

작년 세모에 변형윤 선생님이 돌아가셨다. 평소에 아주 건강해서 술도 잘 드시고 제자들에게 인정, 사정 봐주지 않고 소주를 권하시곤 하던 게 엊그제 같은데 갑자기 타계하셔서 안타깝기 그지없다. 그렇게 아끼시던 서울사회경제연구소(서경연) 창립 서른 돌을 바로 눈앞에 두고 가셔서 더욱 아쉬움이 크다. 올해 서경연 30주년 기념식은 학자, 제자들이 운집해 성황을 이루었지만 꼭 계셔야 할 창립자의 부재는 참석자 모두의 마음 한 구석을 허전하게 했다.

선생님은 1980년대 민주화운동에 참여했다는 이유로 4년간 해직됐는데 그 기간에 선생님의 호를 따서 학현연구실을 열었다. 연구실 마련을 정운찬 교수가 도왔다고 들었다. 학현 연구실은 선생님을 따르는 수많은 제자들의 공부방이 됐고, 선생님에게는 사람들 만나는 사랑방이 됐다. 학현 연구실이 나중에 서경연으로 발전했다. 언론에서는 흔히 한국 경제학을 몇 개의 학파로 나누어 설명하는데 거기에 대표적인 것이 변형윤 선생님이 이끄는 학현학파, 그리고 조순 학파다. 보통 학현학파는 진보, 조순학파는 중도합리적 노선, 또는 케인스주의로 분류된다. 그다음으로 보다 보수적 학파로는 서강학파가 있다. 서강학파는 과거 권위주의 시절 정부의 경제개발정책에 적극 협조, 참여했던 사람들이 중심인데 상대적으로 보수적이며 시장만능주의에 가까운 학파라고 할 수 있다.

변형윤 선생님은 비상한 기억력을 가지고 계셔서 과거 있었던 일과 사람에 대해 모르는 게 없어 보였다. 4·19 때 교수 데모단에 참가했던 이야기 등 흥미진진한 이야기를 참 많이 들었다. 불의를 보면 못 참는 대쪽 같은 성격이라 독재 정권에는 일절 협조하지 않고 고고한 선비의 길을 걸음으로써 후학들의 師表가 되었다. 항상 정의의 편에 서서 재벌과 불의한 권력을 비판하고 약자들을 옹호하는 입장에 섰다. 공자가 말한 대로 '정의롭지 못한 부귀영화는 나에게는 뜬 구름과 같다'는 철학을 몸소 실천했다. 그리하여 수많은 유혹을 뿌리치고 평생 벼슬을 멀리했지만 다만 김대중 정부 때는 제2건국위원회 위원장을 맡아 잠시 정부를 위해 일하셨다.

변형윤 선생님은 억울한 해직 기간 중 소설가 이호철 등 몇몇 마음 맞는 사람들과 '거시기' 산악회를 만들어 자주 산을 오르신 이후 등산을 아주 좋아하셨다. 전국의 명산을 안 오른 데가 없을 정도였다. 아주 오래전 대구까지 오셔서 제자들과 함께 팔공산에 올랐던 일이 마치 어제 일 같다. 평소 그렇게 산을 오르고 항상 기백이 넘쳐 무난히 백수를 누리시리라 여겼는데 인명은 재천인지 너무나 갑자기 우리 곁을 떠나셨다.

작년 6월에는 조순 선생님이 역시 갑자기 돌아가셨다. 불과 2년 전 코로나19가 한창 심할 때 봉천동 자택을 방문해서 선생님이 살아오신 이야기를 무려 2시간 동안 아주 생생히 들을 기회가 있었다. 그때만 해도 걸음 걷기가 좀 불편한 것 말고는 체력과 정신력이 좋았는데 갑자기 부음을 들으니 도무지 믿기지 않았다. 조순 선생님 역시 등산을 좋아하셔서 경제부총리 시절 봉천동 자택에서 관악산을 넘어 과천 정부청사로 출근한 것이 뉴스가 되기도 했다. 한국은행 총재를 할 때도 꼿꼿한 선비의 자세를 유지하여 불의와 타협하지 않고 분연히 자리를 박차고 떠났다. 퇴임하던 날 한국은행 여직원들이 울며 따라 나오던 장면이 기억난다. 내가 대학원에 진학한 이후 비로소 조순 선생님 가까이 지도받을 기회가 생겼다. 조순 선생님은 나의 석사논문 주심이었고, 박사과정에서는 지도교수로서 자상하게 지도를 해주셨다. 내가 미국 유학 갈 때 추천서를 써주시기도 했다.

또 한 분 서울상대 경제학과의 중심축을 차지하는 은사가 계셨으니 이현재 선생님이다. 이현재 선생님은 온후 관대한 성품이라 주위에 사람을 모으는 힘이 있었다. 그리고 기억력이 비상해서 오랜만에 찾아뵈어도 제자들의 과거 행적과 집안 내력까지 두루 기억하고 계셔서 깜짝 깜짝 놀라곤 했다. 젊을 때는 아예 출석부를 덮고 학생들 이름을 줄줄 외워 출석을 불렀다는 전설이 내려온다. 이현재 선생님은 행정 능력이 뛰어나 내가 학부를 다닐 때는 학생처장을 하셨고, 그 뒤 서울대 총장을 거쳐 국무총리까지 역임하셨다. 세간의 말을 따르자면 소위 입신출세의 정점까지 올라간 분인데, 자리에 대한 욕심 없이 항상 올바른 처신을 해서 제자들에게 모범을 보이셨다.

이 세 분을 가리켜 서울 상대의 트로이카(삼두마차)라고 불렀다. 나의 대학 시절은 이 세 분의 훈도를 통해 인격과 학문의 기초가 형성되었다고 할 수 있다. 서울 상대를 통틀어 이 세 분만큼 실력과 인품에서 훌륭한 교수를 찾기 어려웠다. 그러니 자연스레 다른 학과 학생들은 경제학과를 선망하는 분위기가 있었다. 서울 상대가 1975년 경영대학과 사회과학대학으로 분리되느냐 하는 논쟁이 벌어졌다. 상대 교수들 안에도 존속파와 분리파로 갈라져 다투었다. 그때는 내가 조교를 하고 있을 때여서 논란의 뒷이야기를 들을 수 있었다. 다수 교수들이 붙드는 손을 뿌리치고 경영학과가 기어코 서울 상대를 떠나 독립하는 데는 물론 여러 이유가 있었겠지만 경제학과의 트로이카의 카리스마가 너무 컸던 것도 하나의 이유였다는 소문이 돌기도 했다.

생각나는 대로 트로이카의 추억을 더듬어 보려 한다. 나는 1968년에 상대 경제학과에 입학했다. 입시는 이틀간 쳤는데(첫날 국영수, 둘째 날 사회와 제2외국어), 시험 날 밤에 북한에서 내려온 김신조 등 무장공비 사건이 터져 시내가 온통 뒤숭숭했다. 내가 대학을 입학해 등록금을 내러가니 수많은 신입생들이 문리대에 있던 대학본관 건물에 끝없이 긴 줄을 지어 서있었다. 당시 한 학기 등록금이 1만 5000원, 한 달 하숙비가 5000원이었다. 입학시험과 면접시험은 분명히 종암동 상대에서 봤는데, 막상 입학하고 보니 멀고도 먼 공릉동 허허벌판에 신설된 교양과정부에 던져졌다.

교양과정부는 고등학교처럼 반을 나누었는데 문리대는 문A1반부터 여러 반이 있었고, 법대, 상대를 합해서 문B1반부터 여러 반이 있었다. 나는 문B1반이었는데 같은 반 급우 중에 법대의 이인제가 있었다. 당시 이인제는 성격이 활발하고 농구도 열심히 하며 반에서도 중심적 역할을 했다. 나는 대학에 오면 뭔가 새 세상이 열릴 것을 기대하고 상경했으나 배우는 내용은 실망스러웠다. 당시 개설된 과목은 국영수, 독일어, 정치학, 철학 이런 과목들인데 국영수, 독일어는 고등학교 때 배운 수준을 넘지 못했고, 철학 교수는 수업 시간에 "저기 보이는 미류나무가 말이여, 사실은 있는지 없는지 모른다 말이여." 이런 황당무계한 이야기를 자꾸 하는 바람에 신뢰와 흥미를 잃어버렸다. 그래서 수업을 많이 빼먹고 친구들과 노는 데 재미를 붙였다. 그래서 과목 낙제를 해서 그때 처음 생긴 낙제생을 위한 서머 스쿨, 윈터 스쿨을 다녀야 했다. 서머 스쿨 때만 해도 주위에 친구들이 많아 재미있게 다녔는데, 윈터 스쿨에 가니 어라! 친구들은 의리도 없이 다 사라지고 혼자서 '불만의 겨울'을 보냈다.

그러나 대학에서도 오아시스 같은 참신한 과목이 딱 하나 있었으니 바로 경제학원론이었다. 이 과목은 고등학교 때 못 들어본 신천지인데다가 경제학과 학생에게는 전공필수가 아닌가. 그래서 이 과목만은 빼먹지 않고 열심히 들었다. 담당 교수가 미국에서 막 귀국한 조순 선생님이었다. 교과서도 Lipsey가 쓴 원서를 사용해서 영어 공부가 많이 됐다. 조순 선생님은 그때만 해도 우리말이 다소 서툴러 보였고 수업 시간에 영어를 많이 사용하셨다.

조순 선생님의 경제학원론 수업은 열강이었고 흥미로웠다. 그래서 다른 교양과목과는 달리 공부도 좀 했다. 그런데 중간고사 시험 문제가 뜻밖이었다. '대학 입시지옥에 대해 논하라' 아니 이게 무슨 경제학 문제인가. 수업시간에 이런 이야기는 들은 적도 없는데. 한참을 궁리해도 오리무중이라 시간은 자꾸 가고, 에라 모르겠다, 생각나는 대로 엉뚱한 수필을 쓰고 나왔다. 완전히 핀트가 맞지 않는 답을 써낸 것이다. 나중에 성적을 받아보니 C, 당연한 결과다. 이 문제는 평생 잊을 수 없다. 나중에 조순 선생님한테 이 문제에 대해 여쭈어본적은 없지만 혼자 생각해보니 수요, 공급을 묻는 문제였던 것 같다. 그래서 그 뒤 내가 경북대에서 경제학원론을 가르칠 때 이 문제를 가끔 출제하기도 했다. 대부분의 학생은 왕년의 나처럼 엉뚱한 수필을 써낸다. 그런데 딱 한 명 정곡을 찌르는 답을 써내 A+를 받은 통계학과 여학생이 있었다. 너무나 대견해 칭찬해주고 앞에 나와 학생들에게 직접 정답을 설명해보라고 했다.

내가 입학한 1968년도 서울대 전체 수석입학은 경제학과에서 나왔다. 허태홍이라는 이름인데, 서울대 공대를 다니다가 뜻한 바 있어 다시 입학시험을 쳐서 들어온 늙은 신입생이었다. 다른 과목은 이미 다 수강했으므로 오직 경제학원론 수업에만 들어왔다. 내 기억에는 우리보다 여섯 살이 많았는데 나이차가 커서 그랬는지 우리하고 거의 어울리지 않았다. 지금 생각하면 불과 20대 중반의 청춘이었는데도 누런 바바리코트를 입고 오는 폼이 꽤 나이 들어 보였다. 그는 항상 경제학원론 수업을 맨 뒤에 앉아 들었는데 우리하고는 거의 대화가 없이 조용히 사라지곤 했다. 그나마 2학년이 되어 종암동 캠퍼스로 오니 모습이 보이지 않았다. 아마 1년 만에 경제학 공부를 포기하고 다른 길로 간 것 같았다.

1학년 때 경영학과 신입생들도 경제학원론을 필수로 들었는데 담당 교수가 변형윤 선생님이었다. 경영학과 다니던 나의 고등학교 동창이 전해준 바에 따르면 변 선생님은 학생이 수업시간에 1분만 지각을 해도 호통을 쳐서 쫓아내는 호랑이 선생님이라는 것이었다. 그래서 학생들이 바짝 긴장해 있다고 했다. 그런데 내 친구는 어느 날 변형윤 선생님이 수업시간에 '프로크루스테스의 침대' 이야기를 하면서 이게 무슨 뜻인지 아느냐고 물었다고 한다. 아무도 대답을 못하는데 평소 독서광인 내 친구가 척 대답을 했더니 변 선생님이 크게 칭찬을 해주셨다고 한다. 그래서 내 친구는 호랑이 선생님에게 전혀 공포심이 없고 아주 호감을 갖고 있었다. 먼 훗날 지하철에서 그 친구가 변 선생님을 마주친 적이 있는데, 여전히 누런 헝겊 보따리에 책을 싸서 들고 다니시더라고 하면서 그 검소함, 소탈함이 존경스럽다고 했다.

교양과정부 1년을 마친 뒤 종암동 상대에 와서 3년을 다녔다. 당시는 박정희가 3선개헌을 강행하고, 유신 독재를 시작하던 암울한 시기여서 정의에 불타는 대학생들은 교련 반대 데모, 반독재 데모를 치열하게 했다. 우리 동기의 김대환, 조우현, 그리고 후배 중 김병곤, 김문수, 이영훈은 열렬한 반독재 투사였다. 민청학련 사건에 걸려 검찰의 사형 구형을 받고는 최후진술 첫마디로 '영광입니다'라고 했던 김병곤은 나하고 같은 동네에 살아 등굣길에 버스에서 대화를 많이 했는데 정말 거목이었다. 진정 후생가외였는데 일찍 타계해 애석하기 짝이 없다. 우리 동기들과 학교를 같이 다녔던 김근태 선배는 강의실에는 잘 들어오지 않았지만 구내 솔밭(향상림) 벤치에 앉아 후배들에게 정치나 역사를 가르치곤 했다. 그 많은 투사들은 그 뒤 세상을 떠나기도 하고 변절하기도 해서 인생무상을 느끼게 한다.

당시 종암동 캠퍼스는 낡고 후진 곳이었다. 건물이 6·25 전쟁 때 강원도에 있던 북한 인민군 사령부 건물과 흡사해서 영화 촬영에 쓰이기도 했다고 들었다. 당시 서울 상대는 낙후한 건물 때문에 '고려대 변소'라는 아름답지 못한 별명을 갖고 있었다. 기실 가까운 고려대를 가보면 캠퍼스의 규모와 아름다움이 비교가 안 됐고, 게다가 상대에 한 명도 없는 여학생이 즐비해서 엄청 부러웠다. 나는 종암동에 하숙하면서 가끔 고려대 도서관에 잠입해 책을 읽기도 했다.

상대에도 도서관이 있기는 한데 너무나 황량해 앉아 책 읽을 기분이 나지 않았다. 변형윤 선생님이 학장을 하던 해(아마 1971년) 도서관 구석의 작은 방 하나를 개조해서 독서실로 만들고 특별히 연탄난로를 넣어 면학 분위기를 조성했다. 그래도 남아서 책 읽는 학생이 좀처럼 없었다. 서울 상대는 분위기가 너무 삭막해서 학생들이 수업만 끝나면 뿔뿔이 흩어졌고, 해만 지면 완전 무인지경이었다. 길 건너 항원이라는 다방이 있었고, 그 옆에 당구장 하나가 오락시설의 전부였다, 나는 학교 부근에서 하숙을 했기 때문에 가끔 그 독서실을 이용했는데 가보면 대개 나 혼자였다. 어느 날 밤 독서삼매경에 빠져 있는데 갑자기 변형윤 학장님이 나타나셨다. 학생들이 새로 만든 독서실을 얼마나 이용하는지 확인해보러 오신 것 같았다. 그런데 학생은 딱 한 명뿐, 나를 보더니 반가워하며 불편한 점은 없는지 이것저것 자상히 물어보셨다.

그 해 서울 상대에 탁구 붐이 불었다. 본관 뒤 작은 창고에 낡은 탁구대가 하나 있었다. 창고이니 바닥은 먼지투성이고, 조명은 희미한 백열등 하나뿐. 열악하기 그지없는 환경이지만 한 두 명이 탁구를 치다가 숫자가 불어나 나중에는 수십 명이 몰렸다. 그래서 그해 가을 체육대회에 탁구 종목이 신설됐다. 나는 복식에 출전해서 우승했다(이건 내가 평생 자랑하는 역사적 사실이다). 체육대회 시상식에서 변형윤 학장이 수여하는 상장과 부상을 받았다(변 학장님은 이 학생은 독서실을 혼자 지키더니 운동도 잘 하는구나 하고 속으로 생각하셨지 싶다). 그런데 부상이 뜻밖의 상품이었다. 노란색 와이셔츠 한 벌. 색깔 있는 와이셔츠를 처음 봤다. '노란 셔츠의 사나이'가 되느냐 마느냐 고민하고 있던 중 입어보겠다는 용감한 친구가 나타나 주어버렸다. 지금 같으면 자랑스럽게 입을 텐데.

변형윤 선생님한테는 경제통계학, 경제발전론, 경제계획론 수업을 들었다. 그중 기억나는 것은 경제발전론 수업에 나오는 균형발전론과 불균형발전론의 비교다. 전자는 주창자가 Ragnar Nurkse(넉시, 혹은 어떤 책에는 누르쿠제), 후자는 허시먼(Albert O. Hirschman). 양대 학설의 장단점을 비교하는 문제가 기말고사에 반드시 나온다는 소문이 돌았고 실제 출제됐다. 당시 변 선생님은 두 주장을 비교하면서 은근히 균형발전론은 옹호하는 입장이 완연했고, 우리 학생들이 보기에도 상식적으로 균형이 불균형보다는 아름다워 보였다. 그러나 시간이 많이 흐르고 좀 더 공부를 한 뒤 생각해보니 불균형발전론도 나름 상당한 이치가 있구나 하는 생각이 들었다. 먼 훗날 내가 하버드 대학에 유학할 때 허시먼 교수가 와서 세미나하는 걸 들을 기회가 있었는데 그는 당시 경제발전론뿐만 아니라 경제사, 경제학사를 넘어 경제학 전반의 대가가 되어 있었다. 세미나를 들으면서 그의 박식함과 겸손한 인품에 매료돼 더욱 존경심이 들었다.

또 하나 기억나는 건 경제계획론 수업인데, 여기서 산업연관표라는 걸 배웠다. 기말고사에 아주 간단한 산업연관표를 내주고 계산을 해서 답을 적으라는 문제가 났는데 시험 시간을 3시간이나 주는 게 아닌가. 실제로 계산기 없이 손으로 계산을 하니 3×3의 아주 간단한 산업연관표인데도 계산 시간이 엄청나게 들었다. 이게 내가 한국에서 치른 최장 시간의 시험이다. 나중에 미국 유학을 가니 시험 시간이 의례 3시간이라서 우리와 많이 다르다는 걸 느꼈다. 시험지가 아니고 노트를 한 권씩 내주고 답안을 쓰게 하는데 영어가 짧은 나는 3시간 동안 노트 한 권도 채우기 어려운데 미국 학생들은 도중에 앞으로 나가 노트를 한 권씩 더 받아쓰는 걸 보고 기가 질렸다. 이러니 한국 유학생들은 말로 하는 경제학보다 수학을 많이 쓰는 경제학으로 쏠릴지도 모른다. 아무리 그래도 그렇지, 요즘 한국 경제학은 너무 수학에 치우쳐 현실감각을 상실한 게 아닌가 걱정이다.

내가 대학원 석사논문을 마쳤을 때도 변형윤 선생님이 상대 학장을 맡고 계셨다. 갑자기 석사논문 작성자들에게 학위논문과 거기 나오는 외국 참고문헌을 몽땅 들고 학장실로 오라는 연락을 받았다. 무거운 책 보따리를 낑낑 들고 학장실로 갔더니 변 선생님은 내 석사논문을 열어 거기 나오는 외국 책 참고문헌 페이지를 열어 일일이 대조해보셨다. 다행히 그 페이지마다 연필로 밑줄 그은 자국이 남아 있었다. 그래서 대조 작업은 일찍 끝났고 변형윤 선생님은 웃으며 수고했다고 격려해주셨다. 혹시 학생들이 책을 읽지도 않고 참고문헌에만 올리는 장난을 칠까 봐 확인해보신 것이다. 그 정도로 변 선생님은 학문적으로 엄격한 자세를 견지하고 계셨다. 수업 시간에 지각생을 교실에 들이지 않았던 엄격함과 일맥상통한다.

조순 선생님의 수업은 항상 원서 교재를 썼다. 당시는 원서가 워낙 비쌀 때니 살 엄두도 못 내고, 당연히 복사판을 썼다. 복사 수준이 낮아 글자가 희미한 책을 열심히 읽었다. 화폐금융론은 Pesek and Saving의 책, 경제세미나는 노벨경제학상을 받은 Arthur Lewis의 Development Planning이란 책으로 배웠다. 나는 이 책의 내용 중, 사람이 살기 가장 좋은 최적 규모의 도시는 인구 50만이라는 주장에 공감하면서 요즘도 한국 대도시의 빌딩 숲과 교통지옥을 볼 때마다 답답함을 느끼곤 한다.

나는 대학원에서 케인스의 실업이론에 관한 석사논문을 썼다. 주심이 조순 선생님이었다. 논문을 마치자 선생님이 나를 연구실로 호출하기에 갔더니 선생님이 지금 경제학원론 교과서를 집필중인데 좀 도와달라 하셨다. 석사논문을 마친 터이라 시간도 있고 해서 불감청고소원이었다. 광화문 네거리 지금은 사라진 국제극장 뒷골목에 운치 있는 한옥 여관을 집필 본부로 쓰고 계셨다. 거기서 66학번 강호진, 김승진, 김중수, 박종안 선배와 함께 작업을 했다. 교정을 주로 보고 집필도 좀 했다. 특히 내가 실업에 관한 석사논문을 썼기 때문에 실업과 인플레이션 두 챕터를 한번 써보라고 하셨다. 두 달 걸려 써서 갖다 드렸더니 약간 고친 뒤 교과서에 실어주셔서 깜짝 놀랐다. 내 글이 그만한 자격이 있는지 걱정됐다(두 개의 챕터는 나중 개정판에서는 사라졌다). 특히 『경제학원론 초판』(1974)에서 조순 선생님은 이 책을 제자 다섯 명('5수재'라고 표현)이 다 쓴 것처럼 파격적으로 서문을 쓰시는 바람에 나는 별로 한 것도 없이 유명해지는 과분한 보상을 받았다.

이현재 선생님한테는 재정학을 배웠다. 항상 본부 보직을 하는 경우가 많아서 수업을 많이 맡지 않았다. 내가 석사과정을 마쳤을 무렵 이현재 선생님이 나를 부르시더니 본인이 맡은 연구과제, '코메콘 연구'에 조교로 참여해 도와달라고 하셨다. 코메콘(COMECON)이란 지금은 사라진 공산권 경제공동체다. 그때는 공산권 경제, 무역에 관한 자료를 구하기 어려운 시절이었다. 알아보니 유일하게 한국무역진흥공사(KOTRA) 도서실에 각국 자료가 많다고 해서 당시 퇴계로에 있던 코트라를 찾아갔다. 공산권 자료라고 해야 사실 별거 아니지만 당시는 그게 모두 '대외비'로 분류되어 대출은 안 되고 열람만 됐다. 덕분에 코트라를 두 날산 매일 출근했다. 나중에는 도서실 직원과 친해져서 두꺼운 책은 특별히 몰래 대출을 해주기도 했다.

또 이현재 선생님 하면 생각나는 것은 박사과정 입학시험이다. 전공시험에서 몇 문제가 출제됐는데 꽤 난해했다. 금시초문인 문제도 있었다. 90분 시험

시간 중 30분쯤 지났을 때 뜻밖에 이현재 총장님이 고사장에 나타나셨다. 학생들이 시험 치는 걸 둘러보러 바쁜 총장님이 직접 오신 것이다. 그 많은 고사장을 다 둘러보는 건 아니고 본인이 출제한 경제학과만 특별히 오신 것 같았다. 내 자리 가까이 오셨을 때 나는 그때까지 한 자도 적지 않고 구상만 하고 있었다. 아직 한 시간이나 남았고 양보다는 질로 승부하려고 생각하고 있었기 때문이다. 다들 열심히 적고 있는데 도 닦는 사람처럼 고요히 앉아 있으니 보기에 불안했는지 총장님이 한 말씀 하셨다. "이 군, 뭐라도 좀 적지, 그래" 그때부터 열심히 적기 시작해서 나는 다행히 합격할 수 있었다.

이현재 선생님 하면 생각나는 좋은 추억이 세뱃돈이다. 당시 대학원생, 조교들은 설날 트로이카 세 분께 세배를 가는 게 연례행사였다. 매년 설날 트로이카의 자택은 신년하객들로 문전성시, 발 디딜 틈이 없었다. 점심때가 겹치면 운 좋게 떡국도 얻어먹을 수 있었다. 그런데 유일하게 세뱃돈을 주신 분이 이현재 선생님이다. 빳빳한 신권을 미리 준비해두었다가 1인당 1만 원짜리 한 장씩 주셨다. 물가를 생각하면 당시 1만 원이라 하면 적지 않은 돈이고 제자들은 모두 기분이 좋았다. 이현재 선생님은 얼마 전까지도 신촌 헌책방에서 우연히 마주치곤 했다. 거기는 아주 큰 책방인데 위치가 바로 선생님 댁 골목 입구였다. 이현재 선생님은 다방면에 박학다식했고 노후에도 늘 그 책방에 들러 책을 사고 읽는 독서가였다(그 책방의 다른 단골은 대구시장, 건설부 장관을 역임한 이상희 시장으로서 10만 권 장서의 보유자였다).

내가 조교를 하던 시절 다른 조교한테서 들은 이야기가 있다. 서울 상대 주변은 워낙 상가도 없고 황량한 곳이라 점심 식사를 할 만한 식당이 없었다. 그러던 중 나의 하숙집 부근에 중국음식점이 하나 생겼는데 짬뽕을 특히 잘 했다. 이 식당이 점차 소문이 퍼져 상대 교수들도 단골이 됐다. 어느 날 그 식당 바로 옆 종암파출소에서 서울 상대로 전화가 걸려왔다. 사연인 즉, 여기 파출소에 서울 상대 교수라고 하는 분이 두 분 계시는데 신분증이 없으니 맞는지 확인을 하러 와달라는 전화였다. 조교가 급히 달려가니 한 분은 이쪽 창, 다른 분은 저쪽 창밖을 물끄러미 쳐다보고 계시더란다. 왜 파출소에 계시느냐 물으니 바로 앞 차도를 무단횡단하다가 걸렸다는 것이다. 중국음식점에 점심 먹으러 가는 길에 횡단보도를 지나려면 'ㄷ'자로 조금 돌아가야 하는데 귀찮으니 무단횡단하는 일이 다반사였다. 홍릉 쪽으로 가는 그 길은 차가 거의 다니지 않는 작은 도로였고 그때는 차량 자체가 얼마 안 되던 시절이었다. 그런데 그날은 하필 열심히 단속을 하는 교통순경이 있어 두 분은 아주 운 나쁘게 걸린 것이다. 그 두 분 교수는 조교의 신원 확인에 따라 바로 훈계방면되었는데 바로 이현재, 조순 교수였다. 그 교통순경은 자기가 미래의 총리, 부총리를 한꺼번에 붙들었다는 사실을 꿈에도 몰랐으리라. 호랑이 담배 먹던 시절의 이야기라서 이제는 말해도 좋을 것 같다.

이 밖에도 트로이카에 얽힌 많은 추억이 있지만 이 정도로 글을 마치려 한다. 하나의 산에 이렇게 높은 봉우리가 셋이나 있는 경우는 참으로 드물다. 세 분을 처음 뵈온 지 벌써 50년이 훌쩍 지났다. 긴 세월 동안 나는 세 분 은사께 많은 학은을 입었다. 학문적으로는 물론이고 비학문적인 면에서도 세 분이 나에게 해주신 여러 가지 이야기 — 역사, 정치, 시사, 문학…… — 는 나의 인격 형성에 큰 영향을 미쳤다. 그 은혜는 평생 갚아도 다 못 갚을 것이다. 그 동안 나라도 변하고 경제학도 변하고 대학도 변했다. 종암동 서울 상대 시절과 비교하면 지금은 상전벽해라고 해도 좋다. 이제 돌아갈 수 없는 그 옛날이 그립다. 산천은 의구하되 인걸은 간 데 없다는 옛말이 생각난다. 하물며 산천도 변했으니 어찌 인걸이 그대로 있을쏜가.

4

## 당신이 그립습니다

이종기 | 상영무역주식회사 회장

한 인간의 삶이 95년에 걸쳐 펼쳐진다면 그 유장한 개인사의 페이지들에는 어떤 스토리들이 담겨 있을까?

태어나서 배우고 성가한 후에 사회의 역할을 부여받아 정진하다가, 노후의 시간을 정리하는 범부의 삶도 의미심장할진데, 한국사의 고비마다 그 실존의 가치를 실천하신 선생님의 인생행로는 실로 장엄하다고 할 것이다. 이제 그분의 시간은 끝이 났고 남은 후학들은 그분을 그리워한다.

껑충한 키에 깡마르신 체구는 천생 학을 닮으셨다

노하여 대성 질책하실 때는 서릿발이 내렸고 만면에 미소 지어 불러주실 때에는 인자하시기가 봄 날씨 같았다.

내가 선생님과 처음으로 개별 대면을 한 것은 상과 대학 시절 상대평론 편집장을 맡아 볼 때였다. 당시 각 단과대학에는 학보가 있었는데 문리대의 '형성', 법대의 '피데스', 교양과정부의 '향연' 같은 것이, 우리 상과대학의 '상대평론'과 같이 문과대학의 대표적 학보를 이루고 있었다.

나는 상대평론의 학구적 수준을 제고하기 위하여 상대평론 논문상을 제정하여 널리 공모하고 싶었는데 상대 선배님이 경영하는 회사 중에서 논문상 상금을 지원해주실 스폰서를 구해주시도록 학장님께 부탁드렸다.

그때 스폰서로 나선 회사가 졸업 후 내가 입사하게 되는 상영산업주식회사이며, 후일 내가 인수하여 작지만 단단한 회사로 이끌게 되는 인연으로 이어진다.

1992년 나는 중국 천진에 공장을 열었는데 아직 국교도 없던 시기라 양국 간에 협조 채널이 없어서 여러 가지로 리스크가 크던 시절이었다.

"시도하지 않으면 아무것도 이루어지지 않는다"는 신념으로 수출입은행으로부터 시설자금으로 쓸 종잣돈 50만 불을 빌리고, 운영자금 50만 불을 자체 마련하여 대륙의 낯선 도시에서 전을 벌려놓고 분발하고 있었다.

이때 선생님은 북경에 무슨 모임이 있어서 오셨는데 천진에 들러 우리 공장을 둘러보고 싶다는 뜻을 전해오셨다.

이종기가 하고 있는 사업장을 들러보고 천진에서 하룻밤 묵으시며 한잔하고 싶다는 말씀이시었다. 얼마나 고마우셨는지?

그날 밤 나눈 사제의 정이 얼마나 따뜻했는지 나는 일찍 작고하신 아버지의 정을 느꼈는데 선생님께서도 훗날 기회 있을 때마다 그날의 천진 방문을 회고하시었다.

선생님은 그런 분이었다. 본능적으로 제자들을 사랑하셨고 용기를 주셨다.

선생님과 함께 한 여정의 추억도 적지 않다.

태산, 황산, 하롱베이, 미얀마, 바티칼 호수, 몽골의 초원 등…… 인생이 추억의 집적이라면 선생님과 함께 만든 추억의 페이지가 적지 않다.

태산 8000계단을 올라가는데 누군가 케이블카를 타고 가겠다고 했다가 호통을 들은 일…… 바티칼 호수에 몸을 담그자 이제 이 신령한 호수의 물을 손으로 퍼서 마시라고 호령하시던 일……

선생님은 69학번과 각별한 인연을 맺으셨고 69학번에 빚졌다는 말씀도 자주 하셨다. 3선개헌으로 시작하여 시월유신으로 끝을 맺게 되는 69학번의 시대적 위상으로 숱한 데모와 농성으로 날이 지고 새는 시절이었는데 학장이신 선생님 치하에 많은 친구들이 제적당하거나 강제 군입대행을 당하는 상황에서 선생님이 강력한 바람막이가 되어주지 못하셨다는 뜻이었다. 그러나 선생님은 복학생들의 취업에 팔을 걷고 나서셨다.

69학번의 대다수가 선생님의 주례로 신혼을 시작하였으며 선생님이 가장 고독하셨던 해직교수 시절에 함께 산행을 가장 많이 한 것도 69학번이었다.

선생님의 시간이 끝나면서 그분과의 스토리도 끝이 났다.

선생님의 진보적 학자로서의 학문적 업적이나 국가의 원로로서 역사 앞에 앞장서신 행적에 대하여는 그분을 따라 걸어오신 많은 선후배 학자분들이 더욱 생생히 회고하실 것이다.

나는 먼발치로 바라본 선생님의 위용과 사상적 지향을 어림하며 그분의 장엄한 삶을 회상할 뿐이다.

나보다 20년 앞선 인생행로를 가시며 한없이 다정하신 음성으로 구비마다 용기를 주시던 선생님, 바람이 불거나 눈비가 오는 날이면 나는 선생님과 함께한 추억의 시간들이 그리워 아득한 애상에 젖을 것이다.

선생님, 당신이 그립습니다.

# 5

# 학현 변형윤 선생님을 기리며

양동휴 | 서울대학교 명예교수

선생님이 가신 지 1년이 지났다.

1970년 대학 입학하고 뵈었으니 인연이 50년이 넘는다.

당시 학장선생님으로, 또 경제발전론 강의를 통해 꾸준히 가까이 모셨다.

졸업 후 군에서 제대하자 곧 연구소 한곳에 취직시켜 주시고 유학 갈 때 추천서를 써 주신 것은 물론이다.

유학가기 전 결혼식 주례를 서주신 것뿐 아니라 상처 후 재혼할 때도 주례를 맡아주셨으니 선생님께 두 번 주례를 부탁한 행운을 누렸다.

해직당하셨을 때 '거시기산악회'를 만드시고는 북한산에서 종종 뵈었다.

복직 후에는 서울대에서 같이 근무할 영광을 만끽했다.

학현연구실(현 서울사회경제연구소)을 개소하신 후에는 처음에는 주말마다 사직동으로 이전 후에는 제 책이 한권씩 출간될 때마다 찾아뵙고 점심을 같이 나누었는데 책이 20여 권이니 그만큼 연구소에 인사드린 셈이고 연초마다 댁에 세배한 것을 더하면 50여 년간 계속 모신 셈이 된다.

세월은 어쩔 수 없는 법, 이제 선생님 안 계시니 나도 곧 따라가 뵈오리라는 건방진 생각도 든다.

감히 명복을 빌며,

양동휴 드림.

# 6

## 학현 선생님 단상들

김용복 | 서울사회경제연구소 수석연구위원

선생님,

사모님께서 돌아가신 이후로 "사람들은 죽기 직전까지도 언제 죽을지 모르고 있다가 가는 것 같아"라고 말씀하시곤 하셨죠. 하지만, 정작 선생님께서 그리 갑작스레 돌아가실 줄은 몰랐습니다. 병원에 면회 갔을 때 선생님은 연구소 사람들의 손을 일일이 꼭 쥐어주셨죠. 선생님의 손은 힘이 넘쳤고, 또 따뜻했습니다. 선생님께서 곧 털고 일어나시리라 안심하며 우리는 병원 문을 나설 수 있었습니다. 그러나 그 뒤 면회가 허용되지 않았고, 한마디 말씀도 듣지 못한 채 선생님을 떠나보내야만 했습니다.

벌써 1년이 다 되었습니다. 아직도 선생님 생각이 절로 납니다. 오전에 커피 한 잔 할 때면 선생님과 커피 브레이크를 가지면서 이러저러한 대화를 나눴던 생각이 납니다. 선생님께서 앉으셨던 자리 뒤 책장에 눈이 갈 때마다 '저기에 선생님 지팡이를 걸어 놓았었는데……' 하고 지난날을 추억합니다. 점심때가 되면 "오늘은 어디로 가지? 김 박사 좋아하는 데로 가지" 하는 약간은 부담스러운 말씀이 아직도 들리는 듯합니다. 이사장실에 들어서면 지금은 치워서 없지만 선생님께서 쌓아 놓으셨던 자료 더미가 눈앞에 떠오릅니다. 연구소 내부나 주변의 이곳저곳, 이 물건 저 물건들이 선생님의 말씀, 표정, 움직임이 되어 다가옵니다. 안 계시니 빈자리가 더욱 크게 느껴집니다. 선생님, 그립습니다.

선생님은 경제수학, 경제통계학 등 경제학의 현대적 방법론을 한국 경제학계에 소개하신 분, 많은 연구를 통해 한국경제의 안정과 분배의 중요성을 강조해 오신 분, 서울대학교에서 40여 년간 '냉정한 머리와 따뜻한 가슴'이라는 경제학도의 자세를 강조하며 한국경제를 이끌어갈 수많은 동량을 키워내신 분 그리고 상아탑에만 머무르지 않고 경제민주화와 민주 사회를 향한 사회적 실천에 힘쓴 참된 지성인으로 널리 알려져 있습니다. 이처럼 선생님은 우리 경제와 사회에 커다란 흔적을 남기셨습니다. 한평생을 바쳐 일구어내신 선생님의 업적에 깊은 존경과 감사를 드립니다.

저는 오늘 이 추모의 글에서 선생님의 업적을 하나하나 밝히고 싶지는 않습니다. 이미 많이 알려져 있기도 하고, 거기에 새로운 의미를 더 추가할 능력도 되지 않기 때문입니다. 다만 오랫동안 선생님의 곁을 지킨 한 사람으로서 일상에서 느낀 선생님의 모습을 회고해 보고자 합니다.

무엇보다 선생님은 참 당당하셨습니다. 연구소를 찾아온 교수들이 강의시수를 채워야 하고, 행정 사무가 크게 늘었다는 고충을 얘기하는 것을 들으시고선 선생님은 "요즘 교수들은 학교 눈치를 너무 많이 보는 것 같아. 나는 그러지 않았어. 교수라면 할 말은 하고 살아야지"라고 말씀하곤 하셨죠. 선생님은 자신이 옳다고 생각하는 것은 굽힘 없이 자신 있게 내세웠습니다. 대학이나 교육부에서 만류하는 듯한 눈치를 주더라도 학내 민주화, 사회 민주화 선언에 적극 참여하셨습니다. 경제개발5개년계획평가교수단에서 1차 계획에 대하여 평가할 때는 대통령 앞에서도 정부 사람들이 듣기 싫어하는 빈익빈 부익부, 고물가 등 부작용을 거침없이 말하는 강단을 보이셨습니다. 선생님은 권력에 휘둘릴 것은 조심하였지만, 잘못된 권력에는 두려워하지 않고 당당히 맞서셨습니다.

선생님께서 당당하셨던 것은 아마도 선생님 스스로에, 그리고 선생님이 가시는 길에 자신을 가지셨기 때문이 아닌가 합니다. 선생님께서는 자신이 걸은 경기중, 서울대, 경제학의 길 모두를 최고라고 여기며 항상 자랑거리로 생각하셨습니다. 돈이나 권력, 남이 가진 것을 부러워하지 않았고, 자신이 가진 것을 높이 평가하셨습니다. 선생님께서 평생 주장하고 실천해 오신 '경제민주화'를 소중히 생각하시고 그 필요성을 역설해오셨습니다. 신념이 굳건하니 당당해질 수밖에 없는 것 같습니다. 북한에서 피신해 내려올 때 '어디를 가든지 떳떳하고 당당하라'는 부모님의 당부를 실천에 잘 옮기신 것 같습니다.

일반적으로 자긍심이나 자기애가 강하다 보면 이기주의로 빠지기 쉬운데 선생님께서는 그러지 않으셨습니다. 오히려 자기애의 범위를 넓혀 '이웃'을 아끼셨습니다. 더운 여름이면 선풍기도 없는 사람들을 걱정했고, 추운 겨울이면 난방이 제대로 되지 않는 집에서 사는 사람들을 걱정했습니다. 연구소 사람들을 이끌고 달동네인 백사마을을 찾아보시곤 하셨죠. 앨프리드 마셜이 권한대로 경제학을 하는 사람답게 사회의 그늘을 찾아가신 것이라 하겠습니다. '따뜻한 한반도 사랑의 연탄나눔운동'의 이사장으로 기꺼이 활동하고, '장학재단' 이사장을 장학금 규모를 크게 늘려 수혜자의 범위를 넓힌다고 하는 조건을 걸고 맡으셨던 것도 어려운 이웃을 걱정하는 마음 때문이 아니었나 합니다. 제자 중에서도 어려움을 겪고 있는, 그 뜻을 잘 펴지 못하고 있는 제자의 근황을 물으시며 연락해보라 하시면서 걱정을 많이 하셨죠. 선생님을 따르는 경제학자(언론에서 표현하는 소위 '학현학파'를 포함해서요. 물론 선생님은 '학파'라고 하기에는 거리가 있다고 표현하셨지만요) 들이 '성장'도 중요하지만, '분배'도 그만큼 중요하다는 것을 경제학의 기본으로 갖게 된 것도 선생님의 영향 때문이 아닌가 싶습니다.

선생님께서는 자신에 대한 자부심이 있었기에 다른 사람의 눈에 고집이 센 것처럼 보일 수도 있었겠습니다. 건설에 반대한 경부고속도로가 완공되자 선생님께서는 절대 이용하지 않으시겠다고 하셨고, 고이즈미가 일본 입국 때 지문 날인을 요구하자 절대 일본에 가지 않겠다고 하셨죠. 경부고속도로는 차에서 졸고 있을 때 운전하던 사람이 무심코 진입하는 바람에 해금(?)되었지만, 일본은 겨울에 규슈 지방으로 온천을 가고 싶어 하셨으면서도 그 의지를 끝내 관철(?)시키셨습니다. 선생님은 옳다고 생각하신 것은 실천에 옮기셨습니다. 지행합일의 태도가 아닌가 싶습니다. 물론 지나고 나서 보면 잘못된 결정으로 판명될 수 있지만, 올바른 근거와 합리적 사고로 도출한 생각을 고집스럽게 실행에 옮기면서 한평생을 당당하게 사는 것도 멋진 삶이 아닐 수 없겠습니다.

선생님은 학자로서의 길, 그 일관된 길을 걸으셨습니다. 선생님께서 예전에 "내 목표는 대학에서 정년퇴직하고 명예교수 되는 것"이라고 말씀하셨을 때, 처음에는 귀를 의심하지 않을 수 없었습니다. 대학에서 시간을 보내다 퇴직하면 저절로 되는 게 명예교수 아닌가? 라고 생각했던 것이죠. 그러나 선생님께서 다른 유혹에 흔들리지 않고 끝까지 학문의 길을 걸어가야겠다는 의지의 표현임을 알았을 때 그 목표가 쉽지 않으며 소중한 것이라는 것을 깨달았습니다. 지금은 제도가 바뀌어 교수직을 하다가 정계 등에 외도를 하다 돌아와도 대학에 근무한 기간이 일정 기간 이상이기만 하면 명예교수가 쉽게 될 수 있다고 합니다. 선생님께서 명예교수로 목표를 세울 당시만 하더라도 훨씬 까다로웠던 모양입니다. 선생님은 정치권으로부터 경제부총리 시켜 줄 테니 캠프에 들어오라는 요청을 받은 적도 있고, 모 재벌 회장으로부터는 새로운 정당을 만들 테니 대표를 맡아달라는 권유를 받기도 하였습니다. 하지만, 선생님은 정년퇴직과 명예교수가 되기 위해 학교를 떠나지 않으셨습니다. 물론 선생님께서 학교 밖의 일을 맡지 않은 것은 아니었습니다. 제2건국위원회 공동대표를 맡으셨지만, 그것은 자문기관이었고, 비상근이었기 때문에 그리고 제자가 간절히 요청하였기 때문에 받아들이신 것이라고 하셨죠. 또 선생님은 오래전부터 행정기관에서는 일할 생각이 없다고 하셨습니다. 통계청을 만들 때도 자리를 맡아달라는 제안이 들어왔는데 이를 피하려고 오히려 안 되기 위한 로비를 벌이셨다고 했을 때는 선생님을 따라서 쓴웃음을 지을 수밖에 없었습니다. 상지대, 한국외대 이사장과 2개의 장학재단 이사장을 맡으신 것은 교육기관이거나 교육을 진작시키는 데 도움이 된다고 보았기 때문일 것입니다. 작은 이익이나 눈앞의 이익을 위해 쉽게 운신하고, 마음을 옮기는 세태 속에서 일관된 학자의 길을 걸으신 선생님은 보통 분이 아니시구나 하는 생각이 절로 듭니다. 그래서였을까요? 선생님은 학생 시절 민주화운동을 열심히 하다가 갑자기 입장을 바꾸어 권력의 편에 붙는 일부 제자들을 보고는 여간 실망스러워하지 않으셨지요.

선생님께서 한 길을 걸으시고 다른 데에는 눈길 안 주시는 것에 경의의 마음을 품은 것은 물론입니다. 하지만 한편으로는 아쉬움이 느껴집니다. 선생님은 행정이나 정치를 하셨어도 썩 잘하셨을 것 같아서 그렇습니다. 선생님께서는 서울상대 학장을 맡으셨을 때 돈을 마련하여 학생들에게 장학금을 지급했던 일이 있으셨죠. 가정 형편이 좋지 못해 학교 등록금 납부 기간이 되었을 때 힘들어하는 학생들을 보고, 선생님께서는 당시 상대 동창회장을 맡고 있었던 두산 박두병 회장을 찾아가셔서 학생들이 공부하는 데 어려움을 겪고 있으니 도와달라고 부탁하셨습니다. 당시로서는 상당히 큰 금액인 200만 원을 받아 선생님은 그것을 상대 교무과장에 맡기고, 학생들이 등록금 내는 데 부족한 금액을 말하면 그 액수의 다과와 그것이 사실 인지의 여부를 확인하지 말고 요청한 금액을 다 주라고 하셨습니다. 그리고 그 최종 결과만을 선생님께 알려달라고 하고, 남은 돈 역시 계속 맡아서 관리할 것을 부탁하였습니다. 선생님 장례식 때 입학 시기가 60년대 후반인 한 선배가 장학금 얘기를 꺼내더군요. 선생님께서 도와주셨으니 망정이지, 그렇지 않았으면 크게 고생했을 거라고 하며 고마워했습니다. 저는 선생님께서 가난한 학생들을 도와주시려고 발 벗고 나선 그 마음 씀씀이에도 당연히 감탄하였지만, 더욱 인상적이었던 것은 선생님의 일 처리 방식이었습니다. 선생님께서 학생들을 믿고 절실하게 필요한 만큼의 금액을 도와줘 장학금을 효율적으로 사용한 것도 그렇고, 직접 지급에 관여하지 않고 제3자에게 이를 투명하게 관리하게 한 것도 여간해서는 쉽게 취할 수 없는 깔끔한 일 처리가 아닐 수 없습니다. 연구소 업무나 회계 문제를 깔끔하게 처리할 때마다 선생님께서는 주변에서는 쉽게 보지 못할 정도의 행정 능력을 가지신 분이라는 것을 느꼈습니다. 국민주 신문인 한겨레신문이 재정문제 등 어려움에 처했을 때 선생님께 운영을 맡아주실 것을 부탁했었는데 이 역시 선생님이 학문뿐 아니라 행정에서도 뛰어남을 알고 힘을 빌리고자 한 것 아니었겠습니까? 그런데 선생님은 이사진의 한 분으로 한겨레가 위기를 넘기는 데 도와주신 것에 그쳤습니다. 선생님께서는 학교에서 정년퇴직하실 것을 우선시하셨고, 학술원 회원의 일이 걸려 있기에 그럴 수밖에 없었다고 하셨죠. 선생님께서 더 활약하였으면 우리 사회가 좀 더 깨끗한 정치, 좀 더 공정하고도 유능한 경제를 누리게 되지 않았을까 하는 생각은 저만의 것일까요? 어떻든 선생님께서는 학자의 길을 우선시하고 세상의 출세에 욕심을 가지지 않으신, 선비적인 자세를 끝까지 지키신 것만은 분명한 것 같습니다.

선생님은 사리를 돌보지 않고 공공을 생각하는 미덕(virtue)을 지니신 분이셨습니다. 1983년인가 지식산업사라는 인문사회 분야의 책을 찍어내는 출판사가 부도 위기에 처했을 때 선생님은 지식산업사가 우리 사회에 기여하는 바가 큰 존재라고 생각해 이 출판사에서 책을 낸 저자들과 함께 사비를 털어 출판사를 주식회사로 만들고 주식을 사서 도왔습니다. 당시 선생님은 해직교수였던 탓으로 수입이 일정하지 않은 상황이었는데도 뜻이 있는 일에 앞장섰습니다. 한겨레신문이 창간되었을 때도 백낙청 교수께서 "선생님이 돈을 많이 내야 본을 받아 다른 사람들이 많이 참여합니다"라는 요청을 기꺼이 받아들였습니다. 선생님은 한겨레신문의 발기인 번호가 1번이라고 하시면서 매우 자랑스럽게 여기셨습니다. 2020년 초에 한겨레신문이 처음으로 주주배당 했을 때 무척이나 뿌듯해하셨던 게 기억이 납니다.

몇 년 전 사회단체들이 예산이나 후원금을 개인의 이익을 위해 돈을 빼돌린다는 보도가 쏟아진 적이 있었습니다. 우리 연구소에서는 일어나려야 일어날 수 없는 일입니다. 이사장이었던 선생님께서는 빵, 우유, 가글 등 개인 물품을 살 때면 연구소 돈을 절대 쓰지 말라고 하시면서 현금이나 카드를 주셨습니다. 선생님께서는 연구소 회비도 다른 분들보다 더 많이 내시고, 여력이 생길 때마다 연구소에 후원금을 내시곤 했습니다. 2014년에 한국경제학회로부터 신태환 학술상을 받으셨는데, 상금 전액을 연구소 운영비로 기부한 적도 있습니다. 그러고 보니 선생님 말씀이 생각납니다. "상지대, 외대 이사장을 할 때도 교육부 관리에 머리 숙이지 않았어. 개인적으로 착복한 돈이 없고, 규정대로 대학 업무를 추진하는 데 꿀릴 게 뭐가 있어?"

선생님은 연구소가 회비와 용역 수입으로만 운영되기 어려울 때면 자존심이 무척 강한 분으로서 다른 사람한테 손을 벌린다는 것이 썩 내키지 않으셨겠지만 기업하시는 분이나 아시는 분에게 부탁하여 부족한 돈을 충당하였습니다. 그 돈들이 연구소 본연의 활동을 하는 데 사용된 것은 당연하였죠. 개인적으로는 다른 사람에게 아쉬운 소리를 하실 분이 아니지만 연구소를 위해서는 기꺼이 손을 내밀었습니다. 제자들을 위해 장학금을 조달한 것도 마찬가지였을 겁니다.

선생님은 자기 절제력이 강하고 끊임없이 자신을 단련하시는 분이었습니다. 선생님은 정해 놓은 것을 꼭 지키려고 하셨습니다. 선생님은 연구소 명예이사장이 되셔서도 일주일에 화, 금요일 두 번을 나오는 날로 정해 놓고 꼭 지키셨습니다. 90대가 넘어서면 게으름도 피우고 싶으실 때가 있을 터인데, 선생님은 자신을 담금질하면서 개근하셨습니다. 그리고 연세가 드시면서 좀 쉬기도 하고 편하게 지낼 수 있을 터인데, 선생님은 끊임없이 자기 계발에 노력하였습니다. TV도 뉴스만을 보셨고, 드라마는 거의 보지 않고 다만 역사 드라마만을 보셨습니다. 왜 다른 재미있는 드라마도 많은데, 역사 드라마만 보시느냐가 질문을 드리니 선생님께서는 "다른 것은 시간 낭비이고 교훈을 얻을 수도 없어"라고 답하셨습니다. 마찬가지로 영화도 같은 이유로 안 보신다고 하셨습니다. 문화 예술을 삶의 필요를 척도로 판단하시는 것에 동의하지는 않지만, 선생님은 끊임없이 자기 계발을 위해 노력하신 분이라고 생각했습니다. 선생님은 가장 좋아하는 글귀의 하나로 초등학교 6학년 때 교장 선생님이 가르쳐준 '절차탁마(切磋琢磨)'를 꼽으셨습니다. 신문을 보시다가 모르는 두문자(頭文字)로 된 약어가 나오면 종이에 옮겨 적거나 신문에서 가위로 오려 빈 봉투에 보관하였다가 틈틈이 공부를 하셨습니다. 신문에 소개된 몇 줄짜리 영어 회화도 가위로 오려지곤 했습니다. "언어는 안 쓰면 자꾸 잊어먹는다"고 하시면서요. 그런 모습을 뵐 때마다 제 자신을 돌이켜보지 않을 수 없었습니다.

제자들은 선생님과의 술자리를 많이들 기억하고 있습니다. 선생님 근황을 제게 물어볼 때면 “선생님, 아직도 약주 많이 드시나?”라는 질문을 빼지 않았습니다. 특히 술자리에서 선생님께서 병권(?)을 장악하고 술을 권할 때의 이야기를 많이 합니다. 선생님은 술을 많이 마셔야 대화 수준과 친밀도가 높아진다고 여기신 듯 자꾸 술을 마시라고 따라 주었습니다. 술을 받을 때 혹시라도 채 비워지지 않은 술잔을 받쳐 들고 첨잔을 할라치면 선생님께서는 술 따르는 것을 멈추시고 별말씀 없이 술병 든 손을 살짝 위로 끄덕이기만 하셨습니다. 그러면 사람들은 지금의 잔을 다 비우고 술을 받으라는 신호구나 라고 생각하고 남은 술잔을 입에 가져다 털어 넣어야만 했습니다. 그러면 주변에 있던 사람들은 박장대소를 하면서 그 상황을 즐기곤 했습니다. 그리고 선생님이 맥주를 즐기실 때는 맥주 집에서 500cc 잔을 내오면 “맥주를 마시려면 적어도 1000cc 잔에다 마셔야지”라며 핀잔을 주면서 잔을 바꿔오라고 했습니다. 이러한 모습을 보면 선생님은 술도 좋아하시고, 술자리도 즐기시는 것 같아 술도 참 많이 드실 것 같았습니다. 그런데 놀랍게도 선생님께 ‘주량이 얼마 정도 됩니까’라고 여쭤봤더니 “주량은 잘 모르겠고 술이 취한다는 느낌이 오면 그만 마셔. 음식도 배가 부르면 더 이상 안 먹어”라는 답이 돌아왔습니다. 술이 술을 먹는다는 얘기가 있는 것처럼 자제하기가 쉽지 않고, 특히 선생님은 약주를 즐겨하시는 편인데 일정한 선에서 그칠 수 있다니 놀라울 따름이었습니다. 저나 주변의 많은 사람들은 눈에 보이는 음식이나 술이 있으면 바닥을 보곤 하니까요. 그러고 보니 선생님께서 취한 모습을 한 번도 보지 못했다는 생각이 떠올랐고, 굉장한 절제력을 가지신 분이구나 하는 것을 느낄 수 있었습니다. 선생님께 배워서 지나칠 것 같으면 삼가려고 노력하고 있습니다. 아직 잘되지는 않지만요.

선생님은 또 매사에 돌다리를 건너듯 신중하게 접근하셨습니다. 어디 몸에 탈이 나신 후나, 편찮으셔서 병원에서 퇴원하시고 나서는 몸이 술을 받는가를 살피시려고 소주를 한 잔 정도만 드셨고, 그게 탈이 없으면 그다음에는 그 양을 점점 늘려서 시간을 갖고 정상 수준을 회복해가는 방식을 취하셨습니다. 선생님의 조심성은 어머니께 교육받은 것이 아닌가 싶습니다. 어렵게 얻은 아들이 위험에 빠지지 않도록 '물가에 가지 마라. 자전거 타지 마라. 복 먹지 마라'라는 금기를 강조하셨다고 하고, 선생님은 그 말씀을 거역하지 않고 잘 이행하신 것 같습니다. 선생님의 조심성은 전두환 체제를 겪으면서도 발휘되었습니다. 서울사회경제연구소의 전신이라 할 수 있는 학현연구실이 제자들의 도움으로 종로구 소재 영진빌딩에 처음 마련되었는데, 선생님은 입구의 구두닦이가 안기부의 정보원 일을 할 수도 있다고 언행을 조심하셨고, 연구실에 손님이 찾아오면 외부의 창을 통해 관찰할 수 없는 방향으로 앉게 해 신분이 드러나는 것을 막으려 했습니다.

선생님은 이렇게 조심하면서도 필요하다고 판단하면 과감한 선택을 하기도 하였습니다. 예를 들자면 선생님은 한국사회경제학회의 창립을 발 벗고 나서고 초대 회장직을 맡으셨는데요. 이 학회는 진보적 경제학을 연구하려는 학자들의 모임으로, 전두환 정권하에서 탄압의 대상이 될 가능성이 높았습니다. 그럼에도 불구하고 선생님은 학문의 자유를 보호하기 위해서 위험을 선택하였던 것입니다. 그래서 선생님은 한국사회경제학회에 애정을 가질 수밖에 없다고 하셨습니다. 그런데 한 가지 선생님께서 아쉬움을 토로하셨는데요. 그것은 이 학회가 진보적 학회로서 보수적인 한국경제학회와 한국 경제학의 쌍두마차가 되기를 희망하셨는데 후에 보니 한국사회경제학회가 한국경제학회가 주최하는 경제학공동학술대회의 일원으로 활동하여 그 위상을 제대로 찾지 못하고 있다는 것이었습니다.

선생님은 엄하였지만 알고 보면 부드러운 분이셨습니다. 1960, 70년대에 학교 다녔던 선배들은 선생님을 무섭고 엄한 분으로 기억하더군요. 선생님은 강의 시간에 늦게 강의실에 들어온 학생들에게 "나가라우"라고 하셨다고 학생들 사이에서 '나가라우 교수님'으로 통했었다고 얘기 들었습니다. 조금만 실수해도 엄히 다스리고, 학업에 소홀하면 심하게 꾸중하시기도 하였다고요. 그런 얘기를 들을 때마다 바짝 치켜 파르스름하게 자른 짧은 머리로 대표되는 선생님의 이미지가 떠오르곤 했습니다. 실제로 선생님 젊으실 적 사진을 보면 짧은 두발을 한 얼굴에서 강한 기운이 뿜어져 나오는 것을 느낄 수 있었으니까요. 우리 80년대 학번들이 선생님 TA(teaching assistant)를 할 때면 선배들은 약간은 측은하다는 듯이 동정심을 담뿍 담은 얼굴로 "선생님, 안 무서워? 야단 안 치셔?"라고 물어보곤 했습니다. 그런데 사실 저는 TA를 하면서 화분을 제대로 관리 못하였다고 꾸지람을 들은 것 빼고는 그리 야단맞은 기억이 없습니다. 오히려 선생님은 '할아버지'처럼 잘 챙겨주시어 괜히 어리광이라도 부리고 장난스럽게 접근해볼까 하다가도 선배님들의 얘기가 떠올라 혹시 호되게 혼날지도 모를까 싶어 그만둔 적이 한두 번이 아니었습니다. 선생님이 야단을 치셨다가도 이내 일부러 부드러운 말투를 하면서 달래려고 애쓰시는 것도 많이 봤습니다. 이런 비슷한 얘기를 하면 선배들은 아마도 1980년 해직당했던 것이 선생님의 인생에 커다란 영향을 미쳤을 것이라고 짐작합니다. 앞만 보고 내달리던 선생님께서 인생의 힘든 고비를 맞으면서 주변을 돌아보시게 되었고, 사람에 대한 애정이 강해지신 것 같다고요. 어떻든 선생님 젊은 시절을 전혀 모르는 연구소 직원들은 선생님이 한편으로는 약간 무서운 면도 있지만, 괜한 친근감을 느끼게 하고 농담하실 때는 참 재밌고, 귀여운 면이 있다고 기억하고 있습니다. 선생님께서 직접 들으셨다면 기함을 하실 일입니다만.

선생님께서 제자들에게 엄하게 하신 것은 학업에 진지하고, 강하게 키우시려는 뜻이 있었으리라 생각합니다. 그러면서도 선생님은 제자들을 아끼고 보호하는 스승 본연의 역할을 다하셨습니다. 1970년대 유신 치하 많은 제자들이 투옥되는 상황에서도 법정에 나가서 제자들을 얽어매는 굴레를 벗기기 위한 진술을 하고, 경찰서에 찾아가서 잡혀 있는 학생들을 데리고 나오곤 하였습니다. 이러한 제자를 아끼는 마음을 충분히 알기에 1970년대 초 학생운동을 하다 세적 처분을 낭했던 제자들이 선생님께서 학장으로 제적 처분 문서에 결제했다는 것을 뻔히 알면서도 오히려 선생님을 존경하며, 계속 찾아뵙고 인사드렸던 것이 아니겠습니까? 1980년대 말에는 앞서 언급한 한국사회경제학회와 한국계량경제학회를, 1993년 서울대학교를 정년퇴임하신 뒤에는 서울사회경제연구소와 한국경제발전학회를 창립하시는 데 주도적인 역할을 하셨습니다. 이 모두가 제자들이 학문을 자유롭게 연구·발표하고, 서로 토론할 수 있는 장(場)을 마련하는 데 노력하는 것을 평생의 직분으로 삼아서 그런 것이라 여겨집니다.

선생님의 품은 참 넓으셨습니다. 아직도 일부 언론에서 선생님을 '좌파 경제학의 거두'라는 식으로 표현하면서 비판하는 칼럼이 실리곤 하는데요. 참 어이없고, 편협한 판단이 아닐 수 없습니다. 앞서 언급했던 선생님께서 창립에 역할하신 세 학회를 학문적 성격으로 보더라도 그렇게 판단할 수는 없으니까요. 굳이 나눈다면 한 학회는 좌파, 한 학회는 우파이고, 나머지 한 학회는 좌, 우, 중도가 함께 하는 학회라고 할 수 있지 않을까요? 그만큼 선생님은 소위 좌, 우, 중도 모두의 연구 활동을 진작시키려 했다고 보는 것이 나은 판단일 것 같습니다. 소위 좌파 경제학을 전공하는 사람에게 학현 선생이 좌파 경제학자냐라고 물으면 다들 고개를 내저을 것입니다. 선생님께서 끝까지 활동하셨던 서울사회경제연구소를 보더라도 마찬가지입니다. 연구소 회원들 면면을 보더라도, 역대 이사들의 명단을 들여다보더라도 고루고루 배치되어 있음을 알 수 있을 겁니다. 이사 중에는 진보 정부에서 활동했던 분뿐 아니라 보수 정부에서 고위직으로 활동했던 분도 계셨고, 진보 경제학을 맹렬히 공격했던 교수님도 계셨습니다. 그만큼 선생님은 후학들의 연구를 진작시키는데 좌, 우를 가리지 않고 모두를 안으셨던 분이셨습니다. 선생님을 찾아뵈었던 공무원, 기업인, 정치인, 학자들을 보더라도 어느 한쪽에 치우치는 바 없이 넓은 스펙트럼을 보였다는 것을 알 만한 사람은 다 알고 있습니다.

선생님께서 끝까지 활동한 연구소에서는 오히려 회원들 범위가 너무 넓어 연구소의 정체성이 불분명하다는 불만이 나온 지 오래됐습니다. 진보적인 회원들은 그들대로, 보수적인 회원들은 또 그들대로 더 이상 함께 하지 못하겠다고 탈퇴를 하기도 합니다. 선생님은 연구소를 운영하면서 우리 경제가 성장하는 가운데서도 모든 사람이 공정하고 고루 잘 살 수 있는 사회를 지향하셨고, 이에 동의하고 따르는 학자들이면 모두 회원으로 받아들이신 것입니다. 선생님은 주류 경제학이냐 비주류 경제학이냐? 이론경제학이냐 응용경제학이냐? 진보냐 보수냐?를 가리지 않고 폭넓게 후학들을 품은 것입니다. 그리고 선생님께서 정작 전공하신 것도 주류 경제학의 기초가 되는 경제학 방법론이어서 좌파로 모는 것은 부당한 것 같습니다.

선생님은 당신 스스로 균형 잡힌 시각을 가지려 애를 쓰셨습니다. 바쁘시더라도 매일 조선일보와 한겨레신문을 탐독하셨었죠. 한쪽만 봐서는 사태를 잘못 이해할 수 있다고 하시면서요. 오히려 선생님은 좌, 우 구별을 넘어서서 제자를 참으로 많이 아끼신 스승이 아닐까 라는 생각이 듭니다. 선생님은 후학들이 자유스럽게 학문하고, 각자가 가지고 있는 꿈을 펼칠 수 있는 여건을 만들기 위해서 분투하셨습니다. 선생님께서 우리 경제가 민주화되어야 하고, 공정하고 정의로워야 한다는 주장을 싫어하는 일부 언론이 선생님이 가진 많은 부분 중 일부분을 침소봉대하여 왜곡하여 비판하는 것을 보면 안타깝기 짝이 없습니다.

선생님. 다시금 돌이켜봐도 선생님은 멋진 분이셨습니다. 다른 사람을 위해 헌신하면서도, 스스로는 절제하고 끊임없이 절차탁마해가면서 당당하게 자신의 길을 묵묵히 걸어가는, 엄한 듯하면서도 부드러운 남자를 그 누가 좋아하지 않겠습니까? 더욱이 학문적으로도 높은 성취를 이루고 사회적으로도 커다란 기여를 하신 분이니까요. 이 모든 것이 많은 사람이 선생님을 찾아뵙는 이유가 아닐까 합니다. 제가 선생님께 부럽다고 느낀 것은 90대 중반 돌아가시기 직전까지도 선생님을 뵙고자 하는 사람들의 발길이 끊이지 않았던 점입니다. 나이 들어 힘 빠지면 더 이상 찾지 않게 되는 게 인지상정이고, 아무리 사회적으로 저명한 인사라 하더라도 거의 찾는 사람이 없어 말년을 외롭게 지내는 경우가 많은데 말입니다.

선생님은 가끔씩 소화 기능이 좋지 않아 식사 약속이 부담스러운데 자꾸 약속 잡자고 연락해 오는 제자들 때문에 곤혹스러워 하실 때가 많았었죠. 스승의

날 때는 십수 명의 제자들에게 둘러싸인 채 즐거운 시간을 보내기도 하셨죠. 어떤 제자는 선생님께서 노후에 편히 지내시게 해드리겠다고 금전적 지원을 자청하고 나섰습니다. 외부에 알리지 말라는 조건으로 1억을 내겠다고요. 선생님께서 예상보다 일찍 돌아가셔서 금액이 채 전달되지 못한 것으로 알고 있긴 하지만 참 고마운 일이 아닐 수 없습니다. 그리고 다른 제자는 선생님의 뜻을 더욱 높이 기리기 위해 학현학술상의 상금을 증액하기를 원한다고 하면서 학현학술상 기금에 큰 금액을 기부하기도 하였습니다. 선생님은 참 복이 많으신 분 같습니다. 물론 다 선생님께서 베푸신 결과가 아닐까 합니다.

선생님은 노후도 멋지셨던 것 같습니다. 선생님은 돌아가시기 전까지 육체적으로 정신적으로 건강하셨을 뿐 아니라, 스스로 노욕을 경계하셨고 남에게 의지하지 않는 홀로 서는 삶을 추구하셨습니다. 선생님과 같은 노년을 꿈꾸곤 합니다.

85세 정도가 되셨을 때라 생각되는데, 선생님께서는 이제 외부 활동을 자제하겠다고 하셨습니다. "나이를 많이 먹었으면 조용히 있어야지, 젊은 사람들한테 맡기지 않고 이러쿵저러쿵 떠드는 것은 보기 좋지 않아"라고 하시면서요. 학술 논문도 쓰시는 것을 그만두셨습니다. 외부에서 원고 청탁, 신문 인터뷰, 강연, 텔레비전 출연 등 많은 요청이 있었지만 그때마다 선생님은 대단히 감사하지만, 사정이 좋지 않아 어렵다는 말을 전하라고 하셨습니다. 그래도 연구소를 위하거나 꼭 필요하다고 판단한 활동은 하셨습니다. 연구소 행사를 널리 알리기 위한 언론 인터뷰나 김근태도서관에서 김근태 의원과의 인연을 동영상으로 녹취하는 사업에는 적극적이었습니다.

선생님은 90대 중반까지도 지하철을 이용해 출퇴근하실(선생님을 걱정한 제자가 차를 보내어 출근을 도움받기도 했지만) 정도로 건강하셨습니다. 참 다행한 일이 아닐 수 없습니다. 선생님 건강을 부러워하면 선생님께서는 "해직 때 등산 많이 해서 그때 몸이 단련된 것 같아" 또는 "어릴 때부터 매일 하나씩 먹은 사과 때문 아닐까" 정도만 말씀하시고 그저 웃으시곤 했지요. 폐 수술 후 얼마

지나지 않아 연구소 워크숍으로 자하문에서 북악산 정상까지 길게 이어지는 계단을 오른 적이 있었는데, 선생님은 "한 걸음 한 걸음 올라가면 계단이 올라가기 편해" 하시며 가뿐히 올라가셨죠. 연구소 사람들은 계단이 가팔라서 힘들다는 말은 차마 꺼낼 수 없었고, 북악산 정상 등반자 중에서 선생님이 최고령일지도 모른다면서 감탄만 했던 기억이 있습니다.

선생님은 정신적으로도 끝까지 흐트러짐이 없으셨습니다. 2021년 2월에 연구소 이사장을 놓으시기 직전까지도 제자들에게 정진할 것을 강조하셨고, 잘못된 일을 보고는 꾸지람을 주셨죠. 젊으셨을 때 그 서슬 퍼런 정도는 아니라고 하지만 정년퇴임을 하신 선배님들조차 선생님께 꼼짝을 못하는 상황을 지켜보노라면 한편으로는 대단하다는 생각이 들고 한편으로는 웃음이 나오기도 했습니다. 선생님을 만나러 왔다가 가신 분들도 다들 선생님 기억력이 우리보다도 나으신 것 같다고 입을 모았습니다. 선생님은 명예 이사장으로 연구소 일에서 한 걸음 물러나셨을 때도 연구소 심포지엄과 워크숍, 학회의 학술대회에 계속 참가하시면서 젊은 우리에게 끊임없이 자극을 주셨죠. 선생님은 갑작스럽게 입원하시기 전까지도 우리와 즐거운 대화를 이어갈 수 있었고, 우리에게는 선생님의 총명이 기억에 남아 있습니다.

육체적으로 그리고 정신적으로 건강하셨고, 중학교 시절부터 고향 황주를 떠나 서울에서 혼자 생활을 하는데 필요했던 자립심이 몸이 배었기에 선생님께서는 주변 사람들에 의존하는 것을 그렇게도 싫어하셨죠. 90이 넘으셨어도 신발을 신을 때 가방을 들어드리겠다고 해도 거절하셨죠. 계단을 오르내리고 할 때도 부축하는 것을 사양하셨습니다. 가족들에게도 마찬가지였던 것 같습니다. 사모님께서 돌아가신 이후로 자식들이 모시겠다고 한 것을 거절하고, 혼지 사시기를 고집하셨습니다. 연구소 사람들도 선생님께 이를 권유하면 선생님은 '아직은 나 혼자 할 수 있어', '나 혼자 있는 게 편해'라고 하시면서 고개를 흔드셨습니다. 놀라웠던 것은 2021년에 작은 수술(선생님은 시술이라고 강조하셨죠)을 하시고 난 다음이었습니다. 선생님은 몸에 관을 꼽고 있어야 해서 다른 사람의 도움이 없이는 생활 자체가 어려워 당연히 자식의 집에 가서 보호를 받아야 할 처지였습니다. 가족들도, 연구소 사람들도 몸이 회복될 때까지만이라도 그러시라고 권유를 드렸었는데, 선생님께서는 "충분히 알아들었으니, 잘 판단하겠다"고 하시고선 끝끝내 홀로 생활을 이어가셨습니다. 몸은 힘드셨겠지만 가능할 때까지 스스로 자신을 돌봐야 한다는 선생님의 결의를 우러르지 않을 수 없었습니다.

선생님. 선생님 생전에 멋진 삶을 사신 비결을 여쭈었어야 했는데 그러지를 못했습니다. 물론 여쭈어도 아마 선생님께서는 아무렇지도 않게 "그냥 그렇고 그렇게 살았을 뿐이야"라고만 답하실 것 같습니다. 그런 선생님이 무척이나 그립습니다. 아직 선생님께 배울 것도 많고, 여쭐 것도 많은데 곁에 선생님이 계시지 않으니 더욱 그렇습니다.

저뿐 아니라 많은 제자들이 모일 때마다 선생님과 함께 했던 시간을 추억하며 그리워하고 있습니다. 선생님은 살아계실 때도, 돌아가셔서도 행복하신 것 같습니다. 선생님이 말씀으로 행동으로 남기신 가르침을 가슴에 새기며 선생님께서 후학들을 위해 남기신 연구소가 계속 발전할 수 있도록 애쓰겠습니다.

선생님. 고맙습니다.

# 7

# 학현 변형윤 선생님을 추모하며

원승연 | 명지대학교 교수

내가 변형윤 교수님과 제자로서 밀접한 인연을 갖게 된 것은 1988년 선생님의 조교로 임명된 뒤부터였다. 선생님께서 영면하신 후 여러 언론에서 '진보 경제학자' 등으로 선생님의 업적을 기리고 추모하였지만, 내게는 다른 수식어 없이 부모님과 같은 스승이었고, 내가 교육자로서 그리고 학자로서 걸어가는 길의 지침이셨다. 추모집에 이 글이 발표될 때에는 선생님이 영면하신 지 거의 1년이 될 터이다. 선생님을 그리워하며 추억을 회고해 본다.

선생님께서는 서울대학교 정년 퇴임 이후에도 본인이 설립하신 서울사회경제연구소 연구 활동을 돌아가시기 직전까지 해오셨다. 그런데 연구소 운영 관련 회의를 하면서 무척 재미있는 일을 발견했다. 선생님께서 말씀하시면 이미 정년퇴임하신 선배 교수님들이 무슨 말씀을 하실 만한데도 코를 땅에 박고 심지어 '예'라는 말도 제대로 못하면서 절절매는 것이었다. 매우 편한 자리에서 선배님들께 왜 그러시냐고 여쭈어 보았더니, 자신들의 학생 시절 선생님은 정말 무서웠다는 것이었다. "나가라우"라는 말씀 한마디에 강의실에서 쫓겨나는 학생도 있었으며, 학교에서 술 먹다가 선생님께 혼났다는 여러 증언들이 있었다. 학생 때의 처음 기억이 50년이 지나서도 행동을 지배하고 있다는 생각에 속으로 웃음을 금할 수 없었다.

선배들은 그렇게 무서웠던 선생님을 왜 지금까지 지극 정성으로 모셔 왔을까? 선생님은 요새 젊은 사람들의 표현에 의하면 소위 '츤데레'였다. 경기고와 서울대를 나와 20대 때 서울대 교수로 부임하신 엘리트였던 선생님이 보시기에는 학생들의 일탈이 마음에 들지 않았을 것 같다. 그러나 그 엄한 이면에는 학생들의 어려움을 헤아리고 보살피는 자상함이 있었다. 4·19 당시 학생들의 피 흘림을 외면할 수 없었던 선생님은 '교수단 데모'에 참여하셨고, 박정희 군사정권의 학생에 대한 퇴학 요구를 단호히 거부하셨다. 그 외에도 본인이 가장 어려웠을 때 선생님이 해주신 보살핌을 잊지 못하는 여러 선배 분들이 많았다. 어느 한 후배는 춥고 배고팠던 영국 유학 시절 선생님께서 밥 한 끼 사주시면서 슬며시 건네신 용돈에 눈시울이 붉어진 기억을 최근 내게 전하기도 했다.

돌이켜보면 1980년대 공부했던 우리가 선배들보다 선생님을 그리 무섭지 않게 느꼈던 것은 선생님께서 철없는 우리를 매우 '어여뻐(?)' 여기신 때문으로 생각한다. 전두환 군사정권에 의해 해직되시고 많은 고초를 겪으신 선생님께서는 보다 넓게 세상 사람들의 처지를 이해하시게 된 것이 아닌가 나는 추측한다. 조교 시절 모든 과목의 성적평가를 정리한 후 선생님께 학과 사무실로 성적평가서를 제출하겠다고 말씀드린 적이 있었다. 하지만 선생님은 마감일 전까지는 제출하지 말라고 하셨다. 의아했던 나는 마감 전날 그 이유를 알게 되었다. 내 기억으로는 복학한 인문대생이 찾아와 시험을 보지 못한 자신의 사정을 설명하고 학점을 받을 수 있는지 문의하였다. 선생님으로서는 도저히 용납되지 않는 일이었다. 불같이 화를 내시며 학생을 꾸짖으시다가 갑자기 학생에게 '너 한 대 맞으라우' 하시는 것이었다. 어깨를 한 대 퍽 치시고 학생을 보내신 다음, 내게 학점을 줄 수 있는 구제 방안을 마련하라고 말씀하셨다. 요즘 세태로는 큰 일 나는 행동이었을지도 모르겠으나, 나에게는 감동스러운 장면이었다. 그 기억에 나는 아직도 성적 제출 마감일까지 학생들의 요청을 꼼꼼히 보는 습관을 갖고 있다.

선생님은 실천적인 지식인이고 학자였다. 1945년 광복 이후의 혼란한 시대에 서울상대에서 수학하셨던 선생님이 가장 관심을 갖고 독학처럼 공부했던 분야는 계량경제학이었고, 선생님은 1955년 계량경제학 전공자로서 상대 교수에 임명되었다. 그러나 1960년대 이후 사람들의 관심사는 어떻게 하면 가난에서 벗어나 경제를 발전시켜야 하는가였다. 선생님이 경제발전론에 천착하시게 된 이유는 바로 이러한 한국 사회의 필요성을 절감한 실천적인 관점이었다. 또한 경제성장 과정에서 발생하는 소득분배의 악화를 염려하시고 경제학에서의 분배 연구를 강조하시면서 영국 경제학자 앨프리드 마셜 연구에 천착하신 것도 시대의 요청에 따른 것이었다. 한국 사회를 염려하고 기여하려는 마음이 아니었으면 이처럼 미지의 영역으로 공부 대상을 계속 넓혀가면서 새로운 연구에 도전하는 노력은 없었을 것이다.

특히 선생님은 학문의 다양성이 중요하다고 생각하셨다. 선생님은 가장 선진적인 미국의 경제학을 학생들에게 가르칠 수 있도록 조순 교수를 서울대 상대로 직접 영입하기도 했지만, 다른 한편에서는 미국 일변도의 경제학 조류도 바람직하지 않다고 생각하셨다. 선생님은 이러한 생각으로 1980년대 당시 비주류 경제학을 전공하거나 한국경제 연구에 관심을 가졌으나 배울 곳이 없었던 대학원생들을 포용하셨다. 선생님은 자신의 뜻과 다를지라도 성실한 마음으로 공부하고자 하는 학생의 울타리가 기꺼이 되어 주셨다. 세간에서 이리저리 말하는 '학현학파'는 특정한 경제학의 관점을 주장하는 모임이 아니라, 학문의 다양성을 존중하고 보살펴주셨던 선생님의 마음의 크기를 담고 있는 세칭일 뿐이다.

무엇보다도 선생님을 뵈면서 가장 배워야 하겠다고 생각한 것은 '자기 절제와 물러남'의 미덕이다. 선생님은 아무리 외부에서 초청하더라도 학교가 아닌 외부와의 관계는 일정한 기간이 지나면 단절해야 한다고 생각하셨다. 아무리 좋은 의도와 관계를 갖고 있다고 하더라도, 오래 교류하다 보면 해당 조직의 문제점을 지적하지 못하고 단순히 협조만할 수 있다는 학자로서의 자기 경계에 따른 것이었다. 실제 선생님은 여러 곳의 요청으로 이사장 등을 역임하셨지만 항상 자신의 원칙대로 물러나셨다.

은퇴 후 나이가 드시면서 선생님은 서서히 자신을 뒤로 하기 시작하셨다. 언론 등의 노출도 어쩔 수 없는 일이 아니면 하지 않으셨고, 학회에서의 연설도

가급적 자제하셨다. 선생님의 제자 결혼식 주례사가 너무 길었다는 증언(?)은 많이 들었지만, 부득이하게 하신 학회에서의 연설이 길었던 것은 보지 못했다. 좋아하시던 등산도 어느 순간 주위의 폐를 끼치게 된다고 생각하시면서 중단하셨다. 나는 아직도 선생님과 마지막으로 올라갔던 화왕산 등반의 기억을 생생히 갖고 있다.

극심한 변화가 있었던 한국 근대사회에서 학자가 시대에 영합하지 않고 자신을 지키는 일은 매우 어려웠다. 그러나 선생님은 한결같고 꼿꼿한 마음으로 세상을 일관되게 살아오셨고 이를 제자들에게 몸소 실천으로 보여주셨다. 그리고 세월의 변화를 수긍하시면서 스스로 자신을 낮추고 물러서는 모습도 보여주셨다. 그러기에 선생님은 많은 제자의 존경을 받았고, 영면하시기 전까지 항상 제자들이 함께하고자 했다. 내가 앞으로 걸어가야 할 길이나, 과연 얼마나 선생님을 본받을 수 있을지는 자신이 없다. 선생님의 제자로서 삶의 과정에서 이 모든 것을 배울 수 있었던 것은 내게는 행운이었고 영광이었다.

변형윤 선생님. 감사합니다.

# 8

## 외할아버지를 기억하고 추모하며

이현우 | 외손자, 한국에너지공과대학교 에너지AI 트랙 조교수

제게 2022년 성탄절이 낀 주말은 성탄의 기쁨보다는 이별의 슬픔이 더 큰 날이었습니다. 제 외할아버지인 학현 변형윤 서울대 명예교수님께서 24일 오후 9시 52분 95세를 일기로 생을 마감하셨기 때문입니다. 전날인 23일에 제 어머니로부터 하루 이틀일 수 있다는 이야기는 들었지만, 정말 하루 후에 돌아가실 줄은 꿈에도 생각지 못했습니다. 저는 25일 오전 3시경 어머니로부터 온 문자를 접하고 가족과 함께 바로 서울로 향했습니다. 갑자기 쏟아지는 눈물이 눈앞을 가렸고, 마음은 착잡하기 그지없었습니다. 제게 있어 외할아버지가 정말 큰 분이셨음을 새삼 느끼는 순간이었습니다. 외할아버지가 돌아가신지 1년 가까이 지난 지금, 변형윤 교수님의 전집 9권 "삶의 발자취"에 담긴 29번 사진의 꼬마가 지금껏 자라오면서 바라본 외할아버지에 관해 서술하면서 그분의 뜻을 이어가고자 하는 마음의 고백을 담고자 합니다.

어린 시절부터 외할아버지에 대해 여러 이야기를 들어왔지만 그중 가장 기억나는 일화를 꼽자면 아무래도 제 부모님 결혼식과 80년 서울대 교수들의 시국선언을 택하고 싶습니다. 제 부모님은 박정희 전 대통령이 피격된 해인 1979년에 화촉을 올리셨습니다. 모두가 아시듯, 1970년대는 유신이 선포된 엄혹한 군사 독재 시기였고, 군부 독재 정권은 사람들의 민주화 열망에 반하며 장기 집권을 꿈꾸었습니다. 유신과 함께 만들어진 당시 통일주체국민회의는 대통령 간선을 통해 박정희 전 대통령을 다시 추대하려고 합니다. 민주화 세력은 이 움직임에 반발하고자 하였으나, 유신 하에서 거리 집회가 쉽지 않자 11월 24일

에 YWCA에서 위장 결혼식을 열고 이 자리에서 집회를 진행하기도 합니다. 시일이 조금 지나 신군부는 12·12사태를 일으켰고 시국은 굉장히 어수선해집니다. 하필이면 그러한 때, 제 부모님께서는 12·12사태 바로 3일 뒤인 12월 15일에 부부의 연을 맺는 식을 올리게 됩니다. 유명 반체제 인사의 딸 결혼식이 YWCA 결혼식 위장 사건의 재탕일지 모른다는 공안 기관의 우려 탓인지 제 부모님 결혼식 하객의 많은 수가 경찰이었다는 웃지 못할 해프닝이 벌어졌습니다. 두 번째 일화는 바로 1980년 서울대 교수 시국선언입니다. 1979년 박정희 전 대통령이 피격된 이후, 사람들의 민주화에 대한 열망은 더없이 분출되었습니다. 이른바 서울의 봄이 시작된 것입니다. 이 흐름에 역하여 신군부는 정권에 대한 의지를 보이며 계엄을 선포하기에 이릅니다. 이 시점 즈음 외할아버지께서 서울대 교수협의회를 맡으시었습니다. 외할아버지는 회장 취임식에서 현 시국에서 교수협의회가 역할을 해야 한다는 생각을 표하시었고, 1980년 5월에 서울대 교수들의 시국선언을 준비하십니다. 당연히 신군부의 탄압이 있었고, 외할아버지께서 다른 교수님들을 보호하면서 스스로 총대를 메고 해직되셨습니다. 저는 이 이야기를 어린 시절에 어머니로부터 들었습니다. 어린 제게도 이 이야기는 정말 큰 감동이었습니다. 이 밖에도 정권에 대한 비판적 지식인이자 반체제 인사로서, "냉철한 머리와 따뜻한 가슴"을 가지고 노동자·서민의 편에 서시고자 한 이야기들은 제 삶의 가치관 형성에 큰 영향을 끼쳤습니다.

해마다 새해가 되면 외할아버지 밑에서 학문을 하신 제자들이나 여러 사회 인사들이 외할아버지를 찾아와 세배를 드렸습니다. 제 어머니 쪽 가족들도 항상 새해 첫날에는 외가댁에 모여서 가족 간에 새해 인사를 나누고 외할아버지의 손님맞이를 했기 때문에, 저는 늘 가까이서 정초 세배 풍경을 지켜볼 수 있었습니다. 이름만 들어도 알 수 있는 여러 인사들도 찾아왔습니다만, 그래도 가장 기억에 남는 손님들은 아무래도 외할아버지께서 직접 지도하신 제자들 혹은 외할아버지로부터 간접적으로 영향을 받은 제자들입니다. 새해 아침이 되면 보통 첫 손님으로 십여 명으로 이루어진 일군의 제자들이 찾아오셨습니다. 아마도 이 분들이 외할아버지께 직접 지도를 받으신 80년대 학번의 제자로 기억합니다. 제자들이 오면 외할아버지께서는 방에 앉으시고 제자들은 보통 학번 별로 나누어 외할아버지께 세배를 드렸던 것으로 기억합니다. 세배를 마치면 거실로 자리를 옮겨 다 같이 둘러 앉아 가볍게 덕담과 새해 인사를 나누고, 여러 이야기꽃을 피웠습니다. 매해 있는 정례적 방문이지만 아무래도 직접 지도하신 제자들이라서 그런지 많은 수의 제자들에게 둘러싸여 있는 외할아버지의 모습에는 늘 기쁨이 함께하였던 것으로 기억합니다. 이렇게 한 차례 큰 무리의 제자들이 방문하고 나면 그 뒤부터는 소규모로 한두 분, 혹은 서너 분씩 그룹을 이루어 방문하셨습니다. 외할아버지는 이렇게 찾아오는 손님들에게 매우 감사하셨습니다. 외할아버지는 손님들과 여러 가지 이야기를 나누셨지만 간혹 제 이야기도 하셔서 가끔씩 저도 오신 손님들께 인사를 드릴 기회도 있었습니다. 늘 잊지 않고 찾아와 주시는 많은 분들이 놀라웠고, 새삼 외할아버지의 위치가 존경스러웠습니다. 이렇게 방문하는 분들 중에는 역시나 외할아버지의 경제학과 제자인, 제게는 셋째 큰아버지가 되시는 고 이종윤 외대 명예교수님과 고모부가 되시는 고 김기원 방송대 교수님도 있습니다.

명절이나 가족 행사가 있는 날이면 한 번씩 외할아버지로부터 과거의 이야기를 들을 기회가 있었습니다. 그중 기억나는 이야기 몇 가지를 적고자 합니다.

외할아버지는 황해도 황주에서 출생하셨습니다. 자세히 기억나지 않지만, 과거에는 급제하였으나 관직에는 오르지 않은 진사 집안에서 태어나셨다고 말씀하셨던 기억이 납니다. 그래서인지는 모르겠지만 저는 항상 외할아버지를 뵐 때면은 외할아버지의 올곧음이 마치 역사책에서 보게 되는 강직한 선비 같다고 느끼곤 하였습니다. 한번은 외할아버지께서 윗대에 독립군이 있다는 사실을 알게 되었다며, 이 사실을 매우 자랑스럽게 말씀하신 적이 있습니다. 독립운동을 하신 분의 존함이 정확히 기억나지 않으나, 만주에서 활동하신 유인석 장군과 함께 활동하셨다고 들었습니다. 저 또한 이야기를 들으면서 독립군의 후예임을 자랑스럽게 느끼게 된 시간이었습니다.

외할아버지는 경기고등학교에 입학하게 되시면서 상경하셨다고 들었습니다. 외할아버지는 해방 이후 대학에 진학할 나이가 되셨는데, 그 시기는 마침 국립서울대학교가 설립되어 학생을 받기 시작한 때와 겹칩니다. 국립서울대학교는 먼저 귀국한 일본 유학생들부터 편입으로 받았다고 들었습니다. 이들이 초기 3학년과 4학년 학생을 차지합니다. 그리고 신입생을 국내에서 받기 시작하였는데, 이때 외할아버지께서 입학하셨다고 들었습니다. 그러니 외할아버지는 국내에서 국립서울대학교에 입학한 최초의 학생 중 한 명인 셈입니다. 대학을 졸업하시고 외할아버지께서는 학생들을 가르치시며 제자들을 양성하시기 시작하셨습니다. 그러던 중, 한국전쟁이 발발하였고, 나라는 혼란에 빠지게 되었습니다. 전란의 상황에서 외할아버지는 생명의 위협을 느끼는 순간도 경험하시게 됩니다. 외할아버지께서 말씀해주신 구체적인 위기 상황이 기억나지는 않습니다만 그 순간에 외할아버지는 어느 학생의 "선생님" 소리를 들을 수 있었고 그 학생의 도움으로 위기를 탈출하셨다고 합니다. 그리고 그 길로 피난길에 오르시게 됩니다. 아쉽게도 이 생명의 은인이 누구신지는 알지 못합니다.

한국전쟁 기간 중 외할아버지는 부산에서 통역관 장교로 복무하시게 됩니다. 이 시기에 부산에서 학생들을 가르치셨던 제 외할머니도 만나신 것으로 알고 있습니다. 장교 복무를 마칠 즈음, 외할아버지는 그 이후 삶에 대한 계획을 고민하셨고 마침 함께 장교로 있던 친구와 상의할 일이 있었다고 합니다. 그 친구 분은 대학원 진학을 하겠다면서 같이 진학할 것을 권유하셨다고 들었습니다. 외할아버지는 학계에서 일할 뜻을 가지고 계셨지만 당시에는 학사 학위만 있어도 대학 강단에 설 수 있던 시기였기 때문에, 대학원 진학은 크게 생각해 보신 적이 없었다고 합니다. 그래서 처음에는 사양하였었는데, 그 이후 친구분이 완강하게 권유하여 얼떨결에 친구 따라 대학원에 진학하게 되었다고 들었습니다. 정확한 순서는 잘 모릅니다만 이 과정에서 미국 유학길에도 올라 벤더빌트 대학에서 석사 학위도 받으셨습니다.

외할아버지는 서울대학교에서 강사로서 경제학을 가르치기 시작하셨습니다. 대학 강단에서 제자들을 가르치는 동안, 많은 분들이 아시다시피, 외할아버지는 4·19를 계기로 사회에 적극적으로 참여하시기 시작합니다. 이후 군사독재 정권에서 민주화 운동에 앞장 선 학생들을 지켜주거나 후원하기도 하셨습니다. 한번은 외할아버지가 상대 학장이던 시절에, 정권에서 외할아버지 명의로 고 김근태 전 의원에 대해 퇴학 조치를 취한 적도 있었다고 들었습니다. 이러한 현실에서 외할아버지는 도리어 고 김근태 의원을 지켜지기 위해 노력하시고 이후에 후원도 하시는 등 민주화를 위한 학생들의 활동을 지켜주기 위해 노력하셨습니다. 외할아버지도 적극적으로 목소리를 내시면서 결국 해직되기도 하셨습니다. 해직된 이후에도 해직교수협의회 활동을 통해 계속 민주화에 기여하신 것을 많은 분들이 잘 알고 계시리라 생각합니다.

외할아버지는 집 안에서는 매우 보수적인 분이셨습니다. 엄격하고 까다로우신 점이 있었기 때문에 외할머니께서 매우 고생을 많이 하셨다고 들었습니다. 외할아버지는 보수적인 가장이긴 하셨지만 그래도 제가 보기에는 부부의 예를 다 하셨던 것으로 기억합니다. 2009년에 외할머니께서 돌아가셨을 때 정성을 다해 상을 치르셨던 것으로 기억합니다. 상가에서 식사 관련하여 일하신 분들도 상을 치르는 외할아버지께서 굉장히 겸손하시다고 표현하실 정도로 예를 다하셨고, 외할머니를 떠나 보내셨습니다. 외할머니께서 생전에 외할아버지는 국가 경제에 대해서는 알아도 가정 경제에 대해서는 모른다고 핀잔을 주시기도 하였지만, 그래도 제 어머니 말씀에 따르면, 외할아버지께서 해직 중인 동안에도 어머니 삼남매가 고생 없이 살 수 있도록 많은 노력을 하셨고, 자녀들이 어려움 없이 공부에 매진할 수 있도록 해주셨던 것 같습니다. 그리하여 장남이신 제 외삼촌과 장녀이신 제 어머니 두 분 모두 서울대에서 수학하고 대학 교수로 사회에 공헌할 수 있도록 발판이 되어 주셨습니다. 이제는 두 분도 모두 정년 퇴임하셨습니다.

또한 외할아버지는 손주들에 대해서 많은 애정을 보이셨습니다. 손님들과 대화하면서 손주들에 대한 자랑도 많이 하셨는데, 그중에는 저와 관련한 일화도 제법 말씀하셨던 것으로 기억합니다. 특히나 제가 미취학 아동이던 시절, 제 아버지가 EC에 파견 나가게 되셔서 벨기에에 살았는데, 한번 외할아버지와 외할머니께서 오신 적이 있습니다. 며칠이 지나고 외할아버지와 외할머니께서 잠시 나가셨는데, 제가 외할아버지와 외할머니께서 댁으로 돌아가신 것으로 오해한 적이 있었다고 합니다. 두 분이 조금 뒤에 집으로 돌아오셨더니 저와 제 동생이 너무 기쁜 나머지 '껑충껑충' 뛰었다고 합니다. 이 모습이 매우 기쁘시고 기억에 남는지, 저에 대한 이야기를 하실 때 가장 입에 많이 올리셨던 것 같습니다.

저는 우연히, 그리고 운 좋게도 학현 변형윤 교수님의 외손자이자 고 김기원 교수님의 조카로 태어났습니다. 고 김기원 교수님께서 제 고모부 되십니다. 어린 시절부터 간접적으로 들어온 두 분의 삶은 제 인생의 큰 방향성이 되었습니다.

저는 2004년에 서울대학교 컴퓨터공학부에 진학하였습니다. 간혹 저에게 제 외할아버지도, 그리고 제 아버지도 경제학 전공인데(제 아버지는 서울대학교 경제학과 73학번으로 외할아버지 제자이십니다), 왜 이과 전공을 하느냐는 말씀을 하시는 분들이 계시는데, 저는 매우 어린 시절부터 컴퓨터에 큰 관심을 가지면서 이 분야로 전공 선택을 해야겠다는 생각을 갖고 있었습니다. 외할아버지도 장려해 주셨고, 특히나 제가 서울대학교에 합격했을 때 매우 기뻐하셨습니다. 컴퓨터 학자로서의 꿈을 가지고 대학에 입학하였지만 제가 대학에 진학하고 나서 보게 된 사회의 모습은 이상적인 것과는 거리가 있었습니다. 명분 없는 전쟁에 동맹이라는 이유로 젊은이들이 파병을 나가야 했고, 생존을 옭죄는 구조적 현실에 한 시간에 한 명 이상 꼴로 극단적 선택을 하였고, 노동자들은 장시간 노동과 저임금 구조의 현실에 내몰려 있었습니다. 그리하여 저는 대학 시절 전공 공부보다는 외면하기 어려운 현실을 이해하기 위해, 저는 여러 책도 찾아보게 되었고, 거리의 현장에도 많이 참여하게 되었습니다.

한 번은 고모부에 사회 현실에 대해 조금 길게 이야기 나눈 적이 있습니다. 제 대학생활에 대해 걱정하신 제 어머니께서 아마도 고모부께 저와 대화를 해

보면 좋겠다고 부탁하셨던 것 같습니다. 당시 전태일 평전이나 시국 등 여러 이야기를 나누었지만 다른 이야기들보다 기억에 남는 것은 고모부께서 대학생이시던 시절에 보았던 외할아버지의 모습이었습니다. 군사정권이었던 1970년대에 학생들은 학내 시위만으로도 중징계를 받았다고 합니다. 당시 상대 학장을 맡고 계셨던 외할아버지는 학생들 시위 현장에 종종 찾아오기도 하셨다고 들었습니다. 아마도 정부 당국으로부터 학생 시위에 대한 지침 등을 받았던 것 같습니다. 하지만 외할아버지는 학생 시위 현장에 오셔서 시위를 중지시키려고 하지 않으셨다고 합니다. 오히려 학생들에게 학생들이 하고 싶은 말을 하라고 하셨다고 들었습니다. 제 귀에 이 일화는 매우 강단 있는 선비의 모습으로 보였습니다.

외할아버지는 "사회를 위해 살라"는 말씀을 많이 하셨습니다. 저는 외가댁에서 명절 때 외할아버지와 이야기를 나눈 것을 제외하면 딱 한 번 밖에서 독대를 한 적이 있습니다. 외할아버지께서 빈대떡을 매우 좋아하셔서 잠원동에서 신사 사거리 방향으로 가는 길목에 있는 막걸리 집에서 빈대떡을 안주로 외할아버지와 이야기 나눈 적이 있습니다. 아버지를 일찍 여읜 저로서는 이 자리가 집안 어른과 함께 한 거의 유일한 술 자리였습니다. 그 당시 어떤 이야기를 나누었는지는 잘 기억에 나지 않지만, 중요한 말씀은 사회에 기여하는 삶과 그 방법에 대한 이야기였던 것으로 기억합니다. 외할아버지는 종교에 대한 말씀을 하시면서도 사회를 위한 삶을 강조하셨던 적이 있습니다. 여러 목사들이 하나의 교리를 가지고도 여러 가지 다른 이야기를 한다고 말씀 하시면서, 가장 중요한 것은 사회 기여라는 점을 강조하셨습니다.

저는 대학 1, 2학년 때 학내 언론비평동아리에서 활동하고 있었습니다. 해당 동아리는 한반도의 평화와 통일, 그리고 노동의 벗을 지향하며 기성 언론들을 비평하는 역할을 수행하였습니다. 제가 2학년이 되던 해는 남과 북의 정상이 2000년에 맺은 통일의 약속 615공동선언이 5주년 되는 해였는데, 동아리는 615 5주년을 기념하면서 그간 한반도 평화와 통일과 관련하여 작성했던 기사들을 모아 백서를 발간하기로 하였습니다. 백서를 만들어 여러 기관과 단체에 보낼 계획을 세웠으나, 문제는 인쇄 비용을 비롯한 제반 비용을 어떻게 할지가 문제였습니다. 저는 큰 기대 없이 외할아버지께 한번 말씀드렸는데, 외할아버지는 특별한 말씀 없이 50만 원을 챙겨주셨습니다. 백서 작업을 마무리하고 외할아버지 연구소에 동아리 회원 몇 명과 발간한 백서 두어 권을 들고 찾아갔는데, 외할아버지께서 백서를 받으시며 칭찬해주신 모습이 지금도 기억에 남습니다.

저는 2006년에 평택 미군기지 확장 반대 집회에 참석하였다가 연행되어 유치장에 갇힌 적이 있습니다. 당시 김포서로 연행되었는데, 제 어머니께서 걱정되어 부탁하셨는지 외할아버지와 고모부께서 김포까지 찾아오신 적이 있습니다. 당시 두 분이 찾아오셨지만 외할아버지도 고모부도 경찰관 분들에게 잘 부탁한다고만 하실 뿐 제게는 특별한 말씀을 하시지 않았던 것으로 기억합니다. 여러 하시고 싶으신 말씀이 있으셨겠지만 저를 믿고 존중해주시고 싶으셨던 것 같습니다. 저 또한 걱정을 끼쳐 드려 죄송하다는 생각과 함께 존중해주신 것에 대한 감사한 마음이 교차하였던 것으로 기억합니다. 그리고 이 기억이 지금까지 이어져 제 삶의 방향과 주변 사람들의 영향에 대해 여러 가지 생각을 할 수 있게 된 것 같습니다.

외할아버지는 2022년 12월 24일 밤에 일기를 마치셨습니다. 상중에 많은 분들이 오셨습니다. 저는 유족의 한 사람으로서 영전 앞에서 찾아오신 손님들을 맞이하였습니다. 사회 각계각층에서 전·현직의 많은 분들이 찾아오셨지만, 그럼에도 가장 인상적이었던 것은 60년대 학번으로부터 80년대 후반 학번에 이르기까지 수많은 제자 분들이 찾아오신 것입니다. 이미 외할아버지의 제자들은 대부분이 은퇴를 하셨음에도 불구하고 손수 찾아오시면서 영전에 마지막 인사를 올렸습니다. 외할아버지께서 이렇게 수많은 제자들로부터 존경을 받은 것은 단순히 그가 고급 지식 전달자였기 때문은 아닐 것입니다. 참된 스승으로서의 인생의 한 좌표 역할을 하셨기 때문일 것입니다. 또한, 따뜻한 스승으로서 제자들을 어루어주셨기 때문일 것입니다. 상중에 오신 제자분들께서 외할아버지께 인사를 드린 후 저희 유족에게 자기소개를 하시면서 많은 분들이 해주셨던 말씀이, 외할아버지께서 제자의 결혼식 축사를 위해 먼 거리를 마다 않고 와주셨다는 것이었습니다. 그만큼 외할아버지께서 제자들 한 분 한 분을 아끼셨던 것을 느낄 수 있었습니다.

외할아버지는 저를 늘 아껴주셨고, 자랑스러워하셨습니다. 그리고 늘 제가 외할아버지 이상이 될 수 있을지 궁금하다고 하셨습니다. 저는 2022년 9월부터 대학에서 학생들과 함께 컴퓨터와 인공지능을 강의하고 연구하고 있습니다. 외할아버지의 죽음은 저와 함께하는 혹은 함께할 제자들에게 어떤 스승이 될 것인지에 대한 질문을 던지게 됩니다. 여전히 한반도의 평화와 통일은 요원하고, IT 기술이 기반이 되는 플랫폼 노동은 이른바 '알고리즘에 의한 통제'의 부정적인 면이 나타나고 있습니다. 불안정한 노동 조건과 장시간 저임금 노동은 여전히 사회의 이슈입니다. 저는 외할아버지가 사회에 기여하시면서 유능한 제자들을 길러내셨던 것처럼 대학의 사회적 역할을 고민하면서 우수한 연구로 사회에 기여할 것이고, 자신의 재능으로 사회에 기여하는 제자들을 배출할 것입니다. 기술이 사회의 발전에 기여할 수 있도록, 여러 사람들이 차별 없이 기술 발전의 혜택을 누릴 수 있도록 노력할 것입니다.

외할아버지, 감사드립니다. 이제 삶에서 지고 있으셨던 무거운 짐 내려놓으시고 하늘에서 평안하셨으면 합니다. 외할아버지가 아끼는 큰 외손주가 이제는 전집의 꼬마에서 외할아버지를 따라 어엿한 교수가 되어 제자들을 맞이하고 있습니다. 하늘에서 외손자가 사회에 기여하는 모습에 뿌듯하실 수 있도록 잘 살도록 하겠습니다. 감사합니다.

9

# 학현이 이끈 서울사회경제연구소 30년*

박복영 | 경희대학교 교수

## 1. 머리말

학현 변형윤 서울대학교 경제학과 교수는 전두환 군사정권에 의해 해직을 당하자, 1982년에 '학현(學峴)연구실'이라는 이름으로 캠퍼스 밖에 연구실을 열었다. 선생의 제자 중 민주화와 개혁을 열망하는 학자들이 이 연구실을 중심으로 모였고, 이들은 매월 학술 모임을 하면서 한국경제의 개혁 방향에 관해 열띤 토론을 하였다. 학현 선생이 대학으로 복직한 후에도 학현연구실 활동은 계속 이어졌는데, 1993년 선생의 정년퇴직을 계기로 학현연구실은 사단법인 서울사회경제연구소(이하 서경연)로 발전되었다. 학현 선생은 창립 때부터 서경연을 줄곧 이끌어오시다 2007년에 연구소장을 후학에게 넘겨주셨지만, 연구소 이사장이라는 짐은 작고하기 한 해 전인 2021년까지 지고 계셨다. 학현 선생은 첫 20여 년간 매일 연구소로 출근하셨고, 거동이 다소 불편해진 후에도 매주 두 번은 연구소에 꼭 나오셨다. 그러니 서경연은 대학을 떠난 이후 학현의 연구와 사회 활동의 결과가 집적된 곳이라 할 수 있다.

2023년은 서경연이 30년이 되는 해이다. 필자는 지난 30년간 서경연의 연구

---

* 이 글은 서울사회경제연구소 30주년을 기념해 쓴 글을 본 추모집의 형식에 맞추어 그 분량을 대폭 줄이고 내용을 일부 수정한 것이다. 원래의 글은 서울사회경제연구소가 발간한 『서울사회경제연구소 30년 자료집』(2023.5)에 실려 있다.

성과 정리를 통해, 학현이 뿌린 학문적 씨앗이 그 후학들에 의해 어떤 결실로 이어졌는지를 살펴보고자 한다. 서경연의 대표 발간물인 연구총서를 보면 서경연 혹은 그 소속 연구자들이 어떤 문제에 천착하여 어떤 주장을 펼쳤는지를 가늠할 수 있다. 이 작업은 학현이 이끌어온 서경연의 성격을 이해하고자 하는 노력임과 동시에, 진보 경제학자들이 한국경제의 변화와 개혁을 위해 고민하고 토론한 과정의 역사를 되짚어 보는 작업이기도 하다.

서경연은 정의롭고 민주적인 사회경제구조를 확립하여 인간 중심의 경제 질서를 만드는 방안을 마련하고, 통일에 대비한 한국경제 미래상과 변화하는 세계 경제 속에서 한국경제의 진로를 모색하는 데 연구 목표를 두었다. 서경연은 학현 선생이 주도하거나 참석하신 가운데 매월 월례토론회를 개최하고 매년 1회 시의성 있는 주제로 심포지엄을 개최하였다. 연구총서는 월례토론회와 심포지엄에 발표한 글 중 시의성과 시사성이 높은 것을 주제별로 모아 발간한 책이다. '서경연 연구총서'(이하 연구총서)는 1996년 제1권이 발간되어 2022년까지 모두 41권이 발간되었다. 매년 한 권 발간을 목표로 했지만 2005년부터 2017년까지는 대체로 매년 두 권 발간되었다.

연구총서 이름으로는 1996년 처음 발간되었지만, 서경연의 집단적 연구 성과 산출의 실질적 시작은 1992년이었다. 학현 그룹이 집단적 연구와 토론을 통해 처음 성과를 내놓은 것이 1992년 2월 변형윤 교수 정년퇴임 기념논문집인 『경제민주화의 길』이었다. 이 책의 집필에는 변형윤 교수 외에 14명의 경제학자들이 참여했는데, 이들 모두가 서경연 1세대의 주축 그룹이었다. 그래서 이 저작은 서경연이 공식 출범하기 전에 출간되었지만, 실질적으로 서경연 구성원의 최초 연구 결과물이다. 그리고 서경연 출범 이후인 1994년 『한국경제의 새로운 발전 방향 모색』이 발간되었는데, 이 책은 연구총서로 분류되지는 않았다. 그래서 이 글에서는 연구총서 제1권 이전의 이 두 저작물을 포함하여 모두 43권의 저작물을 자료로 하여 30년간의 서경연 연구 성과를 정리하고 평가하고자 한다.

서경연의 주요 연구주제는 시기마다 조금씩 달라졌는데, 그것을 기준으로 대략 5개 시기로 구분할 수 있다. 뒤에서 설명하겠지만 연구주제의 변화는 우리 경제 상황 및 세계경제 환경 변화와도 깊이 연결되어 있다. 따라서 서경연의 연구주제와 더불어 국내외 사회경제환경을 종합적으로 고려하여 5개 시기로 구분한 다음 시기별 특징을 서술하고자 한다.

## 2. 제1기(1992~1997년): 경제민주화와 경제구조개혁 주창

### 1) 국내외 환경

이 시기 우리나라와 세계 경제는 말 그대로 시대적 전환기를 맞이하고 있었다. 국내적으로는 1993년 김영삼 정부가 문민정부라는 이름으로 출범하였다. 이것은 권위주의 종식과 정치적 민주화의 실질적 시작을 의미하는 것이었다. 한편 세계적으로는 1989년 소련의 붕괴로 냉전 질서가 해체되고, 몇 년간의 과도기 혼란을 거친 다음 글로벌경제 통합이 시작되었다. 상징적 사건은 1993년 우루과이 라운드(Uruguay Round)의 타결과 1994년 WTO체제의 출범이었다. 관세 및 비관세 장벽이 크게 낮아지고, 무역 분쟁을 효과적으로 해결하기 위한 다자무역체제는 한층 강화되었다. 그 후 20여 년간의 세계화 진전을 위한 제도 기반이 마련된 것이다. 다른 한편 지역주의도 뚜렷해졌다. 유럽에서는 마스트리히트 조약 체결로 1994년 유럽연합(EU)이 형성되어 상품, 사람, 자본이 자유롭게 이동하는 공동시장이 형성되었다. 북미에서는 EU 형성에 대응하기 위해 미국, 캐나다, 멕시코가 참가하는 북미자유무역협정(NAFTA)이 이미 1993년에 발효되었다. 냉전 질서가 해체되고, 다자주의와 지역주의가 같이 강화되는 개방적 지역주의 질서가 형성되고 있었다.

국내에서는 정치 민주화에 걸맞은 경제구조 변화가 요구되었다. 1987년 민주화를 계기로 노동자와 시민의 경제적 요구가 분출되고 있었다. 노동조합운동의 확산과 1989년 경제정의실천시민연합(경실련)이라는 시민단체의 출범이 그런 변화를 상징적으로 보여주었다. 학문 분야에서는 권위주의적 경제구조를 탈피하고 이런 요구를 수용할 수 있는 새로운 경제모델과 실천적 정책 대안 제시가 필요했다. 서경연의 출범 역시 이런 요구를 반영한 것이라 볼 수 있다. 다른 한편 우리 경제는 WTO 출범으로 상징되는 개방적 환경에 적응해야 하는 과제도 안고 있었다. 노태우 정부에서 북방정책이 시작되고 1992년에는 중국과 국교 수립이 이루어졌다. 하지만 구사회주의권과의 경제 관계가 아직 국내 경제에 큰 영향을 미치지는 않았다.

1980년대 후반의 소위 3저 호황이 사라지면서 경제성장이 그 전보다는 둔화하였다. 하지만 재벌 대기업의 공격적 투자로 여전히 8% 내외의 높은 성장률을 기록하고 있었다. 높은 성장률은 선진국과의 소득격차를 빠르게 줄임으로써, 선진국으로 진입할 수 있다는 낙관적 분위기가 고조되었다. 이런 고성장은 1990년대 중반에 시작된 외환·자본시장 자유화 조치로 대기업들이 해외 차입을 통해 몸집을 불린 결과이기도 했다. 한편 경제 전체에서 상위 대기업이 차지하는 비율도 계속 증가하고 있어, 재벌체제의 부작용에 대한 우려가 고조되었다. 과잉투자의 결과 경상수지는 다시 적자로 반전되었다.

### 2) 주요 연구

이 시기 서경연이 집중한 핵심 연구주제는 '경제민주화'와 '경제구조개혁'이었다. 이 두 주제는 당시 사회 상황을 반영한 것이며, 또 그 시대가 요구한 주제이기도 했다. 민주화가 정치 영역에 국한된 것이 아니며 경제 영역에도 적용되어야 한다는 생각이 널리 퍼져있었다. 또 한국경제가 중진국을 넘어 선진국으로 도약하고, 더 개방된 세계 경제 환경에 적응하기 위해서는 점진적 변화가 아니라 도약이나 구조적 전환이 필요하다고 생각했다.

(1) '경제민주화' 개념 규정

『경제민주화의 길』은 경제민주화에 대해 아주 체계적으로 기술하고 있다. 경제민주화의 개념 정의, 경제력 집중 문제, 경제민주화를 위한 과제, 그리고 정책 대응의 4개 부(部)로 구성되어 있다. 경제민주화를 개념 정의부터 정책 처방에 이르기까지 종합적으로 다루고 있다. 이 이후 경제민주화는 한국의 경제·사회 개혁을 위한 중요한 화두가 되었다. 경제민주화는 박근혜 정부에 이르기까지 모든 정부의 핵심 정책 의제가 되었다. 그런 점에서 『경제민주화의 길』은 그 후 20년간의 경제개혁 의제를 자리매김하는 데 중요한 역할을 한 저작물이라 할 수 있다.

개념 부분에서 변형윤 교수는 경제민주화는 무엇보다 정치민수화와 시상경제의 창달을 전제로 한다는 점을 강조했다. 그 전제를 바탕으로 '소득분배의 개선, 산업 간·부문 간·규모 간의 균형, 경제자립의 제고'를 달성하는 것이 경제민주화라고 규정했다. 이근식 교수는 성장지상주의, 관치경제 및 불균형 발전 전략으로 특징되는 종전 개발모형이 부작용만 낳고 있다고 진단하고, 이제 경제정책의 이념이 성장에서 경제정의로 대체되어야 한다고 주장했다. 그는 분배정의의 세 원칙으로 기여도에 따른 차등분배, 기회균등 제공, 절대빈곤 퇴치를 제시했다. 이 원칙이 충족되면 분배정의와 성장이 상충이 아니라 보완관계를 이룰 수 있다고 했다.

이재율 교수는 롤스(J. Rawls)의 분배적 정의론의 관점에서, 그리고 장세진 교수는 제도 선택 과정으로서 경제민주화를 정의한다. 이 글들이 제시한 경제민주화의 실천적 지향점 사이에 상당한 유사성이 있다. 우선 경제민주화를 위해서는 분배정의의 실현이 중요하며 분배와 성장 사이에 보완적 관계가 얼마든지 가능하다는 점을 강조한 것이다. 이 점은 서경연 연구자들의 공통적 인식임과 동시에, 이 연구 집단의 정체성과도 같은 것이라 할 수 있다. 시장경제 체제를 바탕으로 견제와 경쟁의 원리가 작동하도록 하되, 과도한 경제력 집중을 억제하고, 최저생계가 보장되지만 차등의 원리가 작동하는 분배정의를 추구한 것이다. 그리고 투기와 부패에 기초한 불로소득의 억제도 중요한 과제로 인식했다.

(2) '경제민주화' 실현 방안

개념에서 나아가 서경연 연구자들은 경제민주화 실현을 위한 정책과제를 더 구체적으로 제시했다. 이정우 교수는 경제 불평등 축소가 경제민주주의의 핵심 과제라고 인식하고, 이를 위한 개혁 방향을 제시한다. 노동조합 활성화와 경영 참여, 대기업 소유분산과 종업원지주제 확대, 기업 내부 임금 격차 축소, 불로소득 중과세 등을 방향으로 제시했다. 윤진호 교수는 노사관계 민주화는 그 자체가 경제민주화의 핵심 내용임과 동시에, 불평등 축소 및 기업의 지배력 남용 억제라는 다른 경제민주화 달성을 위한 수단이라고 강조했다. 한편 경제민주화를 위한 거시경제 정책의 방향도 제시되었다. 장세진 교수는 금융 분야에서 중앙은행의 독립성 확립, 금융실명제 실시, 산업자본의 금융지배 억제, 통화량 적정 관리를 강조했다. 이진순 교수는 재정 분야에서 긴축재정 기조의 완화와 토지보유 및 금융소득 과세 강화를 주장했다. 조우현 교수는 노동 분야에서 노조 정치활동 금지 및 제3자 개입 금지 조항의 폐지, 노동자 경영참가에 대한 적극적 자세가 필요하다고 역설했다.

당시 경제민주화를 위해 가장 시급한 과제로 인식된 것은 재벌의 경제력 집중 완화였다. 『경제민주화의 길』에서는 경제력 집중 문제를 하나의 부(部)로 분리하여 다루고 있다. 장지상 교수는 경제력 집중의 핵심에 재벌구조가 있음을 지적하며 재벌의 형성에 정부의 특혜적 지원이 크게 작용했음을 밝힌다. 그리고 재벌은 정관계 인맥 및 언론에 대한 영향력을 통해, 경제뿐 아니라 정치, 사회, 문화 분야까지도 우리 사회를 지배하고 있다고 경고했다. 배영목 교수는 재벌이 금융에서 가진 지배적 지위와 정책금융의 특혜적 활용을 분석하였다.

이러한 금융지배를 통한 과도한 자금동원력이 경제력 집중뿐 아니라, 투기자본의 성장과 제조업 경쟁력 쇠퇴를 초래했다고 분석했다. 강철규 교수는 이런 재벌의 경제력 집중을 완화하기 위한 정책 수단으로, 기업공개 촉진, 상호출자 금지, 변칙 상속증여 차단, 금융실명제 실시, 전문경영인 체제 확립, 노동조합의 경영참가 등을 제시했다. 돌이켜 보면 김영삼 정부의 금융실명제 도입 등을 비롯해 지난 30년간의 재벌개혁은 대부분 이때 제시된 방향에 따라 이루어졌다고 해도 과언이 아니다.

경제력 집중의 다른 한 축은 토지 소유 집중이었다. 김태동 교수는 토지 소유의 불균등과 땅값 상승에 따른 불로소득 귀착 문제를 지적하며, 토지보유세 강화를 주장했다.

### (3) 경제구조 개혁방안

이 시기 두 번째 연구 화두는 한국경제의 구조개혁이었다. 요소 투입 확대와 권위주의적 정부개입을 바탕으로 한 외연적 성장은 한계에 직면했다는 인식을 연구자들이 공유하고 있었다. 강철규 교수는 요소투입형 성장의 한계를 지적하며, 앞으로는 기술발전과 지력(知力)이 성장을 이끌어야 한다고 주장했다. 배영목 교수는 대/중소기업 간 금융 격차 해소가 필요하다는 점을 지적하고, 홍장표 교수는 전속 하도급 거래의 불균형적 성격을 실증적으로 밝히고 개방적이고 비계열화 한 중소기업 성장이 필요하다고 말했다.

다른 한편 WTO 체제라는 새로운 대외환경에 대응한 구조개혁 방안이 제시된 것도 주목할 만하다. 이제민 교수는 동태적 비교우위론에 기반한 과거 한국의 산업정책이 WTO의 새로운 보조금 규제와 합치하도록 조정해야 한다는 점을 강조했다. 박동철 박사는 WTO 경쟁라운드 원칙에 따라, 시장 메커니즘에 기반한 산업정책, 부실기업 퇴출 제도화, 경쟁 촉진 중심의 재벌정책을 제안했다. 유재원 교수는 증가하는 해외직접투자가 국내 산업 구조조정과 수출 확대의 계기가 될 수 있다고 진단했다. 박진도 교수는 농산물시장 개방에 대응하여 양곡 정책을 수매제도에서 소득지불제 중심으로 전환해야 한다고 주장했다. 통일을 준비하기 위한 남북 경제협력의 방향도 제시되었는데, 정일용 교수는 북한의 개방유도와 상호 신뢰 구축을 위해 경제협력은 꾸준히 이루어져야 한다고 지적했다.

#### (4) 김영삼 정부 경제정책 평가

마지막으로 서경연은 당시 정부의 경제정책을 평가하는 작업도 하였다. 뒤에서 확인하겠지만, 정부 정책에 대한 비판적 평가는 이후에도 서경연의 주요 작업으로 계속되었다. 이때는 김영삼 정부였는데, 김영삼 정부의 '신경제 5개년 계획', 노동정책, 민영화 정책에 대한 평가가 이루어졌다.

### 3) 특징

오랜 권위주의 시대를 끝내고 민주화 시대를 맞아 경제구조를 변화시켜야 한다는 열망이 들끓던 시기였다. 이때 서경연은 경제민주화라는 개념을 제시하여 변화의 방향을 선도했다. 학자로서의 의무감과 더불어 세상을 변화시킬 수 있다는 낙관적 분위기가 팽배했던 시기라 할 수 있다. 그 결과 다양한 정책 제안이 백가쟁명과도 같이 쏟아졌다. 부패와 불로소득을 억제하고 국민의 최소생계를 보장하는 경제정의의 기초와 더불어, 날로 심화하는 경제력 집중과 그것에서 비롯된 특권적 영향력을 민주적으로 제어하는 것이 경제민주화의 핵심이라고 판단했다. 이런 구조개혁이 분배와 성장의 선순환을 만들고, 한국경제를 한 단계 도약시킬 것이라고 믿었다.

서경연의 학자들은 단순히 정책을 제안하는 데 그치는 것이 아니라, 경제정의실천시민연합이라는 시민단체 조직에 앞장서거나 참여했다. 시민의 힘을 통해 변화를 직접 만들어내 데는 실천 활동도 병행했다는 뜻이다. 이들은 기본적으로 시장경제의 원리를 신뢰하고 과거 같은 부당한 정부개입에 반대하면서도, 한편으로는 공정거래질서의 확립과 불평등 억제를 위해 정부 역할이 확대되어야 한다고 생각했다.

주목할 점은 경제 및 사회 전반에 대한 재벌의 과도한 영향력을 우려하고, 이것을 민주적으로 통제해야 한다고 생각했다는 점이다. 이를 위해 금융실명제를 통한 투명성 강화뿐 아니라, 재벌의 소유분산, 노동조합의 강화와 노동자 경영참가를 주장했다. 그리고 연구자 대부분이 경제민주화의 주체로서 노동자의 역할에 기대를 걸고 있었다. 시장에 대한 정부개입 축소부터 종업원 소유참여에 이르기까지 참여 학자 사이에 이념의 스펙트럼이 매우 넓었다. 물론 그들 사이에 긴장과 모순이 있음을 알았지만, 그 틈이 크게 드러나지는 않았다. 또한 경제에 대한 민주적 통제가 WTO체제의 개방 원칙과 조응하지 않을 수 있다는 것도 인식했다. 서경연을 이끈 변형윤 교수는 그 차이보다는 공통의 목표를 강조했다. 그리고 권위주의 시대에 누적된 부조리의 해소라는 과제가 워낙 중요했기 때문에 그 차이는 크게 문제가 되지 않았다.

당시 연구소의 주축을 이룬 회원들은 40대 중후반의 경제학자들이었다. 1960년 중후반에 대학에 입학하여 박정희 시대를 겪고, 미국 유학을 마치고 귀국해 10여 년간 대학 강단에 있었던 학자들이었다. 강철규, 김태동, 이근식, 장세진, 이정우 교수 등이 대표적이었다. 그리고 이들과 비슷한 시기 혹은 약간 늦게 입학해 국내에서 박사를 취득한 후배들이 같이했다. 정일용, 윤진호, 장지상, 홍장표 교수 등이 대표적이었다. 후자 그룹은 전자 그룹과 비교해 좀 더 진보적인 색깔을 띠고 있었다.

이들이 이 시기에 주장한 다수의 경제개혁 제안들이 김영삼 정부와 김대중 정부에서 채택되었다. 금융실명제와 중앙은행 독립, 노동 개혁의 일부는 김영삼 정부에서 실현되었다. 재벌의 투명성 확대, 출자 제한, 전문경영인 체제 등은 김대중 정부의 재벌개혁에 반영되었다. 금산분리, 토지보유세 강화와 같은 나머지 과제들도 그 이후 경제개혁의 주요 의제로 다루어졌다.

## 3. 제2기(1998년~2002년): 외환위기 이후 새로운 경제모델 모색

### 1) 국내외 환경

제2기는 1997년 외환위기 발발부터 시작해 김대중 정부가 끝을 맺은 2002년까지다. 이 시기 한국경제의 가장 큰 이슈는 역시 외환·금융위기였다. 초유의 경제위기 앞에서 전체 경제가 나락으로 떨어졌으며 실업과 빈곤이 확대되었다. 수많은 금융기관과 기업이 부실화되었다. 위기는 한국경제가 지금껏 가지고 있던 모든 문제를 한꺼번에 드러냈다. 과거의 성장방식과 구조로는 지속하기 어려움을 증명한 것이다. 그런 점에서 두 가지 문제에 답을 해야 했다. 당장 위기를 어떻게 극복할 것인가, 그리고 회복 이후에는 어떤 방향으로 경제개혁을 해야 하는가에 답해야 했다. 답을 내기 전에 위기 원인에 대한 진단도 필요했다.

위기에 대한 처방은 IMF가 제시했다고 할 수 있다. 공적자금 투입을 통해 부실한 기업과 금융기관을 정리하고, 과잉투자의 원인이 된 재벌의 경영 관행도 바꾸어야 했다. 노동시장 유연성 확대와 공공부문 개혁도 요구받았다. 김대중 정부는 4대 개혁이라는 이름으로 임기 말까지 이를 추진했다. 시장원리와 주주 권리의 보호를 핵심으로 하는 이런 개혁은 한편으로는 고용 안정성을 낮추고 소득 불평등을 심화시킬 수 있어 논란이 될 수밖에 없었다. 시각에 따라 경제개혁이라고 평가할 수도 있었고, 신자유주의적 정책이라고 평가할 수도 있었다.

경제위기 충격은 비교적 단기간에 해소되었고, 성장률도 위기 이전과 비슷한 6~7%에 이르렀다. 과잉투자 해소와 환율상승으로 경상수지는 흑자로 전환되었다. 기술적으로는 인터넷이 빠르게 확산하면서 경제와 사회 전반의 디지털화가 시작되었다. 정부의 적극적 벤처 육성정책에 힘입어 벤처기업이 급성장하는 와중에, 닷컴버블이라는 금융버블도 겪었다. 그 결과 재벌 대기업의 경제력 집중은 일시적으로 감소하는 것으로 보였다. 하지만 대규모 구조조정과 신자유주의적 정책으로 소득분배 상황은 크게 악화하였다.

### 2) 주요 연구

이 시기에 서경연은 연구총서 제4권부터 제10권까지 모두 일곱 권을 발간했다. 연구 대부분이 외환위기와 직간접적으로 연관되어 있었다. 제4권은 외환·금융위기의 성격과 처방을 다룬 것이다. 제6권과 제9권은 이 시기에 이루어진 경제개혁과 정책에 대한 평가를 담고 있다. 제7권은 반성적 고찰을 통해 위기 원인을 분석하는 연구인 반면, 제8권은 위기 이후 지향해야 할 한국경제의 모델을 탐색하는 연구였다.

#### (1) 외환위기의 원인과 영향 분석

연구총서 제4권은 1997년 외환위기가 발발한 지 겨우 6개월 후에 발간되었는데, 이 책에서는 초유의 위기의 성격과 원인을 진단하고 초기 IMF 정책권고의 문제점을 지적했다. 정일용 교수는 동아시아 금융위기의 공통 원인으로, 경제 기초여건의 악화, 과다한 외화차입, 금융기관 부실, 경직적 환율 운용, 산업경쟁력 상실을 지적했다. 그리고 IMF의 정책권고가 기본적으로 신자유주의적이며 과잉 긴축적이라고 비판하고, 새로 출범한 정부가 나서서 민주적 경제개혁을 해야 한다고 주장했다. 배영목 교수는 금융자유화가 외환·금융위기의 발발에 미친 영향을 분석하였다. 그리고 이 책에는 금융위기의 역사적 사례에 대한 연구도 포함되었다. 짧은 시간 안에 금융위기의 성격과 원인을 진단한 것은 연구소가 위기 극복에 이바지하기 위해 발 빠르게 움직였음을 보여준다.

### (2) 김대중 정부의 4대 개혁 평가

이 시기의 핵심 연구주제는 위기 극복과 구조개혁을 위한 김대중 정부의 경제정책을 평가하고 대안을 제시하는 것이었다. 1999년에 출간된 연구총서 제6권이 중간평가라고 한다면 2001년에 출간된 연구총서 제9권은 최종 평가라고 할 수 있다. 김대중 정부는 IMF의 정책 권고에 따라 금융, 기업, 공공, 노동 부문 4대 개혁을 추진했다. 안국신 교수는 정부 2년 차까지의 개혁을 전반적으로 매우 비판적으로 평가하고 있는 것이 인상적이다. 외환위기를 조기에 극복한 것은 성과지만, 위기의 원인 제공자이기도 한 경제관료 그룹 소위 모피아(mofia)를 청산하지 못한 것과 정치논리 때문에 경제구조조정을 제대로 하지 못한 것이 문제라고 지적했다. 서경연 내부의 시장주의적 시각이라고 할 수 있다.

한편 재벌개혁에 대해 김기원 교수는 결합재무제표나 사외이사제 등 일부 제도가 도입되었지만 유명무실한 경우가 많아 총수 중심의 소유·지배 체제는 근본적으로 변하지 않았다고 평가했다. 부채의 출자전환이나 노동자의 소유·경영 참여 등은 시도조차 이루어지지 않았는데, 이것은 정부의 성격상 기대하기 힘든 것이었다고 평가했다. 그런데 2년 후 김기원 교수의 평가는 크게 달라진다. 김대중 정부의 재벌개혁이 갖는 진보적 성격을 인정하고, 이런 개혁을 신자유주의로 매도하는 시각을 비판했다. 이런 변화는 실제 개혁을 이상주의 관점이 아니라 현실의 시각에서 바라보기 시작했음을 의미한다.

윤진호 교수는 노동개혁에 대해 평가했다. 모두 사회적 합의주의 실험으로서 노사정위원회 역할에 대해 긍정적으로 평가했지만, 앞으로 이 위원회가 제도화되지 못하고 무력화할 위험이 있다고 진단했다. 또한 교원노조 합법화와 노조 정치참여 허용은 신선이라고 할 수 있지만, 수량적 노동유연성(구조조정)에만 집중하는 신자유주의적 성격을 비판했다.

### (3) 새로운 한국경제 모델 탐색

연구총서 제7권 『한국경제 반세기의 회고와 반성』은 이 시대 비판적 경제학자의 문제의식을 잘 보여주는 또 하나의 성과물이다. 위기 이후 구조개혁은 한국경제를 과거와는 다른 경제구조로 만들어가고 있었다. 정부의 역할 대신 시장원리가 지배하고, 주주의 권리가 강조되었으며, 개방은 더욱 확대되었다. 한국경제가 미국식 경제모델에 가까워지고 있었다. 위기를 초래한 권위주의적 발전국가 모델의 해체는 찬성하지만, 그 이후의 대안이 미국식 경제모델이어야 하는가에 대해서는 회의를 가질 수밖에 없었다. 이제민 교수는 기존 개발국가의 성공을 부분적으로 인정한 상태에서 미래 모형을 구축해야 한다는 '수정주의적' 견해를 밝혔다. 새로운 모형을 더욱 적극적으로 제시한 사람은 이병천 교수인데, 이 교수는 미국, 독일, 일본의 자본주의 모형을 비교한 다음 한국이 미국식 주주자본주의가 아니라 독일과 유사한 민주적 협력 자본주의의 길로 가야 한다고 주장했다. 이 모형은 기업, 은행, 노동자 사이의 장기간의 협력관계 위에서 자유주의와 민주주의의 원리가 작동하는 경제체제다. 강철규 교수는 '참여 시장경제'모델을 제시했는데, 이 모델은 시장제도를 근간으로 하되, 정보혁명을 활용하여 정부와 기업에서 시민 참여를 통해 시장제도의 약점을 보완하는 방식의 모델이다. 이처럼 21세기 초입은 신자유주의적 개혁과 그로 인한 미국식 자본주의화에 대한 비판이 고조되면서, 미래 한국사회의 비전에 관해 다양한 아이디어가 제출되던 시기였다.

### (4) 소득 불평등 축소 및 복지 확대 방안

연구총서 제10권은 위기 이후 소득격차 확대를 다루고 있다. 제1기의 단일 분야 주제가 노동이었다면, 제2기의 단일 주제는 소득 불평등과 복지였다. 형평과 분배를 강조하는 서경연의 성향을 볼 때 자연스러운 선택이지만, 분석 범주가 노동이라는 계급에서 계층으로 바뀐 것도 주목할 만하다. 이정우 교수는 다양한 분배지표를 이용하여 개선 추세에 있던 분배가 위기 이후 반전되었음을 보여주었다. 분배 개선의 대책으로 토지보유세 강화, 일자리 창출, 사회안전망 강화, 가계지출 부담 완화 등을 제시했다. 박순일 박사는 위기 이후 높아진 삶의 불안정에 주목하고, 사회안전망 강화가 필요하다고 지적했다. 단순히 복지지출 규모의 증가를 넘어 복지제도 효율화와 통합적 복지서비스 제공을 주장했다. 이들은 지금까지도 우리 복지정책의 개혁과제로 남아 있다.

이 책에서 주목할 점은 분배와 빈곤에 대해 매우 엄밀하고 미시적으로 분석한 글들이 포함되어 있다는 점이다. 예를 들어 소득 불평등의 요인별 분해, 도시 빈곤 가구 규모 추정, 국민기초생활보장제 개선 방안에 관한 논문들이다. 이런 세부 주제에 대한 분석과 구체적 정책 방안 제시는, 거시적이고 담론적인 연구가 상대적으로 줄어들고 있음을 예고하는 것이다. 그리고 개혁을 현실에서 실현하기 위해서는 상당히 구체적인 청사진과 더불어, 보수 및 기득권 세력의 반발에 대한 대응 논리까지 준비되어야 한다는 인식이 확산하고 있었다.

### 3) 특징

1997년 외환위기는 서경연 연구자들에게도 큰 충격이었지만, 한편으로 재벌중심의 경제구조가 한계가 직면했다는 제1기 주장을 증명하는 것이기도 했다. 그리고 위기는 경제개혁을 실현하는 좋은 기회이기도 했다. 서경연 연구자 중 일부는 김대중 정부에서 실제 개혁 작업에 참여했으며, 또 다수는 외부에서 개혁을 독려하였다. 진보 경제학자 그룹이 '중경회(中經會)'라는 이름으로 세상에 알려지고 정부에 참여하는 첫 계기가 되었다.

하지만 시장원리와 주주 권리 강화를 중심으로 한 김대중 정부의 경제개혁을 둘러싸고 연구자들 사이의 시각 차이도 드러났다. 한편에서는 개혁이 시장경제 논리에 충실하지 않다고 비판했지만, 다른 한편에서는 정반대로 신자유주의적 개혁으로 시장지상주의와 불평등을 심화시킨다고 비판했다. 정부와 시장의 역할 구분, 개발국가 성격의 청산과 부분적 활용, 노동유연성 확대와 고용안정성 유지, 주주자본주의와 이해관계자자본주의의 선택, 경제 원리의 관철과 정치 현실의 인정 등과 같이 다른 의견들이 나왔고 또 때로는 충돌했다. 그리고 한국경제의 지향점으로서 다양한 경제모델이 제시되었다. 구조적이고 거시적 담론의 경쟁이 활발히 이루어졌던 시기라고 할 수 있다.

이런 차이에도 불구하고, 기업의 이윤추구 행위와 주주 권리는 보호되어야 한다는 점, 그 결과 나타난 불평등과 고용 불안정 완화를 위해 복지정책 및 사회안전망이 보강되어야 한다는 점에는 의견을 같이했다. 그리고 개혁의 실현을 위해서는 국민의 지지 혹은 정치적·사회적 타협이 중요함을 다시 확인했다. 그리고 노동자 그룹을 넘어 국민 일반이 정치와 정책형성 과정에 참여하는 것이 실질적 정치 민주주의와 경제민주화의 한 요소라는 인식도 공유했다. 마침 확산한 인터넷과 정보통신기술(IT)이 그것을 기술적으로 뒷받침할 수 있다고 생각했다. '참여정부'는 이런 여망과 비전을 반영하여 탄생했다고 볼 수 있다.

## 4. 제3기(2003년~2008년): 세계화의 수용과 경제 양극화 대응

### 1) 국내외 환경

이 시기는 노무현 정부 시작부터 2008년 글로벌 금융위기 발발까지의 시기이며, 노무현 정부 시기와 대체로 일치한다. 외환위기 충격이 대부분 해소되고 한국경제가 재도약하던 시기였다. 글로벌 경제 전체로 보면 소위 정보통신기술(IT)혁명이 확산하고, 중국이 2001년 WTO 가입으로 외국인투자와 수출 확대에 힘입어 비약적 성장을 시작한 시기였다. 한국은 중국 급성장으로 가장 큰 혜택을 본 국가였다. 불과 몇 년 사이에 중국은 미국을 제치고 한국경제에 가장 큰 영향을 미치는 국가가 되었다. 닷컴버블과 카드 사태 이후 한국은 구조적 저성장기로 접어들 수 있었지만, 중국 특수 덕분에 성장률이 다시 회복되어 5% 내외의 높은 성장률을 유지했다.

선진국 진입을 의미하는 국민소득 2만 달러 달성이 정부의 국정 목표가 되었고, 이런 자신감은 한미FTA 협상 개시로 이어졌다. 대기업은 글로벌 기업으로 성장했고, 많은 중소기업은 국내 임금상승과 중국 시장 개척을 위해 중국 등 아시아 개도국으로 생산기지를 이전했다. 1990년대 중반에 시작되어 외환위기로 주춤했던 해외투자 움직임은 중국의 WTO 가입을 계기로 빠르게 진전되었다. 외환·자본시장 추가 개방으로 금융의 세계화도 진전되었다. 실물 및 금융투자에서 한국경제의 세계화가 본격적으로 시작된 것이 이 시기이다. 중국, 인도, 브라질, 러시아 등 대형 신흥국의 급성장, 즉 BRICs 현상이 이를 뒷받침했다. 세계화는 한편으로는 고성장의 기회를 주었지만, 다른 한편으로는 양극화라는 부작용을 낳았다. 글로벌 기업으로 성장한 대기업과 중소기업 사이의 격차, 그에 따른 노동시장의 이중구조도 심화했다. 소득분배의 불평등도 계속 악화했다. 계층 간 교육이나 지역 사이에서도 격차 확대 경향이 뚜렷이 관찰되었다. 이 시기 한국경제를 대표하는 두 가지 현상이 바로 세계화와 양극화였다.

### 2) 주요 연구

#### (1) 세계화의 이해와 대응

이 시기 세계화는 서경연 연구자들에게 가장 큰 화두였다. 한편에서는 세계화를 신자유주의적 질서로의 편입으로 해석하였고, 다른 한편에서는 세계화 및 국제금융자본이 국내 개혁을 촉진하는 긍정적 역할에 주목했다. 연구총서 13권은 이 주제로 구성되었다. 정일용 교수는 아프리카, 남미, 동유럽 같은 개발도상국에서 세계화가 파괴적 역할을 한 사례가 많으며, 세계화는 국제금융

자본의 이해가 관철되는 시스템이라고 주장했다. 조복현 교수는 금융자유화가 금융의 단기화와 투기화를 촉진하여 금융위기 가능성을 높인다는 점에 주목했다. 이강국 교수는 실증분석을 통해 자본자유화가 성장을 촉진한다는 일관된 증거를 발견하기 어렵다고 했다.

이와 달리 김기원 교수는 자본시장 개방의 개혁 촉진 효과에 더욱 주목한다. 외국자본의 폐해를 과장하기보다는 그것이 '총수자본주의'를 제어하는 역할을 효과적으로 활용해야 한다고 주장했다. 그리고 이영섭 교수는 금융 세계화의 영향이 불분명하지만, 거시경제 여건이 건전한 한국의 경우 긍정적 결과를 얻을 가능성이 크다고 평가했다. 그리고 국내 제도개혁을 자극하는 효과도 있다고 설명했다. 이처럼 세계화, 특히 자본자유화는 서경연 연구자들 사이에 이견을 보인 주제였다. 개방의 위험 및 양극화 효과에 주목하는 그룹과 개방이 갖는 대내 개혁 및 성장 촉진 효과에 주목하는 그룹으로 나뉘었다. 제2기의 주요 쟁점이 시장원리의 적정 작동 범위였다면, 제3기의 쟁점은 금융세계화의 적정 수용 범위였다. 좀 더 크게 보면 이 시기는 민족주의적 지향을 둘러싸고 진보 경제학자들이 분화하던 시기이기도 했다.

### (2) 양극화 원인 분석과 정책 방향

분배 상황의 악화는 제2기부터 확인되었지만, 이 시기에는 소득분배를 넘어 경제의 다양한 영역에서 양극화로 표현될 정도의 격차 확대가 나타났다. 그리고 이런 경제적 격차 확대는 위기에 따른 경기(景氣) 요인보다는 세계화와 기술혁신이라는 구조 요인의 결과로 이해되었다. 연구총서 제15권은 양극화 해소 방안을 다루고 있다. 윤진호 교수는 참여정부의 양극화 대응 정책을 비판했다. 경쟁력 담론과 실용주의가 세력을 얻은 결과, 양극화의 근본 원인에 대한 반성 없이 사후 결과의 완화에만 초점을 맞추고 있다는 것이다. 유철규 교수는 양극화 현상이 외환위기 이후 시장만능주의와 소위 기업의 고비용구조에 내포된 경제잉여 환류 메커니즘이 붕괴한 결과라고 설명했다. 사적(私的) 비용 대신 비용의 사회화(복지지출)와 노동자 교육투자 확대를 정책 방향으로 제시했다.

양극화 문제가 계속 심화하자 서경연 연구자들은 더 구조적이고 체계적인 대책을 이론적으로 검토하기 시작했다. 장세진 교수는 참여정부의 동반성장 정책이 정착되지 못한 것을 아쉬워하며, 메커니즘 디자인 이론의 관점에서 동반성장의 미시적 기초와 실현 전략을 모색했다. 동기부합성, 정보소통, 제도에 대한 신뢰의 관점에서 동반성장을 재조명할 것을 제안했다. 한편 당시 재벌의 경제력 억제를 위한 핵심 수단인 출자총액제한제도의 존폐를 둘러싼 논쟁이 있었는데, 김진방 교수는 출자총액제한제도가 많은 예외 조항 등 현실적 한계 때문에 유명무실해졌다고 평가했다. 이런 연구들은 동반성장 정책과 출자총액제한제도 같은 양극화 완화를 위한 정책이 참여정부의 실제 도입과 운용 과정에서 다양한 어려움에 봉착했음을 보여준다. 한편으로는 강력한 이해집단이나 보수 세력의 정치적 반발이 있었고, 다른 한편으로는 목적을 실현하기 위한 정책의 세부 설계에 어려움이 있었기 때문이다. 이것은 그 후에도 진보적 경제개혁을 하고자 했던 세력들이 계속 직면했던 문제였다.

(3) 양극화 해소를 위한 정책 방안

서경연 연구자들은 이외에도 노동, 교육, 지역, 부동산 등 다양한 영역에서 심화하는 양극화에 대한 분석과 정책 대안들을 제시하였다. 비정규직의 확대와 고착화는 양극화의 대표적 사례였다. 이병희 박사는 비정규직 확대가 소득 불평등 심화의 주요 요인임을 실증적으로 밝혔다. 비정규직 문제 해결을 위해 김유선 소장은 기능적 유연성 확대, 비정규직 관련 법률 제정, 정규직 전환 촉진, 최저임금 현실화 등을 제시했다.

교육 격차 확대 또한 이 시기의 중요한 사회경제적 문제였다. 이은우 교수와 남기곤 교수는 계층 간 사교육 차이가 사회적 이동성을 낮추고 실질적 교육 기회의 형평성을 훼손하고 있음을 실증분석으로 보여주었다. 또한 동반성장을 뒷받침하기 위한 대안적 조세·제정 정책 방향이 제시되었고, 부동산 가격 급등으로 인한 자산 불평등 완화를 위해 택지 국유화, 헨리 조지형 토지보유세 강화 방안 등이 검토되었다. 수도권과 지방 간 격차 축소의 방안으로 지역금융 활성화, 지역 클러스터 및 혁신체계 구축 등이 제안되었다. 지역 격차와 부동산 급등의 대응에는 급진적인 대안부터 기존 정책의 일부 보완에 이르기까지 스펙트럼이 다양했다. 급진적 대안까지 나왔다는 것은 지역 격차와 부동산 불평등 문제가 그만큼 심각했음을 의미한다.

(4) 노무현 정부 정책 평가

노무현 정부의 주요 경제정책이 평가 대상이 되었다. 동반성장 정책에 대해서는, 거시적·이념적 측면에 집중하고 정책의 미시적·전략적 측면은 경시하여 논란과 비교해 실제 성과는 크지 않았다는 평가가 이루어졌다. 참여정부의 부동산 정책은 헨리 조지의 관점에서 방향은 옳았지만, 보유세율이 여전히 낮은 것이 문제라고 평가했다. 김기원 교수가 참여정부에 대한 종합 평가에서 균형 잡힌 평가를 강조한 점이 눈에 띈다. 성과와 과오의 구분, 정책 요인과 외부환경 요인의 구별, 대내외 정치적 제약조건의 고려 등을 강조했다. 관념적 평가를 넘어 개혁 정책의 실현을 염원하는 실천가의 고민을 엿볼 수 있다.

### 3) 특징

이 시기에 한국경제는 비교적 높은 성장률을 보였지만, 외환위기를 전후해 시작된 세계화와 위기 이후의 구조개혁으로 그 부작용이 전면화되었다. 다양한 영역에서 양극화 추세가 나타났고, 국민들 사이에 정치 이념의 차이도 점점 넓어졌다. 서경연 내에도 당시 경제 상황에 대해 신자유주의의 심화라고 비판한 그룹과 시장원리의 개혁적 효과에 주목하는 그룹이 있었다. 하지만 시장경제 원리의 확대를 피할 수 없는 현실로 점차 받아들이는 분위기였다.

정부는 양극화 대응을 위해 개혁적 정책을 시도하고, 동북아라는 국제적 시각에서 정책을 구상하기도 했다. 하지만 한편으로는 보수 진영의 극심한 반발에 직면했고, 다른 한편으로는 원대한 구상을 실현할 수 있는 역량이 부족했다. 이 시기는 서경연을 비롯한 진보 경제학자들이 개혁 정책 실현의 어려움을 깨닫게 된 시기라 할 수 있다. 개혁 실현 가능성에 대한 제1기와 2기의 낙관적 분위기가 점차 약해졌다.

하지만 서경연은 비정규직 문제 해결, 대/중소기업 간 동반성장 실현, 지역 격차 축소를 위한 구체적 방안에 관한 연구를 계속했다. 그리고 추상적이고 이념적인 개혁을 넘어 그것을 실현하기 위한 정치적·전략적 측면도 같이 고려하기 시작했다. 김대중 정부에 이어 노무현 정부에서도 서경연 연구자들이 정부에서 다양한 방식으로 활동한 경험을 갖게 되면서 정부와 정책에 대한 이해가 더욱 풍부하게 되었다. 사회에 소위 학현학파로 알려진 서경연은 이제 경제학 연구자 집단 그 이상으로 인식되었다. 하지만 연구소장인 변형윤 교수는 항상 정부에 대한 중립성과 학자 집단으로서의 정체성 유지를 강조했다.

서경연의 연구자 구성은 더 다양해졌으며 연구의 주축 그룹도 앞 세대보다 10년 정도 후배가 되었다. 하지만 후속 연구자의 결속력과 동질성이 창립 그룹만큼 유지되기를 기대하기는 어려웠다. 연구총서에 실린 글들 사이의 일관성이나 정합성도 다소 약해졌다.

## 5. 제4기(2009년~2016년): 글로벌 금융위기 대응과 복지국가 지향

### 1) 국내외 환경

이 시기는 미국의 서브프라임 모기지 부실 사태로 촉발된 글로벌 금융위기부터 박근혜 정부가 끝나는 시점까지다. 21세기 들어 가속화된 세계적 금융자유화와 과잉유동성에서 빚어진 부동산과 자산시장 과열은 결국 2008년 미국발 금융위기로 귀결되었다. 그 결과 한국도 다시 외환위기와 경기침체를 겪어야 했다. 글로벌 금융위기는 그 이전 수십 년간의 경제구조에 대한 반성의 기회가 되기도 했다. 세계화와 그로 인한 양극화 문제가 전 세계에서 대두되었다. 세계금융의 중심부인 월가를 점령한 시위대는 양극화 문제의 해결을 촉구했다. 유럽은 금융위기 여파로 수년간 재정위기와 극심한 경기 부진에 시달렸다. 이런 변화는 세계화를 늦추고 결국에는 반전시키는 배경이 되었다. 그리고 여러 나라에서 우파 포퓰리즘 정치집단이 세력을 키워나갔다.

글로벌 경제의 저성장은 한국경제에도 영향을 미쳤다. 이 시기 이후 3%대의 저성장이 고착되었다. 중국의 성장세 둔화와 국내의 급속한 고령화가 성장률 저하를 촉진했다. 그 시기에는 어떻게 저성장을 탈피하느냐가 경제학자들의 중요한 연구과제가 되었다. 한편 반도체를 비롯한 IT 부문 수출에 대한 과도한 의존은 수출과 내수 부문 사이의 불균형을 강화하는 결과를 낳았다. 사회 전반에서 양극화는 계속 심화했고 그 시정에 대한 사회의 요구도 높아졌다. 특히 2012년 대통령 선거에서는 경제민주화가 진보와 보수를 막론하고 후보들의 중요한 경제 공약이 되었다.

### 2) 주요 연구

이 시기 서경연 연구총서는 제21권부터 제34권까지 총 14권이 출간되었다.

1년에 약 2권씩 출간되어 다른 시기에 비해 많은 양이었다. 주요 연구주제를 보면 2009년과 2010년에는 역시 글로벌 경제위기였다. 그 이후에는 빈곤과 불평등, 세계 경제의 변화 대응, 그리고 대정부 정책 방향 제시 및 평가가 주된 주제였다.

(1) 글로벌 금융위기의 원인과 영향 분석

글로벌 금융위기 직후에 서경연 연구는 글로벌 금융위기의 원인과 그 영향에 주목했다. 신상기 교수는 위기의 원인을 유동성 과잉과 새로운 파생상품의 위험 관리 실패에서 찾았다. 김도형·양동휴 교수는 동 위기의 성격을 역사적으로 조망했다. 실물 부문에서 특별한 문제가 없었음에도, 모기지 증권화 과정에서 위험을 과소평가하는 대리인 문제로 위기가 발생했다고 해석했다. 조복현 교수는 케인스와 민스키 이론의 관점에서 유동성 추구에 따른 금융취약성 심화가 위기를 초래했다고 평가했다.

원인 분석을 넘어 위기가 국내외 경제에 미칠 영향에 대해서도 전망했다. 유종일 교수는 글로벌 금융위기 이후 시장만능주의와 신자유주의의 위상은 크게 약화하겠지만, 케인스주의 정책 담론이 어느 정도 부활할지는 불확실하다고 전망했다. 유재원 교수는 위기 직후 글로벌 불균형(global imbalance)이 일시적으로 감소하겠지만 근본적 해결은 어렵다고 예측했다. 지만수 박사는 중국의 성장전략이 국유기업 및 내수 중심으로 전환하고 있다고 진단했다. 박복영 교수는 위기 이후 중국이 위안화를 국제통화로 만들기 위해 노력하지만, 달러 중심의 국제통화체제는 계속 유지될 가능성이 크다고 전망했다. 다만 중국의 부상 앞에 미국의 인내심이 고갈되면서 갈등과 불안정이 고조될 가능성이 크다고 예상했다.

### (2) 이명박·박근혜 정부 정책 평가

두 차례 보수 정부의 경제정책에 대한 평가도 중요한 연구주제였다. 연구총서 제21권은 이명박 정부 초기 정책에 대한 평가로 구성되었다. 김기원 교수는 과거 10년이 개발독재, 자유주의, 복지주의, 시장만능주의 사이에서 길을 정하지 못한 시기라면, 이명박 정부는 위기 대책으로 개발독재를, 장기 정책 방향으로 시장만능주의를 선택했다고 결론지었다. 정세은 교수는 '감세와 작은 정부'를 통해 기대한 낙수효과는 없었다고 평가하고, 불평등 완화를 위해 소득세 중심의 증세와 복지지출 중심의 재정 확대를 제안했다. 김상곤 교수는 정부의 공공기관 선진화 계획이 사회공공서비스 축소로 이어질 가능성이 크다고 평가했다. 김상조 교수는 위기 대응 과정에서 가격변수에 대한 시대착오적 정부개입으로 정책 불신과 관치금융 강화를 불러왔으며, 금산분리 완화 법안은 시스템 리스크를 초래할 수 있다고 경고했다.

박근혜 정부 전기까지의 정책을 평가한 연구총서 제30권에서, 이동걸 교수는 박근혜 정부의 금산분리정책이 구조적 교정책 없이 현실적 타협만 염두에 두고 있어 실질적 효과를 기대하기 어렵다고 평가했다. 윤진호 교수는 박근혜 정부의 노동정책이 기조에서의 반(反)노동, 집행에서의 불(不)통, 자원 투입에서의 무(無)투입이라는 특징을 보인다며, 노동시장 양극화와 노사관계 악화를 심화시킬 것으로 전망했다. 복지정책에 대해 강병구 교수는 집권 이후 복지공약이 대폭 축소되고 '증세 없는 복지'를 기조로 채택함으로써 복지공약은 포퓰리즘에 불과하다고 평가했다.

### (3) 빈곤과 소득 불평등 완화 방안

이 시기에 서경연 연구자들이 가장 활발하게 연구한 분야는 역시 빈곤과 소득 불평등이었다. 우선 근로빈곤층에 관해 활발한 연구가 이루어졌다. 강신욱 박사는 근로빈곤층(혹은 취업빈곤층)의 장기적 확대 경향을 밝혔다. 이병희 박사는 근로 빈곤의 주된 원인이 빈곤층에서의 높은 실직 위험, 낮은 시간당 소득에 있음을 밝히고, 취업지원 서비스와 생계지원 확대, 최저임금의 단계적 현실화 등을 대책으로 제시했다.

소득 불평등 문제는 연구총서 제31권에서 집중적으로 다루어졌다. 강신욱 박사는 소득분배 변화 추적을 통해 2004~2011년에 불평등이 1997년 위기보다 더 심해졌음을 보이고, 그 원인으로 노인 가구의 낮은 소득에 주목했다. 이병희 박사 역시 실증분석을 통해 노동소득 불평등과 노인 가구 증가가 전체 불평등 심화의 주된 원인이라고 밝혔다. 한편 이건범 교수와 강신욱 박사는 동태적 불평등, 즉 소득 계층 간 이동성이 크게 하락하여 계층 구조의 고착화가 나타나고 있다고 지적했다.

(4) 새로운 경제 패러다임 모색

박근혜 정부에서도 저성장과 양극화가 지속되자 대안적 경제 패러다임과 정책에 대한 모색도 서경연에서 꾸준히 이어졌다. 유종일 교수는 글로벌 금융위기 이후 자본주의가 세습 자본주의 경향, 기술발전에 따른 양극화, 환경파괴에 따른 생태적 위기의 도전에 직면할 것으로 예상하고, 경제민주화를 통해 이를 해결해야 한다고 강조했다. 이제민 교수는 성장 동력 회복을 위해 중소기업과 서비스업의 경쟁력 강화, 자원절약적 산업구조 개편, 국제투기자본의 제어, 사법 개혁, 학벌 현상 해소, 성장친화적 복지 확대 등이 필요하다고 역설했다. 이근 교수는 지속적 성장을 위해 영미식 주주자본주의의 고착을 막고 이해관계자형 자본주의로 가는 것이 바람직하다고 주장했다. 이를 위해 금융소득 과세 강화, 임금 기반 소득주도 성장, 대/중소기업 동반 국제화, 혁신형 공공조달과 같은 수요 지향적 산업정책을 제안했다.

이 시기 주목할 만한 시각은 홍장표 교수가 제시한 소득주도성장 패러다임이다. 그는 기존의 수출주도형 성장이 저성장과 양극화를 초래하여 수명을 다했다고 판단했다. 그리고 실질임금과 가계소득 증대를 통해 내수를 증진하고 생산성을 높여 경제성장을 도모하는 소득주도성장으로 전환할 것을 주장했다. 이론적 모형과 실증적 근거를 통해 한국에서 이 패러다임이 실현 가능하다고 평가했다. 획기적인 패러다임의 전환임과 동시에 분배와 성장의 선순환이라는 진보 경제학의 이념을 실현하는 방안이기도 했다. 이 성장 패러다임은 불과 1년여 후 정책으로 채택되었다. 주상영 교수는 소득주도성장의 근거가 되는 소득 불평등과 내수 사이의 관계를 통계적으로 분석했다. 노동소득분배율이 1997년 위기 이후 뚜렷이 하락하고, 그 결과 내수가 위축되고 있음을 보였다.

### (5) 분야별 개혁 방안

경제 패러다임 전환과 더불어 분야별 개혁방안 연구도 진행되었다. 이 연구들은 앞 시기보다 더 구체적인 모습으로 나타났다. 그리고 양극화가 쉽게 해결되지 않자 기본소득과 같은 더욱 혁신적인 방안들도 제시되었다. 먼저 조세 및 재정 분야를 보면, 강병구 교수는 소득주도형 성장전략으로 전환하기 위해서는 재정의 자동안정화기능 강화, 그리고 증세를 통한 복지 확대가 필요하다고 주장했다. 강남훈 교수는 보편적 복지 일부로 기본소득의 타당성을 설파했다. 그는 복지함정 완화, 노동 유인 및 완전고용 달성 측면에서 기본소득이 우월하다고 주장하며, 토지세, 환경세, 국가화폐, 증권양도 소득세 등을 통해 그 재원을 조달할 수 있다고 설명했다. 장세진 교수는 기본소득의 순기능에 주목하면서도, 이것이 정책으로 실현되고 대중에게 수용되기 위한 세부 방안과 과도적 경로를 제시했다.

이 외에 서경연 연구자들은 청년실업, 연금개혁, 금융소비자보호, 저탄소화, 남북경협에 이르기까지 과거보다 더 다양한 분야에서 더 구체적인 방안들을 제시하기 시작했다.

### 3) 특징

글로벌 금융위기 이후에도 세계적으로 불평등 심화와 양극화는 계속되었고, 그 영향으로 엘리트주의 정치에 대한 혐오와 우파 포퓰리즘의 세력 확장이 나타났다. 중국에서는 패권국가로의 도약과 권위주의적 통치 방식으로의 회귀가 나타났다. 국내에서 양극화 완화에 대한 국민적 요구가 증가했지만, 보수 정부들은 경제민주화나 불평등 완화를 공약으로만 내세웠을 뿐 실행에는 소극적이었다. 다만 기초노령연금 도입 등 복지확대는 점진적으로 이루어졌다. 저성장의 장기화, 청년 실업문제의 심화, 양질의 일자리 부족, 저출생 심화 등이 나타나면서 성장잠재력 회복이 또 하나의 중요한 경제 과제로 인식되었다.

이런 상황에서 서경연의 연구는 크게 두 갈래로 나타났다. 첫째 갈래는 진보적 시각에서 한국경제의 전면적 패러다임 전환을 구상하는 것이었다. 기존의 미시적 정책 대응으로는 지속·심화되는 양극화와 저성장을 해결하기 어렵다는 인식이 깔려 있었다. 새로운 패러다임 모색의 결과는 소득주도성장론과 기본소득론이었다. 양자 모두 분배와 성장의 선순환이 가능하고, 공급보다는 수요가 중요하며, 포용적 성장을 위해 수출보다는 내수가 중요하다고 생각했다. 전자가 복지 강화와 최저임금인상을 통한 분배 개선을 염두에 두었다면, 후자는 선별적 복지에서 보편적 복지로의 전환 그리고 공유 자산에 대한 과세를 통한 재원 마련을 주장했다. 이 두 대안은 한국에서 보수적 시장주의 성장모델과 차별화되는 최초의 진보적 경제모델이라는 점에서 의의가 있었다.

다른 한 갈래는 불평등과 복지에 대한 분석의 엄밀성과 정책 대안의 구체성을 높이는 것이었다. 가구 단위 소득 불평등 요인의 분해, 동태적 불평등 측정, 금융과 불평등의 관계, 효과적 청년실업 대책 연구 등이 그 예들이다. 이것은 기존 경제민주화의 틀을 벗어나지 않는 범위에서 실현할 수 있으면서도 효과적인 정책 대안을 찾는 연구라 할 수 있다. 또한 변화된 글로벌 경제 환경에 관한 연구도 많이 이루어졌다.

분석의 엄밀성과 구체성이 높아지면서 연구주제도 더 다양해졌다. 이것은 한편으로는 서경연 전체적으로 연구 초점이 흐려지고, 연구자들 사이의 이질성이 커진 결과라고 볼 수도 있다. 또 대학이 아닌 공공연구기관에서 연구하는 회원들의 활동이 늘어난 결과이기도 하다. 세부 주제에만 천착할 경우, 변화된 국내외 상황과 시대적 요구를 전체적으로 아우르는 포괄적·담론적·선도적 성격의 연구가 축소될 위험이 있었다.

## 6. 제5기(2017년~): 삶의 질 향상과 사회경제 전환 대응

### 1) 국내외 환경

이 시기는 문재인 정부 출범 이후부터 지금까지의 기간이다. 이 기간에는 코로나19라는 세기적인 보건 위기로 세계 경제가 거의 2년 동안 마비되는 역사적 사건이 발생했다. 거의 10년 만에 집권한 진보 정부는 소득주도성장으로 대표되는 형평과 성장 사이의 선순환형 경제 비전을 제시했다. 양극화 완화에 대한 국민 열망을 반영한 과감한 정책 전환이었다. 코로나19가 발생한 2020년 전까지 성장률은 3% 내외로 과거와 비슷한 수준을 유지했다.

국제적으로 중국은 '중국식 사회주의'를 표방하며 제조업 기술 경쟁력 향상을 통해 패권국가가 되기 위한 시도를 본격화했다. 미국에서는 트럼프의 집권으로 정치적 포퓰리즘이 확산하고, 중국과의 무역전쟁을 시작으로 전략적 경쟁에 나섰다. 2차 대전 이후 70여 년간 진전한 세계화는 둔화 혹은 역전되는 양상을 보였다. 코로나19의 세계적 확산을 계기로 경제 활동이 온라인 기반 비대면 활동으로 대체되었다. 이 충격은 경제의 디지털화를 가속화 했다. 한편 지구온난화에 따른 이상 기후의 빈발과 코로나19를 계기로 탈탄소 사회로의 전환에 대한 요구가 한층 강해졌다. 코로나19 상황에서 한국은 경제적 충격이 비교적 작기는 했지만, 중국의 성장 둔화 및 미-중 무역 갈등에 따른 대중 수출 감소, G2 간 전략적 경쟁이라는 도전에 직면했다. 장기간 한국경제 성장의 국제적 기반이었던 자유무역 질서도 빠르게 붕괴하고, 보호주의 경향이 확산했다. 또한 디지털 전환 및 탈탄소 전환에도 대응해야 했다. 내부적으로는 저출생·고령화 문제의 심화, 부동산 가격의 급등에 직면했다.

### 2) 주요 연구

이 시기에 발간된 7권의 연구총서를 보면 경제 전반의 방향에 대한 거시적 담론 대신 대부분 미시적 분석에 초점을 맞추었다. 특히 국민이나 노동자의 삶에 직접적인 영향을 미치는 문제에 대한 세밀한 분석과 구체적 방안 도출을 위한 연구가 많았다.

#### (1) 비정규직 노동자 및 사회보험 사각지대 연구

연구총서 제35권과 제36권은 노동시장 및 노동자의 삶과 관련된 문제를 다루었다. 두 권의 책에서 가장 많이 다뤄진 문제는 비정규직 문제와 청년 실업 문제였다. 당시 이 두 문제가 얼마나 큰 사회적 이슈였는지 짐작할 수 있다. 이시균 박사는 비정규직 채용이 노동유연성과 기업 수익성을 높이기보다는, 생산성을 하락시킨다는 점을 보였다. 김유선 박사는 남성 노동자의 고용상황이 결혼 여부에 유의한 영향을 미친다는 점을 확인하여, 고용 불안정이 저출생의 원인 중 하나임을 시사했다. 김현경 박사는 시간제 근로의 확산은 노동공급자 선택이라기보다 비정규직 규제에 대한 기업들의 회피책이라고 평가했다. 이런 노동시장 이중구조 완화를 위해, 최영기 박사는 임금과 근로조건 등 고용계약 내용의 유연성을 높이고, 연공임금제를 직무급제로 전환해야 한다고 주장했다.

(2) 문재인 정부 정책 평가

두 번째 주요 연구주제는 문재인 정부의 경제정책 평가였다. 문재인 정부의 초기 경제정책은 소득주도성장, 혁신성장, 공정경제로 구성되었다. 이 중 주상영 교수는 한국의 장기침체를 극복하기 위해서는 구조적 총수요 확대가 필요하기 때문에 소득주도성장이 바람직하다고 평가했다. 이강국 교수도 실증분석을 통해 불평등이 경제발전을 저해한다고 확인했다. 이런 결과는 모두 소득주도성장의 이론적 타당성을 뒷받침하는 것이다. 한편 공정경제 정책에 대해서, 김진방 교수는 공정위 정책이 경제력 남용 방지에 한정되고, 경제력 집중 방지나 지배구조 개선을 포함하지 않아 실효성이 의심된다고 비판했다. 박상인 교수는 더 비판적인데, 문 정부의 재벌개혁 공약 자체가 경제력 집중 해소에 부족한 수준이었고, 집행에서도 입법의 어려움을 핑계로 재벌개혁을 미루고 있다고 평가했다.

(3) 사회·경제 전환 대응

앞에서 설명한 것처럼 이 시기에는 기술혁신과 세계경제 질서 측면에서 괄목할만한 전환이 있었다. 디지털 전환, 탄소중립 사회로의 전환, 글로벌 공급망의 재편 등이 대표적이다. 가장 최근의 연구총서인 제41권은 이 문제를 다루고 있다. 박민수 교수는 디지털 전환이 곧바로 생산성 상승과 성장률 제고를 가져오지 않는다고 지적했다. 이런 결과로 이어지는 데 필요한 조치와 양극화 위험을 완화하는 방안을 제시했다. 조영탁 교수는 전력 부문 탄소중립 달성을 위해, 에너지 문제의 과잉정치화 탈피, 진영 중립적 에너지 정책 거버넌스 구축 등을 제안했다. 김계환 박사는 미중 전략적 경쟁으로 공급망 위험이 증가하고 있다고 진단하고, 경제안보 정책의 중요성과 산업정책의 재설계를 제안했다.

### 3) 특징

앞 시기에 한국경제의 새로운 경제 패러다임 모델로 제시한 소득주도성장론이 이 시기 문재인 정부의 정책 방향으로 채택되었다. 또한 기본소득론 역시 정치권이 채택을 진지하게 검토했다. 양극화 해결, 그리고 형평과 성장의 선순환형 경제 구축을 위해서는 담대한 정책 전환이 필요하다는 데 진보 경제학자와 진보 정당이 공감한 결과라 할 수 있다. 하지만 한국 사회에서는 오랫동안 성장은 곧 수출 및 투자확대를 뒷받침하는 공급능력 확대를 의미했다. 그래서 분배 개선을 통한 수요 유발형 성장은 좀처럼 받아들여지지 않았다. 특히 보수적 지식인과 언론, 그리고 기득권 집단의 반발이 매우 강했다. 서경연은 진보 정부에 대한 이런 이념적 공격을 반박하는 역할을 하기도 했다. 정치 양극화가 심화되는 상황에서 진보 학계가 처음으로 체계적인 진보 경제 모델을 제시하자, 경제학계 내부에서도 비판이 많았다. 보수 경제학과 진보 경제학 사이의 논쟁이 본격적으로 시작할 조짐이 나타난 것이다.

하지만 서경연에서 오랫동안 한국경제의 핵심 문제라고 지적했던 비정규직 문제, 그리고 불평등 심화의 문제는 문재인 정부에서도 중요한 정책과제로 받아들였다. 또한 사회보험 사각지대에 있는 특수고용직이나 자영업자들을 사회보험 영역으로 포괄하려는 정책적 노력도 있었다. 그런 점에서 서경연은 주요 경제 문제를 선도적으로 사회 의제로 만들고 진보적 관점에서 해결 방안을 제시하는 역할을 했다고 할 수 있다. 그리고 디지털 전환 및 에너지 전환이라는 시대적 변화에 관한 연구도 시작했다.

## 7. 맺음말

필자는 학현 선생의 학문적 여정을 크게 세 시기로 구분할 수 있다고 생각한다. 첫째 시기는 1950년대와 1960년대 초까지인데, 이 시기에는 신생국 한국의 경제발전을 위해 정부 주도의 경제계획이 불가피하다고 생각하고 경제계획 이론과 수리경제학 연구에 매진하셨다. 둘째 시기는 1960년대와 1970년대로 박정희 정부의 현실 경제개발계획과 그 성과에 대한 평가에 집중한 시기였다. 경제개발계획에 대한 학현 선생의 비판은 정부 통제식 국민경제 운영, 과도한 성장목표 설정, 물가안정 경시, 불균형 성장에 집중되었다. 셋째 시기는 전두환 군사정부에 의해 해직되었다 대학으로 복직한 1980년대 중반 이후이다. 이 시기 선생의 관심은 경제민주화의 실현, 경제구조 개혁, 경제적 약자의 보호에 집중되었다. 서울사회경제연구소의 연구는 이 세 번째 시기 학현 선생의 학문적 관심과 견해가 직간접적으로 반영된 결과라고 할 수 있다.

물론 후학들이 그분의 뜻에 따라 연구를 한 것은 아니지만, 큰 틀에서 학현 선생과 생각을 같이하는 학자들이 자연스럽게 서경연에 모이게 되었다. 따라서 서경연의 연구 성과에 나타난 연구소의 이념적 지향에는 평소 학현 선생의 생각이 투영될 수밖에 없었다. 서경연은 시장경제 기능을 신뢰하지만, 그것이 완전하지 않다고 생각한다. 특히 경제적 힘의 쏠림이 나타날 가능성이 크기 때문에 견제와 균형이라는 민주주의 원리에 따라 제어되고 보완될 필요가 있다고 생각한다. 둘째, 경제적 형평과 경제성장은 상충하는 것이 아니라 상호 보완적이라고 생각한다. 셋째, 경제적 불균형을 완화하고 경제적 약자를 보호하기 위해 정부가 적극적 역할을 해야 하며, 경제학자는 연구를 통해 그 실현에 이바지해야 한다.

이런 지향성은 모두 학현 선생이 늘 강조한 경제학자의 자세, 즉 "차가운 머리, 따뜻한 가슴"의 경구로 요약되는 앨프리드 마셜(A. Marshall)의 경제기사도 정신에서 비롯된 것이라 할 수 있을 것이다.

## 〈부록〉 시기별 서울사회경제연구소 연구총서

**제1기: 1992~1997년**

『경제민주화의 길』(1992.2)

『한국경제의 새로운 발전방향 모색』(1994.8. 유풍출판사)

1.『한국의 산업: 그 구조개편을 위하여』(1996.12., 서울사회경제연구소)

2.『 한국의 노사관계와 노동자 생활』(1996.12. 서울사회경제연구소)

3.『한국경제의 구조개혁과제』(학현 고희기념논문집. 1997년 3. 서울사회경제연구소)

**제2기: 1998~2002년**

4.『한국의 금융 위기와 금융 개혁』(1998. 서울사회경제연구소)

5.『한국 자동차 산업의 구조변화와 과제』(1998. 새날)

6.『IMF 관리 후 한국의 경제정책: 평가와 과제』(1999.6. 새날)

7.『한국경제 반세기의 회고와 반성』(1999.12. 새날)

8.『21세기 한국 사회경제의 발전전략』(2000.11. 여강출판사)

9.『김대중 정부의 4대개혁: 평가와 과제』(2001. 10. 여강출판사)

10.『소득분배와 사회복지』(2002.12. 여강출판사)

**제3기: 2003~2008년**

11.『참여정부의 경제개혁 과제』(2003.12. 한울)

12.『경제개혁의 길: 경제개혁 정책의 국제비교』(2004.11. 한울)

13.『신자유주의와 세계화』(2005.7. 한울)

14.『한국경제: 세계화, 구조조정, 양극화를 넘어』(2005.12. 한울)

15.『양극화 해소를 위한 경제정책: 금융, 노동시장, 부동산, 지역』(2006.9. 한울)

16.『금융위기와 금융세계화』(2006.12. 한울)

17.『국제금융자본과 한국경제』(2007.11. 한울)

18.『한국의 경제개혁정책: 성공인가 실패인가?』(2007.12. 한울)

19.『세계화 시대 한국경제의 진로』(2008.9. 한울)

20.『한국경제 빈부격차 심화되는가?』(2008.12. 한울)

**제4기: 2009~2016년**

21.『경제위기와 현 정부의 경제정책 평가』(2009.10. 한울)

22.『글로벌 경제위기와 정책대응』(2010.5. 한울)

23.『글로벌 경제위기와 새로운 경제패러다임의 모색』(2010.10. 한울)

24.『한국의 빈곤 확대와 노동시장 구조』(2011.5. 한울)

25.『경제불안 해소를 위한 정책과제』(2011.10. 한울)

26.『노동시장 취약계층의 현실과 정책과제』(2012.7. 한울)
27.『이명박 정부 경제정책의 기조와 평가』(2012.11. 한울)
28.『세계경제의 변화와 한국경제의 대응』(2013년.4. 한울)
29.『박근혜 정부 경제·복지정책의 방향과 과제』(2014.1. 한울)
30.『박근혜 정부의 경제·사회정책: 경제민주화와 복지의 실종』(2014.7. 한울)
31.『소득불평등 해소의 길』(2014.12. 한울)
32.『한국경제의 새로운 지향과 개혁과제』(2015.11. 한울)
33.『경제불평등과 금융부채』(2016.2. 한울)
34.『세계경제의 미래와 한국 경제』(2016.10. 한울)

**제5기: 2017년~현재**

35.『노동 현실과 희망 찾기』(2017.7. 한울)
36.『인간다운 삶을 위한 경제정책』(2017.12. 한울)
37.『공정한 경제로 가는 길』(2018.12. 한울)
38.『문재인 정부의 경제정책 전환과 과제』(2019.12. 한울)
39.『세계 속의 한국경제 2021-2030』(2020.12. 한울)
40.『불평등 시대의 부동산 정책』(2022.3. 한울)
41.『5대 전환과 한국경제』(2022.12. 한울)

제1부

# 한국경제 패러다임의 전환

제1장

# 경제적 불평등과 경제 정의*

안국신 | 중앙대학교 경제학부 명예교수

## 1. 머리말

학현 변형윤 선생께서는 1989년에 경제정의실천시민연합(이하 경실련)이 창립될 때 공동대표를 맡으셨다.

돌이켜 보면 경실련은 많은 경제학자, 특히 주류 경제학자들이 경제학 교과서에 나오지 않는 개념인 경제 정의를 표방하고 실천하고자 했다는 점에서, 그리고 각계각층의 지식인 및 지도자들이 취지에 찬동하여 적극 참여했다는 점에서, 일찍이 우리나라에서 볼 수 없었던 획기적인 시민운동단체였다. 많은 학자와 지식인이 나선 것은 우리나라의 경제적 부정의가 심각하고, 이를 바로잡는 것이 건강한 시장경제와 민주복지사회를 세우는 데에 긴요하다는 문제의식을 공유하였기 때문이다. 변 선생께서 창립과 초기 운영에 관여하신 만큼 경실련이 당초에 견지한 문제의식과 실천과제들을 반추해 보는 것도 의미 있는 일이라 생각된다.

2000년대에 들어와 경제적 부정의(불의)는 경제적 불평등이라는 용어로 바

---

* 이 글의 논의는 안국신(2021)을 많이 참고하고 인용하였다.

꿔어 경제적 불평등을 핵심으로 하는 불평등이 우리 사회를 지배하는 담론이 되었다. '불평등이 문제다', '평등이 답이다'는 유의 제목과 내용의 책들이 쏟아져 나왔다(예컨대 피케티, 2014; 이정전, 2017; 김윤태, 2017). 서울사회경제연구소(서경연)에서도 불평등에 관한 연구 총서를 여러 권 발간해 왔다. 이와 관련하여 변 선생의 평생 화두 중의 하나인 경제 민주화도 서경연에서 꾸준히 제기해 왔다.

불평등을 해소하고 경제 정의와 사회 정의를 확립하며 경제 민주화를 이루어야 한다는 명제는 여전히 중요한 우리 사회의 시대적 과제다. 당연한 명제이고 중차대한 국가적 과제인데도 실현이 지지부진해 온 것이다. 사회 정의의 전제인 경제 정의의 개념과 구체적인 실현방안에 관하여 지금까지 다양한 주장이 제기되고, 부동산 투기를 척결하기 위해 과감한(그러나 참담하게 실패한) 정책들이 동원되기도 하면서 혼란과 혼선을 빚어 왔다. 경제 민주화도 수시로 중차대한 국가 의제로 소환되었지만 학계가 공유하는 경제 민주화에 대한 개념마저 정립되어 있지 않다,

이 글에서 필자는 그동안 전개되어 온 경제 정의, 평등, 공정 등 담론과 그에 관련된 문제들을 원론적인 입장에서 차근차근 짚어본다. 이를 통해 우리나라가 '더불어 잘 사는 선진국'으로 올라서기 위해 실사구시의 사회적 합의를 모색해 보는 것이 이 글의 목적이다.

## 2. 경제적 부정의와 경제 정의

경제 정의(economic justice)를 명확하게 정의하기는 쉽지 않은 일이다. 경실련에 참여한 학자들은 경제 정의를 직접 정의하는 대신 반대 개념의 관점에서 접근하였다. 일찍이 홉스(Thomas Hobbes)가 "부정의가 아닌 것"을 정의라고 규정했듯이, 경제적 부정의(不正義)를 극복하는 것이 경제 정의를 실현하는 것이

라고 보았다. 발기선언문에 따르면 '부동산 투기, 정경유착, 금융가명제, 극심한 소득 격차, 불공정한 노사관계, 농촌과 중소기업의 피폐, 재벌로의 경제력 집중, 이 모든 것들의 결과인 부와 소득의 불공정한 분배' 등이 경제적 부정의이고, 이를 극복 내지 척결하는 것이 경제 정의이다. 경실련은 경제 정의의 실현을 위해 다음과 같은 과제를 실천해야 한다고 선포했다(번호는 필자가 임의로 기입).

① 모든 국민은 빈곤에서 탈피하여 인간다운 삶을 영위할 권리가 있다.

② 자기 인생을 자유롭게 선택할 수 있도록 경제적 기회 균등이 모든 국민에게 제공되어야 한다.

③ 정부는 시장경제의 결함을 시정할 의무가 있다.

④ 진정한 민주주의를 왜곡시키는 금권정치와 정경유착은 철저히 척결되어야 한다.

⑤ 비생산적인 불로소득은 소멸되어야 한다.

⑥ 토지는 생산과 생활을 위해서만 사용되어야 하며 재산 증식 수단으로 보유되어서는 안 된다.[1]

위 실천 과제들은 경실련이 출범한 1980년대나 오늘날이나 변함없이 우리 국민의 전반적인 지지를 받고 있는 것으로 보인다. 그동안 각 과제의 실천을 위해 역대 정부는 다양한 노력을 기울였다. 그 결과 ①, ②, ③에 대해서는 많은 진전이 이루어졌다. 경제정의의 첫 걸음인 금융실명제와 부동산실명제가 이루어졌다. ④는 외환위기를 겪은 후 4대 부문(기업, 금융, 노동, 공공부문)의 개혁

---

1 경실련은 이 실천 과제들을 달성하여 시장경제의 결함을 해결하는 민주복지사회의 건설을 우리 공동체가 지향해야 할 목표로 설정하였다. 당시에 일부 학계와 노동계에서는 자유시장경제를 군부독재와 더불어 타파해야 할 '구체제'로 규정하는 '체제 변혁적' 시각을 가지고 있었다. 주류 경제학자들이 대거 참여하는 시민운동에서 자유시장경제를 근간으로 하는 민주복지사회와 혼합경제체제를 지향하는 '개량주의적' 시각을 견지한 것은 당연한 일이자 올바른 접근방법이었다.

과정에서 상당한 성과가 있었다. 그러나 ⑤와 ⑥은 국가적인 노력을 적극 기울였음에도 불구하고 주기적으로 참담하게 실패하였다. ④는 외환위기 직후의 성과에도 불구하고 근래에 대통령 탄핵, 대장동 개발 비리, LH 사태 등에서 드러난 것과 같이 정경유착과 지대추구가 광범위하고 뿌리 깊다는 것을 보여주면서 여전히 큰 사회문제가 되고 있다.

경제 정의의 실현이 크게 미흡한 것은 무엇 때문인가? 경제적 부정의는 불가피한 것인가? 경실련이 일찍이 열거했던 경제적 부정의의 내용과 실천 과제는 타당한 것이었는가? 앞으로 어떻게 해야 과거의 실패를 극복하고 경제 정의를 실현할 것인가? 이런 문제는 2000년대부터 학계와 노조, 시민사회에서 우리 사회의 경제적 불평등을 해소해야 한다는 주장으로 진화하면서 더욱 중요한 문제가 되었다.

## 3. 경제적 불평등과 평등

근래에 우리나라에서 불평등이 문제이고 평등이 답이라는 담론이 상식처럼 자리하고 있다. 여기에서 불평등은 사람마다 상황마다 다른 뜻으로 쓰이는 혼란스러운 개념이지만 정치, 경제, 사회 분야를 포함한 한 나라 전 분야의 불평등을 뜻한다. 불평등은 적어도 다음의 네 가지를 포괄한다.

① 인종·종교·성·연령·지역·신분·장애 여부 등에 따른 차별을 뜻하는 법 앞의 불평등

② 균등한 기회가 주어지지 않는 기회의 불평등

③ 정치권력 혹은 사회적 지위 면에서의 차이를 뜻하는 권력·명예의 불평등

④ 경제활동의 성과물인 소득과 부의 분배의 불평등

분배의 불평등을 흔히 경제적 불평등이라 불러왔다. 불평등을 해소하는 것

이 평등이다.

현대 민주국가에서 법 앞의 불평등은 헌법으로 금지하고 있다. 인종·종교·성·연령 등에 따른 차별을 금지하는 법 앞의 평등이 보장되고 있다. 기회의 평등은 민주사회의 기본 전제가 되고 있다. 법 앞의 평등과 기회의 평등이 평등(균등)이라는 말 그대로 이루어져야 한다는 데에는 이의가 없다. 그러나 권력·명예의 불평등과 분배의 불평등을 말 그대로 해소하여 완전한 평등을 이루어야 한다는 명제는 성립하지 않는다. 완전한 권력·명예의 평등을 추구하면 "모든 동물은 평등하다. 그러나 어떤 동물은 다른 동물들보다 더 평등하다"라는 오웰(George Orwell)의 풍자처럼 새로운 지배계층에 의한 '일당독재'로 변질되게 마련이다(오웰, 2009/1945). 권력과 명예는 상대적으로 희소하기 때문에 모든 사람이 똑같이 누릴 수가 없다. 경제적 자원인 소득과 부도 모든 사람이 똑같이 가질 수 없다. 부를 똑같이 가질 수 없다는 명제는 자명하다. 똑같은 소득을 가져도 사람마다 소비의 성향과 소비재의 구성이 각양각색이어서 곧 저축과 부의 크기가 달라지기 때문이다.

19세기에 자본주의경제가 부익부 빈익빈의 폐해를 드러내자 경제적 불평등을 해소하여 소득 분배의 완전한 평등을 이루는 것이 마땅하고 옳은 일이라고 인식되기도 했다. 이를 결과의 평등이라고 부른다. 소득을 말 그대로 똑같이 나누어야 한다는 결과의 평등은 인류가 오랜 기간 수렵·채취 생활을 해온 원시 공동사회에서 실현된 것으로 알려져 있다. 그러나 20세기 이래의 역사적 실험을 통해 결과의 평등은 유토피아의 꿈이라는 것이 밝혀졌다. 철학적 관점에서 보더라도 결과의 평등은 바람직하지 않다. 역사적 실험은 크게 두 갈래로 이루어졌다.

첫째, 국공유재산제 하에 소득 분배의 평등을 추구한 사회주의 실험이다. 20세기에 이른바 공산주의국가들은 사유재산제도가 만악을 낳는 근원이라고 보아 사유재산권을 부정하고 불평등 해소를 시도하는 사회주의 계획경제를 채택했다. 그 결과는 개인의 자유와 경제 번영이 희생되는 것으로 나타났다. 실패의 근본 요인은 유인(incentive) 문제였다. "내 것은 아낀다. 우리 것은 덜 아낀다. 공동체의 것은 아무도 안 아낀다"는 인지상정은 국공유재산제의 치명적인 문제다. 더욱이 개미나 베짱이나 똑같이 보상받기 때문에 열심히 일하고 저축할 유인이 생기지 않는다. 경제적 보상이라는 유인이 있어야 열심히 일하는 이기적, 자본주의적 인간을 개조한다는 이른바 '사회주의 인간' 교육도 소기의 목적을 이룰 수 없었다. 사회주의는 일당 독재, 개인의 자유 억압, 빈곤의 평등 분배 등 '전체주의(권위주의)'체제로 귀결되어 자유와 경제적 효율이라는 인류 발전 가치와 정면으로 배치되는 체제였다. 구소련과 북한이 대표적인 사례다.

둘째, 사유재산제 하에 분배의 평등을 앞세우는 남미의 평등주의 실험이다. 20세기 후반에 사유재산권은 보장하되 재정 상태를 아랑곳하지 않고 분배와 복지를 최우선시하는 대중영합정책을 편 남미 여러 나라 경제가 파탄상태를 맞았다. 대표적인 국가가 아르헨티나다. 아르헨티나는 20세기 초에 세계 7대 부국에 올라 있었는데 페로니즘(Peronism)으로 일컬어지는 무분별한 대중영합 정책을 오랫동안 쓴 결과 오늘날은 초인플레이션과 고실업으로 신음하는 빈곤국이 되었다. 많은 국민이 빈곤의 늪에 빠져 분배도 매우 불평등하다. 분배를 최우선시하면서도 세계적으로 분배가 가장 양호하고 복지와 성장의 선순환을 이루는 북구 국가들도 있다. 그러나 북구 각국은 인구가 기백만 명의 소국경제인데다 일찍부터 사회적 협약을 모색하고 성공시킨 경험이 있는 특수한 경우이다. 사회적 협약의 경험이 없는 나라는 포퓰리즘(대중영합주의)의 덫에 빠져 남미처럼 빈곤과 부채의 늪에 빠지기 십상이다.

결과의 평등에 대한 욕구는 '다 같이 잘 살자'는 인간 존중의 숭고한 예로 느껴진다. 이 때문에 부추기거나 집착하면 포퓰리즘으로 번져 남미처럼 빈곤으로 퇴행하고 지속가능한 복지와 성장에서 멀어지게 마련이다. 인기에 영합하면서 중우정치를 펼치는 권위주의가 발호하여 민주주의가 위기에 빠지기 쉽다.

미국의 철학자 프랭크퍼트(Harry Frankfurt)는 결과의 평등이 개인이나 사회가 추구해야 할 도덕적으로 중요한 목표가 아니라는 명제를 개진하였다(프랭크퍼트, 2015). 도덕적으로 중요한 목표는 좋은 삶이다. 개인이나 사회가 추구해야 할 도덕적 목표는 평등과 별개로 존재한다. 중요한 것은 나쁜 삶 자체를 막는 일, 즉 빈곤과 범죄를 없애는 것이다. 프랭크퍼트에 의하면 모든 사람이 똑같은 소득을 갖는 것이 바람직하다는 경제적 평등주의에는 내재적인 도덕적 가치가 없다. 반드시 실현해야 할 도덕적 이상도 아니다.[2] 절대적 빈곤이 없고 모든 사람이 인간적인 삶을 누리기에 충분한 소득을 가지는 것이 도덕적 가치가 있는 일이다. 평등주의에 대한 이 대안적 원칙을 프랭크퍼트는 '충분성의 원칙'이라고 불렀다.

앞에서 평등주의를 내세운 인류의 거대한 두 실험이 빈곤의 평등화와 일당독재의 전체주의 내지 중우정치로 귀결된 것을 살펴보았거니와 프랭크퍼트의 주장은 원시시대부터 내려온 '경제적 평등주의는 반드시 실현해야 할 도덕적 이상이다'라는 인류 집단사고의 맹점을 예리하게 지적하는 통찰이라 할 수 있다. 완전고용이 0%의 실업률을 뜻하는 것이 아닌 것처럼 경제적 평등(분배의 평등)이 지니계수 0의 완전균등분배를 뜻하지 않는다. 경제적 평등은 경제적 불평등을 해소하여 결과의 평등을 이루는 것이 아니라 경제적 불평등을 적절하게 완화하는 것이다.

우리나라에서 경제적 불평등은 분배의 불평등 외에 흔히 경제주체들 간 거래 관계에서 힘의 불균형을 포괄하는 폭 넓은 개념으로 사용된다. 기업과 소비자 간, 기업과 근로자 간, 대기업과 중소기업 간, 노동시장에서 노조 있는 정규직(내부자)과 노조 없는 비정규직(외부자) 간에 힘의 불균형이 있다. 이 불균형이 합리적이거나 공정하다고 볼 수 없을 만큼 크다고 느낄 때 경제적 불평등이라는 말이 거론된다.

경제적 불평등과 관련하여 우리 사회에서 '경제 민주화'라는 말이 많이 사용되어 왔다. 변형윤 선생께서도 평생 천착해 온 화두 중의 하나이다. 경제 민주

---

2 이 저명한 철학자의 직관적이고 도발적인 주장은 프랭크퍼트(2015)를 참고할 것.

화는 학계가 공유하는 정의가 없는 상황이다. 헌법에도 나와 있는 말이지만 그 의미를 둘러싸고 논란이 있어 왔다.[3] 실러(Robert Shiller)는 "금융의 민주화(democratizing finance)란 개인의 노력이나 능력의 차이처럼 합리적 이유에서 비롯되지 않은 경제적 불평등을 효과적으로 해결하는 것을 말한다"(실러, 2003)라고 정의하였다. 이 정의를 경제 민주화에 원용하는 것이 타당하다고 생각된다. "경제 민주화(democratizing economy, economic democratization)란 개인(집단 포함)의 노력과 능력의 차이처럼 합리적 이유에서 비롯되지 않은 경제적 불평등을 효과적으로 해결하는 것을 말한다." 이렇게 정의하면 경제 민주화는 다름 아닌 경제적 불평등의 적절한 완화와 같은 뜻이다.

경제적 불평등을 얼마나 완화해야 적절한 완화인가? 어떤 것이 바람직한 분배 상태인가? OECD 국가들은 모두 시장경제를 채택하고 있는 나라들인데 시장경제는 크게 자유시장경제와 사회적 시장경제의 두 부류로 나뉜다. 북구와 독일 등 사회적 시장경제를 채택하고 있는 나라들은 소득분배와 사회복지가 양호하다. 양호한 분배와 복지를 위해 높은 조세 부담과 복지지출이 불가피하기 때문에 고부담-고복지국가로 불린다. 미국과 영국으로 대표되는 자유시장경제를 채택하고 있는 나라들은 소득분배와 사회복지가 상대적으로 열악하고 조세 부담도 낮아서 저부담-저복지 국가로 불린다. 사회적 시장경제 국가들이 자유시장경제 국가들보다 분배가 양호한 것은 두말할 나위 없다. 그러나 장기적 성장과 동태적 효율성 면에서 보면 자유시장경제 국가들이 사회적 시장경제 국가들보다 우월하다. 빈국에서 부국으로 이민 압력이 갈수록 높아지는 현

---

3 헌법 제 119조 2항에 "국가는 균형 있는 국민경제의 성장 및 안정과 적정한 소득 분배를 유지하고 시장의 지배와 경제력의 남용을 방지하며, 경제주체 간의 조화를 통한 경제의 민주화를 위하여 경제에 관한 규제와 조정을 할 수 있다"라고 규정하고 있다. 이 조항에서 '경제의 민주화'라는 말 이전의 모든 표현이 경제의 민주화를 의미하는지, 경제주체 간의 조화만이 경제의 민주화를 의미하는지, 아니면 앞 표현들과는 별도의 경제의 민주화 개념을 상정하고 있는지 불분명하다는 것이다.

대사회에서 고부담-고복지의 틀이 장기에 지속가능하지 않게 된다는 문제도 있다. 따라서 자유시장경제와 사회적 시장경제를 아우르는 OECD 전체의 평균을 우리나라가 지향해야 할 바람직한 분배 상태로 보는 것이 현실적으로 바람직한 것으로 보인다. 복지국가 유형으로는 느슨하게 말하는 중부담-중복지 국가이다.

그러면 경제적 불평등을 적절하게 완화하는 것, 즉 OECD 평균 수준의 분배 상태를 이루는 것이 정의롭고 공정하다고 할 수는 있는 것인가? 이 질문이 경제 정의의 문제로 우리의 관심을 되돌린다.

## 4. 경제 정의와 공정: 이론적 접근

경실련이 우회적으로 다루었던 경제 정의의 개념을 정면으로 살펴보자. 아서(John Arthur)와 쇼(William Shaw)가 지적하는 것처럼 경제 정의의 요체는 경제적 편익과 부담을 나누는 바람직한 근거가 무엇인가이다(Arthur and Shaw, 1978). 경제적 편익과 부담 중 편익을, 편익 중에서도 소득을 중심으로 인류는 분배의 타당한 근거를 모색해 왔다. 지금까지 크게 네 가지 근거가 제시되었다.

① 모든 사람이 소득을 똑같이 가지는 결과의 평등이 정의롭다.

② 개인의 자유와 선택이 완전하게 보장되는 시장에서 이루어지는 소득 분배가 정의롭다.

③ 사람들의 필요에 따른 분배가 정의롭다.

④ 각자가 능력과 노력에 따라 생산에 기여(공헌)한 만큼 분배하는 것이 정의롭다.

앞 절에서 결과의 평등이 바람직한 평등의 개념이 아니라는 것을 논하였다. 빈곤의 늪에 빠트려 가난한 사람을 더 못 살게 만들기 때문에 바람직한 정의와 공정의 개념이 아니라는 것도 쉽게 알 수 있다. 이 절에서 둘째의 한계를 살펴본다. 이어 셋째와 넷째를 절충한 논거가 오늘날 바람직한 경제 정의라는 것을 확인한다.

미국의 철학자 노직(Robert Nozik)은 "오직 계약을 집행하고, 사람들을 무력과 절도와 사기에서 보호하는 기능을 수행하는 최소국가만이 정당화할 수 있다. 거기서 더 나아가면 어떤 일도 강요당하지 않아야 하는 개인의 권리를 침해하게 되고, 그런 국가는 정당화할 수 없다"(Nozik, 1974)고 주장한다. 부자에게 세금을 부과해 가난한 사람을 돕는 것은 부자가 강요당하는 것이다. 이는 내 돈을 내 마음대로 쓸 자유와 권리를 침해하는 것이어서 정의롭지 못하다. 부당하게 얻은 자원으로 부당하게 경제활동을 하지 않는 한 시장경제에서 결과가 아무리 불평등하더라도 그 분배는 정의롭고 정당하다. 이처럼 개인의 자유와 선택을 중요시하여 재분배와 정부 개입에 반대하는 사람을 자유지상주의자(libertarian)라 부른다. 오스트리아 출신 영국의 경제학자이자 정치철학자인 하이에크(Friedrich Hayek, 1944)와 미국의 경제학자 프리드먼(Milton Friedman, 1962)이 또 다른 대표적인 자유지상주의자들이다.

갈수록 개인의 자유와 기본권이 천부의 권리로 인식되고 있는 현대사회에서 자유지상주의자들의 주장은 큰 설득력이 있다. 그러나 자유지상주의는 현실이 아무리 불평등해도 이를 파레토 최적이라고 옹호하는 극단적인 보수주의로 나타난다. 불평등을 완화하려 하면 소득 재분배에 따른 가진 자들의 소득과 효용이 줄어들지 않을 수 없는데 이는 가진 자의 자유와 권리를 침해한다. 따라서 불평등을 완화하려는 시도는 아예 하지 말아야 한다. 기득권층의 이기심을 극단적으로 옹호하고 더불어 사는 공동체주의를 외면하는 현상유지(status quo)주의로 귀결되는 것이다. 자유지상주의는 전체주의를 배격하고 개인의 자유를 절대적으로 중시한다는 점에서 소중하다. 그러나 이론적으로 개인이 자기 자신을 노예로 팔아도 사회가 개입해서는 안 된다는 극단주의로 흐를 수 있다. 현실적으로 루스벨트 미국 대통령의 말처럼 "가난한 사람은 자유인이 아니다".

빈곤은 자유를 누리지 못하게 한다. 빈곤이 만연한 사회에서는 분노의 소요와 사회적 혼란이 일어나 가진 자도 자유와 풍요를 맘껏 누리지 못하게 된다.

오늘날 재분배를 반대하는 자유지상주의자들의 주장은 극단적인 입장으로 치부되고 있다. 시장경제는 공익을 위해 개인의 경제적 자유가 제한될 수 있다는 혼합경제체제의 모습을 보인다. 더불어 개인의 자유로운 경제활동을 보장하고 번영을 낳는 경제체제는 시장경제라는 자유지상주의자들의 기본 입장만큼은 학계에서 자명하게 받아들여지는 명제가 되었다.

소득 분배를 국가가 책임지고 완전 평등하게 하는 것도, 국가가 일체 관여하지 않고 시장에 완전히 맡기는 것도, 경제 정의에 부합하지 않는다면 경제 정의는 이 양극단 사이의 어느 지점에 있을 것이다. 경제 정의에 대한 논의를 더 계속하기 위해 정의의 현대적인 해석을 살펴보자.

미국의 정치철학자 롤스(John Rawls)는 자유 및 불평등과 정의의 관계를 설명했다(Rawls, 1971). 그에 의하면 사회는 기본적 자유를 규정하여 모든 사람에게 평등하게 통용시키고, 사회·경제적 불평등의 허용 기준을 명시하여 관철시켜야 한다. 그는 사회의 기본구조가 갖추어야 할 정의의 원칙은 사회 구성원들이 합의한 사회계약이어야 한다고 보았다. 실제로 태초에 이러한 계약이 명시적으로 체결되지 않았기에 롤스는 가상적 실험을 제안한다. 그는 가상적 실험에서 다른 사람들의 처지에는 관심을 두지 않는 자유롭고 합리적인 개인들이, 각자 자신이 어떠한 태생적 특성이나 사회적, 경제적 지위를 누릴지 전혀 모르는 무지의 장막(veil of ignorance)이라는 원초적 입장(the original position)에서 정의의 원칙을 채택한다고 설정한다. 그는 이 설정으로 사람들이 각자의 이해관계와 편파성을 버리고 합의에 이를 것으로 기대한다. 그리고 이렇게 합의된 정의를 '공정으로서의 정의(justice as fairness)'라고 불렀다. 롤스의 '공정으로서의 정의'는 모든 것을 내려놓은 합리적인 인간이라면 동의하기 마련인 정의의 원칙으로 두 가지(정확하게는 세 가지)를 제안하였다(Rawls, 1971: 302).

첫째는 평등한 기본적 자유(equal basic liberties)의 원칙이다. 평등한 기본적 자유의 원칙은 각자가 다른 모든 사람들의 유사한 자유와 병립될 수 있는 한도 내에서 가장 광범위한 기본적 자유를 평등하게 누려야 한다는 것이다. 롤스는 기본적 자유로 투표권과 공직 취임권을 포함한 정치적 자유, 언론 및 집회의 자유, 양심과 사상의 자유, 인신의 자유(freedom of person), 개인 재산을 보유할 권리, 임의로 체포당하지 않을 자유 등을 열거하였다.

둘째는 사회·경제적 불평등이 두 가지 원칙, 즉 차등원칙과 공정한 기회 균등의 원칙과 결부되는 한에서만 허용된다는 것이다. 차등원칙(the difference principle)은 사회적, 경제적 불평등이 '최약자층에게 최대의 혜택(the greatest benefit of the least advantaged)'을 제공한다면 정당하다는 것이다. 차등원칙은 흔히 최소극대화원칙(maximin principle)이라 불린다. '최소' 소득을 얻는 최약자층의 효용을 '극대화'한다는 것이다. 정의의 제1원칙이 기본적 자유를 평등하게 허용해야 한다는 것과 대조적으로 차등원칙은 사회적, 경제적 불평등이 정의로울 경우를 규정한다. 공정한 기회 균등(fair equality of opportunity)의 원칙은 기본적 사회구조의 모든 직책과 지위가 모든 사람에게 공정하고 균등하게 개방될 것을 규정한다. 비슷한 능력과 의욕, 동기를 가진 사람들은 각종 사회적 직책과 지위와 관련하여 비슷한 삶의 전망을 가질 수 있어야 하기 때문에 공정한 기회 균등의 원칙이 필요하다.

롤스는 정의의 원칙에서 무엇이 더 중요한지를 규정하는 우선 규칙(priority rule)도 제시하였다. 먼저 평등한 기본적 자유의 원칙이 최우선 가치이다. 경제적 혜택이나 사회복지의 이득이 아무리 크더라도 평등한 기본적 자유가 희생되어서는 안 된다. 시장보다 국가 계획을 중시하는 사회주의사회는 개인의 기본적 자유가 으레 희생되기 때문에 정의로운 사회가 아니다.[4] 다음으로 공정한 기회 균등의 원칙이 차등원칙에 우선한다. 소득 분배의 차등과 사회적 지위의 위계는 개인의 기본적 자유와 기회 균등을 보장하는 한에서 허용된다.

4 파시즘과 같이 개인보다 국가를 앞세우는 전체주의사회도 물론 정의로운 사회가 아니다.

평등한 기본적 자유의 원칙과 공정한 기회균등의 원칙이 '무지의 장막'에서 채택될 정의의 원칙이라는 것은 누구나 동의할 수 있다. 그러나 차등원칙이 세 번째 정의의 원칙으로 채택될 것이라는 롤스의 주장에 대해서는 여러 반론이 제기되었다. 반론의 핵심은 차등원칙이 가장 불운한 상황에 빠질 (최소소득을 얻을) 가능성에 대비하는 지나치게 위험회피적인 성향을 반영한다는 것이다. 하사니(John Harsany)는 자기가 어떤 태생적 특성으로 귀속될지 모르는 불확실한 상황에 처한다면 합리적 주체들은 최소소득의 극대화가 아니라 기대효용의 극대화를 추구할 것이라고 주장하였다(Harsany, 1975). 무지의 장막에서 차등원칙만이 도출되는 것은 아니라는 것이다. 애로(Kenneth Arrow)는 사회 구성원들의 선호체계가 특정한 사회후생함수로 표현될 수 있는 경우 사회후생의 극대화가 최소극대화로 귀결되는 것을 보였다(Arrow, 1983). 차등원칙과 공리주의 입장은 전혀 다른데 실상은 같아질 수 있다는 기이한 결과를 보인 것이다. 이런 반론들에 대한 반론도 있지만 논란의 함의는 '공정으로서의 정의'는 이론적인 문제이자 실증적인 문제라는 것이다.

## 5. 경제 정의와 공정: 실증적 접근 및 종합

미국의 두 정치학자 프롤리히와 오펜하이머는 분배적 정의와 관련한 일련의 실증적 분석을 실행하였다(Frohlich and Oppenheimer, 1992). 그들은 대학생으로 구성된 피실험자들을 대상으로 다음 네 가지 정책 중 하나를 택하도록 했다.

① 최저 소득층의 소득을 극대화하는 롤스의 차등원칙에 충실한 정책

② 1인당 소득을 극대화하는 '공리주의적' 정책(소득이 행복과 비례한다면 1인당 소득의 극대화는 최대다수의 최대행복이라는 공리주의와 상통한다)

③ 1인당 소득을 극대화하되 모든 사람에게 최저한도의 '바닥' 소득을 보장하는 정책

④ 소득의 격차를 극소화하는 정책

광범위한 실험을 통해 그들이 확인한 것은 실험집단들이 압도적으로 ③을 선택한다는 사실이다. 모든 사람에게 '바닥'소득을 보장한다는 전제하에 1인당 소득을 극대화하는 정책을 선택한 사람이 전체의 78%에 달했다. 모든 사람에게 최저소득을 보장한다는 전제 없이 1인당 소득을 극대화하는 '공리주의적' 정책 ②를 지지한 사람은 12%였다. 소득의 격차를 극소화하는 정책 ④를 지지한 사람은 9%, 롤스의 차등원칙을 선택한 사람은 고작 1%에 불과했다.[5] 분배적 정의의 후보로 네 가지를 제시했는데 압도적으로 많은 사람이 ③을 선택했다는 것이다. 저자들은 다음과 같이 결론을 내린다. "실험집단은 개인에게 모두 적용되는 사회적 안전망을 위해 …… 최소한도의 수준을 보장하는 바닥 소득(floor constraint of income)을 원했다. 하지만 이런 강제 조항이 적용된 뒤에는 생산과 평균 소득의 극대화를 위해 유인 수단을 원했다." 정의는 모든 사람에게 최저소득이 보장되도록 요구하고 오직 그것만을 요구할 뿐이라는 것이다. 많은 후속 연구에서도 결과는 크게 달라지지 않았다. 우리나라에서 나온 연구결과도 비슷하다. 우리 국민은 국가 전체로는 재분배 기능이 강화되기를 기대하고, 소득의 창출과 부의 축적에서는 경쟁과 시장의 보상 원리가 충실하게 작동하기를 기대한다(황수경, 2019).

정의 및 공정과 관련하여 미국의 생물학자이자 복잡계 과학자인 코닝(Peter Corning)은 인류가 출현한 이래 인간의 본성에 맞고 지속 가능한 미래를 보장하

---

5 도덕적으로 설득력이 크게 보이는 차등원칙을 지지하는 사람이 거의 없는 것은 뜻밖이다. 실험집단들이 사회주의경제의 실패와 복지제도를 갖춘 자본주의경제의 역동성을 역사적 사실로 알고 있는데다가, 차등원칙이 최저계층의 소득을 차상위계층의 소득보다 높게 만들 수도 있다는 의구심(또는 최저계층의 소득이 차상위계층의 소득과 같아질 경우 다시 그다음 차상위계층의 소득과 같게 해야 한다는 논리가 연쇄적으로 작용하여 결국 완전균등분배로 이어질 수 있다는 의구심)이 들었기 때문인 것으로 보인다.

는 사회는 '공정한 사회(fair society)'라고 주장하였다(코닝, 2011). 코닝에 따르면 인류의 지속가능한 미래를 위한 사회상인 공정한 사회는 다음 세 가지 원칙이 담보되는 사회다.

첫째, 재화와 서비스는 모든 인간의 기본 욕구를 충족시킬 수 있도록 골고루 분배되어야 한다(이때 평등이 실현된다).

둘째, 기본 욕구를 충족하고 남는 잉여물은 '공로'에 따라 분배되어야 한다(이때 공평이 실현된다. 즉, 아리스토텔레스가 말한 '각자에게 각자의 몫을 주라'는 분배적 정의가 실현된다).

셋째, 공로에 따른 분배의 대가로 인간은 각자 능력에 따라 집단적 생존 조직에 비례적으로 기여할 의무가 있다(이때 상호주의가 실현된다).

첫째는 일찍이 아리스토텔레스가 좋은 삶을 실현하는 필요조건으로 최소한의 필수품이 있어야 한다고 규정한 것과 상통한다. 둘째는 공정성의 심층 심리에 작용하는 중요한 요소로 인간의 노력과 성취를 존중하려는 강력한 욕구를 반영한다. 공로는 보상이 노력과 투자, 그리고 기여도에 비례하여 주어진다는 뜻이다. 첫째와 둘째의 원칙은 기본 욕구를 충족시키는 생산물을 바닥 소득으로 보면 모든 사람에게 바닥 소득을 보장한다는 전제하에 각자의 소득을 극대화하는 것을 대다수가 선호하는 프롤리히와 오펜하이머(Frohlich and Oppenheimer, 1992)의 실증적인 연구 결과와 상통한다. 평등을 사회주의경제에서처럼 모든 사람에게 똑같이 분배하는 완전 평등(결과의 평등)으로 보지 않고, 모든 사람의 기본 욕구를 충족하는 데까지만 골고루 분배하는 것으로 해석한다. 한마디로 결과의 평등은 정의도 공정도 아니다.

현대국가에서는 정부가 세금과 복지지출을 통해 모든 사람이 기본 욕구를 충족할 수 있도록 골고루 재분배하는 역할을 할 수 있다. 공로에 따른 분배는 시장경제에서 자유경쟁을 통해 자동적으로 이루어진다. 생산과정에 참여한 생산요소의 소유자는 기여한 성과(한계생산물의 가치)를 분배받는다. 기업은 유용한 혁신에 대한 보상으로 적어도 단기에 초과이윤을 향유한다. 이런 성취에 대한 보상으로 효율이 극대화한다.

공정한 사회의 셋째 원칙은 상호주의다. 인간사회는 상호의존적인 생존 조직이다. 사람은 항상 이기적이지도, 이타적이지도 않다. 기본적으로 이기적이지만 남이 나에게 잘 해주면 나도 남에게 잘 해주고, 집단적 조직의 생존과 발전을 위해 협동하고 손해를 감수하거나 희생하는 경우도 드물지 않다. 남이나 사회가 나에게 혜택을 주니까 나도 남이나 사회에 혜택을 주고자 하는 의향, 내가 남에게 선행을 베풀 때 남도 나에게 혹은 또 다른 남에게 잘 해줄 것이라고 기대하는 경향이 상호주의다. 상호주의는 인간의 생존과 번영에 결정적인 역할을 하는 바 근래에 행동경제학과 생물사회학, 게임의 이론 등을 통해 공정성 개념의 뿌리라는 것이 밝혀지고 있다.[6] '남에게 대접받고 싶은 대로 남을 대접하라', '내가 원하지 않는 것을 남에게 하지 말라'는 철학계와 종교계에서 강조하는 황금률(보편적 도덕원칙)도 상호주의의 고양된 형태이다.

공로에 따른 분배를 공평하다고 보는 둘째 원칙은 공로가 능력과 노력에 따른 것이기 때문에 능력주의 원칙이라고 부를 수 있다. 샌델(Michael Sandel)은 능력주의가 승자의 오만과 패자의 열패감을 낳아 공동체의 원칙을 훼손하며, 능력 못지않게 운이 성과를 좌우하게 마련인 현실이 실상 공정하지 않은데도 공정하다는 착각을 불러일으킨다고 비판한다(샌델, 2020).[7] 그러나 샌델은 능력주의 원칙을 대체할 설득력 있는 분배의 원칙을 제시하지는 못하였다. 시장에서의 결과를 정의롭다고 생각하여 어떤 재분배도 반대하는 자유지상주의자들의 시각이 너무 편협하다면, 시장에서의 물질적 성취 여부로 인생의 승자와 패

---

6 예컨대 게임의 이론에서 나오는 최후통첩게임도 소득 배분권이 있는 한 쪽이 독식하지 않고 소득의 거의 절반을 다른 쪽에 주는 '사회적 선호'를 보이는데 이는 공정성과 연관된 상호주의 성향으로 해석된다.

7 능력주의에서 강조하는 각자의 능력이 실상 본인만의 노력과 능력이기보다 자기가 통제할 수 없는 타고난 재능, 금수저/흙수저 논란에서 드러나는 부모의 능력과 가정 환경, 행운과 불운 등에 의해 큰 영향을 받는다. 한편으로 다양한 사회적 가치에 대한 각자의 선호와 선택 등에 의해 능력이 크게 영향을 받는 것도 사실이다. 보다 자세한 논의는 안국신(2021); 김범수(2022)를 참고.

자로 인식하고 다양한 차원의 사회적 가치를 무시하는 것도 너무 편협하고 단선적인 시각이다.

지금까지의 논의를 통해 정의(혹은 공정)의 다섯 가지 원칙을 확인할 수 있다. 밀과 롤스가 강조한 개인의 자유, 기회 균등과 코닝이 종합한 공정한 사회의 세 가지 원칙 – 평등, 공평, 상호주의 – 이 그것이다. 다섯 가지 원칙이 제대로 지켜지지 않으면 불공정한 사회다. 우리가 늘 쓰면서 논자마다 다양한 뜻으로 사용되어 혼란스러운 '불평등한 분배'라는 개념을 공정의 다섯 가지 원칙이 이루어지지 않는 '불공정한 분배'의 뜻으로 쓸 수 있다. 물론 무엇을 기본 욕구로 보고, 어느 정도를 '충족'이라고 보느냐는 사람마다 생각이 다르기 때문에 사회적 합의를 이루기 어렵다. 그렇다 하더라도 사회와 시대, 경제발전 단계에 따라 기본 욕구를 충족시키는 소득 수준을 대략적으로 설정하는 것이 불가능한 일은 아니다. 오늘날 선진국들은 기본 욕구를 충족시키는 것을 절대적 빈곤을 해소하는 것(절대적 빈곤율이 0%인 것)과 같은 뜻으로 받아들이는 경향을 보이고 있다.

이제 앞에서 제기한 질문에 답해 보자. 경제적 불평등(분배의 불평등과 경제주체들 간의 힘의 지나친 불균형)을 적절하게 완화하는 것이 정의롭고 공정한 것인가?[8] 그렇지 않다. 경제적 불평등을 적절하게 완화하는 것 자체가 공정의 다섯 원칙을 담보하지는 않는다. 예컨대 분배의 불평등의 경우 불평등을 적절하게 (OECD 평균 수준으로) 개선하더라도 최소한의 생활 보장과 능력주의가 이루어지지 않을 수 있다. 경제주체들 간의 힘의 지나친 불균형을 적절하게 완화하더라도 정의의 다섯 가지 원칙이 보장되지 않는다. 한편으로 경제적 자유와 기회 균등, 다른 한편으로 능력주의 간의 상충관계가 첨예하게 나타나기 때문이다. 시장경제에서 경제적 불평등이 저절로 완화되지 않고, 설사 완화되더라도 공

8 이제 정의를 '공정으로서의 정의'로 보기 때문에 정의와 공정을 같이 써도 되고 하나만 써도 된다. 이하에서는 공정과 정의를 편리하게 섞어 쓴다.

정이 보장되지 않는다는 것이 바로 시장의 실패다. 이 때문에 정부의 개입이 필요하다. 그러나 정부가 개입하여 적절하고 원만한 조정을 도모한다고 해도 대중영합주의가 가세하여 정부의 실패를 낳기 쉽다. 공정한 사회가 되기 위해서는 정부가 이런 딜레마를 인식하면서 합리적이고 공평무사하며 유능해야 한다.

정부가 공정의 다섯 원칙을 지침으로 삼아 일관성 있게 밀고 나가는 지혜와 의지가 있어야 하는 것이다.

## 6. 우리나라와 공정한 사회

우리나라가 정의의 다섯 원칙이 지켜지는 공정한 나라가 아니라는 것은 쉽게 가늠할 수 있다. 먼저 정의의 첫 두 원칙인 자유와 기회 균등이 제대로 통용되고 있다고 할 수 없다. 우리나라가 국민 각자가 누려야 할 평등한 기본적 자유가 제3세계 국가들과 비교할 수 없을 정도로 보장되어 있는 자유민주주의국가인 것은 사실이다. 그러나 법치(rule of law)가 뿌리내리지 못하고, 자유시장경제와 법치를 중시한다는 이른바 '보수'정부에서도 법에 의한 지배(rule by law)와 인치(人治)가 불식되지 않고 있다. 전관예우 풍조와 지나친 재판 지연, 정파적·이념적 판결 등으로 인해 사법 정의가 세워지지 않고 있다. 국회의원과 고위 공무원은 헌법이 금지하는 특권계급에 속한다고 할 만큼 각종 특권을 누리고 있다. 근래에 회자되는 갑질이라는 말은 우리 사회에서 수많은 을들이 평등한 기본적 자유를 누리지 못하고 있다는 것을 드러내는 말이다. 공정한 기회균등의 원칙이 겉으로는 지켜지는 것 같지만 교육, 취업, 재산 형성 등의 면에서 부모 찬스라는 말이 회자되는 바와 같이 실제로는 제대로 실현되지 못하고 있는 분야가 많다.

우리나라 모든 사람이 기본 욕구를 충족시킬 수 있도록 자원이 분배되어 절대적 빈곤이 0%여야 한다는 평등의 원칙은 종전보다 많이 개선되었지만 아직 충족되지 못하고 있다. 보유하는 자산이 일정 금액 이하이고, 부양해줄 가족이 없어야 한다는 단서 조항과 촘촘하지 못한 복지전달체계 때문에 6~8% 내외로 추정되는 절대적 빈곤층이 정부 지원을 받지 못하고 있다. 능력과 기여에 따라 보상 받아야 한다는 공평의 원칙은 젊은 세대 대부분이 바라고 있지만 노조 유무, 정규직 여부, 연공급 등의 제도적 요인으로 인하여 관철되지 못하고 있다. 우리나라에서 상호주의 원칙은 먼저 가진 자와 기득권층이 아프리카 대륙이 아니라 한반도에서, 그것도 북한이 아니라 남한에서 태어난 덕분에 자유와 성장의 풍요로운 과실을 향유하고 있다는 겸허한 마음으로 노블레스 오블리주(가진 자의 도덕적 의무)를 실천할 것을 요구한다. 이런 상호주의도 근래에 활성화하고 있지만 서구 선진국에 비해서는 크게 뒤떨어져 있다.

무엇보다 우리나라가 공정한 사회와 거리가 멀다는 것은 여론조사와 부동산 투기를 통해 적나라하게 드러난다. 먼저 여론조사를 보자. 최근(2022년 11월) 전 세계 15개국에서 인구가 가장 많은 도시의 18~59세 남녀 1만 500명을 대상으로 서울대 아시아연구소와 한국리서치가 여론 조사를 했다.[9] 조사 결과 서울 시민의 60.9%는 '우리 사회가 공정한가'라는 질문에 '동의하지 않는다'고 답했다. 조사 대상인 15국 대도시 중 '불공정하다'고 답한 비율이 가장 높았다. 그다음인 튀르키예 앙카라의 39.4%보다 20%p 이상 높았다. 반면 뉴욕(23.1%), 도쿄(23%), 런던(22.9%), 타이베이(24.1%) 등은 20%대에 머물렀다. 이처럼 우리 사회의 불공정이 다른 나라들과 비교할 수 없을 정도로 심하다고 느끼기 때문에 OECD 국가들 중에 우리나라 자살률이 압도적으로 높은 것도, '헬 조선', '이생망'이라는 말이 나오는 것도, 그리 놀랄 일이 아니라고 할 수 있다.

서울 시민들은 사회적 성공에 있어서도 개인 노력보다 배경이 중요하다고

---

9 아시아 12개 도시(서울, 도쿄, 베이징, 타이베이, 하노이, 쿠알라룸푸르, 싱가포르, 자카르타, 뉴델리, 리야드, 예루살렘, 앙카라)와 서구 3개 도시(뉴욕, 파리, 런던)에서 700명씩 뽑았다. 자국어 설문지를 온라인으로 보내 실시했다.

여기는 것으로 조사됐다. '열심히 일하면 결국 성공한다'고 답한 비율은 24.3%에 그쳤다. 56.7%는 '열심히 일하는 것보다 배경이 좋아야 한다'고 답했다. 노력보다 배경이 중요하다고 보는 도시는 서울이 유일했다. 일본은 국회의원 70%가 세습 정치인이고 가업을 물려받는 풍토도 강하다. 그런데도 도쿄에서 '배경이 중요'하다고 답한 비율은 21.9%로 서울의 절반에 그쳤다. '직장 승진이 부모나 지인의 능력과 무관하게 본인 실력으로 결정된다'고 말한 비율도 서울이 22.6%로 가장 낮았다. 서울과 전국의 여론조사 결과가 크게 다를 이유가 없다. 우리 국민의 절반 이상이 정의의 다섯 가지 원칙 중 공정한 기회균등의 원칙이 심각하게 훼손되어 있다고 느끼고 있는 것이다.

그럼에도 서울 시민의 69.6%는 '노력한 만큼 소득 등에서 차등 대우를 받아야 한다'고 여기는 것으로 나타났다. 도쿄(25.3%), 뉴욕(35.9%), 싱가포르(35.7%)보다 2배 높은 수치다. 공정에 대한 욕구가 그만큼 강하다는 뜻이다. 대부분의 MZ 세대 직장인들은 '일 잘하면 입사 연도와 상관없이 승진할 수 있어야 하고, 성과 자체로만 평가받아야 한다. 그게 공정이다'라고 생각한다.

"사촌이 논을 사면 배가 아프다"는 속담에서 드러나는 것처럼 예전부터 우리 국민은 불평등에 대한 사회적 용인도가 낮았다. 이제 미래를 짊어질 우리나라의 젊은 세대들은 공리공담이나 이념에 흐르게 마련인 평등보다 공정 이슈에 민감하며 불공정에 대한 용인도가 매우 낮다. 북한이 비정상국가라면 우리나라는 만연하는 불공정 때문에 비정상사회다. 불공정과 비정상을 개혁하여 공정과 정상화를 실현하는 것, 한마디로 '공정한 사회 만들기'가 우리나라의 시대정신이고, '성장잠재력의 유지·확충'과 더불어 우리나라의 시대적 과제이다. 불공정과 비정상이 만연할 때 우리 사회의 갈등과 분열, 불만이 악화하여 그렇지 않아도 저성장체제에 들어선 상황에서 경제성장이 더욱 어렵고 삶의 질은 낮아진다. 프랭크퍼트의 충분성의 원칙을 실현하기 위해서도 바닥소득의 지속적인 상승과 이를 위한 성장잠재력의 유지·확충이 필요하다.

다음으로 부동산 투기를 보자. 부동산 가격 폭등은 부동산 보유층에 대규모의 불로소득과 자본이득을 안겨준다. 부동산을 가지지 못한 사람들은 상대적 박탈감과 빈익빈을 느끼고 정의롭지 못한 나라, 불공정한 사회라고 생각하게 만든다. 공정의 원칙에 반하는 것은 물론이다. 1980년대 말에 부동산 값이 2배 이상 폭등하는 것을 보고 1989년에 경실련이 경제 정의를 내세우며 등장한 배경이다. 경실련이 경제 정의 실현을 위해 제시했던 여섯 가지 과제 중에 마지막 두 과제는 가장 중요하고 논쟁적이다. 두 과제는 다음과 같다.

⑤ 비생산적인 불로소득은 소멸되어야 한다.

⑥ 토지는 생산과 생활을 위해서만 사용되어야 하며 재산 증식수단으로 보유되어서는 안 된다.

불로소득은 정의롭지 않으며 토지는 생산과 생활을 위해서만, 주택은 거주를 위해서만, 사용되어야 한다는 생각은 많은 국민과 정치인들이 공유하고 있는 문제의식이다. 경제학계에서도 일찍이 고전학파의 밀(John Stuart Mill)이 자연의 일부인 토지를 특정 개인이 배타적으로 사용하고 처분하게 하는 것은 '잘못된 사유제'라고 규정했다(Mill, 1859). 지대, 자본이득과 같은 불로소득은 잘못된 사유제의 산물이기 때문에 세금으로 걷어 공익에 써야 하고(지대공유론), 국가가 토지를 매입하여 경작지, 주거지, 문화유산의 부속 토지 등으로 써야 한다고까지 주장하였다.

노무현 정부와 문재인 정부에서 이런 경제학계의 지혜와 경실련의 주장을 받아들여 진보적인 경제학자들이 주축이 되어 일련의 강력한 부동산 규제정책을 실시하였다. 결과는 주지하는 바와 같이 참담한 실패였다. 학자적 양심으로 부동산가격 인징 내책과 불로소득 환수 정책을 사심 없이 일관되게 추진하고자 했는데 왜 어처구니없는 실패로 끝난 것일까? 변형윤 선생께서 평생 좌우명으로 삼은 마셜(Alfred Marshall)의 '냉철한 머리, 따뜻한 가슴'을 따르지 않고, 냉철한 머리가 없이 뜨거운 가슴으로만 접근한 단순주의자들의 무모한 정책 실험이었기 때문이다. 앞에서 공정을 실현하기 위해서는 정부가 공정의 다섯 원칙을 잘 이해하고 합리적이고 공평무사하며 유능해야 한다고 하였다. 이것들과 동떨어진데다가 경제이론에도 맞지 않는 정책조합을 앞세웠기 때문에 의도하지 않은 큰 정부의 실패를 범한 것이다. 부동산 투기를 막고 불로소득을 환수하는 것은 정의롭고 공정한 일이기 때문에 무슨 수를 써서라도 달성해야 한다는 단순주의자 정책은 "지옥으로 가는 길은 선의로 포장되어 있다"는 서양 격언을 확인시켜 주었다.

출범 때 경실련의 강령과는 달리 시장경제에서 비생산적인 불로소득은 '소멸'시킬 수 없다. 부동산 가격 폭등으로 인한 불로소득도 없앨 수 없다. 실물자산이든 금융자산이든 모든 자산은 그 자산에 대한 수요·공급에 따라 가격이 변동하면서 자본이득이나 자본손실을 낳게 마련이다. 경제이론이 가르쳐주는 사실은 여건이 주어져 있을 때 각 자산이 장기적으로 수렴하는 균형가격이 있다는 것, 단기에는 시장참가자들의 예상 요인이나 군집행동이 작용하여 가격이 과도하게 변동하고 장기 균형가격에서 벗어나 과잉 조정할 수 있다는 것이다. 따라서 정책당국이 할 수 있는 바람직한 부동산 가격 정책은 장기 균형가격의 경로에 유의하면서 단기에 과도한 가격 상승으로 불로소득이 지나치게 크지 않도록 하는 것이다. 이 정책 목표도 부동산의 수요를 억제하는 거래 규제 강화와 금리 인상 등의 정책뿐 아니라 부동산의 공급을 실효성 있게 늘리는 정책을 쓰고, 교육과 문화 등 비경제분야까지 아우르는 정책조합을 유기적으로 써야 달성할 수 있다.[10] 노무현 정부의 실패라는 반면교사가 있었음에도 불구하고 문재인 정부에서 부동산 수요 규제 일변도의 외골수 정책으로 부동산시장을 안정시키고 불로소득을 없앨 수 있다고 생각한 것은 경제원리를 무시한 대표적인 단순주의자 정책이었다.[11]

10 이에 관한 보다 자세한 논의는 안국신(2021) 참고.

11 문재인 정부가 신도시 건설을 통한 대규모 주택 공급대책을 뒤늦게 내놓을 때 종전의 주택 공급

사유재산제하에 일반국민이 토지와 주택을 재산 증식 수단으로 보는 것은 불가피하다. 부동산 보유의 수익률이 금융자산의 그것보다 장기에 으레 높아 왔던 우리나라 현실에서 부동산을 재산증식 수단으로 보유해서는 안 된다는 설교는 설득력이 전혀 없다. 정부가 부동산 정책을 포괄적으로 쓸 때 투기적 수요를 포함한 자산 수요의 다양한 동기를 감안하지 않으면 정책이 실패로 돌아간다는 것은 두 말할 필요도 없다. 밀이 강조한 것처럼 불로소득을 양산케 하는 토지 사유가 잘못된 사유재산제라고 하더라도 정부가 토지 투기를 막을 만큼 토지를 사들일 재정 능력이 없다. 다만 차후에 남북통일이 이루어질 때 북한의 주거용 토지가 국가의 소유로 귀속된다면 통일국가가 이 토지를 계속 소유하고 토지의 사용권만 거래하게 하는 방안을 고려해 볼 수는 있을 것이다. 밀이 주장하는 토지국유제의 현대판이 될 것인데 이것이 과연 토지의 효율적인 이용을 가능케 하고 지나친 불로소득을 환수할 수 있는 가능성을 높여 줄 것인지, 이를 위한 최선의 정책조합은 무엇인지, 또 다른 국유재산제의 실패로 귀결되는 잘못된 접근방법은 아닌지 학계에서 심층적인 연구가 있어야 할 과제이다.

노무현 정부와 문재인 정부의 단순주의자 정책 실험을 통해 경실련의 선언적 과제 ⑤와 ⑥과 같은 규범경제학적 접근 내지 이념적 접근을 지양해야 한다는 지혜가 쌓인 것은 불행 중 다행이다. 약자 보호라는 명목으로 국민의 평등의식을 부추겨 앞으로 우리나라에도 남미와 같은 포퓰리즘 정권이 출현할 가

---

은 충분하다는 입장을 바꾸는데 대한 진지한 반성적 성찰이 있었으면 좋았을 것이다. '인구가 감소하고 머지않아 가구 수도 감소하게 되기 때문에 현재 상태의 주택 공급이 장기에는 충분할 수도 있다. 단기로는 부족하다. 이런 단기와 장기의 부조화를 가격 과잉조정으로 시장은 난폭하게 해결하는 경향이 있다. 현재의 수요에 부응하여 공급을 늘려야 하지만 자칫 장기의 공급 과잉 가능성, 특히 일본 도쿄의 일부 위성도시처럼 유령도시화와 슬럼화 가능성도 배제할 수 없다. 단기와 장기를 어떻게 조화시킬 것인가? 이런 문제의식을 가지고 주택 공급의 옵션을 가급적 사용하지 않으려 했었다'고 진솔하게 밝혔다면 정책당국의 입장과 충정이 어느 정도 이해될 수도 있었을 것이다.

능성이 높아지고 있거니와 이런 정부가 다시 표방할 ⑤, ⑥과 같은 정책 선언에 일반 국민이 현혹되지 않도록 지속적으로 경고해야 할 의무가 학계에 있다. 이른바 진보적인 시민단체와 정치인들이 두 진보정권의 평등주의정책이 인류사적 경험을 무시한 시대착오적인 정책이었다는 것을 깨닫는다면 앞으로 진정한 정의와 공정을 세우는 데에 크게 기여하는 전화위복이 될 것이다.

경실련이 일찍이 경제 부정의의 현상으로 내세웠고 정치권이 관습적으로 따르는 레토릭도 냉철한 머리에 입각한 전반적인 점검이 필요하다. 불공정한 노사관계, 농촌과 중소기업의 피폐, 재벌로의 지나친 경제력 집중 등이 그것이다. 불공정한 노사관계는 예전과는 다르게 노조가 있는 대기업에서 노조가 이기적이고 강고한 기득권세력이 되어 조직이기주의에 매몰된 비합리적인 요구를 하는 경우가 흔하다. 농촌과 중소기업을 보호해야 한다는 명분하에 재원이 비효율적으로 사용되고 자생적인 경쟁력을 키우지 못하는 부작용이 작지 않거니와 이런 지원의 역설을 극복해 나가야 한다. 경제력집중 덕분에 재벌 기업들이 전통적인 제조업뿐 아니라 반도체와 이차 전지, 자동차, 방산 등의 첨단산업 분야에서 세계적인 경쟁력을 갖춘 측면도 있다는 것을 인정해야 한다. 미중 패권경쟁의 틈바구니에 끼어 있는 지정학적 현실에서 우리나라 민간 대기업들이 첨단산업 경쟁력을 갖춘 글로벌 대기업으로 올라선 것은 한국의 국제적인 위상을 보장해주는 기제이자 축복이다. 경제력집중 자체가 아니라 시장에서의 불공정거래 행위가 문제이다. 불공정거래 행위를 엄단하고 자유로운 경제활동과 기회 균등을 보장하는 것이 핵심이다. 공정이 중요한 것이다.

## 7. 맺음말

1987년판 The New Palgrave: A Dictionary of Economics에도 나와 있지 않은 '경제 정의'라는 말을 1989년에 경실련이 전면에 내세운 지 30여 년이 지났다. 한국사회에서 정의, 평등, 공정 등은 여전히 사회적 화두이자 시대정신으로 인식되고 있다. 그만큼 부정의와 불평등, 불공정이 사회에 만연하고 있다는 것을 뜻한다.

경제적 불평등은 '존재의 유무'의 문제가 아니라 '얼마나' 있는가의 문제다. 몰란더(Per Molander)는 "불평등은 인간의 숙명이다. 그러나 어느 정도 바로잡을 수 있다"고 말했다(몰란더, 2017). 지나친 불평등은 합리적인 수준으로 바로잡아야 한다. 그러나 분배의 불평등을 가급적 결과의 평등을 이루고자 하는 평등주의로 달성하고자 할 경우 의도하지 않은 많은 부작용을 낳게 마련이다. 문재인 정부에서 최저임금의 대폭 인상, 비정규직의 정규직화, 노동시간 단축, 사회복지 대폭 확대, 부동산정책에서 종부세와 양도세의 대폭 인상, 임대차 3법 등 이른바 진보세력이 공감대를 이루던 평등주의적인 '진보 정책'들을 대부분 실천해 봤다.[12] 그 결과는 참담한 실패로 이미 드러나거나 정책이 지속될 경우 조만간 드러날 상황이었다. 뜨거운 가슴에서 우러난 평등주의적 정책이 기대했던 것과 얼마나 동떨어진 결과를 낳을 수 있는가를 두루두루 학습하는 기회가 되었다는 점, 최병천(2022)처럼 진보진영에서 '좋은 불평등', '나쁜 평등'이라는 말이 나왔다는 점, 주류경제학이 가르치는 경제이론을 무시해서는 대사를 그르친다는 것을 경험했다는 점 등이 불행 중 다행이라 하겠다.

법 앞의 평등과 기회의 평등이 보장되어야 한다는 것은 당연한 명제다. 그러나 권력과 명예의 평등, 그리고 결과의 평등을 추구하는 것은 잘못된 접근이다. 이 글은 분배의 평등을 결과의 평등에서 떼어내고, 평등과 정의를 공정의

12 이 정책들은 모두 가슴이 뜨거운 사람들의 공감을 자아낼 만한 것들이다. 최병천(2022)은 이 정책들과 탈원전정책을 1997년 외환위기 이후 한국 진보세력이 공감대를 이루어 온 거의 대부분의 진보 정책이라고 정리하였다. 이런 '대중 영합적' 정책들에 대해 비판적인 주류 경제학계의 견해를 '경제는 너무나 중요하기 때문에 경제학자들에게만 맡겨서는 안 된다'고 정부와 진보진영은 일축했다. 문재인 정부와 진보진영의 무지와 오만은 두고두고 경제학계의 냉소적인 비판거리이자 비합리적인 포퓰리즘 정책의 주요 사례로 인용될 것이다. 자세한 논의는 안국신(2021) 참조.

관점에서 접근하는 것이 바람직하다는 일단의 학자들의 관점을 적극 개진하였다. 기성세대가 평등주의에 대한 집착을 버리지 못하고 '그놈의 공정'이라고 공정을 폄훼하는 것은 무지와 편견, 오만의 소치이다. 여러 여론조사에 따르면 젊은 세대는 평등의 핵심은 공정이어야 한다고 생각한다. 이 생각은 실사구시적이고 합리적이다. 평등주의는 정의도, 공정도 낳지 못한다는 것을 알고 있다는 것을 뜻한다.

우리나라가 북유럽과 같은 진정한 선진국이 되는 길은 무엇보다 공정한 사회를 만드는 것이다. 공정한 사회는 누구나 평등한 기본적 자유와 균등한 기회를 누리고, 경제활동에서 실패하더라도 최소한의 인간적인 삶을 영위할 수 있으며, 능력껏 노력하여 이룬 것을 누리고, 상호주의가 이루어지는 사회다. 우리 젊은 세대들은 우리 사회가 공정하지 않은 것이 가장 큰 문제이며 공정한 사회를 만드는 것이 가장 중요한 시대적 과제라고 생각한다. 정의와 공정의 다섯 가지 원칙(자유, 기회 균등, 최저한의 생활 보장, 능력주의라는 이름의 공평, 상호주의)을 소중한 가치로 받아들인다. 그들은 서구 선진국의 젊은 세대들처럼 '가붕게'와 소확행의 소시민적인 삶을 추구한다. 그런데 온갖 편법, 불법까지 동원하여 자기 자녀만은 용이 되기를 바라는 기득권층의 위선과 공정의 원칙이 허물어진 불공정한 사회 때문에 좌절하고 분노하는 것이다. 한국사회는 여러모로 삶의 질이 낮은 비정상사회이거니와 '공정한 사회 만들기'에 가시적인 성과가 있을 때 삶의 질이 높은 사회로 탈바꿈하고 특유의 역동성이 활짝 필 것이다.

우리나라는 소득 분배와 복지 상태가 OECD 평균 수준보다 나쁘다. OECD 수준으로 개선하면서 공정의 다섯 원칙에 부합하도록 정부가 정교하게 정책을 펴야 한다. 공정은 정부도 시장도 독자적으로 만들어낼 수 없다. 정부와 시장이 같이 만들어야 한다. 그것도 정부가 복지 수혜자들의 도덕적 해이를 조장하지 않는 생산적인 복지, 절대적 빈곤을 해소하는 복지, 지속가능한 효율적인 중부담-중복지 제도를 만들고, 다른 한편으로 성장친화적인 경제제도와 공정한 시장경쟁 구조로 지속적인 개혁과 혁신을 해 나가야 가능하다.

우리 경제는 1~2%대의 저성장체제에 빠져 있다. 저부담-저복지의 복지후진국에서 OECD 평균수준인 중부담-중복지의 복지선진국으로 올라서기 위해, 그리고 프랭크퍼트의 충분성의 원칙에 충실하게 최소한의 바닥소득을 높여가기 위해서도 제도 개혁을 통해 미국과 같은 3%대의 (잠재)성장률로 올라서야 한다. 시장경제의 역사가 오랜 미국도 끊임없는 개혁과 혁신으로 장기에 3% 내외의 성장률을 유지하고 있다. 잠재성장률을 확충하기 위해 교육·노동·공공부문을 포함한 각 부문의 제도 개혁이 필요하다. 이런 개혁의 실효성을 높이기 위해서도 공정한 사회 만들기가 같이 가야 한다. 공정한 사회에서는 중요한 불평등이 효과적으로 해결되어 변 선생께서 강조했던 경제민주화도 성취된다. 시대적 과제인 공정한 사회와 삶의 질이 높은 사회를 만드는 데에 정부와 국민 모두 적극 나서지 않으면 남미(와 남유럽)식 포퓰리즘으로 경제가 장기적인 침체와 쇠락의 길에서, 사회는 혼란과 와해의 길에서, 헤어나지 못할 수 있다.

## 참고문헌


경제정의실천시민연합. 1989.7.8. “경실련 발기선언문”.

김범수. 2022.『한국 사회에서 공정이란 무엇인가』. 아카넷.

김비환. 2016.『정의는 불온하다』. 개마공원.

김윤태. 2017.『불평등이 문제다』. 휴머니스트.

몰란더, 피어(Per Molander). 2017.『무엇이 불평등을 낳는가』. 홍지수 옮김. 새로운 현재.

밀라노비치, 브랑코(Branko Milanovic). 2017.『왜 우리는 불평등해졌는가』. 서정아 옮김. 21세기북스.

샌델, 마이클(Michael Sandel). 2020.『공정하다는 착각』. 함규진 옮김. 와이즈베리.

실러, 로버트(Robert Shiller). 2003.『새로운 금융질서: 21세기의 리스크』. 정지만·황해서·도은진 공역. 민미디어.

안국신. 2021.『한국의 분배』. 율곡출판사.

오웰, 조지(George Orwell). 2009(1945).『동물농장』. 도정일 옮김. 민음사.

이정전. 2017.『주적은 불평등이다』. 개마고원.

최병천. 2022.『좋은 불평등』. (주)메디치미디어.

코닝, 피터(Peter Corning). 2011.『공정사회란 무엇인가』. 박병화 옮김. 에코리브르.

프랭크퍼트, 해리(Harry Frankfurt). 2015.『평등은 없다』. 안규남 옮김. 아날로그.

피케티, 토마(Thomas Piketty). 2014.『21세기 자본』. 장경덕·유엔제이 옮김. 글항아리.

황수경. 2019.『한국의 재분배 선호와 정책 결정』. KDI.

Arrow, Kenneth. 1983. *Social Choice and Justice, Collected Papers of Kenneth J. Arrow, Volume 1.* Harvard University Press.

Arthur, John and William Shaw. 1978. *Justice and Economic Distribution.*

Friedman, Milton. 1962. *Capitalism and Freedom.*

Frohlich, Norman and Joe Oppenheimer. 1992. *Choosing Justice : An Experimental Approach to Ethical Theory.*

Harsany, John. 1975. “Can the Maximin Principle Serve as a Basis for Morality? A Critique of John Rawls's Theory.” *The American Political Science Review*, Vol. 69.

Hayek, Friedrich. 1944. *The Road to Serfdom.*

Mill, John Stuart. 1859. *On Liberty.*

Nozik, Robert. 1974. *Anarchy, State and Utopia.*

Rawls, John. 1971. *A Theory of Justice.*

제2장

# 세계정치·경제질서의 지각변동과 한국

이제민 | 연세대학교 경제학과 명예교수

잠자는 중국을 내버려두어라. 만약 깨어나면 세계가 떨 것이다.

— 나폴레옹 보나파르트

뭉치면 살고, 헤어지면 죽는다.

— 이승만

## 1. 서론

한국은 지난 70여 년 동안 개도국에서 선진국이 된 유일한 나라다. 제2차 세계대전 이후 신생 독립국 중 이런저런 나라가 한 때 성공적 경제발전을 해서 주목을 받곤 했다. 그러나 결국 한국, 대만, 홍콩, 싱가포르 같은 동아시아 경제들이 고소득경제로 변신하는 데 성공했고, 이들 중에서 한국이 유일하게 선진국이 되었다. 이들 중에서 한국이 유일하게 선진국이 된 이유는 소득 수준보다는 다른 이유 때문이다. 홍콩은 국가가 아니고, 대만은 불행하게도 국가 대접을 못 받는다. 싱가포르의 경우 OECD나 UNDP 등에서 선진국을 정의할 때 민주화가 빠질 수 없는 조건이라는 점에서 진짜 선진국이라고 볼 수 없다. 한국은 민주화라는 점에서 싱가포르와 비교가 안 된다. 예컨대 한국은 새뮤얼 헌팅턴(Samuel Huntington)이 민주화의 기준으로 제시한 "상이한 정치세력 간의 2번 이상의 평화적 정권교체"라는 기준을 충족시키는 반면 싱가포르는 전혀 그렇지 못하다.[1]

여기서 한국이 경제발전과 함께 민주화를 이루어서 유일하게 개도국에서 선진국이 된 과정을 논할 수는 없고, 한국이 그런 성과를 이룰 수 있었던 한 중요 조건이 근본적으로 변하고 있는 데 대해 살펴보고자 한다. 한국이 그런 성과를 이룰 수 있었던 것은 무엇보다 제2차 세계대전 이후 그 전과는 근본적으로 달라진 세계정치·경제질서에 빨리 편승했기 때문이다. 그러나 현재 그런 질서는 대전환기를 맞고 있다. 한국이 1960년대 고도성장을 시작한 이후 세계질서는 끊임없이 변동해 왔지만, 현재 일어나고 있는 변동은 그런 변동과 비교할 수 없는 "지각변동"이라 할 만하다. 한국 입장에서 그보다 더 큰 변동을 겪은 시기를 찾으려면 해방과 한국전쟁 이전 시기로 돌아가야 할 것이다. 1945년까지 한국이 식민지였다는 것을 감안할 때 독립국가로서 그런 변동보다 더 큰 변동을 맞았던 시기를 찾으려면 19세기 말로 돌아가야 할 것이다.

따라서 현재 당면하고 있는 지각변동을 이해하고 그에 대한 대응을 생각하는 데는 역사적 관점이 필수적이다. 이 글에서는 세계정치·경제질서 변동의 양상과 한국이 그에 대응하는 문제를 역사적 관점에서 살펴보고자 한다. 제2절에서는 한국이 19세기에 국제질서가 지각변동을 하는 데 대응하지 못하고 실패한 데 대해 간략하게 살펴본다. 제3절에서는 제2차 세계대전 후 세계질서가 근본적으로 바뀐 조건에서 한국이 성공을 거두게 되는 데 대해 살펴본다. 제4절에서는 현재 일어나고 있는 지각변동을 "대침체(the great recession)"와 "대수렴(the great convergence)"이라는 개념을 중심으로 살펴본다. 마지막으로 제5절에

1 민주화의 조건으로서 2번 이상의 평화적 정권교체에 대해서는 Huntington(1993: Chap. 5) 참조.

서는 한국이 현재의 지각변동에 대응하는 문제를 역사의 "교훈"이라는 관점에서 살펴본다.

## 2. 한국의 역사적 실패

한국이 개도국에서 선진국이 되었다는 것을 이해하려면 우선 한국이 역사의 어느 시점에선가 "실패"하였다는 데서 출발할 수밖에 없다. 즉 자주적 근대화에 실패하고 식민지가 됨으로써 제2차 세계대전 후 개도국 위치에 서게 된 경위를 구명해야 하는 것이다.

지금까지의 연구에 따르면 중국을 중심으로 하는 동아시아가 한때 세계에서 가장 선진 지역이었고 한국도 그 일원이었지만, 어느 시점에선가 동아시아가 유럽에 비해 뒤떨어졌다. 즉 케네스 포머란츠(Kenneth Pomeranz) 같은 사람이 "대분기(the great divergence)"라고 부르는 현상이 나타났던 것이다(Pomeranz, 2000). 그것이 한국이 제2차 세계대전 이후 개도국으로 출발한 근본적인 이유다.

대분기의 원인에 대해서는 여러 설명이 있지만, 여기서 그런 설명을 논할 수는 없다(Landes, 1998; Morris, 2011 참조). 그러나 분명한 것은 유럽이 그런 역사적 조건을 바탕으로 다른 지역에 앞서서 산업혁명을 수행했다는 사실이다. 영국에서 처음 일어난 산업혁명은 19세기에 프랑스, 독일 같은 유럽 대륙국가와 미국으로 확산되었다. 그 과정에서 무역, 자본이동, 이민을 통해 경제통합, 즉 "세계화"가 진행되었다.

유럽과 미국에서의 산업혁명과 그에 수반하는 세계화는 당연히 여타지역에 영향을 미치게 되었다. 그것은 "서세동점(西勢東漸)"으로 나타났다. 서세동점은 근대 초부터 시작되었지만 구미의 산업혁명으로 여타지역과의 격차가 더 벌어짐에 따라 강화될 수밖에 없었다. 구미국가들은 처음에는 포함외교(gunboat diplomacy)로, 나중에는 식민지화를 통해 다른 지역을 세계자본주의체제로 편입시켰다. 당시 세계화는 구미의 선진국들 사이에서는 자유로운 관계를 통해 달성되었지만, 다른 지역의 국가들에 대해서는 강제적 성격을 띠고 있었던 것이다.

19세기 구미 열강이 동아시아에 나타났을 때 한국, 중국, 일본은 다른 길을 가게 되었다. 그 원인을 설명하는 것은 대분기를 설명하는 것만큼이나 중요한 과제지만, 여기서 그것을 자세히 다룰 수 없다. 다만 당시 조선이 국제질서의 지각변동에 대응하는 데 실패한 원인에 대해서 생각해 본다면 몇 가지로 요약할 수 있을 것이다.

우선 사회경제적 후진성이다. 당시 조선은 구미는 물론 중국이나 일본에 비해서도 뒤떨어져 있었다. 가장 간단하게 1인당 생산을 보아도 그렇고 상업의 발전 정도나 도시화 비율로 보아서 그랬다.[2]

둘째, "위로부터의 개혁" 능력이다. 근대화의 후발국에 있어서는 위로부터의 개혁이 불가피하다. 유럽에 있어서도 영국, 프랑스, 네덜란드 등이 앞서 나가자 프러시아나 러시아 같은 후발국들은 계몽군주나 진보적 관료들에 의한 위로부터의 개혁을 통해 근대화를 수행했다. 위로부터의 개혁을 위해서는 우선 지배층이 세계질서를 읽는 능력이 필수적이다. 19세기 조선의 지배층은 그런 능력이 부족했다. 예컨대 아편전쟁이 일어났을 때 일본의 도쿠가와 막부는 그에 대해 상당한 조사를 하였지만, 조선 조정은 그런 조사를 했다는 기록이 없다(강동진, 1985: 18). 그 뒤 미국이 조선에 개항을 요구했을 때 조선 조정은 그런 결정은 중국에 달려 있으니 중국에 물어보라고 답했다(이상면, 2006: 96~148). 그런 상태에서 외세에게 강요당하기 전에 위로부터의 개혁이 이루어지기는 어려웠다.

셋째, 둘째 요인의 결과로서 당연히 나타나는 약한 "국가 역량(state capacity)"

2 1인당 생산에 대해서는 Maddison Project, 사회경제적 후진성에 대해서는 Mason et al.(1980: Chap. 3) 참조.

이다. 근대 이후 19세기까지 세계적으로 국가 역량은 바로 군사력을 의미했다. 유럽의 타 지역에 대한 우위는 만성적인 전쟁 상태에서 군비 확장을 위해 국가 세입을 늘리고 조직력을 올리려는 노력을 지속한 결과 강한 국가 역량을 갖게 되었다는 것이다(Tilly, 1990; Hoffman, 2017). 그런 점에서 조선은 원래 국가 역량이 약했는데, 19세기 위로부터의 개혁이 이루어지지 못함으로써 국가 역량이 보잘것없었다. 그 결과 열강들이 자국을 침공하거나 자국 내에서 전쟁을 하는 것을 막을 힘이 전혀 없었다.

넷째, 조선은 국내적 결속력이 없었다. 국제질서에 지각변동이 일어나고 있는 상황 에서 지배층은 주변 강대국을 국내정치에 끌어들였다. 당시 서세동점하에서 구미국가가 현지인의 정치적 갈등을 이용하곤 했는데, 조선은 그보다 더한 경우였다고 생각된다. 그것은 바로 인근국가인 일본과 중국이 그 자신 구미열강의 압력을 받고 있는 상태에서 조선의 국내정치에 적극적으로 개입하려고 했기 때문이다. 그런 구도에서 임오군란, 갑신정변, 동학농민전쟁 등에서 보는 것처럼 조선 지배층은 국내 갈등에 외세를 경쟁적으로 끌어들였다.

유럽을 중심으로 한 세계경제는 1914년 일어난 제1차 세계대전을 계기로 큰 위기를 맞게 되었다. 1814년 나폴레옹 전쟁이라 불리는 대전이 끝난 후 유럽은 100년에 걸쳐 큰 전쟁 없이 평화가 유지되었지만, 제1차 세계대전으로 그런 평화가 깨진 것이다. 제1차 세계대전은 그 자체가 큰 위기였을 뿐 아니라, 국제분업체계의 혼란과 통화체제(국제금본위제)의 붕괴를 가져왔다. 세계경제를 이끌어갈 리더십도 붕괴했다. 그 전에는 영국이 리더 역할을 했지만, 영국은 이제 그런 능력이 없는 반면, 전후 세계 최대 부국으로 떠오른 미국은 그런 역할을 맡을 의사가 없었던 것이다(Kindleberger, 1973). 거기에다 제1차 세계대전 후유증이 다 수습되기도 전에 1929년에 대공황이 터졌다.

대공황은 그 자체가 대규모 위기를 조성했을 뿐 아니라, 제1차 세계대전의 후유증과 맞물려 보호무역과 환율 인상, 블록경제 형성 등 국가 간의 "인근 궁핍화 정책(beggar-thy-neighbor policy)"으로 이어졌다. 이렇게 세계경제는 국내·

외적으로 큰 위기에 직면하게 되었고, 그것은 제2차 세계대전을 일으키는 한 요인이 되었다. 제2차 세계대전도 물론 그 자체로서 큰 위기 상황을 조성했다.

제1차 세계대전으로부터 제2차 세계대전에 이르는 위기의 시대에 세계화는 중단되었다. 구미 선진국 간에 중단되었을 뿐 아니라 변방에 있는 나라나 식민지에 있어서도 마찬가지였다. 그러나 식민주의가 해체되지는 않았다. 제1차 세계대전 후 승전한 열강들이 패전 제국의 식민지를 재분할했을 뿐이다. 식민 지배로부터의 해방은 제2차 세계대전 이후에 가서야 이루어졌다.

## 3. 전후 세계질서와 한국의 성공

제2차 세계대전 이후 선진국 경제는 예상을 깨고 일찍이 보지 못한 호황을 맞았다. 특히 1950년부터 1973년까지는 "자본주의의 황금기(golden age of capitalism)"라고 불릴 정도로 고도성장을 했다.[3] 선진국이 세계 경제에서 차지하는 비중이 높았기 때문에 세계 경제의 성장률도 높았다. 그 후 선진국의 경제성장은 감속되었지만, 여전히 자본주의 황금기 이전 시기에 비해 대체로 높은 성장률을 보였다.

〈표 2-1〉은 "메디슨 프로젝트(Maddison Project)"라고 불리는 통계작업에서 2011년 미국의 구매력평가 기준으로 1인당 GDP 증가율을 작성한 결과를 보여주고 있다.[4] 선정된 대상은 규모가 큰 선진국으로서 미국, 영국, 프랑스, 독일, 이탈리아, 일본이다. 그와 함께 개도국 중에서 가장 중요하다고 생각되는 중국과 인도의 자료도 한국의 자료와 더불어 제시하였다.

1인당 GDP 증가율은 기간을 나누어서 제시했는데, 그 기준은 자료가 있는

---

3 Marglin and Shor(1992). 통계로는 Maddison(1982)을 볼 것.

4 http://www.ggdc.net/maddison.

〈표 2-1〉 주요국의 1인당 GDP 증가율, 1870~2018(2011 미국 구매력평가 기준) (단위: %)

| | 1870~1913 | 1913~1950 | 1950~1973 | 1973~2007 | 2007~2018 |
|---|---|---|---|---|---|
| 미국 | 1.7 | 1.1 | 2.5 | 1.9 | 0.8 |
| 영국 | 0.8 | 0.8 | 2.4 | 1.9 | 0.3 |
| 프랑스 | 1.5 | 1.1 | 4.0 | 1.7 | 0.4 |
| 독일 | 1.6 | 0.2 | 5.0 | 2.2 | 1.4 |
| 이탈리아 | 0.8 | 0.9 | 4.9 | 2.3 | -0.5 |
| 일본 | 1.0 | 0.6 | 8.1 | 2.0 | 0.7 |
| 중국 | 0.1 | -0.6 | 2.8 | 5.0 | 4.7 |
| 인도 | 0.5 | -0.2 | 1.4 | 3.1 | 5.3 |
| 한국 | 0.8 | -0.4 | 6.0 | 6.2 | 2.2 |

자료: Maddison Project.

지 여부와 함께 선진국 경제의 "성장 국면"을 고려해서 설정하였다. 우선 1870년을 최초의 연도로 선택한 이유는 1870년이 구미 선진국이 산업혁명과 세계화를 본격적으로 추진한 후 모든 나라의 자료가 갖춰진 최초의 연도이기 때문이다. 1913년은 제1차 세계대전이 일어나기 직전 연도이다. 따라서 1870년부터 1913년까지 기간은 선진국 경제가 제1차 세계대전을 계기로 대규모 위기로 빠져들기 전까지 기간이다. 1950년부터는 모든 국가들의 자료가 있는데, 1950, 1973, 1993, 2007, 2018년을 기준 연도로 설정하였다. 1950년은 자본주의 황금기가 시작된 연도이고, 1973년은 자본주의 황금기가 끝난 연도이다. 2007년을 선정한 것은 2008년 세계금융위기와 그에 뒤이은 대침체로 성장 국면이 바뀌기 직전 연도였다고 생각되기 때문이다. 2018년은 자료가 이용 가능한 최종 연도이다.

〈표 2-1〉에 제시된 성장률은 통상적인 방법과는 다르게 계산한 것이다. 한국, 일본, 중국, 인도 등 아시아국가가 1870, 1913, 1950년에 대한 자료는 있지만, 그 중간에 자료가 없는 연도가 있기 때문에, 각 연도의 증가율을 계산하고 그 평균을 내는 방식을 사용할 수 없다. 따라서 1870, 1913, 1950, 1973, 2007, 2018년간의 1인당 GDP 수준 차이를 계산하고 그 기간 동안의 연간 평균증가율을 계산하였다.

〈표 2-1〉은 제1차 세계대전, 대공황, 제2차 세계대전을 겪은 위기의 시대에 선진국의 1인당 GDP 증가율이 떨어졌다가 20세기 후반 들어 상승한 것을 확인해 주고 있다. 자본주의 황금기였던 1950~1973년 동안은 특히 증가율이 높았고, 그 뒤에도 2007년까지는 위기의 시대인 1913~1950년뿐 아니라, 그 전 1870~1913년에 비해서도 높았다.

여기서 선진국 경제가 20세기 후반 자본주의 황금기를 맞게 된 원인을 길게 논할 수는 없다. 거기에는 국내적 요인도 있지만 세계적 차원의 요인도 있었다. 파시즘 국가들이 민주화되어서 민주주의적 자본주의체제의 일원이 되었다. 위기의 시대에 혼란을 빚었던 국제 무역과 통화·금융 질서가 IMF-GATT 체제라는 제도적 모습을 띠면서 회복되었다. 그렇게 된 바탕에는 미국이 자본주의 세계의 리더십을 확고하게 발휘하게 되었다는 사정이 놓여 있다. 미국은 제2차 세계대전 후 새로운 헤게모니(hegemony) 국가로서 그 하위동맹국화 한 서유럽국가와 일본에 대해 세계질서 유지라는 "공공재"를 제공하면서 이들 국가의 경제 회복을 도왔다.

이런 구도에서 세계화가 다시 진행되었다. 이 세계화는 19세기에 진행된 세계화가 제1차 세계대전 이후 위기의 시대에 중단되었다가 다시 시작되었기 때문에 "제2차 세계화"라 할 수 있다. 그런 제2차 세계화의 흐름을 타고 서유럽국가와 일본이 미국을 "따라잡기 성장(catch-up growth)"을 한 것이 자본주의 황금기가 전개된 핵심적 이유다.

1970년대 초 유럽과 일본의 따라잡기 성장이 어느 정도 완성되고, 제1차 석유파동 등으로 국제경제질서가 동요함에 따라 자본주의 황금기는 끝났다. 그러나 전후 형성된 규칙기반질서(rule-based order)의 골격은 유지되었다. 그런 요인 등에 힘입어 자본주의 황금기 이후에도 1인당 GDP 증가율은 과거보다 높았다.

한국이 제2차 세계대전 후 개도국 중에 유일하게 선진국이 될 수 있었던 것은 그렇게 호황을 누리는 선진국 경제와 일찍 통합했기 때문이다(이것은 다른 동아시아경제도 마찬가지다). 한국의 고도성장에 대해서는 "유교의 영향" 같은 전통사회의 특징으로부터 일제 강점기의 유산, 해방 후의 농지개혁과 교육 수준의 향상 등 수많은 설명이 나왔지만, "외부지향적 공업화(outward-looking industrialization)"로 요약되는 선진국 경제와의 적극적인 통합이 결정적 요인으로 작용했다는 것을 부인할 수 없다(Keesing, 1967; Krueger, 1979, 1997; 이제민, 2017: 제2장 참조).

물론 그런 통합이 선진국으로 가는 조건이 될 수 있었던 것은 과거에 비해 세계 정치질서가 변했기 때문이다. 그 결정적 양상은 식민지체제의 붕괴다. 과거에는 개도국이 선진국과 경제적으로 통합한다는 것은 결국 식민지가 된다는 것을 의미했지만, 이제 그 둘 간의 등치관계가 사라진 것이다. 이런 점에서 제1차 세계화와 제2차 세계화는 결정적 차이가 있다.

과거의 식민주의를 대체한 것은 미국의 헤게모니다. 개도국의 입장에서 미국의 헤게모니는 여러 모습을 띠고 나타나지만, 과거의 식민주의와는 분명히 다르다. 제2차 세계대전 이후 식민지배에서 해방된 개도국은 새로운 헤게모니 국가인 미국과 과거 제국주의 열강의 지위를 자의든 타의든 포기하고 미국의 하위 파트너로 바뀐 유럽과 일본을 상대하게 되었다. 그런 구도에서 식민지배에서 해방된 대다수 신생국들은 역사적 경험에 의거해서 선진자본주의국가와의 통합을 꺼려했던 반면, 한국은 선진국과 적극적으로 통합하는 길을 택했던 것이고, 그것이 한국이 고도성장을 할 수 있는 결정적 요인이 되었던 것이다.

## 4. 대침체와 대수렴

한국은 1960년대 고도성장이 시작된 이래 세계질서의 변동을 겪어왔다. 예컨대 1980년대 중반에는 미국이 "공정무역(fair trade)"이라는 명목하에 시장 개방과 보조금 감축을 요구했고, 1997년에는 금융 세계화와 냉전 종식이라는 조건 변동으로 인해 외환위기를 맞았다(이제민, 2017: 제3장 참조). 1995년 세계무역기구(WTO) 발족으로 자유무역체제가 강화되었지만, 2002년 도하라운드(Doha Round)가 교착상태에 빠진 이후 다각무역체제는 진전이 없다. 따라서 쌍무적 무역협정이나 지역통합이 중요하게 되었는데, 한국은 그런 구도에 대응해서 적극적으로 자유무역협정을 체결했다.

한국은 그러한 세계질서의 변동에 비교적 잘 적응해서 성장을 지속할 수 있었다. 1997년 외환위기를 계기로 성장률이 떨어졌지만, 성장 자체를 지속하는 데는 성공하였다. 그러나 2008년 세계금융위기 이래 한국이 당면하는 국제적 조건은 크게 악화되고 있다. 그것은 "새로운 위기의 시대"가 전개되고 있는 것 아닌가 하는 의문을 갖게 만든다.

우선 선진국인 구미와 일본에서 대침체가 계속되고 있다. 〈표 2-1〉에서 보는 것처럼 2007~2018년 동안의 선진국을 보면, 제2차 세계대전 중에 극심한 피해를 입은 독일과 일본을 제외하고는 놀랍게도 위기의 시대인 1913~1950년보다 1인당 GDP 증가율이 더 낮다. 자료가 없는 2019년 이후 코로나 위기, 러시아·우크라이나 전쟁 등으로 추가적 타격이 가해지고 있다는 점을 감안하면, 그런 상태는 2019년 이후에도 이어지고 있다고 보아도 좋을 것이다.

한편 중국이나 인도는 사정이 훨씬 낫다. 두 나라는 선진국과 패턴이 다르다. 선진국의 자본주의 황금기였던 1950~1973년보다 그 후 기간에 1인당 GDP 증가율이 더 높았다. 중국이나 인도의 성장에 힘입어 세계 전체로 본 1인당 GDP 증가율은 2008년 이후 별로 떨어지지 않았다. 세계은행이 1960년부터 계산한 세계 1인당 GDP(공식환율 불변가격 기준) 증가율을 보면, 2008년부터 2019년(코로나 위기가 일어난 2020년 직전 연도)까지 12년간 1.5%다. 그 전 기간에 평균증가율이 1.5%보다 낮은 12년 동안을 찾으려면 1991년부터 2002년까지로만 돌아가면 된다.[5] 이것은 세계경제 성장의 축이 이동하고 있다는 것을 의미한다.

선진국 경제의 대침체와 세계경제 성장 축의 이동은 세계화에 도움이 되지

5 https://data.worldbank.org/indicator/NY.GDP.PCAP.KD.ZG.

〈그림 2-1〉 세계 무역의 세계 GDP에 대한 비율, 1970~2021 (단위: %)

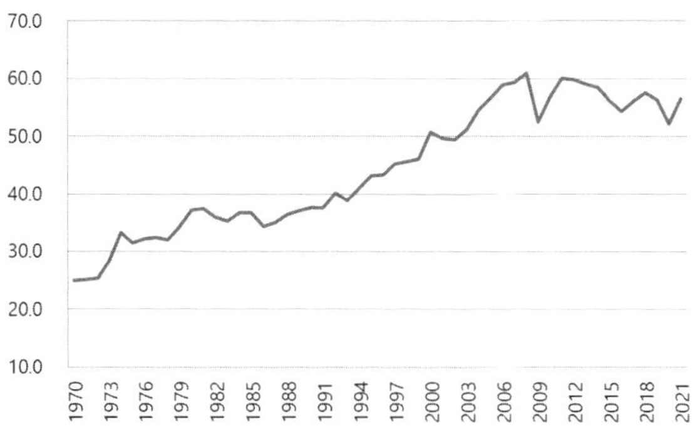

자료: 세계은행.

않고 있다. 대침체는 여러 선진국에서 "자국 중심 정치"가 등장하는 조건이 되고, 그것은 세계화를 정체 내지 후퇴시키는 요인이 되고 있다. 이것은 트럼프 정부 때부터 미국에서 두드러진 현상이지만, 다른 나라들도 전반적인 추세는 마찬가지다. 〈그림 2-1〉은 세계은행이 1970년부터 작성한 세계교역량의 세계 총생산에 대한 비율을 보여주고 있다. 그 비율은 1980년대(1981~1989년간)에 미세하게 감소하기도 했지만 2008년 세계금융위기까지 지속적으로 상승했다. 그러나 그 비율은 2008년의 61%를 정점으로 그 후 떨어지거나 횡보를 거듭해서, 2021년에는 56.5%에 그쳤다.

1980년대 세계무역이 후퇴한 것은 아마도 미국이 공정무역이라는 명분하에 유럽 및 일본과 무역 분쟁을 한 것이 한 원인일 것이다. 그러나 그런 이유로 나타난 세계화의 후퇴는 2008년 이후의 후퇴와 비교할 수는 없다. 우선 시간적 길이나 후퇴 정도가 비교가 안 된다. 더 중요한 것은 당시 미국이 일방적 조치로 무역 상대국에게 시장 개방과 보조금 삭감을 요구했지만 그 기본 목적은 자유무역 확대였다는 점이다. 제2차 세계대전 이후 성립한 GATT체제는 선진국 간 자유무역을 원칙으로 하고 있었지만, 미국은 유럽과 일본이 전후 복구를 하는 과정에서 자신은 자유무역을 하면서 유럽과 일본이 자국 산업에 대해 보호하고 보조금을 주는 것을 용인했었다. 그러나 1980년대 들어 미국은 전후 복구를 완성한 유럽 및 일본에 대해 상호주의를 요구해서 자유무역체제를 완성해 나가려고 했던 것이다(Bhagwati and Irwin, 1987). 결과로 보아도 1995년 WTO가 발족함으로써 자유무역체제가 강화되었다.

반면 현재 미국은 WTO체제의 해체에 대해서도 개의치 않는 등 규칙기반질서를 무시하는 모습을 보이고 있다. 그것은 트럼프정부 때부터 시작되었지만, 바이든 정부도 마찬가지다. 한국의 입장에서는 트럼프 정부가 러스트벨트(rust belt)의 굴뚝산업을 보호하는 것보다 바이든 정부가 반도체, 2차전지, 전기자동차 등 첨단제조업의 국내생산을 추구하는 것이 훨씬 더 큰 위협이다. 바이든 정부가 고기술 반도체 제품을 중국에 판매하거나 중국 내에서 생산하지 말라고 요구하는 것도 한국 경제에 도움이 안 된다.

미국이 그런 정책을 취하는 것은 중국을 자신의 헤게모니에 대한 도전자로 간주하고 있기 때문이다. 미국 헤게모니에 대한 도전에 대해서는 지난 50여 년간 지속적으로 논의되어 왔다. 구소련, 일본, 유럽연합 등이 한 때 도전자로 간주되었지만 그들은 모두 실패했다. 구소련은 붕괴했고, 일본은 경제력이 전 세계적 주목을 받을 시점에 침체하기 시작했다. 유럽연합은 세계금융위기 이후 대침체를 심하게 겪고 있을 뿐 아니라, 유럽 통합이라는 그 목표 자체가 흔들리고 있는 실정이다.

반면 중국은 상승하는 도전자이다. 중국의 경제 규모는 조만간 미국을 추월할 가능성이 있다. 물론 1인당 GDP로 보면 중국은 여전히 개도국이지만, 헤게모니란 정치적 현상의 바탕이 되는 "국력(national power)"을 결정하는 데는 1인당 생산보다 총생산능력이 더 중요하다. 거기에다 중국은 1인당 GDP가 나타내는 것보다 훨씬 강한 기술적 능력을 갖고 있고, 그것은 국력의 필수 요소인 군사력에 반영되고 있다.

나아가서 중국의 등장은 근본적인 역사적 의미를 가지고 있다. 그것은 제2절에서 살펴본 대분기의 "역전"을 의미하기 때문이다. 중국의 등장은 대분기가 "대수렴"이라고 불러도 좋은 현상으로 바뀌는 것이라고 할 수 있다. 물론 일본이나 한국이 중국에 앞서 구미 선진국에 수렴했지만, 중국의 수렴은 더 큰 역사적 의미가 있다. 과거 중국이 세계를 선도한 적이 있었고, 그것이 역전된 것이 대분기였다는 점에서 중국의 구미선진국과의 수렴이 갖는 의미는 더 큰 것이다. 단순히 규모만 보아도 중국은 일본이나 한국과 비교할 수 없다.

## 5. 역사의 교훈?

대침체와 대수렴은 세계질서의 지각변동을 가져오고 있다. 그 핵심은 강대국 간 갈등과 협력의 구도가 바뀌는 것이다. 강대국 간의 관계가 바뀌는 핵심은 무엇보다도 미국과 중국 간 헤게모니를 둘러싼 갈등이다. 동아시아는 그 주무대가 되고 있다. 당장은 대만해협과 남중국해가 갈등의 최전방이 되고 있지만, 더 근본적으로는 중국의 정치심장부와 가깝고 일본과 한국이라는 미국의 군사동맹국이 있는 동북아가 그 중심이 될 가능성이 크다.

이것은 역사적으로 한국에게 19세기 이후 가장 큰 지각변동이다. 따라서 그에 대한 대응을 생각하는 데 있어서 19세기에 조선이 실패한 원인을 다시 살펴볼 필요가 있다. 그때에 비해 달라진 점과 같은 점은 무엇인가를 검토하고, 그에 맞추어 대응 방안을 생각해 보아야 하는 것이다.

현재 한국을 19세기 말 조선과 비교해서 같은 점을 찾기는 어렵다. 유엔 통계에 따르면 한국의 구매력 평가 1인당 GDP는 2017년부터 일본을 앞질렀다.[6] 한 사회의 선진성과 후진성을 나타내는 지표로 여러 가지가 있을 수 있겠지만, 이것 하나만으로도 사회경제적으로 일본과 중국에 뒤떨어졌던 19세기 조선과는 전혀 같지 않다는 것을 알 수 있다.

19세기 실패의 다음 요인인 세계정세를 파악하는 능력도 비교할 수 없다. 한

---

6 data.un.org/Data.aspx?d=WDI&f=Indicator_Code%3ANY.GDP.PCAP.PP.CD.

국이 정부 수립 후 자신의 나라를 운영하면서 세계화에 적극적으로 참여한 결과 지배층인 엘리트들의 세계정세에 대한 지식이 그때와 비교할 수 없을 만큼 향상되었다. 정치가 민주화됨에 따라 엘리트층만이 아니라 일반 시민들의 능력도 중요하게 되었지만, 일반 시민들의 능력도 크게 향상되었다는 것은 의심의 여지가 없다. 물론 예컨대 1997년 외환위기의 성격에 대해 아직도 합의가 없는 데서 보는 것처럼, 그런 지식이 적절한 판단력과 대처능력으로 이어졌는지에 대해서는 논란의 여지가 있다(이제민, 2017: 제1장, 제7장). 그러나 그런 사례에도 불구하고 21세기 한국과 19세기 조선이 전혀 다르다는 것은 두말할 필요가 없을 것이다.

국가 역량이라는 관점에서 보아도 그렇다. 19세기까지 국가역량의 핵심이었던 군사력을 보면, 국가 간 군사력 순위를 매기는 민간기구인 "세계 화력(Global Firepower)"은 2023년 현재 한국을 세계 6위로 평가하고 있다. 이것은 8위인 과거 식민모국 일본을 2단계 앞서는 것이다. 과거 대영제국의 후신인 영국은 5위로서 한국보다 한 단계 높을 뿐이다. 영국과 함께 당시 양대 열강이었던 프랑스는 9위로서 한국보다 3단계 낮다.[7] 이런 평가에는 단순히 통계로 비교하는 민간단체의 평가를 얼마나 믿을 수 있느냐 하는 문제가 있다. 그러나 확실한 것은 지금의 한국이 군사력으로 볼 때 19세기 말 조선과는 전혀 비교할 수 없다는 것이다. 물론 21세기인 지금 군사력은 국가 역량에서 차지하는 비중이 그때보다 훨씬 낮다. 그러나 한국은 2020년 이후 코로나19 위기에서 조건이 맞으면 세계를 선도할 수 있는 국가 역량을 가질 수 있다는 것을 보여주었다.

21세기 한국이 19세기 조선에 비해 가장 적게 변한 것은 국내적 결속력이다. 그 원인은 무엇보다 "정치의 양극화(political polarization)"다. 정치의 양극화는 언제 어디서나 나쁜 것이지만, 현재 한국처럼 강대국에 둘러싸인 채 주변 환경이 지각변동을 하는 상황에서는 치명적일 가능성이 있다. 정치의 양극화는 대

---

7 https://infonavi.tistory.com/entry/.

립하는 정치세력이 정쟁(政爭)에서 이기기 위해 수단과 방법을 가리지 않는 결과를 가져온다. 그 수단과 방법에는 외세를 이용하는 것도 포함된다.

물론 같이 정치가 양극화되어 있더라도 21세기 한국과 19세기 말 조선 간에는 근본적인 조건 차이가 있다. 임오군란, 갑신정변은 지배층 내부의 갈등이라 하더라도 당사자 간에는 "생사를 건 싸움"이었고, 동학농민전쟁은 더 근본적으로 생사를 건 "계급투쟁"이었다. 반면 21세기 한국은 민주화 되어 있고, 정치는 "법치"의 틀 속에서 이루어지고 있다. 법치 하에서 다른 정치세력이 다른 정책을 표방하고 선거로 집권하는 것은 자연스러운 일이다.

그러나 그 법치가 갈 길이 먼 것이 현실이다. 법치가 갈 길이 먼 근본적 이유는 검찰, 경찰, 감사원 같은 권력기구의 독립이 미비하기 때문이다. 거기에다 법률은 권력기구가 자의적으로 운영할 수 있는 여지가 많다. 그런 한편 정치는 여전히 부패의 사슬을 끊어내지 못하고 있다. 한국 정치는 민주화 이후 금융실명제, 공직자 재산 공개, 선거공영제 등 개혁을 거치면서 부패를 줄였고, 비자금이 활개 치던 "보스정치"에서 탈피한 것도 부패를 줄이는 데 도움이 되었다. 그러나 여전히 정치 부패가 근절된 것은 물론 아니다. 경우에 따라서는 선거법 등이 현실에 비해 너무 엄격해서 지키기 어려운 경우도 많다. 그런 구도에서 권력기구는 사실상 어떤 정치인이라도 저격할 수 있다. 그것은 많은 경우 정권 입맛에 맞추게 된다.

그런 현실에서 정치는 "서바이벌 게임"이 되고 있다. 그중에서도 검찰, 경찰, 감사원 같은 권력기구 장악이 걸린 대선은 결정적인 서바이벌 게임이다. 승자는 대통령이 되지만, 패자는 감옥으로 갈 수 있는 게임인 것이다.

정치가 서바이벌 게임이 되면 경쟁하는 정치세력은 서로 수단과 방법을 가리지 않고 이기려고 한다. 그 수단과 방법에는 강대국과의 관계 설정도 포함되고, 그 결과 국내 통합에 근거해서 강대국과의 관계를 추구할 수 없게 되는 것이다. 이런 현상은 굳이 예를 들 것 없이 현재 전방위로 진행되고 있다.

세계질서의 지각변동을 맞은 한국의 장래는 과거 이승만 대통령이 누누이 강조했던 격언에서 찾을 수 있을 것이다. "뭉치면 살고 헤어지면 죽는다"는 격언은 이솝우화에서 비롯된 것이라고 하는데, 동양에서는 장자(莊子)도 비슷한 말을 한 적 있다고 한다. 이승만 자신이 그런 격언대로 살았는지는 매우 의심스럽다. 이승만은 독립운동 과정에서 통합보다는 분란을 일으켰다는 평가가 많고, 해방 후 적어도 부분적으로 분단에 대해 책임이 있다고 할 수 있다. 집권 후에는 편 가르기 정치로 권력을 유지했다. 그러나 그런 이승만의 생애와 별도로 한국의 장래는 그가 강조했던 격언에 따라 국내적 결속을 이루어낼 수 있는가에 달려 있을 것이다.

## 참고문헌

강동진. 1985. 『일본근대사』. 한길사.

이상면. 2006. 「개항기 조선 주권론 충돌」. ≪서울대학교 법학≫, 47권, 2호, 96~148쪽.

이제민. 2017. 『외환위기와 그 후의 한국 경제』. 한울.

Bhagwati, Jagdish N. and Douglas A. Irwin. 1987. "The Return of the Reciprocitarians — US Trade Policy Today." *The World Economy*, Vol. 10, pp. 109~130.

Hoffman, Phillip T. 2017. *Why Did Europe Conquer the World?* Princeton University Press.

Huntington, Samuel P. 1993. *The Third Wave: Democratization in the Late Twentieth Century*. University of Oklahoma Press.

Keesing, Donald B. 1967. "Outward — looking Policies and Economic Development." *Economic Journal*, Vol. 77, pp. 303~320.

Kindleberger, Charles. 1973. *The World in Depression 1929-1939*. University of California Press.

Klasing, Mariko, Petros Milionis, and Robert Zymek. 2014. "Trade Theory and Trade Growth Since 1870." Mimeographed, University of Groningen.

Krueger, Anne O. 1979. *The Developmental Role of the Foreign Sector and Aid*. Harvard University Press.

_____. 1997. "Trade Policy and Economic Development." *American Economic Review*, Vol. 87, No. 1, pp. 1~22.

Landes, David S. 1998. *The Wealth and Poverty of Nations*. W.W. Norton.

Maddison, Angus. 1982. *Phases of Capitalist Development*. Oxford University Press.

Marglin, Stephen and Juliet B. Schor(eds.). 1992. *Golden Age of Capitalism: Reinterpreting the Postwar Experience*. Clarendon Press.

Mason, Edward S., Man Je Kim, Dwight H. Perkins, Kwang Suk Kim, and David C. Cole. 1980. *The Economic and Social Modernization of the Republic of Korea*. Harvard University Press.

Morris, Ian. 2011. *Why the West Rules — for Now: The Patterns of History, and What They Reveal about the Future*. Straus and Giroux.

Pomeranz, Kenneth. 2000. *The Great Divergence: China, Europe, and the Making of the Modern World Economy*. Princeton University Press.

Tilly, Charles. 1990. *Coercion, Capital, and European States, AD 990-1990*. Blackwell.

제3장

# 한국경제와 혁신시스템의 추격과 수렴

이근 | 서울대학교 석좌교수

## 1. 한국경제 주요 지표상의 추격과 수렴

한국경제는 최근 PPP 기준 1인당 소득 면에서 미국 대비 70% 수준에 도달하여, 서구 열강(영국, 이탈리아, 프랑스) 수준에 도달 즉 수렴하였다. 동시에 일본 수준을 넘어서서, 추격에 이어서 추월을 달성했다(이근·최병권, 2021). 2020년 한국의 1인당 실질GDP는 4만 2298달러(2017년 PPP기준)를 기록했는데, 이는 2019년 4만 2765달러에서 소폭 하락한 것으로, 이런 예외적 하락은 코로나19의 영향을 반영한 것이다.

한국의 1인당 실질소득을 미국의 소득 수준과 비교하면, 20년 전인 2000년에는 이 비율이 46.3%이었고, 2019년에는 68.3%를 기록하였었음을 고려하면 그동안 한국경제는 추격을 잘 유지하여 왔다. IMF의 추정치를 보면 경상가격 기준 1인당 소득도 2021년과 2022년에는 각각 3만 4866달러, 3만 6369달러가 될 것으로 추정되어, 2019년 수준을 넘어서고 3만 5000달러 수준에 도달한다.

한국과 일본을 비교하여 보면, 한국은 이미 2018년부터 실질소득 면에서 일본을 추월한 것으로 나타난다. 종래의 추산에서는 한국이 2020년부터 일본을 추월한 것으로 나타났었는데, 2년 앞당겨진 것은 IMF가 구매력평가지수(PPP)

기준년도 환율을 올해 통계치부터 2011년도에서 2017년도로 변경한 것에 기인한 것으로 보인다. 그래서, 일본 대비 한국의 소득은 2020년에 105.6%였고, 2021년 105.5%, 2022년 105.2%를 각각 기록할 것으로 예상된다.

그러나 최근 한국의 추격속도는 급속히 정체하여, '선진도상국' 함정에 빠진 것으로 보인다. 한국과 일본은 미국 대비 1인당 실질소득 비율이 70% 내외 수준에 아직도 머무르는 반면, 독일과 대만은 모두 85%대를 넘었다. 이 두 그룹 간의 격차는 아직 좁혀지지 않고 있다. 특히 대만은 2020년부터 독일을 추월하여서, 한국도 일단 같은 제조업 강국인 독일을 추월하는 것을 목표로 삼는 것이 적절하여 보인다. 즉, 일본 추월이 추격 1.0이었다면, 독일 추월은 추격 2.0이라고 할 수 있으며, 최소한 미국 대비 80% 수준을 달성하는 것이 적절할 것이다.

그러나 한국이 이 추격 2.0을 달성하는 것은 향후 20년 이내에는 어려워 보인다. 한국의 추격속도가 최근 정체되었기 때문이다. 한국의 1인당 소득은 2009년에 미국 대비 60%에 도달하고, 최근 70% 부근에 도달하였다. 과거 10년간의 추세로는 1년에 1%p씩 따라잡았는데, 최근 5년 추세는 1%p를 따라잡는데 5년 이상씩 걸리고 있다. 가령, 2016년에 67.4%였는데, 2021년 예상이 68.8%이다. 한국의 이 최근 추세를 연장하면, 현재 미국 대비 70% 부근에서 80%에 도달하는 데 빨리 잡아도 50년이 소요되며, 사실상 일본처럼 70% 부근에서 정체될 수 있다는 예상이다.

즉 일종의 '선진도상국' 함정에 빠지고 있다고 할 수 있다. 과거 일본이 미국에 가장 근접하였던 시기는 2001년 72.4%로 그 이후 20년 동안 이 이하 수준에서 맴돌다가 최근 65% 수준까지 떨어진 것을 고려하면, 한국도 20년 시차를 두고 2020년에 70%로 피크를 찍은 후 정체될 수 있다는 예상이 가능하다. 실제로, 한국이 노령화 등에서 일본을 일정 시차를 두고 그대로 답습해 가고 있는 현 상황을 고려했을 때, 이런 추세가 1인당 소득 추세에서도 나타나는 것은 놀라운 일이 아니다.

## 2. 한국, 동아시아형 자본주의에서 영미식 자본주의로 수렴

한국경제는 최근 성장률 하락과 불평등 심화로 과거의 고성장, 좋은 분배로 상징되는 동아시아형 자본주의에서 저성장, 고불평등의 영미식 자본주의로의 수렴 현상이 관측되고 있다(Lee and Shin, 2021). 아래 〈그림 3-1〉은 한국과 일본의 성장률이 추세적으로 하락하여, 미국과의 성장률 격차가 감소하고 있음을 보여준다.

동시에 〈그림 3-2〉에서 보듯이, 한국은 최상위 10%의 소득 비중으로 본 분배 지표면에서 40% 이상을 도달하여 미국 다음으로 높은 수준이다. 즉, 이 지표 면에서 주요국만 보면 미국, 한국, 일본순이어서, 한국 일본 모두 분배 악화 현상을 보이고 있다.

이상이 시사하는 바는 한국자본주의가 성장과 분배 면에서 성장률 하락과 분배 악화로 영미식 자본주의국가의 경제 현상과 수렴하는 현상이 나타나고 있다는 점이다. 실제로, Lee and Shin(2021)에서는 이런 수렴 가설을 cluster analysis라는 통계적 방법으로 검증하였다. 즉, 성장률, 상위10% 소득 비중, 고용률이라는 세 지표를 가지고 주요국 자료를 사용하여 어떤 나라들이 이 지표 면에서 비슷한 그룹으로 나누어지는가를 검증하였다.

그 결과, 1980~1990년대까지는 한국, 일본, 대만이 하나의 동아시아 그룹으로서 높은 성장, 좋은 분배라는 하나의 동아시아 자본주의 그룹을 형성하였으나, 2000년대 이후, 한국과 일본은 미국, 영국, 캐나다 등 소위 영미식 자본주의국들과 같은 그룹에 묶이게 되고, 대만은 북구형 자본주의국들과 같은 그룹에 묶이는 결과가 나왔다 (〈표 3-1〉 참조). 즉, 동아시아 자본주의의 종언과 영미식으로의 수렴이라는 결과가 나온 것이다.

〈그림 3-1〉 주요국의 성장률 추이(5-year moving average)

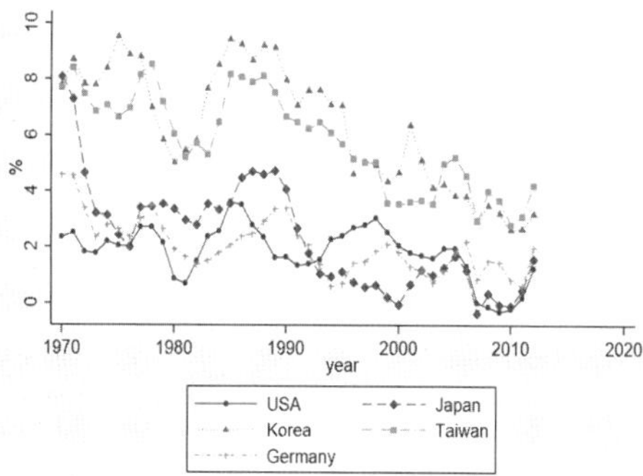


자료: Lee and Shin(2021).

〈그림 3-2〉 주요국의 최상위 10% 부유층의 소득 비중 추이

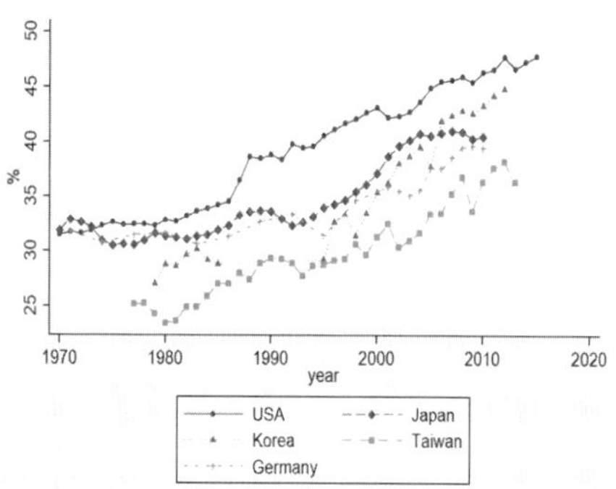


자료: Lee and Shin(2021).

〈표 3-1〉 자본주의 제 유형과 클러스터 분석 결과

| 기간 | Group 1 (북구형 자본주의) | Group 2 (혼합시장경제) | Group 3 (영미식 자본주의) | Group 4 (동아시아 자본주의) |
|---|---|---|---|---|
| 1955~1959 | **US** | | | **Japan** |
| 1960~1964 | **US** | | | **Japan** |
| 1965~1969 | **US** | | | **Japan** |
| 1970~1974 | **Japan US** | | | |
| 1975~1979 | **Japan US** | | Canada | Taiwan |
| 1980~1984 | Australia Denmark **Japan US** | France **Germany** Ireland Italy | Canada | **South Korea** Taiwan |
| 1985~1989 | Australia Denmark **Japan** New Zealand | France **Germany** Ireland Italy | Canada **US** | Taiwan |

| | | Netherlands Spain | | |
|---|---|---|---|---|
| 1990~1994 | Australia Denmark **Germany Japan** Netherlands New Zealand | France **Ireland** Italy Spain | Canada UK **US** | Taiwan |
| 1995~1999 | Australia Denmark **Japan South Korea** Netherlands New Zealand Norway Sweden | France **Germany** Italy Spain | Canada UK **US** | Finland Taiwan |
| 2000~2004 | Australia Denmark Finland **Ireland South Korea** Netherlands New Zealand Norway Sweden Taiwan | France Italy Spain | Canada **Germany Japan** UK **US** | |
| 2005~2009 | Australia Denmark Finland Netherlands New Zealand Norway Sweden Taiwan | France Italy Spain | Canada **Germany Ireland Japan South Korea** UK **US** | |
| GDP growth(%) | 2.19 | 1.79 | 1.39 | 6.83 |
| Employment(%) | 59.90 | 47.05 | 59.27 | 59.54 |
| Top 10% income share(%) | 29.89 | 31.88 | 39.50 | 28.47 |

자료: Lee and Shin(2021)의 결과를 요약해 재인용.

## 3. 한국의 국가혁신 체제는 선진국형으로 수렴 시작

전통적인 경제학의 관점에서 경제성장의 차이를 결정하는 것은 노동생산성의 차이이다. 그러나 산업고도화와 경제발전에 따라 경제성장에 영향을 주는 다양한 요인에 대한 관심도 증대되고 있다. 이 중 슘페터 학파에서는 기술역량과 혁신체제(innovation system)라는 개념에 주목하기 시작했다(Lundvall, 1992). Lundvall(1992)은 국가혁신체제(National Innovation System: NIS)를 경제적으로 유용한 지식을 생산, 확산, 사용하는 과정에서 상호작용하는 요인이나 관계의 집합이라고 정의했다. 즉, 이러한 국가혁신체제의 차이가 국가, 산업부문, 그리고 기업의 혁신경쟁력 및 경제성장을 결정하는 요인이라고 하였고, 실제로 Lee and Lee(2020)에서는 NIS가 Hausmann 등이 주장하는 경제복잡성(economic complexity) 지수보다 경제성장을 더 잘 설명할 수 있음을 계량적으로 증명하였다.

Lee(2013) 및 Lee and Lee(2019)는 다섯 가지 변수, 즉, 기술수명주기, 토착화, 융복합도, 집중도, 기술다각화를 대표적인 NIS 지표로 제시하였다.

첫 번째는 기술수명주기 지표로서 해당 국가가 기술수명이 짧은 분야에 특화하고 있는지, 아니면 기술수명이 긴 기술에 특화하고 있는지를 나타낸다. 기술수명이 짧다는 것은 그 분야의 기술이 금방 수명을 다해서 몇 년 지나면 그 유용성이 급격히 감소한다는 것을 의미한다. 주요 선진국이나 다른 중진국들은 상대적으로 기술수명이 긴 기술 분야에 많이 집중하고 있다. 이에 비해 한국과 대만은 1980년대 중반 이후에 점점 기술수명이 짧은 분야로 집중하여 왔음을 확인할 수 있다. 그러나, 2000년대 이후, 선진국이 장악하고 있던, long cycle 분야로도 진입하기 시작하는 일종의 수렴현상을 보여주고 있다.

두 번째는 지식생산의 토착화 지표로서 특정 국가가 출원한 특허의 인용도를 조사하여 얼마나 많이 해당 국가가 보유한 과거 특허를 인용하는지를 측정한다. 이로써 국가 차원의 자기 인용 정도를 측정할 수 있다. 이는 후발국이 해외 지식 원천에 의존하여 자신의 지식을 창출하는 단계에서 나아가서, 내부의 지식 원천에 의존하고 지식생산 구조를 토착화한 정도를 표시한다. 이 지표에서도 한국은 선진국(예컨대 독일) 수준에 달하는 추격과 수렴 현상을 보여주고 있다.

세 번째는 지식생산의 집중도 지표로서 각 국가에서 지식을 생산하는 주체가 소수의 대기업에 의한 것인지, 아니면 다수의 주체가 참여하여 골고루 분포되어 있는지를 측정한다. 이 지표에서 선진국은 분산된 양상을 보이고 있으며, 한국의 경험은 중진국에서 추격을 진행하는 단계에서 지식생산이 소수의 발명자(대기업)에 집중된 것으로 나타난다(이근, 2021).

네 번째 지표는 독창성(또는 융복합도) 지표로, 해당 특허가 얼마나 다양한 분야의 특허를 인용해서 만들어지는지의 정도를 나타내고 있는데, 어떤 지식이 다양한 분야의 광범위한 지식에 의존하여 만들어질수록 융복합도와 독창성이 높다고 볼 수 있다.

다섯 번째 지표는 기술다각화로 어떤 국가나 기업이 얼마나 다양한 기술 분야에 특허를 내고 있는지, 아니면 소수의 한정된 분야에 특허를 내고 있는지를 나타내는 지표이다. 선진국들은 기술적으로 많이 다각화되어 있는 반면, 중진국들은 다각화 정도가 높지 못한 양상을 나타내고 있다(Lee, 2013). 한국과 대만의 경우 1980년대 중반 이후에 다각화 정도를 높여서 1990년대 중반에는 독일, 일본 등에는 못 미치지만 고소득국 평균 수준에는 도달한 것으로 나타났다.

이런 혁신체제 관점에서 한국경제의 성공적 추격은, 바로 기술수명이 짧은, 즉, 사이클이 짧은 short cycle 기술 분야(예컨대 IT분야) 쪽으로 선택 특화하여 성장을 해왔기 때문이라고 볼 수 있다. 사이클이 짧은 분야에서는 선진국이 장악하고 있는 기존 기술도 금방 낡은 것이 되기에 후발 진입자의 입장에서 보면 진입장벽이 상대적으로 낮고 소위 벼락치기가 가능한 분야이다.

그런데 이런 분야가 좋은 이유는, 혁신 빈도가 높기에 성장성도 높은 분야라는 점이다. 빨리 성과를 내기도 쉬우면서도 동시에 성장성도 높은 분야이다. 이런 기술수명은 미국특허 피인용자료를 가지고 측정이 가능한데, 오래된 특허를 많이 인용할수록 사이클이 긴 산업이고 선진국들이 장악하고 있는 분야이다.

2000년대 이후, 한국은 선진국이 장악하고 있던 분야로 진입하고 있다. 즉, 궁극적 목표는 선진국과 같은 long cycle 분야로 가는 것이지만, 추격단계에서는 그 반대인 short cycle 분야로 갔다가 나중에야 long cycle 분야로 가는 우회(detour) 전략이다. 최근 바이오, 소부장 등 장주기 산업에 성공적으로 진입하는 성과를 내고 있다(Lee, Lee, and Lee, 2021).

즉, 전반적으로 한국의 국가혁신체제(national innovation systems)는 과거 추격형 체제, 즉, 단주기 기술, 단품기술, 형식지 기술 위주의 추격형에서 2000년대 이후, 장주기 기술, 융복합 기술, 암묵지 기술 위주의 선진국형 혁신체제로 이행을 시작하였다(이근, 2021; Lee and Lee, 2021).

그 결과, 이런 혁신체제 지표와 경제성장과의 관계 면에서도, 선진국과 비슷하게 장주기 산업으로의 전환이 경제성장과 유의미하게 연결됨을 성장 회귀분

〈표 3-2〉 탈추격기 국가혁신체제의 수렴과 경제성장

| | (1) post-Catching-up in South Korea and Taiwan | |
|---|---|---|
| | South Korea & Taiwan dummy since 2000 | |
| | Coefficient | t-value |
| Log initial GDP | -0.0539*** | -6.057 |
| Population | -1.522*** | -4 |
| Fixed capital investment | 0.295*** | 5.482 |
| Enrollment secondary | 0.0214* | 1.791 |
| HHI | -0.0295** | -2.263 |
| Localization | 0.031 | 0.479 |
| Relative cycle time | 0.0346** | 2.255 |
| Originality | 0.0911*** | 2.956 |
| A dummy for Korea & Taiwan | -0.266 | -1.263 |
| Dummy × HHI | 0.188*** | 3.505 |
| Dummy × Localization | -0.185 | -0.501 |
| Dummy × Relative cycle time | 0.192* | 1.707 |
| Dummy × Originality | 0.452 | 0.649 |
| Constant | 0.404*** | 5.298 |
| adj. R-sq | 0.331 | |
| N | 334 | |
| Hausmann | 94.30*** | |

자료: Lee and Lee(2021).

석에서도 검증되고 있다(Lee and Lee, 2021). 〈표 3-2〉는 그런 결과를 보고하고 있다.

나아가서, 코로나19 발생은 한국 기업들의 바이오산업으로의 진입을 가속화시키는 귀중한 기회의 창(windows of opportunity) 역할을 하였다. 또한 미중갈등과 우크라이나 전쟁 상황 등은 long cycle 산업 이후의 핵심산업이 될 융복합기술 산업의 대표 격인 방위산업에의 진입을 가능케 하는 기회의 창이 되고 있다. 이런 상황은 한국 산업이 IT 위주의 short cycle 산업에서 진입장벽이 높은 long cycle 산업인 바이오로 이행하고, 나아가서 더 어려운 융복합기술 산업인 방위산업까지의 진입을 가능케 하고 있어 한국산업은 커다란 긍정적 전환점을 맞고 있다.

## 4. 거시변수 차원의 수렴과 혁신체제 차원의 수렴 간의 비대칭성: 금융화와 월가식 주주자본주의

위에서 언급한 저성장-나쁜 분배라는 거시변수적 차원의 수렴은 바람직하지 않은 반면, 선진국형 국가 혁신체제로의 이행은 바람직한 수렴 현상이어서, 이 양자 간의 불일치(mis-match)가 존재한다. 이런 불일치는 중장기적으로 경제성장과 한국 산업의 경쟁력에 부정적 영향을 줄 수 있는 리스크 요인이기에 이런 불일치 현상에 대한 진단과 분석이 필요하다.

이런 비대칭성 발생에는 여러 요인이 존재하나, 특히 과도한 금융화가 그 원인 중의 하나라고 볼 수 있다. 일반적으로 금융화는 탈제조업, 금융부문 비중 증가, 고배당 저투자, 해외투자 등 의미한다. 미국에 대해서도 Lazonick(2014) 등의 학자가 1980년대 이후 미국경제의 과도한 급속한 금융화가 고배당 국내 저투자, 해외투자 증가 등으로 제조업을 공동화시키고, 경쟁력을 악화시킨 원인이라고 지적한 연구가 많다. 최근 바이든 정부는 이런 추세를 역전시켜 다시 제조업을 강조하고 있긴 하다. 한국도 현재 상대적으로 금융 부분이 큰 나라에 속한다고 볼 수 있다(Shin and Lee, 2019).

그동안 한국의 낮은 배당 성향이 문제가 된다고 하였지만, 이제는 적어도 우량 대기업들의 경우, 미국 대기업들과 비슷한 수준의 배당성향을 보이고 있어서, 더 이상 저배당 국가라고 하기 어렵게 되었다. 김강한(2021)에 의하면, 당기순이익에서 현금배당액이 차지하는 비중으로 본, 한국 10대 기업의 배당성향은, 2012년에 7.4%, 2015년에 17.1%에 불과하였으나, 2019년에는 41.3%로 같은 연도 미국 시총 10대 기업 평균인 32.2%를 넘어섰다(이들 10대기업의 경우, 2015년에는 36.%, 2012년에는 27.9%).

그런데 배당성향이 높을수록 투자는 저하된다는 연구들이 존재한다(김아리·조명현, 2008). 더구나, 미국에서뿐만 아니라 이제 한국에서도 주식시장에서 기업이 조달하는 돈보다 더 많은 액수의 돈의 기업에서 배당, 자사주 취득으로 빠

〈표 3-3〉 한국 상장기업의 자금 유출입 (단위: 10억 원)

| | 1999 | 2000 | 2001 | 2002 | 2003 | 2004 | 2005 | 2006 | 2007 | 2008 | 2009 | 2010 | 2011 | Total |
|---|---|---|---|---|---|---|---|---|---|---|---|---|---|---|
| Inflow | 41,123 | 14,367 | 12,169 | 9,250 | 11,265 | 8,276 | 6,758 | 6,499 | 17,258 | 5,080 | 11,616 | 2,939 | 1,359 | 147,968 |
| Outflow | 3,427 | 9,283 | 9,823 | 7,812 | 15,317 | 13,498 | 12,538 | 14,985 | 15,191 | 11,151 | 22,529 | 28,254 | 11,161 | 174,969 |
| stock pur-chase | 453 | 5,380 | 5,975 | 1,925 | 8,090 | 3,319 | 2,650 | 5,458 | 4,620 | 3,680 | 13,912 | 18,731 | 2,324 | 76,517 |
| divi-dends | 2,974 | 3,903 | 3,848 | 5,887 | 7,227 | 10,179 | 9,888 | 9,527 | 10,571 | 7,471 | 8,617 | 9,523 | 8,837 | 98,452 |
| Net inflow | 37,696 | 5,093 | 2,346 | 1,438 | -4,052 | -5,222 | -5,780 | -8,485 | 2,066 | -6,071 | -10,913 | -25,315 | -9,802 | -27,001 |

자료: Shin(2014). Lee, Shin, and Lee(2020)에서 재인용.

져 나가고 있다(〈표 3-3〉). 주식시장은 기업이 자금을 조달하는 창구로서 역할을 한다는 것인데, 그 반대로 기업에서 자금을 빼는 창구로 역할하고 있다는 것은, 일종의 (자본)시장의 실패라고 볼 수 있다.

## 5. 정책 및 전략 제시

위에서 검토한 한국경제 및 산업에 대한 종합적 시각에서 보면, 거시변수 차원의 바람직하지 못한 수렴 현상과 혁신체제 상의 바람직한 수렴의 공존이라는 문제가 존재한다. 그 한 원인이 금융화하는 점을 고려할 때 다음과 같은 정책 대안 및 전략이 가능하다고 본다.

이하의 정책들은 ESG 등 이해관계자 자본주의의 등장과 괘를 같이한다(Lee, 2020). 2019년 초의 다보스 포럼은 이해관계자본주의로의 전환을 선언하였다. 또한 2019년 8월, 미국을 대표하는 181개 회사의 CEO가 모인 비즈니스포럼에서는 "Statement on the Purpose of a Corporation(기업 사명 선언)"이 이루어졌다. 이는 주주중심 자본주의의 종언을 이야기하면서, 다양한 이해관계자를 위한 자본주의 시대의 기업은 주주이익 극대화보다는 이해관계자(고객, 구성원, 협력업체, 지역사회) 위한 가치를 창출해야 지속적으로 성장할 수 있다는 내용을 담고 있었다. 2019년 9월 Financial Times는 "Capitalism: Time for a reset"이라는 비슷한 취지의 기사를 내기도 했다.

이런 경향은 코로나19 이후 더 가속되었다. 예를 들어, 코로나19 위기 당시 은행 배당 및 자사주 취득 자제 및 제한 요청이 있었다. 유럽중앙은행(ECB)의 경우, 배당금 지급 및 자사주 매입 중지 권고를 내렸으며, 영국 건전성감독청(PRA)은 배당 및 자사주매입, 성과보수 지급중지 요청 서한을 발송했다. 특히 영국의 경우 해당 은행이 요청사항을 받아들이지 않을 경우 감독상 권한 사용을 고려하겠다는 문구를 포함했다. 미국 연준(Fed)은 스트레스테스트 결과를 공개하며 자사주매입 중단, 배당 제한을 공식적으로 요청했으며, 한국의 윤석헌 금감원장은 임원회의에서 구두로 배당금 지급과 자사주 매입 자제 요청을 했다. 이와 더불어 은성수 금융위원장은 기자들과의 자리에서 배당 자제 필요성을 언급하기도 했다.

최근, 쿠팡이 한국보다 미국 나스닥에 상장한 이후, 한국도 나스닥과 같이 벤처기업에게 최초상장 시에 한해 복수의결권을 허용할 것인가에 대한 논의가 많았다. 이는 1주 1투표권이라는 주주자본주의 원칙을 주주로부터 창업경영자 권한 중시 쪽으로 선화하는 신호탄이라고 할 수 있다.

탈주주자본주를 위한 기업지배구조 차원의 정책은, 기본적으로 배당, 재투자(사내유보), 보너스 3자 간의 적절한 균형을 위한 것으로서, 다음과 같은 세 가지가 제시될 수 있다.

첫 번째로, 장기보유 유인주식(loyalty-driven securities)은 장기 투자를 활성화할 수 있는 방안이다. 즉, 보유기간 2년 초과 시 추가 의결권/배당을 부여함으로써 재투자에서 배당으로 세금 차별화를 하고, 장기적 기업 성장을 도모할 수 있다. 유럽연합 차원에서 도입된 제도이기도 하다. 반면 한국의 경우, 공적기금의 규모가 1800조, GDP가 1900조, 국민연금이 800조, 주택기금 200조, 고용산재보험이 70조인 반면 여유자금이 단기 재테크에 치중된 경향이 있다.

두 번째로, 중소벤처기업에게 최초 상장 시에 한하여 창업자에게 차등의결권을 부여하는 방안이 있다. 이는 창업자가 재직하는 동안에 한하여 부여하는 것으로, 경영권 안정과 장기적이고 과감한 투자를 유도한다. 미국의 구글, 페이스북 등의 사례를 생각해볼 수 있다. 이는 벤처 업계의 숙원으로, 그동안 국회에 관련 법안이 몇 차례 상정되었으나, 번번히 최종통과를 못하고 있다.

세 번째로, 외국인에 의한 기업 M&A 규제 강화 및 투자목적 변경 규제가 있다. 미국식 CFIUS(Committee on Foreign Investment in the U.S.)를 설치하여, 일부 외국자본의 한국 기업 인수합병을 좀 더 관찰하고 허가 사항으로 할 필요가 있다. 이는 중국 기업들이 한국 소부장 중소기업을 M&A하려고 하는 현 상황에 비추어, 기술 유출을 방지하는 중요한 대응방안이다.

또한, 성장 친화적 분배 정책 채택으로 저성장 분배 악화를 극복할 필요가 있다. 현금 복지보다 현물 서비스 중심의 복지로, 노령층보다 근로연령층을 중시하는 복지로 가야, 복지와 성장의 선순환이 가능하다. 즉, 육아, 출산, 보육 등 사회서비스를 강화함으로써 여성의 고용률 향상을 도모하고 성장률을 제고할 수 있다.

저성장의 한 원인은 노령화와 저출생인데, 이 문제의 한 해결책은 여성의 고용참가율을 높이는 것이다. 국가가 아이를 '키워주는' 시스템을 제공해야 여성들이 일을 할 수 있다. 유럽도 국가가 사회서비스를 제공하면서 여성의 고용참여율이 올라갔다. 경제협력개발기구(OECD)에 따르면 2019년 기준 한국 여성들의 경제활동참가율은 60.0%로, 스웨덴(81.1%), 스위스(80.2%), 뉴질랜드(76.8%), 네덜란드(76.7%), 덴마크(76.0%) 등과 20%p가량 차이가 난다(배규식, 2021).

현재 한국의 복지는 현금성 복지에 치우친 측면이 강하다. 현금성 복지는 돈은 썼는데 양질의 일자리가 생기지 않고 근로의욕도 떨어뜨리는 경향이 있다. 반면에, 육아, 출산, 보육 등 사회서비스는 고용률 제고 효과가 있고, 동시에 그 자체가 일자리 창출 효과를 지닌다. 현재 한국은 이런 보건·의료 사회 복지 종사자 비중이 매우 낮은 상황이다(배규식, 2021).

## 참고문헌


김강한. 2021.2.7. “해외자본, 국민연금 압박에…10대기업, 100원 벌어 40원 배당”. ≪조선일보≫. https://www.chosun.com/economy/industry-company/2021/02/07/4OI3LQFDFREFPICLTKNVSMWRE4/.

김아리·조명현. 2008. 「외국인 투자유형과 기업의 배당 및 투자의 관계에 관한 연구」. ≪전략경영연구≫, 25~42쪽.

배규식. 2021. “고용 및 노사관계 개혁”(미발표 자료).

이근. 2021. 「글로벌공급망 변화와 산업혁신 역량」. 서울대 경제연구소 편. 『혁신의 시작』. 매경출판.

이근·최병권. 2021. 「한국경제의 두가지 벽: 일인당 소득 70%, 세계 비중 2%」. 이근 외. 『한국경제 대전망 2022』. 21세기북스.

Lazonick, William. 2014. “Profits without prosperity.” *Harvard Business Review*, Vol. 92, No. 9, pp. 46~55.

Lee, J. and K. Lee. 2021. “Catching-up national innovations systems (NIS) in China and post-catching-up NIS in Korea and Taiwan: verifying the detour hypothesis and policy implications.” *Innovation and Development*, pp. 1~25.

Lee, K. 2013. *Schumpeterian Analysis of Economic Catch-up: Knowledge, Path-Creation, and the Middle-Income Trap*. Cambridge: Cambridge Univ. Press.

Lee, Keun. 2020. “Varieties of Capitalism and re-thinking the East Asian model of economic growth after the Covid-19 pandemic: Rebalancing shareholder and stakeholder capitalism.” *Seoul journal of economics*, Vol. 33, No. 4, pp. 487~504.

Lee, K. and J. Lee. 2020. “National innovation systems, economic complexity, and economic growth: country panel analysis using the US patent data.” *Journal of Evolutionary Economics*, Vol. 30, No. 4, pp. 897~928.

Lee, K. and H. Shin. 2021. “Varieties of capitalism and East Asia: Long-term evolution, structural change, and the end of East Asian capitalism.” *Structural Change and Economic Dynamics*.

Lee, K. and J. Lee. 2019. “The National Innovation System (NIS) and readiness for the fourth industrial revolution: South Korea compared with four European countries.” In *Transforming Industrial Policy for the Digital Age*. Edward Elgar Publishing.

Lee, K., J. Lee, and J. Lee. 2021. “Variety of national innovation systems (NIS) and alternative pathways to growth beyond the middle-income stage: Balanced, imbalanced, catching-up, and trapped NIS.” *World Development*, Vol. 144, Article. 105~472.

Lee, Keun, Ho-Chul Shin, and Jongho Lee. 2020. “From Catch-up to Convergence? Re-casting the Trajectory of Capitalism in South Korea.” *Korean Studies*.

Lundvall, B.-A. 1992. *National systems of innovation: Toward a theory of innovation and interactive learning*. Anthem press.

Shin, Hochul and Keun Lee. 2019. “Impact of Financialization and Financial Development on

Inequality: Panel Cointegration Results using OECD Data." Asian Economic Papers.

Shin, J. S. 2014. *The global financial crisis and the Korean economy*. Abingdon, Oxon: Routledge, Taylor & Francis Group.

제4장

# 포용복지국가로 가는 길

조흥식 | 서울대학교 명예교수, 전 한국보건사회연구원 원장

## 1. 머리말

현대는 복지국가의 시대라고 해도 과언이 아니다. 선진 산업제국들은 물론 발전도상국가들 조차 국가발전의 최종목표를 국민의 삶의 질을 높여 행복한 삶을 보장하는 복지국가의 실현에 두고 있을 정도로 복지는 현대사회의 필수적인 것이 되었다. 민주화의 발전과 더불어 인권이 발전하면서 국가의 사회정책, 복지정책의 대상은 노동능력이 없는 가난한 사람들뿐만 아니라 노동능력이 있는 가난한 사람에게까지 확대되었다.

복지국가는 제2차 세계대전이 끝난 후 산업화를 배경으로 한 구사회위험(old social risks)인 빈곤과 질병, 산업재해 등 보편적인 사회문제에 대응하기 위해 구축되기 시작하였다. 그러나 20세기를 앞두고 탈산업화가 되면서 이전과는 다른 모습의 신사회위험(new social risks)을 접하게 되었다. 과거에는 일을 열심히 하면 빈곤에서 해방되었지만 이제는 일을 열심히 해도 빈곤해지는 신빈곤(new poverty) 현상이 곳곳에서 나타났으며, 노동시장의 완전고용이 깨어지는 노동 불안정성 위험, 가족의 손을 떠난 돌봄과 관련된 사회위험, 이주민과 관련된 사회위험, 기후문제와 감염병에 의한 사회위험들이 곳곳에서 터져 나

왔다. 이러한 신사회위험은 충분히 해결이 되지 않은 구사회위험과 함께 경제성장과 사회발전에 부담을 주게 되었다. 21세기에 들어와서는 전 세계적으로 일반화되고 있는 제4차 산업혁명으로 표현되는 기술혁신으로 인해 자본주의의 생산양식이 급속하게 변화하고 있으며, 기후문제와 이주민 복지문제는 일국의 문제를 훨씬 넘어서고 있다. 특히 코로나19를 경험하고, 비대면 사회경제가 가져온 빠른 디지털화를 접하고 있으며, 미국과 중국의 패권주의 갈등, 러시아와 우크라이나 전쟁에 의한 여파가 전 세계 경제를 강타하고 있다.

이 결과 소수의 발전된 서구 복지국가들만 제외하고는 대다수 국가들이 구사회위험과 신사회위험을 동시에 대응해야 하는 매우 어려운 상황에 놓여 있다. 60여 년간 압축경제성장을 한 대한민국도 빈부격차와 불평등 문제를 완화하기 위해 사회복지제도들을 그 동안 많이 도입하였고, 1990년대 초반 GDP 대비 2%에 지나지 않았던 복지지출 수준을 2020년에 와서는 14%까지 증가시켰지만 한국의 많은 사회지표들은 좀처럼 OECD 국가에서 낮은 위치를 벗어나지 못하고 있다.

역사는 항상 큰 위기 때 새로운 전환을 가져 왔다. 제1, 2차 세계대전이 그랬고, 1929년의 세계대공황이 그랬다. 사회보장법이라는 초유의 법이 생겨나고, '요람에서 무덤까지' 인간의 행복을 담보하는 복지국가라는 이상향을 끄집어내었다. 이후 1989년 베를린 장벽의 붕괴는 세계화라는 또 다른 새로운 길을 인도하였다. 코로나19 이후의 세계도 마찬가지다.

이처럼 한 시대의 거대한 물결은 과거의 관습과 제도, 심지어 체제까지 심하게 흔들어 누구도 전혀 예상치 못한 새로운 길을 가게 한다. 한국 사회경제체제도 이러한 세계적인 전환기의 소용돌이에 빠져들어 갈 수밖에 없다. 이러한 과정에서 전통적인 복지국가가 대처하는 정책들의 한계를 인식하고 이와 관련된 근본적인 이슈 제기와 전환 체제에 대한 현상과 방향, 그리고 혁신적 대처방안에 대한 고민과 폭넓은 논의가 필요함은 물론이다. 한국에서 포용복지국가라는 새로운 길 찾기는 이러한 노력의 한 부분이다.

## 2. 한국 사회경제체제의 문제 양상과 한국 복지국가의 한계

한국 사회경제체제의 전환 양상을 파악하기 전에 최근 전 세계가 직면한 단기 및 중장기 위험요인을 살펴보는 게 필요하다. 세계경제포럼(World Economic Forum: WEF)은 전 세계가 직면한 현재 및 중장기 위험요인을 담은 「전 지구적 위험(Global Risks) 2023」을 1월에 발표했다. WEF는 1000명 이상의 전문가를 대상으로 글로벌 리스크 인식조사(GRPS)를 실시, 보고서로 발표해왔는데, 이번 보고서는 18번째 연례보고서이다.

이 보고서는 글로벌 위험을 경제·환경·지정학·사회·기술 등 5개 부분 및 단기(0~2년), 장기(~10년) 위험으로 나누어 총 32개 위험을 제시했으며, 그중에서 글로벌 위험 상위 10위(〈표 4-1〉 참조)를 발표하였다.

단기적으로는 우크라이나 전쟁으로 인한 식량공급 문제, 물가상승, 에너지 공급위기 등으로 인한 생활비 위기가 가장 큰 위험으로 제시되었고, 장기적으로 가장 빠르게 악화되는 위험은 기후변화 완화 실패로 나타났다. 그리고 상위 10개 위험에는 환경과 관련된 위험이 6개나 포함되어 있다(WEFa, 2023).

이러한 세계적인 위험 상황하에서 한국이 겪고 있는 사회경제체제의 문제 상황을 살펴보자.

### 1) 한국 사회경제체제의 문제 양상

코로나19라는 초유의 감염병 사태로 전 세계적으로 경제주체들의 행태·인식 등이 변화하면서 경제·사회 전반의 구조적 변화가 일어나고 있다. 한 예로 온라인·비대면 수요가 급속히 확대됨으로써 디지털 경제로의 전환이 가속화되고 있는 등 사회경제체제에도 상당한 변화가 일어나고 있다. 한국도 예외는 아니다. 한국 복지국가의 변화를 요구하고 있는 대표적인 사회경제체제의 문제 양상을 살펴보고자 한다.

〈표 4-1〉 장·단기별 심각성 기준 순위: 글로벌 위험(상위 10위)

| 향후 2년간 인류를 위협할 단기 리스크 | | 향후 10년간 인류를 위협할 장기 리스크 | |
|---|---|---|---|
| 1 | 생활비 위기 | 1 | 기후변화 완화 실패 |
| 2 | 자연재해와 이상기후 | 2 | 기후변화 적응 실패 |
| 3 | 지정학적 대립 | 3 | 자연재해와 이상기후 |
| 4 | 기후변화 완화 실패 | 4 | 생물다양성 손실 및 생태계 붕괴 |
| 5 | 사회결속력 약화 및 양극화 | 5 | 대규모 비자발적 난민사태 |
| 6 | 대규모 환경피해 | 6 | 천연자원 위기 |
| 7 | 기후변화 적응 실패 | 7 | 사회결속력 약화 및 양극화 |
| 8 | 사이버범죄 및 사이버불안 확산 | 8 | 사이버범죄 및 사이버불안 확산 |
| 9 | 천연자원 위기 | 9 | 지정학적 대립 |
| 10 | 대규모 비자발적 난민사태 | 10 | 대규모 환경피해 |

주: ① 보고서에는 단기 리스크에 있는 1 생활비 위기, 5 사회결속력 약화 및 양극화, 10 대규모 비자발적 난민사태는 '사회'위험으로 분류; 2 자연재해와 이상기후, 4 기후변화 완화실패, 6 대규모 환경피해, 7 기후변화 적응실패, 9 천연자원 위기는 '환경'위험으로 분류; 3 지정학적 대립은 '지정학'위험으로 분류; 8 사이버 범죄 및 사이버불안 확산은 '기술'위험으로 분류함. ② 생활비 위기는 이 보고서에는 '사회'위험으로 분류되어 있으나 '경제'위험으로도 볼 수 있으며, '대규모 비자발적 난민사태'도 '사회'위험영역으로 되어 있으나 '지정학'위험으로 분류할 수 있음.
자료: WEF(2023a: 5).

### (1) 초저출생·고령사회

저출생은 선진국에서 일반적으로 나타나는 현상이지만, 한국의 경우 출생률이 급감하는 동시에 초저출생이 장기간 지속되고 있다는 점에 문제의 심각성이 있다. 통계청이 발표한 '2022년 출생·사망 통계(잠정)'에 따르면 지난해 여성 1명이 평생 낳을 것으로 예상하는 평균 출생아 수를 나타내는 합계출생률은 0.78명을 기록하여 0.8명대가 무너졌다. 1년 전보다 0.03명 줄어든 것으로서 이는 2020년 기준 경제협력개발기구(OECD) 평균 합계출생률(1.59명)의 절반 이하로 처음 떨어진 것이다. 인구를 유지하는 데 필요한 합계출생률은 2.1명임을 감안하면 전 세계가 놀랄 일이다. 이처럼 한국은 OECD 회원국 중 유일하게 출생률이 1명대 이래다. 2007년, 2012년 쌀찌에서 두 번째를 차지한 것을 빼고는 2004년부터 16년째 출생률 꼴찌다. 합계출생률 1.3 미만의 초저출생률이 2001년부터 지금까지 지속되고 있으며, 늦게 결혼하는 만혼화와 초산 연령의 노령화, 높은 양육비용 등을 고려하면 단기간 내에 출생률이 획기적으로 높아지기는 어려울 전망이다.

한편, 2023년 현재 대한민국은 고령사회이다. 대한민국은 2017년 7월 고령화 사회에서 고령사회가 되었다. 2020년 들어 베이비붐 세대가 고령층으로 진입하면서 고령 인구 비율이 급등하고 있다. 2019년 8월 15.2%에서 2020년 3월 15.8%, 2021년 1월 16.4%, 2021년 3월 16.6%로 거의 한 달에 0.1p씩, 1년에 거의 1%p씩 증가하고 있다. 2022년 9월 기준 17.8%, 2023년 5월 18.4%로 계속 급등 중이다. 앞으로도 이러한 증가 추세는 계속 이어갈 것으로 전망되며, 현재 통계청은 대한민국의 초고령사회가 2025년 말부터 2026년 초반(전체 인구 대비 노인 인구 구성비는 20.0%)에 도달할 것으로 전망한다.

노인인구가 급증하고, 상대적으로 생산가능인구가 감소하면서 노인부양비는 급등할 것으로 전망된다. 그러나 OECD가 회원국의 연금정책과 성과를 비교한 지표를 공개하는 「한눈에 보는 연금 2021 OECD(Pensions at a Glance 2021)」에 따르면 지난 2017년 기준 한국 정부가 공적연금에 투입한 재정은 전체 정부 지출의 9.4%로서, 이는 전체 회원국 중 아이슬란드(6.2%) 다음으로 낮은 것이며, OECD 회원국 평균(18.4%)의 절반 수준에 불과하다. 공적연금 지출을 국내총생산(GDP)과 비교해 봐도 한국의 재정 투입은 OECD 회원국들과 비교가 되지 않을 정도로 미미한데, 한국의 GDP 대비 공적연금 지출은 2.8%로, OECD 평균(7.7%)의 1/3 수준에 불과했고, 프랑스(13.6%), 독일(10.2%), 일본(9.4%)과 현격한 차이를 보이고 있다.

이처럼 노인 부양에 투입되는 재정 규모가 부족한 가운데, 노인 빈곤율은 세계 최고이다. OECD는 평균소득이 빈곤 기준선인 중위 균등화가구 가처분소득의 50% 미만인 인구의 비율로 소득 빈곤율을 나타내는데, 이를 노인에게 적용하는 노인 빈곤율은 OECD 국가 중 가장 높다. 2018년 기준 한국의 노인인구 소득 빈곤율은 43.4%로 OECD 국가 평균인 13.1%에 비해 3배 이상 높았고, 프랑스(4.4%), 독일(9.1%), 스웨덴(11.4%), 영국(15.5%), 일본(20.0%), 미국(23.1%) 등의 노인 소득 빈곤율과 비교해도 현저히 높다.

### (2) 4차 산업혁명의 확산

2015년부터 4차 산업혁명이 시작되고 있다. 초연결, 초지능, 대융합으로서, IoT, IoP를 통해 방대한 빅데이터를 생성하고 인공지능(AI)이 빅데이터에 대한 해석(deep learning)을 토대로 적절한 판단과 자율제어를 수행함으로써 초지능적인 제품 생산/서비스를 제공하며 생산성을 제고(하원규, 2015)하는 이러한 4차 산업혁명을 중심으로 한 초지능, 초연결 사회로의 연결이 확산되어 시간적·공간적 유연성이 확대되고, 인간의 삶 전반에 걸쳐 혁명적인 변화를 예고하고 있다. 특히 문제는 기술 발전으로 창출되는 일자리 숫자보다 감소되는 숫자가 더 많아진다는 점이다. 물론 기술의 발전에 따라 일자리가 감소할 것이라는 점은 지속적으로 제기되어 왔다. 제러미 리프킨(Jeremy Rifkin)은 『노동의 종말』(The End of Work, 1996)에서 고용 없는 성장을 예견하였다. 최근에 나온 「일자리의 미래(The Future of Jobs 2023)」 보고서에 따르면 인공지능(AI)과 기술혁신으로 2023년부터 2027년까지 5년간 6900만 개의 새로운 일자리가 창출되고 8300만 개의 일자리가 사라지는데, 이는 현재, 전 세계 고용의 2%에 해당하는 1400만 개의 일자리가 사라질 것으로 나타났다. 그리고 향후 5년 동안 모든 직업의 거의 1/4이 인공지능과 데이터가 일자리 변화를 주도하면서 녹색 에너지 전환 및 공급망 리쇼어링과 같은 기타 경제 발전의 결과로 변경될 것이라고 지적하였다.

3차 산업혁명 이후 노동시장과 복지제도 간의 부정합성을 바로 잡으려는 출산 크레딧 등 정책들이 진행되어 왔으나 여전히 한계를 노출하였다. 3차 산업혁명은 생산성 향상과 삶의 질 제고에 기여한 측면도 있지만, 신자유주의와 결합하여 노동시장 유연화, 글로벌 아웃소싱, 금융자본주의 심화, 경제위기 및 불확실성 증가, 비정규직 증가, 양극화 심화, 청년 실업과 중장년 층 고용불안 야기 등의 부작용을 드러냈다.

### (3) 성장 동력의 약화

한국의 잠재성장률은 전 세계적인 장기 경제 침체, 저출생·고령화, 제조업 경쟁력 저하 등의 요인으로 인해 중장기적으로 하향 추세를 보일 것으로 전망되고 있다. 국내 대부분의 주요 기관들이 2020년대 이후 잠재성장률을 1%대로 전망하고 있으며 2030년 이후로는 1% 이하로 하락할 것이라고 전망하고 있다(〈표 4-2〉 참조).

이러한 우울한 전망은 2022년 11월에 발간된 한국개발연구원(KDI) 「장기 경제 성장률 전망과 시사점」 보고서에서도 잘 나타나고 있다. 2020년대 이후 인구 감소와 급속한 고령화 등 인구 구조 변화로 우리 경제의 성장세가 점차 둔화돼 2050년에는 잠재 성장률이 0.5% 수준으로 하락할 것이라고 전망했다.

이러한 한국 경제성장의 하락 요인으로 여러 학자들이 지적하고 있는데, 대체로 생산가능인구 감소와 노령화에 따른 노동 투입 요소 하락, 자본 축적 둔화, 신성장 동력 부재, 투자의 비효율성, 성장 인프라 미비 등을 들고 있다. 생산가능인구 감소와 초고령화는 노동 투입 요소 하락, 생산성 하락, 저축률 및 투자 제고의 부정적 요인으로 작용해 경제의 역동성을 떨어뜨릴 수 있으며, 잠재성장률 하락에 영향을 미친다는 것이다. 자동차, 반도체, 석유화학 등 기간산업을 대체하는 신성장 동력이 뚜렷하지 않은 상태에서 R&D 투자의 효율성이 높지 않아 혁신체제의 원활한 작동이 어려워진 것과도 연결된다. 그리고 대기업의 경제력 집중으로 인한 독과점 폐해 및 취약한 공정거래 기반, 사회적 조정 미흡에 따른 부문 간 규제 비대칭 등 혁신성장 인프라의 취약성 등도 잠재성장률 하락의 배경으로 지적되고 있다(김세직, 2016; 유종일, 2019; 정준호·전병유, 2019).

그러나 생산성 제고를 위해서는 다양한 부문에서 구조개혁이 추진되어야 하지만 복잡하게 얽힌 이해관계의 조정이 쉽지 않기 때문에 구조개혁은 정치적으로 회피되고 있는 실정(정준호, 2021)이어서 결과적으로 잠재성장률의 하락을

〈표 4-2〉 한국의 잠재성장률 전망치 (단위: %)

| 기간 | OECD | IMF | 국민연금 보험공단 | 국회예산 정책처 | 기획 재정부 | 금융연구원 | | | |
|---|---|---|---|---|---|---|---|---|---|
| | | | | | | 기간 | 중립 | 낙관 | 비관 |
| 2021~2030 | 2.6 | 2.2 | 2.3 | 2.8 | 2.6 | 2020 | 2.12 | | |
| 2031~2040 | 1.7 | 1.9 | 1.4 | 2.3 | 1.9 | 2030 | 0.97 | 2.45 | 0.20 |
| 2041~2050 | 1.3 | 1.5 | 1.0 | 1.5 | 1.4 | 2040 | 0.77 | 2.25 | -0.26 |
| 2051~2060 | 1.2 | 1.2 | 0.8 | 1.2 | 1.1 | | | | |

자료: OECD(2018); IMF(2018); 국민연금보험공단(2018); 국회예산정책처(2018); 기획재정부(2015). 이상 원 자료는 이선화 편(2019: 표 I-1)에서 재인용. 금융연구원 전망치는 장민·박성욱(2021: 표 3, 표 13). 이 자료는 이선화(2022: 표 1)에서 재인용.

막기는 결코 쉽지 않을 것으로 보인다.

한편, 수출주도, 부채주도 성장도 잠재성장률의 저하를 가져다준다. 한국은행이 2023년 7월에 발간한 「가계부채 증가의 원인과 영향, 연착륙 방안」 보고서를 보면 한국의 국내총생산(GDP) 대비 가계부채 비율은 지난해 말 기준 105.0%로, 주요 43개 국가 가운데 스위스(128.3%)와 호주(111.8%)에 이어 세 번째로 높다.

(4) 노동시장의 이중구조

한국 노동시장의 문제는 이중구조(대기업/중소기업, 정규직/비정규직, 여성/남성, 원청/하청 등), 높은 자영업자 비율, 증가하고 있는 청년실업 등을 대표적으로 들 수 있다. 먼저 임금수준을 살펴보자. 고용노동부가 최근 발표한 「2022년 고용형태별 근로실태조사 결과」(2023)에 따르면, 작년 6월 기준으로 근로자 1인 이상 사업체의 임금이 중위임금(작년 6월 기준 월 314만 6000원)의 2/3 미만을 받는 저임금근로자 비중은 16.9%로 전년 동기(15.6%) 대비 1.3%p 상승했다. 이러한 저임금근로자 비중은 2018년 19.0%, 2019년 17.0%, 2020년 16.0%, 2021년 15.6% 등으로 하락하다가 지난해 16.9%로 상승했다. 저임금근로자 비중 확대에는 임금 상위 20% 근로자의 임금 인상폭이 하위 20% 근로자보다 더 많이 오른 것에서 기인한다. 작년 6월 기준 상위 20% 임금을 받는 근로자의 평균 임금은 817만 6000원으로, 전년 동기(755만 3000원) 대비 8.3%p 인상됐다. 반면에 하위 20% 근로자의 평균 임금은 183만 7000원으로 지난해 173만 7000원에서 5.8% 인상에 그쳤다. 상·하위 20% 근로자 간 임금은 약 634만 원 차이를 보인다.

또한, 정규직과 비정규직 간 임금 격차도 벌어졌다. 정규직 임금에 대한 비정규직 임금의 비율은 70.6%로 1년 전 72.9%와 비교해 2.3%p 낮아졌다. 정규직 대비 비정규직의 임금 비율이 하락한 건 지난 2017년 이후 4년 만이다. 그리고 전체 근로자의 4대 보험(고용보험·건강보험·국민연금·산재보험) 가입률은 모두 90%를 웃돌았다. 그중에서도 비정규직의 고용보험 가입률(80.7%)이 전년 대비 4.6%p 크게 상승했다. 다만 비정규직의 건강보험과 국민연금 가입률은 각각 70.3%, 67.5%로 정규직(98%대)보다 사회보험 사각지대에 처해 있는 규모가 크다. 퇴직연금 가입률은 전체 53.3%로 전년대비 2.8%p 높아졌다. 정규직은 61.4%로 전년대비 2.3%p 상승했으며, 비정규직은 28.2%로 3.6%p 올랐으나 비정규직의 71.8%는 여전히 퇴직연금의 사각지대에 놓여 있다. 따라서 노동시장의 분절화 등 노동문제가 해결되지 않으면, 노동자의 빈곤·불평등은 악화될 가능성이 높다.

### (5) 불평등과 사회이동성 저하

일반적으로 모든 결과가 평등해야 한다고 생각하는 사람은 적지만 기회 불평등은 적극적으로 해결해야 한다고 생각하는 경향이 많다. 우연적 요소나 개인의 불운이 아닌 개인 노력의 결과로 발생하는 불평등은 어쩔 수 없다 하더라도 기회의 평등은 보장해주어야 한다는 것이다. 기회의 평등은 사회이동성(social mobility) 여부로 측정할 수 있다. 경제 이동성, 탈빈곤율 등의 지표에 근거해 개인의 일생에서 다른 계층 및 다른 소득수준으로 이행할 수 있는지, 부모와 다른 계층으로 이동하는 세대 간 이동성이 있는지 등이 사회이동성을 측정하는 주된 방식이다. 많은 연구결과들은 사회이동의 사다리(서양에서는 엘리베이터로 표현을 함)가 점차 사라지고 있다는 것을 보여주고 있으며, 그중 소득 불평등을 제일 큰 원인으로 제시한다.

OECD는 2018년에 「부서진 사회 엘리베이터? 사회이동성을 촉진하는 방법(A Broken Social Elevator? How to Promote Social Mobility)」 보고서에서 사회이동성의 유형으로 소득불평등, 교육이동성, 직업이동성 등 세 가지를 국제적으로 비교하고 있다. 한국은 1960~1980년대에 경제성장과 소득불평등 완화를 달성했고, 사회이동성을 보여주는 세대 간 계층 대물림도 남미나 영미권보다 심하지 않았다. 그러나 2000년대 이후 세대 내 계층 상향이동은 물론 세대 간 계층 상향이동의 가능성에 대한 비관론이 지속적으로 확대되고 있으며, 저소득층일수록 비관론이 강하다(김희삼, 2017).

OECD는 국제 간 비교를 통해 앞의 보고서에서 한국은 부모와 자녀의 경제적 지위 간 상관관계가 상당히 높은 편이며, 한국의 소득 하위 10%에 속한 가구가 평균 소득 가구로 이동하는데 다섯 세대가 걸리는 것으로 추정하면서, OECD 평균(약 4.5세대)에 비해 약간 긴 기간이 소요됨을 지적하였다(〈그림 4-1〉 참조).

그리고 한국의 세대 간 사회이동성은 소득, 교육, 직업 등 분야에 따라 다르게 나타났음을 분석했는데, 굳어진 천장에도 불구하고 한국의 교육이동성은 OECD에서 가장 높은 수준인 반면에, 소득이동성은 OECD 평균에 가깝고, 직업이동성은 OECD에서 가장 낮은 수준이다. 한국에서 특이한 것은 교육이동성은 높은데, 직업이동성은 대단히 낮다는 점이다. 교육이동성이 높은 것은 한국에서는 고등교육을 받은 부모의 자녀 중 약 2/3(71%)가 고등교육을 받았으며, 이는 다른 OECD 회원국(평균 63%)에 비해 높은 수준이며, 또한, 중학교 이하의 교육을 받은 부모의 자녀 중 1/4이 고등교육을 받았는데 이는 OECD 평균의 약

〈그림 4-1〉 저소득 가구(소득 하위 10%)의 평균소득가구로 이동 소요기간

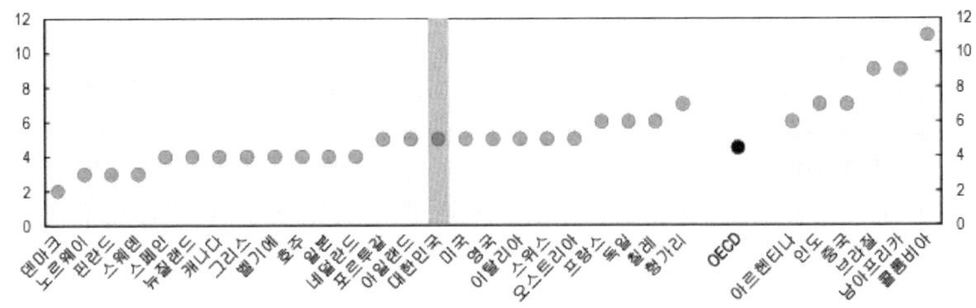


주: 부자 간 소득 지속률(또는 변동률)에 기반해서 추정, 저소득 가구는 10분위 소득 중 1분위(인구 집단 중 소득이 낮은 순으로 10%)를 의미.
자료: OECD(2018: Chap.r 1). StatLink http://dx.doi.org/10.1787/888933761910.

2배에 해당하기 때문이다.

반면에, 청년 및 여성이 고용시장에서 직면하는 어려움은 직업 이동성이 낮은 이유 중 하나이다. OECD 회원국 중 한국의 청년(15~29세) 고용률은 낮은 편이며, 니트족(Not in Education, Employment or Training: NEET)의 비율은 높은 편이다. 그리고 상당수의 청년들은 교육에 지나치게 투자하고 있어 장기간 노동시장 밖에서 머무른다. 특히 장시간 근로, 출산휴가 및 육아휴직의 제한된 사용, 질 높은 보육서비스의 부족으로 여성 고용은 더 큰 제약을 받으며, 고령자도 자신의 주된 일자리에서 이른 나이에 이직한 후 비정규직 일자리에서 근무하는 경우가 상당수이기 때문임을 규명하였다(OECD, 2018). 그리고 소득이동성의 한계인 소득불평등 증가는 경제 활력의 핵심요소인 사회이동성을 저해하는 것으로 잘 알려져 있다. 국제적으로 세대 간 소득이동성은 소득불평등도가 높은 국가일수록 낮아지는 경향이 발견되었다(Wilkinson and Pikett, 2011; Corak, 2013).

그런데 문제는 사회이동성 저하는 개인이 아무리 열심히 일해도 형편이 나아질 가능성이 낮음을 의미하므로 개인 차원에서 희망의 상실과 맥을 같이하며, 이러한 희망의 상실은 자살 등의 사회병리 현상과 높은 상관관계를 지니고 있으므로 한국이 OECD 국가 중 자살률 1위라는 부끄러움을 지울 수 없다(〈그

〈그림 4-2〉 OECD 국가 연령표준화 자살률 비교 (단위: OECD 표준인구 10만 명당 명)

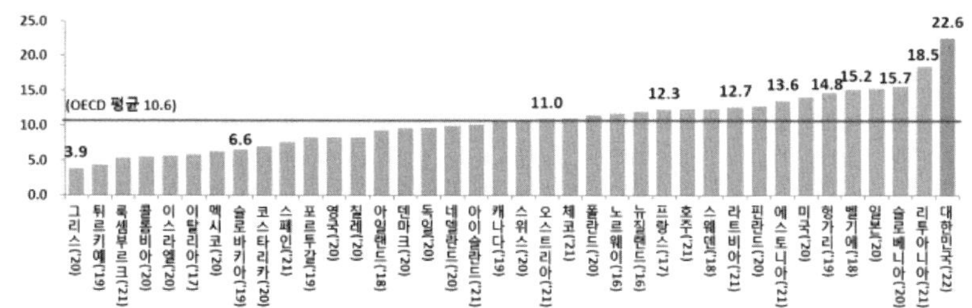


주: OECD 평균은 자료 이용이 가능한 38개 국가의 가장 최근 자료를 이용하여 계산.
자료: OECD.STAT, Health Status Data(2023. 9. 추출), 우리나라 최근 자료는 OECD 표준인구로 계산한 수치임. 보건복지부 통계.

림 4-2〉 참조).

따라서 부자는 대대로 부자이고, 가난한 사람은 언제나 가난하다면 부모의 소득과 자산 수준이 대물림되어 자본주의 사회의 새로운 '계급'이 될 수 있으며, 이 결과 거시적인 차원의 경제적·사회적 활력 저하로 이어질 것이기 때문에 이에 대한 대책이 시급하다고 하겠다.

(6) 친환경·저탄소 사회경제체제에 대한 요구 증대

최근 '기후변화에 관한 정부 간 협의체(IPCC)'는 6차 평가보고서(AR6) 제1 실무그룹 보고서에서 이대로 간다면 오는 2040년 이전, 즉 앞으로 20년 안에 지구의 온도가 산업화 이전 대비 1.5도 상승할 가능성이 매우 높다고 경고하면서 전 지구적으로 2030년까지 이산화탄소 배출량을 2010년 대비 최소 45% 이상 감축하여야 하고, 2050년경에는 탄소중립(Netzero)을 달성하여야 한다는 경로를 제시했다. 일반적으로 지구의 북반구는 폭염, 산불, 지진 등의 피해를 입고 있으나 남반구의 경우 농토 상실 및 착취, 주민의 건강 악화로 인한 빈곤이 쉽사리 해소되지 않으며, 시간이 갈수록 더욱 심각한 실정이다. 물론 기후변화와 사회적 취약성 간 연계는 부유한 나라에서도 뚜렷이 나타난다. 복지체제 아래 새로운 사회 문제 및 압력에 대응할 역량을 지닌 선진국들도 멀지 않아 지구 스케일에서의 환경변동과 기후위기가 불러올 일련의 사회위험에 직면하게 됨을 예상할 수 있다(Johansson et al., 2016). 기후변화 적응 및 경감의 조치는 에너지 안전, 깨끗한 대기, 건강영향, 고용창출 등과 같은 잠재적 공통편익을 낳는 반면, 사회적 비용의 불균등한 분포로 말미암아 불안정무산계급(precariat)의 웰빙을 훨씬 저하시키고 있다(한상진, 2022: 15).

한편, 코로나19와 같은 인수공통감염병의 등장은 인류 역사에 중대한 영향을 끼쳐왔다. 인간의 물질에 대한 탐욕으로 인한 무차별적 환경파괴에 기인하는데, 특히 동물 서식지 감소에 의해서 바이러스를 보유한 동물이 인간과 자주 접촉한 결과라고 지적한다. 그리고 코로나19와 같은 전염병은 자국 내 만이 아니라 전 세계적인 파급효과가 큰 질병이므로 전 지구적으로 차별 없이 치료제와 백신 등 고른 복지 혜택을 받는 것이 바람직함을 깨닫게 해 주었다.

코로나19를 계기로 다시 기후변화 위기의 파급력과 시급성을 함께 성찰하는 계기가 주어졌는데, 특히 친환경·저탄소 사회경제체제에 대한 요구가 증대되었다. 생태친화적인 경제를 뜻하는 그린(green) 경제가 대두되면서 국민의 삶의 질을 개선하는 동시에 그린 경제 기업에의 전 세계적 투자 확대가 이루어짐에 따라 새로운 일자리 및 신산업 창출의 기회가 생기고 있다. 실례로 유럽연합(EU)은 환경규제 준수를 코로나19 지원기금(7500억 유로) 집행의 기본 원칙으로 설정한 바 있으며, 기업의 사회책임(CSR)과 공유가치창출(CSV)이라는 개념을 변환하여 기후변화, 공중보건, 환경보호 등 환경 요소를 부각시킨 ESG 이슈에 대한 관심이 증가하였다.

### (7) 남북분단 문제

전통적인 복지국가 논의에서 평화는 복지국가의 전제 조건이나 실천요강의 하나로 간주되어 왔다. 복지국가라는 용어를 처음 사용한 영국의 템플(William

Temple)이 '복지국가(welfare state)'를 '전쟁국가(warfare state)'와 대비하는 용어로 사용한 데에서 찾을 수 있으며, 베버리지(William Beveridge)도 "평화는 사회정책의 제반문제보다 더 중요하며 사회주의나 보수주의보다 훨씬 더 중요하다"고 주장한 바 있다(김상균, 1987: 56). 아마도 두 번에 걸친 세계대전이 끝난 후 발전한 복지국가에서 전쟁이 아닌 평화야말로 복지국가의 기본적인 전제조건이자 중요한 실천요강으로 받아들인 것은 지극히 당연하다고 하겠다.

다른 한편으로는 전쟁의 위험은 군비의 강화를 수반함으로써 국가의 복지예산을 제한하여 복지국가의 실현을 방해할 수 있기 때문에 평화를 중시했다고 할 수 있다. 한국은 남북분단 상태에 의한 국방비 지출이 많다. 2023년 기준 57조 원으로, GDP 대비 2.48%이다. 세계금융위기 이후인 2009년부터 2023년까지 한국 국방예산 추이를 살펴보면 다음 〈그림 4-3〉과 같다.

2006년 이후 전력증강과 관련이 적은 주한미군기지 이전, 장비운영 필요한 연료 및 수리부속, 방위비분담금을 방위력개선비에서 전력운영비로 전환함으로써 2007년 이후 방위력개선비 증가율이 전력운영비 증가율에 비해 높은 수준을 유지하여 국방비 중 방위력개선비의 점유율이 2017년 30.2%로 향상되었고, 2018년 31.3%, 2019년 32.9%, 2020년에는 33.3%로 점점 비중이 증가하고 있다. 다만, 2021년 이후에는 대형사업이 종료 단계에 진입하여 방위력개선비 예산이 감소함에 따라 증가율이 다소 둔화되어 국방비 대비 방위력개선비 비중이 2021년 32.2%, 2022년 30.6%, 2023년 29.7%로 다소 감소되었다.

반면에 미국 국무부가 공개한 「2021년 세계 군비지출 무기 이전」 보고서를 보면 북한은 2009년부터 11년 동안 GDP의 21.9%에서 26.4%를 군비로 지출한 것으로 나타났다. 한국은 같은 기간 GDP의 2.4~2.7%를 사용해 45위였다. 그리고 2019년 북한의 군사비 지출액은 43억 1000만 달러에서 110억 달러로 추산됐는데, 이는 같은 기간 군사비 지출액이 439억 달러에서 607억 달러인 한국의 7%에서 25%에 불과한 수준이다(VOA, 2022.8.23).

이처럼 국방비 지출로 창출되는 국가안보라는 공공재는 국가 전체에 필수적

<표 4-3> 국방예산 추이 (단위: 억 원)

| | 정부재정 | | 국방비 | | | | |
|---|---|---|---|---|---|---|---|
| | 총액 | (재정대비 국방비, %) | 총액 | 전력운영비 | (전력운영 구성비, %) | 방위력개선비 | (방위력개선 구성비, %) |
| 2009 | 1,968,713 | 14.5 | 285,326 | 199,179 | 69.8 | 86,147 | 30.2 |
| 2010 | 2,012,835 | 14.7 | 295,627 | 204,597 | 69.2 | 91,030 | 30.8 |
| 2011 | 2,099,303 | 15.0 | 314,031 | 217,096 | 69.1 | 96,935 | 30.9 |
| 2012 | 2,231,384 | 14.8 | 329,576 | 230,638 | 70.0 | 98,938 | 30.0 |
| 2013 | 2,362,253 | 14.5 | 343,453 | 242,290 | 70.5 | 101,163 | 29.5 |
| 2014 | 2,472,032 | 14.4 | 357,057 | 251,960 | 70.6 | 105,097 | 29.4 |
| 2015 | 2,585,856 | 14.5 | 374,560 | 264,420 | 70.6 | 110,140 | 29.4 |
| 2016 | 2,683,872 | 14.5 | 387,995 | 271,597 | 70.0 | 116,398 | 30.0 |
| 2017 | 2,750,104 | 14.7 | 403,347 | 281,377 | 69.8 | 121,970 | 30.2 |
| 2018 | 3,014,172 | 14.3 | 431,581 | 296,378 | 68.7 | 135,203 | 31.3 |
| 2019 | 3,317,770 | 14.1 | 466,971 | 313,237 | 67.1 | 153,733 | 32.9 |
| 2020 | 3,565,686 | 14.1 | 501,527 | 334,723 | 66.7 | 166,804 | 33.3 |
| 2021 | 3,808,509 | 13.9 | 528,401 | 358,437 | 67.8 | 169,964 | 32.2 |
| 2022 | 4,214,160 | 13.0 | 546,112 | 379,195 | 69.4 | 166,127 | 30.6 |
| 2023 | 4,462,422 | 12.8 | 570,143 | 400,974 | 70.3 | 169,169 | 29.7 |

주: ① 본예산 기준. ② 방위사업청 개청(2006년) 이후 국방비는 전력운영비(국방부)와 방위력개선비(방위사업청)로 구분. ③ 전력운영비와 방위력개선비 구성비: (2019년) 67.1% : 32.9% → (2020년) 66.7% : 33.3% → (2021년) 67.8% : 32.2% → (2022년) 69.4% : 30.6% → (2023년) 70.3% : 29.7%.
자료: 국방부 연도별 예산서; 기획재정부 '나라살림'.

이며 남북분단이라는 한국의 특수한 상황으로 인해 안보와 관련하여 재정 지출을 하는 것은 국가가 당연히 해야 할 일이다. 그러나 남북분단으로 인한 국방비 지출로 정부가 복지재정 지출에 집중할 수 없는 지정학적 문제를 안고 있는 것도 현실이다. 따라서 남북분단이라는 특수상황으로 인한 국방비 지출로 재정지출이 분산되면 복지 분야의 투자에 집중할 수 없어 복지국가 수행에 문제가 발생할 가능성이 큰 점을 늘 고려해야 한다. '힘에 의한 평화'라는 모토로 국방비를 증가하게 되면 복지 예산의 기회비용은 당연히 줄게 돼 복지국가의 걸림돌이 된다.

또한, 중요한 것은 전쟁과 같이 비평화가 국민들에게 주는 심리적 부담은 여러 반복지 현상을 가져오기 때문에 복지국가의 실현을 어렵게 만든다는 점이다. 오래전부터 한국전쟁의 경험을 가진 이후 생명경시, 질서무시, 이기주의, 편법주의, 찰나주의 등과 같은 부정적 가치관의 형성이나 기존 가치체계에 대한 충격은 사회 전체의 분위기를 비인간적으로 만들었다는 비판(김경동, 1993)이 존재한다. 이는 평화로운 상태를 지속하여 국민들이 심리적인 안정을 갖고 이를 토대로 생활의 질을 높이는 제반 정책이 갖춰져야 비로소 복지국가로 쉽게 나아갈 수 있음을 보여 준다.

### 2) 한국 복지국가의 한계

복지국가라는 용어의 등장은 자본주의 및 산업사회와 밀접히 연관되어 있다. 산업사회는 전통사회와 달리 임금노동자라는 새로운 계급집단을 배출하였으며, 대량생산과 대량소비라는 경제현상과 시민계급의 정치참여 허용이라는 새로운 형태의 정치현상을 만들었다. 따라서 복지국가는 자본주의국가에 대한 사회주의국가와 같은 국가유형으로서의 국가개념이 아니라, 자본주의국가의 테두리 안에서의 체제 개념으로 이해할 수 있다.

그런데 각 국가들은 문화적·정치적·경제적인 사회의 여건은 물론, 법의 전통자체를 달리하고 있기 때문에 복지국가로서의 국가체제의 형성의 역사와 내용이 국가에 따라 서로 다를 수밖에 없다. 한국 복지국가가 성립된 것은 노동능력의 유무에 관계없이 누구나 공공부조를 받을 수 있는 사회권을 인정한 국민기초생활보장법을 제정해(1999년) 처음 실시한 2000년이다. 이는 영국에서 1603년부터 공공부조제도로 첫 도입된 빈민법 이래 345년 만에 빈민법을 공식적으로 폐지하고 사회권을 충실히 담아 사회보장제도를 구축한 1948년을 원년으로 한 것과 비슷하다. 한국에서 당시 시대적 배경은 IMF 외환위기를 겪은 직후였고, 김대중 정부는 '생산적 복지'라는 표어 하에 복지제도의 전반적인 확장을 추진하는 중이었다. 한국 복지국가의 태동은 박정희식 개발국가에 의한 압축성장으로 인해 복지는 저발전 해 온 결과를 IMF 고통을 통해서 생생히 체험하고 각성한 열매로 맺히게 된 것이라 해도 과언은 아니다.

과거 산업화 시기 한국은 개발국가의 성격을 갖고 있었다. 중화학·수출 중심, 대기업 중심의 산업 육성과 직접적 지원, 관치금융을 시행하면서 저임금 노동력 양산과 고등교육을 통한 경쟁력 높은 산업 역군 양성이라는 병행 전략을 채택함으로써 기업과 가족에게 복지 역할을 부담시켰다. 이 결과 한국은 선경제(성장)-후복지(배분)라는 사회경제체제를 유지하여 저복지 수준 상태를 비교적 오랫동안 견지해 왔다. 국가복지의 발전을 경제성장에 반하는 것으로 이해하고 지속적으로 억제한 결과가 '압축성장-배제복지' 형태로 나타난 것이다.

이러한 배제복지는 한국 복지국가의 중요한 양상으로 지금까지 잔재가 남아 있다. 선진국의 복지국가들은 대부분 해소된 구사회위험이 아직도 한국 복지국가에서는 남아 있는 것이다. 세계 최저 수준의 출생률과 청년들의 절망을 나타내는 3포(연애, 결혼, 출산 포기), 5포(3포 세대 + 내 집 마련, 인간관계), 7포(5포 세대 + 꿈, 희망)에서 더 나아가 포기해야 할 특정 숫자가 정해지지 않을 정도로 모두를 포기해야 하는 'n포', '헬조선', 세계 최고 수준의 노인 빈곤율과 자살률 등은 이를 단적으로 보여주고 있다.

이러한 배제복지의 성격을 가진 동아시아 국가인 한국과 일본, 중국의 복지국가 유형을 양재진 교수는 '작은 복지국가'로 부른다. 양 교수는 여기서 '작다'는 말은 크게 다음과 같은 다섯 가지 의미를 함축하고 있다고 한다. 첫째, 국가를 통한 공공사회지출(public social expenditure) 수준이 낮다는 뜻이다. 둘째, 사회복지 프로그램이 소위 구사회위험에 대비하는 데만 집중되어 있어 연금과 의료보장 등 전통적인 복지제도가 차지하는 비중이 크고, 적극적 노동시장, 사회서비스, 아동 및 가족지원 등의 신사회위험에 대비하는 프로그램 발달 정도가 낮은 것을 뜻한다. 셋째, 사회권이 발달되지 않아 대상자 선택이 보편주의보다는 선별주의에 입각해 있으며, 재원조달에 있어 일반조세의 비중이 낮은 것을 의미한다. 넷째, 사회복지 프로그램의 급여수준과 적용률이 낮고, 재분배 효과가 상대적으로 낮은 복지국가를 의미한다. 다섯째, 산업화 수준이나 민주화 정도에 비추어 복지프로그램의 도입이 상대적으로 늦은 복지국가를 뜻한다(양재진, 2022: 1186).

한국에서 2000년대 이후 모든 정부는 비록 수사화한 것이기는 하지만 정부의 국정기조에 따라 복지 명칭을 붙여 복지국가 정책에 관심을 두었다. 김대중 정부의 생산적 복지에 이어 노무현 정부의 참여복지, 이명박 정부의 능동적 복지, 박근혜 정부의 맞춤형 복지, 문재인 정부의 포용복지, 그리고 윤석열 정부의 약자복지가 등장했다. 그러나 한국 복지국가가 이처럼 수십여 년 동안 제도 외형은 갖추어 왔음에도 그 내실이 부족하고, 친 복지국가 전략과 전술이 부재하여 구체적인 실행 방법이나 지향하는 복지국가의 상이 부재하다는 비판에서 벗어날 수 없다(김영순, 2018; 남찬섭, 2018; 한신실, 2020).

특히 배제복지의 징표들은 한국의 작은 복지국가를 보여주는데, 한국은 국내총생산이 세계 10위권에 들었고(IMF, 2021) 유엔무역개발회의에서 선진국 그룹으로 지위가 변경되었음(외교부, 2021)에도 불구하고 이를 단기간에 해소될 가능성은 희박하다.

## 3. 포용복지국가로 가는 길

### 1) 포용복지국가의 개념

전 세계적으로 제4차 산업혁명, 코로나19 등 팬데믹 현상 하에서 궁핍화 성장(immiserizing growth), 고용 없는 성장 등으로 발생한 복지국가의 문제를 해결하기 위해서 새로운 성장 모델로의 전환을 모색 중이다. 그 대안의 하나로 여러 국제기구들은 포용성장(inclusive growth)을 들고 나왔다. IMF(2007)는 포용성장을 경제성장의 혜택과 기회를 최대한 폭넓게 공유하는 성장으로 정의하였고, World Bank(2009)는 대대적 빈곤 감축과 지속 성장을 위해 광범위한 경제적 기반을 구축하고 다수 국민을 고용과 소득분배에 참여시키는 성장으로 보았다. EU(2010)는 고용확대, 능력향상, 직업훈련, 사회보장, 빈곤퇴치 등을 통해 모든 계층, 모든 지역의 유럽연합 구성원들에게 삶의 기회를 균등하게 분배하여 사회통합과 지역통합을 촉진하는 성장이라 했다. OECD(2011)는 모든 소득계층을 위해 기회를 만들고 번영의 과실을 모든 구성원들에게 골고루 분배하는 성장으로 정의내리면서 성장과정 자체가 모든 사람들의 참여를 통해 이루어지는 것임을 강조하였다.

이처럼 국제기구마다 개념 정의는 약간 다르지만 ① 빈곤개선, 불평등 축소 등 소득분배 개선 강화, ② 인적자본을 위한 투자 증진 등 교육 강조, ③ 부가가치와 생산성 증대를 위한 기술창조 등 경제혁신 강조, ④ 일자리 창출, 차별금지, 사회적 포용과 참여의 활성화, ⑤ 사회보장 확충을 위한 조세체계 구축 등을 강조하는 점은 공통적이다. 포용성장을 한마디로 정의하자면 '국가발전을 위해 어떤 국민도 배제하지 않고 성장의 몫을 고르게 나눠줄 수 있는 성장'이라 할 수 있으며, 이는 성장 담론의 하나라 할 수 있다.

이렇게 사용한 포용(inclusion)이 갖는 의미에는 첫째, '포용'은 무엇을 품거나 보듬어 안는 것이 아닌, 배제(exclusion)의 반대되는 포괄(inclusion)을 뜻하며, 이는 공평, 친밀감, 상호존중을 토대로 한다. 그러나 자칫 포용을 무엇을 품거나 보듬어 안는 것으로 판단할 경우 포용성장, 포용복지 역시 다분히 성장 중심, 잔여적 복지의 성격을 드러낼 수 있다. 즉 강한 자가 약한 자를 포괄하는 의미로 볼 수 있어 관용과 시혜적 용어로 해석할 가능성이 높아질 수 있으며, 이는 사회권의 의미와는 완전히 다른 동정이나 자선의 문제를 야기하게 돼 공적 책무성의 국가정책 방향을 방기하거나 후퇴시킬 수 있다. 둘째, 전통적 복지국가의 한계인 일국 중심의 복지 대신에 해외 이주민과 전 지구적 생태를 포괄하며, 국제적 시각에서 세계 불평등과 환경문제를 해소함으로써 다국가 간 복지를 염두에 두는 개념이다.

이렇게 성장 담론에 포용성장이 등장한다면 배제된 복지를 포괄하는 포용복지 사용도 가능하다. 포용복지는 '경제성장의 과실로서의 소득보장과 사회서비스를 모두가 골고루 누리도록 복지제도의 사각지대를 없애고, 신사회위험과 해소되지 않은 구사회위험에 대한 보장성을 강화함으로써 개개인이 행복한 일상생활을 하도록 하는 복지'를 뜻하는데, 이는 분배 담론의 하나라 할 수 있다. 포용복지는 ① 계층, 성, 세대, 지역, 다문화 간 배제와 나아가서 인간과 다른 생명체 간, 그리고 자연·생태 간의 배제의 극복, ② 지속가능한 미래세대를 위한 사회통합, 빈곤극복, 기회균등 사회를 지향하는 복지정책 추진, ③ 노동시장 차별 문제해결, ④ 기회불평등 인식의 확산 저지, ⑤ 교육을 통한 인적자본과 사회자본 형성, ⑥ 공공과 민간의 균형적 일자리 창출, ⑦ 공공부조 확충을 위한 누진적 조세체계 구축, ⑧ 신뢰받는 공공정책 수행을 위한 자발적 참여형 시민사회 구축 등 주로 재분배 기능과 사회보장제도 개혁을 정책적으로 요구한다.

이렇게 볼 때 포용복지는 포용성장과 적절히 연계되는 개념으로서 포용성장을 통해 포용복지를 성취하며, 역으로 포용복지를 통해 포용성장을 더 활성화하는 성장과 분배의 선순환을 기대할 수 있다. 즉 포용복지는 포용성장과 밀접히 연계되는 개념으로서 포용성장을 통해 포용복지가 성취되며, 역으로 포용복지를 통해 포용성장이 더 활성화될 수 있다.

이제 포용복지국가의 정의를 내려 보자. 포용복지국가는 복지국가의 재편이 활발하게 모색되고 있는 과정에서 새롭게 대두된 복지국가의 한 유형이라 할 수 있다. 데이비드 갈런드(David Garland) 박사는 복지국가는 사회경제적 변화에 따라 폐기되지 않고 진화되어 왔다고 강조하면서, 제2차 세계대전 이후 전폭적인 지지를 받은 복지국가 1.0, 신자유주의의 문제에 대응한 복지국가 2.0, 그리고 후기산업사회의 복지국가 3.0으로 설명하였다. 특히 후기산업사회로의 전환, 서비스기반 경제로의 전환, 금융위기의 세계화, 노동시장에서의 불안정 노동자의 증가, 인구사회학적인 문제 증가, 성(gender)과 가정 역할의 변화, 이민문제 등의 신사회위험들은 이전과는 전혀 다르게 복지국가를 흔들어 대고 있음을 주장하면서 후기산업사회에서의 복지국가 3.0은 사회투자(인간자본 증대, 생산성 개선, 노동시장 참여 확대), 개별 맞춤화(대상자 중심적 개입), 그리고 성 민감성(여성들과 아동들의 욕구에 대응)을 주요 전략으로 제시하고 있다(Garland, 2016).

그러나 이러한 갈런드의 복지국가 설명은 복지국가 3.0에 멈춰 있다고 하면서 자본주의 내 기술의 혁신적 발전으로 인해 자본주의를 '넘어서는' 경제체제인 포스트 자본주의를 주창한 메이슨(Mason, 2015)의 주장을 받아들인 학자도 있다. 한창근 교수(2019)는 필요노동시간의 단축은 포스트 자본주의를 현실화하기 위해 요구되는 가장 중요한 구조적인 제도적 변화로 이어질 것으로 보고 있으며 그러한 제도적 변화는 기본소득임을 강조하는 메이슨의 주장을 '기본소득을 중심으로 한 복지국가 4.0'이라고 명명하였다.

이렇게 볼 때 포용복지국가는 분명 복지국가 4.0에 속한다. 다만 '기본소득을 중심으로 한 복지국가 4.0' 보다는 훨씬 패러다임이 큰 국가론의 하나라 할 수 있다. 이는 2008년 글로벌 금융위기 이후 고삐 풀린 자본주의의 폭주에 따라 시장이 스스로 붕괴되는 체험을 낳았고 더 이상 신자유주의에 대한 신화를 믿지 않게 된 이후 자본주의인 제4세대 자본주의를 의미하는 '포용적 자본주의(inclusive capitalism)'시대의 국가론인 포용국가의 태동과 궤를 같이 한다.

포용복지국가는 포용국가의 성격을 갖고 있기 때문에 포용국가에 대해 우선 이해해야 한다. 포용국가의 개념은 성공하는 국가가 갖고 있는 특성이 무엇인가에 대한 연구로부터 출발한다. 애쓰모글루와 로빈슨(Acemoglu and Robinson, 2012)은 '국가는 왜 실패하는가?' 라는 문제의식에서 포용적인 국가는 성공하고 폐쇄적인 국가는 실패함을 다양한 역사적 사례를 통해 실증적으로 분석했는데, 포용이 아니라 배제의 정치로 망한 대표적인 국가로 16세기 스페인 제국을 들고 있다. 이후 애쓰모글루와 로빈슨은 『좁은 회랑』(The Narrow Corridor, 2020)이라는 책에서 세계문명사를 통틀어 성공한 국가는 강한 국가와 강한 시민사회가 조합을 이룬 좁은 회랑 속에서 가능했다고 실증분석을 통해 보여주고 있다. 따라서 포용국가는 시민들에 대해 시혜적인 국가의 역할을 말하는 것이 아니라 시민, 공동체 국가의 역량 강화와 이를 통한 혁신을 바탕으로 지속가능한 국가를 의미한다. 따라서 포용국가의 작동원리는 포용성을 대원칙으로 강한 국가와 강한 시민사회의 관계가 유지되는 속에서 포용의 정신을 바탕으로 한 혁신의 결합이라고 할 수 있다(임채원, 2021).

그리고 포용국가의 토대로 삼고 있는 사상은 센(Sen)과 누스봄(Nussbaum) 등이 발전시킨 역량이론(capabilities theory)이다. 누스봄은 인간의 존엄성을 담보하기 위해 사회에서 가장 소외된 사람들의 삶의 질까지도 평가할 수 있는 기준으로 '개인이 할 수 있고 될 수 있는가'에 초점을 맞추는 역량이론을 주장하고, 이를 헌법의 핵심을 이루는 정치적 원칙으로 제시하였다(Nussbaum, 2000). 또한 모든 시민들에게 정의에 기초해서 역량을 가질 자격을 적절한 최소수준까지 반드시 주어져야 함(Nussbaum, 2006: 167)을 주장하였다.

이렇게 볼 때 포용국가의 성격은 첫째, 포용과 혁신을 결합시킴으로써 국가경쟁력을 제고해 왔는데, 특히 포용과 혁신의 선순환을 위해서 정책 간 연계성을 강화해 왔다. 나아가서 적극적으로 국제규범의 구성과 준수에 참여해 왔으며, 포용의 범주를 미래세대와 자연까지를 포용하는 방향으로 확대시켜 왔다. 둘째, 시스템 차원에서는 협상, 타협, 합의를 계속해서 중시해 왔다. 갈등이 확대되는 상황에서도 자기 진영의 이해나 정치적 계산을 넘어서는 실용주의적 결단을 실행했다. 이 과정에서 단기적 이익보다 모두의 장기적 이익이 더 중요하다는 경험을 하면서 포용적 문화를 축적해 왔다. 셋째, 국가 운영과정에서 투명성, 합리성, 전문성, 지속가능한 개선을 추진해 왔다(이종한 외, 2021).

이러한 포용국가론을 더 발전시킨 혁신적 포용국가론이 문재인 정부에서 논의된 바 있지만 포용복지국가 개념과는 비슷하면서도 다소 다르다. 성경륭 교수(2021. 9)는 "복지국가는 사회구성원들이 겪는 실업, 질병, 돌봄, 장애, 은퇴 등 다양한 삶의 위험을 광범위한 사회보장제도를 통해 공적으로 보호하는 국가를 의미한다. 이에 비해 혁신적 포용국가는 사회보장제도를 통해 국민들의 삶의 위험을 폭넓게 보호하는 것을 넘어서서 전 국민을 대상으로 하는 적극적인 인재양성 정책과 과학기술 정책을 통해 국민들의 창의적 역량과 협동역량을 증진하고 글로벌 경쟁력을 갖춘 혁신경제를 발전시키는 국가를 의미한다. 이렇게 보면 혁신적 포용국가는 사회보장에 치중하는 복지국가에서 한 걸음 더 나아가 사람의 능력을 지속적으로 증진하는 인재국가와 그 인재들이 이끌어가는 역동적 혁신경제를 발전시키는 훨씬 더 전향적이고 능동적인 국가라는 것을 알 수 있다"고 하면서 전통적인 복지국가보다 더 나은 국가로 혁신적 포용국가를 들고 있다. 아마도 포용국가에다 혁신적이라는 수식어가 담겨 있어 그런 것 같다.

이를 정리하자면 포용국가가 갖는 특성은 포용성, 역량, 사회보장, 지속가능성, 강한 국가와 강한 시민이라 할 수 있다. 포용복지국가는 이러한 포용국가의 특성을 한국 복지국가의 재편과정에 녹여서 한국 실정에 맞는 새로운 복지국가 형태로 구축해 보자는 것이다. 발전된 복지국가 유형인 유럽의 복지국가는 코포라티즘과 협의 민주주의의 시스템이 갖춰져 있어서 복지국가가 지속적으로 유지돼 왔으며, 좌우 이념을 초월한 복지개혁과 그 중심에는 탁월한 리더십의 지도자들이 때마다 등장했기 때문에 가능했음에 비해 한국은 앞에서 얘기한대로 여러 모로 미흡한 점이 많다.

포용복지국가는 자본주의의 대전환시대에서 구사회위험과 신사회위험을 해결하기 위해 포용성장과 포용복지의 선순환을 통해 국민 개개인의 역량을 고취하며, 강한 국가와 강한 시민사회의 거버넌스를 통해 연대성을 강화해 감으로써 국민 전체의 행복을 보장해 나가는 혁신적인 복지국가의 한 유형으로 정의할 수 있다. 따라서 포용복지국가는 포용성과 연대성을 핵심적인 가치로 삼아 개인과 사회 전체의 역량 강화를 중심으로 적극적 노동시장 정책, 사회투자, 일과 가정을 양립할 수 있는 돌봄 노동의 사회화, 노령인구 활성화 정책 등에 혁신적으로 적용함으로써 국가 내뿐만 아니라 국가 간 사회배제와 불평등을 완화하여 국민의 행복을 달성하고자 하는데 목표를 두고 있다.

### 2) 포용복지국가의 토대 가치

#### (1) 인간의 존엄성

모든 인간은 인간 존재 자체로서 존엄과 가치를 갖는다는 의미로 사회적 가치 중 가장 중요한 가치이다. 인간은 태어나서 죽을 때까지 성, 나이, 빈부, 인종, 경제적·사회적·정치적 지위, 종교, 국적 등 인간이 어떠한 상황에 있든지, 능력과 성취 여부와 관계없이 소중한 생명과 인격을 갖추고 살아가는 가치 있는 존재로서 존경받아야 한다는 천부적 가치에 대한 신념을 말한다. 이러한 인간의 존엄성은 전문적 실천 가치인 인간의 자기결정 가치와 기회 균등의 가치와 직결되어 있다고 볼 수 있다.

#### (2) 포용성

포용성 가치의 핵심은 사회적으로 배제되지 않음을 의미하지만, 나아가 인간이 가진 이타성을 기반으로 인간의 욕구충족에 적극적으로 대응하는 것까지를 포함한다. 세계은행은 2019년 「세계개발보고서(World Development Report)」에서 (사회적) 포용성은 (특정) 정체성에 따라 불이익을 받은 사람들이 사회에 참여할 수 있는 능력, 기회 및 가치를 향상시키는 과정으로 정의 내렸다. 또한 포용성을 "사회 구성원들이 동등한 자격으로 정치와 경제활동에 최대한 참여하도록 허용하는 제도적 보장, 혁신과 이익획득에서 배제되지 않고, 실패하더라도 재기의 기회를 주는 사회적 안전판 구축"(성경륭, 2020: 14)으로 정의내리기도 한다.

이처럼 포용성의 추구는 때로는 혁신의 성과를 낳고 특히 다양한 위기와 갈등의 국면에서 공동체가 추구해야할 새로운 장기과제를 제시하고 이를 중심으로 새로운 사회합의를 창출했던 역사적 경험과 이 경험에 기반한 상호신뢰의 문화는 공동체가 보유하고 있는 중요한 무형의 혁신 자산이다(구본우, 2021: 127). 따라서 포용성의 가치를 발휘하기 위해서는 인적자원의 역량 확대에 주목한다. 즉 인적자원의 역량을 지속적으로 향상시킴으로써 고용기회 확대 및 소득증대를 유도하며, 이를 정책적, 제도적으로 실천하기 위한 사회적 대화와 타협을 강조한다(이장원 외, 2018: 5).

(3) 연대성

연대성은 공동체, 인권, 시민권 등 다양한 개념들과의 연관 속에서 사회담론 분야에서 오랫동안 폭넓게 논의되고 있다. 특히 복지국가에서의 핵심 가치 중의 하나이기 때문에 더욱 그렇다. 사회학자 에밀 뒤르켐(Emile Durkheim)은 일찍이 사회적 관계를 설명하기 위해 연대(solidarity)의 개념을 창안하였는데, 연대성이란 사회구성원간의 합의와 상호의존성을 의미하며, 위험성을 공동 부담하는 것이라 하였다.

일반적으로 연대성은 그 자체가 내재적 가치를 갖기 때문에 중요하다는 인식과 함께 연대성을 자유, 평등, 정의 등의 가치와 동등한 보편적 가치 차원에서 본다. 이 시각은 연대성을 모든 개인의 상호관계가 지향하는 근원적 가치로 인식할 뿐만 아니라, 개별공동체 '내'의 연대성을 넘어 공동체간 연대성의 추구, 즉 보편적 공동체의 추구라는 지향까지 포괄한다(김미경, 2021: 9). 그러나 현실적으로는 공동체 성원으로서의 소속감, 곤경에 처한 공동체 성원에 대한 원조의 의무, 채무에 대한 공동책임, 자원과 재원 분배에서 평등성이라는 네 가지 조건의 충족 여부와 충족의 정도에 따라 연대성을 평가한다(김미경, 2021: 14).

### (4) 지속가능성

지속가능성에 대한 개념은 1987년 '우리 공동의 미래(Our Common Future)'라는 이름의 당시 위원장을 맡고 있던 노르웨이 수상의 이름을 딴 「브룬틀란 보고서(Brundtland Report)」에 잘 언급돼 있다. 보고서에서는 '지속가능발전'을 설명하며, '지속가능성'을 현재 세대의 필요를 충족시키면서도, 미래 세대가 자신들의 필요를 충족시킬 수 있도록 자원을 관리하고 발전을 추진하는 것이라고 정의하였다.

복지국가와 관련해서 윌리엄스(Fiona Williams)는 사회정책의 조직화 원리가 애초에 가족, 민족, 일(work)이라고 했지만, 최근에는 자연을 포함하는 네 영역이 서로 교차됨으로써 구성된다고 제안한다. 이들 네 개 이념형은 제도, 문화적 유산, 경로의존성, 권력관계 등에 따라 국가마다 다른데, 복지국가란 각 영역이 변화의 도전을 받을 때 다른 영역과 교차하여 조직, 조건, 사회관계 등을 공고히 재해결하려는 핵심적 방식이라고 한다. 특히 지속가능성 가치와 관련된 자연 영역은 인간과 비인간 생명세계 및 생물유기체 간에 새로이 발생하는 권력의 사회적 관계에 관한 것으로 가족, 민족, 일과 상호 교차하는 자연의 과정은 토지 및 자원에 대한 인간의 지배, 인간에 의한 인간 배제에 관련되는 자본주의, 식민주의, 제국주의, 가부장제 등과 긴밀히 제휴되어 있음을 밝혔다(Williams, 2021).

### (5) 공정성

공정성은 사회의 기본 가치 중 하나로서 모든 사람이 자신의 노력에 대한 보상을 받고, 차별 없이 기회를 누릴 수 있는 것을 말한다. 공정성에는 '평등'과 '형평'의 개념이 심층적으로 함의되어 있는데, '평등'이 한쪽으로 치우치지 않음이라면 '형평'은 사회적 약자를 배려하는 균형을 의미한다.

인적자본 또는 사회자본의 증대가 경제 전체의 생산성향상 혹은 국민 개개인의 행복 증대로 이어지는 효과가 극대화되기 위해서는 결국 공정의 가치가 더해져야 한다. 개인의 인적자본 혹은 역량은 경제적 공간에서는 부를 창출하며 사회적 공간에서는 나의 지위의 높고 낮음을 결정한다. 이 격차가 너무 크다고 느끼면 공동체 구성원들은 불공정하다고 인식하게 되고, 이는 공동체 전체 차원에서 행복 저하로 이어진다. 많은 행동경제학자들이 실증한 것처럼 인간은 사회적 선호(social preference)를 가지고 있고, 이 사회적 선호가 인간이 불공평 회피(inequity aversion)로 이어질 경우 격차는 그 자체로 인간 행복에 영향을 미치게 되는 것이다(반가운·홍승헌, 2021: 90).

### 3) 포용복지국가의 목표와 이행 전략

#### (1) 목표

인류가 추구하는 궁극적인 삶의 목적인 '지속가능한 행복'을 국정목표로 둔다. 이는 황금만능주의, 성장지상주의라는 물신주의(fetishism)를 탈피한 사람과 자연의 조화 중심의 친자연적 인간 행복 패러다임으로의 전환을 의미한다. 이는 수단(경제)과 목적(삶의 질)의 전치 현상을 극복하자는 의미를 지니고 있다.

유엔 지속가능발전해법네트워크(SDSN)가 2023년 「세계행복보고서(World Happiness Report, WHR)」를 발표하였다. 한국의 행복지수는 10점 만점에 5.951점으로, 조사대상 137개국 중 57위를 기록했다. 앞서 2021년 보고서에서는 5.845점으로 149개국 중 62위, 2022년 보고서에서는 5.935점으로 146개국 중 59위였다. 올해 보고서를 기준으로 OECD 정회원국 38개국 중에서 한국보다 행복도 점수가 낮은 곳은 그리스 5.931점, 콜롬비아 5.630점, 튀르키예 4.614점 등 세 나라뿐이었다. 조사 결과 가장 행복한 나라 1위는 핀란드가 6년 연속 차지했고, 10위권 안에는 복지국가라 일컫는 북유럽 국가가 많다. 행복도 1위핀란드 다음으로는 덴마크, 아이슬란드, 이스라엘, 네덜란드, 스웨덴, 노르웨이, 스위스, 룩셈부르크, 뉴질랜드순이었다. 이러한 결과는 삶의 궁극적인 목적인 행복을 달성하기 위해서는 경제성장 외에 다른 사회적 지속가능성에 대한 정책적 고려가 필요함을 시사한다.

(2) 이행 전략

**① 사회적, 경제적, 환경적 지속가능성 간의 조화**

한국은 그동안 포용성장과 포용복지를 아우르는 데 한계를 보여주었다. 이러한 한계를 극복하기 위해서는 무엇보다 합리적 보상체계 정립을 통한 혁신적 사회경제생태계를 구축될 수 있는 제도적 환경 구축이 필요한데, 공정경제가 우선되어야 한다. 또한, 4차 산업혁명에 따른 급속한 기술발전의 영향을 대비하기 위한 교육(재교육)이 매우 중요하다. 교육과 재교육을 통한 국민 모두의 역량이 포용적으로 골고루 축적되고 활용될 때, 경제의 혁신 역량은 강화되고 이는 다시 포용성장, 포용복지 정책을 위한 기반이 된다. 즉 역량이론에 기초한 인적자본과 사회자본의 혁신은 포용과 혁신의 선순환을 만드는 데 기여할 수 있다.

따라서 교육-공정경제-일자리-복지(포용복지) 간의 선순환 구조인 황금사각형 모델(Golden Quadrangle Model) 구축이 필요하다. 이러한 황금사각형 모델(Golden Quadrangle Model)을 만들어보면 다음 〈그림 4-4〉와 같다. 이 그림은 필자와 한국보건사회연구원 김태완 박사가 함께 만든 것이다.

이러한 사회적·경제적 지속가능성 간의 조화를 강화하는 교육-공정경제-일자리-복지(포용복지) 간의 선순환 구조인 황금사각형 모델에다 환경적 지속가능성을 조화시키려면 황금사각형 모델 각 요소에다 생태복지 요소를 가미하는 전체적인 생태복지체제를 구축하는 것이다. 환경적 지속가능성 개념을 도입한 새로운 복지국가 유형의 하나로 녹색가치와 사회민주주의를 융합하는 녹색복

〈그림 4-3〉 교육-공정경제-일자리-복지 간의 황금사각형 모델

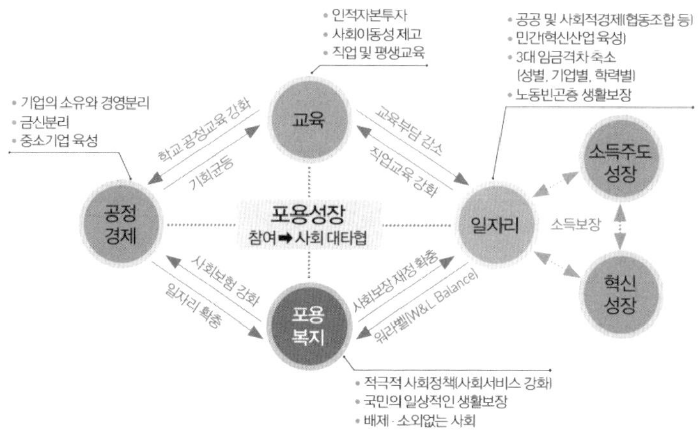


자료: 조흥식과 김태완이 2018년에 공동 작성.

지국가(이창곤, 2022), 생태위기로 인한 위험이 초국적 성격을 지니므로 글로벌 연대와 로컬 연대를 함께 추구하는 생태복지국가(강수택, 2022), 생태위기에 맞서는 주체를 지구적·국가적·지방적 스케일 모두에서 미래세대, 비인간생명체뿐 아니라 계급, 성, 장애, 인종 등에 걸쳐 형성하려는 급진적 기획에서 찾는 생태복지체제(한상진, 2022)가 대표적이다.

이러한 경제적·사회적·환경적 세 가지 지속가능성을 강화하기 위해서는 공유기반 사회책임자본주의 실행이 우선 필요하다. 공유기반 사회책임자본주의의 핵심은 사회책임경제와 자연자원의 공유개발이다. 사회책임경제는 시장경제의 원칙인 경제주체의 효용극대화를 추구하되 경제활동에서 사회책임을 강조함으로써 공동체를 위하는 경제체제를 의미하는데, 중소기업 친화적인 경제를 운영하는 것이다. 그리고 기업의 사회책임(CSR)은 사회책임투자, 사회책임소비, 사회책임노동 등과 함께 사회책임경제의 대표적이고 일반화된 부문이다. CSR의 구체적인 내용은 환경, 사회, 지배구조(ESG)로 전환되었는데, 장기적으로 기업의 가치와 지속가능성에 영향을 미치는 요인이기도 하다. 자연자원의 공유개발은 자연자원의 소유권을 국유로 확정하고 관리에서도 해외자본

이나 대기업이 독점적 영향력을 행사하지 못하도록 제한하는 것으로 궁극적으로 생태를 보호하며, 미래지향적이고 국민 전체에 혜택이 되도록 자원을 개발, 관리하는 것이다. 그리고 연대기반 보편주의 복지를 지향하는 것이다.

② 포용복지국가 기반구축을 위한 정부혁신

이미 문재인 정부 때 포용적 혁신국가를 위한 혁신정부로 데이터 기반 예견적 정부(Data-based anticipatory Government), 역량 기반의 회복력 있는 정부(Resilient Government), 에자일 조직 기반 정부(Agile Government), 디지털 기술 기반 정부(Digital Technology-enabled Government) 등 5가지를 정리한 바 있다. 데이터 기반 예견적 정부는 데이터를 적극적으로 개발, 활용함으로써 정책결정과정과 관련 책임의 배분에서 객관성과 예측가능성을 증진시키는 것을 추구하는 정부이다. 사회적 기반 회복적 정부는 난제와 위기의 해결을 위해 정부·민간 협력 시스템에 기초해 사회의 다양한 자원을 활용할 수 있는 정부이다. 에자일 조직 기반 정부는 다양한 사회문제에 민첩하게 대응할 수 있도록 정책결정의 개방성과 투명성을 확보하는 정부이고, 디지털 기술 기반 정부는 행정 및 정보 처리를 자동화하고 디지털 기술의 효과를 극대화할 것을 추구하는 정부이다. 시민중심적 공동생산 정부는 시민들의 직접참여를 확대할 것을 지향하는 정부이다(문명재, 2021: 642~649).

필자는 이에 평화기반 정부(Peace-based Government)를 첨가하고자 한다. 국민소통과 참여 확대를 통해 국민이 호응할 수 있는 평화개념을 마련해야 하며, 평화에 대한 국제적 보편성과 한반도 특수성을 함께 담아내야 한다. 즉 "평화는 인간적 본질과 가치를 실현하기 위한 문화적 차원에 대한 고려를 기반으로, 한반도를 둘러싼 국제적 차원(냉전과 신자유주의 등), 남북관계적 차원(분단상황), 국내적 차원(비민주성, 반인권)에 대한 논의들을 바탕으로 정부가 포괄적으로 다루어야 한다"(홍용표·모춘흥, 2023: 22~23). 따라서 정부는 한반도의 지속가능한 평화구축을 위해 협정, 조약 등 제도적 평화뿐만 아니라 포용, 화해, 용서

등 인식의 변화를 포함하는 관념적 평화의 요소까지 상호 연계하는 관점에서 평화정책 프로그램을 짜야 한다.

③ 공정한 혁신생태계 구축을 위한 선순환 정책조합

정부는 개개인의 행복, 공동체, 환경정의, 기후변화 등의 사회생태적 쟁점을 연계함으로써 다음과 같은 여러 국가정책 간의 선순환이 되는 상호교차적인 정책조합을 이뤄내야 한다. 경제정책은 다양한 이해관계자의 협력에 기반한 생산성 향상을 추구하며, 중소기업의 스마트화와 포용적인 금융을 통해 보다 균형적 발전을 달성할 수 있어야 한다. 산업정책은 역량영역 중심의 융합형 산업정책을 강화하고 혁신의 사회적 수용성과 포용성을 증진하며, 환경 지속가능성을 제고하는 방향으로 추진되어야 한다. 복지정책은 보편적 사회보장체계를 구축하고 혁신을 추동하는 방향으로 사회보장제도를 재구조화해야 하며, 조세 정책은 소득-자산불평등의 완화를 지향해야 한다. 고용 및 노동정책은 인적자원 역량강화를 통해 생산성에 정합적인 유연성을 획득하고 노동자는 생활과 생애 안정을 도모할 수 있는 것이어야 한다. 교육정책은 교육양극화를 해소하고 포용적인 교육체제를 구축하는 것이어야 하고, 환경정책은 지속가능하고 포용성장을 위해 환경을 혁신에 내재화하는 방향으로 추진해야 한다.

이때 중요한 것은 개인과 가정의 주체성, 자율성, 자립이 강조돼야 한다는 점이다. 각종 국가전담 서비스 공급 방식을 다원화하고 수요자의 기여를 높이는 방식(사회협동주의 방식 등)으로 해야 한다. 그 핵심은 더 많은 사람을 노동시장에 참여토록 하고, 노동에서 배제돼 의존적인 사회혜택을 받는 사람을 가능한 한 최소화해야 한다.

④ 포용국가로의 이행을 위한 국제협력 제고

한국이 가진 소프트파워 자산을 기반으로 기후변화 대응, 다문화 포용성, 보편인권 확립을 강화하는 국제협력을 추진해야 한다. 국제규범 선도국으로서의 위치를 가져야 하는데, 국제기구에 적극적으로 참여하여 국내 정책의 기준을 국제표준에 맞추며 UN, OECD, EU, NATO, IMF, World Bank 등의 규정과 프로그램을 제정하는 데 적극적으로 관여하고 수용하는 데 앞장서야 한다. 그리고 기후변화 및 생물다양성, 이주민 및 난민, 상호호혜적 다자주의 무역, 군사분쟁 등 다양한 문제에서 국제 연대와 원조에 적극적으로 나서야 한다. 나아가서 다자주의와 국제적 연대를 바탕으로 국제적인 포용복지국가연합 체제의 구축을 주도하면서 포용복지국가를 지향하는 국제기구들을 한국에 상주시키도록 한다.

## 4. 맺음말

이 글은 구체적인 정책 분석이 아닌 거시적인 시각으로 접근했다는 점에서 추상적인 논의로 끝낸 한계를 지니고 있음을 부인할 수 없다. 그럼에도 새로운 복지국가의 방향성과 전략을 구체적으로 제시한 후 이에 대한 활발한 논의를 이끌어내고자 한 점에서는 의의가 있다고 할 수 있다.

결론적으로, 향후 성공하는 포용복지국가가 되려면 다음과 같은 조건들의 실현이 이루어져야 한다.

첫째, 경제적 가치와 사회적 가치, 생태적 가치를 동시에 추구해야 하며, 포용성장과 포용복지의 선순환이 이루어지게 하기 위해서는 시장과 정부의 관계에서 공공성의 비중을 상당히 높이는 형태로 재조정해야 한다.

둘째, 상품화에 도움이 되지 않는다는 이유로 배제됐던 다양한 복지적, 생태적, 다문화적 가치가 포용복지국가의 기초 요소임을 인식하고 이를 국민들에게 확산시켜야 한다.

셋째, 사회적으로 배제되어 온 여성, 아동 및 청소년, 청년, 노인, 장애인, 탈북 이주자, 인종적 소수자, 비공식 부문 사업자를 공식적인 경제사회 영역에 적극적으로 참여시키는 정책을 강화해야 한다.

넷째, 다양한 집단 정체성과 가치를 반영하는 다양한 행위자들이 협력적 구조를 통해 시민사회를 강화하고 국가 정책결정 과정에 참여할 수 있도록 하는 정책 기제를 마련해야 한다.

다섯째, 소득의 양극화를 해소할 불평등하고 불합리한 제도의 개선, 기득권의 진입장벽을 허무는 기회의 불공정 해소, 독점적 자본과 권력의 결탁을 끊어내는 부조리와 부패 근절이 이루어져야 한다.

여섯째, 정부와 시장과 시민사회의 활동과 재정 사용에 대해 투명한 개방화 시스템이 구축되어야 하며, 공익과 관련하여 소득, 자산, 북한 사회경제 실태 등 각종 자료들이 연구하는 데 폭넓게 활용되도록 해야 한다. 북유럽처럼 개인 소득 공개까지는 않더라도 비공개적으로 집합적인 연구 데이터 구축은 하루빨리 이루어져야 한다. 이는 데이터 기반으로 AI가 발전되고 있는 세계 흐름에 속히 올라타지 않으면 안 되기 때문이다.

일곱째, 인권 중 특히 사회권을 발달시켜 복지정책의 대상자 선택을 선별주의보다는 보편주의로 발전해 가야 하며, 복지재원 조달을 위해서도 일반조세의 비중이 당장 고복지는 아니더라도 OECD 평균을 조금 넘는 중복지 수준은 되도록 해야 한다.

여덟째, 현재 사회복지 프로그램들이 구사회위험 해결에 집중되어 전통적인 연금과 의료보장에 치우쳐 있는데 이를 신사회위험에 대비하는 프로그램들까지 포괄하는 복지정책 프로그램들을 확대시켜 나가야 한다. 즉 적극적 노동시장, 사회서비스, 아동 및 가족지원 프로그램 등의 신사회위험에 대비하는 프로그램들을 우리 문화에 맞춰 확대해 나가야 한다.

아홉째, 중앙정부 차원보다 지역 차원에서 주민들의 욕구(needs)와 결핍(wants)을 가장 잘 수용할 수 있는 결사체 민주주의(association democracy)를 활성화함으로써 자치정부와 적극적 시민성 등의 민주공화국의 가치를 강조하는 합의제 민주주의를 제도화해야 한다.

열째, 남북한 간에 교류 증진과 협력을 위한 진정한 평화 협정이 구축되어 전쟁 발발에 대한 위험이 없어야 한다. 전쟁에 대한 불안이 없어야만 한국에 대한 사회자원이 증대되며, 해외투자, 관광 등이 활성화돼 성장에도 도움이 될 수 있다.

열한째, 경제·사회·환경의 통합적 접근과 정책 정합성을 늘 인지하면서 세계 모든 국가와 포용적이며, 포괄적이고도 체계적인 국가 정책을 수립해야 한다.

이제 우리들은 전 세계적으로 대전환의 시대에 서 있다. 국제 사회가 협력하여야만 해결할 수 있는 대전환시대에서 자국의 근시안적인 이해관계를 앞세워 고립을 선택해서는 안 된다. 우리나라는 더 적극적으로 평화와 상생을 도모하면서 국제 연대와 지원, 원조에 나서는 방향으로 기존의 복지국가의 전략을 보완한 포용복지국가의 전략을 하루빨리 수립하여 집행해 나가야 한다.

## 참고문헌


강수택. 2022. 『환경과 연대』. 이학사.

고용노동부. 2023. 「2022년 고용형태별 근로실태조사 결과보고서」.

구본우. 2021. 「국가발전의 유형과 경로」. 이종한 외. 『포용국가와 혁신경제: 이론, 사례, 이행전략』(경제·인문사회연구회 협동연구총서 21-05-01). 93~128쪽.

김경동. 1993. 『한국인의 가치관과 사회의식』. 박영사.

김미경. 2021. 「연대성 개념과 유럽통합(이론)의 위기: 기능주의 통합(이론)의 딜레마」. 한양대학교 평화연구소. ≪문화와 정치≫, 8권, 4호, 5~38쪽.

김상균. 1987. 『현대사회와 사회정책』. 서울대학교출판부.

김세직. 2016. 「한국경제: 성장 위기와 구조 개혁」. 서울대학교 경제연구소. ≪경제논집≫, 55권, 1호, 3~27쪽.

김영순. 2018. 「한국 사회정책 패러다임의 역사적 고찰과 현재적 의미」. 포용사회정책포럼 자료집. 대통령직속정책기획위원회.

김희삼. 2017. 「사회자본에 대한 교육의 역할과 정책방향」. 한국개발원(KDI) 연구보고서. 한국개발원.

남찬섭. 2018. 「외환위기 이후 역대정부의 복지담론: 두 번의 민주정부, 두 번의 보수정부, 그리고 다시 민주정부」. 포용사회정책포럼 자료집. 대통령직속정책기획위원회.

문명재. 2021. 「포용국가의 혁신경제 기반구축을 위한 정부혁신」. 이종한 외. 『포용국가와 혁신경제: 이론, 사례, 이행전략』(경제·인문사회연구회 협동연구총서 21-05-01). 593~649쪽.

반가운·홍승헌. 2021. 「포용과 혁신의 선순환을 위한 국가의 역할」. 이종한 외. 『포용국가와 혁신경제: 이론, 사례, 이행전략』(경제·인문사회연구회 협동연구총서 21-05-01). 77~92쪽.

성경륭. 2020. "삶의 질 혁명과 포용국가 실현". 포용국가와 혁신경제 Kick-off 워크숍 발표문.

_____. 2021. 「민주주의와 포용국가: 불평등과 포퓰리즘의 예방과 대응」. 제32차 세종국가리더십포럼 자료집. 경제·인문사회연구회·한국행정연구원.

양재진. 2022. 「한국 사례를 토대로 한 '작은복지국가론'의 일반화」. 한국행정학회 동계학술발표논문집. 1183~1205쪽.

외교부. 2021. 『2021년도 국제정세와 외교활동(외교백서)』. E-Book.

유종일. 2019. 「한국 경제 양극화의 역사적 기원, 구조적 원인 및 완화전략: 외환위기 가설 vs. 성장체제 전환 지연 가설」. 한국경제발전학회. ≪경제발전연구≫, 24권, 1호, 1~31쪽.

이선화 편. 2019. 『국가장기발전을 위한 거버넌스 개혁 의제 연구』. 국회미래연구원 국가장기발전전략 연구시리즈 제II권. 국회미래연구원.

_____. 2022. 「한국 복지체제의 대안적 전략 구상」. ≪국가미래전략 Insight≫, 49호. 국회미래연구원.

이장원 외. 2018. 「혁신적 포용성장을 위한 사회적 대화 전략: 노동시장 활성화 전략을 중심으로」. 한국노동연구원.

이종한 외. 2021. 『포용국가와 혁신경제: 이론, 사례, 이행전략』(경제·인문사회연구회 협동연구총서 21-05-01).

이창곤. 2022. 「생태위기를 극복하기 위한 녹색전환」. 이태수 외. 『성공한 나라, 불안한 시민』. 헤이북스. 194~223쪽.

임채원. 2021. 「혁신적 포용국가론의 등장」. 이종한 외. 『포용국가와 혁신경제: 이론, 사례, 이행전략』 (경제·인문사회연구회 협동연구총서 21-05-01). 43~60쪽.

장민·박성욱. 2021. 「향후 우리나라의 잠재성장률 경로 추정」. KIF금융분석보고서. 한국금융연구원.

정원호. 2016. 「4차 산업혁명 시대 기본소득이 노동시장에 미치는 효과 연구」. 한국직업능력개발원 기본연구 2016-29.

정준호. 2021. 「문재인 정부 경제 정책의 성과와 평가」. 한국사회과학연구회. ≪동향과 전망≫, 113호, 26~75쪽.

정준호·전병유. 2019. 「개방형 혁신과 한국형 플랫폼의 모색: 자동차-'모빌리티' 생태계 구축을 중심으로」. ≪동향과 전망≫, 105호, 180~228쪽.

하원규. 2015. "제4차 산업혁명의 신지평과 주요국의 접근법". ≪주간기술동향≫.

한국개발연구원. 2022. 「장기 경제 성장률 전망과 시사점」(보고서).

한국은행. 2023. 「가계부채 증가의 원인과 영향(연착륙 방안 보고서)」.

한상진. 2022. 「기후 및 감염병 위기에 맞서는 생태복지 체제로의 전환: 탈식민 사회정책의 접근」. 부산대학교 한국민족문화연구소. ≪한국민족문화≫, 83호, 161~188쪽.

한신실. 2020. 「한국은 어떤 복지국가로 성장해 왔는가?」. ≪한국사회정책≫, 27권, 1호, 153~185쪽.

홍용표·모춘홍. 2023. 「한반도의 지속가능한 평화와 평화연결」. 한양대학교 평화연구소. ≪문화와 정치≫, 10권, 1호, 5~27쪽.

VOA(뉴스 투데이). 2022.8.23. "미 국무부 '북한, 2009-2019년 GDP 대비 군비지출 전 세계 1위'". https://www.voakorea.com/a/6712113.html.

Acemoglu, Daron and James A. Robinson. 2012. *Why Nations Fail: The Origins of Power, Prosperity, and Poverty*. Crown Business.

_____. 2020. *The Narrow Corridor*. Penguin Random House.

Corak, M. J. 2013. "Income Inequality, Equality of Opportunity, and Intergenerational Mobility." *Journal of Economic Perspectives*, Vol. 27, pp. 79~102.

EU. 2010. Europe 2020: A strategy for smart, sustainable and inclusive growth.

Garland, David. 2016. *The Welfare State: A Very Short Introduction*. Oxford University Press.

IMF. 2007. Fostering Inclusive Growth. Staff Note for the discussion at the Meeting of G20.

_____. 2021. IMF Annual Report 2021.

Johansson, H. et al. 2016. "Climate Change and the Welfare State." M. Koch et al.(eds.). *Sustainability and the Political Economy of Welfare*, Taylor and Francis Group. pp. 94~108.

Mason, Paul. 2015. *PostCapitalism: A Guide To Our Future*. Allen Lane.

Nussbaum, M. C. 2000. *Women and Human Development*. Cambridge University Press.

_____. 2006. *Frontiers of Justice: Disability, Nationality, Species Membership*. Harvard University Press, Belknap Press.

OECD. 2011. Society at a Glance 2014.

_____. 2018. A Broken Social Elevator? How to Promote Social Mobility.

_____. 2021. Pensions at a Glance 2021.

Rifkin, Jeremy. 1995. *The End of Work: The Decline of the Global Labor Force and the Dawn of the Post-Market Era*. G.P. NY: Putnam's Sons.

UN SDSN. 2023. World Happiness Report, WHR.

WEF. 2023a. Global Risks.

_____. 2023b. The Future of Jobs 2023.

Wilkinson, R. G. and K. E. Pickett. 2011. *The Spirit Level: Why Greater Equality Makes Societies Stronger*. USA: Bloomsbury Publishing.

Williams, F. 2021. *Social Policy: A Critical and Intersectional Analysis*. Cambridge: Polity Press.

World Bank. 2009. The World Bank Annual Report 2009.

_____. 2019. The World Development Report(WDR) 2019: The Changing Nature of Work.

# 제2부

# 패러다임 전환의 논리

제1장

# 인간존중의 가치실현*

역사적 사례

강철규 | 서울사회연구소 이사장, 서울시립대학교 명예교수

## 1. 서론

학현 변형윤 선생은 경제민주화와 사회적 약자를 위한 경제학을 늘 주장하셨다. 이는 물적 성장을 넘어서 인간존중의 가치 실현이 중요함을 말한 것으로 새로운 발전 패러다임의 출발점이 되었다.

필자는 그동안 경제성장이 중요하지만 성장이 곧 발전이라 볼 수는 없다고 생각해 왔다. 경제발전 혹은 사회발전이라면 그 구성원들의 만족과 행복이 증가해야 한다. 이는 물적 성장이 아니라 사회구성원들이 '좋은 삶'을 누릴 때 이루어진다. 각자 좋아하는 것, 즐거운 것 등을 추구하며 이를 통해 행복과 만족을 얻는 것을 좋은 삶이라 하면 이는 경제성장만이 아니라 이보다 차원이 높은 인간존중의 가치들이 실현될 때 달성된다.

인간존중은 몇 가지 기본가치들이 실현되어야 달성된다. 첫째, 당연한 것이지만 인간 생명이 존중받는 것이다. 생명이 존중되어야 인간의 존속과 번영이

---

* 이 글은 필자가 서울사회경제연구소 30주년 기념 심포지엄에서 주제발표한 논문 「한국사회경제 발전의 새로운 방향」의 제V장 역사적 사례를 수정 보완한 것이다.

이루어질 수 있기 때문이다. 생명체인 인간을 전쟁의 파괴 대상 혹은 지배종속의 대상으로 보거나 생산요소의 하나인 노동력으로 취급하면 기본부터 무너진다. 둘째, 자유가 확대되어야 한다. 인간은 각자의 재능과 취향에 따라 무엇인가 하고자 하는 일이 있고 무엇인가 되고자 하는 바가 있다. 이를 제약하는 것은 인간의 타고난 본성에 반한다. 그래서 남에게 해가 되지 않는 범위 내에서라는 조건이 붙지만, 개인의 자유가 신장되어야 한다. 각자 자기 의지에 따라 성취하려는 것을 자유롭게 추구하도록 환경과 조건이 만들어져야 한다. 역사적으로 개인의 자유는 수없이 제한되어 왔다. 신분제로, 전쟁으로, 권력에 의한 지배종속으로, 그리고 경제적 빈부격차 등 여러 형태로 자유가 억제되었다. 이를 극복하여 자유를 신장하는 것이 발전이다. 셋째, 인간은 공동체 생활을 하는 사회적 존재다. 따라서 원만한 사회생활을 위해 서로 믿고 협력하는 신뢰기반을 필요로 한다. 신뢰기반은 정직성과 전문성 그리고 공익성이 높아야 만들어진다. 개인이 가치 있는 삶을 추구하려면 기회의 평등과 조건의 평등이 이루어져야 한다. 샌델은 "조건의 평등은 사회적 존경을 받는 일에서 역량을 개발하고 발휘하며, 널리 보급될 학습 문화를 공유하고, 동료 시민들과 공적 문제에 대해 숙의할 수 있는 것 등"(샌델, 2020: 349)이라고 하였다. 무슨 일인가에 몰두하고 의미 있는 일을 하고 성과를 낼 수 있는 기회가 주어져야 함은 물론이고, 누구나 사람들과 좋은 문화적 관계를 맺어 행복을 찾을 수 있어야 하는데, 이는 기울어지지 않은 운동장과 교육, 직업, 문화 활동에 진입장벽이 없는 '조건이 평등한 사회'에서 가능하다. 신뢰기반이 무너진 차별과 갈등의 분열 사회는 인간존중의 기회와 조건이 평등하지 못한 사회다. 넷째, 기후변화에서 보듯이 환경파괴는 인류의 미래 생존을 위협한다. 이를 개선하는 노력 즉 환경보전이 필요하다. 삶의 터전인 환경이 보전되는 가운데 생명이 존중받고 개인의 자유가 확대되며 신뢰가 구축된 사회에서 좋은 삶이 이루어진다.

요약하면 인간존중이란 인간의 타고난 기본권을 지키고 좋은 삶을 위해 필요한 가치들을 실현하는 것이다. 즉 생명존중, 자유확대, 신뢰구축, 환경보호라는 인간존중의 가치를 실현하는 것이 발전이며, 그 속에서 개인은 호락(好樂) 추구[1]와 좋은 삶을 누릴 수 있다.

필자는 「사회경제발전의 새 패러다임: 인간존중의 가치 실현이 발전」(강철규, 2023)이라는 논문을 통하여 인간 존중의 가치 실현 문화를 $C_V$라 하고 $C_V = E_1 \times T_1$으로 정의하였다.[2] $C_V$ 문화는 인간존중의 가치를 실현하는 에너지 $E_1$과 기술 $T_1$의 함수로 표시하였다. 즉 에너지 $E_1$의 증가가 인간존중의 가치실현을 추진하는 힘이 된다. 인류 역사는 바로 이러한 $E_1$의 증가를 통하여 발전해 왔다.

에너지 $E_1$은 처음에는 인간의 힘과 동물의 힘을 활용하여 증가하였고 점차 기술력의 발전에 힘입어 크게 증가하였다. 기술력은 증기기관, 기계, IT 등 물리적 기술(physical technology)과 사회에 기회와 동기를 부여하는 제도, 조직, 리더십 등으로 정의되는 사회적 기술(social technology: ST)에 의한 것으로 나눌 수 있다. 이 중에서 필자가 주목한 것은 사회적 기술이다. 인간이 발명하여 사회에 적용한 각종 사회적 기술(ST)은 역사적으로 발생한 구체적 사회경제 현상 속에서 기회의 균등과 조건의 평등을 만들어 $E_1$을 증가시켰다. 그 결과 인간 존중의 가치를 실현하는 $C_V$ 문화가 발전하였다. 이 글에서는 에너지 $E_1$을 증가시켜 인류 역사를 바꾼 중요한 사회현상 네 가지 — 신분평등, 경제성장, 견제와 균형, 신뢰와 협력 — 를 중심으로 사례분석을 하려고 한다. 이를 통하여 인간존중

---

1 호락추구 혹은 호락극대화(Joy max)는 생명체로서 인간의 본성과 기본권을 만족시키는 것으로 단순히 소비자 개인의 효용극대화(Utility max)를 하려는 것보다 차원이 높다. 서양 명언에 "즐거운 것, 아름다운 것, 유용한 것 빼고는 다 버리라(get rid of everything that isn't useful, beautiful, or joyful)"는 말이 있다. 이 중 유용한 것 추구는 효용 극대화와 관련되며, 여기에 아름다운 것 추구와 즐거운 것 추구를 더 해주면 인간은 행복에 더 가까워진다. 호락극대화는 이들을 잘 반영하므로 행복추구의 한 표현이라 볼 수 있다. 사람들은 자기가 좋아하는 것을 획득하거나 성취할 때 행복을 느낀다. 좋아하는 것을 이웃과 함께 나눌 때 더 즐거움을 느끼며 역시 행복해진다. 관계를 돈독히 할 때 행복해진다. 강철규(2023) 참조.

2 레슬리 화이트(Leslie White)의 문화발전공식(White equation, $C = E \times T$) 참조.

〈표 1-1〉 인간존중의 가치실현을 촉진한 사회적 기술 예시

| 신분평등 관련 | 부의 증대 관련 |
|---|---|
| 시민권 제도<br>해방노예 제도<br>농노를 해방시키고 유럽근대인을 만든 르네상스<br>토지제도 개혁 | 사유재산제도<br>교환기술<br>무역기술<br>금융제도<br>시장제도<br>주식회사제도<br>화폐제도<br>특허제도<br>외환제도<br>회계기술<br>온라인 거래 |
| **견제와 균형 관련** | **신뢰와 협력 관련** |
| 행정기술<br>의회제도<br>삼권분립 제도<br>기업지배구조<br>반부패제도 및 기구<br>반독점 규제 | 함무라비법, 로마법, 마그나 카르타, 나폴레옹법<br>각국의 헌법, 형법, 민법, 상법 등 법률<br>통치제도: 전제정 → 군주정 → 공화정<br>민주주의 제도<br>EU 통합기술 |

의 가치실현이 발전이고 사회적 기술이 이를 만들어간다는 명제를 밝혀보려 한다. 〈표 1-1〉에 예시된 제도 조직 등의 사회적 기술들은 위 네 가지 현상을 매개로 하여 사회구성원들의 에너지 $E_1$을 증가시킨 사례들이다.

이러한 사회적 기술들이 어떻게 기회와 조건의 평등을 이루어 인류의 에너지를 증가시켰는지 그리고 사회경제문화 혹은 역사발전을 이끌었는지 살펴보려는 것이 이 글의 목적이다. 예를 들면 노예해방 등 신분제의 속박을 벗어나게 하는 제도가 도입되었을 때 사회경제는 발전하고 인간존중의 문화도 개선되었다. 사유재산제도나 기업 또는 특허제도 등 새로운 제도가 도입되자 교역과 산업이 활성화하여 경제가 성장하였고 이것이 생명의 존속과 번영을 촉진하였다. 입법 사법 행정의 3권분립 제도와 이를 실현할 조직이 만들어져 권력의 견제와 균형이 이루어질 때도 자유확대와 공정성 그리고 역동성이 발휘되어 사회경제와 근대문화를 발전시켰다. EU 통합과 같이 국가 간 신뢰와 협력으로 생명을 존중하고 역내 구성원들의 자유를 확대한 경우나 싱가포르와 홍

콩에서 보듯이 반부패 기구 등 신뢰와 협력을 위한 제도와 기구들이 성과를 내자 투명한 신뢰사회를 이룩하여 사회경제와 문화를 발전시켰다. 인류 역사가 크게 바뀐 시기에는 항상 기회와 조건을 평등하게 한 이러한 사회적 기술들이 도입되어 작동하였다. 그 경로를 요약하면 사회적 기술(ST) 도입 → 신분평등, 경제성장, 권력분립, 신뢰와 협력 등 촉진 → 기회와 인센티브 창출 및 조건의 평등화로 동기부여 → 사회구성원들의 에너지 $E_1$ 증가 → $C_V$, 즉 사회구성원의 기본가치를 실현하는 문화 발전 촉진 → 개인의 호락 극대화(J max)와 좋은 삶의 구현으로 이어진다.

인간존중의 가치실현은 궁극적으로 개인에게 호락 극대화(J max)와 좋은 삶(good life)을 누리게 하여 행복을 증진시킨다. 사회적으로는 문화강국을 만든다. 아래에서 인류역사 속에서 사회적 기술이 에너지를 증가시킨 구체적 사례들을 신분평등, 경제성장, 견제와 균형, 신뢰와 협력 등 네 가지 매개변수로 나누어 살펴본다.

## 2. 신분평등을 위한 노력들

### 1) 아테네와 로마의 청년인구

아테네는 잘못된 시민법으로 청년인구가 줄어들고 반대로 해방노예제를 도입한 로마는 청년인구가 늘었다.

아테네의 닫힌 시민법이 아테네의 에너지를 쇠퇴하게 하였다. 아테네의 전성기 참주 페리클레스(Perikles, BC 495년경~429)는 "아테네 시민인 부모 밑에서 태어난 경우만이 아테네 시민이다"라는 시민법을 제정[3]하여 시행하였다. 그 후

3 Thorley(2005: 59). 위키백과 '아테네의 민주주의' 항목에서 재인용.

아테네 인구가 줄어들어 점차 쇠퇴하고 그것이 펠로폰네소스 전쟁의 패인이 되었다. 아테네 쇠퇴기 인구 43만 3000명 중 청년인구는 4만 명(팔레론의 데메트리오스 조사)[4]으로 10% 미만이었다. 이에 반하여 공화정기 로마 청년인구는 11만 명으로 전체인구 44만 명의 25%나 되었다. 로마에서는 패전 국민이라도 우수한 사람에게는 시민권을 부여하고 심지어 원로원으로도 받아들이는 패자동화정책을 썼다. 아테네 시민법은 인구를 감소시켜 나라를 망치게 하였지만, 로마는 정복전쟁에서 잡아 온 노예라도 주인이 공을 인정하면 노예 신분에서 자유인으로 해방시키는 해방노예제를 실시하였다. 이로써 기회와 동기가 살아난 고대 로마 사회에 활력을 불어넣었다. 이렇게 해방된 1세대 노예 수가 실제로 누적 50만 명이 넘었고 그 자손들은 자유인이 되었으므로 그 규모가 매우 컸다. 이들은 인간으로서 자유와 행복추구권을 보상받았다. 해방노예들은 자랑스럽게 언제 누구로부터 해방되었으며 어떠한 일을 했는지 자세히 기록한 묘비를 세우는 등 명예롭게 생각하였다. 공화정 말기 로마 인구는 100만 명으로 증가했다. 이것이 사회의 에너지 $E_1$을 증가시켜 로마를 오랫동안 번성하게 한 요인 중 하나였다(강철규, 2016 참조).

오늘날 우리나라는 2022년 합계출생률이 0.78로 떨어져 인구감소가 급격하게 진행되고 있다. 이는 사회발전으로 보면 $E_1$의 감소를 의미한다. 인구감소를 해결하는 사회적 기술이 절실하다.

### 2) 르네상스와 근대유럽인의 탄생

15~16세기 이탈리아 피렌체, 베네치아 등에서 시작된 르네상스는 생명에 대한 인식, 인간에 대한 인식을 변화시켜 자유롭고 주체적인 '근대유럽의 첫아

4 마케도니아 필리포스의 지배하(BC 338)에 들어간 시기, 데메트리오스는 총독(BC 317~307)을 지냈다. 그는 체계적인 인구조사를 실시했다. 몽테스키외(2004/1749: 44)에서 재인용.

이'(Bruckhardt, 2016/1860)를 탄생시켰다. 중세 1000년 동안 종교와 영주에 속박되어 생활하였던 농노들이 이탈리아를 비롯한 유럽 여러 지역에 생겨나기 시작한 자유도시 혹은 자치도시로 이동하여 자신의 의지에 따라 자유로운 시민으로 활동하게 되었다. 자유도시로 들어와 1년 이상 살면 세금을 내는 자유인으로 인정받는 경우가 많았다. 이탈리아 르네상스는 지중해와 아시아 그리고 대서양으로 교역의 확대와 상공업 및 금융업의 발달, 강한 자아를 가진 독립된 주체로서 개인을 인식하기 시작한 페트라르카 등 인문주의 학자들[5]의 활동, 플라톤 아카데미를 설치하여 인문 문화 예술인의 학문적 창의적 활동을 후원한 메디치가의 역할 등이 어우러져 나타났다. 즉 제도, 조직, 리더십의 사회적 기술이 모두 작동하여 중세 유럽과는 획기적으로 다른 근대 유럽문화를 부흥시켰다. 속박되어있던 인간들의 지위가 자유인으로 변화하자 사회활동 영역이 다양해지고, 확대되어 에너지 $E_1$을 상승시킨 것이다. 그 과정에서 인간의 탁월한 본성인 창의력이 발휘되었고 이를 통해 모나리자, 비너스의 탄생, 다비드 상 등과 같은 불후의 명작들을 만들어냈다. 이는 인간의 본성과 가치를 탐구하는 인문학의 발달과 더불어 인간존중의 문화를 새롭게 발전시켰다.

천년의 암흑시대였던 중세 유럽은 농노사회였다. 영주와 종교의 속박에 얽매어 평생 30km밖을 여행하지 못하는 중세 농노들은 이동의 자유와 행복을 추구할 자유 없이 살았다. 자신이 하고자 하는 것과 되고자 하는 것을 실현할 수 없었다. 르네상스는 토지와 종교적 속박으로부터 인간을 해방시켜 주체적인 자유인으로 변화시킨 역사적 사건이었다. 농노에서 자유인으로 인간의 상대가

---

5 프란체스코 페트라르카(Francesco Petrarca, 1304~1374): 강한 자아를 통해 독립된 개인의 내적 주체(interior subjectivity)를 강조(인간의 영혼이 참된 자아라는 키케로 영향). 포지오 브라치오리니(Poggio Bracciolini, 1380~1459), 피렌체의 휴머니스트이자 건축가인 레온 바티스타 알베르티(Leon Battista Alberti, 1404~1472): "주체와 객체의 대화"라는 사회적 상호관계 속에서 자신의 자아를 새롭게 인식. 인간은 사회적 존재. 네덜란드의 에라스뮈스(Desiderius Erasmus Rotterdam, 1466~1536): "인간은 태어나는 것이 아니라 만들어진다(Hominesnon nascantursed finguntur)"라는 보다 더 진보한 인간관을 내세움.

치가 변화함에 따라 이들은 자유도시와 자치도시에서 자유롭게 상공업, 무역, 금융의 일에 종사하면서 개인의 호락과 좋은 삶을 추구하게 되었다. 자유를 얻고 행복추구를 위해 주체적으로 활동할 수 있는 근대유럽인으로 거듭난 것이다. 존중받는 인간으로 다시 태어난 이들이 문화 예술도 발전시켰다. 사회적 기술에 의해 자유롭고 주체적인 개인을 탄생시킨 이탈리아 르네상스는 북부 유럽으로 확산되어 종교개혁과 과학혁명 그리고 산업혁명의 동력이 되었다. 르네상스는 네덜란드 영국 프랑스로 이어져 시민문화를 창조하고 근대유럽을 만드는 에너지 $E_1$을 창출하였다.

### 3) 미국의 독립과 노예해방

미국은 종교의 자유를 위해 이동한 청교도들이 세운 나라다. 영국 프랑스 등 유럽 강국들의 식민지에서 독립한 나라다. 독립선언서에 생명, 자유, 재산을 보호하고 행복추구를 위해 나라를 세운다고 명시하였다. 시작부터 종교의 자유, 식민지로부터의 자유, 사유재산의 보호 등 기본권을 위해 모험하고 싸워 이긴 사람들이다. 이들은 독립을 쟁취하고 독립헌법에 천부의 기본권을 내세움으로써 국민의 에너지 $E_1$을 상승시켰다. 그러나 남부의 면화와 담배 재배를 위해 노예를 활용하는 노예제가 문제였다. 독립선언문을 기초한 제퍼슨도 수십 명의 노예를 거느리고 살았을 정도로 일반화되어 있었다. 북부에서는 산업화가 시작되어 노예가 아니라 노동자가 필요했다.

1830년대부터 시작된 미국의 노예 논쟁은 새로운 주가 연방에 가입할 때마다 노예주냐 자유주냐 여부가 남부와 북부 간의 쟁점이었는데 노예주가 많아지면 연방의원 숫자에서 남부가 유리하고 그 반대면 북부가 유리하기 때문이었다. 특히 텍사스(노예주), 캘리포니아(자유주), 유타(자유주), 뉴멕시코(자유주) 등의 가입 신청 때 논쟁이 심하였다. 16대 대통령 선거에서 링컨 후보는 '분열된 집은 바로 설 수 없다'고 연설한 후, 1860년 대통령에 당선되자 바로 1861년

4월 남부군이 북부군 섬터요새를 공격하여 남북전쟁이 시작되었다. 1862년 9월 22일 링컨은 "반란 주로 지정된 주에서 노예로 있는 모든 사람이 1863년 1월 1일부터 영원히 자유인이 되었음을 선포한다"고 노예해방을 선언하였다. 이로써 유럽과 중남미에서 400년이나 지속되었던 흑인 노예제가 신생 독립국 미국에서는 89년 만에 폐지되었다. 남북전쟁을 승리로 이끈 마지막 결전은 게티즈버그 전투(전투참가자 남부 7.5만 명, 북부 10만 명, 사망자 5만 명, 1863.7.1~7.3)였다. 여기에서 링컨 대통령은 "인민의, 인민에 의한, 인민을 위한 정부"를 선언하는 역사적 연설을 남겼다. 전쟁을 불사하며 노예제도를 혁파한 링컨 대통령의 리더십에 의해 노예가 해방됨으로써 사회구성원의 사회적 상대가치가 변화하여 동기부여가 되었고 새롭게 나타난 기회와 인센티브가 사회활동에 활기를 불어넣었다. 그 후 만민의 자유 평등이 이루어진 미국에서 아메리칸 드림을 실현하려는 이민이 계속 증가하는 등 미국의 산업경제와 문화 과학 발전을 이룩하는 에너지가 형성되었다.

#### 4) 조선의 노비제: 한국 건국 후 농지개혁으로 평등실현

신라와 고려도 노비제 사회였다. 그러나 그 수는 10% 미만이었다. 고려 말에 권문세가의 토지 겸병으로 노비급 전호가 크게 늘었다. 국가에 납세하고 부역하는 농민 수가 급속히 감소하였다. 토지문서를 불태우고 전호들을 해방하는 등 이성계의 전제개혁으로 활력을 되찾은 백성들이 조선 건국을 지지하였다. 조선은 노비제 이외에도 사농공상의 격차가 엄격한 신분사회였다. 임진왜란 이후 노비에서 양인, 양인에서 양반이 되는 변화도 있었으나 기본적으로 양반이 지배하는 신분사회였다.

노비를 재산으로 여긴 양반들의 싸움 속에서 조선 내내 노비제가 지속되었다. 조선 개국 후 태종은 양역(良役) 인구와 세수의 증가에 유리한 종부법을 채택했으나, 세종은 노비라는 재산을 늘리려는 양반들의 이권 투쟁에 굴복하여 노비의 신분이 어미의 신분을 따르는 종모법을 채택하였다. 이어 노비 수를 늘이려는 양반들의 요구가 계속되어 양천교혼(良賤交婚)을 허용하고 부모 중 하나가 천민이면 자식은 모두 천민이라는 일천즉천(一賤則賤)의 원칙을 경국대전에 명문화함으로써 노비가 오히려 급증하여 16세기 후반부터 17세기에는 노비 수가 인구의 30~40%나 되기도 하였다.[6] 임진왜란과 병자호란으로 남자 수가 줄어드는 등 혼란에 빠진 신분제 속에서 일천즉천보다 완화된 종모법을 채택한다. 즉 1669년(현종 10년)에 노주간(奴主間)의 분쟁을 우려한 남인들의 반대에도 불구하고 당시 서인(西人) 집권층은 세금을 내고 군역을 할 수 있는 양역 인구의 증가를 위해 종모법을 채택한 것이다. 이에 따라 비록 부가 노비라 해도 양인처의 소생 자녀라면 종량(從良)시켰다. 이미 노비였던 사람이 종모법에 따라 1669년에 양인으로 바뀌는 종량이 이루어졌다. 그러나 1679년(숙종 5년)에 다시 종부법으로 바뀌자 이전에 종량 되었던 양처 소생 양인들이 다시 천민으로 돌아가는 환천이 이루어졌다. 이후 서인과 남인의 정권이 교체될 때마다 종량과 환천(還賤)이 번복되는 웃지 못할 일이 벌어졌다. 1684년에 다시 종모법으로 종량이 이루어졌고, 1689년(숙종 15년)에 종부법으로 또다시 환천되는 혼란이 되풀이되다가 1731년(영조 7년)에 종모법으로 확정되었다.[7]

그 후 1801년 공노비 폐지를 시작으로 점차 노비제는 약화 되었다. 1866년 노비세습제 폐지, 노비해방과 사민평등을 주장했던 갑오농민전쟁은 실패했으나 1895년 갑오경장에 의해 노비제는 폐지되었다. 일제 식민지 시대에는 머슴제와 지주·소작제로 형태를 바꾸어 신분제는 계속되었다. 서양에서 르네상스 이후 자유로운 근대인이 탄생하여 산업혁명과 시민혁명을 이끌어 자유와 평등이 확대되는 시기에 노비를 인간이 아닌 재산으로 관리하였던 조선의 문화는

6 "조선 시대 노비제의 전성기였던 15세기부터 17세기까지는 전체 인구의 30~40%가 노비였다고 추측되는데 …… 1609년 울산은 47%, 1606년 단성은 64%가 노비였다"(김재호, 2014.6.9). "조선 시대 인구 40%가 노비라는데 …… 노비는 '노예'와 다를까"(유성운·김태호, 2020.6.28) 등 참조

7 노비종모법(奴婢從母法), 『한국민족문화대백과』(한국학중앙연구원).

쇠퇴일로였다고 해도 과언이 아니다. 사회 에너지 $E_1$이 고갈되어가는 역동성이 없는 사회가 되어 일제의 식민지로 전락하였다.

일제 식민지에서 벗어난 후 대한민국의 건국과 헌법제정으로 신분평등이 법제화되었다. 그리고 1950년 대한민국의 농지개혁이 실시되어 지주·소작제가 해체됨으로써 실질적으로 신분 평등이 실현되었다. 수백 년 지속되어온 신분제에서 실질적 평등이 실현되자 사회구성원의 상대적 가치 변화가 일어나 한국인의 역동성이 상승하였다(강철규·이재형, 2018). 소위 코리언 다이너미즘이 일어나 사회에너지 $E_1$이 폭발하자 한국의 르네상스가 시작되었다. 이동의 자유, 교육의 자유가 실현됨으로써 하고자 하는 일과 되고자 하는 것을 이룰 수 있다는 동기부여로 활력이 넘치는 사회로 바뀌었다. 인구도 1950년 2043만 명에서 1970년 3224만 명으로 20년 만에 58%나 증가하였고, 2000년에는 다시 4700만 명으로 증가하였다. 노력하면 기회와 성과를 얻을 수 있다는 희망의 사회를 경험하게 된 것이다. 이들 자유롭고 주체적인 개인들이 그 후 산업화와 민주화 그리고 케이 팝 등 한류문화 발전의 원동력이 되었다.

## 3. 경제성장: 네덜란드 번영과 영국의 산업혁명

### 1) 네덜란드의 번영

콜럼버스가 신대륙을 발견한 이후 16세기 세계무역과 경제는 스페인의 시대였다. 그러나 16세기 말 이후 17세기는 단연 네덜란드가 세계무역을 주름잡았다. 이는 이탈리아 르네상스의 인문주의를 받아들여 종교의 자유와 경제활동의 자유를 성사시킨 덕분이었다. 특히 주식회사 등 기업제도와 증권시장 제도, 특허제도 등 근대적 시장경제의 틀을 처음으로 도입하여 상공업과 무역을 발달시켰고 종교의 자유를 위해 스페인과 싸운 전쟁에서 값진 승리를 거두어 해상무역 루트를 장악한 것이 주효하였다.

칼뱅파 개신교가 중심을 이룬 네덜란드는 16~17세기 스페인과 종교전쟁에서 승리하면서 암스테르담을 유럽 최고의 관용과 자유의 도시로 만들었다. 이탈리아 피렌체의 르네상스가 만든 자유롭고 주체적인 인간이 네덜란드에 의해 북부의 종교개혁으로 이어졌고 국제무역과 금융을 발전시켰다. 스페인 이주민으로 암스테르담 출생의 스피노자가 살았고, 존 로크, 데카르트 등 유럽의 석학들이 잇따라 방문 체류하였으며, 데카르트와 갈릴레오도 출판의 자유가 있는 암스테르담에서 저서를 출판하였다. 암스테르담에는 40개의 출판사가 있었는데 가톨릭의 금지 과학서, 절대왕정 비판서 등 무엇이든지 자유롭게 출판할 수 있었다.[8]

자유확대가 그들의 일인 상공업과 무역을 확장하는 에너지와 열정으로 나타났다. 네덜란드는 동인도회사를 내세워 상업과 무역 그리고 관련 제조업의 발달을 이룩하였으며 이를 뒷받침한 사회적 기술로 사유재산제도, 주식회사 제도, 은행제도 등을 만들어 냈다. 주식시장도 운영하였다. 인구 100만 명의 해상강국으로 출발한 네덜란드에 1595년부터 1602년간 14개 회사가 설립되었다. 대부분 동인도지역과 교역하였다. 1602년에는 수천 명을 투입한 동인도회사를 설립하여 향료 무역에서 선두 포르투갈을 앞지르기 시작하였고 17세기 인도양 향료 무역을 장악하였다.

전성기 네덜란드의 인구는 200만 명 수준으로 늘어났고 선박 수는 1만 6000척에 달했다. 이들은 금융업 외에 해운업과 조선업도 발달시켰다. 17세기 영국 선박의 1/4을 네덜란드 조선사가 건조하였을 정도였다. 1598년에는 향료 생산지 자바와 말루쿠 제도에 선박 8척을 보내 주변 섬에 상관을 설치하였다. 1621

---

8 "암스테르담에는 출판사가 40개나 있었고, 네덜란드의 다른 곳에도 열댓 군데 더 있었다. 이들은 유럽에서 가장 자유주의적인 그리고 제약에서 가장 자유로운 출판업자들이었다"(쇼토, 2016/2013: 236).

년에는 뉴암스테르담(오늘날 뉴욕)을 식민지로 편입시켰다. 그러나 1664년 영국에 의하여 강제 접수되어 뉴욕이라는 이름으로 바뀌었다. 물론 이것은 즉시 영국과 제2차 전쟁의 원인이 되었다(강철규, 2016 참조).

### 2) 산업혁명이 영국에서 먼저 일어난 이유

산업혁명이 영국에서 먼저 일어난 것은 방적기, 방직기, 증기기관 등 신기술 발명과 석탄, 철강 등 풍부한 자원 그리고 사유재산 상속 허용, 특허법 등 제도가 잘 조화를 이루었기 때문이다. 거기에 비교적 풍부한 노동력과 잘 정비된 항만 도로 운하 등 수송 수단도 있었다.

또한 16세기 무혈 종교개혁으로 교회와 수도원 재산을 상공업에 투자할 수 있었고 스페인의 무적함대 격파로 해상권 장악, 항해조례, 뉴암스테르담 등을 두고 네덜란드와 세 차례의 전쟁을 거친 후 네덜란드가 장악했던 해상 무역 루트를 획득한 것도 주요 요인이었다.

또한 신분 사이에 격의 없는 영국적인 협력 방식도 한몫하였다. 최초운하가 물방앗간 목수 브린들리(James Brindly)와 공작 신분의 브리지워터(Bridgewater)의 합작이었던 것에서 알 수 있듯이 기업인, 과학자, 실용 공학자들의 협력이 주효하였다.

그러나 가장 의미 있는 요인은 명예혁명이 성공하여 의회권력이 왕권을 견제함으로써 사유재산권 제도가 완벽하게 보장되고 왕실의 독점권이 무너져 시민들의 경제활동이 자유로워졌기 때문이었다. 즉 견제와 균형이 작동하기 시작한 것이다. 주식회사 제도 도입과 무제한 이윤추구 보장, 및 이윤에 대한 무과세, 발명자를 보호하고 발명자에게 이익이 배분되도록 하는 권한이 부여되었고, 환어음 보호 법률이 제정되는 등의 사회적 기술(ST)들이 산업혁명의 에너지를 키우는 데 큰 역할을 하였다. 즉 법치와 중요 제도 도입으로 국민의 에너지를 이윤추구가 가능한 기업활동으로 모을 수 있었다. 사유재산제도, 특허법 등으로 발명과 이윤추구의 동기를 부여하고 이러한 경제활동에서 발생하는 성과를 보장하는 법률들을 의회가 만들고 지켜준 것이 산업혁명을 일으킨 주요 요인이었다. 이러한 새로운 제도들이 기술혁신, 규모의 경제, 인적·물적 자본의 축적 등 경제발전에 필요한 다양한 현상들을 만들어 냈다. 노스와 토머스(D. North and R. Thomas)는 막스 베버(Max Weber)가 서유럽의 경제발전을 가능하게 한 독자적인 요인을 프로테스탄티즘의 경제윤리에서 찾으려고 한 것[9]과 달리 그것을 '효율적인 경제조직'에서 찾아야 한다는 새로운 가설을 제시했다. 효율적인 경제조직이란 거래비용을 절감해서 개인적인 편익을 사회적인 편익에 근접시키는 제반 제도라고 설명했다(North and Thomas, 1973: 101). 즉 필자가 이 논문에서 말하는 사회적 기술인 것이다. 노스와 토머스는 16~18세기의 서유럽에서 거래비용을 절감시킨 구체적 제도로 국가에 의한 사적소유권의 보호를 들고 있다. 명예혁명으로 사유재산제도가 신뢰할 만큼 확립되자 10여 년 내에 영란은행이 설립되었고 금리가 두 자릿수 14%(1694년)에서 한 자릿수인 6~8%(1700년)로 낮아진 것은 이 무렵 경제활동이 크게 자극된 것을 말해준다(강철규, 2011 참조).

노스는 그의 다른 저서에서 제도를 "사회 내에서의 게임 규칙" 또는 "사람들에 의해 고안된 제약이며, 사람들의 상호작용을 형태 짓는 것"이라는 정의를 내리고 있다(North, 1990). 명예혁명을 통해 의회제도가 강화되어 왕권으로부터 사유재산권이 보호되고 법원의 독립성이 보장되는 등 새로운 게임규칙이 영국에서 만들어졌다. 이것이 계기가 되어 활발한 경제활동이 일어나 영국에서 산업혁명이 시작되었다고 할 수 있다.

---

9 최근 Becker and Woessmann(2009)는 「Weber가 틀렸는가?」라는 논문에서 프로테스탄티즘은 성경읽기를 통해 인적자원의 교육활동을 왕성하게 함으로써 경제적 번영을 가져오는데 기여했다고 인적자원 이론 입장에서 주장하고 있다.

## 4. 견제와 균형제도 도입

### 1) 영국 의회제도의 확립

#### (1) 대헌장과 의회 출현

위에서 본 바와 같이 명예혁명을 통해 국민의 자유와 권리가 존중되고 이윤 추구와 상속 등 재산권을 보장받게 된 것은 왕과 의회 간의 권력분립이 확립되어 견제와 균형 시스템이 작동하였기 때문이다.

견제와 균형 시스템의 발달에 있어서 영국 의회제도가 성립하는 과정은 중요하다. 첫째 근대 3권분립의 제도가 확립되기까지 가장 먼저 그러한 제도가 시작된 곳이 바로 영국이었고, 둘째 의회제도의 발달 과정이 매우 긴 시간 – 대헌장이 서명된 1215년부터 명예혁명이 성공한 1688년까지 473년간 – 동안 왕권과 의회 간의 권력 투쟁을 통하여 얻은 값진 결실이기 때문이다. 사회 제 계급 간의 상대적 가치를 조정하는 견제와 균형의 사회적 기술은 오랜 기간 우여곡절을 겪으면서 만들어지는 경우가 많다.

대헌장(Magna Carta)은 이렇게 시작한다. "우리는 우리의 자유로운 의지로써 대주교, 주교, 사제, 수도원장 및 이 왕국의 제후들에게 다음과 같은 특권을 인정한다." 제12조에서 "일반 평의회의 승인 없이 군역 대납금과 공과금을 부과하지 못한다"라고 조세 부과에 대한 왕의 권한을 제한하였고, 제39조에는 "모든 자유민은 동등한 자격을 갖는 사람들의 법률적 판단이나 국법에 의하지 않고는 구속되거나 재산을 몰수당하지 않는다"라는 국민의 신체의 자유와 재산권에 대한 왕의 간섭을 제한하는 선언이 포함되어 있다.

대헌장은 귀족과 성직자들의 자유와 재산권의 보호를 위해 왕권과의 투쟁으로 얻어낸 것으로 민주주의를 위한 것은 아니었다. 물론 의회라는 말도 없었다. 그러나 영국 권력분립의 초석이 된 의회제도라는 역사상 최초의 새로운 사회적 기술을 끌어내는 계기가 되었다.

최초의 의회는 1258년에 성립되었다. 대헌장 이후에도 귀족회의 소집권은 아직도 국왕에게 있었다. 존 왕의 아들 헨리 3세가 대헌장을 지키지 않자 왕과 귀족 간의 대립이 격화되어 일진일퇴를 거듭하다가 1258년 15명의 귀족이 자발적으로 모여 "국왕은 모든 결정에 대해 의회의 승인을 받아야 한다"라는 유명한 옥스퍼드 조례를 선포하였다. 이때 구성된 회의 기관을 '의회(Parliament)'라고 한다. 의회라는 명칭이 인류역사상 처음으로 등장한 것이다.

### (2) 명예혁명 후 권력분립: 왕권보다 의회 권한 우선

시간이 지나 17세기에 들어서면서 의회는 상공인과 신흥 지주 등이 많이 참여하게 되었고 그들은 1629년에 권리청원 11조를 발표하였다. 권리청원은 국민의 권리와 자유는 왕위가 상속되듯이 영국 국민에게도 상속된다는 것을 확인하였다. "누구도 의회의 동의 없이 증여, 공채, 헌상금, 조세 등을 강요할 수 없고, 또 그것을 거부하였다 하여 어떠한 형벌이나 고통을 받지 아니한다", "자유인은 이유 없이 체포 투옥되지 않는다". 그리고 왕의 대권은 의회에 의해 제한되고, 권리와 자유가 상속재산으로 간주된다는 점 등이 포함되어 있다. 찰스 1세는 이를 받아들이지 않았다.

1688년 명예혁명으로 얻어낸 권리장전은 의회가 왕권보다 우선한다는 원칙을 법률로 확정한 것이었다. 여기에는 권리청원의 내용에다가 왕의 재판 간여 제한 등 사법권의 독립도 추가되었다. 의회 발전에 있어서 획기적 성과를 거둔 것이다. 조세 및 무역에 대한 국왕의 독점권을 제한하고 사유재산권 제도를 확립하여 경제활동에 활력을 불어넣었다. 이러한 신뢰를 바탕으로 1694년에 영란은행이 설립되었고 증권시장의 규모가 확대되고 은행의 수가 증가하였으며 화폐유통액이 크게 늘어났다. 메리와 윌리엄의 정부도 신뢰를 바탕으로 1688년 은행차입을 100만 파운드에서 1697년에는 1700만 파운드로 17배나 늘릴 수 있었다. 그 기간 금리는 두 자릿수에서 한 자릿수로 내려가는 등 영국 산업혁명의 토대가 만들어졌다.

명예혁명 후 38년 되던 해 영국에 가서 3년간(1726~1728년) 체류하였던 볼테르는 영국인들의 자유를 얻기 위한 값진 투쟁을 높이 평가하였다. 귀국 후 발표한 볼테르의 『철학편지』(이병애, 2014)에서 상원과 하원이 국가의 결정자로서 최고결정자인 왕권을 견제하면서 균형을 잡는 의회제도를 지구상에서 처음으로 확립한 영국 정부에 대하여 다음과 같이 찬사를 보냈다.

> 로마와 영국 사이에는 좀 더 본질적인 차이 …… 로마 내전의 열매는 노예화, 영국분쟁의 열매는 자유 …… 영국국민은 왕권에 저항함으로써 왕권을 규제하기에 이르렀다. …… 이런 균형이 로마에는 없었다.

노스와 와인가스트(D. North and B. Weingast)도 "명예혁명으로 프랑스 경제는 파산위기를 맞았고, 영국은 산업혁명을 향한 발걸음을 떼었다"라고 기술하고 있다(하퍼드, 2008: 303에서 재인용).

### 2) 3권분립: '지난 수세기 동안 가장 창의적인 발명'

세계은행의 2008년 성장 보고서는 이렇게 단언하였다. "삼권분립이나 삼권분립이 보장하는 견제와 균형의 '발명'은 지난 수세기의 혁신 가운데 가장 창의적이면서 영향력이 있는 혁신"이다. 명예혁명 40년 후 영국을 방문(1729~1731년)한 몽테스키외는 명예혁명으로 정부의 재정권, 조세권 행사, 사적 재산권 보호 등 여러 면에서 의회 권한이 신장되고 왕의 재판 간여 금지, 법관 임면권의 의회 이양 등 사법권이 독립되어 가는 권력분립을 보고 이를 높이 평가하여 귀국 후 3권분립으로 세계역사에 지대한 영향을 끼친 『법의 정신』(1748)을 출간하였다. 21년 걸려 집필하였다는 그 책의 핵심 주제는 자유와 권력 분립이다.

몽테스키외는 정치적 자유(political liberty)는 법 시스템에 의해 보장된다고 하였다. 즉 "자유란 법이 허용하는 일을 무엇이든 할 수 있는 권리다"(몽테스키외, 2004/1749: 131)라고 하면서 법이 존재하는 사회에서 자유가 가능함을 강조하였다. 천부적 기본권인 자유는 전제정에서는 그 실현이 불가능하고, 공화정에서 가능 그리고 군주제에서는 일부 가능하나 보장되지는 않는다고 하였다. 핵심은 정부의 권력 분립이 이루어져야 그것(자유)이 보장된다는 것이다. 결국 사회적 기술로써 권력 분립은 인류의 기본 가치인 '자유'를 얻기 위한 것이라 할 수 있다.

몽테스키외는 "입법권과 집행권이 결합되어 있을 때, 그리고 재판권이 입법권과 집행권에서 분리되어 있지 않을 때 자유는 존재하지 않는다"(몽테스키외, 2004/1749: 133~134)고 하였다. 왜냐하면 동일인 혹은 동일 단체가 이러한 세 가지 권한을 중복하여 가지고 있으면 전제정으로 갈 우려가 있고 공정한 심판을 받을 자유가 없어지기 때문이다.

그의 3권분립론은 정부의 권력은 최고의 주권, 즉 통치권(sovereign)과 행정권(administrative)으로 나뉘고 행정권은 집행부(executive), 입법부(legislative), 사법부(judicial)로 나뉘어야 하고 이들은 서로 독립적이어야 한다. 3권이 서로 서로의 권한을 침해하지 않도록 하여야 자유가 보장된다. 이 저서는 로마 교황청에서 금서(1751년)가 되었고 미국에서는 성경 다음으로 베스트셀러가 되어, 미국의 독립헌법에 권력분립이 반영되었다. 절대 왕조와 가톨릭교국이었던 프랑스에서는 이 저서를 비판하였다.

### 3) 견제와 균형 원칙: 세계 최초로 미국헌법에 도입

견제와 균형의 원칙은 미국헌법에 최초로 도입되었다. 세 가지로 요약해볼 수 있다. 첫째, 연방정부와 주정부 간의 상호 견제와 균형이다. "본 헌법에 따라 제정된 미합중국의 법률 그리고 미합중국의 권한에 의해 체결되는 모든 조약은 이 국가의 최고법이며 모든 주의 법관은 주의 헌법이나 법률에 배치되는 규정이 있을지라도 이의 구속을 받는다"(헌법 제6조). 이 조항은 주 정부의 입법 행정권에 대한 연방정부의 견제와 균형을 명시한 것이다. 헌법에 의하면 연방정부에 부여되지 않은 권한, 즉 주 정부 운영, 기업설립 허가, 종교와 교육, 국민의 건강 안전 복지에 관한 문제와 조세권을 주 정부에 위임한다고 명시되어 있다.

둘째, 하원과 상원의 양원제를 도입하여 다수와 소수 간의 견제와 균형을 이루었다. 하원의원은 인구수의 비례로 선출하고, 상원의원은 인구 규모의 다소를 불문하고 각 주에서 동일 수로 선출하게 하였다.

셋째, 삼권분립을 헌법에 명시, 입법부, 행정부, 사법부를 설치함으로써 상호 견제를 확실히 하였다. 몽테스키외의 삼권분립 정신이 신생 독립국 미국의 헌법에 구체적으로 반영된 것이다. 견제와 균형의 원칙을 도입한 미국 헌법은 인류의 위대한 발명품으로 중요한 사회적 기술의 구체적인 예이다. 그 후 세계 거의 모든 나라에서 '견제와 균형 원칙'을 근간으로 하는 헌법을 제정 운용하고 있다.

## 5. 신뢰와 협력

### 1) EU 통합[10]

#### (1) 인류 최고의 협력 드라마

EU 통합은 유럽에서 전쟁의 공포를 몰아냄으로써 생명의 안전과 실질적 자

10 강철규(2011) 참조.

유의 확대, 그리고 재산권의 보호 등 유럽인들의 절실한 요구를 실현하여 전 유럽을 평화와 신뢰의 사회로 만드는 역할을 하였다. 제2차 세계대전 후 많은 유럽 지식인과 정치 지도자들은 독일과 프랑스의 경제 라이벌 관계가 유럽 분쟁의 근원이고, 대륙을 휩쓴 잦은 전쟁의 주요 원인이었다고 지적하였다. 이를 어떻게 해결할 것인가가 과제였다. 경제학자 장 모네(J. Monnet)[11]가 기발한 창의적 아이디어를 내었다. 독일과 프랑스, 특히 두 나라가 서로 차지하려고 싸워 온 루르강과 자르강 유역에서 생산되는 석탄과 철강을 주변국에서 공동 관리하는 공동체를 만들자는 안이었다. 그의 친구였던 프랑스의 외무장관 로버트 슈만은 1950년 5월 9일 이른바 슈만 선언(Schuman Declaration)을 발표하였고, 1951년 프랑스, 독일, 이탈리아, 벨기에, 네덜란드, 룩셈부르크 6국은 유럽석탄철강공동체(ECSC)를 만들기로 한 파리조약에 서명하였다.[12] 이것이 분쟁지역의 공동관리를 성사시켜 분쟁의 씨앗을 없애고 오늘날 EU 통합의 역사를 만든 시작이었다. 이로부터 20세기와 21세기에 걸쳐 인류역사상 전례가 없는 사회적 기술의 종합 조형 드라마가 펼쳐졌다.

1951년 유럽석탄철강공동체(ECSC)의 설립으로부터 반세기 넘게 여러 단계의 굵직한 통합기술을 발휘하여 오늘의 유럽연합이 구축되었다. 현재는 무려 27개국이 유럽연합으로 통합하여 4억 4000만 명 이상의 인구에 세계 2위 수준의 GDP를 자랑하는 모습으로 발전하였다. 1957년 로마조약에 의한 유럽경제공동체(EEC)의 발족, 1970~1980년대의 참가국 확대, 1987년 단일유럽의정서

11 경제학자이며 외교관으로 제2차 세계대전 후 모네 플랜을 제안하여 1950년 공식적인 슈만선언의 기초를 닦았고 유럽석탄철강공동체(ECSC) 발족을 주도하였을 뿐만 아니라 1952~1955년 이 공동체의 의장을 지냈다.

12 당시 프랑스 외무장관이었던 R. 슈만과 J. 모네가 고안한 이 선언에 따르면 역사적으로 전쟁의 근원지였던 프랑스와 독일 간 국경을 중심으로 석탄 및 철강 부문에 있어서 공동시장(common market)을 설립하자는 것이었다. 그 요지는 중무기 생산의 원료인 이 두 부문을 공동으로 투명하게 관리한다면 결국 전쟁을 생각할 수 없을 뿐만 아니라 물리적으로 불가능(not only unthinkable but also materially impossible)하게 한다는 것이다. 보다 자세한 내용은 강철규(2016) 참조.

합의, 1992년 마스트리히트 조약에 의한 단일통화 유로화 채택, 2009년의 리스본 조약에 의한 유럽헌법 조약 성립의 긴 과정으로 아직도 연합체로의 통합 조형 기술을 발전시키고 있다. EU는 유럽석탄철강공동체로 시작하여 경제통합으로 나아가 정치통합으로 점차 진화하였다. 국경조치 폐지, 단일통화 유통 등 단일시장을 달성하여 비용절감과 효율성 증가로 생산성을 높이는 성과를 내었다. 유럽연합이 공동으로 연구개발, 외교정책, 안전보장 유지 정책을 만들어 간 것은 정치통합의 성과물이었다. 정치 외교적으로 평화체제 구축을 내세우는 협상으로 시작했다면 초기에 실패했거나 성과를 예측할 수 없는 험난한 길을 걸었을지도 모른다.

### (2) 인간존중의 가치추구

유럽헌법 조약은 유럽연합이 추구하는 가치를 분명하게 천명하고 있다. 유럽연합의 가치는 인간의 존엄성(human dignity), 자유(freedom), 민주주의(democracy), 평등(equality), 법치(the rule of law) 그리고 인권에 대한 존중과 소수자에 대한 존중(respect for human rights and the rights of minorities)이라고 하였다(I장 2조).

EU의 기본권 헌장에 명시되어 있는 권리들은 미국의 권리장전과 수정헌법 조항에 담겨 있는 권리들을 초월한다. 우선 '생명의 권리'가 있다. "아무도 사형을 당하지 않는다." 또 모든 사람은 "자신의 육체적, 정신적 활동을 존중받을 권리가 있다. … 우생학, 특히 '인종개량'을 목표로 한 실험"은 금지된다. 인간 장기판매와 인간 복제도 금지된다. 모든 사람은 "개인 신상 정보를 보호받을 권리"를 갖는다. 마찬가지로 "모든 사람은 자신과 관련해 취합한 정보에 접근할 권리, 그것의 수정을 요구할 수 있는 권리를 갖는다". 모든 사람은 "결혼할 권리", "가정을 이룰 권리"를 갖는다. 모든 사람은 "자신의 이익보호를 위해 노조를 결성하고 노조에 가입할 권리"를 갖는다. "모든 사람은 교육을 받고 직업

교육 및 평생교육에 접근할 권리를 갖는다." 성별, 인종, 피부색, 민족 및 종교적 배경에 근거한 차별이 금지될 뿐 아니라 유전적 특징, 언어, 견해에 기초한 차별도 금지된다. EU는 "문화, 종교, 언어의 다양성"을 존중한다. 어린이들은 "필요한 모든 보호와 보살핌을 받을" 전통적인 권리뿐만 아니라 "자신의 견해를 자유롭게 밝힐 권리"도 보장받는다(리프킨, 2005/2004: 275~276 참조).

사회보조 및 주택확보를 위한 보조와 높은 수준의 환경보호와 환경의 질 향상도 보장한다고 되어 있다.

EU는 현대 세계에서 생명의 존엄성과 새로운 인간존중을 주창하는 선구자임이 분명하다. 또한 그 초점이 국민이나 영토, 국가를 넘어 인류 전체와 우리가 사는 이 지구로 확장함으로써 보편주의를 지향한다(리프킨, 2005/2004: 277).

### (3) 신냉전을 어떻게 극복할 것인가가 과제

EU 통합은 그것이 이미 유럽지역에서 70년 이상 전쟁의 위험을 제거했다는 점에서 커다란 성과를 거두고 있다. 또 다른 큰 성과는 인간 생명의 존엄과 자유를 최고의 가치로 하는 유럽 헌법 조약을 채택한 점이다. 인간존중의 가치 실현을 위해 복수 국가 간에 합의한 최고의 헌법조약으로 인류가 지향할 중요한 가치가 무엇인지를 상세하게 명시한 최초의 헌법으로 평가된다.

그 시작이 정치인이 아닌 경제학자 장 모네의 창의적 아이디어에서 비롯되었고 관련국들이 경제적 이익을 보호하는 데 동의하여 성취될 수 있었다. 시간이 걸렸지만, 단계적 접근이 하나의 성공 요인이었다. 처음에 경제공동체로 발전하였고 그런 연후에 정치통합으로 한 걸음씩 나아갔다. 유럽의회를 만들고 EU 집행위원회를 만들고 헌법조약을 만드는데 까지 나아갔다.

EU 통합을 새로운 유러피언 드림으로 보고 있는 리프킨은 EU 통합에 대하여 다음과 같이 말하고 있다.

"세계적으로 연결되는 동시에 지역적으로 소속되기를 갈망하는 세대는 포괄성, 다양성, 삶의 질, 지속 가능성, 심오한 놀이, 보편적 인권, 자연의 권리, 평화에 중점을 두는 유로피언 드림에 점점 더 매력을 느끼고 있다"(리프킨, 2005/2004: 367).

물론 경제적으로도 아직 노동과 자본의 자유이동이 제약을 받고 있고, 개별 국가 이익과 유럽연합의 이익을 어떻게 조정할 수 있는가, 그리고 서로 발전단계가 다른 나라들을 마찰 없이 더 높은 단계로 통합하는 방안 등이 항상 대두되는 문제들이다. 그러함에도 불구하고 생명과 인간의 존엄성 회복 그리고 평화를 위한 제도 도입, 조직 운영 등 사회적 기술 차원에서 보면 EU 통합은 인류역사상 최고 수준의 실험이자 거대한 성과라고 할 만하다.

앞으로 EU통합이 더 큰 성공을 거두기 위해서는 러시아·우크라이나 전쟁과 미국과 중국 간 헤게모니 전쟁과 같은 신냉전 체제 속에서 EU가 이를 어떻게 극복하여 유러피언 드림을 세계평화로 글로벌화할 것인가의 과제를 풀어야 할 것이다.

### 2) 싱가포르와 홍콩의 반부패 제도[13]

싱가포르와 홍콩 두 나라는 현재 세계적 청렴국들이다. 이들 두 나라가 청렴국이 되기까지에는 한 가지 공통점이 있다. 싱가포르 탐오조사국(1952년 설치, 1959년 리콴유 인민해방당집권 후 신뢰 획득)과 홍콩의 염정공서(1974년)라는 반부패기구를 성공시킨 점이다. 이들 반부패기구를 성공적으로 도입한 후 두 나라는 국제투명성기구(TI)가 매년 발표하는 반부패지수에서 세계 최상위권을 유지하고 있다. 어느 나라든 부패가 만연되면 로비와 불공정 행위에 밀려 상호신뢰를 통한 건전한 경제활동이 억제되고 자유롭고 창의적 활동이 사라지게 된다. 사회구성원들 간의 갈등이 격화되어 사회 발전을 위한 에너지를 고갈시

13 강철규(2016) 참조.

켜 쇠퇴의 길을 걷게 된다. 제2차 세계대전 이후 반부패 기구를 만들어 고위권력자에 대한 견제와 균형을 잘 실현한 싱가포르와 홍콩 두 나라는 투명한 신뢰사회로 발돋움하여 시민들에게 활력을 불어 넣는 에너지 $E_1$ 증가에 성공하였다 할 수 있다.

### (1) 싱가포르의 탐오조사국

탐오조사국(Corrupt Practice Investigation Bureau: CPIB)이 설립되기 이전인 1940년대부터 1950년대까지도 싱가포르는 부패가 일상화된 부패 만연국이었다. 압수한 거액의 아편 도난 사건에 경찰이 관련되었다는 사실이 알려지면서 아직 영국으로부터 독립 이전인 싱가포르에서 1952년 탐오조사국이 검찰청 산하에 작은 기구로 설치되었으나 조사권의 미비 등으로 큰 성과를 내지 못하였다. 그러나 1959년에 인민행동당(the People's Action Party)이 집권하면서 상황이 급변하였다. 리콴유 초대 수상의 확고한 의지가 반영된 부패방지법에 의해 1959년부터 탐오조사국은 검찰청 소속에서 수상실 직속으로 격상되어 그야말로 누구의 간섭도 받지 않고 조사권을 행사할 수 있는 독립적 반부패 기구로 변신하였다. 수많은 부패 공직자가 자리에서 쫓겨났으며 조사받기를 꺼리는 공직자들은 스스로 자리에서 물러나기도 하였다. 리콴유 수상의 친구이자 동지인 경제부 장관이 탐오조사국의 조사 대상에 포함되자 당사자가 수상에게 호소하였음에도 리콴유 수상은 공정하게 조사받기를 권유하였다. 집에 돌아온 장관이 이튿날 아침 자택에서 자살한 채로 발견된 사건이 일어났다. 이 사건을 접한 국민들은 탐오조사국을 신뢰하기 시작하였고 적극적으로 지지하게 되었다. 제도의 도입과 더불어 반부패의 확고한 의지를 보인 국가 최고 지도자의 리더십이 중요함을 알 수 있다. 2020년 현재 싱가포르는 TI 반부패 지수로 보았을 때 세계 3위를 유지하고 있다.

### (2) 홍콩의 염정공서

오직(汚職)에 대항하는 독립위원회라는 뜻의 홍콩의 염정공서(廉政公署, Independent Commission Against Corruption: ICAC)는 1974년에 발족하였다. 발족 당시 조사단을 싱가포르에 파견하는 등 싱가포르의 반부패 성과를 참고하여 설립한 것이다. 염정공서의 출범 시 이야기는 흥미진진하다. 1970년대 이전 홍콩은 1940~1950년대의 싱가포르 못지않게 "찻값", "검은돈", "뒷거래" 등 다양한 부패가 일상적으로 일어나고 있었다. 특히 경찰관의 오직이 일상다반사였다. 경찰 내부에 부패 전담 부서를 설치하였지만 소용없었다. 1973년에 영국 국적의 경찰관 고드버(Peter Godber) 총경의 오직 사건이 발생했다. 고드버는 430만 홍콩 달러를 가지고 출국 금지에도 불구하고 영국으로 도망쳐 버렸다. 영국 본국에서는 증거불충분으로 체포되지 않았다. 이것이 홍콩 시민들의 분노를 폭발시켜 항의 데모가 일어났다. 학생들을 중심으로 공원에 운집한 시민들은 '부패 척결, 고드버 체포'를 주장하며 그를 송환하여 재판정에 세울 것을 요구하였다. 이 때문에 1973년 6월 매클리호스(MacLehose) 홍콩 총독은 조사위원회의 건의대로 즉시 독립적인 반부패기구 안을 입법위원회에 제출하였고 1974년 2월에 염정공서가 발족된다. 염정공서의 첫 번째 업무는 고드버 총경사건 처리였다. 그를 영국에서 체포하여 홍콩으로 압송한 후 재판에 회부하였고, 모의죄와 뇌물죄로 4년의 징역형을 받게 하였다. 이는 염정공서가 반부패기구로 우뚝서는 랜드마크와 같은 사건이었다. 염정공서는 법 집행, 예방 그리고 교육업무를 통하여 홍콩 시민의 높은 신뢰를 얻게 되었고 그 결과 과거의 일상적이었던 부패는 크게 줄어들었다. 견제와 균형을 성공시키는 데는 좋은 제도의 도입과 더불어 업무처리에 있어서 독립성의 보장이 중요함을 말해준다.

다만 염정공서의 엄한 취조에 대해 1977년에는 경찰관들이 염정공서 앞에 와서 항의 데모를 하는 등 반발이 컸다. 이에 따라 경찰관들의 가벼운 죄에 대해서는 불문에 부치겠다는 타협을 하기도 하였다. 고드버 사건을 계기로 염정공서는 시민들의 탄탄한 신뢰를 얻게 되었고 홍콩 공직자들의 부패를 척결하는 확고한 기구로 성장하여 홍콩을 세계적으로 투명한 나라로 만드는 데 큰 역할을 하였다. 2020년 국제투명성 기구의 반부패 지수 발표를 보면 홍콩은 11위로 나타났다. 홍콩이 중국에 반환되기 전에는 세계 3위(1997년)였으나 반환 후 16위까지 떨어졌다가 점차 나아지고 있다.

## 6. 결론

이 글에서 필자는 사회적 기술이 인간존중의 가치를 실현하였던 역사적 사례들을 살펴보았다. 제도나 조직의 도입과 리더십을 발휘하는 등의 사회적 기술(ST)은 신분평등, 경제성장, 견제와 균형, 신뢰와 통합 등을 이루어 더 많은 사회구성원에게 새로운 기회와 동기를 부여함으로써 에너지 $E_1$을 증가시켰다. 그 결과 생명, 자유, 신뢰, 환경과 같은 인간존중의 기본가치들이 살아나는 문화 $C_V$를 창조하게 되고 개인은 호락 극대화(J max)와 좋은 삶(good life)을 추구할 수 있었다.

로마의 해방노예제 실행, 중세 농노제를 무너트리고 자유도시에서 활동하는 근대자유인을 출현시킨 르네상스, 미국의 노예해방전쟁, 지주소작제를 해체하여 평등을 실현한 한국의 농지개혁 등에서 보듯이 신분제를 개혁함으로써 억눌렀던 생명의 상대적 가치를 높이고 많은 사람에게 새로운 기회와 더 나은 삶의 조건을 제공하였다.

16세기 관용과 자유의 도시 네덜란드는 기업제도, 주식시장 등 새로운 경제제도를 도입하여 금융과 무역을 발전시켰다. 레이던에서 이주한 렘브란트, 암스테르담에서 태어난 스피노자, 출판을 위해 암스테르담에 거주한 데카르트, 영국을 떠나 망명생활을 한 존 로크 등 세계적 학자와 예술가들이 이곳에 모여들고 과학실험도 확산되었다. 역동성과 창의력이 발현된 사례다. 명예혁명 후 영국에서는 사유재산권이 확립되고 영란은행의 출현과 과학혁명이 촉발되는 등 산업혁명을 싹트게 하였다. 경제성장은 생명의 존속과 번영에 기여한다. 이를 통해 더 많은 사람들이 경제적 자유를 누리게 되고 사회적 관계를 넓혀 일과 문화의 발전을 이룩한다.

영국 명예혁명으로 왕권을 견제하는 의회제도가 확립된 데 이어 근대 최고의 발명품이라고 일컬어지는 입법 사법 행정의 3권분립이 미국 헌법에 최초로 반영된 것은 견제와 균형 제도의 확산에 획을 그었다. 이들은 자유의 확대에 크게 기여했다. 그 후 전 세계로 확산된 견제와 균형 제도는 정치 경제 등 각 분야에서 권력의 독재와 경제의 독점을 방지하여 생명의 존중과 자유의 확대를 실현하였다. 이 제도는 오늘날까지 반부패 및 투명경영을 실현하는 등 다양한 분야에서 전 세계적으로 확산되고 있다.

함무라비법에서 로마법, 나폴레옹법에 이르기까지 법치는 사회의 질서와 신뢰를 높이는 데 중요한 역할을 하였다. 정직성, 전문성, 일관성과 사익 못지않게 공동선을 존중하는 등의 신뢰 기반구축은 남에게 해가 되지 않고 협력하는 자유롭고 건전한 사회관계를 확산시킨다. 유럽을 전쟁이 없는 생명 존중의 평화지역으로 만들기 위해 분쟁지역이었던 루르·자르지방을 주변국이 공동관리하는 유럽석탄철강공동체(ECSC)를 만들고, 이어 유럽공동체와 유럽연합으로 발전시킨 EU 통합은 현대 사회적 기술의 종합판이었다. 분열과 갈등을 통합으로 이끄는 법치와 타협의 기술은 전쟁을 억제하고 불필요한 사회적 대립을 줄임으로써 평화로운 사회경제 발전에 기여하였다.

이같이 사회적 기술은 사회구성원들의 상대적 가치를 변화시키고 기회와 조건의 평등을 확대하여 사회경제발전을 견인하였다. 이것은 인간존중의 가치실현이 발전이고 사회적 기술이 이를 만들어간다는 명제를 더욱 강화시켰다.

사회적 기술이 인간존중의 가치를 실현한 역사적 사례들로부터 다음과 같은 몇 가지 명제가 추출된다.

① 역사 발전에 기여한 사회적 기술들 중 예컨대 인간의 상대적 가치를 평준화시킨 신분제도 개선, 인류의 존속과 번영을 가져온 생산과 분배 제도, 정치의 독재와 경제의 독점을 막아 인류의 자유권을 확대시킨 3권분립과 같은 견제와 균형 제도, 공정성과 예측 가능성을 높인 신뢰와 법치, 분열과 갈등을 봉합한 협력과 통합의 기술, 생산과 교역을 확대시킨 재산권 보호 제도 등이 인간존중의 가치실현에 큰 역할을 하였다.

② 그러한 사회적 기술들은 투쟁, 혁명, 탐험, 아이디어 제공, 학문적 기여, 정치적 합의 등 다양한 과정을 거쳐 제도화됨으로써 사회구성원들의 호락추구와 좋은 삶을 위한 기회의 제공과 조건의 평등을 만드는 데 기여했다. 시간도 걸리고 희생도 있었다.

③ 생명, 자유, 신뢰, 환경 등 기본적 가치들은 경제성장, 법치, 민주주의, 경쟁 등과 같은 보완적 가치의 도움으로 실현된다. 이들 보완적 가치들은 그 자체가 최종 목적은 아니다. 그것이 기본적 가치를 향상시킬 때 의미를 가진다.

④ 사회적 기술들은 시대적 제약을 받는다. 특정한 사회적 기술은 특정한 역사적 시기에 나타난다. 시대를 크게 앞선 조숙한 기술은 선구적 역할은 하지만 반드시 당대에 성공하는 것은 아니다.

⑤ 사회적 기술은 제도, 조직, 운용 능력의 순서로만 전개되는 것은 아니다. 그 거꾸로도 이루어질 수 있다. 비전을 가진 사람들의 리더십이 리드할 수도 있고 운영과정에서 제도와 조직이 새로 등장하거나 개선 강화될 수도 있다.

인간존중의 가치실현이 발전이고 사회적 기술이 이를 만들어간다는 명제가 오늘날 우리 사회에 던지는 시사점은 무엇인가.

첫째, 가치서열을 재정립시킨다. 무엇이 가장 가치 있는 일이고 무엇이 그 수단인지 등 서열을 정해준다. 성장보다 인간의 좋은 삶이 더 중요한 목표가 된다. 생명, 자유, 신뢰 등 기본가치와 성장, 민주주의, 공정, 복지, 경쟁 등 보완적 가치가 구분된다. 정의가 소득, 지위, 직업 등 보다 위에 있는 개념이다.

일은 경제인 동시에 문화라는 점에서 그 가치가 재평가되어야 한다. 일의 가치를 평가하는 기준은 보상받는 소득보다 개인의 호락추구와 사회공동선에 참여하는 정도에 따라 평가되어야 한다.

둘째, 나라 경영에 필요한 사회적 기술들에 대한 평가 기준을 제시한다. 생명존중, 자유확대, 신뢰구축, 환경보전 등 기본적 가치의 실현에 기여하는지 여부로 평가된다.

셋째 정치는 시대적 상황에 맞는 좋은 사회적 기술들을 찾아내 실현시키는 것이다. 역사의식을 갖고 제도 생산을 하는 의회와 이를 실행하는 행정부의 역할이 중요하다. 다만 견제와 균형을 위한 권력분립이 이루어져야 하고 그 속에서 정부의 모든 부서가 제 역할과 기능을 다하는 것이 중요하다.

이러한 인간존중의 문화 $C_V$를 창조하기 위해서는 에너지 $E_1$에 활력이 붙어야 하고 기술 $T_1$의 발전이 지속되어야 한다.

## 참고문헌


강철규. 2011. 『소셜테크노믹스: 사회적 기술이 역사를 바꾼다』. 엘도라도.

_____. 2016. 『강한나라는 어떻게 만들어지나』. 사회평론.

_____. 2023. 「사회경제발전의 새 패러다임: 인간존중의 가치 실현이 발전」. ≪경제발전연구≫, 29호, 3호.

강철규·이재형. 2018. 「한국의 농지개혁은 어떻게 경제성장에 영향을 미쳤는가」. ≪경제발전연구≫, 24권, 1호.

김구. 2002(1943). 「백범일지」. 『나의 소원』. 서종택 편집. 소담출판사.

김재호. 2014.6.9. "[경제학자가 본 한국사] (16) 조선시대 노비의 수요와 공급". ≪생글생글≫, 431호.

레이코프, 조지(George Lakoff). 2007(2006). 『프레임 전쟁』. 나익주 옮김. 창비.

_____. 2009(2006). 『자유전쟁』. 나익주 옮김. 웅진씽크빅.

리프킨, 제러미(Jeremy Rifkin). 2005(2004). 『유러피언 드림』. 이원기 옮김. 민음사.

몽테스키외(Montesquieu). 2004(1749). 『법의 정신』. 이재형 옮김. 문예출판사.

바인하커, 에릭(Eric Beinhocker). 2007(2006). 『부의 기원』. 안현실·정성철 옮김. 랜덤하우스.

박지원. 1990(1799). 「限民名田議」. 이동환 외. 『한국의 실학사상』. 삼성출판사.

볼테르(Voltaire). 2014(1733). 『철학 편지』. 이병애 옮김. 서울: 동문선.

샌델, 마이클(Michael J. Sandel). 2020. 『공정하다는 착각』. 황규진 옮김. 와이즈베리.

센, 아마티아(Amartya Sen). 2001(1999). 『자유로서의 발전』. 박우희 옮김. 세종연구원.

쇼토, 러셀(Russel Shorto). 2016(2013). 『세상에서 가장 자유로운 도시, 암스테르담』. 허형은 옮김. 교보문고.

애쓰모글루(D. Acemoglu)·로빈슨(J. Robinson). 2012. 『국가는 왜 실패하는가?』. 최완규 옮김. 시공사.

와일, 데이비드(David N. Weil). 2013(2005). 『경제성장론』. 백웅기·김민성 옮김. 시그마프레스.

유성운·김태호. 202.6.28. "조선시대 인구 40%가 노비라는데…노비는 '노예'와 다를까". ≪중앙일보≫.

최연혁. 2012. 『우리가 만나야 할 미래』. 쌤앤파커스.

펠프스, 에드먼드(Edmund Phelps). 2016(2013). 『대번영의 조건: 모두에게 좋은 자본주의란 무엇인가』. 이창근·홍다운 옮김. 열린책들.

피케티, 토마(Thomas Piketty). 2014(2013). 『21세기 자본』. 장경덕 외 옮김. 글항아리.

하퍼드, 팀(Tim Harford). 2008. 『경제학 콘서트』. 이진원 옮김. 웅진지식하우스.

Becker, Sascha and Ludger Woessmann. 2009. "Was Weber Wrong? A Human Capital Theory of Protestant Economic History." *The Quarterly Journal of Economics*, Vol. 124, Iss. 2, pp. 531~596.

Bruckhardt, Jacob. 2016(1860). *The Civilization of the Renaissance in Italy*. Hansebooks.

Dollar, D. and A. Kraay. 2000. "Property rights, Political rights, and the development of Poor countries in the Post-colonial period." World Bank(Oct. 2000).

Kang, Chul-kyu and Jae-Hyung Lee. 2009. "The Economic Growth Effect of Social Technology Improvement: A Cross-Country Analysis." JKED(2009.6).

Nelson, Richard. 2003. "Physical And Social Technologies and Their Evolution." Columbia University working paper.

North, Douglass C. 1990. *Institutions, institutional Change and Economic Performance*. Cambridge University Press.

North, D. and B. Weingast. 1989. "Contributions and Commitment: The Evolution of Institutions Governing Public Choice in Seventeenth Century England." *The Journal of Economic History*, Vol. 49, No. 4, pp. 803~832.

North, D. and R. Thomas. 1973. *The Rise of the Western World: A New Economic History*. Cambridge University Press

Thorley, J. 2005. *Athenian Democracy*. Routledge.

White, Leslie A. 1949. *The Science of Culture: Man and civilization*. N.Y.

_____. 1959. *The Evolution of Culture*. N.Y.

제2장

# GDP 너머 국민총행복

Beyond GDP의 연구 및 실천동향

박진도 | 충남대학교 명예교수, 국민총행복전환포럼 이사장

## 1. 왜 GDP 너머인가

≪뉴욕타임스≫ 기사에 1920년대까지는 '경제' 혹은 '경제적'과 같은 단어는 거의 사용되지 않았고, '경제성장'이란 용어는 1960년대 초에 처음 사용되기 시작했다(Hoekstra, 2020.10). 그러나 경제 담론은 대공황, 1970년대와 1980년대 초, 1990년대 초 그리고 금융위기와 코로나19 팬데믹을 거치면서 절정에 달하고 있다. 경제위기가 끝날 때마다 경제 담론은 더 높은 수준에서 공고화되고 있다. 경제담론이 오늘날 경제학자뿐 아니라 정치인과 언론 그리고 일반 대중을 사로잡고 있는 배경에는 국내총생산(GDP)이 있다.

GDP는 한 국가 내에서 생산된 모든 재화와 서비스를 시장가치로 환산한 것이다. 이처럼 GDP는 원래 경제규모를 측정하기 위해 만들어진 것이지만, 오늘날 GDP는 사회에서 가장 중요한 지표로 간주되며, 많은 사람들이 '성공'의 척도로 인식하고 있다. 경제가 성장하면 무조건 좋은 일, 즉 "성장 = 좋은 것"으로 받아들인 반면, 경제가 위축되면 사회 전반에 불안과 공포가 확산된다. 노벨경제학상 수상자인 조지프 스티글리츠는 이러한 현상을 "GDP 맹목적 숭배(GDP-fetishism)"라고 하였다(Stiglitz, 2009.9.7).

그런데 GDP에 대한 비판은 초기부터 있었다. GDP의 창시자인 사이먼 쿠츠네츠는 1934년에 "사람들의 복지(welfare)는 국민소득으로 측정할 수 없다"고 경고했다. 경제학자들은 GDP의 한계를 알고 있으며, 정치인조차 GDP의 단점을 잘 알고 있다. 그래서 GDP를 대체하여 인간의 웰빙(행복)을 측정할 수 있는 대안지표를 만들기 위한 많은 시도들이 있어 왔다.[1] 그렇지만 아직 성공을 거두지 못하고 있다. 그 이유는 무엇일까.

국내총생산(GDP)은 어떻게 세계에서 가장 영향력 있는 지표가 되었을까? 웰빙이나 지속 가능성을 고려하지 않는다는 비판이 널리 퍼져 있음에도 불구하고 여전히 사회 발전의 주요 척도로 남아 있는 이유는 무엇일까? 'GDP 너머(Beyond GDP)'의 많은 대안이 GDP의 지배력에 효과적으로 도전하지 못하는 이유는 무엇일까? 『2030년까지 GDP 대체하기(Replacing GDP by 2030)』의 저자 루트거 호크스트라는 GDP의 성공과 'GDP 너머'의 실패를 그 기반이 되는 커뮤니티에서 찾고 있다(Hoekstra, 2019). 즉 GDP를 신봉하는 거시경제 커뮤니티는 그들의 언어를 '국민계정체계'(System of National Accounts: SNA)로 공식화한 반면에, 대안 커뮤니티는 서로 다른 다양한 방언, 억양 및 언어로 말하는 이질적인 커뮤니티이다. 호크스트라는 'GDP 너머의 가내수공업(Beyond GDP cottage industry)'으로는 'GDP 다국적(GDP-multinational)'을 결코 이길 수 없다고 하였다.

오늘 우리는 불평등, 포퓰리즘, 기후변화, 생물다양성 훼손, 자원고갈, 사생활 침해, 인종차별, 글로벌 독점기업 등 다양한 위험에 직면해 있고, 코로나19 팬데믹은 이러한 위험을 악화시켰다. 팬데믹 이후 세계는 '성장 이후의 사회'를

1 행복(happiness)과 웰빙(wellbeing)은 서로 관련된 개념이지만 반드시 같은 것은 아니다. 심리학자들은 행복을 주로 개인의 주관적 감정에서 접근한다. 경제학자들은 웰빙을 더 광범위하고 포괄적인 개념으로 이해하는 경향이 있다. 그러나 개인의 행복이 아니라 사회의 행복 혹은 행복한 사회는 다양한 요소의 웰빙(예를 들면, 경제적·사회문화적·정서적·신체적·정신적 웰빙)이 실현되고 있다. 그런 점에서 이 글에서는 행복과 웰빙을 구분하지 않고 사용하고 있다.

고민하고, 인간의 웰빙과 지속가능성을 실현하기 위한 다양한 노력을 하고 있다. 그러나 세계에서 '행복과 성장의 괴리'가 가장 큰 나라 중 하나인 대한민국은 여전히 성장주의의 미몽에서 벗어나지 못하고 있다.

이 글은 '부자가 되었지만 행복하지 못한 나라', 대한민국에서 성장과 행복의 괴리가 얼마나 심각한가를 살펴본다. 나아가 성장을 더 해도 우리가 더 행복해지지 않을 뿐 아니라, 더 이상 성장 자체가 어렵다는 사실을 밝힌다. 그리고 더불어 행복한 사회로 나아가기 위해서는 우리사회의 패러다임을 경제성장(GDP)에서 국민총행복으로 전환할 것을 촉구하고, 'GDP 너머'를 실현하기 위한 국내외 다양한 실천들을 살펴본다.

## 2. 성장과 행복의 괴리가 큰 대한민국

### 1) 부자 나라가 되었지만 행복하지 않은 대한민국

필자가 대학 다니던 1972년, 박정희 전 대통령은 10월 유신 독재를 선포하면서 "대망의 1980년대가 되면 1백억 달러 수출, 1인당 국민소득 1천 달러, 마이카(my car) 시대가 열릴 테니 노동운동을 탄압하고 인권을 제한하고 독재를 하더라도 참으라"고 했다. 당시 대학생들은 '마이 카'는 고사하고 '마이 바이시클'이라도 생기면 좋겠다면서 10월 유신을 조롱하고 박정희 독재에 반대했다.

해방 직후 아시아 최빈국이었던 우리나라는 지금 1인당 국민소득이 3만 달러를 훌쩍 넘고 경제규모 세계 10위권의 경제대국이 되었으며, '마이카'가 길거리를 넘쳐난다. 뿐만 아니라 정치적 민주화에도 성공하였고, 이른바 케이 팝으로 대표되는 케이 문화가 영화와 드라마 등에서도 세계의 주목을 받고 있다. 케이 푸드에 대한 관심이 뜨거워 해외의 한국 식당이 성업을 하고 있다. 우리 모두가 자랑스러워할 만한 일이다.

그런데 우리는 과연 선진국 국민으로서 얼마나 자긍심을 갖고 있을까. 그리고 삶에 대해 어느 정도 만족하고 행복할까. 우리의 삶은 경제지표와는 상당한 거리가 있다. 한마디로 선진국은 되었는데 행복하지 못한 것이 대한민국의 실상이다. 세계 최저의 출생률과 세계 최고의 자살률,[2] 노인빈곤율, 산업재해율 그리고 최고 수준의 불평등 등이 우리의 어깨를 움츠려 들게 한다. 요즘 젊은이들은 이전 세대보다 더 행복할까. 젊은이들이 3포(연애, 결혼, 출산 포기), 5포(3포 + 인간관계, 내 집 포기), 7포(5포 + 꿈, 희망 포기), 나아가 n포 세대니 하는 말을 들으면 마음이 아프다. 심지어 우리는 '헬조선'이라고 자조하기에 이르렀다. 예전에는 중학교, 고등학교만 졸업해도 취직을 해서 나름 꿈과 희망을 갖고 살았는데, 80%가 대학에 진학하는 요즘 세상에 n포 세대니 헬조선이 웬 말인가.

우리 국민이 행복하지 않다는 것은 국제비교를 통해서도 확인할 수 있다. 국제적으로 나라별 행복수준을 비교할 수 있는 대표적인 자료(〈표 2-1〉)가 UN 「세계행복보고서(World Happiness Report)」와 OECD(경제개발협력기구) '더 나은 삶의 지수(better life index)'인데, 우리나라의 행복순위는 매우 낮다. 문제는 행복순위가 오르기는커녕 점점 떨어지고 있다는 점이다.[3] 유엔 세계행복보고서에 따르면 2013년에 41위였던 것이 2023년에는 57위로 떨어졌다. OECD 38개 국

2 우리나라 자살률은 2000년 인구 10만 명당 13.7명에서 2011년 31.7명으로 급증한 후 감소 추세를 보이다가 2017년 이후 다시 증가세로 돌아섰다. 2019년 기준으로 우리나라의 자살률은 25.4명으로 OECD 국가 가운데서 가장 높았다. 특히 청소년의 자살률 증가가 심각한데, 2000~2021년에 12~14세의 청소년의 자살률은 1.1명에서 5명으로 급증하였고, 15~17세의 청소년의 자살률도 5.6명에서 9.5명으로 늘어났다.

3 국제비교에서 우리나라가 반드시 하위권에 있는 것은 아니다. 사회진보지수는 행복지수에 비해 상대적으로 높은 순위를 차지고 하고 있다. 2021년 사회진보지수(Social Progress Index: SPI) 조사 결과, 우리나라가 세계 168개국 가운데 17위를 차지했다. Social Progress Imperative, 2021 Social Progress Index(https://www.socialprogress.org/). 영국의 싱크탱크인 레가툼연구소는 2019년 5월 25일 '2019 레가툼 번영지수'를 발표했다. 세계 167개국을 대상으로 안전, 개인의 자유, 거버넌스, 투자환경, 기업여건, 시장 접근도와 기간시설, 경제의 질, 생활환경, 보건, 교육, 자연환경, 사회자본 등 12개 항목을 평가해 그 나라의 번영 정도를 측정한 결과다. 한국은 종합순위 29위로 상위권을 차지했다.

〈그림 2-1〉 한국은 성장 대비 저행복 국가

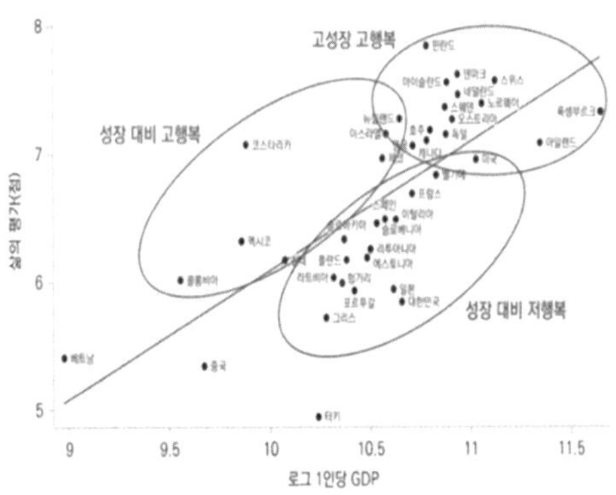


주: 「2021 세계행복보고서」 기준.
자료: 김성아(2022).

가 가운데서 36위를 기록하였다. OECD의 '더 나은 삶의 지수' 조사에서는 2011년 24위에서 2022년에는 32위로 하락했다.

세계행복보고서를 이용하여 한국보건사회연구원이 분류한 바에 따르면 우리나라는 '성장 대비 행복도가 가장 낮은 나라로 분류되었다. 이웃 나라 일본과 어깨를 겨누는 것은 우연이 아닐 것이다.

(1) '헝그리'에서 '앵그리'로 변한 한국사회

경제성장 지상주의에 힘입어 우리나라는 소득이 100달러도 안 되던 아시아 최빈국에서 지금은 다른 나라를 원조하는 선진국으로 발돋움했다. 그런데 지금은 성장 동력이 현저히 떨어졌다. 더 이상 고도성장은 물론 저성장조차 기대하기 어렵다. 재벌 대기업 중심의 수출경제가 한계를 나타내고, 수도권 중심의 지역 간 불균형이 우리 경제의 발목을 잡고 있다. 더욱이 성장주의로 인해 극도로 나빠진 불평등과 양극화가 성장 자체를 저해하고 있다.

이러한 가운데 공동체는 붕괴하고 사회적 갈등이 심화되고 있다. 사정이 어려워지니 사람들은 각자도생을 외치고 그럴수록 외톨이 사회가 되어간다. 청

〈표 2-1〉 한국인의 분야별 행복도 국제 비교

| UN 세계 행복 보고서(2023) | | | | | | | OECD 더 나은 삶의 지수(2022) | | |
|---|---|---|---|---|---|---|---|---|---|
| 구분 | 삶의 만족도 (0~10점) | 1인당 GDP($) | 사회적 관계 | 건강기대 수명(세) | 자율성 | 부패 인식 | 분야별 지표 | 지수 | 순위 (41개국) |
| 핀란드 | 7.50 | 53,983 | 0.97 | 71.15 | 0.96 | 0.18 | 주거 | 7.5 | 7위 |
| 호주 | 7.09 | 59,934 | 0.93 | 71.05 | 0.89 | 0.50 | 소득 | 3.4 | 22위 |
| 캐나다 | 6.96 | 52,051 | 0.93 | 71.40 | 0.87 | 0.42 | 고용 | 7.8 | 19위 |
| 미국 | 6.89 | 69,288 | 0.92 | 69.85 | 0.80 | 0.69 | **공동체** | **1.5** | **38위** |
| 영국 | 6.80 | 47,334 | 0.88 | 70.30 | 0.85 | 0.45 | 교육 | 7.8 | 11위 |
| 프랑스 | 6.66 | 43,519 | 0.91 | 72.30 | 0.82 | 0.55 | **환경** | **3.1** | **38위** |
| 일본 | 6.13 | 39,285 | 0.89 | 74.35 | 0.80 | 0.64 | 시민참여 | 7.8 | 2위 |
| 한국 (순위) | 5.95 (57위) | 34,984 (24위) | 0.81 (77위) | 73.65 (3위) | 0.71 (107위) | 0.70 (97위) | **건강** | **4.8** | **37위** |
| | | | | | | | 안전 | 8.8 | 11위 |
| | | | | | | | **워라밸** | **3.8** | **35위** |
| | | | | | | | **삶의 만족** | **3.1** | **35위** |

년들이 결혼해서 아이 낳기를 두려워하니, 출생률이 세계에서 가장 낮아졌다. 사회적 관계가 무너지고 불안과 불만이 가득해서 요즈음 사람들은 작은 일에도 화를 내고 싸운다. 경제성장 지상주의로 인해 우리사회는 전상인 교수의 말처럼 "빈곤사회(hungry society)에서 분노사회(angry society)로" 바뀐 것이다. 우리나라의 '화병'은 전 세계에서 통용되는 고유명사다. 사전을 찾아보면 영어로 'Hwa-byung(화병)'이라고 쓰고, '억압된 분노나 스트레스로 인한 정신적 또는 정서적 장애'라고 설명해 놓았다. 말하자면 우리 국민에게 고유한 병이다.

### 2) 왜 우리는 행복하지 않을까

유엔 「세계행복보고서」는 1인당 GDP(구매력 평가), 사회적 관계, 건강기대수명, 삶을 선택할 자유, 관용, 부패인식 등의 지표를 사용해서 각국의 삶의 만족도를 측정한다. 이에 따르면, 우리나라는 기대수명에서 3위, 1인당 GDP에서 28위로 상위에 속하지만, 삶의 만족도는 158개국 가운데 57위에 지나지 않는

〈그림 2-2〉 자산과 소득의 불평등 심화 (단위: %)

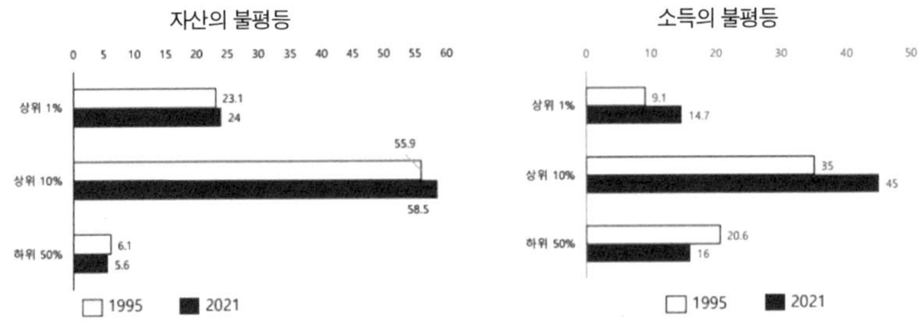


자료: World Inequality Lab(2022).

다. 사회적 관계나 자율성, 부패인식, 자율성에서 하위권을 맴돌고 있기 때문이다. 사회적 관계(social support)는 '당신이 어려움에 처했을 때, 언제라도 도움을 청할 친구나 친척이 있는지'를 묻고, 삶을 선택할 자유(freedom to make life choices)는 '당신이 살아가면서 무언가 선택할 수 있는 자유에 대해 만족하는지'에 대한 대답이다. 부패인식(corruption perception)은 '정부나 기업에 부패가 만연해 있는지' 알아본 결과다. 특히 행복을 결정하는 데 아주 중요한 요소인 자율성(선택의 자유)이 매우 낮다는 것은 심각하게 받아들여야 한다.

OECD의 '더 나은 삶의 지수'는 11개 지표를 사용하는데, 공동체 점수가 2022년에 만년 꼴지를 간신히 면해 41개국 가운데 38위이다. 이는 유엔 「세계행복보고서」에서 한국의 사회적 관계 점수가 낮은 것과 비슷한 맥락이다. OECD '더 나은 삶의 지수'에서도 우리나라의 순위를 낮추는 것은 소득이 아니라 공동체, 환경, 건강, 워라밸(일과 삶의 균형), 삶의 만족 지수다.

### (1) 심화하는 자산과 소득의 불평등

「세계 불평등 보고서 2022」에 따르면 우리나라의 자산 및 소득의 불평등 정도는 매우 높은 편인데, 날로 심화하고 있다(〈그림 2-2〉). 자산의 경우 상위 1%가 차지하는 비중은 1995년에서 2021년에 23.1%에서 24%로 증가하였다. 반면

〈그림 2-3〉 2022년 146개국 양성 평등 순위

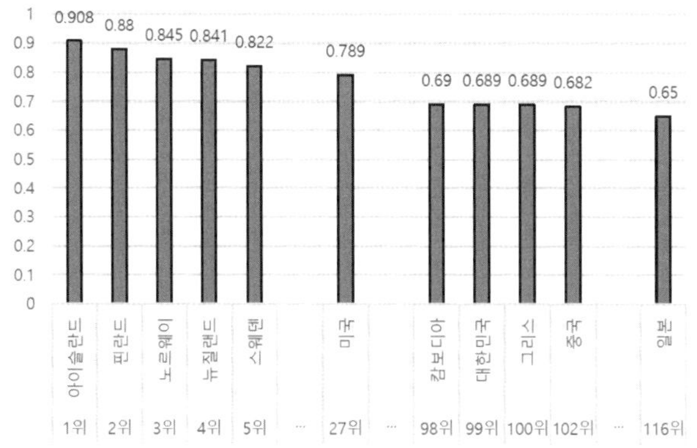


자료: World Economic Forum(2023).

에 하위 50%의 비중은 6.1%에서 5.6%로 줄어들었다. 소득의 불평등은 더욱 심화하였다. 상위 1%가 차지하는 비중이 9.1%에서 14.7%로 높아진 반면에 하위 50%의 비중은 20.6%에서 16%로 줄어든 것이다.

(2) 심각한 격차 사회

소득과 부의 불평등 이외에 우리나라는 성별, 학력별, 계층별 격차가 매우 심한 나라이다. 영국의 시사주간지 ≪이코노미스트≫에 따르면 우리나라의 유리천장지수(The Economist's glass-ceiling index)는 조사가 시작된 2013년 이후 29개국 가운데 10년째 꼴찌이다. 그것도 압도적인 점수 차로 꼴찌다. 100만점에 1위인 스웨덴은 84점인 반면에 우리나라는 24.8점이다. 세계경제포럼이 매년 발표하는 「성별격차보고서(Global Gender Gap Report 2022)」(〈그림 2-3〉)에서 우리나라는 146개국 가운데 99위로 나타났다. 통계청 「국민 삶의 질 보고서 2022」에 따르면 우리나라의 여성의 월 평균 임금은 남성의 64.6%에 지나지 않는다.

같은 보고서에 따르면 우리나라의 정규직과 비정규직의 임금 격차는 갈수록

〈그림 2-4〉 정규직·비정규직 시간당 임금총액 추이 (단위: 원)

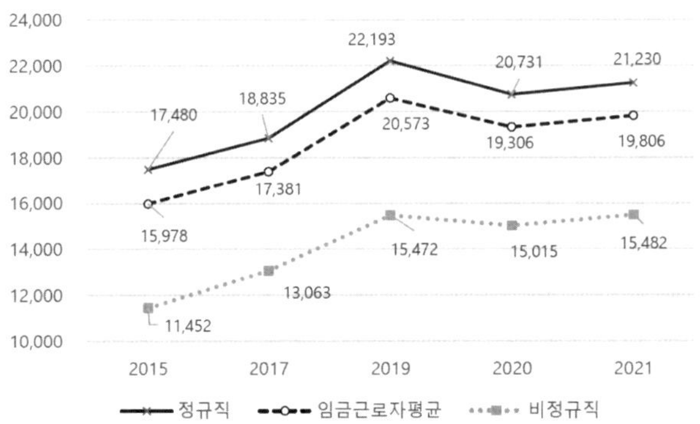


자료: 고용노동부, "2021년 고용형태별 근로실태조사 결과".

〈그림 2-5〉 임금근로자 기업규모별 소득(세전) (단위: 만 원)

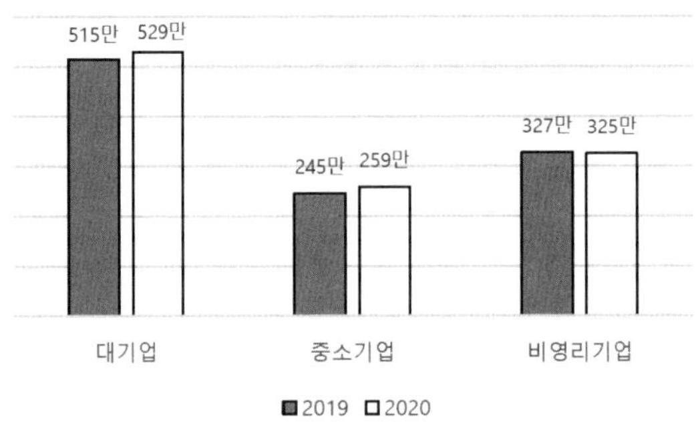


자료: 통계청, "2020년 임금근로일자리 소득(보수)결과".

벌어지고 있는데, 2021년에 비정규직 근로자의 월 평균임금은 정규직의 44.3%에 지나지 않는다. 그리고 2021년 우리나라의 상대빈곤율은 15.1%로 2011년의 18.6%로부터 지속적으로 감소하고 있지만, OECD 국가 가운데 8위로 높은 편이다. 「국민 삶의 질 보고서 2022」는 2021년 우리나라 임금 근로자의 월 총 근로시간은 164.2시간으로 2006년 193.4시간에서 지속적으로 감소 추세를 보이다가 2020년보다 소폭 증가하는 추세라고 한다.

학력별 기업규모별 임금 및 소득 격차도 매우 심각하다. 2021년 통계청 자료에 따르면 대졸자의 임금을 100이라고 할 때 중졸 이하는 절반이 안 되는 47.6%,

〈그림 2-6〉 노력에 의한 사회·경제적 지위 상승 가능성(부모세대)에 대한 설문

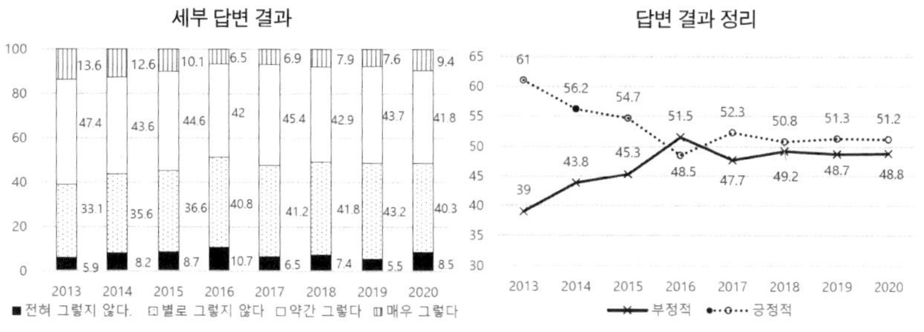


자료: 한국행정연구원(2021).

고졸은 63.3%, 전문대졸은 77%에 지나지 않는다. 기업규모별 격차도 매우 심각한데, 중소기업 노동자의 월평균소득은 대기업 노동자의 48.9%에 지나지 않는다. 더욱이 어떤 회사에 다니느냐에 따라서 사람의 값이 매겨지는 세상이다. 너도 나도 앞다투어 대학에 가지 않을 수 없다. 그것도 좋은 대학을.

뿐만 아니라, 우리나라는 세대 간 갈등이 매우 큰 나라이다. 박명호·박찬열(2019)의 연구에 의하면 우리나라는 OECD 31개국 가운데 1990년 이후 지금까지 줄곧 세대 간 갈등이 가장 심한 나라이다. 더욱이 빈곤의 대물림이 악화하면서 세대 간 갈등은 더욱 커질 수밖에 없다. 노력에 의해 부모 세대보다 사회경제적 지위가 나아질 것이라는 긍정적 기대는 점차 낮아지고, 나아지지 않을 것이라는 부정적 기대는 높아져, 2017년 이후에는 부정적 기대가 긍정적 기대를 능가하고 있다.

### (3) 나날이 심화하는 지역 간 격차

지역 간 격차가 심화하면서 인구의 수도권 집중이 가속화하고 있다. 2019년에 수도권 인구 비중이 역전되어 지금은 인구의 절반 이상이 수도권에 살고 있다. 특히 문제가 심각한 것은 중장년은 지방으로 순이동하는 반면에 젊은 세대 특히 20대의 수도권으로의 이동이 급증하고 있다. 지방의 활력이 점차 더 낮아

〈그림 2-7〉 수도권 대 비수도권의 인구 비중 (단위: %)

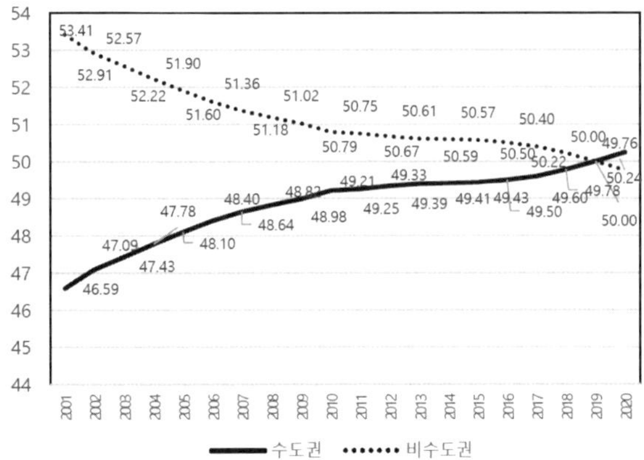


자료: 통계청, 주민등록연구현황 각 연도; 국가통계포털.

질 수밖에 없다.

2021년 한국고용정보원의 이상호 박사는 우리나라의 228개 기초자치단체(시·군·구) 가운데 106개가 '소멸위험지역'에 진입했다고 발표했다.[4] '소멸위험지역'은 매년 급속히 늘어나 2022년 3월 현재 113개로 전국 228개 기초자치단체의 절반(49.6%)에 이른다고 한다. 급기야 2021년 10월 인구감소지역 89개 시·군·구 기초자치단체에 대해 매년 1조 원씩 10년간 '지방소멸대응기금'을 지원하겠다고 발표했다. '지방소멸'이 정부 공식 문건에 등장한 것이다.

'지방이 소멸한다'. 무슨 말인가. '지방'의 사전적 의미는 '한 나라의 수도 이외의 지역'이고 '소멸은 '사라져 없어짐'이니, '지방소멸'이란 '수도권 이외의 지역'이 사라져 없어진다는 뜻이 된다. '지방소멸론'의 원조인 일본의 '마스다 보고서'는 이것을 수도권 일극집중에 의한 '극점사회(極點社會)의 도래'라 표현했

4 고용정보원은 '20~39세 가임여성 인구수를 65세 이상 노인 인구수로 나눈 값'으로 소멸위험지수를 계산한다. 소멸위험지수 0.2 미만은 소멸 고위험, 0.2~0.5 미만은 소멸 위험, 0.5~10 미만은 소멸 주의, 1.0~1.5 미만은 정상, 1.5 이상은 소멸 저위험 지역으로 분류하고 있다. 소멸위험지수 0.5미만인 지역을 소멸위험지역으로 분류한다. 그런데 가임여성이 적다는 것은 인구가 감소할 가능성이 높을 뿐이지 그렇다고 지역이 소멸한다고 하는 것은 지나친 표현이다.

〈그림 2-8〉 2017~2021년 소멸 위험 지역 수

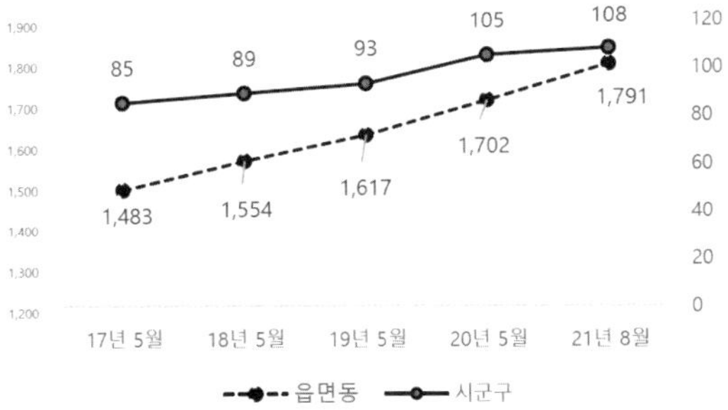


자료: 국가통계포털(KOSIS), 각 연도 주민등록연앙 인구.

다. 인구감소(저출생)와 수도권 집중으로 수도권 이외의 지방은 사라지고 수도권만 남는다는 말이다.

'지방소멸'은 일어나지 않겠지만(박진도, 2023.9), 지방의 인구감소와 고령화는 심각하다. 수도권 인구가 비수도권 인구를 넘어섰고 격차가 확대되고 있다. 2023년 6월 말 기준 약 2601만 명(전체 인구의 50.6%)이 수도권에 살고 있다. 그런데 이것조차도 수도권 집중 현실을 제대로 반영하지 않고 있다. 수도권이란 서울시, 경기도, 인천시를 말하는 것인데 수도권에는 속하지 않지만 수도권에 인접한 비수도권(예, 충남북의 일부 시군)으로도 인구가 몰리고 있다. 실제로 2010~2020년의 인구 흐름을 보면, 수도권과 수도권에 인접한 중부권의 인구가 늘어난 반면에 영남권과 호남권이 감소하였다.

(4) 환경파괴와 '기후 악당' 그리고 식량위기

국제적인 행복보고서에서 우리나라는 거의 예외 없이 환경 분야에서 최하위권을 보이고 있다. 국제글로벌생태발자국네트워크에 따르면 인류의 생태발자국(인류가 소비하는 모든 자원을 생산하고 폐기하는 데 드는 생태적 비용)은 지구가 감당할 수 있는 생태용량의 1.7배에 달한다. 우리나라는 그보다 2배에 해당하는 3.4이다. 즉 우리나라 사람들처럼 전 인류가 살아간다면 지구가 3.4개 필요한 것이다.

우리는 그동안 경제성장을 위해 탄소집약적 산업과 화석연료에 의존하여 환경을 희생해왔기 때문이다. 2016년 영국의 기후변화 전문 미디어 '크라이밋 홈 뉴스'는 2016년 4월 "한국이 기후악당을 선도하고 있다(South Korea leads list of 2016 climate villains)"는 제목의 기사를 보도했다. 기사가 인용한 국제환경단체인 기후행동추적(Climate Action Tracker: CAT)의 분석에 의하면 2016년 아시아태평양경제협력체(APEC) 포럼에 참가한 21개국 중 우리나라가 1인당 탄소 배출량이 가장 급격히 증가하고 있고, 2035년에는 미국을 능가할 것이라고 분석하였다.

문제는 1인당 온실가스 배출량이 급격히 늘어나고 있음에도 여전히 전력의 상당 부분을 화석연료에 의존하고 있고,[5] 탄소집약적인 산업에 대한 의존도가 높고, 화석연료로부터 재생에너지로 전환하는 정책은 지지부진한 점이다.[6] 이는 온실가스를 줄여 기후위기에 대응하려는 국제적인 움직임에 역행하는 것이다. 우리나라의 평균 기온은 전 세계 평균보다 빠르게 높아지고 있고(환경부, 2023.3), 해수면 온도도 상승세가 빠르다.

기후변화로 인한 폭염, 폭우, 태풍, 산불 등 재난이 발생하여 막대한 재산상 손실과 인명 피해가 매우 심해지고 있다. 농가는 봄엔 냉해, 여름엔 이상고온과 가뭄에 시달리고 있고, 기후가 온대에서 아열대로 변화하면서 한반도의 농업지도가 바뀌고 있고 신종 감염병도 확산되고 있다. 기후위기는 곧 식량위기로 전환되어 상황을 더욱 악화할 것이다.

전 세계 인구 가운데 1억 9300만 명, 대략 우리 인류의 9명 중 1명이 매일 밤 굶주린 채 잠들고 있다. 지난 5년간 2배 가까이 늘어난 수치이다. 이상 기후로

---

5 석탄·LNG·유류 등 3대 화석연료를 활용한 발전 비중은 2020년 62.4%에서 2022년 63.9%로 높아졌다. 심지어 최근에는 석탄화력발전소를 증설하고, 다른 나라에 수출하고 있다.

6 2023년 3월에 정부가 발표한 '제1차 국가 탄소중립·녹색성장 기본계획'에 따르면 우리나라는 2030년까지 2018년 대비 온실가스 배출량을 40% 감축하는 것으로 되어 있다. 그러나 목표달성에 대해서는 회의적인 시각이 많다. 정부가 재생에너지 정책에 소극적일 뿐 아니라, 온실가스 배출이 많은 산업분야의 감축 목표를 당초 14.5%에서 11.4%로 줄였기 때문이다. 이는 정부가 철강, 석유화학, 시멘트 등 업계의 요구를 받아들인 결과이다.

인해 급속도로 사막화가 진행되고, 경작지가 줄어들면서 식량 생산량이 줄어들었을 뿐만 아니라, 팬데믹 때문에 전 세계 유통 네트워크가 마비되고, 국가 간 갈등이 첨예화되면서 식량 안보를 둘러싼 제반 환경이 크게 악화되고 있다. 기후위기가 본격적으로 식량위기로 전화하면 우리나라는 식량안보를 크게 위협받을 수밖에 없다. 우리나라는 곡물자급률이 20%에 지나지 않고, 칼로리 자급률도 35% 수준에 지나지 않는다. 세계에서 가장 낮은 수준이다.

### 3) 정치인들의 성장 팔이와 성장중독

우리나라가 성장과 행복 사이에 괴리가 매우 큰 이유는 박정희 개발 독재 이후 우리 사회를 지배하고 있는 경제성장 지상주의 때문이다. 경제성장 지상주의는 세 가지 요소로 구성된다. 첫째, 경제는 무한히 성장한다. 둘째, 경제가 성장하면 모든 것이 해결되고 살기 좋아진다. 셋째, 따라서 경제성장을 위해서는 다른 가치들은 희생해야 한다. 혹은 희생해도 좋다.

우리나라 정치인들은 유독 '성장'을 좋아 한다. 대통령 선거 때마다 '녹색 성장', '소득주도 성장', '정의로운 성장', '공정 성장', '전환적 공정성장' 등 각종 멋진 '성장'이 등장한다. 지난 2022년에 치러진 제20대 대선에서도 후보들은 저마다 치열한 '성장' 경쟁을 벌였다.

#### (1) '자유와 성장'만 외치는 대통령

윤석열 대통령은 취임사에서 '자유'를 무려 35번 언급하였다. "자유를 위해 성장이 필요하고, 성장을 위해 자유가 필요하다"고 한다. 대통령은 후보 시절 "일주일에 120시간 바짝 일하고 마음껏 쉬라"는 극단적 성장주의 발언으로 물의를 빚은 바 있다. 대통령은 "우리나라는 지나친 양극화와 사회 갈등이 자유와 민주주의를 위협할 뿐 아니라 사회 발전의 발목을 잡고 있다"고 하고, 이 문제를 해결하기 위해서는 '도약과 빠른 성장'이 필요한데, "이런 도약과 빠른 성장은 자유의 확대를 통해 실현될 수 있다"고 했다. 양극화가 민주주의를 위협하고 있는 것은 맞지만, 빠른 성장을 통해 양극화를 해결하겠다는 것은 무슨 말인가.[7]

윤 대통령은 자유민주주의와 시장경제를 신봉한다. 버나드 맨더빌은 『꿀벌의 우화』(문예출판사, 2010)에서 자본주의 시장경제는 자본가의 이기심(탐욕과 허영)을 원동력으로 움직이는 사회이고, 시장경제의 힘은 매우 강력하다고 했다. 시장은 도덕성을 지니고 있지 않으며, 반드시 효율적 결과를 가져오는 것도 아니다(시장실패). 시장은 제대로 관리하지 않고 방치해 두면 심각한 불평등과 불공정을 초래한다. 불평등은 효율성을 저해하고 성장에 악영향을 미친다. 시장은 충실한 하인이지만 나쁜 주인이다(good servant but bad master).

오늘날 전 세계적으로 자유민주주의 심지어 민주주의조차 위협받고 있다. 민주주의를 지지하는 사람은 줄어들고, 사회는 양극화돼 "우리 시대는 분열에 의한, 동시에 분열을 조장하는 분노의 시대"(미슈라, 2018)로 되어가고 있다. 미국의 트럼프 정권 탄생, 서유럽의 극우 포퓰리즘 정당의 득세에서 보듯이 민주주의가 흔들리고 있다. 특히 경제적 어려움과 정치 엘리트들의 부패에 분노하는 젊은 세대들이 민주주의에 대해 회의적이다.

민주주의를 위협하는 최대의 적은 불평등과 사회의 양극화이다. '자유민주주의와 시장경제'(신자유주의)의 성장주의 이데올로기는 자본주의 경제의 성장에는 기여했으나, 금융업자와 투자자에 대한 규제를 완화해, 부자는 더 부자가 되고, 불평등과 양극화를 심화시켰다. 그리고 신자유주의는 기후위기와 생태위기를 초래했고, 반복되는 팬데믹의 주범으로 지목되고 있다.

후진 독재국가 가운데 자유민주주의와 시장경제라는 철 지난 이데올로기를

---

7 경제성장과 소득불평등의 관계에 대해서, 경제학계에서는 소득불평등이 경제성장에 도움이 된다거나, 그 반대로 경제성장을 저해한다는 주장 사이에 오랜 논쟁은 있지만, 소득불평등을 경제성장으로 해결할 수 있다고 하는 경제학자는 거의 없다. 오히려 경제성장 과정에서 양극화(소득불평등)가 발생할 수밖에 없기 때문에, 양극화 해소를 위해 노력하는 게 국가의 역할이라고 본다.

통치이념으로 내세우는 나라가 있지만, 이른바 선진국 가운데 이를 표방하는 나라가 어디에 있나. 자유민주주의와 결합한 시장경제는 고삐 풀린 자본주의로서 칼 폴라니의 '사탄의 맷돌'처럼 공동체(사회)를 파괴하고 사회를 지탱해온 가치를 갈아 없애버리며 자본가에 의한 지배를 합리화하는 수단으로 사용됐다. 심지어 우리나라에선 '자유민주주의'는 군사독재를 정당화(미화)하고 반공이데올로기로 사용된 '흑역사'가 있다. 헌법 전문에 '자유민주적 질서'란 말이 처음 들어간 것은 박정희 군사정권의 유신헌법이다. 전두환 5공 군사정부는 광주 5·18민주화운동을 유혈 진압하는 명분으로 '북한 침략에서 자유민주주의를 지키기 위해서'라고 했다.

### (2) 국민들의 심각한 성장 중독

성장주의의 한계가 너무도 명백함에도 우리 정치지도자들이 끊임없이 '성장팔이'를 하는 이유가 무엇일까. 대선후보를 비롯해 현재 우리 사회를 움직이는 지도층 인사들은 고도성장의 과실을 가장 많이 누린 사람들이다. 이들의 머릿속에는 부지불식간에 '경제는 무한히 성장한다', '경제가 성장하면 모든 것이 좋아진다', '따라서 경제성장을 위해서는 다른 것들은 희생해도 좋다'식의 성장지상주의가 자리 잡고 있다. 뿐만 아니라, '성장 공약'이야말로 표가 된다고 믿는다. 이러한 믿음에 전혀 근거가 없지는 않다. 우리 국민 가운데 많은 사람들(특히 기성세대)은 성장신화에 사로잡혀 있고, 심지어는 '성장 중독'에 빠져 있다.

성장 중독이란 경제성장, 즉 GDP 증대로는 우리 사회의 문제를 해결할 수 없음을 알면서도 경제성장에 매달리는 현상을 말한다. '세계가치관조사'에 따르면 우리나라 사람들은 '소득이 평등해야 한다고 생각하는가, 아니면 (노력 등에 따라) 더 차이가 나야 한다고 생각하는가' 하는 질문에 대해 다른 나라에 비해 불평등에 대한 찬성이 압도적으로 높았다. 또한 한국은 경제적으로는 선진국 수준에 도달했음에도 자기표현가치보다 생존적 가치가 매우 높다. 달리 말하면 경제성장, 사회질서 유지, 안보에 집착하면서도 사회적 신뢰와 소수자와 이방인에 대한 관용이 지나치게 적은 사회다.

기성세대의 성장주의는 유감스럽게도 젊은이들에게 이어지고 있다. 글로벌 컨설팅 그룹 딜로이트는 매년 전 세계 밀레니얼 세대(1983~1994년 출생)와 Z세대(1995~2003년 출생)를 대상으로 조사를 실시하고 있다. 2019년부터 올해까지 최근 3년간 발표된 「딜로이트 글로벌 MZ 서베이」를 살펴보면 한국 청년들과 세계 청년들의 생각에 상당 부분 차이가 있다(국민총행복전환포럼, 2021.7.14). 2019년 조사에 의하면 우리나라의 밀레니엄 세대는 세계 청년들에 비해 고연봉과 부유한 삶, 내 집 마련에 관심이 높은 반면에 세계 여행에 대한 관심은 상대적으로 적었다. 코로나19 대유행이 장기화하면서 2021년 조사에서는 우리나라 청년들과 세계 청년들 모두 헬스케어와 질병 예방에 가장 높은 관심을 보였다. 그런데 세계 청년들이 기후변화에 높은 관심을 보인 반면에 우리나라 청년들은 기후변화보다는 '경제 성장'이 더 중요한 문제라고 보고 있다. 보고서에 따르면 우리 청년들이 한국사회를 불평등이 심하고 계층이동성 낮은 사회로 보고 있다고 조사하였다. 최근 젊은이들이 '영끌'과 '빚투'를 해서라도 돈을 벌려는 현상과 무관하지 않다.

## 3. GDP 너머 국민총행복

### 1) GDP는 틀렸다

우리는 보통 한 국가의 성공을 측정하는 척도로 GDP(Gross Domestic Product, 국내총생산)를 활용한다. GDP는 일정 기간 동안 한 나라의 영토 내에서 생산된 최종 생산물의 시장가치의 합계다. 그것은 한 나라의 경제규모를 측정하지만, 그 나라의 웰빙(행복)은 반영하지 않는다. 이러한 본질적 결함에도 불구하고,

GDP는 국가를 서로 비교하는 기준으로서 세상을 지배하고 있으며, 더욱 중요한 것은 글로벌 정책 결정에 영향을 미친다(Hickel, 2021.1.8).

GDP는 시장에서 거래되는 것만 측정할 뿐, 시장에서 거래되지 않는 것은 제외한다. 그리고 그것이 우리의 삶에 실제로 도움이 되는지 여부는 따지지 않는다. 다시 말해 GDP는 가치가 없는 것이라 해도, 심지어 우리를 불행하게 하는 것이라도 시장에서 거래되는 모든 것을 계산한다. 반면 아무리 우리 삶에 가치 있는 것이라 해도 시장에서 거래되지 않는 것은 GDP에 포함되지 않는다.

따라서 GDP는 경제성장의 지표로서도 불완전할 뿐 아니라 행복을 측정할 수 있는 지표는 더더욱 아니다. 특히 1인당 평균 GDP는 황당한 개념이다. 글로벌투자은행인 크레디트 스위스가 펴낸 「2019년 글로벌 부 보고서」에 의하면 전 세계 성인인구의 0.9%가 글로벌 부의 43.9%를 보유하고 있는 반면, 전 세계 인구의 56.6%(28억 8300만 명)는 자산 1만 달러(1270만 원) 미만을 보유하고 있다고 한다. 이처럼 도를 넘은 불평등 상황에서 '평균' GDP가 이 무슨 의미가 있겠는가.[8]

1974년에 이스털린 교수는 소득이 증가한다고 해서 행복이 증가하는 것은 아니라는 이스털린 역설을 발표해서 주목을 받았다. 그는 횡단면 자료(특정 시기)에 따르면 소득이 높은 사람이 가난한 사람보다는 행복하지만, 시계열자료에서는 소득이 늘어나도 행복도는 높아지지 않는다고 했다(이스털린, 2022).

GDP의 문제점을 가장 정확하게 지적한 사람은 로버트 케네디다. 그는 1968년 3월 캔자스대 선거유세에서 다음과 같은 유명한 연설을 했다.

"미국의 국민총생산(Gross National Product)은 연간 8000억 달러가 넘지만, 이 GNP는 대기 오염과 담배 광고, 고속도로 사고 구급차, 감옥, 삼림파괴, 자

---

8 2015년 2월 ≪이코노미스트≫는 옥스팜 조사를 근거로 "지난 2010년에는 세계 최대 갑부 388명의 자산이 하위 50%의 자산을 합한 것과 맞먹었는데, 이후 부호들의 자산 가치는 빠르게 상승한 반면, 세계 인구 하위 50%의 자산 총액은 급감했다.

연의 경이로움 상실, 네이팜, 핵탄두, 장갑차를 계산한다. 그리고 휘트먼의 소총과 스펙의 칼, 아이들에게 장난감을 판매하기 위해 폭력을 조장하는 TV 프로그램을 포함한다. 국민총생산은 우리 자녀의 건강과 교육의 질, 놀이의 즐거움 같은 것은 포함하지 않는다. 시의 아름다움이나 결혼의 힘, 공개토론의 지성, 공무원의 청렴은 포함되지 않는다. 그것은 우리의 재치와 용기, 지혜와 학습, 연민과 국가에 대한 헌신을 측정하지 않는다. 한마디로 GNP는 우리의 삶을 가치 있게 만드는 것, 우리가 미국인이라는 것을 자랑스럽게 여기게 하는 모든 것을 제외하고 말해 줄 뿐이다."

놀라울 정도로 담대한 연설이다. 로버트 케네디는 아쉽게도 이 연설을 한지 3개월 뒤인 1968년 6월 암살당했지만, 만약 그가 대통령이 되었다면 미국의 역사는 크게 바뀌었을 것이다.

그동안의 연구를 통해서 밝혀진 GDP의 문제점은 세 가지로 요약할 수 있다(Hoekstra, 2022.6).

첫째, 경제성장은 지구의 한계와 상충한다.

로마클럽은 1972년 『성장의 한계』를 발표한 이후 '성장으로부터 지구 균형으로의 전환'을 촉구해왔다. 『성장의 한계』 출간 50주년을 기념하는 인터뷰에서 "50년 전 『성장의 한계』를 출간한 1972년에는 지구에 대한 인류의 영향은 지속가능한 수준(지구가 감당할 수 있는 한계)보다 낮았으며, 그 당시의 목표는 한계에 도달하기 전에 상황을 늦추는 것이었다. 그렇지만 오늘날 인간의 활동 규모는 지구의 한계를 훨씬 넘어섰다. 오늘 우리의 목표는 속도를 늦추는 것이 아니라, 우리의 욕구를 지구가 감당할 수 있는 수준으로 다시 끌어내리는 것이어야 한다"(Heinberg, 2022.2.22)고 하였다. 학적 한계 때문만이 아니라 불평등이나 부채 증가와 같은 또 다른 중요한 이유들 때문이다.

둘째, GDP는 진보(progress)의 척도가 아니다.

GDP가 공적 담론을 지배하고 있기 때문에, 포용적이고 지속가능한 웰빙 실현과 같은 주요한 목표에 대해 관심을 갖는 것이 어렵다. 이는 GDP 지표 자체의 문제라기보다는 GDP가 사회에서 활용되는 방식이 문제다. GDP는 한 나라의 '성공'과 동일시되곤 하지만 이는 GDP 측정의 목적이 아니다. GDP는 웰빙이나 지속가능성을 수량화하거나 불평등을 고려하지 못한다. 이것은 국민계정 시스템(SNA) 자체가 인정하고 있다. "GDP는 종종 웰빙의 척도로 사용되지만 SNA는 이것이 사실이라고 주장하지 않으며 실제로 계정의 웰빙 해석에 반대하는 SNA의 여러 협약이 있다"(EC, IMF, OECD, UN, and WB, 2009).

이와 관련해서 유럽연합 위원회가 2021년 6월 29일에 개최한 '브뤼셀 경제포럼'에서 재미난 토론이 있었다. 코로나19 이후 지속가능한 회복을 위해서 "GDP를 다른 대안적인 웰빙 지표로 대체(replace)할 것인가"를 주제로 찬반토론을 벌였다.[9] GDP를 다른 웰빙 지표로 대체하자는 캐서린 트레벡의 주장에 대해 GDP를 옹호한 스위스 제네바 대학원의 명예교수 찰스 위프로즈는 캐서린이 지적한 GDP의 한계를 모두 인정하고, "GDP는 상업적 활동 즉 사람들이 돈을 얼마나 벌어서 얼마나 소비하는가를 측정하기 위한 도구일 뿐"이라고 주장했다.

GDP가 삶의 질이나 환경 파괴, 불평등을 반영하지 않는다고 비판하는 것은 "센티미터(cm)라는 측도로 몸무게(kg)를 재려고 하는 것과 같다"고 하였다. GDP는 경제적 가치가 있는 것을 모두 계산하지도 않고, 불법적인 경제활동을 놓치고 있다고 인정한다. 그는 만약 우리가 불평등이나 온실가스 배출, 삶의 질에 관심이 있다면 다른 지표들을 개발할 필요가 있다고 주장했다.

셋째, GDP는 경제를 측정하기에도 좋은 척도가 아니다.

GDP의 핵심 임무는 경제활동 즉 생산된 재화와 서비스의 부가가치를 측정하는 것이다. 그러나 많은 경제학자들은 경제 측정에 관한 글로벌 핸드북인 국

---

9 #EUBEF21 debate on the motion: "For a sustainable post-COVID recovery, this forum believes we should replace GDP with an alternative well-being indicator" Speaking for: Katherine Trebeck (Advocacy & Influencing Lead, Wellbeing Economy Alliance) Speaking against: Charles Wyplosz (Emeritus Professor of International Economics, Graduate Institute Geneva).

민계정시스템(SNA)에 대해 비판적이다. 예를 들어, 페미니스트 경제학자들은 GDP 계산에 가사 또는 돌봄 노동을 포함하지 않음으로써 여성들이 불균형적으로 수행하는 큰 경제적 기여가 과소평가되고 있다고 말한다.

환경 경제학자들은 오랫동안 GDP에서 환경을 다루는 것이 어렵다고 주장해왔다. GDP는 환경오염을 GDP의 부정적인 요소로 간주하지 않는 반면, 기름 유출 후 해변 청소와 같은 사례는 경제 생산에 긍정적인 기여로 간주한다. 가장 최근에는 무료 인터넷 서비스(페이스북, 구글, 위키백과)를 포함할 때 정확한 생산량을 측정하기 어렵다는 비판이 제기되고 있다. 또한 세계화는 큰 통계적 문제점을 야기한다. 다국적기업이 세금을 줄이기 위해 어떤 국가에 이윤을 보고하는 경우, 생산이 어디에서 이루어졌는지 특정하기 어렵기 때문이다.

### 2) 코로나19 팬데믹의 충격과 성찰

코로나19 세계적 대유행이 전 세계에 사회경제적으로 파국에 가까운 충격을 주었다. 2019년 12월에 시작된 감염병은 1년이 조금 지난 2021년 3월 10일 기준으로 전 세계 확진자가 1억 명을 훌쩍 넘어섰고(1억 1800만), 사망자도 260만 명에 달했다. 팬데믹이 어느 정도 진정되어 각국이 일상으로 돌아가고 있지만, 더욱이 많은 전문가들은 설사 코로나19가 진정된다고 하더라도 다른 형태의 팬데믹이 주기적으로 발생할 것이고 그 주기가 점차 짧아질 것이라고 예측하고 있다.[10]

---

10 질병관리본부 감염병 포털에 따르면 전 세계적으로 신종 감염병의 수는 지난 60년간 4배 이상 늘어났으며 1980년 이후 매년 발생하는 감염병의 유행 건수는 3배 이상 증가했다. 지구온난화와 급격한 기후변화로 신종플루, 사스, 메르스 등과 같은 신종 감염병의 창궐 주기는 갈수록 짧아지고 있는 반면, 확산 속도는 더 빨라지고 확산 범위는 더 넓어지면서 지구촌을 공포로 몰아넣고 있는 상황이다. 한겨레 신문(2020년 5월 19일 자)이 기후변화학회 회원 70명을 대상으로 온라인 조사한 결과에 따르면 응답자 중 94%가 감염병 발생주기가 빨라질 것이고, 80%는 앞으로 5년 이내(3년 이내라는 응답만 47%) 신종 감염병이 발생할 것이라 응답했다.

세계의 지도자와 석학들은 코로나19 이후의 삶이 이전과 같을 수 없고, 그래서도 안 된다고 주장한다. 성장주의에 대한 비판과 대안이 핵심적 내용을 이룬다. 『세계는 평평하다』는 저서로 유명한 세계화론자 토머스 프리드먼이다. 그는 인류의 역사가 코로나 이전(Before Corona: BC)과 코로나 이후(After Corona: AD)로 나뉜다고 보았다(Friedman, 2020.4.27). 『사피엔스』, 『호모데우스』 등을 집필한 저명한 역사학자 유발 하라리도 "이 폭풍이 지나고 인류는 살아남겠지만 우리는 전혀 다른 세계에서 살게 될 것"이라며 혁명적인 변화를 예고했다(Harari, 2020.4.20).

안토니우 구테흐스 유엔 사무총장은 2020년 7월 17일 열린 '넬슨 만델라 연례강연'에서 코로나19를 "우리가 만든 사회의 허약한 골격과 골절 부위를 보여주는 엑스레이"에 비유했다. 코로나19로 인해 "자유시장이 모든 사람에게 건강한 삶을 제공할 거라는 거짓말, 무상의료가 효과가 없다는 주장의 허구성, 우리가 인종차별 시대 이후를 살고 있다는 망상, 모두가 같은 배에 타고 있다는 신화 등 모든 오류와 허위가 낱낱이 밝혀졌다"는 것이다. 로마 클럽 공동대표인 산드린 딕손-데클레브는 2020년 3월 25일 '세계경제포럼' 온라인 매거진에 기고한 글에서 "코로나19는 지구의 한계를 초과하는 행위를 멈추라고 일깨우는 모닝콜"이라고 했다. 또한 코로나19 이후 사회를 다룬 2010년 10월 보고서를 통해 "모든 시민의 웰빙 수준이 가치 기반 지표로 측정되고, 건강과 먹을거리, 고용, 교육 등 사람들의 삶과 생계에 최적화된 인프라가 제공되는 웰빙 경제시스템을 구축하라"고 각국 정부에 권고했다(Dixson-Declève and McLeod, 2020.10).

경제협력개발기구는 2020년 6월에 「더 나은 재건」이라는 제목의 보고서를 발표했다(OECD, 2020.6). "코로나19 이후 지속가능한 회복력 있는 복구(A Sustainable, resilient recovery after COVID-19)"라는 연구보고서의 부 제목에서 알 수 있듯이, 재건의 기본방향은 지속가능성과 회복력이다. 코로나19로부터의 경제적 회복은 이전과 같은 방식(business as usual) 그리고 환경파괴적인 투자 패턴을 피해야만 한다. 기후변화와 생물다양성 손실과 같은 지구적 환경 비상사태는 코로나19보다 더 큰 사회경제적 피해를 가져올 것이다. 회복정책은 미래에 충격이 일어날 가능성을 줄이고 그러한 충격이 발생한 경우에 대비해 사회의 회복력을 높이는 방향으로 추진되어야 한다. 핵심적 목표는 "웰빙에 초점을 맞추며, 포용성을 높이고, 불평등을 줄이는 사람 중심의 회복"이다. 또한 기후변화에 대응하여 장기적인 탄소배출 감축 목표를 실현할 수 있어야 한다.

우리나라의 정치인들이 "경제는 무한히 성장하고, 경제가 성장하면 모든 게 좋아질 것"이라고 성장지상주의를 외치고 있을 때, 나라 밖의 지도자들은 무슨 말을 하고 있었을까. 2021년 출범한 미국 바이든 정부의 최대 관심은 단연코 기후변화 대응이었다. 취임 첫날 파리기후협정에 재가입하고, "미국과 지구촌의 기후변화 해결의 목표를 높이고, 2050년 온실가스 순배출량 제로(Net 0)를 달성하기 위해 미국이 지구촌 기후 문제 해결의 운전자가 되고자 한다"고 선언했다.

유럽연합은 2021년 6월 28일에 2050년 탄소중립을 달성하도록 명시한 '기후기본법'을 제정한 데 이어, 7월 14일에는 2030년까지 온실가스 배출량을 최소한 55% 줄이기 위해 '탄소 국경 조정제도'를 도입하기로 했다. 유럽으로 수입되는 제품과 서비스 가운데 현지에서 생산한 것보다 탄소 배출량이 많은 제품에는 '탄소 국경세'를 부과하는 것이다. 경제성장 중심의 국제무역과 산업의 표준이 기후변화 대응으로 급속히 바뀌고 있는 것이다.

2021년 6월 유럽연합 위원회의 브뤼셀 경제포럼에서는 새로운 경제 패러다임의 키워드로 녹색(green), 공정(fair), 디지털(digital), 지속가능(sustainable), 순환(circular) 등이 제시되었다. 어디에도 성장은 없다.

### 3) GDP 너머 국민총행복: 포스트 코로나19 시대의 국민행복

#### (1) 성장의 종언을 받아들이라

코로나19가 촉발한 경제 분야의 가장 중요한 변화는 더 이상 성장을 통해 우리가 이룰 수 있는 게 없다는 것, 즉 '성장의 종언'을 받아들여야 한다는 것이다. 우리나라 경제는 이미 선진국 경제에 진입하였기 때문에 과거와 같은 고도성장을 기대할 수 없다. 1970~1980년대에 우리나라의 연평균 경제성장률은 8~9%로 매우 높은 수준이었지만, 시간의 흐름에 따라 역대 정부의 성장률이 7, 6, 5, 4, 3, 2, 1%대로 순차적으로 하락하고 있다. 이는 과거 군사정부가 경제정책을 잘하고 민주정부가 경제정책을 잘못했기 때문이 아니다. 국민소득이 1000달러 수준일 때는 9% 성장도 어렵지 않지만, 국민소득이 3만 달러를 넘어서면 1%대 성장도 쉽지 않다. 그리고 성장률의 차이는 커다란 의미가 없다. 예를 들어 1000달러에 9% 성장하면 평균 국민소득이 90달러 증가하지만 3만 달러에서는 1%만 성장해도 300달러가 늘어난다. 실제로 오늘날 선진국의 거의 대부분은 1%대 성장을 하고 있고, 1% 성장조차 어려운 나라들도 많다. 우리나라의 잠재성장률[11]은 현재 2%대에 지나지 않고, 인구 고령화 등으로 1%대로 하락할 가능성이 높다. 뿐만 아니라, 어렵게 성장을 한다 해도 더 이상 국민 행복에는 기여하지 못한다. 〈그림 2-9〉에서 보듯이 국민소득은 꾸준히 증가하나, 세계최저의 출생률은 끝없이 낮아지고, 세계최고수준의 자살률은 변함이 없다.

성장주의와 단절해야 한다. 양극화와 불평등, 저출생·고령화, 수도권 집중과 지방소멸, 부동산 투기, 생태계 파괴와 이상 기후, 각자도생과 공동체 붕괴, 능력주의, 청년 문제와 심각한 세대 갈등 등 우리 사회의 병리적 현상은 모두

---

11 한 나라가 노동·자본·토지 등의 생산요소를 모두 사용하여 '물가를 자극하지 않으면서' 최대로 달성할 수 있는 성장률.

〈그림 2-9〉 1인당 국민소득 대 자살률, 출생률

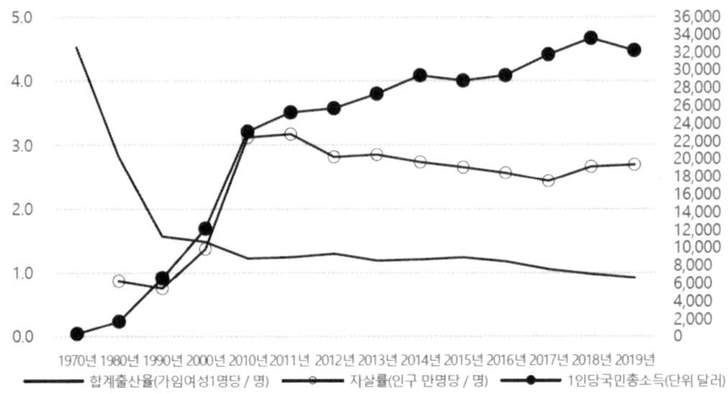


자료: 국가통계포털(KOSIS).

성장주의의 산물이다.

모든 국민이 행복한 대한민국을 만들려는 정부가 해야 할 일은 우선 '성장이 국가의 목표가 아니라는 것'을 분명히 하는 것이다. 단절하지 못하면 성장주의를 벗어나기 어렵다. 2019년 노벨경제학상 수상자인 아비지트 배너지(2020: 33)는 그의 저서 『힘든 시대를 위한 좋은 경제학』에서 경제학자들도 부유한 국가뿐 아니라 가난한 국가들이 어떻게 해야 성장할 수 있는지 모른다고 했다. 그는 노벨경제학상 수상자인 마이클 스펜서가 이끈 '성장과 발전 위원회'의 2000년 최종보고서 중에서 "경제성장에 대해 일반 원칙은 존재하지 않으며 어떤 두 성장 사례도 동일하지 않다는 것을 인정하고 있다"는 대목을 상기시킨다. 배너지는 윌리엄 이스털린의 말을 인용해 다음과 같이 정리했다.

2년 동안 300명 이상의 세계적인 지도자와 전문가, 실무 그룹 및 학계전문가들이 모여, 어떻게 하면 높은 성장을 일굴 수 있을 것인지 논의한 끝에 최종적으로 나온 결론은 '우리는 모르지만 전문가들이 알아낼 수 있으리라 믿는다'고 말이다.(배너지, 2020: 320). 배너지의 이 말은 각국이 성장을 위해 여러 정책을 수립하지만, 사실 그것 때문에 성장하는 것은 아니라는 얘기다.

그럼에도 왜 대부분의 나라가 성장주의를 벗어나지 못하는 걸까. 배너지는 같은 책에서 빠른 성장에 집착하느라 미래의 성장이라는 이름으로 현재의 가난한 사람들을 희생시키는 정책을 추진할 가능성을 비판했다. "성장을 유지하기 위해 '기업친화적'이 되어야 한다는 말은 자칫 성장에는 도움이 되지 않으면서 다른 이들의 희생 위에 부유층만 살찌우는 온갖 종류의 반빈민정책과 친부유층 정책의 물꼬를 열어야 한다는 식으로 해석될 수 있다"(배너지, 2020: 348~349)고 우려했다. 다시 말하면, 성장주의는 본질적으로 부유층, 기업, 기득권을 위한 이데올로기라는 것이다.

### (2) 우리 사회의 패러다임을 경제성장에서 국민총행복으로

성장과 행복의 괴리를 매우고 국민총행복을 증진하기 위해서는 우리사회의 패러다임을 경제성장에서 국민총행복으로 전환해야 한다. '국민총행복(Gross National Happiness: GNH)'을 위해서는 행복을 두 가지 측면에서 접근해야 한다. 첫째, 행복은 다차원적(multidimensional)이다. 행복은 주관적 개념에 해당하나, 객관적 여건 역시 중요하다. 행복은 물질적, 문화적, 정서적 필요의 조화로운 균형을 통해 달성된다. 물질은 행복을 위한 수단이지 그 자체가 목적은 아니다. 행복은 물질적 조건과 더불어 교육, 환경, 건강, 문화, 공동체, 여가, 심리적 웰빙, 정치적 민주주의 등 다양한 요소들이 균형을 이루어야 달성될 수 있다는 의미에서 다차원적이다. 둘째, 행복은 다른 사람과 공유하는 것이란 점에서 집단적(collective)이다. 인간은 사회적 존재이기 때문에 내 이웃이, 다른 사람이 불행한데 혼자 행복할 수는 없다. 사회의 약한 고리, 약자들의 행복이 증진될 때, 한 사회의 행복이 증진되고 나와 우리의 행복도 더불어 증진된다.

## 4. Beyond GDP의 다양한 실천

### 1) Beyond GDP의 원조: 부탄 "국내총생산(GDP)보다 국민총행복(GNH)이 더 중요하다"

부탄은 1970년대 초부터 국민총행복(Gross National Happiness: GNH)을 국정 운영 철학으로 삼고 있다. 부탄 행복정책의 중심에는 부탄 4대왕인 지그메 싱게 왕축이라는 인물이 있다. 17세에 왕위에 올라 국민총행복 정책을 고민하기 시작했는데, "국내총생산(GDP)보다 국민총행복(GNH)이 더 중요하다"고 강조했다.[12] 또한 300년 전 부탄의 법전에는 "정부가 백성을 행복하게 하지 못한다면 정부가 존재할 이유가 없다"는 말이 나와 있다. 이러한 철학에 따라 부탄 정부는 1인당 국민소득이 200달러밖에 안 되던 1970년대부터 무상의료와 무상교육을 관심을 갖기 시작하였다. 오늘날 부탄은 외국인 여행객에까지 무상의료를 실시하고 있고, 대학교육까지 무상으로 하고 있다. 따라서 적어도 돈이 없어서 치료를 받지 못하거나, 돈이 없어서 대학을 가지 못하는 사람은 없다. 다만, 경제발전 수준이 여전히 낮기 때문에 의료와 교육의 질은 반드시 높다고 할 수 없다.

#### (1) 부탄의 GNH를 구성하는 4개의 기둥과 9개의 영역

부탄의 국민총행복은 4개의 기둥으로 이루어져 있다. 첫째 기둥은 지속 가

---

12 "모든 나라 정부와 국민들이 경제적 부를 늘리기 위해 노력하는데, 그것을 성취한 사람들은 안락한 생활을 하지만, 많은 사람들은 나라의 부가 늘어나도 빈곤하고 비참한 삶을 살고 심지어 사회적 소외를 당하고 있다. 또한 경제적 부를 증대하기 위해 환경을 파괴한다. 모든 사람은 행복을 열망한다. 따라서 한 나라의 발전 정도는 사람들의 행복에 의해 측정되어야 한다. GDP보다 GNH가 더 중요하다"(박진도, 2017: 33).

능하고 공평한 사회경제적 발전이다. 둘째 기둥은 문화의 보전과 증진이다. 문화는 민족 정체성의 기초이고, 사람들을 하나로 통합시키며, 공동체적 유대를 강화시키기 때문에 행복을 위해서는 절대적으로 필요하다. 셋째 기둥은 생태계의 보전이다. 부탄 헌법 5조는 정부와 부탄 인민 모두가 현세대와 미래 세대를 위해 환경을 가꿀 책무가 있다고 규정하고 있다. 넷째 기둥은 좋은 거버넌스(good governance)이며 이는 위의 세 기둥을 실현하기 위한 수단이다.

부탄정부는 이러한 4개의 기둥을 토대로 9개의 GNH의 영역(domain)을 설정하였다. 9개 영역은 생활수준, 교육, 건강, 문화다양성과 회복력, 공동체 활력, 시간 사용, 심리적 웰빙, 생태적 다양성, 굿 거버넌스로 구성된다.

### (2) 국민총행복조사와 국민총행복지수

부탄 정부는 국민이 느끼는 행복의 수준을 측정하고 그것을 정책에 반영하기 위해 정기적으로 국민총행복조사를 실시하고 있다. 이 조사를 통해 얻은 국민총행복지수와 각 도메인 및 지표들은 두 가지 방법으로 부탄의 발전을 이끈다. 첫째, 관심과 지원이 필요한 분야에 자원을 배분하기 위한 토대를 제공하고, 둘째, 정책 및 프로젝트 심사도구(Policy/Project Screening Tools)를 사용하여 정책을 점검함으로써 GNH를 새로운 정책과 계획에서 주류(mainstream)가 되도록 한다.

### (3) 부탄의 행복정책, 세계가 배우다

부탄 정부의 이러한 시도는 세계적으로 큰 파장을 불러일으켰다. 2011년 11월, 부탄의 주도로 열린 유엔총회는 "행복: 전체론적 발전(holistic development)을 위하여"라는 특별결의를 했다. 특별결의의 주요 내용은 다음과 같다. "행복은 인간의 근본적 목표이고, 보편적인 열망이다. 그러나 국내총생산(GDP)은 그 성질상 그러한 목표를 반영하지 않는다. 지속가능성을 높이고, 빈곤을 줄이고, 웰빙과 행복을 증진하기 위해서는 보다 포용적이고 공평하고 균형 잡힌 발전이 필요하다."

2011년 유엔총회를 계기로 수많은 나라들이 행복정책을 추진하게 되었다. UN이나 OECD, UNDP와 같은 국제기구뿐 아니라, 유럽의 웰빙 경제연합정부을 비롯하여, 캐나다, 일본, 호주 등은 국가와 지방정부 차원에서 다양한 행복정책을 추진 중이다.

### 2) Beyond GDP: 대안 지표 만들기

1972년 예일 대학의 윌리엄 노드하우스(William Nordhaus)와 제임스 토빈(James Tobin)은 '경제 복지 측도'(Measure of Economic Welfare: MEW)를 GDP의 대안으로 소개했다.[13] MEW 이후 GDP 측정을 넘어서려는 수많은 노력이 있어왔다. 그것은 〈표 2-2〉에서 보듯이 지수 혹은 지표대시보드 형태를 띠었다. 노벨경제학상을 수상한 센(Human Development Index, 인간개발지수), 틴베르겐(Sustainable National Income, 지속가능한 국민소득), 카네만(U-INDEX, U-지수), 스티글리츠 보고서(자본 접근 방식에 따른 지표 대시보드)가 대표적이다.

OECD(Better Life Index, 더 나은 삶 지수), 세계은행(Comprehensive Wealth, 포괄적 부), UNEP(Inclusive Wealth Index, 포괄적 부 지수), UNDP(Human Development Index, 인간개발지수), 유엔(Sustainable Development Goals, 지속가능발전목표)과 같은 국제기구도 GDP를 넘어설 대안을 제시했다. 개별 국가차원에서도 정부 지도자들이 제시한 수많은 대안들이 있다. 부탄의 국민총행복(GNH), 뉴

13 MEW는 GDP를 출발점으로 하면서, 사람들의 복지를 증진하는 여가 시간과 비지불노동의 가치를 GDP에 더하고, 산업생산과 소비에 의해 야기되는 환경훼손의 가치를 GDP에서 빼는 방식으로 계산하였다. Nordhaus and Tobin(1972).

〈표 2-2〉 GDP 대안 지표들

| 영역 | 지수 | 지표 대시보드 |
|---|---|---|
| 웰빙 | 인간개발지수(HDI)<br>주관적 웰빙(SWB)<br>U-지수 | 유로스탯 삶의 질 지표<br>더 낳은 삶 이니셔티브(OECD)<br>국민총행복(부탄)<br>삶의 질 프레임워크(캐나다) |
| 지속가능성 | 포괄적 부<br>포괄적 부 지수<br>생태 발자국 | 지구의 경계(Planetary Boundaries) |
| 포용성 | HDI 및 SWB 불평등 | 세계 불평등 데이터베이스(경제) |
| 몇 가지 영역<br>(웰빙, 포용성, 지속가능성 등) | 참진보 지수(GPI)<br>지속가능 발전 지수(SDI)<br>해피 플래닛 지수(HPI) | 도넛 경제학<br>생활 표준 프레임워크(뉴질랜드)<br>웰빙 모니터(네덜란드) |

질랜드의 생활 표준 프레임워크(Living Standards Framework), 네덜란드의 웰빙 모니터(The Wellbeing Monitor), 스코틀랜드의 국가 성과 프레임워크(The National Performance Framework), 캐나다의 삶의 질 프레임워크(the Quality of Life framework) 등이 대표적이다.

GDP의 대안적 측정 시스템은 거의 대부분 1987년 유엔위원회가 작성한, 지속가능 발전을 정의한 「브룬틀란 보고서」[(World Commission on Environment and Development, "The Brundtland Report: 'Our Common Future'"(1987)]의 철학에 기반하고 있다. 이 보고서는 사회의 번영을 세 가지 차원으로 설명하고 있다.

① 웰빙(현재): 지속가능한 발전에 대한 「브룬틀란 보고서」의 정의는 '현 세대의 필요'를 포함한다. 여기서 웰빙은 삶의 질, 생활수준, 인간 복지 등 같은 현상을 나타내는 수많은 다른 용어로 사용되고 있다.

② 포용(웰빙의 분배): 웰빙의 분배와 그 구성요소(소득, 소비, 부, 교육, 건강, 시간사용)들 고려해야 한다. 이러한 불평등은 한 국가 안에서, 국가 간에, 전 세계적으로, 그리고 젠더와 인종/출신, 나이 등에도 존재한다.

③ 지속가능성(미래 웰빙): 이것은 지속가능 발전에 대한 「브룬틀란 보고서」 정의의 후반부에 해당하며, 현세대의 행동이 미래 세대의 웰빙을 희생시켜서는 안 된다는

점을 강조한다.

수많은 GDP 대안 지표가 제시되었음에도 불구하고, GDP는 여전히 가장 영향력 있는 지표이며 지금까지 그 영향력에 근접한 대안이 없다. 그 이유는 GDP는 다음 세 가지 영역에서 'GDP 너머'의 대안보다 우수하기 때문이다(Hoekstra, 2020.10).

① 표준화

GDP는 세계적으로 표준화(harmonization)된 회계 프레임워크인 국민계정시스템(System of National Accounts: SNA)에 의해 관리되고 있다. SNA는 국제기관과 세계적으로 조직된 국가통계그룹의 공동 제작물이며, 전 세계 거시경제학자들이 사용하는 용어이다. 노벨경제학 수상자인 윌리엄 노드하우스와 폴 새뮤얼슨(Paul Samuelson)은 "GDP와 국민계정은 20세기의 가장 위대한 발명품 중 하나"라고 찬탄하였다. 반면에 Beyond GDP에는 글로벌 표준이 없다. 반대로 웰빙, 복지, 행복, 지속가능한 발전 등과 같은 Beyond GDP 커뮤니티의 핵심적 개념들이 국제적으로 정의되지 않아 혼란을 야기하고 있다.

따라서 Beyond GDP 지표가 영향력을 갖기 위해서는 웰빙경제의 글로벌 표준 계정 프레임을 만들어야 한다.

② 정책 도구

거시경제학자들이 정책입안자에게 정책 자문을 할 때, 여러 경제모델을 사용한다. 이러한 경제모델은 SNA에 기반하고 있다. SNA 프레임워크는 예측 및 기타 경제 모델과 같은 다양한 정책도구를 제공한다. 웰빙경제 커뮤니티도 정책 입안자들이 웰빙, 지속가능성과 평등을 목표로 정책을 할 수 있는 정책 도구(policy tools)를 제공해야 한다.

③ 사회적 담론

경제학자들이 가장 크게 성공한 부분은, 제2차 세계대전 후 사회에 "성장은 좋은 것"이라는 생각과 GDP 성장이 정부의 핵심 목표라는 생각을 주입하고, 대중의 담론을 그들이 원하는 방향으로 바꾼 것이다. 경제성장, 소비, 소비자, 생산성과 같은 경제용어는 이제 미디어와 일상 대화에서 자주 사용되는 일반적인 용어이다. 그 결과 '경제'는 일반 대중들에게 객관적인 현상으로 인식되는 반면에, '웰빙'이나 '지속가능성'은 종종 '모호함(vague)'으로 인식된다.

Beyond GDP 지표가 사회적 담론(social narratives)을 경제성장이 아니라 웰빙 경제로 변화시킬 수 있어야 한다.

### 3) Beyond GDP: 주요한 이론[14]

#### (1) 정상상태경제

주창자인 허먼 데일리(Herman Daly)에 따르면 정상상태경제(steady-state economy)는 경제의 전반적인 규모가 안정적이거나 거의 변화가 없는 상태를 유지하는 경제이다. 즉 자원 사용과 환경적 수용력(capacity) 사이에 균형을 맞추는 경제다. 허먼 데일리는 정상상태에서 진보의 경로는 더 커지는 것이 아니라 더 좋아지는 것이라고 하고 성장보다는 분배를 중시하고, 현 세대와 미래세대의 웰빙 그리고 지구의 생태적 한계에 발맞춘 경제적 지속가능성을 모색하였다. 이를 위해 일정한 경제규모, 자원효율성, 공평한 분배, 지속가능한 기술, GDP 대안 지표 등을 강조하였다.

정상상태경제론은 지속가능발전론부터 탈성장론에 이르기까지 Beyond GDP의 다양한 이론(성장 의존형 경제에 대한 비판과 대안 담론)의 뿌리 역할을 하였다.

---

14 김병권(2023)에 여기서 소개된 이론 이외에도 다양한 이론이 소개되고 있다.

### (2) 녹색성장

경제성장과 환경적 지속가능성의 조화를 추구한다. 지속가능성장(sustainable growth) 혹은 지속가능발전(sustainable development)이라고도 한다. 녹색성장(green growth)을 주장하는 사람들은 매우 다양하지만, 현재 시스템(자본주의)을 근본적으로 바꿀 필요가 없다는 생각을 공유한다. 환경파괴나 자원의 추가 사용 없는 경제성장을 추구하지만, 방점을 성장에 찍는 사람이 많다. 혁신과 기술진보 및 자원 사용의 효율성을 강조하고 재생에너지로의 전환, 라이프스타일의 변화 등을 강조한다. 녹색성장은 경제정책과 경제활동에 지속가능성을 통합하여 경제적 번영, 환경보호, 사회적 웰빙 사이의 균형을 추구한다.

GDP가 아니라 경제적 측도와 함께 사회적 환경적 요소를 고려한 대안적 지표의 개발을 지지하지만 , 녹색(green)은 성장을 위한 수사에 불과하다는 비판도 받는다.

### (3) 탈성장

녹색성장은 불가능하고, 지속적 경제성장은 생태계파괴, 자원고갈, 사회적 불평등을 초래한다. 진정한 지속가능성을 위해서는 경제사회구조의 근본적 변화가 필요하다. 사회적·환경적 지속가능성을 위해서는 경제적 생산과 소비를 적절히 줄여야 한다.

불평등해소를 위한 재분배, 비물질적 웰빙을 추구하는 심플 라이프스타일, 환경과 사회에 도움이 되는 기술, 노동시간 단축과 일자리 공유, 지역주의, 지구의 생태적 한계 등을 강조한다.

탈성장(degrowth)에는 다양한 주장이 있다. 기존의 체제 내에서 탈성장 원리를 추구하는 사람으로부터 자본주의 체제로부터의 탈출을 주장하는 사람(생태적 사회주의)까지 다양하다.[15]

(4) 성장불가지론

경제성장 개념에 대해 중립적 입장이다. 즉 경제성장을 지지하지 않지만, 경제성장이 생태적 사회적 지속가능성과 양립할 수 없다고 분명하게 말하지도 않는다.

『도넛 경제학(Donut Economic)』의 케이트 레이워스(Kate Raworth)가 대표적인 학자다(레이워스, 2018/2011). 경제성장과 GDP는 수단일 뿐 목적이 아니기 때문에 우리는 성장에 대해 불가지론(agnostic about growth: a-growth)적이어야 한다고 주장한다. 즉 GDP에 관한 정보는 무시하고 건전한 환경적·사회적·경제적 정책(이것들이 경제성장에 미치는 효과와는 독립적으로)에 초점을 맞춘다. 인간의 웰빙(행복)과 환경의 지속가능성 향상이 우리가 추구하는 목표이기에, GDP 증감 여부는 아무런 관련이 없다.

성장 중심의 패러다임을 거부하고, 사회적 평등, 건강한 환경, 삶의 질 등을 반영한 Beyond GDP의 진보와 웰빙의 대안 지표를 주장한다.

(5) 성장논쟁에 대한 남반구(저소득국가)의 입장

전 세계 인구의 절반 이상이 하루 5.5달러 미만으로 생활한다. 이러한 수십억 명의 사람들에게 소득증가는 웰빙(행복)의 향상을 의미하는 반면, 환경에 미치는 악영향은 미미하게 증가할 뿐이다. 추가소득으로 웰빙이 거의 추가적으로 증가하지 않으면서 환경적으로 해로운 방식을 선도하는 것은 선진국의 고소득층이다. 『성장 없는 번영』의 저자 팀 잭슨(Tim Jackson)은 "고소득국가의 라이프스타일의 변화에 초점을 맞추어야 한다"고 주장한다(Jackson, 2017).

---

15 탈성장에 대해서는 최근 발간된 『미래는 탈성장』(마티아스 슈멜츠 외 지음, 김현우 옮김, 나름북스, 2023)이 도움이 된다.

### 3) Beyond GDP: 웰빙경제연합과 웰빙경제정부연합의 창립

#### (1) 웰빙경제연합

2018년 4월 26일 스코틀랜드의 에든버러에서 웰빙경제연합(Wellbeing Economy ALLiance: WEALL)이 창립되었다. 웰빙경제연합은 성장지향적인 경제모델에서 웰빙과 지속가능성을 우선시하는 경제 모델로의 전환을 촉구한다. 즉 GDP 중심의 경제시스템을 인간 및 환경의 웰빙 중심의 경제시스템으로 바꾸기 위해 노력하는 조직, 연구자, 개인 들로 구성된 글로벌 네트워크이다.[16]

웰빙경제연합은 'GDP 너머'를 실현하기 위해 다양한 노력을 하고 있다. 웰빙경제연합은 2019년 『웰빙경제정책설계안내서』를 발간하였다(WEALL, 2019). 이 안내서는 정책결정자들에게 인간과 지구를 위한 보다 정의롭고 지속가능한 경제에 대한 비전을 제시하고 실천전략을 지원한다. 주요 목적은 ① 웰빙의 비전, 프레임워크 및 측정도구를 개발, ② 인간의 웰빙에 가장 중요한 경제적 삶의 영역을 육성하기 위한 전략을 설계, ③ 웰빙경제정책을 평가하고 공동으로 개발해 일관되고 혁신적인 정책조합(policy mix)을 구축, ④ 지역이해관계자와 지역 사회에 권한을 부여하여 웰빙경제정책을 성공적으로 구현, ⑤ 학습, 적응 및 성과와 관련한 웰빙 정책의 영향평가 등이다. 동시에 웰빙경제정책에 다양한 실천 사례를 소개하고 있다.

웰빙경제연합은 이 안내서를 통해 지금의 경제체제는 사회적 웰빙을 훼손할

---

16 알렉산더 가머딩어(Alexander Gamerdinger) 박사(코펜하겐대 경영대학원 및 코펜하겐 행복연구소)의 연구에 의하면 2021년 기준 현재 웰빙경제연합의 회원은 15개국의 246명이다. 웰빙경제 운동은 주로 유럽과 세계 북부의 여러 나라에서 활발하며, 남반구의 일부 지역을 포괄한다. 246명의 회원 대부분은 대학 또는 연구기관의 학자다. 두 번째로 큰 그룹은 NGO와 재단, 기타 조직에서 일하는 활동가들이고, 회원 중 다섯 번째는 공공 또는 정부기관에서 정책입안자나 정치인으로 일하고 있고, 기업가는 소수에 불과하다. 자세한 것은 국민총행복전환포럼(2022.5.11).

〈표 2-3〉 웰빙경제연합의 경제정책 비교

| | 기존 경제정책 | 웰빙경제정책 |
|---|---|---|
| 비전 | 경제성장(GDP로 측정)이 진보의 궁극적 지표 | 집단적 웰빙은 경제가 성장하든 하지 않든 진보의 궁극적 지표 |
| | 경제는 사회적 차원과 생태적 차원에서 분리되어 있고 우월함 | 경제는 사회에 뿌리 두고 있고(embedded), 환경의 일부임 |
| 전략 | 경제적 문제가 있거나 시장실패를 인식할 때 정부가 개입 | 웰빙 목표를 우선순위에 두고 그 목표를 달성하기 위한 정부의 개입 |
| | 경제는 경쟁적이고 이윤지향적인 개인과 기업이 주도하는 것 | 경제는 웰빙에 기여하거나 웰빙을 저해하는 활동, 행동, 제도에 의해 주도됨 |
| | 경제정책은 경제성장을 촉진하기 위해 사용되고, 사회 및 환경정책은 경제성장의 부작용을 완화하기 위해 사용됨 | 모든 정책은 사회 및 생태적 웰빙을 지원하는 활동과 행동을 촉진하도록 조정되고 설계됨 |
| 시행 | 중앙집중식, 하향식 | 상향식, 분권 및 조정 |
| 평가 기준 | 재정 비용 대비 편익 | 현재와 미래의 웰빙에 대한 기여도 |
| 정책 영향평가 | 성장으로 평가되는 경제 | 웰빙의 개선으로 평가되는 경제 |
| | 정책 설계 프로세스가 끝날 때 고려되는 평가 | 정책주기의 각 단계별 평가와 효과 판단 |
| | 특정 프로젝트의 영향에 대한 일회성평가 | 경제변화에 시간이 걸리고 웰빙에 미치는 영향이 즉각적으로 나타나지 않기 때문에 지속적인 모니터링과 평가 |
| | 정책 실패를 인정하는 것을 꺼리는 경향 | 웰빙경제를 향한 여정의 성공과 실패로부터 배울 수 있다는 인식 |

자료: WEALL(2020.10).

뿐 아니라 우리의 생존자체를 위협하고 있음에도, 우리가 이러한 위기에 정면으로 맞서기를 주저하는 것은 이러한 조치가 경제 미칠 부정적 영향에 대한 두려움 때문이라고 비판한다.[17] 웰빙경제연합은 경제성장은 수단일 뿐이고 우리의 목적은 집단적 웰빙(collective wellbeing)을 달성하는 것이라고 강조하고, 경제정책의 전환을 촉구한다.

웰빙경제연합은 기존 경제정책과 웰빙경제정책을 〈표 2-3〉과 같이 구분한다.

한편 웰빙경제연합은 GDP를 넘어서기 위해서는 웰빙의 측정이 중요하다고

17 그레타 툰베리는 사람들이 기후위기에 대처하는 행동을 하지 않는 이유가 "문제 자체보다 해법을 더 두려워하기" 때문일지 모른다고 했다. 즉 주류경제학자들은 경제성장으로 인한 심리적 붕괴가 기후위기 심화로 인한 사회적 붕괴보다 덜 심각하다고 스스로 믿을 때까지 경제성장을 포기하지 않은 것 같다. 김병권(2023: 157).

강조한다. 우리는 측정할 수 있는 것만 관리하기 때문이다. 웰빙을 측정하는 궁극적인 목적은 핵심성과지표인 GDP를 웰빙과 지속가능성, 공정성에 대한 기여도를 측정하는 방식으로 대체하기 위한 것이다. 이를 위해 기존의 수많은 대안지표에 기초하여 웰빙에 관한 글로벌 표준을 만들고, 그것을 정책도구로 사용하면서, 사회의 지배적 담론을 '경제성장은 좋은 것'에서 웰빙경제의 목표를 강화하는 방식으로 전환해야 한다고 했다(WEALL, 2020.10).

(2) 웰빙경제정부연합

2018년 11월 22일에는 웰빙경제연합이 주축이 되어, 뉴질랜드에서 웰빙경제정책을 시행하기 위한 정부가 협력체인 The Wellbeing Economy Governments(WEGo) Initiative(웰빙경제정부연합)가 창립되었다. 창립 당시 뉴질랜드, 스코틀랜드, 아이슬란드 그리고 웨일스가 참여하였으나, 지금은 핀란드와 캐나다가 가입하여 여섯 나라가 회원인데, 호주가 2023년에 합류할 가능성이 높고, 노르웨이와 코스타리카 등도 깊은 관심을 보이고 있다. 이들 정부는 오로지 경제성장에 초점을 맞추기보다는 시민들의 웰빙을 증진하는 데 주력한다. 이들 정부는 국민의 전반적 웰빙에 우선순위를 두고, 사회적·경제적 환경적 요인을 고려하여 국민의 전반적 웰빙을 증진하기 위해 노력한다.

(3) 뉴질랜드의 웰빙 예산

웰빙경제정부연합을 주도하고 있는 뉴질랜드는 세계 최초로 웰빙 예산(wellbeing budget)을 편성하였다. 영국 일간지 ≪가디언≫은 "영국과 같은 서구 국가들이 국가의 행복(웰빙)지수를 측정하기 시작했지만, 뉴질랜드는 행복 우선순위를 기준으로 국가 예산 전체를 설계하고, 부처별로 행복 개선 정책을 설계하도록 지시한 최초의 서구 국가"라고 평가하였다.

저신다 아던 총리는 "경제 성장도 중요하지만 (성장 위주의 정책은) 삶의 질을 측정하거나, 누가 더 혜택을 받고, 누가 낙오하거나 뒤처져 있는지 고려하지 못한다"고 얘기했다. 이어 "뉴질랜드는 수년간 비교적 높은 경제성장률을 보였으나, 치솟는 자살률, 감당할 수 없는 노숙자의 증가, 부끄러운 가정폭력 및 아동빈곤율을 경험하고 있다"고 고백했다. 그리고 "성장만으로는 위대한 나라가 될 수 없다"고 선언하면서, 행복예산의 당위성을 역설했다(이지훈, 2020.8).

2019년 행복예산은 정신건강중시(자살예방 등), 아동행복증진, 원주민 지원, 생산적 국가 건설(스타트업 지원 등), 경제혁신(국철 지원 및 기후변화 대응 등)의 5가지 영역에 우선순위를 예산을 편성했다. 이후 뉴질랜드는 매년 우선순위를 정해서 웰빙 예산을 편성하고 있는데 2023년의 주제는 '미래를 건설하기 위해 현재를 지원한다(Support today for Building tomorrow)'이다. 2023년에는 생활비(cost of living), 회복 및 탄력성(recovery and resilience), 뉴질랜드 사람들이 필요한 서비스 제공(delivering services that kiwis ely on)(교육, 공공주택, 건강, 원주민 서비스 등), 금융적 지속가능(fiscal sustainability) 등에 우선순위를 두고 예산을 편성하였다.

뉴질랜드 웰빙 예산에 대해 도입 후 2년이 지난 2021년에 ≪가디언≫은 "뉴질랜드인의 웰빙은 여전히 흔들리고 있다"고 보도했다. 아서 그라임스(Arthur Grimes) 빅토리아대학교 웰빙 및 공공정책 교수는 ≪가디언≫과의 인터뷰에서 웰빙예산이 "실질적인 정책이라기보다 정부의 마케팅"에 가까우며 "영국과 미국 등 다른 나라 정부가 국민의 웰빙에 우선순위를 두지 않았기 때문에 뚜렷한 대조를 이루어 새롭고 거대한 무언가처럼 보였을 뿐"이라고 하였다. 그리고 정치평론가 브라이스 에드워즈는 뉴질랜드 정부의 '웰빙마인드가 아니라 실질적이고 적극적인 지출이 필요하다고 하였다(국민총행복전환포럼, 2021.5.31). 뉴질랜드의 웰빙예산을 높이 평가하면서도 비판이 나오는 이유는 웰빙예산이 복잡하고 우선순위 예산의 비중이 아직은 작기 때문이다. 그러나 뉴질랜드의 웰빙 예산에 자극받아 웰빙정부연합의 국가들을 중심으로 웰빙 예산이 확산되고 있는 것은 주목을 끌고 있다.

### 4) Beyond GDP: 주요 국제회의 및 보고서

#### (1) 2018년 브뤼셀 회의

2018년 9월에는 벨기에의 브뤼셀에서 웰빙경제연합회원을 비롯해 과학자, 정치인, 및 정책결정자 들 238명이 모여 '포스트 성장'시대의 가능성을 모색하였다. 이 자리에서는 "성장은 점차 어려워지고 있으며 향후 10년 내에 유럽은 전혀 성장할지 모른다"고 하면서 다음과 같이 유럽의 정치현실을 비판하였다. 유럽은 부채를 늘리고, 환경규제를 완화하고, 노동시간을 연장하고, 사회적 보호를 감축해서 성장에 기름을 붓고 있는데, 이러한 것들은 사회를 분열시키고, 경제적 불안정을 가져오고, 민주주의를 훼손할 것이다. 유럽위원회의 'Beyond GDP' 프로젝트는 여전히 성장에 대한 미련을 버리지 못해 'GDP와 Beyond'로 되었고, 공식적인 주문(mantra)은 '지속가능', '녹색' 혹은 '포용적'이란 수식어를 붙여 성장을 추구한다. 2015년 유엔이 새천년개발목표(MDGs) 대신 새롭게 설정한 지속가능발전목표(SDGs)조차 모든 나라가 경제성장을 추구하는 것을 목표(목표 8)에 포함시키고 있다.

이들은 유럽연합이 회원국 그리고 기구들에 대해 네 가지 제안을 하였다. 첫째, 포스트 성장시대의 미래를 위한 특별위원회를 유럽 의회에 구성하자. 둘째, 대안적 지표들을 유럽연합과 회원국들의 거시 경제 틀 속에 포함하자. 셋째, 유럽 '안정 및 성장 협약(SGP)'을 '안정 및 웰빙 협약'으로 전환하자. 넷째, 유럽연합의 회원국들은 경제전환(economic transition) 부처를 설립하자.

### (2) 2021년 유럽환경국과 옥스팜 독일의 보고서

유럽환경국(EEB)과 옥스팜(Oxfam) 독일은 2021년 4월 기후변화와 환경문제 해결을 위한 해법으로서 '웰빙경제'의 가능성을 모색한 보고서 「인간과 자연에 복무하는 웰빙경제를 향하여」(Towards a Wellbeing Economy That Serves People and Nature, 2021.4.21)를 펴냈다. 보고서 발표회 겸 세미나에서 대안적 경제시스템인 '도넛 경제'의 창시자 케이트 레이워스 옥스퍼드대 환경변화연구소 선임연구원은 "인류 진보의 형태가 끝없는 성장이라는 20세기 아이디어를 이제는 떠나보내야 한다"고 밝혔다. 경제성장에 대한 집착이 자연과 환경에 대한 착취로 이어지고 있기 때문이다.

보고서는 유럽연합 국가들의 성장중독이 어떻게 실패하고 있는지를 경험적으로 보여준다. 또한 성장주의가 경제 피라미드의 최상위에 있는 소수에게만 번영을 제공할 뿐 아니라 환경을 파괴하고 지구 온난화를 촉진하고 있다고 강조한다. 예를 들어 전 세계의 부유한 10%(약 6억 3000만 명)가 1990~2015년 전체 누적탄소배출량의 52%를 차지한다면, 배출량 증가를 누가 주도하며 환경파괴로 인한 이익이 누구에게 귀속되는지 짐작할 수 있다.

이러한 문제적 현실을 진단한 후, 보고서는 ① 국가, 성별, 계급 간의 불평등을 유발하는 착취적 구조의 해체, ② 더 많은 사람들에게 더 큰 경제적 정치적 권력을 부여함으로써 달성하는 경제의 민주화, ③ 경제 시스템과 성장을 분리하고 소비 자원을 줄이게끔 유도하는 거버넌스 등 3개의 기둥을 기초로 한 웰빙경제 전환의 청사진을 제시한다. 그리고 변화가 시급한 부문으로 농업, 섬유, 건축, 디지털 등을 꼽았다.

### (3) SGD의 위기가 불러온 대안 지표의 필요성

코로나19 대유행이 UN이 제시한 지속가능발전목표(SDGs) 달성에 차질을 빚을 것으로 예견되면서, 논의는 한층 뜨거워졌다. 경제성장과 지구환경 사이의 균형을 맞추기 위한 유일한 도구이자 글로벌 공동목표이며 최후의 보루로 여겨졌던 SDGs에 대한 어두운 전망은, UN은 물론 경제기구인 OECD까지 정색하게 만들었다.

2020년 9월 OECD는 「성장을 넘어: 새로운 경제적 접근을 향하여(Beyond Growth: Towards a New Economic Approach)」 보고서를 통해 "우리는 환경, 경제, 사회 및 정치 시스템과 관련된 일련의 수렴하는 지구 비상사태에 직면하고 있지만 지난 세기의 도구를 사용하여 이러한 문제를 해결하지 못할 것"이라면서 "사람과 지구의 웰빙을 개선하는 데 있어 경제의 역할을 재고해야 한다"고 주장했다. 그리고 OECD는 2022년 38개 회원국의 SDGs 진행상황과 2030년까지 달성 가능성을 다룬 「2030년까지의 짧고 구불구불한 길: SDG 목표까지의 거리 측정(The Short and Winding Road to 2030 Measuring Distance to the SDG Targets)」이라는 제목의 보고서에서, "경제성장을 위한 물질적 자원 사용과 폐기물 배출이 여전히 큰 문제이며, 기후 행동이나 생물 다양성 분야 역시 과제로 남아 있다"는 어두운 전망을 내놓았다.

안토니오 구테흐스 UN 사무총장 역시 해당 보고서의 서문에서 "SDGs를 긴급구제하기 위한 노력이 필요하다"고 강조하면서 "인류의 번영을 측정한 새로운 도구가 필요하다"고 촉구했다. 2022년 한 해 동안 안토니오 구테흐스 UN 사무총장과 유엔개발계획, 유엔경제통계네트워크 등 대형 유엔기관의 수장들은 무엇이 잘못됐고 무엇을 해야 하는지에 주목했다. 그리고 "그들의 생각은 GDP를 세계 번영의 주요 척도로 사용하는 것을 중단하고 SDGs와 관련된 지표 대시보드로 이를 보완해야 한다는 쪽으로 수렴하고 있다"(Masood, 2022.11.8). 구테흐스 사무총장은 현재 개정 중인 GDP에 10~20개의 웰빙지표를 포함할 것을 촉구하고 있다.

### (4) '성장을 넘어' 콘퍼런스 2023

'성장을 넘어(Beyond Growth)' 콘퍼런스가 2023년 5월 15일부터 17일까지 3일간 벨기에 브뤼셀에 위치한 유럽의회에서 2500여 명의 현장 참석자와 2000여 명의 온라인 참석자의 열띤 호응 속에 진행됐다. 지난 2018년 포스트 성장(Post-Growth) 콘퍼런스에 이어 5년 만에 개최된 이 콘퍼런스는 유럽의회 의원 20명의 초당적 구상과 유럽 위원회(European Commission)와 로마클럽(Club of Rome)의 후원으로 개최되었다.

이 행사에는 유럽연합의 고위 의사결정권자들과 학자, 기업가, 시민사회 활동가 등 다양한 배경을 가진 사람들이 모였다. 참가들은 GDP 성장이 우리 사회의 웰빙을 측정하지 못하고 부의 분배나 무임금 노동, 환경파괴 등 다양한 문제를 놓치고 있음에도 불구하고 주요 정책목표가 되고 있는 것이 우리 사회를 다수의 고통 위에 일부만 혜택을 누리는 지속 불가능한 미래로 몰아넣고 있다는 데 의견을 같이했다. 콘퍼런스의 참석자들은 이러한 문제의식에 기반해 경제 규모를 키우는 성장만을 좇는 현재의 패러다임을 벗어나 지속 가능성의 테두리 안에서 우리 사회의 번영을 이루는 방법에 대해 논의했다.

총회에 참석한 제이슨 히켈(Jason Hickel) 스페인 바르셀로나자치대 교수는 자본이 세계 경제를 움직이게 되면서 환경파괴와 불평등 심화 등 많은 문제를 낳으며 저소득 국가의 발전을 저해하고 있다고 지적했다. 그는 경제성장만을 좇으며 지나치게 자원을 소비하고 환경을 파괴해 온 고소득 국가의 책임을 강조했다. 그는 고소득 국가들의 많은 노력이 필요하다며 온실가스 배출 감축 등 환경파괴를 줄이는 것 자체가 중요한 것이 아니라 그 변화가 충분히 빠른 속도로 일어나는 것이 중요하다고 말했다.

한편 티모시 파리크(Timothee Parrique) 스웨덴 룬드대학교 연구원은 경제가 환경과 무관하게 혹은 환경파괴를 줄이며 독자적으로 성장(decoupling)하는 것은 불가능하다고 말하며 녹색성장이라는 용어는 허구라고 주장했다. 그는 생산과 소비를 줄이지 않고서는 지구위험한계선(planetary boundaries) 안으로 돌아갈 수 없다며 탈성장(degrowth)이 유럽에 필요한 현실적인 전략이라고 말했다. 그가 말하는 탈성장 사회에서 경제는 생태적 한계를 넘어서서는 안 되며, 사람들의 삶이 적절한 생활수준에 못 미치도록 해서는 안 된다고 주장했다.

콘퍼런스는 7개의 총회(plenary session)와 20개의 패널 토론(focus panel)으로 이루어졌다. 총회에서는 큰 틀에서 현재의 상태를 진단하고 앞으로 유럽 경제 정책, 궁극적으로는 유럽 사회가 나아가야 할 방향이 제시되었다. 한편 패널 토론에서는 주4일 근무제, 금융시스템, 조세제도, 돌봄, 성평등, 순환 경제, 식량, 자원, 해양 경제 등 다양한 주제와 관련된 구체적인 토론이 이어졌다.

### 5) Beyond GDP: 국내 실천동향: 국민총행복을 위한 3각 편대

#### (1) 국민총행복전환포럼(총행복포럼)

2018년 4월 우리사회의 패러다임을 경제성장에서 국민총행복으로 전환할 것을 주장하는 연구자, 전문가, 시민사회 활동가 200여 명이 국민총행복전환포럼을 창립하였다. 포럼이 긴 이름에도 불구하고 굳이 '전환'을 넣은 것은 현재의 우리 사회시스템을 근본적으로 바꿀 필요가 있다는 것을 강조하기 위함이었다.

총행복포럼은 창립선언문에서 아시아 최빈국에서 1인당 국민소득 3만 달러가 넘고 세계 10위의 경제대국으로 발전하였음에도 우리 국민이 그에 걸 맞는 행복을 누리지 못하는 이유는 성장지상주의 때문이라고 규정하고, "성장지상주의 시대와의 결별을 선언하고, 경제 성장에서 사람 행복으로, 나라발전의 목표를 대전환할 것을 요구"하였다.

총행복포럼은 창립 이후 매월 포럼과 심포지엄 등을 개최하며 '행복담론'의 확산을 위해 노력하고 있다. 동시에 같은 해 10월에 창립한 행복실현지방정부협의의 사무국 역할을 맡아 각 지자체의 행복정책을 지원하고 있다.

### (2) 행복실현지방정부협의회(행실협)

2018년 10월 '주민 행복을 최우선시하며', '성장을 넘어 행복으로' 정책을 전환하고자 하는 자치단체(장)들이 뜻을 모아 '행복실현지방정부협의회'를 창립하였다. 행실협에는 창립 당시 38개의 광역 및 기초자치단체가 참여하였다. 행실협은 "개발우선주의와 양적 성장주의를 지양하고, 주민 행복을 최우선 정책 목표로 할 것을 천명한다. 특히 우리는 '아직 행복하지 않은 주민들'에 정책의 초점을 맞추어, '더불어 함께 행복한 지역공동체'를 만들고자 한다"고 선언하였다. 창립 후 행실협 회원 지자체는 구체적으로 주민 행복을 높이기 위해 행복지표를 개발하고, 행복도조사를 실시하고, 지자체의 주요 정책에 대한 행복영향평가를 실시하고 있다. 그리고 행복조례를 제정하여 이러한 정책을 뒷받침하고, 행복정책관 등 부서를 신설하여 실무를 담당하도록 하고 있다.

### (3) 국회국민총행복정책포럼(정책포럼)

2020년 7월 지자체의 행복정책을 뒷받침하고 국정 철학의 전환을 도모하기 위해 국회 내에 연구모임인 국회국민총행복정책포럼이 창립되었다. 정책포럼에는 여야 국회의원 38명이 참여하였다. 정책포럼은 "정부 정책의 패러다임이 경제성장(GDP) 중심이 아니라 국민총행복(GNH)으로 전환하고, 헌법에 명시된 행복추구권 실현을 위한 구체적인 연구 및 정책개발을 통해 우리나라 국민의 행복지수를 높이는데 기여함을 목적"으로 활동하고 있다.

정책포럼은 2023년 3월 20일 "국가의 행복지표 개발 및 보급 의무를 명시하고, 개발된 지표 및 지수를 활용한 지방자치단체의 지역별 특성에 맞는 정책 수립 책무 등을 규정하여 국민의 행복을 증진하기 위한 종합적인 기반을 마련하고자" '국민총행복증진법'을 만들어 국회 상임위에 제출하였다. 법의 주요 내용은 다음과 같다.

가. 이 법은 국민의 행복을 추구할 권리를 실현하기 위한 기본적인 사항과 국가와 지방자치단체의 책무 등을 정함으로써 모든 국민의 행복을 증진시키는 것을 목적으로 함(안 제1조).

나. 정부는 국민총행복증진을 위한 행복지표를 개발·보급하여야 함(안 제6조).

다. 지방자치단체는 정부가 개발한 행복지표 및 국민총행복지수를 활용하되, 지역별 특성에 맞는 행복지표를 선정하여 주민행복지수를 산출하여야 함(안 제7조).

라. 관계중앙행정기관의 장과 지방자치단체는 정책·계획·사업을 추진할 때 국민총행복에 중대한 영향을 미칠 수 있다고 판단되는 경우 그 계획이나 사업이 국민총행복에 미치는 영향을 분석·평가해야 함(안 제8조).

마. 정부와 지방자치단체는 행복지표 선정과 정책 수립 과정에서 국민이 참여하도록 하고, 그 의견을 행복지표에 반영하도록 함(안 제9조).

바. 정부는 국민총행복증진을 위한 기본계획을 5년마다 수립·시행하여야 함(안 제10조).

사. 관계 중앙행정기관의 장과 시·도지사는 기본계획에 따라 연도별 시행계획을 각각 수립·시행하여야 함(안 제11조).

아. 국민총행복에 관한 주요 정책 및 기본계획과 그 이행에 관한 사항을 심의·조정하기 위하여 대통령 소속으로 국민총행복위원회를 설치함(안 제12조).

자. 국민총행복증진을 도모하고 이에 대한 국민의 관심을 높이기 위하여 매년 3월 20일을 행복의 날로 정하고, 행복의 날부터 1주간을 행복주간으로 정함(안 제14조).

## 5. 맺음말: Beyond GDP를 위한 사회운동과 정치적 캠페인, 그리고 경제정책 전환 운동

코로나19 팬데믹 위기 이후 심화하는 기후변화와 맞물려 주요 선진국은 '성장 이후의 사회'에 대해 고민하고 있다. 웰빙경제연합의 공동 창립자인 캐더린 트레베크(Katherine Trebeck)는 "우리의 경제시스템을 전환하는 데 정부의 역할을 과소평가해서는 안 된다. 정부는 모든 수준에서 웰빙경제운동의 자연스러운 파트너이다"라고 평가하고 있다.

그러나 불행히도 우리 사회는 여전히 성장 신화와 성장 중독에서 벗어나지 못하고, 국민을 행복으로 이끌어야 할 정부는 특정 이념에 사로잡혀 성장지상주의에 박차를 가하고 있다. 더욱이 「세계행복보고서 2023」에 의하면 우리나라는 지배계층의 이익에 복무하는 특수이익국가에 속한다. 「세계행복보고서 2023」 제3장은 '웰빙과 국가 효율성'의 관점에서 각국을 공동이익국가(common-interest state), 특수이익국가(special interest state), 취약국가(weak state)로세 그룹으로 나누었다. 우리나라가 속은 둘째 그룹, 특수이익국가는 지배계층의 이익을 위해 운영하나, 이들을 통제하는 장치는 약하고, 지배 엘리트는 정치적 안정을 도모하는 높은 수준의 억압을 통해 권력을 확고히 한다. 국가역량은 주로 지배계층의 이익에 봉사한다. 특수이익국가는 (소득수준의 상승이) 지배계층의 이익에 부합하거나 대중을 잠잠하게 할 수단으로 보일 때, 소득수준을 높이는 정책에 초점을 맞춘다.

세 그룹 가운데 공동이익국가에서 국가의 세 가지 역량과 삶의 만족도가 가장 높다. 우리는 특수이익국가를 벗어나 공동이익국가로 나아가고자 한다. 촛불혁명(?)을 통해 국가 권력도 바꾸어 보았다. 그러나 사회시스템은 쉽게 변하지 않고 오히려 퇴행하고 있다. 그 이유가 무엇일까. 「세계행복보고서 2023」은 이렇게 말한다. "각 국가 그룹은 오래 시간 동안 잘 변하지 않는다. 제도 변화가 느리고, 가치와 규범은 제도보다 더 느리게 변한다. 따라서 공동의 이익 집단 밖에 있는 국가들에게 그들이 공동이익 국가 덴마크처럼 되어야 한다고 말하는 것은 육상선수에게 더 빨리 달려서 올림픽 메달을 따라고 하는 것과 같다. 규범, 가치 및 제도는 공동 이익 국가의 건설을 지원하는 비계이다. 민주적 전환의 필요성에 대한 단순한 처방도 신뢰할 수 없고 유용하지 않다. 자유선거가 응집력 있는 제도 및 가치와 결합되지 않으면 폭력으로 전환되는 정치적 불안정을 초래할 수 있다." 선진사례의 벤치마킹만으로는 아무것도 이룰 수 없다. 탈성장 주창자인 빅터 피터(Victer Peter)는 "대안적인 정책과 제도 제시만으로는 기존 사회에 뿌리내린 성장 패러다임을 바꿀 수 없다. 정책과 함께 정치적 사회적 행동을 통해 사회를 변화를 일으키는데 우선순위를 두어야 한다"고 하였다.

우리는 국민총행복전환포럼 창립선언문에서 천명하였듯이 "국민총행복을 위해 서로 신뢰하고 연대하며 평등한 사회의 구현을 위해 노력"하는 '사회운동과 정치적 캠페인'을 하여야 한다. 동시에 "GDP를 중시하는 성장 위주 정책에서 국민총행복(GNH)으로 정책을 전환하기 위한 실질적인 대안을 모색하고 실천방안을 찾는" '경제정책 전환 운동'이 필요하다.

## 참고문헌


국민총행복전환포럼. 2021.5.31. "뉴질랜드 '2021 웰빙예산' 발표… 2년의 성과는?". 국민총행복전환포럼 블로그.

_____. 2021.7.14. "한국 청년의 고민, 세계 청년과 어떻게 다를까". 국민총행복전환포럼 블로그.

김병권. 2023.『기후를 위한 경제학』. 착한가게.

김성아. 2022.「국제비교로 보는 한국인의 행복」. 한국보건사회연구원. ≪보건복지 Issue & Focus≫, 419호.

레이워스, 케이트(Kate Raworth). 2018/2011.『도넛 경제학』. 홍기빈 옮김. 학고재.

맨더빌, 버나드(Bernard Mandeville). 2010.『꿀벌의 우화』, 최윤재 옮김. 문예출판사.

미슈라, 판카지(Pankaj Mishra). 2018.『분노의 시대』. 강주헌 옮김. 열린책들.

박명호·박찬열. 2019.「행복지수를 활용한 한국인의 행복 연구」. 한국경제학회. ≪한국경제포럼≫.

박진도. 2017.『부탄 행복의 비밀』. 한울.

배너지, 아비지트(Abhijit V. Banerjee). 2020.『힘든 시대를 위한 좋은 경제학』. 김승진 옮김. 생각의 힘.

슈멜츠, 마티아스(Matthias Schmelzer) 외. 2023.『미래는 탈성장』. 김현우 옮김. 나름북스.

이스털린, 리처드(Richard A. Easterlin). 2022.『지적행복론』. 안세민 옮김. 월북.

이지훈. 2020.8. "그것이 알고 싶다, 뉴질랜드 행복예산!"(이지훈의 행복노트 ⑬). 국민총행복전환포럼.

통계청. 2022.「국민 삶의 질 보고서 2022」.

폴라니, 칼(Karl Polanyi). 2009.『거대한 전환』. 홍기빈 옮김. 길.

한국행정연구원. 2021.「2020 사회통합실태조사」.

환경부. 2023.3.「대한민국 기후변화 적응 보고서」.

LAB2050. 2022.「참성장지표 개발 연구」.

Climate Home News. 2016.4.11. "South Korea leads list of 2016 climate villains."

Dixson-Declève, Sandrine and Aileen McLeod. 2020.10. 21st Century Wellbeing Economics: The Road to Recovery, Renewal Resilience. The Club of Rome.

EUBEF21. 2021. "Debate on the motion: For a sustainable post-COVID recovery, this forum believes we should replace GDP with an alternative well-being indicator." EU Brussels.

European Commission. 2021. The Brussels Economic Forum 2021.

European Commission, IMF, OECD, UN, and World Bank. 2009. *System of National Accounts 2008*. New York.

Friedman, Thomas L. 2020.4.27. "Our New Historical Divide: B.C and A.C – the World Before Corona and the World After." *NewYork Times*.

Harari, Yuval Noah. 2020.4.20. "The world after coronavirus." *Financial Times*.

Heinberg, Richard. 2022.2.22. "Dennis Meadows on the 50th anniversary of the publication of The Limits to Growth." Resilience.org.

Hickel, Jason. 2021.1.8. "Tackles GDP." *WEALL News*.

Hoekstra, Rutger. 2019. *Replacing GDP by 2030 — Towards a Common Language for the Well-being and Sustainability Community*. Cambridge University Press.

_____. 2020.10. "Measuring the Wellbeing Economy: How to Go Beyond-GDP." *WEALL*.

_____. 2022.6. "This is the moment to go Beyond GDP." *WEALL, WWF, and EEB*.

Jackson, Tim. 2017. *Prosperity Without Growth* (2nd edition). Routledge.

Masood, Ehsan. 2022.11.8. "GDP is getting a makeover — what it means for economies, health and the planet." *Nature*. https://www.nature.com/articles/d41586-022-03576-w.

Nordhaus, W.D. and J. Tobin. 1972. "Is Growth Obsolete?" *Economic Growth, National Bureau of Economic Research*, No. 96. New York.

OECD. 2020.6. "Building Back Better."

_____. 2020.9.11. *Beyond Growth: Towards a New Economic Approach*. https://www.oecd.org/governance/beyond-growth-33a25ba3-en.htm.

_____. The better life index.

OXFAM and EEB. 2021.4.11. *Towards a Wellbeing Economy That Serves People and Nature*.

Sandrine-Dixson-Declève and Aileen McLeod. 2020.10. "21ST Century WELLBEING ECONOMICS: THE ROAD TO RECOVERY, RENEWAL RESILIENCE." The Club of Rome.

Social Progress Imperative. 2021. "2021 Social Progress Index." www.socialprogress.org.

Stiglitz, Joseph E. 2009.9.7. "GDP Fetishism." *Project Syndicate*.

The Economist. 2023. The Economist's glass-ceiling index.

UN. "World Happiness Report."

Wellbeing Economy Alliance. 2019. *Wellbeing Economy Policy Design Guide*.

_____. 2020.10. *Measuring the Wellbeing Economy: How to Go Beyond GDP*.

World Commission on Environment and Development. 1987. "The Brundtland Report: 'Our Common Future'."

World Economic Forum. 2023. "Global Gender Gap Report 2023."

World Inequality Lab. 2022. "World Inequality Report 2022."

World Values Survey. http://www.worldvaluessurvey.org/.

제3장

# 자유주의와 신자유주의의 비판적 고찰*

이근식 | 서울시립대학교 경제학부 명예교수

이 글의 주장은 세 가지이다. 첫째는 경제적 자유주의와 정치적 자유주의를 구분하여, 경제적 자유주의는 비판적으로 수용하여야 하는 반면에 정치적 자유주의는 우리 사회의 기본이념으로 수용하여야 한다는 것이다. 경제적 자유주의란 시장경제에 대한 정부개입을 반대하는 경제적 자유방임주의를 말한다. 경제적 자유주의를 비판적으로 수용한다 함은, 시장경제를 기본으로 하면서 시장의 실패(빈부 격차와 빈곤, 독점화, 불황, 환경파괴, 공공재의 부족 등)라는 자유시장경제의 구조적 결함을 시정할 정부개입의 필요성을 인정한다는 것이다. 반면에 정치적 자유주의란 만인의 사회적 평등과 인권 존중, 사상과 비판의 자유, 집회결사의 자유, 관용, 그리고 이들을 실현하기 위한 사회제도로서 민주주의와 법치주의를 지지하는 주장을 말한다. 이런 정치적 자유주의는 근대의 역사 발전을 추진하여 온 보편적 원리이므로 우리 사회의 기본 이념으로 삼아야 할 것이다. 우리나라는 현재 제도로서의 민주주의는 선진국 수준으로 발전하였다. 그럼에도 불구하고 우리나라 민주주의는 여전히 매우 취약하다. 대통령

---

* 이 글은 네이버 열린 연단(2022.7.9)과 서울사회경제연구소(2022.9.2)에서 발표한 것을 일부 수정한 것이다.

이라는 자가 국민을 무시하고 국정의 책임은 지지 않으면서, 언론의 자유를 억압하고, 비판세력을 공산주의자나 주사파로 매도하고 있다. 소련이 무너지고 30년이 지났고 북한이 기아와 폭정으로 신음하고 있다는 것을 모든 국민이 다 알고 있는데, 우리 국민 중 공산주의자나 주사파가 얼마나 있단 말인가? 이런 코미디가 벌어지고 있는 것은 민주의식이 아직 우리사회에 확립되지 않았기 때문이라 생각된다. 정치적 자유주의가 바로 민주의식이다. 정치적 자유주의가 대다수 국민들의 의식에 확고하게 뿌리내릴 때 비로소 우리나라의 민주주의가 확립될 것이다.

두 번째 주장은, 자유주의는 상생의 원리로 보완되어야 한다는 것이다. 자유주의는 개인주의에 입각하여 있기 때문에, 분배문제와 같이 개인 간에 이해 상충이 발생하는 사회문제의 해결에는 도움이 되지 못하므로 상생이라는 다른 원리가 필요하다. 상생의 원리란 나만이 아니라 다른 사람, 생명 및 모든 존재들의 소중함을 인정하고 이들의 권리를 존중하면서 이들과 서로 아끼고 도우면서 함께 살아감을 말한다.

셋째 주장은 1980년대 이후 전 세계를 휩쓸고 있는 신자유주의는 개별 정부와 국제협력을 통해 반드시 제어되어야 한다는 것이다. 빈부 격차와 빈곤, 불황, 독과점화, 자연파괴, 윤리 타락과 공동체의 와해와 같은 자본주의의 실패들이 신자유주의의 횡행으로 인해 전 세계적으로 급속히 증대하여 인류와 지구의 앞날을 위협하고 있다. 국제협력을 통해 이를 중단시키지 않으면 인류 문명과 지구가 유지될 수 없을 것이다. 다만 정부의 실패를 간과하였던 과거의 순진한 복지국가와 달리 앞으로는 정부의 실패를 최소화하는 현명한 복지국가를 지향하여야 할 것이다.

## 1. 과학실증주의의 극복

먼저 나의 기본입장을 밝혀 둔다. 나의 기본입장은 가치판단을 배제하자는 과학실증주의를 거부하고 올바른 윤리의식에 입각한 가치판단을 견지한다는 것이다. 사람의 판단은 사실판단과 가치판단의 두 가지로 나눌 수 있다. 제비꽃을 보고 제비꽃임을 아는 것이 사실판단이고, 제비꽃을 보고 예쁘다고 느끼는 것이 가치판단이다.[1] 사실판단의 오류 여부는, 사실의 확인을 통하여 객관적으로 판별될 수 있는 반면에 가치판단은 주관적이므로 오류를 객관적으로 판별하기가 어렵다. 취향과 이해관계가 사람마다 다르기 때문이다. 이 때문에 가치판단을 과학의 영역에서 배제하자는 **실증주의**(positivism)가 현대과학에 만연하고 있고 대개 이를 당연시하고 있다. 베버(Max Weber)의 몰가치론이 대표적 예이다.[2] 실증경제학(positive economics)이라고 불리는 현대 영미 주류경제학도 이런 입장이다.

과학실증주의는 당연한 것처럼 생각되기 쉽지만 실은 그릇된 주장이다. 모든 과학은 결국 인간에게 직간접으로 실제 영향을 미치므로, 사회과학은 물론이고 자연과학에서도 가치판단을 배제한다는 것은 불가능하다. 뢰프케(Wilhelm Röpke)의 말과 같이, 가치판단의 배제라는 주장 자체가 실은 현실 비판을 회피하겠다는 가치판단을 내포하고 있다(Röpke, 1944: 75).

가치판단의 옳고 그름을 객관적으로 평가하기 힘들지만, 가치관 중에는 잘못된 것이 분명히 있다. 인종주의, 파시즘, 군국주의, 배금주의와 같이 윤리적

---

1 가치판단과 사실판단을 구분하는 것은 사실판단으로부터 가치판단이 도출될 수 없다는 사실에 근거하고 있다. Rossi(1965).

2 베버가 주장한 것은, 대학의 강단에서 가치판단을 배제하자는 것이지, 인간생활에서 가치판단을 배제하자는 것은 아니다. 사제지간에는 자유로운 토론이 어려워서 교수가 대학 강단에서 자신의 가치판단을 학생들에게 일방적으로 주입할 위험이 있기 때문이다. 그러나 자유로운 토론이 가능한 장소, 예컨대 시장에서는 가치판단을 논할 수 있다고 베버는 보았다고 한다. 이 점은 베버 전공자인 전성우 교수(한양대 사회학과 명예교수)가 깨우쳐 주었다.

으로 잘못된 가치관에 입각한 생각은 분명히 잘못이다. 가치판단의 기준이 되는 가치관은 두 가지로 나눌 수 있을 것이다. 하나는 윤리와 상관없는 개인적 취향이나 인생목표에 관한 가치관이며, 둘은 윤리와 관련된 가치관인 윤리의식이다. 개인의 취향이나 인생목표와 같은 개인 가치관은 과학에서 따질 필요가 없다. 그러나 윤리문제와 관련된 가치판단은 이와 다르다. 인간은 사회적 존재이므로 어떤 인간도 윤리 문제로부터 자유로울 수 없다. 비윤리적인 목적을 위한 연구에 참여하면서 과학실증주의를 내세워 자신을 합리화하는 것은 자기기만이자, 학상(學商)이나 학노(學奴)로 자신을 전락시키는 것이다.

윤리는 시대와 사회에 따라서 다르지만, 윤리에는 동서고금을 통해 변하지 않는 보편적인 내용이 있다. 그것은, 모든 사람의 인권을 존중하고 자신의 이익을 위해서 다른 사람에게 부당한 피해를 주지 말라는 것이요, 나아가서 자신만이 아니라 다른 사람의 행복을 위해서도 노력하라는 것이다. 이기심을 극복하고 모두 함께 잘 살기 위하여 노력하라는 것이다. 상생의 원리도 이를 말한다. 이런 상생의 입장에 서면 사람들 간의 취향이나 이해관계의 차이를 극복하고 합의를 도출할 수 있을 것이다.

가치판단만이 아니라 사실판단에서도 사람들은 종종 잘못을 저지른다. 이는 두 가지로 나눌 수 있다. 하나는 정보가 부족하거나 사고능력(정보의 처리능력)이 부족하기 때문에 사실을 잘못 파악하는 경우이다. 인과관계를 잘못 설명하는 것이 이러한 경우이다. 불완전한 인간이 이런 과오를 범하는 것은 종종 있는 일이다. 이는 이해관계나 편견과는 상관없이 발생하는 사실판단의 오류이다.

이런 것보다 더 조심해야 하는 것은 자신의 편견이나 이해관계 때문에 사실을 의식 혹은 무의식적으로 왜곡하는 것이다. 인식능력은 부족하고 현실은 복잡하며 정보도 부족하여 사람들은 무엇이 무엇인지 잘 알 수가 없을 때가 많다. 잘 알 수 없을 때, 사람들은 자신의 편견이나 이해관계에 자기도 모르게 이끌려 사실을 왜곡하여 잘못 인식하고, 잘못된 인식은 다시 잘못된 편견을 뒷받침한다. 사람들은 보고 싶은 것만 보고, 듣고 싶은 것만 듣고, 믿고 싶은 것만

믿는다. 심지어 흰 꽃을 빨간 꽃이라고 우기기도 한다. 잘못된 가치판단과 잘못된 사실판단이 상호 상승작용을 한다. 인류 역사상 큰 죄악을 저지른 사람치고 자신에 대한 확신이 없는 사람이 없었고, 자신의 주장에 대한 근거를 제시하지 못하는 사람이 없었다. 우리 주위를 둘러보아도, 직업이나 교육수준에 상관없이 자신의 이익을 사회의 이익이라고 강변하면서도 자신이 틀린 줄도 부끄러운 줄도 모르고 떠드는 소리가 천지에 가득하다. **우리가 피해야 할 것은, 건전한 윤리적 판단으로서의 가치판단이 아니라, 편견이나 이해관계라는 색안경을 쓰고 사물을 바라보면서 사실을 왜곡시키는 것이다.**

건전한 가치관이란, 인종, 종교, 성, 재산, 신분 등 그 어떤 이유로도 사람을 차별하지 않고 모든 사람의 인권을 존중하는 건전한 윤리의식을 말하며, 냉철한 이성이란, 자신의 편견이나 이해관계를 떠나서 사실을 있는 그대로 인식할 수 있는 능력을 말한다. 건전한 가치관과 냉철한 사실판단력이 합쳐졌을 때 비로소 **이성**이라고 말할 수 있을 것이다. 마셜(Alfred Marshall)은 1885년 케임브리지 대학교 경제학과 교수 취임연설에서 경제학자(economists)는 '찬 머리와 더운 가슴(cool head and warm heart)'을 가져야 한다고 말하였다. 이러한 이성이 인간의 가장 큰 힘이며 사회를 발전시키는 힘이다. 이성이라고 하면, 보통 인간의 올바른 사실판단력만을 말하지만, 건전한 윤리의식도 똑같이 중요하다.

## 2. 자유와 자유주의의 의미

자유는 여러 가지 다양한 의미로 사용되고 있으나 자유수의의 입장에서 자유의 의미를 생각해 보자.

첫째, 자유[3]는 집단이 아니라 개인의 자유이다. 뒤에서 보는 바와 같이 자유주의는 구체적 인간인 개인만이 궁극적 가치를 갖고 있다고 보는 개인주의의 입장에 서있다. 자유는 개인에 대해서만 사용되며, 국가, 민족, 계급, 회사와 같은 단체나 조직에 대해서는 사용하지 않으며 어디까지나 개인에게 적용되는 말이다.

둘째로 자유는 **사회적 자유**(social liberty)이다. 사회적 자유란 사상과 출판, 취업, 결사, 정치참여, 종교 선택과 같이, 개인의 사회생활과 관련된 자유를 말한다. 무지나 탐욕, 미신으로부터의 자유와 같이, 타인이나 사회와 상관없이, 개인이 혼자 스스로 처리하는 문제와 관련된 자유는 사회적 자유가 아니다. 개인의 사회적 자유를 주로 제한하는 것은, 정치권력, 종교권력, 언론권력, 신분권력과 같이 모두 사회적 권력이다. 따라서 자유주의에서 말하는 자유는 **사회적 권력의 부당한 침해로부터의 자유**라고 볼 수 있다. 밀의 말을 빌리면, 자유란 "의지의 자유가 아니라 시민적(civil) 혹은 사회적 자유이다"(밀, 1990/1859: 237).

셋째로, 자유는 협의의 자유만을 의미하는 것이 아니라 생명권과 재산권을 모두 포함하는 **인권**(human rights) 전체이다. 자유는 협의의 자유와 광의의 자유로 나눌 수 있을 것이다. **협의의 자유**란 강압이 없는 자유로운 상태를 말한다. 보통 말하는 종교의 자유나 결사의 자유와 같은 선택의 자유가 이에 해당한다. **광의의 자유**는 협의의 자유만이 아니라, 개인의 생명과 신체, 재산의 보장을 모두 포함한 인간의 기본권 전체를 말한다. 자유주의자들이 구체제의 강압정치에 대항하여 투쟁할 때에 기치로 내건 자유도 이러한 광의의 자유였다. 협의의 자유는 실질적으로 광의의 자유와 동일하다. 둘 모두 사회적 권력의 침해로부터의 자유를 의미하기 때문이다.

이런 개인의 사회적 자유를 가장 중요한 사회적 가치로 보는 사회사상이 **자유주의**(liberalism)이다. 이렇게 간단히 말하기에는 자유주의의 의미가 너무 풍부하고 복잡하다. 이 때문에 외국에서나 우리나라에서나 자유주의처럼 다양한

---

3 freedom과 liberty는 혼용된다.

의미로 사용되는 이념도 드물다. 자유주의의 본 고장인 서양에서도 보수주의자와 급진개혁주의자가 모두 서로 자유주의자임을 자처한다. 공산주의자들도 자유를 달라고 외친다. 우리나라에서도 자유주의를 부르주아지들의 집단이기주의로 해석하기도 하고, 반공주의와 동일시하기도 한다. 자유주의에 대한 해석이 구구한 것은 자유주의 자체가 시대와 사회와 집단에 따라서 각기 달리 사용되어 왔기 때문일 것이다. 이런 혼란을 피하고 자유주의의 의미를 정확하게 이해하기 위해 자유주의가 등장하고 발전해온 역사적 과정을 살펴보자. 다른 사회이념과 마찬가지로 자유주의도 사람의 머릿속에서 관념적으로 발전되어온 것이 아니라 구체적인 역사 속에서 형성되어 왔기 때문이다.

12~13세기경 이탈리아에서 시작된 자본주의경제의 발전은 르네상스, 종교개혁과 시민혁명이라는 근대사회발전의 물질적 토대를 제공하였으며 또한 이런 변화를 추진한 주역인 부르주아(중소상공인)들을 탄생시킴으로써 자유주의 발전의 토대를 마련하였다. 자유주의는 르네상스, 종교개혁 및 시민혁명이라는 서양 근대 역사의 전개 속에서 형성되어 왔다. 14~15세기 이탈리아에서 꽃피운 르네상스는 인본주의, 개인주의, 현세주의, 이성에 대한 자각, 이성을 이용한 과학의 발견, 합리적 사고방식이라는 자유주의의 요소들을 낳았다. 16~17세기의 종교개혁을 통해서는 종교, 사상 및 양심의 자유, 그리고 관용이라는 자유주의 요소가 형성되었다. 17~18세기에 절대군주제를 무너뜨린 시민혁명[4]에서는 폭정에 대한 저항권, 사유재산권을 포함한 개인의 기본인권사상, 개인의 자유와 재산을 보호하는 민주주의와 법치주의라는 자유주의의 사회제도가 생성·발전하였다. 이처럼 자유주의는 인본주의, 현세주의, 개인주의, 과학적·합리적 사고방식, 종교와 사상의 자유, 관용, 폭정에 대한 저항권, 사유재산 및

4 서양 근대사에서 성공한 시민혁명은, 화란의 스페인으로부터의 독립전쟁(1566~1609), 영국의 청교도혁명(1642~1649)과 명예혁명(1688), 미국의 영국으로부터의 독립전쟁(1775~1783), 및 프랑스 대혁명(1789~1799)의 넷이다.

인권의 존중 등을 모두 포함하는 사상이며 이는 근대서양의 합리적 사고방식 전체를 포함한다고 볼 수 있다.

그러나 자유주의를 이렇게 파악하면 범위가 너무 넓어서 자유주의를 다른 서양 근대 사상과 구분하기 힘들게 한다. 현세주의나 과학적 사고방식 등은 자유주의의 요소이긴 하지만 마르크스주의도 이런 사고방식을 주장한다. 따라서 다른 사상과 구분되는 자유주의가 무엇인지를 생각해 보자.

마르크스(Karl Marx)와 같은 사회주의자, 헤겔(G. W. F. Hegel) 과 같은 국가주의자, 그리고 민족주의자를 제외하면, 베이컨(Francis Bacon), 홉스(Thomas Hobbes), 로크(John Locke), 흄(David Hume), 벤담(Jeremy Bentham), 스미스(Adam Smith), 밀(John Stuart Mill), 몽테스키외(C. L. Montesquieu), 볼테르(François M. A. Voltaire), 칸트(Immanuel Kant), 베버(Max Weber) 등 근대 서양의 대표적 사상가들 대부분을 자유주의자로 볼 수 있다. 이처럼 자유주의자로 분류될 수 있는 사람이 매우 많기 때문에 이들의 다양한 주장이나 이론을 모두 담을 수 있는 자유주의를 정의하기란 힘들다. 이런 곤란을 피하기 위해 역사적 맥락에서 파악해 보자.

근대 서양사회는 자본주의경제를 토대로 발전하여 왔다. 자본주의의 발전은 서양사회를 모든 면에서 근본적으로 바꾸어 놓았다. 생활단위가 장원이라는 공동체에서 상공업을 생업으로 살아가는 개인으로 변함에 따라서, 사람들의 생활양식과 사고방식이 중세의 공동체주의에서 개인주의라는 근대적 모습으로 바뀌게 되었다. 또한 중세의 지주귀족계급이 점차 힘을 잃어 간 반면, 평민인 **부르주아**[5]라는 새로운 계층이 부를 축적하여 새로운 사회주도세력으로 등장하게 되었다. 이 부르주아지계급이 서양 근대사회발전의 주역인 **시민계급**[6]이다.

---

5 부르주아(bourgeois)는 중소상공인을, 부르주아지(bourgeoisie)는 중소상공인 계급을 말한다.

6 시민(citizen)을 이념형으로 파악하면, 사회의 주인의식을 가지고 이를 행동으로 실천하는 사회

서양에서 대략 15세기에서 18세기까지는 **근대국가 건설**(nation building)의 시기였다. 서로마제국이 476년에 멸망한 이후 천년의 중세 서양에는 수많은 군소영주들이 독자적으로 자신의 지역을 다스렸기 때문에 통일된 근대국가가 없었다. 유럽에서 절대군주들이 나타나서 분할되어 있던 지역들을 통일하고 근대국가를 건설하기 시작한 것은 대략 15세기경부터라고 볼 수 있다. 절대군주들은 안으로는 지방영주들을 정복하여 분할되어 있던 국토를 통일하고, 조세제도, 행정제도, 법률 등을 정비하여 근대국가를 건설하고 밖으로는 외국과 영토전쟁을 계속하였다. 이 시기 유럽 국가들의 부국강병책 내지 경제적 민족주의의 경제정책을 **중상주의**(mercantilism)라고 부른다.

부르주아들은 절대군주제가 처음 만들어지는 과정에서는 절대군주에 협력하였다. 절대군주들이 지방영주들의 수탈과 규제를 막아주고 영토와 시장을 통일하고 제도를 정비하여 주는 것이 이들에게 유리하였기 때문이다. 또한 절대군주들은 기존 지방영주들의 세력을 약화시키기 위해서 부르주아들의 협력이 필요하였다. 절대군주들은 이를 위해 부르주아 출신들을 관료로 등용하였으며, 귀족이나 교회로부터 뺏은 토지를 부르주아들에게 판매하였다. 이와 같이, 절대군주제의 형성은 절대군주와 부르주아의 연합세력이 기존의 지방 영주들을 축출하는 과정이었다.

그러나 절대군주들이 통일된 근대국가를 건설한 다음에는 부르주아들이 절대군주가 지배하는 구체제에 대하여 반기를 들게 되었다. 군주의 권한은 절대권력으로 비대하여졌으며 군주를 정점으로 귀족과 평민을 차별하는 신분질서가 공고하여졌다. 이러한 차별적인 신분질서에 기초한 절대군주제가 바로 자유주의자들이 저항한 **구체제**(ancient regime)였다. 구체제는 귀족들에게는 세금을 면제하는 등 각종의 특혜를 허용한 반면, 상공인과 농민들인 평민들은 조세

---

구성원이며, 자신의 권리를 지키기 위하여 압제에 대항하여 투쟁하며 자신이 바라는 사회의 건설에 적극적으로 참여하여 자신의 사회적 의무를 수행하는 계층으로 이해할 수 있다.

와 병역의 부담, 관헌들의 수탈로 인하여 고통을 겪게 되었다. 평민에 속하였던 부르주아들은 구체제에 대항한 시민혁명 투쟁을 선도하는 주동 계급이 되었다. 시민혁명을 추진하여 근대사회를 건설한 시민계급의 사회사상이 자유주의이다. 즉 **자유주의**란 16세기 후반부터 18세기 말까지의 서양 시민혁명 과정에서 생장한 사회사상이며, 근대서양에서 민주국가를 건설한 근대시민정신이며, 원래 정치적 투쟁과정에서 생장한 정치적 이념이다.

이렇게 역사적으로 파악하면 자유주의의 핵심을 쉽게 파악할 수 있다. 부르주아들은 모든 사람은 평등하다고 주장함으로써 자신들을 수탈하는 신분 차별을 반대하였고, 절대군주의 횡포를 막기 위하여 헌법과 법으로 국가권력을 명확히 제한하는 입헌주의 내지 법치주의를 주장하였으며, 나아가서는 자신들이 직접 국정에 참여하기 위하여 민주주의를 주장하였으며, 자신들의 자유로운 경제활동을 위하여 정부의 경제규제를 철폐한 자유시장경제를 주장하였다. 과거 중세시대의 공동체생활과 달리 이들의 생업은 개인적으로 자기책임 하에서 독립적으로 운영하는 상공업이었기 때문에 공동체가 아니라 개인의 권리와 책임을 중시하는 개인주의를 주장하였으며, 개인의 생명과 재산, 자유 등 자신들의 모든 정당한 사회적 권리를 자유라는 한 마디로 요약하였다. 자유주의가 주장하는 자유는 자유만이 아니라, 생명과 재산의 권리를 모두 포함하는 개인의 기본인권 전체이다.[7]

이상과 같은 시민혁명과정에서 형성된 근대시민정신을 **고전적 자유주의라**고 부를 수 있다. 고전적 자유주의는 16~19세기에 걸쳐서 구미에서 민주주의, 법치주의, 자유시장경제와 같은 근대적 사회질서를 건설하는 기초 이념을 제공하였다.

---

7 로크는 생명(life)과 자유(liberty)와 재산(estates)을 합하여 소유물(property)이라고 이름하고 이의 보호가 사회(국가)의 목적이라고 보았다. 로크(1990/1689: §85, §123).

## 3. 자유주의의 인간관: 인간의 불완전성

인간의 본성에 대한 정확한 이해는 사회문제를 정확히 이해하기 위해 필수적이다. 모든 사회 현상은 구체적인 인간의 개인적·집단적인 행동에 의해서 이루어지기 때문이다. 인간에 대한 정확한 이해가 없는 이론은 사상누각과 같아 잘못된 해답을 제시하기 쉽다.[8] 자유주의는 이 점에서 튼튼한 기초를 갖고 있다.

**모든 인간은 불완전하다**는 것이 자유주의 인간관이자 자유주의의 모든 주장의 기초이다. 우리 인간은 동물과 달리 이성과 양심을 갖고 있는 위대한 존재라고 스스로 자랑하지만, 밀과 하이에크(Friedrich A. Hayek)가 지적한 바와 같이 인간은 불완전하기 짝이 없는 존재이다(밀, 1990/1859: 258; Hayek, LLL1: 11~14). 인간의 불완전함은 인식과 도덕의 양면에서 파악할 수 있다. 인식에서의 불완전함이란 생각에서 오류를 범할 수 있음을 말한다. 하이에크의 말과 같이, 인간은 사고능력이 불완전하고 정보도 부족하여 사실을 잘못 인식하거나 틀리게 예측하는 것이 예사이다. 뿐만이 아니라 인간은 품성에서도 불완전하여 자신의 욕심을 채우기 위하여 다른 사람에게 부당한 피해를 주기 쉽다. 인식 능력의 불완전함보다도 이것이 더 큰 문제라고 생각된다. 스미스가 지적한 바와 같이, "우리는 양심이라는 내부의 불편부당한 판사를 갖고 있으나 이 판사는 이기적 욕망이라는 폭력과 불의에 의해 부패할 위험에 자주 처하므로, 우리는 종종 사실과 크게 다른 보고서를 제출하는 유혹에 빠져든다"(Smith, 1976/1759: 141, note). 모든 인간이 인식과 윤리의 양면에서 불완전한 것을 **인간의 이중적 불완전성**이라고 부를 수 있을 것이다.

이러한 인간의 이중적 불완전성이 자유주의의 모든 중요한 주장들의 기본

---

8 예를 들어 마르크스는 철학, 경제학, 정치학, 법학, 사회학 등 여러 분야에 걸쳐서 수미일관된 장대한 이론체계를 구축하였으나, 인간성을 과신하였기 때문에 사유재산제도가 철폐된 사회주의사회가 실현되면 인간의 이기심도 계급투쟁도 사라진 지상천국이 실현될 것으로 잘못 예상하였다.

근거이다. 사상과 비판의 자유가 필요한 것은, 누구나 과오를 범할 수 있기 때문에 이를 바로잡기 위해서이며, 국가권력자들도 불완전한 인간이므로 국가권력을 엄격히 통제하는 것이 필요하며, 경제계획을 수립하는 정부의 관료들도 정보와 인식능력이 부족한 인간이므로 이들이 작성한 경제계획이 불완전할 수밖에 없으며, 누구든지 자신의 이익을 위해 타인에게 부당한 피해를 줄 수 있으므로 이를 막기 위해 공정한 법질서가 필요하다.

## 4. 자유주의의 기본 원리

고전적 자유주의의 기본 원리들을 정리해 보자. 자유주의는 그 후 시대와 사회에 따라서 다소 변형되었지만 이 원리들은 변하지 않고 오늘날까지 이어져 오고 있다고 생각된다.[9]

### 1) 사회적 평등(만인평등)

모든 사람은 본래 사회적으로 평등하다는 만인평등 사상이 자유주의의 출발점이다. 모든 사람이 자유롭다는 주장도 여기서 도출된다. 모든 사람이 평등하므로 아무도 타인의 자유를 억압할 권리가 없기 때문이다. 이와 같이 원래 자유와 평등은 갈등관계에 있는 것이 아니다.[10] 만인**평등은 자유주의의 첫째 기본**

---

9 고전적 자유주의의 기본원리를 최초로 명확히 정리한 사람은 영국의 로크(John Locke, 1632~1704))라고 볼 수 있다. 자연적 자유, 만인 평등, 개인의 기본권(생명, 자유, 재산에 대한), 합의에 의한 정부형성(사회계약론), 정부권한의 제한과 권력분리, 종교적 관용, 법치주의, 정부에 대한 사회의 우위, 혁명권 인정, 정당방위의 원칙 등 자유주의와 민주주의의 대부분 원칙이 그의 『통치론』(The Second Treatise of Government, 1690)에 나와 있다.

10 평등은 본원적 평등, 사회적 평등 및 경제적 분배의 평등의 셋으로 나눌 수 있으며 이 중 자유와 갈등을 갖는 것은 경제적 분배의 평등뿐이다. 이근식(2011.5.9).

**원리이며 출발점이다**. 자유주의의 사회적 평등의 의미는 다음과 같이 몇 가지 의미를 갖고 있다.

첫째로, 만인평등은 **인격과 인권에서의 평등**을 말한다. 자유주의는 기본적인 인권과 인격에서 모든 사람이 절대적으로 평등하다고 본다. 모든 개인은 신분, 인종, 성, 종교 등에 상관없이 모두 동일하게 그 자체로 절대적인 존엄성을 가진 평등한 존재이다. 따라서 어떤 개인도 어떤 목적을 위한 수단으로, 그 목적이 아무리 숭고하더라도, 이용되어서는 안 된다. 자유주의 이전에는, 국가나 민족, 가문, 종교나 이념을 위해서, 개인이 희생되는 것을 당연시하였으나. 자유주의는 이를 반대한다.

둘째로 자유주의는 **법 앞의 평등**을 주장한다. 신분이나 재산에 상관없이 모든 사람이 법 앞에서 평등하다는 근대 법치주의도 만인평등의 한 표현이다. 왕은 법의 구속을 받지 않는다든지, 귀족은 평민보다 법적으로 우대받는 것과 같은, 전근대적 제도를 청산한 것이 자유주의이다. 법의 공정한 집행만이 아니라 이에 더하여 법의 내용도 공정해야만 **법치주의**이다. 불공정한 내용의 법의 공정한 집행은 불공정한 사회를 만든다.

세 번째로 자유주의의 평등은 **기회균등**을 의미한다. 교육, 직업, 공직출마 등 모든 사회활동에 참여할 수 있는 기회가 모든 사람에게 동등하게 개방되어야 한다. 구체제의 신분사회에서 평민이기 때문에 귀족들의 차별을 받았던 부르주아들은, 자신들을 속박하던 신분의 굴레를 벗기 위하여 만인평등의 자유주의를 앞세워 왕과 귀족에 대항하여 싸워 승리하였고, 그 결과 만인평등의 사상이 현실에서 실천되었다. 인류가 국가를 이루어 살아 온 수천 년 세월 동안 만인평등을 주장한 종교나 사상은 있었지만 그것은 일부 사람의 생각에만 그쳤을 뿐 현실에서는 신분, 인종, 성, 종교 등의 여러 이유를 내세운 차별을 당연시하여 왔으며, 그 결과 절대다수의 사람들은 인간대접을 받지 못하고 고통당하였다.[11] 이런 오랜 편견과 악습을 타파하고 만인평등의 사회를 최초로 실현한 것이 자유주의이다. 불과 몇십 년 전만 하더라도 우리나라에서 천민이나 여

자라는 이유로 얼마나 심한 차별을 받았던가를 생각하면 만인평등의 자유주의 사상이 얼마나 힘찬 생명력을 갖고 있는가를 알 수 있다.

서양과 동양이 다른 것이 아니고, 근대와 전근대가 다른 것이며, 근대를 전근대로부터 구분 짓는 핵심은 만인평등이라는 자유주의정신이라고 볼 수 있다. 서양문화는 기본적으로 만인평등과 개인주의의 문화인 데에 반하여, 동양은 차별과 공동체의 문화라고 말하는 것은 잘못이다. 서양에서도 자유주의가 보급되기 전에는 동양과 똑같이 개인주의도, 평등사상도 없었다. 자유주의의 만인평등사상은 인류역사상 아마도 가장 중요한 생각이자 근대성의 핵심일 것이다.

만인평등은 **개인인권의 절대적 보장**을 의미한다. 지금은 어떤 사람의 인권도 함부로 침범할 수 없다는 생각이 당연하게 받아들여지고 있지만 과거에는 그렇지 않았다. 근대를 전근대와 구분하는 것은 인권사상의 유무이다. **인권사상은 자유주의의 핵심**이다.

위에서 말한 평등 중에서 세 번째의 기회균등은 애매한 측면이 있다. 직업선택과 같은 대부분의 사회생활에서 선택기회는 실질적으로 부모의 재산과 같은 개인 환경으로부터 결정적 영향을 받기 때문이다. 이 문제는 경제적 분배의 평등문제와 직결된다. 자유주의는 전반적으로 이에 대해서는 보수적인 입장을 취하고 있다. 특히 부르주아들의 사상이었던 고전적 자유주의는 빈곤을 개인의 책임으로 보고 당연시하였다. 분배의 불평등은 자유주의의 가장 큰 취약점이다.

### 2) 사상과 비판의 자유

생각에서 행동이 나오므로 생각의 자유는 자유의 출발점이다. 자유 중에서

---

11 플라톤과 아리스토텔레스도, 노예는 주인보다, 여자는 남자보다 열등하므로 노예는 주인의 지시를 받고 여자는 남자의 지도를 받아야 함이 당연하다고 보았다. 이는 플라톤과 아리스토텔레스의 저작 여러 곳에 나타나 있다. 플라톤은 심지어 여인과 아이들도 소유물로 보고 이들의 공유를 주장하였다(플라톤, 1997: 507).

가장 먼저 투쟁 대상이 된 것은 종교개혁에서 나타난 신앙과 양심의 자유이다. 신앙과 양심은 어떤 권력도 강제할 수 없다는 생각에서 신교도들은 기존 가톨릭 세력과 투쟁하여 신앙과 양심의 자유를 쟁취하였고 이는 사상의 자유로 확대되었다.

생각은 발표될 때에 사회적 의의를 가지므로, 생각의 자유는 언론과 출판의 자유로 확대되지 않을 수 없다. 자유주의자들은 언론과 출판의 자유에 포함되는 토론(비판)의 자유를 중시하였다. 비판의 자유가 중요한 것은, 그것이 인간의 불완전함을 예방하고 시정하기 위해 꼭 필요하기 때문이다. 앞 3.에서 본 바와 같이 사람들은 인식과 윤리에서 불완전하므로, 사람은 누구나 잘못을 저지를 수 있다. 이런 인간의 잘못을 바로 잡는 것이 자유로운 비판이다. 권력자의 횡포를 제어하는 것도, 잘못된 생각(이론, 주장 등)을 바로 잡는 것도 모두 비판의 자유로부터 비롯된다. 밀이 지적한 바와 같이, 인간이 저지르는 실수가 예방되거나 시정될 수 있는 것은 자유로운 비판과 토론 덕분이다.

> 인간은 토론과 경험에 힘입어 자신의 과오를 고칠 수 있다. 경험만으로는 부족하다. 과거의 경험을 올바르게 해석하자면 토론이 반드시 있어야 한다. 잘못된 생각과 관행은 사실과 논쟁 앞에서 점차 그 힘을 잃게 된다(밀, 1990/1689: 261).

권력에 대한 비판은 사회발전에 필수적이다. 권력자들도 이기적인 불완전한 인간이므로 공개 비판이 없으면 권력의 부패는 필연적이다. '절대권력은 절대 부패한다.' 그러므로 사회의 번영과 발전을 결정하는 것은 정치체제가 민주주의이냐의 여부이기 보다, 권력에 대한 자유로운 비판의 유무이다. 조선은 절대 군주국가였지만 상소라는 비판제도가 실제로 제 기능을 발휘하던 조선초기에는 경제와 문화가 모두 융성하였으나, 공개적 비판이 압살되었던 조선 중기이후에는 권력의 부패로 사회가 도탄에 빠져서 결국은 망국의 길을 걷게 되었다. 소련과 동구 사회주의국가들이 패망한 것도 비판의 자유(언론의 자유)가 없어서 권력이 부패한 탓이었다고 생각된다. 비판의 자유가 없으면, 정치체제에 상관없이, 권력이 부패하여 사회가 쇠망한다는 것은 동서고금의 진리일 것이다. 비판의 자유가 없는 지금의 러시아, 중국, 북한도 같은 길을 걸을 것 같다.

비판은 **발전의 원동력**이기도 하다. 개인, 집단, 사회, 학문 등 모든 것의 발전은 기존현실에 대한 비판, 즉 문제점의 발견과 지적으로부터 시작된다. 근대서양에서 과학이 비약적으로 발전할 수 있었던 것은 심포지엄이나 학술잡지와 같은 공개 토론의 장이 제도적으로 정착되었던 덕분이라 생각된다. 포퍼(Karl Popper)의 **비판적 합리주의**(critical rationalism)가 주장하는 바와 같이, 인식의 불완전성 때문에 인간은 본질적인 오류가능성을 갖고 있으며, 진리 그 자체는 영원히 알 수 없는 것이지만, 끊임없는 비판을 통해서 오류가능성을 조금씩 극복하여 진리에 점진적으로 접근하여 갈 수 있을 것이다(포퍼, 1982/1966: 제2권, 304). 현실에 대한 비판은 모든 발전의 출발점이다.

생각의 자유가 행동의 자유로 나타난 것이 **집회·결사의 자유**이다. 이는 민주주의의 핵심요소일 것이다.

### 3) 개인주의

개인주의는 자유주의의 기본입장이다. **개인주의**(individualism)는 구체적 인간인 개인만이 실질적인 가치를 갖고 있고, 국가, 집단, 계급, 이념 등 그 이외 모든 것들은 자체로서 가치는 없고 오직 개인의 행복을 증진시키는 수단으로서만 가치를 갖는다는 입장이다. 따라서 자유주의는, 집단을 위해 개인은 희생될 수 있다고 보는 전체주의 혹은 집단주의를 반대한다. 한 사람의 목숨보다는 여러 사람의 목숨이 더 중요하지만, 집단이 중요한 것은 집단 자체가 중요해서가 아니라 집단에 속한 개개인이 소중하기 때문이다.

자유주의가 자기중심적인 사고방식을 긍정적으로 평가한 것은 인간 역사에서 코페르니쿠스적 대전환이다. 그 이전에는 동서양을 막론하고 남을 위해 자신을 희생하는 이타심이 장려되었고, 자기중심적인 태도는 비윤리적인 것으로 비난받아 왔다. 이는 오랜 세월동안 인류는 항상 공동체를 이루어 공동으로 생산하고 소비하면서 살아 왔기 때문이다. 공동체생활에서 공동체의 안위를 위협하는 개인주의는 비난받지 않을 수 없다.

이런 전통적 윤리관은 자본주의사회와 부합되지 못한다. 자본주의경제에서 상공업자들은 자기 혼자의 책임과 힘으로 살아가기 때문에 공동체보다 자신의 이익을 먼저 생각하지 않을 수 없다. 개인주의는 자본주의경제에서 자신의 힘으로 자신의 책임 하에서 개인기업을 운영하며 독립적으로 살아가는 중소상공인들의 생활관을 반영한 것이다. 이러한 윤리의 변환은, 경제가 변하면 비경제부문들도 따라 변한다는 것을 보여주는 예이다.

개인주의는 **이기주의**(egoism)와 다르다. 이기주의는 타인에게 부당한 피해를 주는 것에 개의치 않고 자신의 이익만을 추구하는 무분별한 탐욕인 반면에, 개인주의는 자기의 권리와 똑같이 타인의 권리도 존중하여 타인에게 부당한 피해를 주지 않는 범위에서만 자신의 이익을 추구하는 것을 말한다. 로크는 다른 사람의 생명, 자유, 재산을 손상시키면 안 된다는 것은 자연법[12]임을 주장하였고, 스미스는 자기중심적 생활이 당연함을 인정하면서도 인간의 탐욕은 반드시 공정한 법에 의하여 제한되어야 함을 역설하였고(Smith, 1976/1759: 340), 밀은 타인에게 부당한 피해를 주지 않는 범위 내에서만 자유를 허용하여야 함을 강조하였다(밀, 1990/1859: 247).

고전적 자유주의를 흔히 자유방임주의라고도 부르는데, 이 말을 글자 그대로 해석하여 자유주의가 아무런 규칙도 없이 무제한 자유를 허용한다고 생각

---

12 로크에 의하면, 자연법(natural law)이란, 하나님이 만드신 것으로, 사람들이 사회(국가)를 형성하여 살기 이전의 상태인 자연상태에도 존재하던 법이며, 인간의 이성을 통하여 알 수 있는 법이며, 그 핵심은 개인의 기본권의 보전이다. 자연상태에서는 이의 집행이 개인에게 일임되어 준수되지 않기 때문에, 이의 집행을 강제할 수 있는 국가를 만들기로 사람들이 합의하여 국가가 형성되었다는 것이 그의 『통치론』의 요지이다. 로크(1990/1689: §6).

하는 것은 오해이다. 공정한 규칙(법)은 자유주의의 필수조건이다. 공정한 규칙이 없는 약육강식의 무법천지에서는 아무도 자유로울 수 없다. 자유주의에서 말하는 자유는 무제한의 자유가 아니라, 모든 사람에게 똑같이 적용되는 **공정한 규칙 내에서의 자유**이다. 스미스의 말처럼 우리의 양심은 종종 우리의 탐욕 앞에서 무력하므로, 다른 사람에게 부당한 피해를 주지 않도록 강제하는 공정한 규칙(법)이 사회유지에 필수적이다(Smith, 1976/1759: 340). 로크가 말한 바와 같이, "법이 없으면 자유도 없다"(로크, 1990/1689: 71).

공정한 법질서를 전제로 한다는 점에서 오위켄(Walter Eucken)으로 대표되는, 제2차 세계대전 직후 서독의 질서자유주의[13]만이 아니라, 모든 자유주의가 질서자유주의이다. 공정한 법(규칙)과 이를 준수하는 준법정신은 자유주의의 필수요건이다. 법의 공정한 내용과 공정한 집행을 의미하는 법치주의는, 자유주의의 핵심요소의 하나이다.

### 4) 독립심과 자기책임

자유주의는 국가나 타인의 지원도 바라지 않고, 각자 자기 권리와 책임 하에 독립하여 살아가는 것이 옳다고 본다. 자기와 자기가족의 생계는, 국가, 교회, 이웃, 친척의 도움 없이 스스로 해결함이 자유주의의 원칙이다. 개인독립성의 원칙에서 보면, 자신의 행동의 결과를, 그것이 좋은 것이든 나쁜 것이든, 자신이 감당하는 것이 당연하다. 자신의 노력의 성과는 자신이 향유한다는 이 원칙이 **사유재산제도의 정당성**의 근거이다. 사유재산은 자신의 노력과 자신의 재산으로부터 얻은 것이기 때문이다. 동시에 자신의 잘못으로 인한 손해는 자신이 홀로 책임져야 한다. **자기책임의 원리**가 자유주의 원칙이다. 이런 독립과 자립의 태도는 자본주의사회에서 각자 자기 노력과 자기 책임으로 독립적으로 사

---

13 서독의 질서자유주의에 대해서는 이근식(2007) 참조.

업하여 살아가는 부르주아의 생활방식을 반영한다.

경제적 자립심은 근대 자본주의 경제발전의 동력이 되었다. 개인들로 하여금, 타인이나 국가의 지원을 바라지 않고 열심히 일하고 저축하도록 만들었기 때문이다. 또한 정치적 독립정신은 민주주의발전에 초석이 되었다. 정치적으로 그 누구의 지배도 받지 않고 스스로 다스리겠다는 정치적 독립심이 민주주의를 만들었기 때문이다.

사회생활에서 개인의 독립심과 자립심은, 체제에 상관없이 모든 사회의 건강함과 발전을 위한 필수조건일 것이다. 독립심과 자립심이 없으면 스스로 노력하고 자기 책임을 다하기 보다는 다른 사람이나 국가의 지원을 바라는 의타심이 생기게 되고, 그 결과 나태와 불만과 분쟁을 낳기 쉽기 때문이다.

현재 우리사회에 크게 결여된 것 중의 하나가 자립심이다. 많은 단체들이 정부지원을 당연한 듯이 요구하고 있지만, 세금은 다른 국민들이 낸 것이므로 이는 다른 국민들의 돈을 자기에게 달라고 하는 것과 같다. 이런 의타심을 버려야 우리사회가 한 단계 발전할 것이다.

그러나 이런 독립과 자립의 원칙은 이웃에 대한 배려를 소홀히 하게하여 인간소외를 낳는다는 폐단이 있다.

### 5) 관용

다른 사람들의 생각과 행동이 나와 다를 수 있음을 인정하고 용인하는 관용이 있어야 자유로운 비판이 가능하다. 종교나 가치관이나 이해관계가 다르고 생각이 사람마다 다른 것을 인정하는 관용은 평화로운 사회를 위한 필수조건이다. 화이부동(和而不同)이란 공자의 말씀도 관용과 동일한 뜻일 것이다.[14]

사람들의 생각과 재능이 서로 다르기 때문에 많은 사람들이 함께 사는 것이

---

14 「君子 和而不同, 小人 同而不和" 『논어』, 자로 편.

모두에게 유익하다. 하이에크가 말한 바와 같이, 위대한 사회에서는 개인들의 목표가 서로 상이함에도 불구하고가 아니라, 상이하기 때문에 구성원들은 서로 이익을 얻으면서 함께 살아 갈 수 있다(Hayek, 1976: LLL2, 110). 롤스(John Rawls)도 다양한 가치관을 인정하는 관용을 그의 정치적 자유주의의 핵심으로 삼았다.[15] 그에 의하면 관용의 정신은 종교개혁 이후 16~17세기에 유럽에서 발생하였던 종교전쟁의 쓰라린 경험을 통해서 체득된 종교적 관용에서 시작되었다. 관용의 다른 표현이 **다원주의**(pluralism)이다. 타인의 가치관과의 병존을 인정하는 다원주의를 인정할 때에만 관용의 사회를 실현할 수 있다.[16] 왈쩌(Michael Walzer)의 말대로, 자유주의사회는 민주주의와 함께 관용의 정신을 인정하는 집단으로만 구성되어야 할 것이다(Walzer, 1990.2: 16).

원래, 자유는 원하지 않는 속박으로부터의 자유(liberty from)이었다. 반면에 자유를 적극적으로 해석하여 자신이 바라는 바를 이룰 수 있는 자유(liberty for)를 주장하기도 한다. 벌린(Isaiah Berlin)은 전자를 **소극적 자유**(negative liberty)로, 후자를 **적극적 자유**(positive liberty)라고 불렀다. 소극적 자유만이 관용과 양립할 수 있고, 적극적 자유는 관용과 양립하기 힘들다. 벌린의 말대로, 사회주

15 롤스는 정치적 자유주의(political liberalism)와 포괄적 자유주의(comprehensive liberalism)를 구분하였다. 포괄적 교리(doctrin)란, 공리주의나 평등주의와 같이, 인생과 사회에 관한 윤리관을 말한다. 포괄적 자유주의도 이 중의 하나로서 개인의 자율성(autonomy)과 개인성(individuality)을 가장 중요한 가치로 보는 관점이며, 칸트와 밀이 이에 속한다. 반면에 롤스의 정치적 자유주의는, 서로 핍박하지 않는 한, 이런 다양한 교리들을 모두 인정하여 병존토록 하자는 주장이다. 롤스는 정치적 자유주의가 민주주의사회의 기본 원리의 하나이며, 민주주의사회에서, 정치적 자유주의는 모든 구성원에게 요구되어야 하지만, 포괄적 자유주의는 개인의 문제이므로 요구될 수가 없다고 보았다. 롤스(1999/1993: xxx~xxxi).

16 19세기 중반, 카를 마르크스가 영국 런던에 망명해 살면서 독일의 노동자들에게 편지와 책으로 사회주의사상을 선동하고 있었을 때의 일이다. 독일경찰은 마르크스의 선동 행동을 막기 위하여 영국경찰에게 마르크스를 체포하여 넘겨달라고 공식으로 요청하였다. 그러나 이에 대하여 영국경찰은 마르크스가 범법행위를 하지 않았으므로 체포할 수 없다고 거절하였다. 당시 영국법으로는 출판이나 강연은 범법행위가 아니었기 때문이다. 150년 전의 영국보다 현재의 우리나라에서 관용과 사상의 자유가 부족한 것 같다.

의, 민족주의나 전체주의와 같은 사상들은 모두, 경제적 평등, 민족정신, 사회 전체의 복지와 같은 적극적 자유를 주장하며, 가치의 다양성을 인정하지 않는, 관용이 없는, 억압적인 주장이라고 볼 수 있다(Berlin, 1969). 이런 점에서 자유주의가 주장하는 자유는 적극적이 아니라 소극적인 자유이다. 원래의 자유주의는, 소극적 자유의 쟁취를 목표하였다.

열린 마음이 있을 때에만 건설적 비판과 관용이 가능하다. **열린 마음**(open mind)이란, 밀의 말처럼, 자신의 생각도 틀릴 수 있음을 인정하고 다른 사람의 말, 특히 자신의 생각과 다른 타인의 말을 경청하는 자세를 말한다.

> 어떤 사람의 판단이 참으로 신뢰할 만한 가치가 있다고 보여지는 경우, 그것은 대체 어떻게 해서 그렇게 된 것일까? 그것은 항상 그가 허심탄회하게, 즉 마음의 문을 활짝 열어 놓고 그의 의견이나 행위에 대한 비판을 자유롭게 받아 들였기 때문이다(밀, 1990/1859: 261).

요즘 인터넷 댓글에서 다른 사람을 욕지거리로 비방하는 것을 흔히 보는데 이는 증오만 낳고 자신의 인성도 황폐하게 만들 뿐이다.

### 6) 정치권력의 감시

밀의 말과 같이 인류역사 수천 년 동안 개인자유와 인권을 침해하는 주범은 주로 정치권력자들이었으므로 정치권력을 감시하고 제한하는 것이 자유의 본질이다(밀, 1990/1859: 237~238). 이 때문에 자유주의는 선거로 정치권력자를 선출하고 바꿀 수 있으며 법으로 정부의 권력을 엄격히 제한하는 민주주의를 채택하였다. 히틀러 정권, 스탈린 정권, 푸틴 정권, 시진핑 정권 , 북한 정권, 과거 우리나라 군사 정권들같이 견제받지 않는 독재정권들은 모두 인권과 자유를 유린하였다. 윤석열 정권의 자의적인 검찰권력의 행사도 인권과 자유의 억압이다. 민주주의와 자유로운 언론과 집회·결사를 통한 정치권력의 감시와 견제는 자유주의의 핵심 내용의 하나이다.

## 5. 자유주의의 진보성과 반동성

자유주의의 진보성과 수구성(반동성)은 늘 논란거리이다. 한 편에선 자유주의를 진보적 이념으로 파악하여 지지하는 반면에 다른 한 편에서 자유주의를 부르주아지의 반동적 이념이라고 거세게 비판한다. 이는 자유주의 자체가 진보성과 반동성을 모두 갖고 있기 때문이다. 이를 **자유주의의 양면성(이중성)**이라고 부를 수 있을 것이다.

자유주의의 역사적 반동성은 주로 **자유주의의 계급적 한계**에서 비롯되었다. 자유주의의 주도세력인 부르주아지는 유산자계급이다. 이러한 계급적 한계가 자유주의 역사에서 분명하게 나타났다. 로크는 사람의 생명은 뺏을 수 있으나 재산은 뺏을 수 없다고 주장하였으며, 18세기 프랑스의 자유주의자 볼테르는 빈민을 위한 교육을 노동자의 버릇을 망친다고 반대하였으며, 18세기 프랑스의 계몽주의자이자 백과전서파였던 디드로(Denis Didrot, 1713~1784)와 헬베티우스(Claude-Adrien Helvètius, 1715~1771)는 유산자만 시민으로 인정하여야 한다고 주장하였으며, 독일의 칸트도 불평등은 효율성을 위한 필요악이라고 보았다(Arblaster, 1984: 190).

이러한 계급적 한계는 시민혁명과정에서도, 혁명에 성공한 다음의 부르주아 정부에서도 분명하게 나타났다. 시민혁명 후 영국과 프랑스에서 모두 처음 공화정이 세워졌으나 다시 왕정이 부활한 것은[17] 부르주아들이 빈민층의 사회혁

17 영국에서는 1649년 찰스 1세의 처형 이후 공화국이 되었다가, 크롬웰 사망 후 1660년 찰스 2세가 즉위하여 왕정이 복구되었다가 명예혁명으로 쫓겨났으며 그 후 왕은 군림하지만 지배하지

명을 두려워하여 왕정의 복귀를 원하였기 때문이다. 화란, 영국, 프랑스, 그리고 미국에서 시민혁명이 성공한 다음 등장한 모든 민주정부들은 가격규제나 매매규제와 같은 중상주의의 경제규제들은 모두 철폐하였지만, 재산이 있어야만 책임의식이 있는 시민이 될 수 있다는 명분으로 선거권을 유산자에게만 부여하였다. 이 정부들은 사유재산제도의 보장을 법치주의의 첫째 핵심으로 보고 이를 위해 민법을 개정하고 사유재산제도를 확립하였다. 부르주아 정부들은 절도 등 재산범죄를 가혹한 형벌로 다스렸다. 18세기 영국에서는 주인집에 방화한 11세의 소년, 1실링을 훔친 남사. 손수건을 훔친 소녀가 교수형에 처해진 일도 있었고 수많은 죄인들이 해외 유형에 처해졌다. 18세기 영국정부는, 가혹한 형벌을 통한 공포를 계급갈등에 대처하는 수단으로 사용하였던 것 같다(Arblaster, 1984: 170). 또한 부르주아정부들은 노동조합을 금지하고 저임금정책을 지속하고, 사회보장제도를 최소한으로 유지하였으며, 빈민들을 위한 공공교육은 거의 시행하지 않았다. 이들은, 빈곤은 태만과 무절제의 탓이며, 가난하여야만 열심히 일하므로 근면을 위해서는 빈곤이 필요하다고 보았다(Laski, 1997/1936: 259). 시민혁명 후 19세기 영국의 고전적 자유주의자들이 만든 '신구빈법'(the New Poverty Law of 1834)은 실업자들을 집단작업장에 강제로 수용하고, 일하는 사람보다 일하지 않는 사람들이 더 좋은 대우를 받을 수 없다는 이유로 수용자들을 극히 열악하게 처우하였다. 이 때문에 당시 노동자들은 강제작업장을 '노동자의 바스티유감옥'라고 불렀다. 영국 정부는 또한 1840년대 후반 아일랜드의 감자 대기근을 거의 방치하여 800만 인구 중 100만이 아사하고 100만이 이민으로 떠나게 되었다.

이러한 계급적 한계에도 불구하고 자유주의와 시민혁명은 역사발전에 크게 기여하였다. 우선 시민혁명이 절대군주제를 무너뜨리고 부르주아지의 민주정

---

않는다는 입헌군주제가 확립되었다. 프랑스에서는 대혁명 이후, 나폴레옹의 제정에 이어 부르봉가의 루이 18세와 샤를르 10세가 즉위하였다.

부를 세웠다는 것은 비록 그것이 가난한 민중을 위한 것은 아니었지만 역사발전이었음을 부인하기 힘들다. 또한 가난한 민중이 시민혁명 덕분에 과거보다 조금 더 큰 자유와 평등을 누리게 된 것도 사실이다. 언론과 출판의 자유가 확대되었고, 신분에 의한 사회적 차별이 대폭 축소되었기 때문이다. 자유주의는 자유와 평등, 인권의 존엄성 등과 같은 근대적 가치의 개념을 널리 보급시켰을 뿐만 아니라, 민주주의와 법치주의라는 근대적 사회제도를 정착시킴으로써, 역사발전에 크게 기여한 사상이라고 생각된다. 모든 인간은 평등하므로 인간이 인간을 지배해서는 안 된다는 자유주의의 만인평등의 사상이 이 세상을 얼마나 변화시켰는가를 생각해 보아도 자유주의의 진보성을 알 수 있다. 자유주의의 만인평등은 아무도 거부할 수 없는 상식이 되었고 그 덕에 근로자, 빈민, 천민, 여성, 소수민족, 장애자 들에 대한 차별이 점차 철폐되어 사회진보가 이루어져 왔다.

## 6. 시장과 정부의 성공과 실패, 자본주의와 국가의 성공과 실패

앞으로의 논의를 위해 시장의 성공과 실패 그리고 정부의 성공과 실패라는 개념과 이를 확대한 자본주의와 국가의 성공과 실패라는 개념을 정리해 보자. 우리가 사는 현실의 자본주의경제는 시장과 정부라는 두 부문에 의해 운영된다. 모든 자본주의국가에 존재하는 정부는 사회주의 경제부문이다. 정부는 공동생산과 공동소비라는 사회주의적 방식으로 운영되기 때문이다. 반면에 중국, 러시아, 북한과 같은 사회주의국가에도 시장과 사유재산이 부분적으로 인정된다, 현실에는 100%의 자본주의경제도, 100%의 사회주의경제도 없고 모든 경제가 두 가지가 섞여 있는 **혼합경제**이다. 자본주의 경제의 비중이 높으면 자본주의경제, 사회주의 경제의 비중이 높으면 사회주의경제라 부를 뿐이다.

시장의 성공부터 생각해 보자. 자본주의경제의 첫째 장점은 생산에서의 효율성이 높다는 것이다. 과거 중세봉건경제나 현대의 사회주의 계획경제와 비교해 볼 때 자본주의경제는 한정된 자원을 이용하여 인간 생활에 필요한 물자를 훨씬 더 많이 생산한다. 이는 주로 시장가격기구, 이윤동기와 경쟁이라는 세 요소 덕분이다. 시장에서 수요보다 공급이 부족한 상품의 가격은 오르고 반대로 공급이 수요보다 더 많은 상품의 가격은 하락한다. 가격 상승을 보고 생산자는 생산을 늘리고, 수요자들은 소비를 줄인다. 반대로 가격 하락은 생산자에게는 생산을 줄이라는 신호를, 소비자들에게는 소비를 늘리라는 신호를 보낸다. 이런 가격의 신호 덕분에 생산과 소비의 불일치는 자동적으로 조절되어 한정된 자원으로 소비자들 필요가 비교적 잘 충족된다. 이상과 같은 상품의 수급의 변동에 따라서 가격이 등락하고 이에 의해 상품의 수급이 적절하게 조절되는 것을 **시장가격기구의 신호등기능**이라고 한다. 또한 자본주의경제에는 기업들이 누가 강제하지 않아도 자발적으로 돈을 벌기 위해 열심히 궁리하고 저축하고 투자하는 강력한 **이윤동기**가 발휘된다. 또한 자본주의경제에는 기업들 간에 치열한 품질경쟁과 가격경쟁이 존재하고 기업들은 여기서 살아남기 위해 부단히 노력하고 그 덕분에 상품들이 최고의 품질과 최저의 가격으로 공급되는 경향이 있다. 반면에 사회주의경제는 시장가격기구도 이윤동기도 경쟁도 없이 정부의 계획, 지시와 감독에만 의존하기 때문에 생산의 효율성이 매우 낮지 않을 수 없다. 자본주의 경제에서 시장가격기구의 신호등기능, 이윤동기 및 경쟁이라는 세 요소 덕분에 주어진 한정된 자원으로 사람들이 필요로 하는 물자들이 가능한 싸게 많이 공급되는 것을 **시장의 성공**(market success)이라고 부를 수 있다. 단 경쟁의 장점은 독과점기업이 없는 경쟁시장에서만 존재하고 경쟁이 없거나 적은 독과점시장에서는 없거나 적다는 것을 명심할 필요가 있다.

그러나 시장에는 장점만이 아니라 단점 내지 결함도 있다. 불황, 실업, 빈부격차와 빈곤, 독과점화 그리고 외부효과와 공공재의 부족이 그것이다. 자본주의 시장경제에서 구조적으로 발생하는 이런 경제적 결함을 **시장의 실패**(market failures)라고 부른다. 이 중 앞의 넷은 잘 아는 것이므로 뒤의 둘만 보자. **외부효과**(externalities)에는 외부경제와 외부불경제가 있다. **외부경제**(external economies)란, 정부의 도로건설 덕분에 주변 땅 값이 올라서 그 지주들이 무상으로 경제적 이익을 얻는 것처럼, 합당한 대가의 지불이 수반되지 않고 발생하는 경제적 이득을 말한다. **외부불경제**(external diseconomies)란 이와 반대로 합당한 경제적 지불을 수반하지 않고 발생하는 경제적 피해를 말한다. 공해가 대표적 예이다. 합당한 금전적 지불을 수반하지 않으므로 시장경제에 맡겨두면, 외부경제는 과소 생산되게 되고 외부불경제는 과다 생산되게 된다. 이 때문에 외부효과에는 정부 개입이 필요하다. 외부불경제에 포함되는 것 중에서, 생명체의 개체수 격감과 멸종, 삼림파괴 등과 같은 **환경파괴**는 인류의 생존이 달린 중요한 문제이다. 개별적으로 돈을 내고 사서 소비하는 재화를 **사적재**(private goods)라고 한다. 대개의 재화는 사적재이다. 반면에 국방, 치안, 공공행정, 도로, 항만, 등대 등과 같은 재화들은 개인이 각자 돈을 내고 사서 소비하지 않고 많은 사람들이 개별적으로 돈을 지불하지 않고 공동으로 소비한다. 이런 재화를 **공공재**(public goods)라고 한다. 사적재와 달리, 공공재는 시장에서 돈을 받고 팔 수가 없으므로 시장에 맡기면 생산이 안 되거나 부족하게 되므로 정부생산이 불가피하다.

이상과 같은 시장의 실패를 치유하고자 자본주의경제에서 정부의 경제개입이 시작되었다. 1929년에 시작된 1930년대 대공황으로 시작된 정부의 경제개입은 제2차 세계대전 이후 복지국가의 등장으로 본격화되었다. 시장의 성공과 실패가 있듯이 정부의 경제개입에도 성공과 실패가 나타났다. 제2차 세계대전 이후 구미 복지국가처럼 국가가 경제에 개입하여 불황, 빈곤, 독과점의 횡포, 공해 등과 같은 시장의 실패를 상당히 해결한 것을 **정부의 성공**(government success)이라고 부를 수 있다. 그러나 정부의 경제개입은 동시에 폐해 내지 부작용도 낳았다. 공무원과 정치인들의 무능과 부패, 과다한 정부규제로 인한 효율성의 하락과 같은 정부개입의 부작용을 **정부의 실패**(government failure)라고 부를 수 있다. 제2차 세계대전 이후 비대해진 구미국가들의 정부의 실패를 비판하고 등장한 것이 현대 신자유주의이다. 시장도 정부도 모두 장단점을 갖고 있는 불완전한 것이므로 경제를 정부와 시장 어느 하나에 전적으로 맡길 수 없다. 조앤 로빈슨(Joan Robinson) 말과 같이, 자유방임론자들은 시장의 자기 조절 기능을 과신하고 사회주의자들은 인간의 계획능력을 과신한다.

지금까지 본 시장과 정부의 성공과 실패는 모두 경제에 국한된 것이다. 이제 시야를 넓혀서 정치, 사회, 문화 등 비경제적 부문까지 생각하여 보자. 자본주의는 경제만이 아니라 비경제부문의 발전에도 크게 기여하여 왔다. 자본주의는 부르주아지라는 새로운 사회주도계층을 창출하여 시민혁명이 성공되도록 하여 민주주의와 법치주의라는 근대 사회제도가 발전하게 하였다. 자본주의가 탄생시킨 자유주의의 확산으로 인권과 자유가 실현되고 차별이 많이 사라졌다. 또한 부르주아지라는 새로운 소비계층을 창출해 냄으로써 문화예술을 비약적으로 발전시켰다. 이러한 비경제부문에서의 자본주의의 공헌을 앞서 본 시장의 성공과 합하여 자본주의의 성공이라고 부를 수 있다. 즉 **자본주의의 성공**(capitalism success)은 경제, 정치, 사회, 문화 등 사회 전체의 발전에 기여한 자본주의의 순기능을 말한다.

그러나 자본주의는 비경제부문에 나쁜 폐해들도 낳았다. 금권정치, 이기주의와 배금주의의 만연, 가족 등 공동체의 파괴, 이들로 인한 인간성의 황폐화, 경제적 동기에 의한 전쟁의 빈발 등이 그것이다. 시장의 실패에 이와 같은 비경제부문에서의 자본주의의 폐해를 합쳐서 자본주의의 실패라 부를 수 있다. 즉 **자본주의 실패**(capitalism failure)란 자본주의가 경제, 정치, 사회, 문화 등 사회 전반에 초래한 폐해를 말한다.

다음 정부의 역할 증대가 정치, 사회, 문화 등 비경제 부문에 미친 긍정적 영향과 부정적 영향을 보자. 인권 보호, 국방의 완성, 문화 창달과 같이 정부 내지 국가의 노력이 비경제부문에서 국민들의 삶을 향상시킬 수 있다. 이러한 비경제부문에서의 정부의 기여를 정부의 성공과 합한 것이 국가의 성공이다. 즉, **국**

**가의 성공**(state success)이란 경제만이 아니라 정치, 사회, 문화 등 사회의 모든 부문에서의 정부가 기여한 순기능을 말한다.

정치, 사회, 문화 등 비경제부문에서 정부는 국민 생활에 폐해를 낳기도 한다. 국가권력에 의한 인권 유린, 치안 실패, 국방 실패, 사법부의 불공정한 법 집행, 언론 탄압, 교육과 문화의 왜곡 등이 그러하다. 독재국가나 후진국은 물론이고 현대 선진국에서도 정도는 덜하지만 이런 일들이 발생하고 있다. 특히 대기업이나 특정 이익집단들의 압력에 의해서 의회와 행정부가 특정 소수 집단에 유리한 정책을 시행하여 국가가 전 국민들의 삶의 질을 떨어뜨리는 **민주주의의 실패**(democracy failure)가 광범하게 나타나고 있다. 이러한 비경제부문에서의 정부의 부정적 폐해를 경제부문에서 나타나는 정부의 실패에 더한 것, 곧 사회 전 부문에서 나타나는 정부의 폐해를 **국가의 실패**(state failure)라고 부르자. 현대의 신자유주의자들이 비판하고 있는 것은 정부의 실패가 아니라 이보다 범위가 넓은 국가의 실패이다.

## 7. 정치적 자유주의와 경제적 자유주의

앞 5절에서 본 것처럼 자유주의는 진보성과 반동성을 모두 갖고 있다. 이 때문에 자유주의가 과연 무엇인지 모르는 혼란이 발생하고 있다. 이런 혼란은 자유주의를 정치적 자유주의와 경제적 자유주의로 구분함으로써 해결할 수 있다.

자유주의는 우선 윤리적 자유주의, 정치적 자유주의 및 경제적 자유주의의 셋으로 구분할 수 있을 것이다. 세 가지 자유주의 중에서 윤리적 자유주의는 롤스가 **포괄적 자유주의**(comprehensive liberalism)라고 부른 것에 해당할 것이다. 이는 개인의지의 자율성을 최우선시하는 가치관(인생관)을 말한다. 롤스가 말한 바와 같이 칸트와 밀이 이에 속한다고 볼 수 있다(롤스, 1999/1993: 37, 78).

개인 가치관은 개인의 선택에 맡겨야 할 문제이므로, 사회적으로 문제가 되는 것은 정치적 자유주의와 경제적 자유주의의 둘이다.

앞서 본 바와 같이, 자유주의는 근대 유럽에서 르네상스, 종교전쟁 및 시민혁명의 과정에서 형성된 부르주아들의 사회이념이다. 평민에 속하였던 이들은 신분차별의 철폐와 만인의 사회적 평등, 종교와 사상과 출판의 자유, 집회와 결사의 자유, 사유재산권을 포함한 개인 인권의 보장 그리고 자유의 전제인 관용을 주장하였고, 이런 자유를 보장하는 사회제도로서 민주주의와 법치주의를 주장하였다. 이런 내용은 모두 정치적 자유로 포괄할 수 있으므로 이런 주장을 **정치적 자유주의**(political liberalism)라고 부르자.[18] 인간의 불완전성의 인정, 인권 보장, 만인평등, 사상과 비판의 자유, 집회 결사의 자유, 관용 등이 정치적 자유주의의 주요 원리들이다.

종교개혁과 시민혁명에 성공함으로써 정치적 자유를 획득한 부르주아들은 경제활동에서의 자유도 주장하게 되었다. 시민혁명이 성공하기 이전 대략 15세기에서 18세기까지 서구에서 나타났던 중상주의 경제정책은 정부의 비호를 받는 대상공인들에게는 유리하였으나 그렇지 못한 중소상공인들에게는 불리하였다. 그리하여 중소상공인들은 정부의 경제규제를 철폐하여 누구나 자유롭게 장사할 수 있는 자유방임의 경제를 원하게 되었다. 경제활동의 자유를 주장하는 이런 주장을 **경제적 자유주의**(economic liberalism)라고 부를 수 있다. 즉 경제에서의 **자유방임주의**(laissez faire)가 경제적 자유주의이다. 스미스의 『국부론』은 경제적 자유주의를 구미에 널리 보급시켰다. 시민혁명이 성공한 이후 중소상공인들이 정치 주도권을 잡음에 따라 중상주의가 몰락하고 자유방임주의 경제정책이 구미에서 전반적으로 실시되었다. 서양에서 19세기는 대체로 경제적 자유주의시대였다.[19]

---

18 롤스는 다양한 가치관을 인정하는 관용을 핵심으로 하는 윤리적 자유주의를 정치적 자유주의라고 불렀다. 롤스(1999/1993).

16세기에서 19세기 전반까지의 **고전적 자유주의**(classical liberalism)는 정치적 자유주의와 경제적 자유주의를 모두 포함하였다. 그러나 19세기 후반부터, 빈부격차와 불황과 같은 시장의 실패가 분명히 인식되면서 경제적 자유주의는 비판받기 시작하면서, 사회적 자유주의, 질서자유주의, 복지국가의 자유주의 등, 고전적 자유주의를 비판하는 다른 자유주의가 등장하기 시작하였다.[20]

일반적으로 정치적 자유주의는 보편타당성을 인정받고 있다. 신분차별의 철폐와 만인평등, 개인인권의 절대적 보장, 건전한 개인주의, 민주주의와 법치주의를 통한 정치권력(국가권력)의 제한, 사상과 비판의 자유, 집회결사의 자유 그리고 관용의 중시, 의회민주주의와 법치주의 등과 같은 정치적 자유주의의 기본원리들과 제도들에 대해서는 모든 자유주의자들이 동의하고 있다. 다수의 횡포나 의회의 타락과 같은 민주주의의 실패가 존재하지만 정치적 자유주의의 기본원리와 제도들에 대해서는 어느 자유주의자도 근본적인 의문을 제기하지 않는다. 특히 모든 개인은 사회적으로 평등한 권리와 존엄성을 갖고 있다는 정치적 자유주의의 기본 관점은 항상 역사를 진보시키는 힘찬 생명력을 갖고 있다. 구미에서 신분, 인종, 성, 재산 등을 이유로 자행되어 오던 사회적 차별이 19세기 이후 점차 철폐되어 오고, 어린이, 여성과 노동자의 권익과 공공복지제도가 계속 확대되어 온 것은 모두 만인평등이라는 정치적 자유주의의 기본원리가 실현되어 온 것이다.

반면에 경제적 자유주의는 19세기 이래 끊임없이 논란의 대상이 되어왔다. 그로 인해 자유주의자들은 경제적 자유주의를 찬성하는 사람과 반대하는 사람의 두 그룹으로 나뉜다. 고전적 자유주의자나 현대의 신자유주의자들은 경제적 자유주의를 찬성하는 반면에, 19세기 후반 밀로 시작된 사회적 자유주의,

19 완전한 자유무역이 실시되었던 것은 19세기 중반 30년 정도의 영국뿐이었지만, 경제적 자유주의는 19세기의 시대정신이었다.

20 사회적 자유주의, 질서자유주의 및 복지국가 자유주의 등 자본주의 경제정책의 변화에 관해서는 이근식(2005: 3장) 참조.

제2차 세계대전 후 서독의 질서자유주의자들은 경제적 자유주의를 비판하고 일정한 제한을 가할 것을 주장한다. 케인지언[21]과 같은 개입주의자들도 경제적 자유주의를 반대하고 정부의 적극적 경제개입을 찬성한다.

**자유주의자이냐 아니냐는 경제적 자유주의가 아니라 정치적 자유주의의지지 여부를 기준으로 삼아야 할 것이다.** 우리가 그대로 받아들일 수 있는 것은 보편적 진보성이 있는 정치적 자유주의인 반면에 경제적 자유주의는 시대 상황을 고려하여 비판적으로 접근하여야 할 것이다. 이제부터 자유주의와 정치적 자유주의를 같은 의미로 사용하기로 한다.

## 8. 자유방임주의와 개입주의의 역사적 교대

자본주의 경제정책은 개입주의와 자유방임주의를 교대로 왕복하여왔다. 대략 15세기에서 18세기까지는 전형적인 개입주의인 중상주의가, 19세기에는 자유방임주의가, 19세기 말부터 1930년대의 대공황기까지의 과도기를 거쳐서 대공황기 이후 1940년대부터 1970년대까지는 다시 개입주의인 복지국가 정책이, 1980년대부터는 다시 자유방임주의를 주창하는 신자유주의가 지배적 조류가 되어 오늘에 이르고 있다.

**중상주의**(mercantilism)는 전형적인 개입주의 경제정책이다. 국민국가 간에 영토전쟁이 계속되었던 15~18세기 유럽에서는 부국강병을 목표로, 밖으로는 보호무역정책(수입규제와 수출장려)을, 안으로는 영업허가, 가격규제, 금리규제 등의 경제통제정책을 강력히 실시하였으며, 독점적 국영기업을 직접 경영하고

---

21 케인스(J. M. Keynes)는 그의 『고용, 이자 및 화폐에 관한 일반이론』(1936)에서 정부의 경제개입의 필요성을 이론적으로 밝혔다. 그 이후 정부의 경제개입을 지지하는 경제학자들을 케인지언이라고 부른다.

도로, 항구 등 사회간접자본을 건설하여 경제운영을 국가가 주도하였다. 민간부문의 발전이 미약한 근대화 초기에는 인력, 자본, 조직, 정보 등 모든 면에서 민간부문보다 더 풍부한 자원을 갖고 있는 정부가 경제발전의 주역이 되는 것은 자연스러운 면이 있다. 중상주의단계 하에서 인구와 생산이 증가하고 사회간접자본이 건설되고 근대 국민국가가 형성되고, 근대적인 사회경제제도가 발전하였다.

중상주의는 자본주의경제가 발전할수록 발전의 질곡으로 변하게 되었다. 스미스가 지적한 바와 같이 중상주의는 본질적으로 제한과 통제의 학설이므로(스미스, 1992/1776: 하권, 159), 민간의 자유로운 경제활동을 중심으로 하는 자본주의경제와 모순되기 때문이다. 더욱이 중상주의 경제규제가 정부와 결탁한 대상공인들에게는 유리하고 중소상공인들에게는 불리하여서 정치의 새로운 주도층으로 등장한 중소상공인들은 중상주의 정부규제의 철폐를 요구하게 되었고, 이에 따라 정부규제들은 대부분 철폐되고 19세기는 경제적 자유주의의 시대가 되었다. 19세기에 서양 자본주의경제는 자유방임의 경제정책을 기반으로 하여 인류최초의 공업화를 달성하고 전 세계를 자신들의 경제영토로 삼았다.

그러나 한편으로 빈부격차, 주기적 불황과 실업의 증대, 독과점화와 중소영세기업의 몰락과 같은 시장의 실패가 등장하게 되었다. 산업혁명 이후 자본가들은 부유하게 되었으나 19세기 말까지도 노동자계급은 끔찍한 노동조건과 비참한 빈곤을 벗어나지 못하였다. 또한 주기적 불황은 노동자계급만이 아니라 자본가계급에게도 고통스러운 시기를 안겨 주었다. 1825년 영국에서 최초의 불황이 발생한 이후 약 10년을 주기로 회가 거듭될수록 불황의 정도와 기간은 점차 확대되었다. 1873년에 발생한 최초의 세계적 대불황은 무려 20년이 넘게 지속되어 '**대불황기**'(the Age of the Great Depression)라고 불리운다. 이 대불황을 계기로 구미에서, 자유무역정책은 퇴조하고 보호무역주의가 부활하기 시작하여 **제국주의**(imperialism)의 시대가 열리게 되었다. 대내적으로는 독점자본의 팽창, 대외적으로는 보호무역주의와 무력을 앞세운 식민지 확대와 구미 열강 간의 전쟁이 제국주의의 특징이었다. 1870년대에서 1929년 대공황이 발생하기까지의 약 반세기의 제국주의시대는 자유주의가 개입주의로 넘어가는 과도기였다. 제국주의시대에 대외적으로는 보호무역주의가 시행되었으나 국내적으로는 대체로 자유방임정책이 유지되었다.

그 후 1929년부터 시작된 1930년대의 대공황에서 벗어나고자 구미 나라들은 적극적으로 재정지출과 통화발행을 확대하게 되면서 개입주의는 1970년대까지 지속되었다. 이 시기의 개입주의 경제정책을 **신중상주의**라고 부르기도 한다. 이 시기에 구미 각국 정부는, 시장의 실패를 시정하기 위하여, 적극적인 개입정책을 실시하였다. 빈곤 문제를 해결하기 위하여 공공복지제도를 확대하고 불황과 실업확대를 막기 위하여 통화 발행과 재정지출을 확대하였으며, 독과점과 공해를 막기 위해 적극적 규제 정책을 시행하였으며, 무상이거나 저렴한 각급 공립의 학교와 병원들을 건립하여 운영하였다. 이 결과로 구미 선진국에서 시장의 실패는 상당히 감소되었고 제2차 세계대전 이후 1970년대까지 심각한 사회갈등이나 불황도 없이 사상 유례없는 장기번영을 누렸다. 정부의 성공의 전형이다.

구미에서 20세기 초에 10% 미만이던 총국민소득에서의 정부예산 비중은 1970년대에 40% 이상 60%로 크게 증가하였다. 세상만사가 그러하듯이 정부 규모의 확대는 양날의 칼이었다. 국가의 성공이 실현되는 한편으로 국가의 실패가 누적되어 왔다. 현대의 민주국가에서 정부는 공평무사하고 전지전능하다고 암묵적으로 가정하고[22] 정부에게 많은 역할과 권한을 부여하였다. 그러나 현실은 이 가정과 거리가 멀다. 정보부족, 다수의 횡포, 정치인과 관료 들의 이

---

22 케인스와 같은 사심 없고 현명한 인사들에 의하여 정부가 운영된다는, 이러한 가정을 '하비가의 전제(the Harvey Road Presupposition)'이라고 한다. 하비가는 케인스 같은 케임브리지대학 교수들이 모여 살던 동네이다.

기주의, 정부의 독점성 등의 이유로, 민주선진국인 현대 구미선진국들에서도 국가의 실패가 심각하게 발생하였다. 이 결과 1980년경부터 영국과 미국을 중심으로 국가의 실패를 비판하는 현대의 **신자유주의**(the neo-liberalism)가 등장하게 되었다. 이들은 국가의 실패를 고치기 위하여 정부의 축소와 고전적 자유방임주의 경제정책로 복귀할 것을 주장한다.

이상과 같이 자본주의국가의 경제정책은 방임주의와 개입주의를 교대로 반복하여 왔다. 자유방임정책하에서 시장의 실패가 심화되면 이를 시정하기 위하여 개입주의로 전환되고 개입주의하에서의 정부의 실패가 누적되면 다시 자유방임주의로 전환하는 역사가 되풀이되어 온 셈이다.

이러한 관점에서 보면, 현 신자유주의도 영원히 지속될 수 없을 것임을 알 수 있다. 신자유주의하에서 자본주의의 실패가 심화되어 대중이 감내하기 힘들 정도가 되면 다시 개입주의가 다수의 지지를 받고 복귀하게 될 것이 예상된다. 현대 국가들에서 경제는 자본이 지배하지만 일인일표라는 민주주의 선거제도 덕분에 정치에서는 사람 숫자가 힘을 발휘할 수 있다. 현대 국가에서 금권정치가 막강한 힘을 발휘하지만 빈부격차가 계속 악화되면 생활이 어려워진 대중의 압력이 다시 개입주의를 불러들일 것으로 예상된다.

## 9. 현대 신자유주의의 의미와 내용

과거 두 번의 신자유주의가 있었다. 첫 번째는 그린(T. Green)과 홉하우스(Leonard T. Hobhouse)로 대표되는, 19세기 말과 20세기 초 영국의 **사회적 자유주의**(social liberalism)이고, 두 번째는 오위켄을 대표로하는 제2차 세계대전 후 서독의 **질서자유주의**(Ordo Liberalismus)이다.

사회적 자유주의는, 밀의 진보적 성향을 더욱 발전시켜서, 빈곤이 자유의 주된 적이라고 보고 빈곤 퇴치를 위한 적극적인 사회개혁을 주장하였다. 이 주장은 19세기 말과 20세기 초에 영미에서 큰 세력을 떨쳤다. 이 시절 영국에서 '보수당'과 정권을 다투었던 '자유당'의 이념이 사회적 자유주의였다. 이때부터 영미에서 liberal이란 말이 자유롭다는 뜻과 함께 진보적이란 의미를 갖게 되었다.

제2차 세계대전 직후 서독은 완전한 폐허에서 라인강의 기적이라는 경제부흥을 이룩한 자신들의 경제체제를 **사회적 시장경제**(die sozialen Marktwirtschaft)라고 불렀다. 이것은 오위켄의 질서자유주의에 강력한 사회보장제도를 합친 것이다. 오위켄은 독점과 인플레가 불황, 실업, 빈곤, 자원낭비 등 모든 경제폐해의 주원인이라고 보고 엄격한 통화관리를 통한 물가안정에 더하여 엄격한 독점금지가 추가된 **경쟁적 경제질서**의 확립만 정부가 책임지고, 경제과정(경제활동)은 완전한 민간자유에 맡기라는 **질서자유주의**를 주장하였다. 독점과 인플레를 경제의 주된 적으로 본 것은 독점화와 초인플레로 인한 경제파탄이라는 근대 독일의 혹독한 경험을 반영한 것이다. 독일은 철저한 통화관리를 시행해 온 점에서 신축적인 통화관리를 해 온 영미 등과 다르다. 1980년대에 등장한 현대의 신자유주의는 세 번째 신자유주의인 셈이다. 이제부터는 통례에 따라 현대 신자유주의를 그냥 신자유주의라고 부르자

1979년에서 1990년까지 집권하였던 영국의 수장 대처(Margaret Thatcher)와, 1980년에서 1988년까지 재임하였던, 미국의 대통령 레이건(Ronald Reagan)은 신자유주의에 입각한 규제철폐, 공기업의 민영화, 노동시장의 유연화 등의 정책을 실시하였고 이는 미국의 막강한 영향력을 배경으로 세계화의 흐름을 타고 현재 전 세계의 지배적인 사조로 자리 잡았다. 노동시장 유연화는 그간 비대해진 노동조합에 대한 비판과 반감을 반영한다.

영미 경제학에서의 신자유주의를 선도한 학자가 하이에크와 프리드먼(Milton Friedman)과 부캐넌(James Buchanan)이다. 하이에크는 신자유주의 정책이 풍미하기 훨씬 전인 1930년대부터, 프리드먼과 부캐넌은 1950년대부터 개입주의를 비판하여 자유방임 경제정책을 주장하는 자신들의 이론을 발표하여 왔다. 이

들의 구체적 이론들은 서로 다르나 이들의 공통된 주장을 정리해 보자.[23]

첫째는 **국가의 실패에 대한 비판**이다. 앞서 본 바와 같이, 국가의 실패는 정부의 실패에 정치, 사회, 문화, 법률적 측면에서의 국가의 잘못까지를 더한 것이다. 이들이 비판하는 국가의 실패는 후진국이 아니라 민주주의가 발달한 선진국에서의 국가의 실패이다. 케인스와 그의 주장을 따르는 케인지언들은, 현대 구미선진국에서는 민주제도가 잘 발달되어 있어서 국가의 실패가 없을 것이라고 과신하였다. 그러나 현실은 이들의 생각이 잘못임을 보여주었다. 물론 제2차 세계대전 이후 구미선진국에서 장기번영이라는 국가의 성공도 나타났지만 실패도 나타났다.

둘째로 이들은 국가의 실패를 시정하기 위하여, **국가(정부)의 기능과 권한의 축소와 시장의 확대**를 주장한다. 세금의 감축, 통화남발과 적자재정의 금지, 정부기구의 축소, 재량적인 경제정책의 금지, 공기업의 민영화, 경제규제의 축소, 무역과 자본거래 등 대외거래의 자유화, 노동자보호의 축소를 통한 노동시장의 유연화 등이 모두 이에 속한다. 노조의 약화가 노동시장의 유연화의 중요한 내용이다.

셋째로 **복지제도의 축소**이다. 제2차 세계대전 이후 확대된 공공복지제도는 정부재정을 팽창시킬 뿐만 아니라, 근로의욕을 감소시키는 복지병이라는 부작용을 일으킨다고 보고 이의 축소를 주장하고 있다. 그러나 이들이 주장하는 것

---

23 현대 신자유주의의 경제정책을 잘 요약한 것이 워싱턴 콘센서스(the Washington consensus)이다. 이는 미국의 존 윌리엄슨이 중남미의 경제개혁에 대한 미국의 권고안을 정리한 그의 글[John Williamson, "What Washington Means by Policy Reform," in J. Williamson ed., *Latin American Adjustment: How Much Has Happened?*(Washington: Institute for International Economics, 1990)]에서 처음 명명되었으며, 그 내용은 다음의 열 가지이다. 균형재정, 높은 경제수익율과 소득분배의 잠재적 개선효과가 큰 부문(기초 건강관리, 기초교육 및 사회기간시설 등)으로의 재정지출 우선순위의 전환, 한계세율을 높이고 세원을 확대하는 세제개혁, 이자율 자유화, 환율 현실화, 무역자유화, 외국인 직접투자 도입 자유화, 민영화, 규제철폐(진입과 퇴출 장벽의 제거), 사유재산제도의 확립. Williamson(2001: 3).

은 복지제도의 축소이지 폐지는 아니다. 이들도 기본적 공공복지제도는 필요하다고 본다.

넷째로 세계화의 물결을 타고 신자유주의는 **전 세계로 전파**되고 있다. 이것은 두 가지로 설명될 수 있을 것이다. 하나는 소련의 몰락 후 미국 영향력이 크게 증대되어 신자유주의를 세계로 확대시키기가 용이하게 되었다는 것이다. 미국이 압도적인 경쟁력을 갖고 있는 금융업과 서비스업의 시장개방은 미국에게 절대적으로 유리하다. 둘은 선후진국을 막론하고 국가의 실패에 대한 불만이 누적되어 온 것이다. 후진국에서는 민주주의가 확립되지 않았기 때문에 국가의 실패가 선진국에서보다 훨씬 더 심하게 나타나고 있다. 이 결과 후진국들에서도 신자유주의가 쉽게 수용될 수 있는 분위기가 조성되었다. 우리나라도 이에 해당한다.

신자유주의자들이 비판하는 것은 정부의 실패가 아니라 이보다 범위가 더 넓은 국가의 실패를 비판한다. 부캐넌의 '**정치에서의 그래샴의 법칙**(Grasham's Law in Politics)'[24]은 민주국가에서 고위 공직자들 중에 윤리수준이 낮은 부패한 사람들이 많은 이유를 재미있게 설명하였다. 윤리수준이 낮은 사람일수록 고위직의 예상수익률이 높다고 생각하여 출세를 위하여 더 열심히 노력하기 때문이라는 것이다(Buchanan, 1985: 64). 그러나 현대 민주국가들에서 국가의 실패 내지 민주주의의 실패의 가장 큰 원인은 **금권정치**일 것이다. 대자본들이 돈으로 정계만이 아니라 언론계, 학계, 법조계 등에도 직간접으로 영향력을 행사하여 자신들에게 유리한 방향으로 여론을 조작하는 것이다. 이 때문에 1인1표의 보통선거에도 불구하고 국민대다수가 아니라 대자본들을 위한 정책들이 집행되는 경우가 많다.

---

24 과거 금화나 은화를 화폐로 쓰던 시절에 사람들이 금이나 은이 100%인 양화는 집에 보관하고 금은이 조금만 들어간 악화만 지불에 사용하여 유통에서 악화가 양화를 쫓아내는 현상을 경제학에서 그래샴의 법칙이라고 부른다.

## 10. 신자유주의의 폐해

신자유주의는 그간 누적되어 온 국가의 실패를 해소하는 데에 기여하여 왔다. 그러나 동시에 자본주의의 실패를 누적시켜 오고 있다. 개별정부의 노력으로 그간 어느 정도 억제되어 오던 시장의 실패가 세계화로 인하여 개별정부의 경제장악력이 크게 축소됨에 따라서 고삐 풀린 말처럼 그대로 표출되고 있다. 자본 자유화로 투기자본들이 자유롭게 국경을 넘나들게 되면서 모든 국가들이 금융위기와 그로 인한 경제불안에 그대로 노출되게 되었다. 신자유주의 자본자유화의 주도 세력은 미국 금융자본을 대표하는 '**월가와 미국 재무부와 IMF의 복합체**(the Wall Street-Treasury-IMF Complex)'이며 이들은 미국금융자본의 이익을 도모한다.

이들이 자본자유화를 이용하여 막대한 이익을 본 대표적 예가 우리나라의 1997년 외환위기였다. 1997년 우리나라 은행들은 상환할 단기 외채 총액에 비하여 보유외환이 일시 부족한 사태에 빠졌다. 이에 우리 정부는 일본 정부에 외환을 빌려 줄 것을 요청하였고 일본 정부도 수락하였던 것을 미국 재무부가 일본 정부에 강력하게 압력을 넣어 못 주게 하였다. 할 수 없이 우리정부는 미국 재무부가 요구하는 대로, 자본시장 완전 개방, 고금리 정책, 초재정긴축정책, 광범위한 고강도 구조조정의 실시를 약속하였고, 그 대가로 미국 재무부는 우리 단기외채의 상환기간 연장과 IMF 차관 제공을 주선해 주어 우리가 위기를 넘길 수 있었다. 외환위기로 달러의 원화 가격은 두 배 이상으로 뛴 반면에 우리나라 주식가격은 절반 이하로 떨어져서 외국자본들은 평소의 1/4 이하의 헐값으로 우리나라 모든 우량기업의 주식의 절반 이상을 쓸어 갔다. 또한 금리가 폭등하고 기업과 은행의 구조조정이 이루어져서 많은 기업들이 도산하고 실업자와 비정규직 근로자가 급증하여 우리 국민들이 몇 년 동안 큰 고통을 겪었고 아직도 우리의 많은 국부가 이윤배당과 이자의 형태로 해외로 유출되고 있다.

결국 미국은 그냥 두면 동아시아 내에서 해결될 유동성 부족사태를 IMF로 가게 해서 사실상 외환위기를 "일으킨 뒤", 자신의 요구사항을 철저히 관철시키고 해결해 준 셈이다. 병 주고 약 주면서 약값을 많이 받아낸 꼴이다(이제민, 2017: 134).

우리나라만이 아니라 전 세계가 신자유주의로 인해 경제와 사회가 황폐해졌다. 특히 노동시장유연화는 비정규직과 실업의 양산과 임금하락을 초래하였다. 우리나라의 끝 모르는 출생률과 결혼율 감소, 이혼율과 자살률 증가, 전 세계 난민의 급증 등이 모두 신자유주가 초래한 자본주의의 실패가 낳은 사회와 인간성의 황폐화의 결과라고 생각된다. 오위켄 말대로 집단은 양심이 없지만(오위켄, 1996/1952: 253), 자본도 양심이 없다. 이런 황폐화 현상이 언제까지나 계속될 수는 없을 것이다.

'스미스로 돌아가자'는 신자유주의자들이 즐겨 쓰는 구호이다. 이는 스미스를 욕보이는 구호이다. 스미스가 주장한 것은 중소규모의 경쟁기업만 존재하는 경쟁시장의 자유방임이지 오늘날과 같이 대기업들이 지배하는 독과점 시장의 자유방임이 결코 아니다. 스미스는 독과점의 피해를 분명히 지적하고 독과점을 규제할 것을 주장하였다(스미스, 1992/1776: 7장). 스미스가 독과점 대기업들이 지배하는 오늘날의 시장을 본다면 자유방임이 아니라 규제를 주장하였을 것이다.

## 11. 자유주의의 한계와 상생의 원리

자유주의도 다른 이념들과 마찬가지로 결정적 한계를 갖고 있다. 자유주의의 개인주의 원리로는 인간소외와 윤리의 타락, 사회갈등, 자연파괴와 같은, 현대 인류가 당면하고 있는 자본주의 실패를 해결할 수 없다. 이런 문제들의 해결을 위해서는 다른 원리가 필요한데 상생의 원리가 그것이라고 생각된다.

### 1) 사회적 갈등 문제

사회문제는 개인이 결정하는 개인 문제와 사회구성원들이 공동으로 결정해야 하는 사회적 문제의 둘로 나눌 수 있다. 직업, 종교의 선택이 전자이며, 국가경영과 같이 여러 사람들이 공동으로 해결해야 하는 문제가 후자이다. 후자의 문제를 경제학에서 **사회적 선택**(집단적 선택 혹은 공공선택; social choice, collective choice, public choice)의 문제라고 부른다. 사회적 선택의 문제들을 **공동의 문제**[25]라고 부르자. 시대나 체제에 상관없이 존재하는 공동의 문제로서, 사회질서의 유지(국방, 치안, 사법), 공공시설(교통시설, 통신시설, 상하수도 등)의 건설, 기초교육 공급, 기본적 사회보장 등의 문제들이 있다. 자본주의의 실패(불황과 실업, 빈부격차 확대, 독점화, 환경파괴, 인간성과 사회의 황폐화, 전쟁과 약소국 침탈 등)에 대처하는 것도 공동의 문제이다. 세계화로 인하여 자본주의의 실패는 더욱 확대되고 있다.

공동의 문제는 다시 두 가지로 나눌 수 있다. 하나는 개인 간에 이해상충이 발생하지 않기 때문에 개인주의로 해결이 가능한 경우이고, 둘은 개인 간에 이해상충이 발생하여 개인주의로는 해결할 수 없는 경우이다. 공동의 문제라도, 질서 유지, 필수적인 공공시설의 건설, 불황의 해결 등과 같이 그 해결이 모든 구성원들에게 이익이 되는 문제는 개인 간 이해상충이 없으므로 개인주의로도 해결이 가능하다.[26] 그러나 개인 간에 이해 상충이 발생하는 공동의 문제에서 개인주의는 현실적 차원에서도 원칙적 차원에서도 해결방향을 제시할 수 없다. 분배문제, 독과점, 환경훼손, 인간소외, 약소국 침탈, 전쟁 등과 같이 개인 간 이해상충이 존재하는 공동의 문제를 **사회적 갈등 문제**라고 부르자.

---

25 종교의 선택과 같은 개인적으로 결정할 문제도 사회적 문제라고 부르므로 이와 구분하기 위해 공동의 문제라고 부르자.

26 현실에서, 이의 실행을 위한 경비의 분담이라는 문제는 여전히 남는다.

사회적 갈등 문제를 개인들 간의 자발적 합의에 의해 해결할 수 없다는 자명한 사실을 애로(Kenneth Arrow)의 **불가능성 정리**(the impossibility theorem)는 수학적으로 엄밀히 검증하였다(Arrow, 1963). 돈이 한정되어 있어서, 사과나 배, 둘 중 하나밖에 살 수 없는데, 나는 사과를, 너는 배를 사고 싶은 상황에서 양보도 강압도 없이 두 사람이 무엇을 살지 합의할 수 없는 것은 자명한 일이다. 부캐넌은 합의로 이익을 보는 사람의 이익이 합의로 손해를 보는 사람의 손해보다 크다면 이익을 보는 사람이 손해를 보는 사람에게 손해액만큼 보상을 해주면 자발적인 전원 합의를 얻을 수 있고 사회적으로도 순이익이 발생함을 지적하였다(Buchanan and Tullock, 1962: 125~128). 이런 부캐넌의 해결방법 역시 비현실적이다. 수혜자들은 자신들의 이익을 실제보다 줄여서 말할 것이고, 피해자들은 자신의 피해를 부풀려서 말할 것이므로, 합당한 보상이 얼마인지 알 수가 없기 때문이며, 또한 합의에 도달하기까지에는 시간적 금전적 비용인 협상비용이 들어가기 때문이다. 개인 간의 이해상충을 해결하는 유명한 방법은 롤스의 **최대최소의 규칙**(Maximin Rule)이다(롤스, 1985/1971: 3장). 롤스는 누구나 자신의 처지를 모르고, 또한 위험기피자라고 한다면, 누구나 자신이 가장 불우한 사람이 되는 경우를 대비하여 가장 불우한 사람의 이익을 최대로 하자는 최대최소의 규칙에 합의할 것이라고 보았다. 그러나 롤스의 이론도 비현실적이다. 현실에서는 모두가 자신의 처지를 잘 알고 있으므로 모두가 자신의 처지를 모른다는 그의 **무지의 장막** 가정은 현실의 이해상충의 문제를 해결한 것이 아니라 회피한 것에 지나지 않기 때문이다. 이해상충이 발생하는 사회적 갈등 문제를 해결하기 위해서 우리는 개인주의의 원리가 아닌 다른 원리가 필요하다.

### 2) 상생의 원리

자유주의의 개인주의가 간과하는 것은 인간생활에서의 공생이라는 측면이다. 우리들은 공간적으로 가족과 친척, 친지, 국민, 나아가서 모든 인류 및 동식물들을 비롯한 자연과 함께 살아가고 있다. 시간적으로도 우리는 우리의 선조와 후손과 공생하고 있다. 내가 살고 있는 사회와 자연은 나의 선조들이 물려준 유산이며, 후세의 사람들은 나와 우리가 남긴 유산을 물려받아 살아간다. 공간적으로 시간적으로 나는 무수한 다른 존재들과 함께 공생하고 있다.

우리가 살고 있는 자본주의사회에서 모든 사람들은 공생의 망으로 연결되어 있다. 경제적으로 우리는 분업과 협업의 망을 통해 전 세계 사람들과 함께 협력함으로써 필요한 물자들을 공급받고 있다. 정치적으로도, 문화적으로도 우리는 전 세계 사람들과 서로 얽혀서 살아가고 있다. 우리가 삶의 기쁨과 보람을 얻는 것도 공생 덕분이다. 자신 말고 그 어떤 사람도 생명체도 존재도 없는 세상에서 혼자 산다면 우리는 아무 기쁨과 보람을 찾을 수 없을 것이다. 돈과 명예와 권세도 모두 다른 사람들이 알아주기 때문에 귀한 것이지, 혼자만 사는 세상이라면, 아무 소용이 없을 것이다. 우리의 생활이 가능한 것도, 우리가 생의 보람과 낙을 찾을 수 있는 것도, 우리가 다른 사람들과 동식물들과 산하와 공생하는 덕분이다.

**상생의 원리**란 나만이 아니라 다른 사람, 생명 및 모든 존재들의 소중함을 인정하고 이들의 권리를 존중하면서 이들과 서로 아끼고 도우면서 함께 살아감을 말한다.[27] 이러한 상생의 원리에서 우리는 사회적 갈등 문제를 해결할 실마리를 찾을 수 있을 것이다.

사람은 개인성(개체성)과 사회성(공생성)의 두 가지 측면을 갖고 있는데, 개인성에서의 원리를 자유라고 한다면, 사회성에서의 원리를 상생이라고 말할 수 있을 것이다. 상생의 원리는 전체주의와 관계없다. 전체주의는 국가나 집단을 우선시하여 이를 위한 개인의 희생을 당연시하지만, 상생의 원리는 이를 반대

27 원래 상생이란, 공자가 정리한 서경(書經)에 나오는 오행설이 가리키는 현상, 즉, 쇠는 물을, 물은 나무를, 나무는 불을, 불은 흙을, 흙은 다시 쇠를 낳는 것을 가리키는 말로서 상극에 반대되는 말이지만, 여기서는 요즘 통용되는 의미로 사용한다.

한다는 점에서는 개인주의와 같다. 상생의 원리는 자유주의의 관용의 원리와 공동체주의의 관점을 더 확대한 셈이다.

### 3) 상생의 갈등과 적대적 갈등

현재 우리나라에는, 노사갈등, 빈부갈등, 지역갈등, 세대 갈등, 농민과 소비자 갈등 등 여러 심각한 사회갈등을 겪고 있다. 상생의 원리에서 이런 사회갈등을 해결하는 실마리를 찾을 수 있을 것이다.

개인 간이나 집단 간의 차이는 갈등의 원인이기도 하지만 동시에 풍요와 다양함의 원천이기도 하다. 차이는 불가피하게 갈등을 낳지만 갈등은 생명의 유지와 발전에 필수적이다.

> 모든 인간사에 있어서, 서로 생명력을 갖기 위해, 그리고 그들의 고유한 목표를 실현하기 위하여, 서로 갈등하는 영향력(conflicting influences)이 필요하다. …… 만일 배타적으로 하나의 목표만 추구한다면 하나는 과다하게 되고 다른 것은 부족하게 될 뿐만 아니라, 원래 배타적으로 추구하던 목적도 부패하거나 상실하게 될 것이다(Mill, 1991/1861: 292).

갈등과 모순에서 발생하는 긴장관계를 통하여 양쪽 모두 타락과 안일에 빠지지 않고 자신의 본연의 모습을 유지하고 발전할 수 있다. 이기심과 이타심 어느 하나만 존재하는 사회는 유지될 수 없을 것이며, 평등에 대한 고려 없이 자유만의 추구는 자유를 타락시킬 것이며, 자본주의경제와 사회주의경제의 어느 하나만으로 경제를 운영하는 것은 가능하지 않으며, 개입주의 위주의 경제정책과 방임주의 위주의 경제정책은 시대에 따라서 교대하여 왔다. 이상을 추구하는 진보주의자 없이 현실에 안주하는 보수주의자들만이 존재하는 사회는 발전할 수 없을 것이며, 보수주의자들의 신중함과 현실성 없이 진보주의자들의 이상주의만으로 추진되는 개혁은 시행착오와 혼란을 초래할 것이며, 노인의 경험과 청년의 패기가 서로 보완하지 않는 사회는 병든 사회일 것이며, 노동자와 자본가 어느 한 쪽 만으로는 기업경영이 불가능할 것이며, 다른 지역과의 교역과 협력 없이는 어떤 지역도 열악한 생활의 질을 면치 못할 것이다. 상생 없는 자유는 소외와 갈등에 함몰될 것이고, 자유 없는 상생은 개인의 매몰을 초래할 것이다. 갈등을 상생의 갈등으로 승화시킬 때, 갈등은 발전의 원동력이 된다. 당신은 좌익이냐 우익이냐라는 질문을 받고, 잭슨(Jesse Jackson) 목사는 "새는 양쪽 날개로 날아갑니다"라고 답하였다고 한다. 이와 같이, 서로 도움이 되는 갈등을 **상생의 갈등**이라고 부를 수 있을 것이다.

상생의 갈등과 반대되는 **적대적 갈등**도 많다. 이는 상대방을 상생의 대상이 아니라 타도나 강탈의 대상으로 보는 갈등이다. 계층 간, 지역 간, 노사 간, 세대 간 갈등 등 여러 갈등들이 현재 우리나라에서는 주로 상생의 갈등이 아니라 적대적 갈등으로 나타나고 있다. 적대적 갈등의 원인은 제로섬게임과 집단이기주의의 둘일 것이다. 전체의 몫이 한정되어 있어서, 한 쪽의 몫이 커지면 다른 쪽의 몫이 작아지는 **제로섬게임**에서 분배가 불공정하게 이루어지면 불만과 분쟁이 발생하게 된다. 과거 군사독재시절, 출신지역이라는 불공정한 기준이 공직 출세의 기준으로 작용함으로써 영호남 간의 지역갈등이라는 적대적 갈등이 발생하였다.

적대적 갈등의 또 하나 요인은 집단이기주의이다. 우리의 양심은 이해관계라는 거센 바람 앞에서 힘없이 꺼져버리는 촛불과 같다. 이 허약한 촛불을 돕는 원군이 창피를 두려워하는 우리의 창피심이다. 우리가 범죄를 잘 저지르지 않는 것은, 처벌에 대한 두려움과 우리의 양심뿐만이 아니라 나중에 발각되면 당하게 될 창피를 두려워해서이다. 창피하냐의 여부를 결정하는 것은 다른 사람들이 같이 하느냐의 여부이다. 목욕탕에서 옷을 벗고, 전쟁터에서 다른 사람을 살해할 수 있는 것은, 남들이 모두 그러기 때문이다. 집단행동은 창피함을 잊도록 하는 가장 강력한 수단이다. 오위켄 말대로 집단은 양심이 없다. 이해관계와 집단행동이 결합된 것이 **집단이기주의**이다. 집단이기주의는 인간의 이성과 양심을 마비시키는 가장 강력한 마약이다. 사회정의를 위해 투쟁한다고 삭발과 단식을 감행하지만 실상 이들이 요구하는 것은 집단이익인 경우가 적지 않다. 집단이기주의를 예방하려면, 비판의 자유와 관용의 풍토를 조성하여 양심적 소수가 자유롭게 집단이기주의를 비판할 수 있도록 하고 궁극적으로는 대중의 의식수준을 높여 자신을 객관적으로 바라보며 상생의 원리를 실천하도록 하는 것 말고는 별로 대책이 없어 보인다.

#### 4) 상생의 원리 적용

여러 사회적 갈등 문제들을 상생의 원리로 해결할 수 있을 것이다. 노사가 협력하여 생산성을 높이면 전체의 몫이 커져서 노사 모두 이익을 볼 수 있다. 노사 관계를 제로섬 게임으로 보는 것은 사물을 정태적으로 보는 단견이다. 상생의 원리를 실천하면 쌍방이 나누는 전체 몫을 증대시킬 수 있으므로 국제 분쟁을 포함하여 대부분 갈등과 분쟁들을 해결할 수 있을 것이다.

윤리상실과 그에 따른 인간성 황폐화도 상생의 원리로 치유할 수 있을 것이다. 윤리타락이란 타인에게 부당한 피해를 주는 것인데 반하여, 상생의 원리는 타인을 존중하고 도와주어야 함을 일깨우기 때문이다. 스미스는 무분별한 탐욕으로 인한 불의를 막기 위해 공정한 법이 필요하다고 보았다(Smith, 1976/1759: 340). 그러나 공정한 법만으로는 부족하다. 공정한 법은 타인에 부당한 피해를 주는 것을 금할 뿐 어려운 사람을 도울 것을 명하지는 않기 때문이다. 칸트가 말한 바와 같이 자유의지에 따라 스스로 결단하여 선택하는 **도덕률**이 필요할 것이다(칸트, 1992/1788: 46~55). 이는 상생의 원리의 자각과 실천이라고 볼 수 있을 것이다.

상생의 원리는 **환경보전과 자연보호**를 위한 지침이기도 하다. 지난 200년간 인간에 의한 자연의 대규모 파괴를 촉발시킨 것은 근대서양문명 안에 있는 세

가지 요소 때문이라고 생각된다. 하나는 자연을 인간의 이용 대상으로 보는 서양의 편협하고 오만한 인본주의요, 둘은 자원에 대한 수요를 폭발시킨 자본주의 경제체제요, 셋은 자연의 대량파괴를 가능하게 만든 근대의 과학기술의 발달이다. 이제 자연보호는 자연 사랑의 수준을 넘어서 인류의 생존차원에서 실천되어야 할 것 같다. 자연도 우리와 상생하는 존재이기 때문에 자연 존중은 당연하다. 근대 서양 과학문명은 자연을 수단시하여 왔다. 서양 합리주의의 시조 격인 데카르트는, 과학의 발달 덕분에 인간이 자연의 주인이자 소유자가 된다고 말하였다(데카르트, 1997/1637: 220). 천지분간을 못한 망언이다. 칸트가 오늘 살아서 현대를 본다면, 인간만이 아니라 자연도 수단이 아니라 목적으로 대하여야 한다고 말할 것 같다. 자연을 두려워하며 자연에 순응하여 산다는 과학문명 이전의 사고방식이 우리에게 필요할 것이다. 현재와 같은 무분별한 자연파괴는, 우리가 탑승하고 우주를 항해하는 지구라는 아름다운 작은 배의 밑창을 우리 스스로 뚫는 자해 행위이다. 인간만 잘살기 위하여 다른 생명들을 마구 살육할 것이 아니라 다른 생명들도 보호하여 모든 생명이 함께 잘살도록 노력하는 것이 만물의 영장인 인간의 도리일 것이다. 생명유지를 위해 먹는 것은 할 수 없지만 낚시와 사냥과 같이 재미로 살생하는 것은 자연에 미안한 일이다.

## 12. 맺음말

경제적 자유주의와 정치적 자유주의를 구분함이 필요하다. 신자유주의와 같은 경제적 자유주의는 국내적으로 국제적으로 빈부격차 확대, 대중의 생활 조건 악화, 독과점, 자살률과 이혼율의 증가, 결혼율과 출생률의 하락, 세계적 난민 증가, 환경파괴 같은 심각한 자본주의의 실패를 낳고 있다. 반면에 인간의 불완전성을 인정한 기초위에서, 만인평등과 인권 존중, 사상과 비판의 자유, 집회결사의 자유, 관용, 그리고 이를 실현하기 위한 민주주의와 법치주의를 주장하는 정치적 자유주의는 지난 500년간 인간 역사 발전을 추진하여 왔으며 앞으로도 그러할 것이다. 특히 만인평등 사상은 역사발전의 원동력이다. 따라서 정치적 자유주의는 우리 사회의 기본 이념으로 그대로 수용하되 경제적 자유주의는 비판적으로 수용하여야 할 것이다. 경제적 자유주의를 비판적으로 수용한다 함은, 자유시장경제를 기본으로 하되 시장의 실패를 시정하기 위한 적절한 정부 개입의 필요성도 인정한다는 말이다. 효율성의 면에서 또 개인 자유의 토대로서 자유시장경제가 사회주의경제보다 비교할 수 없이 우월하므로 자유시장경제를 기본으로 함은 당연하다.

정치적 자유주의도 분배문제, 독과점, 환경파괴, 약소국 침공과 같이 이해상충이 존재하는 사회적 갈등 문제의 해결에는 무력하다. 이의 해결을 위해서는 사람 간에, 사람과 자연 간에 서로의 권리를 인정하고 협력하며 약자를 돕는 상생의 원리가 필요하다.

시장과 정부 넓게 보면 자본주의와 국가는 모두 긍정적 면과 부정적인 면을 함께 갖고 있다. 자본주의는 근대의 경제, 정치, 문화 등 사회 전반을 발전시킨 자본주의의 성공을 이룩하였으나 위에서 본 바와 같은 심각한 자본주의의 실패를 낳고 있다. 국가도 성공과 실패를 모두 갖고 있다. 인권 보호, 질서 유지, 경제 발전 촉진 및 자본주의의 실패 시정 등은 국가의 성공인 반면에, 국가권력에 의한 인권유린, 정부의 부패와 무능, 언론 탄압, 교육과 문화 왜곡 등과 같은 국가의 실패도 존재한다. 시대 상황에 따라서 시장과 정부의 적절한 조합을 찾아야 할 것이다.

지난 대선에서 본 바와 같이 현재 우리나라의 소위 진영 간 대립은 매우 심하다. 이를 이념대립으로 보기도 하지만, 러시아, 중국, 북한, 쿠바 정도만 빼고 세계 거의 모든 나라가 자본주의를 기본으로 하면서 사회주의가 섞인 혼합경제이므로 좌우 이념 대립의 시대는 끝난 지 이미 오래다. 우리나라 진영대립은 좌우 이념 대립이 아니라 계층대립인 것 같다. 대자본(대기업), 사용주, 고소득층의 입장에 서는 사람들이 보수진영, 반면에 중소영세기업, 근로자, 저소득층의 입장에 서는 사람들이 진보진영인 것 같다. 존재가 인식을 경정한다는 마르크스의 말은 만고의 진리인 것 같다. 이런 계층 갈등은 상생의 원리로 해결할 수 있을 것이다. 노동자와 사용자도, 대기업과 하청기업도 모두 서로 협력하여 총이익을 키운 뒤 합의해서 나누면 될 것이다. 최저 임금, 최대 근로시간, 사회보장제도 등 이해 상충이 발생하는 문제들은 사회가 감당할 수 있는 범위 내에서 사회합의를 통해 최대로 약자의 편을 들어 주는 것이 상생의 원리에 부합할 것이다. 약자의 존엄성을 존중하는 것이 자유주의의 원리이자 상생의 원리이다.

역사가 보여준 것처럼 방임주의와 개입주의의 경제정책은 서로 교대하여 왔다. 방임주의가 자본주의의 실패를 누적시키면 이를 해결하기 위해 개입주의가 등장하고, 개입주의가 국가의 실패를 누적시키면 다시 방임주의가 등장하는 정책 교대가 반복되어 왔다. 1980년대 등장한 현대 신자유주의는 제2차 세계대전 후 복지국가들에서 누적되어 온 국가의 실패를 시정하는 성과를 나타내어 왔으나 동시에 자본주의의 실패를 폭발적으로 확대시켜 왔다. 이로 인한 신자유주의에 대한 누적된 대중들의 불만이 선거에 반영되면 신자유주의가 퇴조하고 개입주의 복지국가가 부활할 것으로 예상된다. 그렇지 않으면 인간사회도 지구도 모두 유지되기 힘들 것이다.

앞으로 복지국가는, 일반인들의 생활 안정을 보장해 주는 공공복지제도를 강화하여야 할 것 같다. 생활이 안정되어 미래가 불안하지 않아야 자살과 이혼이 줄고 결혼과 출산이 늘 것이다. 특히 인공지능의 발달로 정신노동자의 일자리가 크게 감소할 것이므로 기본소득 확대가 불가피할 것이다. 공공복지보다 더 중요한 것이 사회 전반에 상생의 풍토가 널리 정착되는 것이라 생각된다. 노사 간, 기업 간, 친지간에 서로 돕고 아끼는 분위기가 형성되어 따뜻한 사회가 만들어지면 사람들이 삶의 낙과 보람도, 생의 의욕도 가질 수 있어서 독신, 이혼, 자살의 충동을 벗어날 것이다.

험악하고 각박한 우리나라 사회 분위기에 가장 큰 책임이 있는 것은 우리나라 정치지도자들이라 생각된다. 모든 정치인이 그런 건 아니지만, 매일 수시로 언론을 통해 보도되는 이들의 후안무치하고 부정직하고 몰상식하고 파렴치한 저질 언행들을 보면서 우리 국민들의 심성과 언행도 무의식중에 오염되고 있다. 외국에도 윤리 수준이 낮은 정치인들이 많지만 우리나라는 특히 더한 것 같다. 우리나라 삼류 정치판이 우리 사회의 발목을 잡고 있다. 이를 비판해야 할 학자들이 오히려 정치판을 기웃거리며 아부하며 한몫 거드는 행태는 보기 민망하다. 삼류 정치를 추방하려면 우리 국민들이 일류가 되는 수밖에 없다.

신자유주의의 교훈은 국가의 실패가 존재함을 일깨워 준 것이다. 이를 살려 앞으로 복지국가는 국가의 실패를 최소화할 수 있어야 할 것이다. 이를 위해 제일 필요한 것은 금권정치를 추방하여 민주주의의 실패를 극복하고 진정한 민주주의를 실현하는 것이라고 생각된다. 정계, 언론계, 학계, 법조계를 모두 대자본이 장악하고 있는 금권정치를 추방하여야 소수 이익집단이 아니라 대다수 국민들의 복지가 증진될 수 있을 것이다. 이를 위해서는 시민단체가 큰 역할을 담당할 수 있겠지만, 이해관계에서 자유로울 수 있는 학자들이 학상이나 학노가 아닌 공정한 비판자 역할을 담당하여 여론을 선도하여야 할 것이다.

현재 세계화시대의 자본주의 실패를 시정하기 위해서는 국제 협력이 필수적이다. 이를 위해 가장 필요한 것이 세계를 주도하고 있는 미국이 금권정치에서 벗어나서 신자유주의을 청산하는 것이다. 이는 아직 요원한 일로 보이지만 언젠가는 실현될 것이다. 러시아의 우크라이나 침공, 미국과 중국의 패권 갈등에서 보는 바와 같이 현재 국제사회는 여전히 약육강식의 야만을 벗어나지 못하고 있다. 자연의 이치인 약육강식을 벗어나기란 매우 힘들지만 이를 거부하고 약자를 도와주는 것이 윤리이다. 만인평등의 자유주의 원리가 국제사회에도 실현될 날이 올 것이다.

경제가 어려워지면 대중은 거짓 선동에 휩쓸려서 인종주의나 국수주의에 부화뇌동하여 사태를 해결하기보다 더욱 악화시키기 쉽다. 1930년대 독일 나치의 등장이나 현재 유럽과 미국에서 극우파가 세력을 키워가는 것이 이를 말해준다. 더욱이 현재 막강한 대자본이 언론계, 학계, 법조계를 장악하여 대중을 현혹하고 있어서 더욱 그러하다. 그러나 길게 보면 이를 극복할 수 있을 것이다. 인간 이성은 현실 위기의 원인을 인식하고 그 해결책을 찾을 수 있을 것이다. 그리고 이성보다 더 큰 힘을 발휘할 수 있는 것은 인간 본성 자체이다. 사람은 누구나 생각과 자존심과 감정이라는 본성을 갖고 있으며, 이런 본성 때문에, 역사가 보여 주는 바와 같이, 인간은 자신이 수긍할 수 없는 고통을 받으면 반발하기 마련이다. 인간의 역사발전을 추동해 온 것은 이런 인간의 이성과 본성이라고 생각된다. 신자유주의가 계속될수록 결국 대중의 반발이 증가할 것이고 이는 정치적 압력으로 나타나서 미국 등 각국의 정책을 바꿀 수 있을 것이다.

## 참고문헌

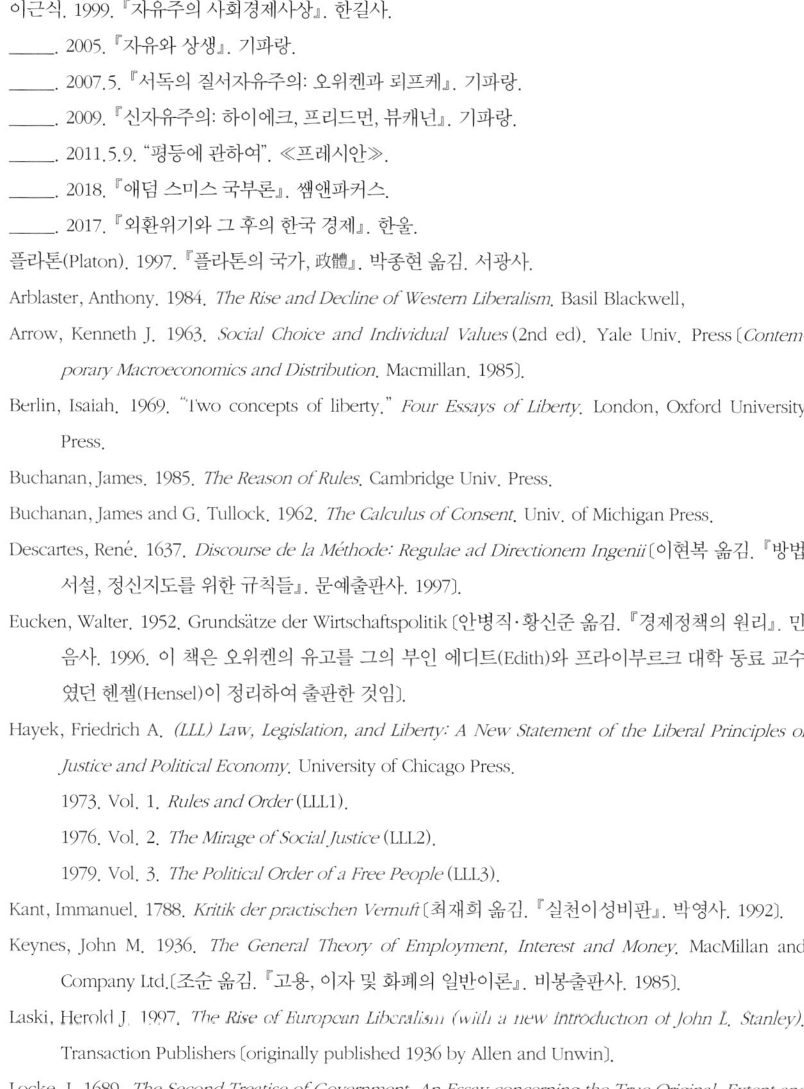


이근식. 1999. 『자유주의 사회경제사상』. 한길사.

_____. 2005. 『자유와 상생』. 기파랑.

_____. 2007.5. 『서독의 질서자유주의: 오위켄과 뢰프케』. 기파랑.

_____. 2009. 『신자유주의: 하이에크, 프리드먼, 뷰캐넌』. 기파랑.

_____. 2011.5.9. "평등에 관하여". ≪프레시안≫.

_____. 2018. 『애덤 스미스 국부론』. 쌤앤파커스.

_____. 2017. 『외환위기와 그 후의 한국 경제』. 한울.

플라톤(Platon). 1997. 『플라톤의 국가, 政體』. 박종현 옮김. 서광사.

Arblaster, Anthony. 1984. *The Rise and Decline of Western Liberalism*. Basil Blackwell,

Arrow, Kenneth J. 1963. *Social Choice and Individual Values* (2nd ed). Yale Univ. Press〔*Contemporary Macroeconomics and Distribution*. Macmillan. 1985〕.

Berlin, Isaiah. 1969. "Two concepts of liberty." *Four Essays of Liberty*. London, Oxford University Press.

Buchanan, James. 1985. *The Reason of Rules*. Cambridge Univ. Press.

Buchanan, James and G. Tullock. 1962. *The Calculus of Consent*. Univ. of Michigan Press.

Descartes, René. 1637. *Discourse de la Méthode: Regulae ad Directionem Ingenii*〔이현복 옮김. 『방법서설, 정신지도를 위한 규칙들』. 문예출판사. 1997〕.

Eucken, Walter. 1952. Grundsätze der Wirtschaftspolitik〔안병직·황신준 옮김. 『경제정책의 원리』. 민음사. 1996. 이 책은 오위켄의 유고를 그의 부인 에디트(Edith)와 프라이부르크 대학 동료 교수였던 헨젤(Hensel)이 정리하여 출판한 것임〕.

Hayek, Friedrich A. *(LLL) Law, Legislation, and Liberty: A New Statement of the Liberal Principles of Justice and Political Economy*. University of Chicago Press.

1973. Vol. 1. *Rules and Order* (LLL1).

1976. Vol. 2. *The Mirage of Social Justice* (LLL2).

1979. Vol. 3. *The Political Order of a Free People* (LLL3).

Kant, Immanuel. 1788. *Kritik der practischen Vernuft*〔최재희 옮김. 『실천이성비판』. 박영사. 1992〕.

Keynes, John M. 1936. *The General Theory of Employment, Interest and Money*. MacMillan and Company Ltd.〔조순 옮김. 『고용, 이자 및 화폐의 일반이론』. 비봉출판사. 1985〕.

Laski, Herold J. 1997. *The Rise of European Liberalism (with a new introduction of John L. Stanley)*. Transaction Publishers〔originally published 1936 by Allen and Unwin〕.

Locke, J. 1689. *The Second Treatise of Government, An Essay concerning the True Original, Extent and End of Civil Government*〔『통치론/자유론』. 삼성문화개발. 1990〕.

Mill, John Stuart. 1859. *On Liberty*〔이극찬 옮김. 『통치론/자유론』. 삼성문화개발. 1990〕.

_____. 1861. *Considerations on Representative Government*〔*On Liberty and Other Essays: The World*

*Classics, edited with an Introduction by John Gray.* Oxford University Press. 1991, pp. 203~467].

Popper, Karl. 1966. *Open Society and Its Enemies*, volume I & II. Routledge & Kegan Paul[이한구·이명현 옮김. 『열린 사회와 그 적들』, 1권과 2권. 민음사, 1982].

Rawls, J. 1971. *A Theory of Justice.* The Belknap Press of Harvard University Press [황경식 옮김. 『사회정의론』. 서광사. 1985].

_____. 1993. *Political Liberalism.* Columbia University Press [장동진 옮김. 『정치적 자유주의』. 동명사. 1999].

Röpke, Wilhelm. 1944. *Civitas Humana, Grundfragen der Gesellschafts und Wirtschaftsreform.* Eugen Retsch Verlag, Erlenbach-Zurich, Switzerland [translated by Cyril Spencer Fox. *Civitas Humana, A Human Order of Society.* William Hodge and Company, 1948].

Rossi, Pietro. 1965. "Scientific objectivity and value hypothesis." *International Social Scence Journal.* Vol. 15, pp. 84~98 [reprinted in *Max Weber: Critical Assessments.* Peter Hamilton(ed.). Routledge. Vol. 1, pp. 344~350].

Smith, Adam. 1759. *The Theory of Moral Sentiments* [D. D. Raphael and A. L. Macfie(eds.). *The Glasgow Edition of The Works and Correspondence of Adam Smith*, Vol. I. Oxford University Press. 1976].

_____. 1776. *An Inquiry into the Nature and Causes of the Wealth of Nations.* Campbell, R. H. and A. S. Skinner(ed.). Cearendon Press [김수행 옮김. 『국부론』 上·下. 동아출판사. 1992].

_____. 1982. *Lectures on Jurisprudence.* R. L. Meed, D. D. Raphael and P. G. Stein(eds.). Liberty Classics [*The Glasgow Edition of the Works and Correspondence of Adam Smith*, Vol. V. Oxford University. 1978].

Walzer, Michael. 1990.2. "The Communitarian Critique of Liberalism." *Political Theory*, Feb. 1990, pp. 6~23.

Williamson, John. 2001. "What Should the Bank Think about the Washington Consensus." Institute for International Economics web-site.

제4장

# 이 시대에 맞서 싸우기 위한 하나의 방편

박동철 | 서울사회경제연구소 연구위원

현실적인 것의 맹목적인 힘을 받아들여서는 안 되며, 우리 시대의 요란한 가짜 문화에 순응하는 대신, 이 시대와 맞서 싸워야 한다.

— F. 니체, 『반시대적 고찰』

제목을 '이 시대에 맞서 싸우기 위한 하나의 방편'이라고 했다. '방편'[1]이란, 어떤 목적을 달성하기 위한 수단과 방법을 말한다. 그러니 이 시대가 어떻기에 맞서 싸워야 하는지, 싸운다면 어떻게 싸울 것인지가 밝혀져야 한다. 이에 대한 나의 짧은 생각을, 문자 그대로 여정이나 시도라는 뜻의 에세이로 담아 본다.

1 불교에서는 여러 가지 뜻으로 사용되는데, 그중 하나가 '중생에 맞추어 방정한 이치를 교묘한 말로 전하는 일'이다. 이런 뜻도 포함하면, 주어진 현실에 맞추어 올바른 이치를 전하는 일(방안)이라고도 생각할 수 있겠다.

## 1. 우리의 상황

…… 그래서 시대 전체가, 곧 희극적이고 또 동시에 비극적이다. 비극적이라고 하는 것은 시대가 썩어가고 있기 때문이고, 희극적이라고 하는 것은 시대가 그래도 그냥 지속하고 있기 때문이다.

— S. 키르케고르, 『이것이냐 저것이냐』

### 1) 익숙한 이야기

19세기 말 F. 니체는 말했다.

우리의 상황: 예민함이 풍족함과 함께 증가한다. …… 우리의 영혼은 더욱더 병들었다. 평등, 편안한 삶, 생각의 자유 그러나 동시에 혐오와 질투심, 성공에 대한 갈망으로 인한 격분, 의심하고 탐색해야 한다는 사실에서 오는 고통(Rieman, 2018: 31에서 재인용).

지금 우리의 상황은 어떤가? 우리는 도대체 어떤 시대, 어떤 세계에 살고 있는가?

- 뜨거워진 지구, 초강력 폭풍, 초대형 산불과 홍수, 심각한 가뭄, 물 부족, 미세먼지 등 호흡 불가능한 공기, 유독물질로 오염된 땅, 사막화, 플라스틱 섬으로 뒤덮인 바다, 죽음의 바다(dead zone), 동식물의 멸종과 생물 다양성 축소, 핵폐기물, 팬데믹 등

- 계층 간·지역 간·나라 간 경제 불평등(양극화), 청년 실업, 반복되는 경제·금융 위기, 미·중 간 패권 경쟁과 그에 따른 글로벌 정치·경제지형 혼란, 지역경제 및 사회 생태계 붕괴, 통제 및 감시 사회(panopticon) 등

- 비정규직 노동자와 영세 소상공인의 숱한 죽음들, 젠더(gender) 불평등과

갈등, 사회적 다윈주의(social Darwinism)의 팽배, 인종 차별과 LGBTQ 등 소수자 혐오, 바다를 떠도는 난민들, 각종 사회 불안과 공포 등

환경·생태, 경제, 사회문화 등 모든 면에서 위기다. 이런 위기의 양상들은 따로 떨어져 있는 것 같지만, 사실은 서로 얽히고설켜 우리의 삶에 직간접적으로 영향을 미친다.

항상 그렇듯이, 위기는 어렵고 힘든 곳부터 찾아온다. 우선 경제·사회적 약자의 가장 기본적이며 근원적인 생존 기반을 무너뜨린다. 그들은 극단적인 불평등(양극화) 속 저임금 불안정 노동과 실업, 무거운 부채, 주거 빈곤 등에 허덕이고 고통받는다. 생계는 위태롭고, 생활은 불안하며, 삶은 위협받는다. 좌절하고 절망한다.

청년을 비롯한 미래 세대들은 어떤가? 그들은 무자비하고 치열한 경쟁(rat race)에 내몰리고 있다. 그러면서도 정작 자신의 삶은 기존 세대보다 나빠질 것이며, 일자리나 주거와 같은 기본적인 삶의 필요들을 얻기 어렵다는 사실을 안다. 빈곤과 고통을 대물림하기 싫어 결혼이나 생물학적 재생산조차 주저한다. 물론 그것도 소극적 저항의 한 형태이긴 하다. 하지만 대개는 현실에 분노하고 적극적으로 저항하기보다 체념하고 좌절하거나 각자도생의 길을 찾는다. '나' 중심의 나르시시즘만 남아 이기적 경쟁은 더 치열해지고 삶이 황폐해진다. '우리'는 없다.

낸시 프레이저(Nancy Fraser)는, 오늘날 우리가 직면한 위기를 단순히 불평등이나 저임금 불안정 노동, 돌봄이나 사회적 재생산, 이민과 인종화된 폭력의 위기, 뜨거워진 지구와 생태계 위기, 군사주의 증대와 독재자의 만연 등으로만 볼 수 없다고 한다. 오히려 이 위기는 '더 나쁜 무엇'이라고 한다. 즉 "이 모든 재난이 한데 모여 서로를 악화시키며 우리를 집어삼키겠다고 위협하는, 사회 질서 전제의 위기"라고 한다(프레이저, 2023/2022: 20).

경제는 성장하고 사회는 발전한다고 한다. 그런데 많은 이들이 위태롭고 불

안하며 뿌리 뽑힌 삶을 살아갈 수밖에 없는 처지에 놓여 있다. 그들에게 미래란 컴컴한 터널 안과 다름없다. 경제 성장이나 사회 발전의 불가피한 대가인가? 성장이나 진보는 '피로스의 승리(Pyrrhic victory)'일 뿐인가?

도대체 무엇이 문제인가? 무엇이 잘못된 것인가?

### 2) 파시즘의 회귀(?)

> 제가 여러분께 완전한 진리 하나를 말해드리죠. 만일 파시즘이 미국으로 온다면, 그것은 자유의 이름으로 올 것입니다.
>
> — 토마스 만

알베르 카뮈의 소설 『페스트』의 마지막 부분이다.

> …… 페스트 간균은 결코 죽거나 사라지지 않고 …… 사람들에게 불행과 교훈을 주기 위해 쥐들을 깨워 어느 행복한 도시로 보낼 날이 분명 오리라는 사실을 말이다(카뮈, 2023/1947: 390~391).

의사인 리외는, 페스트의 공포 통치가 완전히 끝났다는 공식 발표를 축하하는 군중 무리에 합류할 수 없었다. 페스트, 즉 파시즘은 언제든 다시 나타난다는 사실을 알고 있었기 때문이다(리멘, 2020/2018: 24).

환경과 생태가 파괴되고, 경제와 사회는 불안하다. 기층 민중과 미래 세대들은 절망과 좌절의 나락으로 떨어지고 있다. 그들의 삶은 온통 먹구름이다. 이런 마당에, 그리고 그런 삶의 위기의 틈을 비집고, 정치적으로도 심상찮은 조짐이 나타나고 있다. 마치 죽은 듯했던 '페스트균'이 다시 번지는 것처럼. 파시즘의 회귀인가?

세계사에서 파시즘은 20세기 전반 자유방임 자본주의(자유주의)와 공산주의를 부정하면서 나타났다. 제2차 세계대전이 끝나고 죽은 것 같던 그 파시즘이 21세기 들어 다시 세력을 키우고 있다. 2008년 금융 위기와 그에 이은 대침체로 인해 대략 30년 남짓 지배적이었던 신자유주의 이데올로기와 정책이 종말을 맞자, 신자유주의의 대립물(안티테제)로서 포퓰리즘이 힘을 얻게 된 것이다. 유럽과 미국에서는 우익 포퓰리즘이 세력을 넓혔다(Gerbaudo, 2022 참조).[2] 우익 포퓰리즘은 사실 민주적 시대에 맞추어 파시즘을 변형/개조한 '포스트 파시즘'의 한 형태일 뿐이다. 그렇게 파시즘의 망령은 되살아났다.

라즈 파텔(Raj Patel)은, "…… 자유주의에서 비롯된 일련의 현상들이 미래가 불투명한 사회를 만들고, 그 와중에 파시즘은 더 세를 불려가는 형국이 조성됐다. …… 적어도 미국에서의 파시즘은 실재하는 위협이다"(≪경향신문≫, 2023.6.13)라고 한다.

안으로 눈을 돌려 보자. 지난 세기말 군사 정권이 몰락하자, 우리는 '페스트균'이 완전히 죽은 줄 알았다. 그런데 누가 쥐들을 흔들어 깨웠나? 누가 촛불을 꺼트렸나? 아마도 본인들만 모르는 것 같다. 어쨌든 촛불이 꺼지면서 쥐들이 깨어났고, '페스트균'은 되살아났다.

어쩌면 (극)우파나 (급진) 보수 혹은 포퓰리즘은 있을지언정, 파시즘은 없다거나 파시즘은 아니라고 할 수도 있다. 예를 들면 다음과 같은 이유에서다. 파시즘은 원래 반자유주의다. 즉 (신)자유주의의 대립물이다. 그런데 한국의 지배계급은 여전히 자본주의적 자유주의와 시장 논리를 맹신한다. 그런 점에서 신자유주의적이다. 따라서 파시즘이라 할 수 없다. 또 파시즘의 지지 기반은 프티 부르주아지를 중심으로 하는 대중(mass man)인데 현실은 그렇지 않다. 대중은 이른바 진영으로 분열되어 있어, 파시즘의 지지 기반이 약하다. 더욱이 민주화를 경험했고 시민사회도 성숙해 있는데 어떻게 파시즘이 가능하겠는가? 기타 등등.

---

2 좌익 포퓰리즘은 주로 남미(브라질, 칠레, 콜롬비아 등)에서 세력을 키웠다.

그러나 과연 그런가? 파시즘을 단적으로 정의하기는 어렵지만, 가까운 이웃들을 보자. 전체주의, 권위주의, 국가주의, 민족주의(국수주의), 반공주의, 군사주의 등이다. 파시즘이 싫어하거나 증오하는 것을 보면 어떤가? 예를 들면 민주주의, 자유주의·개인주의, 사회주의·공산주의, 국제주의, 평화주의, 그리고 노동자, 성 소수자, 소위 진보 세력들 등이다. 지금 우리 사회나 정치의 면면을 볼 때 익숙하지 않은가?

혹시 이렇게 볼 수 있지 않을까? 신자유주의와 파시즘성(性)이 마치 키메라(chimera)같이 기묘한 형태로 결합해 있다고. 경제적으로는 독점 대자본 위주의 신자유주의(정책)가 유지, 온존, 강화되면서도, 정치·사회적으로는 국가 권력에 의한 직접적 노동 탄압이나 차별과 억압, 배제 등 반민주적 행위들이 벌어지는, 그러한 결합 말이다. 예를 들어 자기와 다른 세력들의 집회를 가로막고 공공연하게 퀴어 퍼레이드를 방해하는 등 집회 및 시위의 자유나 표현의 자유 같은 민주주의의 기본들이 '국민 혹은 대중의 불편', '불법/탈법'과 같은 명목으로 훼손되고 있다. 또한 역사를 부정하고 민중의 삶은 내팽겨쳐지는 부정(否定)의 정치, 안보라는 이름으로 군사주의와 반공 이데올로기가 횡행하고 있다.

그리고 미국이나 유럽은 우리보다 더 민주적이며 시민사회가 성숙했다고 하는 나라들이다. 그런 나라들에서조차 트럼프 같은 파시즘 성향이 강한 정권이 등장했거나 파시즘 세력이 확산했다. 세계 곳곳에서 극우파들이 주요한 정치 세력으로 등장하고 있다. 이런 사실은 어떻게 설명할 것인가?

하나 더. 최근 우리는 자유라는 말을 수도 없이 듣고 있다. 파시즘은 자유의 이름으로 온다고 했다. 앞서 언급한 토마스 만의 지적은 정확하다. 예를 들어 현대 파시즘의 원형이라 불리는 헤이르트 빌더르스(Geert Wilders)가 이끄는 네덜란드의 정당 이름은 '자유당'이다. 어떤 파시스트는, 자신을 시민의 요구와 이익 그리고 자유를 위해 헌신하고자 하는 열의로 가득하고, 인민의 가치를 공언하고 수호하는 사람이라고 했다. 어쩌면 이리도 비슷할까?

그런데 파시즘은 소수의 정치 세력에 의해서만 만들어지는 것은 아니다. 민중의 뜻은 아랑곳하지 않고 오로지 권력만을 탐하는 정당들(물론 겉으로는 아닌 체한다), 그때그때의 유행만을 좇고 권력에 아부하거나 곡학아세하는 지식인과 자칭 전문가들, 어떤 교육을 해야 하는지 아무 생각 없는 대학과 교수들, 경쟁 지상주의와 기술만능주의로 무장한 탐욕스러운 재계, 권력의 시녀 노릇에 충실하거나 대중추수적이며 선정적인 언론계, 그리고 분열과 차별과 혐오의 대가들인 극우 종교 세력들, 이런 것들이 공모자 혹은 적극적 동조자, 적어도 방관자(구경꾼)로 함께 파시즘을 만들어낸다. 그리고 이들과 함께 대체로 자기 계급과 인종(민족), 국적, 종교, 성별, 이성애 여부, 그리고 기타 이 시대와 공간에 고유한 (극단적) 편견을 가진 대중들도 파시즘의 출현에 제 몫을 한다.

사실 어쩌면 더 중요한 문제는 우리 안의 파시즘 성이다. 그것은, 마치 페스트균들이 쥐의 몸속에 숨어 있듯이 우리 모두의 내면에 은밀하게 숨어 있다. 인간에게는 이기적인 면과 이타적인 면이 함께 있다. 그렇듯이 합리적인 면과 비합리적인 면도 동시에 있다. 파시즘은 인간 정서 중 최악의 정서, 즉 차별이나 혐오, 이기적인 욕망, 그리고 '공포'와 밀접한 연관이 있다. 이를 파시즘 성이라고 한다면, 파시즘은 우리 안의 파시즘 성을 자극하고 부추긴다. 파시즘 성은 파시즘에게 자양분을 제공하고, 파시즘은 그것을 먹이로 하여 자란다.

아마도 저들은 '21세기에 무슨 파시즘인가?'라며, 파시스트라고 불리려 하지 않을 것이다. 자유주의자나 포퓰리스트로 불리는 것은 받아들일지 모르지만 말이다. 그러나 파시즘은 나라마다 다른 형태로 나타난다. 가령 서유럽의 파시즘은 세속적이면서 무슬림을 적대하고, 동유럽의 파시즘은 가톨릭 혹은 동방정교회의 색채를 띠면서 반유대적이다. 어쩌면 한국에서는 종교나 인종보다는 반공·안보 이데올로기, 민족주의(국수주의), 소수자 혐오 등으로 나타날 수 있다.

파시즘은 다양한 형태를 취하지만, 그 기본은 어디서나 같다. 예를 들면, 카리스마 지도자 만들기, ('국민'이라는 이름으로) 대중으로부터의 지지를 얻기 위한 포퓰리즘 정책, (반국가 행위 혹은 반사회적 행위라는 미명하에) 특정 집단을 '적'으로 만들어 경제적·사회적·정치적 문제를 그들 탓으로 돌리고 분노와 증오를 그들에게 향하게 하며 그런 정세를 유지하려 하는 것 따위다. 오늘날 우리에게 친숙하다.

환경생태·경제·사회적 위기와 함께, 정치적 위기 속에서 우리의 실존과 삶, 특히 자유롭고 민주적인 삶은 곧바로 위협받는다. 파시즘은 민주주의의 사생아이면서, 직접적으로 민주주의를 위기에 빠트린다. 다른 전체주의와 마찬가지로 가장 먼저 희생당하는 것은 진실과 자유다. 민주주의의 퇴행은 물론, 언제나 자유의 이름으로 불쑥 나타나는 파시즘은 실은 자유의 파괴만을 원한다. 그들이 자유를 외칠 때마다 인문주의적 자유, 민중의 삶의 자유는 하나둘씩 사라져간다.

앞서 언급한 위기의 양상들에 대한 태도는 또 어떤가? 파시즘은 고유한 사상이나 보편적 가치가 없는 탓에, 사회가 마주하는 문제의 해결책을 찾는 데는 관심이 없으며, 문제를 해결하고 싶어 하지도 않는다. 당면한 위기의 양상 중 어떤 것은 무시하고(환경생태 위기 등), 어떤 것은 부추기며(사회적 다원주의, 차별과 혐오 등), 어떤 것은 조장한다(예를 들면 안보). 사회적 다양성을 제고하기는커녕 특정 세력이나 집단(예를 들면 성 소수자 등)을 배제하여 사회를 지역·성·인종·세대별 등으로 분열시킨다. 파시즘은 당면한 위기를 극복할 의지도 역량도 없다. 오히려 더욱 악화시킬 뿐이다.

21세기 한국의 파시즘은 이미 시작된 것인가? 그게 아니면, 혹시 지금 여기서 자칫 잘못하면 파시즘 체제로 나아가는 것일까? 어쨌든 지금의 시대는 파시즘의 회귀를 경계하지 않으면 안 되는 시대인 것만큼은 분명하다. 어쩌면 곧 파시즘이라는 그 원래 이름을 다시 찾아 주어야 할지 모른다. 파시즘은 지금 우리 사회가 안고 있는 주요 모순이다.

우리는 기후 재앙과 생태계 붕괴의 위협, 끊임없이 이어지고 반복·증폭되는 경제 위기, 경제·사회적 불평등과 경쟁 지상주의, 온갖 차별과 혐오, 억압과 배제, 부정의 정치와 민주주의의 후퇴, 파시즘의 성장 등 참고 견디기 어렵고 불안한 시대에 살고 있다.

이 시대에 맞서 어떻게 싸워야 하는가?

## 2. 이 시대에 맞서: 아나키즘

우리는 사회주의 없는 자유는 특권이자 불의이며, 자유 없는 사회주의는 노예제이자 야만이라고 굳게 확신한다.

— M. 바쿠닌

국민이 정부를 두려워하는 것이 아니라, 정부가 국민을 두려워해야 한다.

— 영화 〈브이 포 벤데타(V for Vendetta)〉에서

위기의 양상들은 난마(亂麻)처럼 얽혀 우리의 삶을 위협하고 있다. 이 위기의 미로에서 탈출할 수 있는 아리아드네의 실(Ariadne's thread)[3]이 필요하다. 특히 다시 살아나는 듯한 페스트균을 박멸할 수 있는 강력한 백신이 시급하다.

위기를 극복하는 방편으로 '국가 길들이기' 같은 대안도 생각해볼 수 있다(물론 계급 혁명도 있다). 신자유주의의 끔찍한 결과에 대한 반작용으로, 다시 국가를 길들이면 된다는 믿음이 커지고 있다. 통화주의가 이 사회를 망쳤으니, (뭐라고 부르든) 현실에 적합한 케인스주의가 더 낫지 않겠냐는 식이다. 자본주의적 자유주의와 시장 만능주의가 스킬라(Scylla)라면, 자본주의 국가는 카립디스(Charybdis)다. 오디세우스(Odysseus)는 스킬라와 카립디스 사이를 잘 헤쳐 나왔지만, 사실 그 사이 어딘가에서 왔다 갔다 할 게 아니다. 다른 경로를 찾아야

---

3 아테네의 왕자 테세우스가 미노타우로스를 퇴치하고 미궁(Labyrinthos)에서 탈출할 수 있도록 크레타의 공주 아리아드네가 건네준 실타래. '어려운 문제를 푸는 실마리' 또는 '위험한 상황에서 벗어나기 위한 열쇠'라는 뜻으로 쓰인다.

한다. 물론 정권이 진보적·민주적일수록 위기의 강도나 정도는 덜 심각해질 수 있을지 모른다. 하지만 도대체 몇 번을 바꿔보아야 될까? 위기를 지연시킬 뿐인 것은 아닐까? 근본적인 문제 해결을 위해서는 사회 조직 및 운용 방식 그 자체를 변화시켜야 한다.

나는 아나키즘을 아리아드네의 실 혹은 백신(의 하나)이라고 생각한다. 아나키즘은 우리 시대의 위기에 대응하기 위한, 무엇보다 파시즘에 **맞서** 싸우거나 대처할 유력한 방편이며, 더 나은 사회를 **향한** 운동의 중요한 한 축이기 때문이다.

### 1) 아나키즘: 비난 혹은 오해와 진실

아나키즘은 사회 변혁의 운동과 실천 과정에서 중요한 역할을 지속해왔다. 그런데 우파(자본주의자)로부터는 원색적 비난을, 좌파(정통 마르크스주의)로부터는 냉혹한 비판을 받아 왔다.

#### (1) 우파들의 비난

우파들은, '아나키즘은 무정부주의다', '아나키즘은 무질서와 혼란, 폭동과 테러 등 문명과 질서를 파괴하려는 사상이다'라고 비난한다.

아나키즘은 국가, 자본, 종교, 가부장제 등 모든 외적이고 비합리적인 권력과 권위를 부정한다. 권력으로서의 국가를 부정한다는 점에서, 무정부주의고 반국가주의(anti-statism)다. 왜 그런가? 모든 국가 권력이 마찬가지이지만, 예를 들어 자본주의 국가를 보자. 그것은 경제적으로 자본가 계급의 '특권'을 유지하고, 정치·사회적으로 폭력을 독점함으로써 개인의 자유와 자율권을 억제한다. 아나키즘이 자본주의 국가를 부정하고 그것에 저항하는 이유다.

'정부가 없으면, 현대 국가가 수행하는 기능은 누가 하나?'라고 물을 수 있다.

현대 자본주의에서 경제·사회적 필요와 욕구는 사적 이익을 추구하는 기업(시장)이나 공공 부문이라 불리는 집단(관료제) 등에 의해 충족된다. 그런데 보편적인 사회적 필요 충족을 위한 기능이 반드시 공공 부문과 관료제에 의해 이루어져야 하는가? 아나키즘은 그렇지 않다고 본다. 국가(대의 정부와 관료제)가 아니라, 민중적이고 분권적인 자치(self-government) 같은 형태의 조직이 담당할 수 있다는 것이다. 그런 조직은 권력 기구가 아니라, '진실로 공적(公的)'인 기능을 수행하는 조직이다.

P. 크로포트킨은 이렇게 말한다.

> 아나키즘은 정부가 없는 것으로 상상되는 사회 속에서의 삶과 행위에 관한 원리나 이론에 붙여진 이름이다 — 이러한 사회에서 조화는 법에 대한 굴복이나 어떤 권위에 대한 복종에 의해서가 아니라, 지역적, 직업적으로 다양한 집단 간에 체결된, 생산과 소비를 위해, 또한 문명화된 존재의 무한히 다양한 욕구와 열망을 충족시키기 위해 자유롭게 구성된 자유로운 계약에 의해 이루어진다.[4]

한편 아나키즘은 무질서나 혼란을 부정하지 않는다. 사실 무질서와 혼란이라고 할 때, 그것은 주로 누가 말하는가? 대체로 지배계급이 지배당하는 사람들의 크고 작은 저항에 대해 내뱉는 언급인 경우가 많지 않은가?[5] 그런데도 그들이 바라는 '질서'를 지켜야 하겠는가? A. 카뮈는 말했다. '공화국 시민은 사회 불의보다는 무질서를 택한다'라고.

노자나 장자의 '쓸모없음의 쓸모(無用之用)'를 빗대어 말하자면, 아나키즘은 '무질서의 질서'를 말한다.[6] 〈The Biggest Little Farm〉(미국 LA 외곽 벤투라 카운

4 P. Kropotkin, 1905년 브리태니커 백과사전 11판용 '아나키즘'.

5 물론 허무주의자들이 바라는 무질서도 있다. 하지만 그것은 아나키(anarchy)가 아니라 아노미(anomie)일 뿐이다.

6 아나키즘의 심볼(A와 O의 결합)은'**A**narchy is **O**rder Without Power(아나키는 권력 없는 질서

티의 농장)[7]이나 과테말라의 토속 정원(스콧, 2014/2012: 95~99) 등에서 볼 수 있는 바와 같이, 겉으로는 무질서해 보이지만 거기에는 조화롭고 유연하며 건강한 '질서'가 있다. 아나키즘은 권력이나 권위에 따른 수직적·획일적인 지배와 복종의 질서를 부정할 뿐이다. 수평적·유기적 협력 관계로 이루어진 그런 공생의 질서를 바란다.

아나키즘을 비난하는 자들은 흔히들 아나키스트 = 테러리스트라고 한다. 반제국주의 투쟁, 그리고 특히 두 차례 세계대전 사이 파시즘이 창궐하던 시대의 반파시즘 투쟁 국면에서, 아나키스트들은 극단적인 저항 형태인 테러를 활용하기도 했다. 최근에 아나키스트들은 자본주의적 세계화에 맞서 격렬한 저항을 벌이기도 했다. 하지만 어찌 종교적 근본주의자나 백색(우익) 테러에 견줄 수 있을까? 아나키스트들은 가능하면 아르카디아(Arcadia)에서 살기를 원한다. 자유롭고 소박하며 절제된 공동체적 삶을 바란다. 그렇다고 해서 '고귀한 야만인'으로 돌아가자는 것은 아니다. 다만 '고귀하지 않은 문명인'보다는, 헨리 데이비드 소로(Henry David Thoreau)처럼 '고귀한 자연인'이기를 바랄 뿐이다. 그러나 현실은 그렇지 않기에 우리 사회와 세상이 아르카디아가 되기를, 떠나버린 아스트라이아(Astraea)가 다시 돌아오기를 희망한다.[8]

요컨대 아나키즘은 나라를 전복하자는 운동도 아니고, 반문명 사상도 아니다. 세상을 뒤엎자는 게 아니라, 뒤집힌 세상을 바로 세우자는 것이다. 그리고 아나키스트들은, 스스로 말미암고(自由), 스스로 그러하며(自然), 스스로 주인이 되어(自主) 자기 결정권을 갖는, 그런 삶을 추구한다.

---

다)'의 의미다.

7 무질서하고 복잡해 보이는 농장이지만, 스스로 공생의 생태계를 만들어가는 인간과 자연, 그리고 자연 속의 조화로운 삶 등을 담은 다큐멘터리 영화(2019).

8 아르카디아는 인간이 자연과 조화롭게 공생하며 행복을 누리는 축복과 풍요의 낙원. 아스트라이아는, 탐욕과 살육의 피에 젖은 철의 시대에 지상에 끝까지 머물러 정의를 호소했지만 끝내 방도가 없자 마지막으로 지상을 떠난 처녀신이다. 다시 황금시대가 도래하면 제일 먼저 지상으로 돌아올 것이라고 한다.

### (2) 좌파들의 비판

정통 마르크스주의자 등 좌파들은, 아나키즘이 미래에 대한 망상, 근거 없는 열망, 이상주의라고 비판한다. 아나키즘은 미래의 어떤 사회 모습에 대해 우리가 꿈꾸는 유토피아적 몽상일까?

이런 사례가 있다.

어떤 놀이터가 있다.[9] 거기에는 깨끗한 모래와 자갈이 있고, 목재와 연장 같은 것들이 아무렇게나 널브러져 있다. 아이들은 이것들을 이용하여 마음껏 만들고 부수고 놀 수 있다. 처음에 아이들은 놀기 좋은 장소나 재료를 먼저 차지하려고 싸우기도 했다. 어떤 아이들은 목재나 연장을 몰래 숨겨 놓기도 했다. 그럼 그것을 훔치려고 습격도 하고 패싸움도 했다. 그러나 곧 아이들은 목재와 연장을 공유하는 시스템을 만들었다. 어른들의 중재가 살짝 있기는 했지만, 아이들은 숨기고 싸우고 하는 것이 결코 자기들의 놀이에 도움이 되지 않는다는 사실을 스스로 깨달았다. 윌리엄 골딩(William Golding)의 『파리 대왕(Lord of the Flies)』에 나오는 아이들, 홉스(Thomas Hobbes)의 '만인의 만인에 대한 투쟁'이나 리바이어던(Leviathan) 같은 것은 없었다.

이에 대해 콜린 워드(Colin Ward)는 이렇게 말한다.

> 무정부 상태의 우화 같은 것이요, 자유로운 사회의 축소판이다. 현재는 동면하고 있는, 무정부 상태나 자유로운 사회에서 찾아볼 수 있는 …… 다양성과 자연스러움, 자유로운 협동의 자발적인 성장……을 동반한 곳(스콧, 2014/2012: 106에서 재인용).

우리는 자본주의 질서와 권위주의 양식이 지배적인 사회에 살고 있다. 그렇

---

9 코펜하겐 엠드루프의 '어드벤처 플레이그라운드', 스톡홀름의 '프리타운', 미니애폴리스의 '더 야드', 스위스의 '로빈슨 크루소 놀이터' 등과 같은 놀이터다.

지만 아나키즘 양식은 머릿속 상상/공상이거나 우리에게서 멀리 떨어져 있는 어떤 것이 아니다. 우리의 삶과 일상생활, 우리 주변과 이웃에서 경험하는 삶의 한 양식이다. 잊혀지거나 훼손되고 있을지언정, 그것은 여전히 살아 숨 쉬고 있고 어딘가에서 작동하고 있다.

### (3) 아나키즘이란?

그렇다면 아나키즘이란 무엇인가? 아나키즘이라고 해서 모두 같은 것은 아니지만, 대체로 이런 게 아닐까 한다.

아나키즘의 핵심은 자유다. 일찍이 멀리는 노자와 장자, 그리고 윌리엄 고드윈(William Godwin), 클래런스 대로(Clarence Darrow), 랠프 왈도 에머슨(Ralph Waldo Emerson), 표트르 알렉세예비치 크로포트킨(Pyotr Alekseevich Kropotkin), 프랑수아 라블레(Francois Rabelais), 아나톨 프랑스(Anatole France), 이반 일리치(Ivan Illich) 등에 이르는 근본적(radical) 진보 사상의 정수였던 바로 그 **자유** 말이다. 이를 위해 ① 국가, 자본, 종교, 가부장제 등 모든 권력적 위계(hierarchy)에 의한 지배-복종 관계를 부정하고(**불복종·불순응**), ② 이러한 관계와 구조를 타파하기 위해 저항하며(**저항**), ③ 자신과 공동체의 공생적 발전을 도모한다. 다시 말하면 더불어 함께 자유로운 삶과 생명을 추구하는, 그런 사상이며 실천 방식이고 과정이다.

그래서 아나키즘은 인간을 인간답게 살기 어렵게 만드는 자본과 국가 권력 등 모든 권력과 전체주의에 저항하며, 그들이 만들어내는 온갖 조직과 기관, 시스템, 각종 이데올로기 등에 의한 착취와 억압과 구속으로부터 인간이 해방되어야 함을 역설하는 것이다.

(4) 아나키즘은 어떤 사회를 바라는가?

아나키즘은 인간의 자유와 자발성에 기초하고 상호성에 기반한 협동과 호혜적인 관계로 이루어진 사회를 바란다. 네덜란드 녹색운동의 선구자들인 카바우터스(Kabouters: 1970년대 네덜란드의 아나키스트 그룹) 중 한 사람인 룰 판 다윈(Roel van Duyn)은 아나키즘이 지향하는 사회를 다음과 같이 말한 바 있다.

> 우리의 머릿속 삶은 기회의 평등, 다양한 전문화, 자유로운 소통과 적절한 자제, 간섭 없는 자유에 따른다. …… 자유롭고 평등하게 교류하면서 자신들의 생산수단과 표현 수단을 통제할 수 있고 또 그렇게 한다(워드, 2019/2004: 133~134).

아나키즘이 지향하는 새로운 사회를 뭐라고 불러도 상관없다. 설령 사회주의라 불러도 괜찮다. 단, 그 사회주의는 에리히 프롬(Erich Fromm)이 말한 그런 사회주의여야 한다. 즉,

> 사회주의의 목적은 인간 해방이었다. …… 사회주의의 목적은 인간이 자신을 묶은 속박과 비현실과 허구를 벗어버리고, 느끼고 사랑할 수 있는 자신의 힘을 사용해 스스로를 재창조할 수 있는 존재가 되게 하는 것이었다(프롬, 2020/1981: 73).

어떤 사람들은, 아나키즘이 충분히 작고 격리된 마을 수준, 즉 노자가 말하는 소국과민(小國寡民)의 세계에나 적합하다고 한다. 그러나 그렇지 않다. 아나키즘은, 자본주의와 함께 등장한 중앙집권적 국민국가(nation state)가 아닌, 탈중심화·지역화에 기반한 자주적이고 민주적인 공동체 간의 자발적 연대/연합을 중시한다. 19세기 말 파리 코뮌은 '프랑스 인민을 위한 선언'(1871년 4월)에서 다음과 같이 말했다.

코뮌의 절대적 자율성은 프랑스의 모든 지역으로 확장되어, 그 모든 지역에 완전한 권리를 부여하며, 모든 프랑스 남성[10]이 한 사람의 인간으로서, 시민으로서, 노동자로서 그의 능력을 충분히 발휘할 수 있도록 할 것이다. 코뮌의 자율성은 오직 이 계약에 충실한 모든 다른 코뮌이 동등한 자율성을 갖는다는 것만을 규정할 것이다. 코뮌들의 연합은 프랑스의 자유를 보장해야만 한다.

### 2) 아나르코 반자본주의

아나키즘이라 해도 모두 같은 것은 아니다. 자본주의를 바라보는 시각, 국가권력에 대한 입장, 정치적 이념이나 실천 방식 등에 따라, 좌파에서 우파까지 스펙트럼이 매우 넓다. 그만큼 다양한 분파들이 있다. 아나르코 코뮤니즘(Anarcho-Communism), 집산주의적 아나키즘(Collectivist anarchism), 아나르코 생디칼리즘(Anarcho-Syndicalism), 개인주의적 아나키즘(Individualist anarchism), 자유 지상주의(Libertarianism) 등이다. 최근에는 그린 아나키즘(Green anarchism)이나 아나르카 페미니즘(Anarcha Feminism) 등도 세력을 구축하고 있다.

나는 우리 시대의 모순을 해결하고 새로운 사회로 나아가기 위한 방편으로 좌파 아나키즘, 굳이 이름 붙이자면 '아나르코 반자본주의'를 생각한다.

왜 반자본주의여야 하는가? 오늘날 위기의 근본 원인이 자본주의 자체에 있기 때문이다. 많은 사람이 현재 당면하는 위기의 원인을 지난 30여 년간 지배적이었던 신자유주의에서 찾곤 한다. 물론 개인주의, 민영화와 규제 완화, 시장 자유화, 세계화, 그리고 주주 중심의 자본주의 등과 같은 풍조와 정책이 위기를 심화·확대하고, 우리 사회와 삶을 위태롭게 만든 것은 사실이다. 그러나 당면한 위기는 어떤 특수한 자본주의 유형이나 정책 때문이 아니다. 더욱이 자본주의의 부작용 혹은 오작동에 의한 것도 아니다. 그것은 오히려 자본주의가

10 여성 등 남성 이외의 성(性)이 빠진 것은 당시의 역사적 제약 때문이다.

제대로 작용·작동한 결과다. 즉 자본주의의 본래 특성, 즉 '상품을 위한, 상품에 의한, 상품의 생산', (화폐 형태의) 교환가치 중심, 이윤 증식과 이를 위한 착취와 수탈·약탈 체제, 그리고 물신주의(fetishism) 등에 의한 것이다.

예를 들어보자. 자본주의의 끊임없는 시장 확대 욕구는 생태적으로나 환경적으로 생존·지속 가능한 사회와 양립할 수 없다. 마르크스(Karl Marx)는 자본주의의 종말과 관련하여 이윤율의 (경향적) 저하에 특별한 지위를 부여했다. 그것을 상쇄하기 위해 자본은 이윤 총량 증대(= 성장)를 도모한다. 끊임없는 시장 확대와 대량 생산 체제가 필요하고, 이는 대량의 에너지와 자원의 낭비, '소비를 위한 소비'로 이어진다. 결국 생태 환경을 붕괴시킨다.[11]

또 중앙집권적 국민국가와 관료 기구에 기반을 두고서 생태적으로 생존·지속 가능한 경제를 기대할 수 있겠는가? 지금까지의 경험으로 보면 어불성설이다. 오히려 공동체의 직접민주주의, 인본주의적이고 해방적인 기술 그리고 분권화가 생존·지속 가능한 경제를 가능하게 할 수 있다. 반자본주의적 아나키즘 사회가 실현되어야 하는 이유다.

오늘날 아나키즘이 더 중요한 것은, 그것이 파시즘 권력뿐만 아니라 우리 시대 파시즘성을 이겨낼 수 있는 방편이기 때문이다.

자본주의 사회에서 인간 그 자체는 없다. 자본에게 인간은 이윤을 낳고 실현해주는 인적 자본(human capital)이나 소비자일 뿐이며, 정치권력에게 인간은 유권자일 뿐이다. 또 기업과 국가의 관료주의적 체제 아래에서 인간은 기계적 프로세스나 시스템에 부속된 구성 요소이며 도구일 뿐이다. 그것은 인간의 자

---

11 그런 점에서도 인류세(Anthropocene)가 아니라 자본세(Capitalocene)라고 해야 마땅하다. 또한 '녹색 자본주의', '지속 가능한 자본주의 발전' 등은 모두 형용모순이다. 이들은 마치 이상적인(?) 자본주의 상(像)이 있는 듯한 착각을 일으킨다. 자본주의는 미래가 마치 자기 것인 양하지만, 전혀 그렇지 않다. 자본주의는 결코 자연스러운 것도, 지속 가능한 것도 아니다. 다른 모든 것을 먹어 치우고 끝내 제 살마저 먹어버리는 그리스 신화의 에리시크톤(Erysichthon)처럼 자기 성장과 파괴의 동력을 내부에 지니고 있다(자본주의의 자기 파괴성). Musto(2020) 참조.

율성과 자발성을 극도로 부정하는 파시즘 체제에서 더 적나라하게 드러난다. 그들에게 인간은 복종과 동원의 대상일 뿐이다.

아나키즘은 인간을 포함한 모든 생명의 존엄성과 인간의 자율성, 협력과 연대를 중시한다. 여기에, 오늘날 온갖 부정의와 부조리들, 생태 환경의 파괴, 경제적 불평등 심화와 그에 따른 인간답게 살 권리의 박탈, 성차별/인종 차별/이성애 중심주의와 동성애 차별과 같은 다양한 형태의 차별과 혐오, 남성 중심, 억압과 배제, 극단적 개인주의(이기주의), 그리고 무엇보다 이러한 것들을 기반으로 하는 파시즘 권력이나 파시즘성이 설 자리가 있겠는가?

또한 아나키즘은 권위주의, 전체주의, 국가주의, 민족주의(국수주의) 등에 격렬하게 저항한다. 그런데 이것들은 다름 아닌 파시즘이 추구하는 바다. 아나키즘이 결코 파시즘을 용인할 수 없는 이유다.

### 3) 계속되어야 하는 일상의 혁명들

아나키즘은 (언젠가는 올/와야 할) 먼 혁명, 폭발적인 혁명, 위로부터의 혁명을 기다리지 않는다.[12] 지금 여기서 일상생활을 재창조하려 한다. 그럼으로써 권력관계를 변화시키고, 사회를 바꾸고자 한다. 아나키즘은 (어떤 결과가 아니라) 그 과정이며, 지속적인 실천이다. 일상생활의 재창조라는 관점에서 몇 가지 실천의 예를 들어보자.

---

12 아나키즘은 "…… 성공으로 끝난 모든 주요 혁명은 혁명에 의해 전복된 국가보다 더 강력한 국가, 애초에 자기네가 섬기려고 했던 사람들에게서 더 많은 자원을 수탈하고 그들을 더 강하게 통제하고 관리할 수 있는 국가를 만들어내는 결과를 빚어냈다"(Scott, 2012: 8)고 생각한다. 그렇지만 아나키즘이 프롤레타리아 계급 혁명과 완전히 배치되는 것은 아니다. 다만 아나키즘은 위로부터의 혁명과 (비록 과도기라 하더라도) 프롤레타리아 계급 독재가 아닌, 아래로부터의 혁명과 무계급 사회를 주장한다. 기 드보르(Guy Debord)는 스페인의 아나키스트 운동을 "하나의 사회혁명을 이끌어, 여태껏 구현된 프롤레타리아 혁명의 가장 선진적인 모델"을 제시했다고 평가한 바 있다.

### (1) 선을 넘어라: 불복종, 불순응 실천

불복종과 불순응은 아나키즘의 중요한 가치다. 불복종과 불순응은 자유의 조건이기 때문이다(그 역도 성립한다). 또 저들의 지배와 권력은 우리의 복종과 순응에 의존하기 때문이다. 물론 맹목적이거나 반항적인 불복종과 불순응을 말하는 것은 아니다. 아나키즘의 실천은 자유를 구속하고 제한하는 억압 기제와 비합리적인 제도에 복종하거나 순응하지 않는 것이다. 프롬은 "만약 어떤 사회적, 정치적, 종교적 시스템이 자유를 주장하면서 불복종을 억압한다면, 그것은 진실을 말하는 것일 수 없다"(프롬, 2020/1981: 18)고 했다.

프로메테우스가 제우스를 비롯한 올림포스 신들에게 그랬던 것처럼,[13] 순응과 복종의 선을 넘어야 한다. 도대체 선은 누가 그었는가? 선은, 선을 그은 자들에 의해서가 아니라, 선을 넘는 자들에 의해 확장된다. 실제로 제도와 구조의 변화는 기존 질서에 대한 도전, 즉 '선을 넘는 것'에 의해 이루어진다. 예컨대 20세기 전반 대공황이라는 경제적 비상사태가 정치적으로나 사회적으로 중요시된 것은, 소득과 실업에 관한 통계가 아니었다. 오히려 과격 파업, 약탈, 임대료 보이콧, 구제기관에 대한 공격, 폭동 등 선을 넘는 행동들이 있었기 때문이었다. 서구 등지에서 전개되고 있는 마리화나 합법화나 동성결혼 법제화 등도 마찬가지다. 이런 법적 승리들은 법을 어길 능력과 행동이 없었다면 불가능했을 것이다. 이처럼 자본과 국가가 어쩔 수 없이 양보하는 경우는, 법률 위반과 질서 교란 등 기존 제도에 대한 아래로부터의 대대적인 저항이 있을 때뿐이다(스콧, 2014/2012: 53). 사회가 진보해 왔다면, 그 진보는 그렇게 이루어져 왔다.

한편 아나키즘은, 합법성(legality)보다 정당성(legitimacy)을 먼저 생각한다. 예를 들어 국가의 법과 인본주의의 법칙이 모순될 때, 어떻게 해야 하는가? 20세기 대표적 지성인 버트런드 러셀(Bertrand Russell)은 마땅히 인본주의의 법칙

---

13 프로메테우스는 "신들의 고분고분한 종이 되느니 이 바위에 사슬로 묶여 있겠다"라고 했다.

을 택해야 함을 보여주었다. 아나키즘은, '악법도 법'이라는 소크라테스보다는 섭정 크레온(Creon)의 명령(법)을 어기고 오빠 폴리네이케스(Polyneices)의 시신을 수습한 오이디푸스(Oedipus)의 딸 안티고네(Antigone)에게 박수를 보낸다.

### (2) 사유에서 공유(共有)로: 아나키즘 영역·요소의 확대·강화

자본주의 이래 개인과 공동체의 독자적이고 자기 조직화하는 힘은 약화되어 왔다. 자본주의 상품경제와 그것을 지탱하는 상부구조인 국가의 존재와 권력 때문이다. 자본과 국가가 사람들 간의 상호관계와 비공식적인 협조 및 조정에 의해 이루어져 왔던 많은 기능을 대체한 것이다. 하지만 그래서 아나키즘 영역·요소는 사라졌는가? 아니다! 많은 부분이 파괴되었지만, 자본주의 질서 내에 여전히 꿋꿋하게 살아 있다.

우리 시대의 아나키즘은, 바로 이 아나키즘 영역·요소를 확대·강화하는 것이어야 한다. 아나키즘 영역·요소는 자본주의 부문 밖에만 있는 것이 아니라, 자본주의 부문 내에도 엄연히 존재한다. 예를 들면 가장 자본주의적이라 할 수 있는 거대기업이나 정부 부문에도 있다. 자본주의 질서 내에 포섭되어 있지만 반자본주의적인 생산양식 내지 사회 형태인 아나키즘 영역·요소는, (특정한 환경에서) 반자본주의적 투쟁을 선도하거나 자원을 제공할 수 있다. 또 새로운 사회의 토대로서 자본주의의 무덤 위에 우뚝 설 수 있다.[14]

아나키즘 영역·요소를 확대·강화하는 하나의 방안은 commons(공유재 혹은

---

14 가치비판론자인 야페(Anselm Jappe)는 이른바 비상품 영역은 새로운 사회의 토대로 될 수 없다고 본다. "…… 비상품화 영역은 …… 상품의 화려한 세계를 위해 봉사해야만 하는 필연성 때문에 존재하는 영역에 불과하다. 이런 의미에서 비상품 영역은 가치의 대항물이 아니라 오히려 그 전제다. 그리하여 가치의 영역과 비(非)가치 영역은 함께 가치 사회, 즉 자본주의 상품 사회를 형성한다"(Jappe, 2017: 173)라고 하며, 이런 관점에 부정적이다. 이론적/실천적 타당성 여부에 관한 논쟁과 경험들이 요구된다.

공유자산)의 보전·확대다. commons란 모든 인간이 획득·사용할 수 있으며 또 그래야 하는 자연·문화 자원을 말하며, commoning은 commons 관리를 위해 필요한 상호부조, 갈등 중재, 소통, 협상, 실험 등의 제반 행동을 말한다. 그런데 현실에서는, 갯벌과 같은 자연자원의 파괴나 이른바 국유·공유자산의 매각 같은 일들이 아무렇지도 않게 벌어지고 있다.[15] 마치 정부 및 공공 기관의 '사적 소유'인 양 취급된다. 대개는 자본의 가치 증식을 위한 수단으로 활용된다. 생태 환경의 파괴는 물론 경제·사회적 불평등을 심화시키는 결과를 초래한다. 우리는 이러한 commons를 사유화하거나 상품화하는 모든 행위에 대해 반대하고 저항해야 한다. 그러한 반엔클로저 운동 나아가 역엔클로저 운동[16]과 commoning을 적극적으로 실천함으로써 공생의 영역을 확장하고, 그럼으로써 자본주의를 넘어선 새로운 사회를 아래로부터 구축해갈 수 있다. 그리고 자신이 속한 조직에 공동체적 내지 아나키즘적 영역과 요소를 확장하는 데 주의를 기울일 필요가 있다.

(3) 소박하고 절제된 공생의 삶: 성장주의 및 소비주의 배격

(GDP) 성장주의, 그리고 특히 자본에 의해 강요당하는 소비주의에 저항해야 한다.

자본주의에서 생산은 인간의 필요와는 무관한, 완전히 잘못된 방향으로 이루어지고 있다. 인간의 필요를 충족하기 위해 어떤 물건을 어떤 방법으로 생산할 것인가는 무시되고, 상품의 교환가치(가격)가 얼마나 되고 얼마만큼의 이윤

15 다큐멘터리 영화 〈수라〉(Sura: A Love Song, 2023)는 그러한 '사업(새만금 간척 사업)'을 둘러싼 인간과 인간, 인간과 자연의 관계가 파괴되는 모습을 잘 보여준다. 그것은 토건 자본과 정치권력에 이익을 주었을지언정, 환경은 물론 경제적으로도 재앙일 뿐인 현재진행형 '사업'이다.

16 엔클로저가 공유를 사유로 전환한 것이라면, 반엔클로저는 그 전환에 저항하는 것이며, 역엔클로저는 사유를 공유로 전환하는 것이다.

을 낳느냐만 중시된다. 속도와 수량에만 집착한다. 그리고 자본은 인간의 욕구를 끝없이 자극하여 소비주의를 부추긴다. 공멸의 길로 이끄는 것이다. 우리는 인간의 필요 충족에 우선순위를 두는 사회로 나아가야 한다. 기업과 산업의 민주화를 통해 생산을 다시 조직하고, 일상생활 수준에서 자본이 강요하는 소비주의에 대해 저항해야 하는 이유다.

이는 최근 많이 논의되고 있는 탈성장 코뮤니즘과 맥을 같이한다(사이토 고헤이, 2019; 2020). 탈성장 코뮤니즘은, 더 많이 생산하는 것을 최고로 여기는 소비주의적 풍요 대신 사용가치를 더 중시하는 근본적 풍요가 실현되는 사회, 상호부조의 자치에 기초해 지구 전체를 commons로 삼아 다 함께 민주적으로 관리하는 사회를 지향한다.

더불어 소박하고 절제된 공동체적인 공생의 삶을 위해, 탄소발자국 줄이기 운동, 비거니즘/동물권 보호 운동 등에도 적극적으로 참여할 필요가 있다.

## 3. 더 나은 시대를 향해

> 우리가 해야 할 일은 우리에게 단 하나뿐인 이 지상에서의 삶을 살 만한 것으로 만드는 것이다.
>
> — 조지 오웰

우리 시대의 각종 경제·사회적 위기, 그리고 파시즘을 단번에 해소할 수 있는 Deus(Dea) ex Machina[17] 혹은 고르디우스 매듭(Gordian Knot)을 끊어버린 알렉산더의 칼 같은 것이 있을까? 역사에 그런 것은 없다. 아래로부터의 지속

17 '기계로 구성된 신'이라는 뜻. 고대 그리스 희곡에서 마지막에 모든 갈등과 모순을 급작스럽게 해결하는 장치. Deus는 남신, Dea는 여신이다.

적인 저항이 있을 뿐이다.

근대 이후 유럽의 부르주아 혁명 혹은 반부르주아 투쟁, 러시아 혁명, 그리고 식민지의 반제국주의 투쟁, 특히 스페인의 경우에서 볼 수 있는 바와 같이 20세기 전반기의 반파시즘 투쟁에서 아나키즘은 중대한 역할을 하였다. 물론 아나키즘이 지향하는 자유롭고 평화로운 사회는커녕, (자본주의든 사회주의든) 다시 지배와 복종의 사회로 되돌아가긴 했지만 말이다. 그럼에도 불구하고 아나키즘의 정신과 행동들은 세계 곳곳에 여전히 살아 있다. 우리 시대는 다시 그 정신과 행동들이 확산하고 타오를 것을 필요로 한다.

아나키즘은 현재의 자본주의 경제·사회 질서와 파시즘적 정치 질서에 대한 저항만을 주장하는 것은 아니다. 그것은 민주적이고 자유로운 삶(의 재생산)을 추구하는 21세기 새로운 시대정신이기도 하다. 즉 좋은 삶·생활(Buen Vivir), 자율적 공생(conviviality)을 가능하게 하는 생명과 자유, 협력과 공생의 가치가 존중되는 가치관, 세계관이다.[18]

시대정신을 바꾸는 과정이 곧 천명을 바꾸는 혁명이다. 한국의 경우 지난 50여 년을 돌이켜 보면, 산업화와 민주화 과정을 거쳤다고 하지만, 과연 시대정신의 혁명적 변화가 있었는가? 아니라고 본다. 지배적 담론으로서의 성장 이데올로기(성장, 효율성, 합리성, 개인의 선택, 소극적 자유, 능력주의 등등), 차별과 혐오, 억압과 배제 등은 계속되어 왔고, 지금 더욱 강화되고 있다. 그 속에서도, 우리가 비록 아나키즘이라 부르지는 않았지만, 아나키즘적 요소와 특징들은 면면히 이어져 왔다. 그런 것들을 되살리고 확산하는 것이 곧 시대정신을 바꾸는 과정이다.

우리는 우리뿐 아니라 전 지구와 인류의 미래에 오래도록 영향을 미칠 선택

---

18 Buen Vivir는 '공동체 안에서 긴밀한 관계를 통해 이루는 삶'('생명과 역사, 어머니 대자연, 우주의 주기와 조화를 이루며 영원한 경의에 둘러싸인 모든 형태의 존재와 균형을 이루며 살아갈 줄 아는, 풍요로움 속에서 사는 삶')을, conviviality는 프롬이 '인본적 급진주의(humanist radicalism)'라 칭했던 이반 일리치의 개념으로 절제의 사회 혹은 자율적 공생 등을 뜻한다. Illich(1991) 참조.

의 갈림길에 서 있다. 미래 세대에게 어떤 세상을 넘겨줄 것인가, 어떤 사람들에게 이 세계를 넘겨줄 것인가에 대해 고민하지 않으면 안 된다. '위기의 시대'는 '전환의 시대'다. 우리 시대가 요구하는 '전환'은, 기존 질서와 시대정신을 허물고 새롭고 더 나은 질서와 시대정신을 세우는, '코페르니쿠스적 전환(Kopernikanische Wendung)'이다.

그런 전환은, 반자본주의적 저항은 물론, 이 시대와 기존 질서에 도전하고 저항하는 모든 진보적 운동을 열린 마음으로 응원하고 자발적으로 참여하며 적극적으로 실천함으로써 가능할 것이다. 그 모든 것들이, 자유의 폭을 넓히고 깊이를 더한다는 점에서 아나키즘적 실천이라 하겠다.

생각하지 않으면 멍청해지고, 걷지 않으면 걷기 어려워진다. 누가 그랬듯이 뭐라도 하지 않으면 아무것도 변하지 않는다. 노자는 천리 길도 발아래에서 시작한다고 했고, 장자는 우리는 걸음으로써 길을 만든다고 했다. 지금이야말로 우리 안에 숨어 있는 아나키즘성, 우리의 일상생활과 주변에 있는 아나키즘 영역/요소 들을 일깨워 드러내고 북돋울 때가 아닐까? 그것이 지금 이 현실에 맞서 싸우고, 미래의 편에 서는 일이다.

## 4. 덧붙임

아나키즘에 관해 생각하다 문득 학현 선생님이 떠올랐다. 선생님의 삶에서 아나키스트의 면들을 많이 볼 수 있었다. 선생님께 아나키스트시냐고 여쭈어 보면 '아니야!'라고 하셨겠지만, 내가 본 선생님의 모습은 그랬다.

먼저 연구. 선생님은 「인간의 필요에 관한 연구, 그리고 그것을 만족시킬 수 있는 경제적 수단에 관한 연구」(P. 크로포트킨), 「분배의 문제」처럼 인간의 자유와 행복의 '발전'에 관한 연구에 관심을 가지셨다.

…… 경제는 오로지 수량만을 의미합니다. …… 중요한 건 돈뿐입니다. …… 만일 경제적 유용성이 우리 사회가 내리는 결정을 평가할 유일한 척도가 된다면 우리를 과잉에 휘둘리게 된다는 것을 이해하시겠습니까?(리멘, 2020/2018: 124).

선생님은 항상 인간과 인간의 삶을 중심에 두고, 교환가치보다는 사용가치를, '무엇이 더 싼가?' 혹은 '무엇이 더 많은 돈을 벌게 해주는가?'보다는 '무엇이 더 올바른가?'를 중시하셨다.

중국의 루쉰(魯迅)은 '누구를 위해 쓰는가?' 라고 물었고, 프랑스의 장 세노(Jean Chesneaux)는 '역사는 누구를 위한 것인가?'라고 물었다. 선생님도 항상 '경제학은 누구를 위한 학문이어야 하는가?'라는 질문과 그 답을 가지고 계셨다.

둘째, 생활. 선생님은 어떤 권위에도 굴복하지 않는 꼿꼿한 태도를 견지하면서, 소박하고 절제된 삶을 영위하셨다.

셋째, 행동과 실천. 선생님은 가능한 대로 직접적 참여와 행동을 통해 사회적/정치적 불의와 부조리, 반민주에 대해 열성적으로 저항하셨다.

볼테르는 "광신자들이 열성을 부리는 것도 수치스러운 일이지만, 지혜를 가진 사람이 열성을 보이지 않는 것 또한 수치스러운 일이다"라고 했다. 볼테르에게조차 부끄럽지 않은 선생님이셨다.

선생님은 우리 시대의 사람들, 진정한 살아 있는 사람들이 무엇을 말하고자 하는지, 무엇을 말하고 있는지, 무엇을 원하는지를 들으려 하셨다. 그리고 당신의 활동이 무엇을 의미하는지, 누구의 이익을 대변하는지 항상 진지하게 생각하셨다.

민중의 구체적 요구로부터 '안전거리'를 확보한 채 끊임없이 이론적 구호를 떠들어 대거나 학술적 참고서적을 들추고 있는 탁상공론적 학자와 지식인들의 교조적이고 속물적인 태도에서 비켜나 계셨다.

선생님은 아나키스트가 아니었지만, 당신의 연구, 생활, 행동 등 많은 면에서 아나키스트의 삶과 연결되어 있었다. 돌이켜 보면 내게는 그렇게 보인다.

## 참고문헌

≪경향신문≫. 2023.6.13. "파텔 교수 " '자본세' 저물면 파시즘 대두할 수도…'돌봄 혁명' 위해 기본소득 고민해봐야"."

사이토 고헤이(斎藤幸平). 2019. 『마르크스의 생태사회주의』. 두번째테제.

크로포트킨, 표토르(Pyotr Kropotkin). 1898. "아나키의 철학과 이상." 아나키스트 도서관(theanarchist library.org).

斎藤幸平. 2020. 『人新世の「資本論」』〔김영현 옮김. 『지속 불가능 자본주의: 기후 위기 시대의 자본론』, 다다서재. 2021〕.

Camus, Albert. 1947. *La Peste*〔변광배 옮김. 『페스트』. 미르북컨퍼니. 2023〕.

Chesneaux, Jean. 1975. *Du Passe, Faisons Table Rase?(What is history for?)*〔주진오 옮김. 『역사는 누구를 위한 것인가?』. 포북. 2023〕.

Davis, Mike. 2018. *Old Gods, New Enigmas*〔안민석 옮김. 『인류세 시대의 맑스』. 창비. 2020〕.

Fraser, Nancy. 2022. *Cannibal Capitalism*〔장석준 옮김. 『좌파의 길』. 서해문집. 2023〕.

Fromm, Erich. 1981. *On Disobedience: Why Freedom Means Saying 'NO' to Power*〔김승진 옮김, 『불복종에 관하여』. 마농지. 2020〕.

Gerbaudo, Paolo. 2021. *The Great Recoil-Politics After Populism and Pandemic*〔남상백 옮김. 『거대한 반격-포퓰리즘과 팬데믹 이후의 정치』. 다른 백년. 2022〕.

Illich, Ivan. 1991. *Celebration of Awareness*〔허택 옮김. 『깨달음의 혁명』. 사월의 책. 2018〕.

_____. 1992. *In the Mirror of the Past: Lectures and Addresses. 1978-1990*〔권루시안 옮김. 『과거의 거울에 비추어』. 느린 걸음. 2013〕.

Jappe, Anselm. 2017. *On the Decomposition of Capitalism and Its Critics, The writing on the Wall*〔강수돌 옮김. 『파국이 온다』. 천년의 상상. 2021〕.

Musto, Marcello(ed.). 2020. *The Marx Revival: Key Concepts and New Interpretations*〔정구현·조영태·정성진 옮김. 『마르크스의 부활』. 한울. 2022〕.

Rieman, Rob. 2018. *To Fight Against This Age*〔조은혜 옮김. 『이 시대와 맞서 싸우기 위해』. 오월의 봄. 2020〕.

Scott, James C. 2012. *Two Cheers for Anarchism*〔김훈 옮김. 『우리는 모두 아나키스트다』. 여름 언덕. 2014〕.

Solnit, Rebecca. 2021. *Orwell's Roses*〔최애리 옮김. 『오웰의 장미』. 반비. 2022〕.

Ward, Colin. 2004. *Anarchism: A Very Short Introduction*. First Edition〔김성국 옮김. 『아나키즘이란 무엇인가』. 이학사. 2019〕.

제5장

# 학현 변형윤, 한국 사회생태 경제학의 선구자*

이병천 | 강원대학교 명예교수

## 1. 문제의 제기

학현 변형윤 선생(이하 학현으로 줄임)은 이제 고인이 된 한국의 대표적 제도학파 진보경제학자다. 아호 그대로 일생동안 쉼 없이 배움의 언덕길을 오르며 성장지상주의 너머의 길을 열고자 한 그의 경제학 세계는 방대하고 폭넓다. 성장제일주의와 격투한 그의 경제학은 '차가운 머리와 따뜻한 마음의 경제학' 또는 더불어 잘 사는 '인간중심 경제학'이라 불린다.[1] 그런데 학현경제학에는 그간 다소 덜 주목받은 또 다른 면모가 있다. 그것은 다름 아니라 학현의 더불어 사는 인간을 위한 경제학이 동시에 물질적 풍요를 넘어 인간과 환경의 공존을 추구하는 경제학, 다시 말해 인간과 인간간의 사회·경제 정의와 성장의 한계를 넘어서는 환경친화적 발전을 통합적으로 추구한 경제학이라는 부분이다. 학현경제학의 이 같은 성격과 지향은 사회생태적 경제학이라 부를 만한 것이다.

사회생태 경제학(Social ecological economics: SEE)은 인간의 경제가 사회와 생

* 이 글은 ≪사회경제평론≫(2023년, 72호)에 기고된 논문을 약간 수정·보완한 것이다

1 학현의 한국경제론을 포괄적으로 다룬 글로는 이병천(2023)을 참고할 것.

태계에 이중적으로 뿌리내리고 있다(embedded)고 파악한다(Gowdy and Erickson, 2005; Spash, 2017; Spash and Guisan, 2021; Solomon, 2023). 주류 효율·성장중심 경제학과 사유방향을 달리하여, 인간과 인간이 상호의존하고 인간과 자연이 공존하는 일연의 제도적 조정양식을 통해 구성원의 다면적 욕구충족을 위한 물질적 수단을 조달하는 것(social provisioning)이 좋은 경제라 보며 이 관점에서 시장자본주의 체제의 모순을 비판하고 사회생태적 대안경제를 모색한다. 학현경제학에는 비록 체계적이지는 않다 해도 이 사회생태 경제학의 요소가 내재되어 있다.[2] 이와 관련해 나는 이전에 쓴 글에 다음과 같이 지적한 바 있다.

> 학현은 경제사상 일반에서나 한국경제론에서나 일관되게 고도성장의 풍요가 오히려 인간의 빈곤과 저발전을, 경제대국 또는 부국강병이 생활빈국을 초래하는 역설을 낳을 수 있음을 일깨우고 비판해 왔다. 따라서 우리는 학현의 경제학이 과잉성장, 과시·모방 소비와 불평등의 경제학에 의해 밀려난 인간 발전 또는 인간 진보의 경제학 그리고 인간과 환경의 공생, 도시와 농촌 공생 즉 도농불이 경제학의 지향을 갖고 있음을 주목해야 할 것이다. …… 학현 진보경제학은 녹색 제도·진화주의의 지향을 갖고 있다(이병천, 2009: 97).

이 글은 위에서 말하고 있는 학현경제학의 새로운 사회생태 경제학적 면모에 대해 더 구체적으로 살펴보고자 한다. 본론의 2절에서는 학현경제학을 떠받

---

2 한국 사회생태 경제학의 대표적 연구성과로서 학현 이전 연구로는 박현채(1972)와 유인호(1973), 이후의 연구는 조영탁(1997; 2004; 2013)이 중요하다. 박현채는 자본주의 고성장 체제가 자원낭비를 제도화하고 외부불경제를 누적시켜 공해를 가속화하는 모순을 비판했다. 그러면서 생산수단 활용이 생존권과 환경권을 포괄하는 시민적 최저기준('시빌 미니멈')을 충족시키도록 통제되어야 한다고 보았다. 유인호 또한 유사하게 공해문제를 다루면서 시빌 미니멈 관점에서 환경과 조화를 이룬 성장, 환경오염을 최소화하는 공업화를 제안했다. 조영탁은 인간경제에서 에너지와 물질의 흐름, 즉 사회적 물질대사 차원을 본격적으로 논의했다. 그러면서 '관류 혁신(throughput innovation)'에 기초한 지속가능한 발전과 '생태적 뉴딜' 대안을 제시했다.

치는 핵심어로 현실, 제도, 인간, 환경의 네 가지를 제시하고 사회생태 경제학자로서 학현의 면모가 『학현 변형윤전집』에서조차 잘 드러나지 않고 있음을 지적한다. 3절에서는 성장·소비주의에 대한 학현의 사회생태적 비판을 분배적 불평등과 불공정, 자연적·사회적 환경파괴, 기업주권 아래 소비자욕망과 소비사회가 창조되고 과잉성장체제를 작동하게 만드는 의존효과와 전시효과, 경제성장과 경제발전의 구분 등 네 가지로 정리하고 발전에 대한 학현의 대안적 사고를 제시한다. 4절에서는 학현 사회생태 경제학의 사상적 원천 또는 원류로서 뮈르달(K. G. Myrdal), 갤브레이스(J. K. Galbraith), 마셜(A. Marshall)에 대해 살펴본다. 5절에서는 이 글의 내용을 간단히 요약하고 학현이 남긴 유산과 과제에 대해 지적한다.

## 2. 학현경제학의 핵심어: 현실, 제도, 인간 그리고 환경

『학현 변형윤전집』이 출간된 것은 2012년의 일이다.[3] 전체 9권으로 구성된 이 전집은 제1권 경제사상과 경제철학, 제2권 경제학이론, 제3권 한국의 경제개발계획, 제4권 한국 경제발전의 역사, 제5권 한국의 산업구조, 제6권 한국의 대외경제정책, 제7권 경제정의와 경제민주화, 제8권 학현수상집, 제9권 삶의 발자취로 편제되어 있다. 경제사상과 경제학이론의 연구가 두 권, 한국경제의 분석과 대안에 대한 연구가 다섯 권이나 된다. 그런데 경제정의와 경제민주화가 주제인 제7권도 구체적인 연구 대상은 한국경제이며, 심지어 제1권 경제사상과 경제철학에서도 4편의 경우 '한국의 경제학과 경제교육'을 주제로 다루고 있다. 여기에 학현경제학의 고유한 지향이 잘 니다난다. 선집 간행위원장을 맡

3 학현 전집의 발간은 2009년 9월 한국사회경제학회, 한국경제발전학회, 서울사회경제연구소 3개 연구단체가 공동주최한 학술대회에서 제안된 바 있다(강철규, 2012: 9).

은 강철규는 발간사에서 이렇게 말하고 있다.

> 학현 선생은 일찍이 '한국경제의 현실과 밀착된 한국적 경제학의 정립'을 자신의 경제학 연구의 목표라고 밝힌 바 있다. 선생은 늘 경제학을 추상적인 이론의 틀에 가두어 두지 않고, 우리 현실에 바탕을 둔 연구이자, 곧 인간에 관한 연구로 승화시키고자 노력하였다. …… 선생은 인간을 모든 가치의 중심에 놓은 '인간중심의 가치'에 기초해서 한국경제의 발전 방향을 제시하고 한국경제를 분석하였다. 그러한 점에서 선생은 경제학을 실증과학의 범주에서 도덕과학의 범주로까지 끌어올리고 있다고 할 수 있다.…… 선생의 저서에 명시적 또는 묵시적으로 전제되어 있는 경제발전의 가치는 첫째 평등과 분배의 정의, 둘째 균형적 경제발전, 셋째 자립경제 등이다. 또한 이 세 가지 가치가 실현되는 과정을 경제민주화로 파악하고 있다(강철규, 2012: 7~8).

앞선 외국이론을 잘 수용하되 언제나 한국의 전통과 현실에 부합되는 경제학을 정립해 나가야 한다는 것, '인간과 현실'이 경제연구의 궁극적 목적이 되어야 한다는 것이 '경제학을 실증과학의 범주에서 도덕과학의 범주로까지 끌어올린' 학현경제학의 근본 지향이었다. 이와 관련하여 빠트릴 수 없는 또 한 가지 학현경제학의 기둥이 있는데 그것은 제도다. 인간과 현실, 역사적 삶에서 제도적 매개는 필수적이다. 그리고 그 제도형태를 둘러싸고는 갈등과 대립 그리고 다양한 조정양식이 출현하고 진화하기 마련이다. 학현은 이렇게 말한다.

> 어떠한 시점의 어느 사회에서나 인간의 경제행위는 일정한 역사적 산물로서 존재하는 특정한 사회의 제도적 여건하에서 이루어진다. 따라서 각 경제주체가 갖고 있는 주관적 가치기준이라는 것도 그 자신이 처해 있는 특정한 경제사회적 환경과 그들이 수행하는 경제적 기능에 크게 의존한다. 뿐만 아니라 어떠한 사회에 있어서도 사회구성원 간에는 경제행위의 성과배분을 둘러싼 대립과 갈등이 존재하며 이러한 것들은 공통된 이해관계를 갖는 집단과 집단 간의 대립과 갈등으로 발전할 수 있다. 또 이러

한 이해관계의 대립은 자연히 사회구성원 간의 가치관의 대립을 초래하기도 한다. 그러나 이와 같은 상황 속에서도 특정한 사회경제조직이 존속해가기 위해서는 그러한 대립이 일정한 방식으로 조정되어야 하며 사회구성원간의 가치관의 대립 또는 조정되어야 할 필요가 있다. 사회의 발전과 함께 이러한 대립의 조정과정도 부단히 변화하며 이에 따라서 사회의 가치관 역시 끊임없이 변화한다(변형윤, 1983: 268).

위의 서술은 현대 주류경제학의 맹점을 비판하면서 자신의 생각을 밝힌 부분인데 학현경제학의 제도주의 정치경제학적 지향을 더할 나위 없이 잘 보여주고 있다. 또한 학현은 "사회현상은 비가역적이고 비반복적이고 누적적인 성격을 갖는 것"이고 사회적 조치에 대한 평가는 이득을 보는 사람들과 손실을 보는 사람들에 따라 양분되기 마련이라고 지적한다(변형윤, 1983: 321~322). 그리하여 학현은 한국의 역사와 현실에 뿌리내린 경제학, 언제나 시간과 공간이 있으며 다층적 갈등과 조정으로 부단히 변화하는 역사적 '시장권'과 다양한 제도형태들, 그 속에서 경제민주화와 경제정의, 대안 정책과 새로운 제도화를 추구했다.

그럼에도 학현전집에는 미흡한 부분도 없지 않다. 먼저, 전집의 편제에서 학현의 주된 연구분야라 할 발전경제학(경제발전론과 성장론)이 독립된 단행본 제목으로 나오지 않는다. 이 주제는 제2권 '경제학이론'의 넓은 범위 안에 섞여 들어가 있을 뿐이다. 상당히 아쉬운 부분이다. 뿐만 아니라 더 중요한 문제가 있다. 학현경제학에는 한편으로 인간과 인간의 사회적 관계상의 구조적 모순 즉 강자에 의한 약자의 지배와 착취 문제, 다른 한편으로 사회의 자연에 대한 관계(societal nature relations: SNR)의 부조화에 따른 생태계파괴와 성장의 한계 문제를 함께 바라보는 생각, 즉 사회적·생태적 갈등을 통합적으로 파악하는 사회생태 경제학의 면모가 있는데 전집에는 이 부분이 잘 드러나지 않는다. 예컨대 ① 「경제성장과 GNP의 의미」(1978)라든가, ② 「경제와 인간」(1983), ③ 「자원파동이후의 한국경제의 과제」(1980), ④ 「21세기 한국경제의 나아갈 방향」

(1999) 등은 학현의 사회생태 경제학자로서 면모를 보여주는 중요한 글들인데 전집의 여러 책에 산재되어 있다(①은 제2권, ②는 제1권, ③과 ④는 제7권에 각각 수록). 그리고 학현 전집에서 '환경'이라는 주제는 제7권 5편에서 '경제윤리, 저축, 소비, 환경'이라는 제목의 말석에 끼어들어 있는데 거기에는 두 개의 서평만 수록되어 있을 뿐이다.

따라서 나의 견해로는 학현 사회생태 경제학의 면모에 다가가려면 오히려 전집이전에 그의 주저들을 펼쳐보는 것이 더 도움이 될 수 있다는 생각이다. 학현은 일찍이 대표 저작 『한국경제의 진단과 반성』(1980)과 『분배의 경제학』(1983)에서 성장제일주의를 비판하고 있는데 이 비판은 분배정의의 관점과 환경파괴 비판의 관점이 통합된 비판으로 읽을 수 있다. 우리는 두 권의 책 모두에서 학현이 '분배의 정의와 이념'과 '경제성장과 GNP의 의미', 두 가지 문제를 함께 다루고 있음을 주목해야 한다. 이 글들은 둘 다 1978년에 쓰인 것으로 『진단과 반성』에서는 두 논문을 권두에 배치해 놓았으며 『분배의 경제학』(1983)에서는 '경제성장과 GNP의 의미'와 거의 같은 내용을 '한국경제의 상황과 과제'라는 주제 속에 포함시켜, 즉 한국경제론의 일부로 다루고 있다. 뿐만 아니라 학현은 그의 책임편집 아래 만들어진 공저 『한국경제론』(1977, 1989, 1994. 1977년판은 김윤환과 공편)에서 부단히 분배정의, 경제민주화 문제와 함께 GNP 및 성장의 한계 문제를 통합적으로 다루어 왔다. 이상과 같이 학현은 분배정의와 친환경주의를 통합한 관점 위에서 성장제일주의를 비판하는데, 구체적으로 한 걸음 더 들어가면 경제성장, 경제 발전 그리고 삶의 질(또는 생활의 질) 세 가지를 구분한다. 이제 이 문제를 포함해 성장주의에 대한 학현의 사회생태적 비판으로 넘어가기로 하자.

## 3. 성장주의에 대한 사회생태적 비판

### 1) GNP의 한계, 성장의 한계

한국 경제학이 생태문제에 눈뜨게 된 중요한 계기가 된 것은 1970년대 초 석유파동 또는 자원파동이 아니었나 싶다. 특히 중화학공업화는 자원빈곤국에서 추진한 자원다소비형의 성격이 농후해 자원파동 충격이 매우 컸다. 여러 학자들이 자원의 유한성을 자각하면서 자원을 절약하고 자원이용을 효율화하는 새 발전의 길을 찾아야 한다고 발언했고 학현 또한 그러했다(변형윤, 1975: 102; 1980a: 130~149, 273~290). 학현이 보기에 "앞으로 염가의 그리고 공급의 제약을 받지 않는 자원시대는 다시는 오지 않을 것 같다. 자원파동 이전까지는 자원은 인간의 경제생활에서 별로 문제시되지 않던 요소였으나 앞으로는 가장 중요시해야 할 요소의 하나가 된 것"이다. 하지만 학현의 생각은 이보다 더 깊고 넓었다.

그는 주류 신고전파 경제학('신고전파종합')과 거기에 포섭된 케인스경제학이 1970년대 이후 나타난 전환기 자본주의의 구조적 모순에 적절한 해답을 제시하지 못한 채 무능력을 드러냈다고 지적하며 이렇게 진단한다. "70년대에 들어 인플레이션, 환경오염, 풍요 속에서의 좌절감 내지 소외감의 증대, 분배를 에워싼 이해대립의 현재화 등이 새로운 경제적 문제로 등장하게 되었다"(변형윤, 1984b: 전집1, 342). "(경제학은) 각국에서 공통적으로 겪고 있는 스태그플레이션의 해명뿐만 아니라 새로이 대두된 심각한 문제인 자원문제, 남북문제, 공해문제 등도 포괄적으로 다룰 수 있어야 한다"(변형윤, 1981a: 37). 이는 학현의 사회생태 경제학적 면모를 압축해서 보여주는 진술로서 조안 로빈슨 여사가 「경제학의 제2위기」(1972)에서 스태그플레이션, 빈부격차 심화, 고용 질의 악화, 환경파괴 등의 사태와 마주해 경제학이 새로운 위기와 무능력에 빠졌다고 말한 비판적 인식과 궤를 같이하는 것이다(변형윤, 1980a: 10).[4]

그런데 성장제일주의를 비판하고 자신의 사회생태 경제학적 지향을 보여줌에 있어 학현은 일반대중과 쉽게 소통가능한 GNP 지표를 집요하게 문제 삼는다. GNP가 성장주의를 표현하고 정당화하는 세속종교와 같은 위치에 있기 때문이다. 따라서 이를 정조준해 그 한계를 다각도로 파헤치는 가운데 성장의 한계 문제를 함께 다루고 있다. 잘 알려져 있듯이 GNP는 "일정기간 (보통 1년) 동안 한 나라의 국민에 의해 생산된 최종생산물을 시장가격으로 평가하여 합계한 것"이다. 주류 거시경제학의 기초개념으로 일반대중에 사뭇 과학적이고 중립적인 듯 보이는 이 개념의 한계 지점을 비판하면서 학현은 성장주의와 소비주의를 다각도로 비판한다.[5]

첫째, "경제성장은 반드시 소득분배의 공평을 보장하지는 않는다"(변형윤, 1980a: 22). "경제성장은 그 성과가 일부의 계층이라든가 지역에 과도하게 집중되면서도 이루어질 수 있다"(변형윤, 1995: 749). 그런데 GNP에는 이런 소득불평등이 포착되지 않으며 부의 불평등은 두말할 것도 없다. 이는 "GNP가 그 구성을 은폐하고 있는 합계 개념이라는 데에 기인"(변형윤, 1995: 747)하며 1인당 GNP은 산술평균치에 불과하기 때문이다. 학현의 이 설명을 연장하면, 선성장 후분배주의에 의해 성장성과가 소수 계층과 지역에 집중되는 불공정, 불평등 성장방식이 정당화될 수 있다. 성장제일 정치경제체제의 경로의존성과 누적적 효과 때문에 후분배가 된다는 보장도 없다.

둘째, GNP는 시장에서 거래되는 재화와 서비스를 시장가격으로 평가한 것이므로 "여가, 근무시간의 단축, 전원의 아름다움, 신선한 공기 등은 말할 것도 없고 경제성장의 폐해인 공해, 자연자원의 고갈, 환경파괴, 도시문제 등이 반영되지 않는다"(변형윤, 1995: 747). 반대로 대량살상무기나 수질오염, 산업재해를 초래하는 중화학제품 등은 GNP증가요인이 된다. 하지만 그것들에 따른 피해

4 학현은 편저 『반주류의 경제학』(1981)에서 조앤 로빈슨(Joan Robinson)의 「경제학의 제2의 위기」 논문을 번역 수록하고 해설해 놓고 있다. 이후 한국 경제학에서 로빈슨의 이 획기적 논문은 새롭게 번역된 적이 없는 것 같다.

5 변형윤(1980a: 20-27; 1995: 745~749; 1991, 54~56)을 종합해서 정리한 것이다.

는 GNP감소요인으로 반영되지 않는다. 학현은 "최루탄도 국민총생산을 높인다"(변형윤, 1991: 54~56)라는 글에서 이렇게 쓰고 있다. "성장의 뒷그늘에서 공해, 자연환경 파괴 등은 말할 것도 없고, 수은이나 카드뮴, 비소 등의 중금속 중독과 같은 산업재해가 왜 지속되는지" 알 수 있다. 그리고 "소득격차에 대한 반발, 15세 어린 나이에 수은중독으로 숨져간 '문송면' 군 사건, 잇따른 직업병의 고발과 세계최고의 산재사고, 이런 것이 바로 외형적인 고성장만을 추구함으로써 발생한 산물임이 명확한 것"[6]이다. 이처럼 학현은 GNP의 허구성과 기만성이 곧 그에 기반한 성장주의의 한계를 의미한다고 날카롭게 짚고 있다.

셋째, 나아가 학현은 성장이 성장을 부르며 자가발전하는 체제적 과잉성장 논리에 대해 주목하고 그것이 어떤 폐해를 낳는지 비판적으로 성찰하고 있다. 성장주의는 생산자에 의한 소비자욕망의 자의적 창출 및 성장과정에서 생활패턴의 변화에 의한 욕망의 강제, 그에 따른 인간소외를 초래한다. 즉 경제성장은 이른바 '성장의 폐해'를 가져온다. 이는 소비자주권의 허구성과 기업주권에 의해 강제되는 욕망의 창조와 소비주의 문화의 조장을 말하는 것이다. 학현은 이에 대해 더 부연 설명한다.

> 경제성장에 의해 충족하는 것으로 되어 있는 수요의 대부분은 성장 그 자체에 의해서 창출되었거나 성장의 수익자에 의해 유발된 것이라는 뜻이다. 갤브레이스는 이 사실을 산업은 소비자가 바라는 바를 생산하고 있는 것이 아니고 소비자가 그 생산물을 원하도록 만들고 있다고 표현하고 있다(변형윤, 1980a: 23).

여기서 우리는 학현이 갤브레이스가 『풍요한 사회』에서 제시한 '의존효과(dependence effect)' 개념을 가져오고 있음을 알 수 있다. 생산자는 단지 재화와

6 고 문송면 군 수은중독 사망사건은 사회적 파장이 매우 컸으며 최근 김명희(2023)의 글에서 다시 주목받고 있다.

서비스를 생산할뿐더러 광고·선전을 통해 소비자욕망 자체를 창출한다. 이처럼 욕망과 소비가 생산에 의존한다는 의미에서 갤브레이스는 이를 의존효과라 불렀다.[7] 전후 자본주의 황금기 성장이 성장을 부르며 환경을 파괴하는 과잉성장과 대중소비사회, '거대한 가속'의 핵심에 바로 의존효과가 내장되어 있다고 할 수 있는데 학현은 갤브레이스의 이 사회생태적 비판을 공유했다.

그런데 성장·소비주의 생활패턴의 변화와 그 구조적 모순에는 또 다른 측면도 있다. 영양수준이 불충분한데도 국제적 전시효과의 영향을 받아 자동차·냉장고·텔레비전 등의 내구소비재에 무리한 지출을 하거나 불건전한 레저에 빠지게 된다(변형윤, 1980a: 23; 1995: 749). 이처럼 의존효과에 전시효과까지 중첩됨으로써 시장공급 재화 및 서비스는 넘쳐남에 비해 일반대중이 보편적으로 접근가능한 공공재의 공급은 심각하게 부족하다. 이는 공공적 사회인프라가 불충분한데 따른 '사적 소비와 사회적 소비사이의 불균형', 즉 '사회적 불균형'의 문제다(변형윤, 1980a: 23).

넷째, 학현은 경제성장과 경제발전을 구분한다. "경제성장은 취약한 산업구조와 시장 및 자본의 높은 해외의존도 하에서도 실현될 수 있다. 즉 경제성장이 행해졌다고 해서 반드시 산업구조가 개선되고 국제수지가 개선되고, 경제의 자립도가 제고되는 것은 아니다. 그리고 "경제성장은 구조적 변화 즉 사회적, 문화적, 제도적 변화 없이도, 또 이중적인 경제구조하에서도 실현될 수 있다"(변형윤, 1980a: 23~24). "GNP로 한 나라를 파악하려는 것은 마치 사람을 키만으로 파악하려는 것과 같다". 그러면 경제발전이란 어떤 것인가. 이는 '경제성장 + 구조적 변화'를 의미한다. 구조적 변화란 산업구조 개선, 국제수지 개선, 자립도의 제고 등 '경제체질의 강화'를 포함한다. 또한 저개발국은 이중경제 구조를 갖고 있을 뿐 아니라 사회·문화·제도 등에 여러 전통적 요소가 남아

7 갤브레이스의 의존효과론은 베블런(T. B. Veblen)의 과시소비론의 영향을 받았다(갤브레이스, 2006/1981: 39~40).

있기 때문에 단지 경제성장이 아니라 구조적 변화를 필요로 한다. 요컨대 경제성장과 경제발전은 다른 것이며 저개발국에 필요한 것은 경제성장이 아니라 경제발전이다(변형윤, 1980a: 24; 1995: 748). 경제발전과 경제성장의 구분은 변형윤(1975a)에서도 볼 수 있는데 여기서는 경제발전을 "경제성장 플러스 경제의 자립과 안정의 강화 및 국민복지의 증진"으로 파악하고 있다. 즉 국민복지 증진까지 포함하는 것이 경제발전이라는 것이다.

마지막으로, 학현은 위와 같이 GNP지표를 앞세운 성장주의를 비판하고 나서 다음과 같이 발전에 대한 자신의 대안적 사고를 피력하고 있다. "환경의 보호, 사회간접자본의 육성, 사회보장의 충실, 분배의 공평화, 소비자 보호 등을 생활의 질의 향상을 위한 노력이라고 할 때 우리가 바라는 경제성장은 어디까지나 이 '생활의 질'의 향상과 경제체질 강화, 구조적 변화를 실현하는 그것이며 또 생산수준의 상승에 기인하는 그것이다. 즉 생활의 질의 향상, 경제체질 강화, 구조적 변화, 생산수준의 상승이 결합된 상태이다"(변형윤, 1980a: 25). 문제는 GNP가 증가하면서도 경제가 '기형화'되는 경우가 얼마든지 있을 수 있다는 것이다. "(경제의) 기형화란 경제구조 혹은 산업구조의 왜곡화, 소득분배의 불평등화, 생활의 질의 악화 등을 말한다"(변형윤, 1980: 26~27).

이상과 같이 학현은 이미 1980년의 시점에서 성장주의의 대척점으로 '생활의 질' 향상을 발전의 핵심개념으로 제창하고 그 경제구조적, 물질적 토대를 함께 언급하고 있는데 이는 크게 주목되어야만 한다. 이와 함께 학현은 NEW(순경제복지), GNW(국민총복지), NNW(국민순복지) 등, 대안적 복지지표에 대해서도 언급하면서 앞으로 새로운 복지지표 또는 사회지표 개발이 필요하다고 지적하고 있다(변형윤, 1980a: 25).

### 2) 성장의 한계를 넘어: 환경친화적 '인간중심경제'와 '삶의 질' 향상

앞의 논의에 이어서 우리는 성장의 한계문제와 관련해 「경제와 인간」(변형윤, 1983: 39~50)이라는 매우 근본적인 주제를 논구하고 있는 학현의 글에 주목하고자 한다. 이 논문에서 학현은 자본주의 경제체제의 장단점과 그것이 부과하는 인간 삶의 존재조건에 대해 언급함과 동시에 '경제학과 인간의 문제'를 다룬다. 여기서 우리의 관심은 후자에 있는데 학현은 인간 연구의 일부여야 마땅한 경제학이 보통 사람들의 삶의 고통을 덜어주고 '삶의 질'을 개선하는 문제로부터 얼마나 동떨어져 있는지 비판적 성찰을 제공한다. 핵심 비판점은 주류경제학이 성장 또는 효율성 일변도로 빠지고 측정가능한 양적 지표에 몰두했기 때문에 정작 본령의 과제를 등한시했다는 것인데 학현은 선구적 성찰력을 보인 세 사람, 즉 마셜, 갤브레이스, 인도의 자(L. K. Jha)를 불러들인다.

먼저, 학현은 인도의 저명한 정책가로 인도중앙은행총재 등을 지낸 자가 1970년대 세계경제에서 인플레, 실업, 빈부격차, 환경파괴, 자연자원 고갈 상황을 목도하며 경제학의 무반성력과 무책임성을 비판한 성찰에 대해 언급한다. 자는 경제학이 시대 도전과 보통사람의 삶의 고통에서 멀어진 가장 큰 이유를 경제학이 처음부터 주로 시장성 있는 생산물·서비스의 산출량의 최대화에 집중해 온 데 있다고 지적하고 있다. 이 지적을 놓고 학현은 다음과 같이 덧붙인다. "가난한 사람의 필요가 아니고 부유한 사람의 필요를 충족시키는 생산과정이 중시되어왔다. 가격으로 측정한 비용의 감소를 강조하며 그 때문에 임금이 낮아지고 싸다든가 기업가에게 지출의 필요가 있다든가와 같은 이유만으로 귀중한 자연자원을 남용하는 것이 정당화되어왔다." 뿐만 아니라 "경제학을 더 '과학적'인 것으로 하려고 하는 정열에 사로잡혀 있는 경제학자들이 전개해온 정의라든가 가정은 가공의 세계를 만들어냈다. 이 세계는 분석적으로는 혼돈된 다양스러운 인간이 살고 있는 현실의 세계와는 멀리 떨어진 것이다. 그러나 경제사회 속에 있는 인간남녀가 바로 경제연구의 궁극의 목적인 것이다"(변형윤, 1983: 48).

그런데 보통 인간남녀의 삶의 질 향상이 경제학의 궁극 목적이라고 한 사람은 다름 아닌 마셜이다. 학현은 마셜이 『경제학원리』 첫머리에서 경제학을 어떻게 정의했는지 보라고 우리의 각성을 촉구한다. "경제학은 일상생활을 영위하고 있는 인간에 관한 연구이다. 그것은 개인적 및 사회적 행동 중 복지의 물질적 필수조건(material requisites of wellbeing)의 획득과 그 사용에 매우 밀접하게 관련되고 있는 측면을 다루는 것이다. 이리하여 경제학은 일면에 있어서는 부의 연구이지만 다른 더 중요한 측면에 있어서는 인간 연구의 일부이다"(변형윤, 1983: 48~49. 원문대조 후 일부 수정 – 이하 인용자). 다음으로 갤브레이스가 지적한바 생활의 질을 포착하지 못하는 GNP의 허구성과 역설이다. GNP가 낮은 영국인과 GNP가 높은 미국인을 비교할 때 어느 쪽이 생활의 질이 더 높을까. 영국인이 더 높다는 것이 갤브레이스와 학현의 견해다. 런던 시민은 뉴욕 시민에 비해 1인당 GNP는 더 낮지만 더 높은 복지수준을 누린다. 런던이 GNP로는 측정할 수 없는 잘 정비된 공원, 놀이터, 오락시설 등 공공서비스를 훨씬 잘 갖추고 있기 때문이다.

마지막으로 「21세기 한국경제의 나아갈 방향」(변형윤, 1999)[8]이라는 글에서 학현은 모든 경제활동의 목적은 궁극적으로 "인간 스스로의 자질을 계발하고 삶의 질을 높이는 것"이며 따라서 "경제활동 결과가 인간의 삶을 더욱 풍요롭게" 하도록 노력해야 한다고 역설한다. 추상적으로 들릴 수 있지만 내일의 '선진경제'를 향도할 진수가 담겨 있다. 구체적 대안의 방향으로 중요한 의미를 갖는 것은 ① 균형 잡힌 경제발전, ② 제조업의 활성화, ③ 자연과 공존하는 인간 중심 경제다.

①의 대안에는 경제의 효율성, 유연성, 위험분산을 함께 도모할 수 있는 강한 중소기업의 육성, 식량안보의 보루로서 농업과 농촌의 발전, 부와 소득의 계층 간 불평등 타파가 포함된다. 불평등 타파를 위해서는 반드시 조세제도와 사회보장제도를 잘 정비해야 하며, '부의 세습을 제한할 수 있는 엄격한 과세'와 '부동산 및 금융 자산가격의 급등으로 인한 불로소득의 발생 여지를 가급적 억

8 이 글에서 학현은 이전까지 '생활의 질'이라고 했던 표현을 '삶의 질'이라고 바꾸어 쓰고 있다.

제'해야 한다고 강조한다. ②의 대안과 관련해서는 도소매, 음식숙박업 등 저차적 서비스산업의 비대화, 제조업 취업자 비중의 축소를 우려하면서 한국 제조업이 독일, 일본에 비해 조로 현상을 보이고 있다고 진단한다. 기술 수준의 향상을 통한 품질 개선과 이에 기반한 공산품 수출력의 강화, 소재· 부품분야의 국산화 촉진 등을 대안으로 제시한다. 한국제조업의 조로현상과 재생 문제는 학현이 줄곧 말해오던 부분이다.

그리고 ③의 대안에는 인간이 지니고 있는 지식, 숙련, 기술, 정보 능력을 개발하고 그에 대한 투자를 높일 것, 참여와 협력의 노사관계를 확립하고 특히 사용자측에서 이를 가능케 할 조건을 마련할 것, 경쟁패자를 포용하는 사회보장제도를 마련할 뿐 아니라 사회윤리적 토대를 두텁게 할 것 등이 포함된다. 여기서 특히 주목할 것은 학현이 인간을 위한 경제를 지향하면서 자연환경을 개발대상으로만 삼는 사고를 벗어나 환경친화적인 '지속가능한 성장'[9]을 지향해야 한다고 말하고 있는 부분이다. 그는 환경파괴가 경제의 지속적 성장도 가로막을 수 있고 21세기에는 물질적 풍요보다 쾌적한 자연환경이 더 선호될 가능성이 크다고 지적한다.[10] 뿐만 아니라 이후 학현은 기후변화에 대한 대응이 지구적 차원의 도전과제가 되었다면서 거듭 지속가능 성장, 포용적 성장의 길로

---

9 '지속가능한 발전'론에 기반을 둔 성장을 가리키고 있다. 지속가능한 발전은 1987년 세계환경발전위원회의 「브룬틀란 보고서」에서 제시된 바 있다. 이는 "미래세대가 자신들의 필요를 충족시킬 능력을 훼손하지 않으면서 현재 세대의 필요를 충족시키는 발전"으로 정의된다. 이후 리우회의 의제21(1992)에서 환경보호, 사회정의, 경제성장 세 축 간의 조화로서 지속가능한 발전 개념을 공식적으로 채택하고 요하네스버그 지속가능발전에 대한 세계정상회의(2002)를 거쳐 2015년 유엔에서 '지속가능 발전 목표(SDGs)'가 채택된다.

10 학현이 이런 생각을 제시한 배경의 하나로서 다음 사실을 지적해 두고자 한다. 1992년경 학현은 우리 사회전반에 걸쳐 6공화국 개혁의 실패를 진단하고 새 정부의 개혁과제와 대안을 제시하는 시민사회 공동연구사업(변형윤 외, 1992b. 한국기독교 산업개발원 주관)에서 연구조사위원장의 중책을 맡아 일한 바 있다. 그 방대한 연구조사보고서에는 정치·경제·노동분야는 물론 환경분야가 포함되어 있고 지구 온난화, 오존층파괴와 산성비문제가 적시되어 있다. 따라서 학현이 그 문제의식을 공유했을 것임이 분명하다. 한국에서 지속가능발전위원회는 김대중 정부 시기(2000년 9월) 처음으로 발족되었다. 학현의 글은 위원회 출범 이전에 쓰였다.

나아가야 한다고 말한다(변형윤, 2011).

## 4. 학현 사회생태 경제학의 원천에 대하여: 뮈르달, 갤브레이스, 마셜

### 1) 뮈르달과 갤브레이스

성장주의에 대한 비판에서 표명된 학현의 사회생태 경제학 사고는 시대변화에 예민한 감수성을 갖고 대응하는 자기 노력의 산물임과 동시에 외국 경제학자들로부터도 영향받고 이들의 생각을 주체적으로 소화하면서 형성된 것이다. 학현이 수용하고 주체화한 비주류경제학들은 적지 않으나 본 주제와 관련해 가장 중요하게 사상적 원천 또는 원류를 보여주는 학자는 뮈르달, 갤브레이스 그리고 마셜이다. 학현(변형윤, 1981a) 자신 뮈르달과 갤브레이스를 제도학파 경제학의 범주 속에 같이 묶어 다룬다. 뮈르달과 마셜은 경제학·윤리학·제도론의 결합에서 사상적 맥을 같이한다. 주류 공리주의철학을 비판하고 성장과 발전을 구분한다. 또한 양자는 함께 균형이론을 넘어 수익체증론과 누적적 인과론의 계보학에서 핵심적 위치를 차지한다(이병천, 2009: 105). 갤브레이스도 마셜에 대해 언급할 때 경제학을 부의 연구일뿐더러 인간연구의 일부로 본 부분에 주목한다. 그러면 이제 뮈르달과 갤브레이스부터 먼저 보기로 하자.

뮈르달은 제 3세계 발전론에서 지배적 조류인 불평등을 정당화하는 성장제일주의 그리고 시장경쟁을 통한 최적균형 수렴론에 대항하여 사회적 평등과 생산성향상의 선순환론 그리고 순환·누적적 인과론(역류효과와 파급효과)이라는 거시경제 불균형론을 제시했다. 생산이론과 분배이론이 분리될 수 없다고 보았다.[11] 뮈르달에 따르면 상대적으로 미약한 파급효과를 가진 저수준의 경제

11 학현의 뮈르달에 대한 언급은 변형윤(1971)에도 보인다. 그런데 성장과 분배의 불가분성에 대한

개발에서는 역류효과가 파급효과를 압도해 불평등이 심화되고 가난이 가난을 낳지만 진보적 사회에서는 파급효과가 역류효과를 압도해 평등화의 동학이 작동하면서 경제발전과 사회경제적 진보로 향하는 경향이 누적적으로 강화된다. 뮈르달의 비주류 발전론의 체계는 학현이 확고히 평등에 기반을 둔 분배정의론과 선순환 경제발전론을 펼치는 데 핵심적인 이론적 기초를 제공했다(변형윤, 1983: 159~171, 299~307).[12] 이에 기반을 둔 학현의 평등주의 분배정의론의 요점은 다음과 같이 세 가지로 정리될 수 있다.

첫째, 분배의 불평등은 효율의 기반인 사회경제를 근본적으로 위협할 수 있음에 반해, 평등한 분배는 생산자 대중에 큰 인센티브를 제공함으로써 효율을 향상시키고 성장을 촉진시킨다. 따라서 "평등분배는 공정과 효율을 동시에 달성시키는 경제적 정의의 수단이며 따라서 사회정의 실현의 가장 기본적이고도 강력한 방법"이다. 둘째, "분배의 평등이념은 소위 리버럴리스트의 주장과는 달리 경제적 자유의 폭을 넓혀주고 더욱 내용 있게 하는 것이라는 사실에 주목하여야 한다". 학현은 경제성장론자들이 성장의 목적을 경제적 활동 및 선택이 다양화되는데 두고 평등분배는 모든 사람들로부터 이러한 자유의 영역을 축소시킨다고 보는 것을 강력히 비판한다. "불평등한 자유는 실질적으로는 타인의

---

학현의 사고는 뮈르달의 본격적 수용 훨씬 이전으로 소급된다. 학현(변형윤, 1972; 1976; 1985)은 제도학파 경제학과 함께 칼레츠키(A. Kaletsky), 로빈슨, 아이츠너(A. S. Eichner) 등 포스트케인지언 경제학에도 매우 친화적이었는데 칼레츠키 경기순환론의 연구에서 이렇게 쓰고 있다. "케인지언들은 순환적 성장모델을 구성하기 위한 노력을 해오고 있다. 그러나 그들은 소득의 변동을 중심으로 분석을 행하기 때문에 사회계급간의 소득분배관계의 변화를 무시하고 있다. 그런데 칼레츠키는 애당초부터 경기순환과정에서 소득분배관계의 변화를 임금과 이윤의 상대적 몫의 변화의 형태로 고려하고 있다". 뮈르달은 기업주와 노동자, 경영자와 불로소득자 간의 갈등문제를 다소 미약하게 다루는 반면 칼레츠키는 이를 매우 예각적으로 제기하고 있으므로 학현의 평등주의 선순환 발전론에서 칼레츠키는 뮈르달의 필수적 보완재다. 또한 학현(변형윤, 1981a; 1984a)은 두 케임브리지 간의 자본논쟁에 대해서도 언급한다. 칼레츠키의 투자이론과 경기순환이론에 대해서는 조복현(2013) 참고.

12 오늘의 상황에서 필자(이병천, 2021: 32~33)도 뮈르달이 말한 평등화의 동학에 대해 주목한 바 있는데 학현은 이미 수십 년 전에 이 문제를 궁구했다.

자유를 침해하는 것"이며 오히려 상대적 평등분배가 "동등한 자유를 실현시킴으로써 사회구성원 각자는 물론 사회 전체적인 자유의 폭을 확장"시킨다는 것이다. 셋째, 평등분배와 국민경제 거시적 순환의 관계문제다. "분배문제는 저축률의 측면에서만 볼 것이 아니라 분배된 소득을 통한 유효수요의 면도 아울러 생각하여야 한다. 성장은 저축증대를 통한 자본축적만으로는 불가분하며 유효수요의 확대가 이에 가세될 때 비로소 달성될 수 있다." 여기서 학현은 포스트케인지언 소득주도성장론의 핵심을 선취하고 있다고 해도 좋을 듯하다.

또한 이 같은 이론적 기반위에서 학현은 쿠즈네츠의 소득분배 '역U자 가설'도 비판하고 그 망령에서 시급히 벗어나야 한다고 지적했다(변형윤, 1997b). 뮈르달은 마셜과 함께 학현의 제도학파 진보경제학을 떠받치는 가장 중요한 경제사상가이자 이론가에 속한다.

학현(변형윤, 1982-1983)은 한국이 경제개발을 추진함에 있어 무엇에 특별히 유의해야 할지, 선진국에서 발신된 경제학을 한국에서 어떻게 수용할지라는 두 기준에서 볼 때 뮈르달의 저서 『경제이론과 저개발지역』(1957)이 제2차 세계대전 후에 나온 책 중 최우선적으로 꼽아야 할 책이라 여길 만큼 중시했다. 당대 한국과 저개발국이 경제개발계획을 추진함에 있어 유의해야 할 점이 무엇인지 '제대로 정확하게 제시'해주고 있다는 것이다. 뿐만 아니라 『주류에 대항하여』(Myrdal, 1973)라는 책에서 표명된 후기 뮈르달의 사회생태 경제학 사고가 학현에 적지 않은 영향을 주었다.[13] 특히 이 책에 수록된 논문, 「환경개선의 경제학」(스톡홀름 유엔인간환경회의 기조강연록, 1972)이 중요한데 그 요지는 다음과 같다.

첫째, 무제한 성장주의에 따른 자원고갈과 환경오염은 실로 심각한 상황이

13 뮈르달의 『주류에 대항하여』의 국역본은 1976년에 『반주류의 경제학』(조용범 옮김)이라는 제목으로 출간되었다. 학현도 이 번역본을 읽었으며 인용도 한다(변형윤, 1983: 165 주석19, 299). 학현 자신 『반주류의 경제학』(변형윤 편, 1981)이라는 제목의 편역서를 출간했는데 거기에는 뮈르달 『주류에 대항하여』의 1장이 번역 수록되어 있다.

며 지금까지의 성장체제와 삶의 방식에서 특단의 변화가 없다면 파국적 위험이 닥쳐올 수 있다.

둘째, GNP는 무제한 성장의 이데올로기와 심리를 표현하고 정당화하는 지표다. 자유시간, 가사노동, 공공서비스가 가져오는 폭넓은 효과 그리고 환경파괴 문제를 고려하지 않으며 발전에 대한 오도된 지표다.[14] 또한 신고전파이론 경쟁시장모델은 시간지평이 단기적이고 시장기구 작동에 대한 비현실적 낙관주의에 입각해 특히 생태적 도전에 무력하다.

셋째, 로마클럽 보고서에 대한 뮈르달의 강도 높은 비판이 주목된다. 이 보고서는 GNP개념을 무비판적으로 받아들인다. 국가 안, 부국과 빈국 간 확대되고 있는 불평등문제를 무시한다. 이 문제를 회피하는 보고서의 '세계 시뮬레이션 모델'은 세계의 완전한 조화라는 가정위에 '세계적 관점의 지적 행동'을 설파하고 있는데 현실성 없는, 추상적 대안일 뿐이다.

넷째, 지구적 차원에서 환경위기를 극복하고 사회생태적 전환의 돌파구가 열리려면 무엇보다 선진국이 생활수준의 대폭적 저하를 감수해야 하고 부국과 빈국 간 불평등확대 문제에 대한 해법이 나와야 한다.[15] 그러나 선진국이 성장주의와 물질적 풍요에 안주하고 그들의 기득권을 고집하고 있는 한 그 정치적 전망은 어둡다.

다음으로, 앞서 본 바와 같이 학현은 성장주의를 비판할 때 명시적으로 갤브레이스를 언급하면서 『풍요한 사회』의 핵심 주장을 가져왔다. 여기서는 학현이 직접 번역하고 논평도 쓴 갤브레이스의 또 다른 책 『거의 모든 이를 위한 경제학안내』(1978. 번역본 제목은 『현대경제란 무엇인가』)를 보겠다. 『경제학안내』에서 갤브레이스의 성장주의 비판은 뮈르달의 비판과 비교되는 점도 있어 흥

14 사이먼 쿠즈네츠(Simon Kuznets)가 국민계정 체계의 연구로 노벨상을 받은 때가 1971년이다.

15 이 부분에서 뮈르달의 견해는 오늘날 탈성장론과 기후정의론의 입장을 상당 정도 선취하고 있는 듯하다.

미로운데 중요한 대목 두 군데만 요약하면 다음과 같다.

첫째, 과잉성장이 낳은 질병을 진단함에 있어 갤브레이스 역시 뮈르달과 마찬가지로 GNP개념의 한계에 대해 비판한다. ① GNP에는 여성의 가사노동이 포함되지 않는다. ② 시장에서 거래된 재화와 서비스만 포함한 데 따른 한계가 심각하다. GNP는 삶의 질을 측정하지 못한다. 성장을 적정수준으로 계획하고 공원을 잘 관리하고 깨끗하고 안전한 거리를 가진 국가나 도시가 그러지 않으면서 GNP를 높이는 국가나 도시보다 GNP기여정도는 더 낮게 나온다. ③ 대기, 물, 고요함, 풍경 등 사회적, 자연적 환경에 주는 피해를 고려하지 않는다.

둘째, 갤브레이스 또한 로마클럽 보고서에 대해 언급한다. 그런데 그는 이 보고서의 제로성장론은 극단적이라면서 동의하지 않는다. 성장은 불평등 지속에 따른 사회적 긴장을 덜어주는 효과를 낳는데 성장 없이 분배만으로 불평등 문제를 감당하기는 어렵다고 본다. 불평등한 사회일수록 분배문제는 지극히 긴급한 이슈가 된다. 따라서 갤브레이스가 볼 때 "보다 큰 평등을 향한 운동이 고정된 생산물의 배분을 둘러싼 싸움의 결과로서 급격하게 오지 않고 개혁으로서 점진적으로 올 수 있다면 보다 용이하고 안전할 것이다"(갤브레이스·샐린저, 1979/1978: 187).

위에서 보듯이 불평등과 환경 파괴를 비판적으로 인식하고 성장주의 극복의 논리를 전개함에 있어 갤브레이스와 뮈르달은 궤를 같이하면서도 상당한 차이를 보인다. 뮈르달은 주로 제3세계의 평등주의적 발전이라는 입장에 서면서 국가 안, 국가 간 불평등확대와 지구적 생태위기문제를 바라보고 선진국의 막중한 책임을 묻고 있다. 이에 대한 그의 전망은 어둡다. 반면 갤브레이스의 시선은 주로 미국 등 선진국 내부 문제에 두어져 있다. 그리고 『풍요한 사회』에서는 불평등보다 불균형을 더 문제 삼았음에 반해 『경제학안내』에서는 불평등을 이슈화하긴 했지만, 성장 없는 분배로는 불평등문제를 둘러싼 다툼이 극단화될 위험이 있으므로 적정한, 지속적 성장으로 이 위험을 완화시켜야 한다고 본다.[16]

우리는 학현이 성장의 한계를 내다보고 풍요한 소비사회 비전을 거부함과 동시에 시종일관 빈곤과 불평등(소득뿐만 아니라 부의 불평등) 문제를 제기하고 분배정의와 경제민주화를 위해 격투해 온 사실을 주목할 필요가 있다. 이는 말하자면 투 트랙으로 가는 통합적 입장이다(이병천, 2023b). 이렇게 볼 때 학현의 생각은 갤브레이스보다 뮈르달의 입장에 더 가깝다. 학현 자신이 갤브레이스의 연구에 대해 "저개발국의 경험이 아니고 구미 선진제국의 경험을 토대로 하고 있다"(변형윤, 1979)고 비판적으로 짚고 있다. 따라서 성장주의에 대한 학현의 사회생태적 비판은 뮈르달을 중심에 두면서 갤브레이스의 비판을 선택적으로 수용한 것으로 해석될 수 있다.[17] 이와 관련해 우리는 뮈르달의 『풍요에 대한 도전』(Myrdal, 1963)이라는 책을 언급해 둘 필요가 있다. 이 책이 보는 미국의 풍경은 5년 전 갤브레이스 『풍요한 사회』의 그것과 사뭇 다르다. 그 진단에 따르면 미국경제의 성장기조는 완만하고 불안정하며 상대적 경기침체 상태다. 실업과 하층계급, 빈곤과 불평등 문제가 심각하다. 더구나 국제수지도 악화되어 확장정책을 가로막는 악순환이 일어나고 있다.[18]

### 2) 마셜

이제 학현 사회생태 경제학에 대한 마셜적 기반에 대해 살펴보기로 하자. 학

---

16 갤브레이스는 이후 출간한 『좋은 사회』(1996)에서는 기후생태위기 문제에 대해 보다 적극적인 견해를 보인다. 그러나 그에게서 지속적 성장과 이를 통한 고용창출은 여전히 좋은 사회의 필수조건이다.

17 갤브레이스보다 뮈르달의 견해를 더 옹호하는 것은 박현채(1978: 23~24, 38~39)에서도 볼 수 있다. 그는 평등주의와 계획화에 기반한 복지국가를 추구하는 입장에서 훨씬 분명하게 뮈르달을 더 높이 평가한다. 박현채 또한 변형윤과 마찬가지로 '인간을 위한 경제학'을 제창했다. 하지만 박현채의 인간을 위한 경제학에는 특히 공동체론이 내장되어 있다는 점에서 중요한 차이도 존재한다(박현채, 1986: 209~256).

18 뮈르달은 이렇게 말한다. "미국은 이제 풍요한 사회가 되었고 생산과 소비의 높은 수준에 도달하였으므로 경제진보의 속도를 늦추어도 좋다는 안도감이 스며들고 있지만, 이것은 아무리 보아도 잘못된 것이다."

현 스스로 '마셜리언'을 자처한 것처럼 이에 대해 많은 말이 필요하지는 않다.[19] 학현은 신고전파 주류경제학의 확립자로서 마셜이 아니라 비주류경제학자로서 마셜의 면모를 받아들였다(변형윤, 2012b: 317~318).[20] 무엇보다 중요한 것은 학현이 경제학을 '부의 연구'임과 동시에 더 중요한 측면에서 '인간 연구'의 일부라고 정의한 마셜의 견해, 따라서 복지의 물질적 필수조건의 더 나은 획득과 사용방식을 연구하고 이를 통해 포괄적인 인간의 복지(wellbeing) 또는 삶의 질 향상에 기여하는 것, "교양 있는 고상한 생활(refined and noble life)을 위한 물질적 수단을 모든 사람에게 제공하는 것"이 경제학의 목적이라고 본 그의 견해를 받아들인 것이다. 이는 마셜경제학의 처음이자 끝이며 학현경제학의 처음이자 끝이기도 해도 좋을 법하다.

마셜이 『경제학원리』 첫머리에서 밝히고 있고 경제학교수 취임사(1885)에서도 천명하고 있는 경제학의 정의와 목적, 경제학자의 사명을 학현은 부단히 상기시킨다. 마셜은 현대경제학이 부를 인간의 삶의 수단이 아니라 목표로 간주하는 경향을 가지고 있었음을 강도 높게 비판했고(마셜, 2010/1920: 2권 503), 학현 또한 그러했다. 학현은 마셜이 갈파한 경제학이 인간연구의 일부인 측면을 현대 주류경제학이 제거했다고 비판했다(변형윤, 2012b: 318). 따라서 마셜-학현이 제시한 경제학 정의가 갖는 의미를 잘 파악하는 것이 무엇보다 중요하다.

콜드레이와 니시자와(Caldrai and Nishizawa, 2020)는 마셜의 이 경제학 정의와 관련하여 세 가지를 지적한다. 첫째, 신고전파경제학의 견강부회와는 달리 마셜경제학은 한계주의혁명이 낳은 주류 신고전파 경제학의 원조가 아니라 이와 거리가 먼 비주류 '정치경제학'의 면모를 갖고 있다. 둘째, 마셜이 진심으로 마주한 시대 문제는 무엇보다 빈곤의 문제였다. 빈곤 문제를 해결하는 방법을 찾으면서 인간의 복지를 향상시키는 것이 마셜경제학의 주요 목표였다. 셋째,

19 자세한 것은 변형윤(2012a: 1권 1편) 참고.

20 이와 관련해 필자는 주류 '마셜 A'와 비주류 '마셜 B'를 구분한 바 있다(이병천, 2009).

광의의 복지는 두 차원, 즉 부(富)라는 물질적 차원 그리고 인간의 복잡한 본성과 더 밀접히 연결된 도덕적·윤리적·정신적 차원 또는 '삶의 질'의 차원으로 생각되어야 한다. 이 두 차원은 모두 중요하나 결코 같은 평면에 있지 않다. 마셜이 말했듯이 "부의 진정한 척도는 그것이 인간의 복지에 미치는 기여에서만 찾아야 한다".

지금부터는 인간복지 향상의 두 차원과 양자의 관계에 대한 마셜의 생각을 좀 구체적으로 더 살펴보겠다. 먼저, 마셜은 경제학의 과제가 부와 인간의 통합적 연구라고 추상적으로 언급하는데 그치지 않고 시대의 빈곤과 불평등문제를 연구하고 해법을 제시하는 것이라고 말한다. 그는 하층민과 노동자의 빈곤상에 대해 주목하는데 이때 마셜이 보는 것은 먹고살기의 고통만이 아니라 그것이 빈자의 '육체적· 정신적· 도덕적 불건강'을 낳고 '고도의 지능을 발전시킬 기회를 박탈'한다는 데 있다. 즉 '인간성의 도덕적·정치적 역량' 향상 기회, 삶의 질 향상 기회를 빼앗고 그런 의미에서 '인간의 퇴화'를 초래한다는 것이다.[21]

둘째, 마셜은 사회경제적 진보에서 편의기준(standard of comfort)과 생활기준(standard of life)을 구분한다(Marshall, 1920: 6편 13장). 이는 주류경제학의 기계적·정태적 균형론을 넘어 마셜이 제창하고 학현이 이어받는 진화적인 '유기적 성장'[22]론의 가장 중요한 부분에 해당된다. 이로써 삶의 질이라는 말도 더 명확하게 개념화된다. 편의기준이 소비생활 수준을 말한다면 생활기준은 소비욕망 추구에서 벗어나 인간의 육체적·지적·도덕적 향상을 포함한 인간역량 자체의 진보를 나타낸다. 마셜에 따르면 "생활기준의 향상은 지성, 활력 그리고 자긍심(self-respect)의 향상을 함축한다. 그것은 보다 세심하고 신중한 지출을 인도하고 식욕을 채워주지만 건강에 도움이 되지 않는 음식과 음료, 그리고 육체적

21 이 마셜의 생각은 빈곤을 역량박탈로 보는 아마티야 센의 생각과도 통한다고 생각된다. 두 학자에게 경제학의 케임브리지학파 전통이 흐르고 있다는 생각도 든다.

22 변형윤(1997a) 참조. 하지만 아쉽게도 학현에는 편의기준과 생활기준의 구분에 대한 논의가 미흡하다.

으로나 도덕적으로나 불건전한 생활방식을 피하도록 인도한다". 반면 "편의기준의 향상은 인위적 욕망의 단순한 증가를 의미할 것이며 어쩌면 인위적 욕망에서 우세한 위치를 점하는 것은 저급한 욕망일지도 모른다". 여기서 마셜은 편의기준의 증가가 현명하게 사용되지 않을 경우 저급한 소비욕망의 우세를 가져올 수도 있다고 우려한다. 심지어 "욕망증대의 유일한 직접적 효과는 사람들을 과거보다 더 비참하게 만드는 것이다"라고까지 말한다.

하지만 마셜이 편의기준 향상을 결코 부정적으로만 보는 것은 아니다. "편의기준의 폭넓은 개선이 이루어지면 생활양식은 개선되고 새로운 고차원적인 활동의 길이 열릴 수 있다는 것은 사실이다. 지금까지 필수재도, 생활의 품위도 누리지 못했던 사람들은 편의기준에 대해 아무리 저급하고 물질중심적인 견해를 가지고 있을지라도, 편의기준의 향상으로부터 약간이나마 활력과 활기의 상승(some increase)을 얻게 마련이다. 그렇게 편의기준의 향상은 아마도 생활기준의 다소간 향상(some rise)을 수반할 것이다"(마셜, 2010/1920: 2권, 421~422). 이처럼 마셜은 편의기준으로 환원될 수 없고 대중소비사회에 대해 비판력을 가진 생활기준 개념을 제시했고 두 기준 사이에는 단순치 않은 긴장이 내포되어 있다.

셋째, 유기적 성장론을 떠받치는 또 다른 기둥은 욕망과 활동의 구분이다. 마셜은 욕망(wants)[23]에 대한 설명을 진전시키고 욕망과 활동을 구분한다. 그는 리카도가 생산비측면을 지나치게 강조해 인간욕망의 연구를 경시했다고 비판한다. 뿐만 아니라 놀랍게도 마셜은 경제학이 주로 관심을 갖는 교환가치 증대가 진실로 인간의 행복과 복지 증진에 얼마나 기여하는지 검토가 요구된다고 문제를 제기한다. "시대정신은 점증하는 부가 공공복지를 증진하는 것보다 더 멀리 나아가지 않도록 할 수 있는가하는 문제에 대해 더 깊은 관심을 유도한

---

23 마셜이 wants, desires, needs를 유사한 의미로 혼용하고 있는 점에 유의해야 한다. 『경제학원리』(백영현 옮김)의 국역본에는 '욕구'로 번역되어 있다.

다. 그리고 이는 또한 부의 어떤 요소이든, 그 교환가치가 집단적이거나 개인적인 이용에서 행복과 복지의 증진을 어느 정도 정확하게 나타내는지를 검토하도록 요구한다"(마셜, 2010/1920: 1권, 139. 원문대조 수정). 마셜의 이 선구적 문제제기는 포스트케인지언 민스키(Minsky, 1972)가 적극적으로 수용하는 부분이며[24] 뮈르달, 갤브레이스의 GNP개념 비판과도 맥을 같이한다.

마셜은 인간 욕망의 다양한 역사적 진화, 그 차별화와 우월의 욕망을 나름 의미 있는 것으로 긍정적으로 바라본다. 하지만 '소비이론이 경제학의 과학적 기초'라는 생각을 거부하고 보다 중요한 것은 활동이라고 말한다. "경제적 진보의 진정한 기조는 새로운 욕망보다는 새로운 활동의 발전"(마셜, 2010/1920: 2권, 421)이라는 것이 마셜의 생각이다.[25]

마지막으로, 마셜은 편의기준과 생활기준, 욕망과 활동을 중심개념으로 제시한 위에 분배가 성장에 미치는 영향의 문제까지 끌어들여 유기적 성장의 누적적 선순환과정을 제시한다. 마셜은 고임금경제를 옹호한다. 고임금은 일차적으로 노동의욕과 능률을 높일 뿐 아니라 현세대와 차세대 인간의 육체적·지적·도덕적 건강을 개선시킨다. 이는 기업가와 사회에도 이익이다. 이리하여 활동의 향상이 보수의 증가를 낳고 보수의 증가가 빈곤 완화와 소비수준의 상승을 낳는다. 나아가 현명한 소비 및 생활패턴이 동반된다면 생활수준도 향상된다. 이것이 마셜이 말하는 유기적 성장의 누적적 과정이다.[26] 이는 뮈르달의 평등주의 선순환론과도 통하는 생각이다.

---

24 민스키는 wants를 needs의 의미로 쓰고 있다.

25 흥미롭게도 마르크스 또한 "풍부한 인간이란 인간적 생활·활동의 총체성에 대한 욕구를 가진 존재, 자기실현을 내적 필연성으로, 욕구로 가진 존재이다"(『1844년 경제학철학 초고』)라고 말한 바 있다.

26 마셜의 유고에 기반해 경제적 진보와 인간역량의 진보에 대한 만년 마셜의 도달점을 보여주는 최근의 연구가 나와 있는데 대표적 논문으로 Caldrai and Nishizawa(2020); Nishizawa(2021) 참고. 또한 마셜의 외부경제론과 산업경제론을 다룬 연구로는 이병천(2016)을 참고할 것.

## 5. 결론

학현 변형윤의 경제학이 시종일관 분배적 정의와 경제민주화의 가치를 중심에 두면서 인간을 위한 경제를 지향한 것은 잘 알려진 바와 같다. 하지만 그의 경제학이 환경과 공존하는 가운데 더불어 사는 인간중심경제와 대중의 삶의 질 향상을 추구했다는 것, 그런 의미에서 사회생태 경제학의 면모를 가지고 있다는 점은 덜 주목되었다.

이 연구는 학현경제학이 한국에서 사회생태 경제학의 선구라고 볼만한 내용을 갖고 있음을 보여 주고자 했다. 본론의 2절에서는 학현경제학을 떠받치는 네 가지 기둥으로서 현실, 제도, 인간, 환경을 제시하고 학현전집의 공백지점을 지적했다. 3절에서는 성장·소비주의에 대한 학현의 사회생태적 비판을 분배적 불평등과 불공정, 자연적·사회적 환경파괴, 기업주권 아래 소비자욕망과 소비사회가 창조되고 과잉성장체제가 자가발전하게 만드는 의존효과와 전시효과, 경제성장과 경제발전의 구분 등 네 가지로 정리하고 삶의 질 향상을 중심으로 하는 학현의 대안적 발전 사고를 제시했다. 4절에서는 학현 사회생태 경제학의 사상적 원천으로 뮈르달, 갤브레이스, 마셜에 대해 살펴보고 그것들의 위상에 대해 언급했다.

학현이 가리키는 바를 한마디로 말하면 불평등을 타파하고 환경과 공존할 수 있는 지속가능한 발전을 통해 대중소비사회와는 결이 다른 사회생태적 대안경제의 길로 가자는 것이 될 것이다. 달리 말해 학현의 제안은 다방면의 불평등 및 불균형 타파와 생태적 전환이 통합적으로 추구되어야 함을 일러준다. 이 대안의 길에서 학현이 대중의 삶의 질 향상과 이를 가능케 하는 경제구조적 토대의 개선, 환경과 인간의 상생이 함께 추구되어야 함을 시종일관 말해 왔음을 우리는 알 수 있었다. 학현의 이 같은 비판적 분석과 대안의 제안은 기후위기와 불평등이 맞물려 돌아가는 오늘의 상황(조천호, 2023; 이병천, 2021)을 내다본 선구적 연구라는 의미를 가진다.

하지만 오늘날 우리는 지구가 거주불능장소가 될 수 있는 인류세적 기후생태위기 사태, 불로소득주의가 창궐하고 사회적 불평등이 극심한 상황과 대면하고 있다. 많은 논란을 불러일으키며 경제성장, 사회발전, 환경보전의 조화를 말했던 '지속가능한 발전'의 개념도 빛을 잃고 탈성장이나 포스트성장, '성장 없는 번영'과 같은 대안[27]이 출현했다. 거대한 전환의 시대는 관리주의적 환경보전 차원을 넘어 인간이 뭇 생명과 함께 생태계의 일원으로서 거기에 뿌리내린 존재라는 새로운 생태적 각성을 요구한다.[28] 이 각성위에서 오늘의 사회생태경제학은 새 전환의 길을 모색하고 있다. 따라서 지금의 문명적 위기 상황에서는 학현 사회생태 경제학의 유산은 미약해 보일 수 있고 명백한 한계를 갖고 있다. 화폐금융체제 및 자산경제의 비판적 분석과 대안이 미약한 것 또한 중대한 공백이다.[29] 이와 관련해 국민계정체계의 허점에 대한 근래 연구에는 금융과 부동산 부문(FIRE)이 실질가치를 창출하지 않는 데도 허구적으로 GDP에 포함된다는 것이 중요한 비판점이다(Hudson, 2022; Mazzucato, 2018). 그런데 학현의 GNP개념 비판에는 이 지점이 비어 있으며 갤브레이스와 뮈르달과 마찬가지다. 따라서 학현의 유산은 비판적으로 재구성되면서 새롭게 거듭나야 한다. 그럴 때 새 전환의 과정은 어쩔 수 없이 긴장도와 불협화음을 더 높이게 될 것이다. 관건은 한국 시민사회 운동역량이 거듭나는 한편, 대기업주와 가진 자들이 천민의식을 버리고 공공적 책임윤리를 갖는 것이다.[30]

27 이에 대한 최근 동향은 이병천(2022; 2023a) 참고.

28 환경과 생태계의 개념부터 명확히 구분해야 한다. 박이문(1998: 68~73) 참고. 디페시 차크라바르티는 행성시대 사유의 핵심 개념으로서 지속가능성 대신에 '거주적합성(habitability)'을 제시한다(Chakrabarty, 2021).

29 이는 마셜이 케인스에 의해 추월당한 대목이기도 하다. 학현은 포스트케인지언 경제학에 친화적이었던 만큼 예컨대 니콜라스 칼도어(Kaldor, 1982)의 내생화폐론에 대해 언급할 법한데 그런 언급은 보이지 않는다.

30 이와 관련해 학현이 기업가가 '경제기사도'적 공공정신을 가질 것을 요구한 것은 상당한 의미가 있다(변형윤, 2002).

학현 스스로도 마셜의 정신에 따라 자신의 경제학은 발전도상에 있으며 후학에 의해 추월될 것이며 또 추월되지 않으면 안 된다고 말한 바 있다(변형윤, 1982). 그럼에도 학현이 남긴 유산은 매우 값진 것이다. 우리는 그 소중한 유산을 딛고 법고창신의 길로 나아가야 한다.

## 참고문헌


강철규. 2012.「발간사」.『학현 변형윤전집』. 지식산업사.

김명희. 2023. "노동자의 시간은 느리게 흘렀다". ≪시사인≫, 840호(10월).

박이문. 1998.『문명의 미래와 생태학적 세계관』. 당대.

박현채. 1978.『민족경제론』. 한길사.

_____. 1986.『한국경제구조론』. 일월서각.

박호성. 2023.『인간론: 인간적인 인간을 위하여』. 범우.

변형윤. 1971. "경제성장과 소득격차 해소". ≪경향신문≫, 7월(전집 2권).

_____. 1972.「칼레키의 경기순환론에 관하여」. ≪경제논집≫, 11권, 4호(『현대경제학연구』와 전집 2권).

_____. 1976.『경기순환론연구』. 유풍출판사.

_____. 1979.「역자의 말」.『현대경제란 무엇인가』. 샘터.

_____. 1980a.『한국경제의 진단과 반성』. 지식산업사.

_____. 1980b(1978).「경제성장과 GNP의 의미」(『한국경제의 진단과 반성』 수록).

_____. 1980c(1978).「분배의 정의와 이념」(『한국경제의 진단과 반성』 수록).

_____. 1981a.「경제학에 있어서의 주류와 반주류」(『반주류의 경제학』 수록).

_____. 1981b.「경제발전론」.『경제학연구입문』, 9월(전집 2권).

_____. 1982.「앨프리드 마셜의 교훈」.『럭키그룹』, 8월(전집 1권).

_____. 1982-1983. 1957.『경제이론과 저개발지역』에 대한 서평[뮈르달(K. G. Myrdal) 지음]. 교보문고(현대의 명저를 찾아서). 12~1월(전집 2권).

_____. 1983.『분배의 경제학』. 한길사.

_____. 1984a.「신고전학파와 그 비판」. 변형윤·정윤형 편.『경제학대논쟁』. 매일경제신문사(전집 1권).

_____. 1984b. "자유주의경제의 이원구조". ≪한국경제신문≫, 1984년 6월 23일.

_____. 1985.『현대경제학연구』. 범조사.

_____. 1986a.『냉철한 머리 따뜻한 마음-경제기사도를 생각하며』. 지식산업사.

_____. 1986b.『한국경제연구』. 유풍출판사.

_____. 1988a.「경제민주화의 과제」. ≪경제학연구≫, 36권, 1호(12월).

_____. 1988b.「마샬의 경제발전론」. ≪경제논집≫, 27권, 4호(12월)(전집 1권).

_____. 1989[1995].『한국경제론』. 유풍출판사(2판, 3판).

_____. 1991.『경제와 휴머니즘』. 동아출판사.

_____. 1992.「경제민주화의 의의와 과제」. 변형윤 외.『경제민주화의 길』. 비봉출판사.

_____. 1995.「한국경제의 과제」. 변형윤 편.『한국경제론』. 유풍출판사.

_____. 1997a.「마셜경제학의 진화론적 기초」.『학술원논문집』, 36권(9월)(전집 1권).

_____. 1997b.「그릇된 이해를 벗자」. ≪서울경제신문≫, 1997년 7월 12일(전집 2권)

_____. 1999.「21세기 한국경제의 나아갈 방향」.『IMF관리후 한국의 경제정책』. 새날(전집 7권).

_____. 2000.『경제를 되새기며』. 여강.

_____. 2002. 「마셜의 경제기사도에 관하여」. ≪경제발전연구≫, 8권, 2호(전집 1권).
_____. 2011. "세계질서의 변화와 한국경제의 과제(기조연설)". 제38회 대한민국학술원 국제학술대회 "신세계질서와 한국경제의 안정적 성장".
_____. 2012a. 『학현 변형윤 전집』(1-9권). 학현변형윤전집간행위원회 편. 지식산업사.
_____. 2012b. 『냉철한 머리, 뜨거운 가슴을 앓다』(대화록. 대담자 윤진호). 지식산업사.
변형윤 외. 1992a. 『경제민주화의 길』. 비봉출판사.
_____. 1992b. 『국민은 이런 변화, 이런 정부를 원한다』. 정암문화사.
변형윤 편. 1981. 『반주류의 경제학』. 청람.
변형윤·김윤환 편. 1977. 『한국경제론』(1판). 유풍출판사.
유인호. 1973. 「경제성장과 환경파괴-성과와 대가에서 본 고도성장」. ≪창작과 비평≫, 8권, 3호(가을).
이병천. 2009. 「학현경제학의 한 해석」. 서울사회경제연구소 편. 『학현선생의 경제사상과 경제이론』 자료집.
_____. 2016. 「외부경제, 사회적 분업, 산업세계의 다양성: 마샬의 『경제학원리』와 숲의 경제학」. ≪경제발전연구≫, 22권 1호.
_____. 2021. 「거대한 위기와 전환의 정치: 생태복지국가의 길과 한국의 전환고개」. 이병천·김태동·조돈문·전강수 편저. 『다시 촛불이 묻는다』. 동녘.
_____. 2022. 「기후정의와 사회정의, 어떤 전환전략인가: 탈성장접근과 포스트성장접근」. 『시민과 세계』, 41호.
_____. 2023a. "생태·사회적 한계, 화석자본주의, 포스트성장의 다양한 경로". ≪프레시안≫, 2023년 7월 15일.
_____. 2023b. "변형윤, 갤브레이스, 폴라니". ≪경향신문≫, 2023년 10월 9일.
_____. 2023c. 「한국경제와 학현 변형윤: 성장물신을 넘어, 사람사는 경제를 향해」. 『학현 변형윤 선생 1주기 추모 공동심포지엄 자료집: 한국경제의 회고와 미래설계』(12월 15일). 서울사회경제연구소·한국경제발전학회·한국사회경제학회 공동주최.
조복현. 2013. 「투자이론에서의 이윤과 기대: 칼레츠키와 케인스의 투자이론」. ≪사회경제평론≫, 42호.
조영탁. 1997. 「제도주의 환경이론의 소개와 검토」. 『한밭대학교 논문집』, 14권.
_____. 2004. 「생태경제학: 방법론과 비전」. ≪사회경제평론≫, 22호.
_____. 2013. 『한국경제의 지속가능한 발전 전략: 생태경제학의 기획』. 한울.
조용범. 1976. "불평등은 성장의 저해요인이다". ≪월간 중앙≫, 6월.
조천호. 2023. "기후위기와 불평등은 맞물려 있다". ≪복지동향≫, 298호(8월).
Caldrai, K. and T. Nishizawa. 2020. "Economic, Ethical and Political Aspects of Wellbeing: Some Marshallian Insights from His Book on Progress." in K. Caldrai et al.(eds.). *Marshall and the Marshallian Heritage: Essays in Honour of Tiziano Raffaelli*. Palgrave Macmillan.
Chakrabarty, D. 2021. *The Climate of History in a Planetary Age*. University of Chicago Press〔이신철 옮김. 『행성시대 역사의 기후』. 에코리브르. 2023〕.
Galbraith J. 1958(1th)[1998(revised)]. *The Affluent society*. Houghton-Mifflin Company〔노택선 옮김. 『풍요한 사회』. 한국경제신문. 2006〕.

_____. 1981. *A Life in our Times*. Houghton-Mifflin Company〔이가형 옮김. 『우리시대의 한 삶: 갈브레이드 회고록』. 김영사〕.

_____. 1996. *The Good Society*. Houghton-Mifflin Company.

Galbraith, J. and Nicole Salinger. 1978. *Almost Everyone's Guide to Economics*. Houghton-Mifflin Company〔변형윤 옮김. 『현대경제란 무엇인가』. 샘터. 1979〕.

Gowdy, J. M. and J. D. Erickson. 2005. "Ecological economics at a crossroads." *Ecological Economics*, Vol. 53, No. 1.

Hudson, M. 2022. *The Destiny of Civilization: Finance Capitalism, Industrial Capitalism or Socialism*. Islet〔조행복 옮김. 『문명의 운명』. 아카넷. 2022〕.

Kaldor, N. 1982. *The Scourge of Monetarism*. Oxford University Press.

Marshall, A.1920. *Principle of Economics: An Introductory Volume*. 8th. Macmillan London〔백영현 옮김. 『경제학원리』 1-2권. 한길사. 2010〕.

Mazzucato, M. 2018. *The Value of Everything: Making and Taking in the Global Economy*. Public Affairs〔안진환 옮김. 『가치의 모든 것』. 민음사. 2020〕.

Minsky, H. 1972/2013. "Where the American Economy and Economists Went Wrong." *Ending Poverty: Jobs, not Welfare*. Levy Economics Institute.

Myrdal, G. 1957. *Economic Theory and Underdeveloped Regions*. Duckworth〔이기준·임종철 옮김. 『경제이론과 저개발지역. 1960〕.

_____. 1960. *Beyond the Welfare State: Economic Planning and Its International Implications*. Yale University Press.

_____. 1963. *Challenge to Affluence*. Pantheon Books〔최황렬 옮김. 『풍요에의 도전』. 장문각. 1974〕.

_____. 1970. *The Challenge of World Poverty*. Phantheon Books.

_____. 1973. *Against the Stream-Critical Essays on Economics*. Palgrave Macmillian〔조용범 옮김. 『반주류의 경제학』. 삼성문화재단출판부. 1976〕.

Nishizawa, T. 2021. "Alfred Marshall on Progress and Human Wellbeing." in R. Backhouse et al. (eds.). *Welfare Theory, Public Action, and Ethical Values*. Cambridge University Press.

Robinson, J. 1972. "The Second Crisis of Economic Theory." *The American Economic Review*, Vol. 62, No. 1/2〔변형윤 편저. 『반주류의 경제학』 번역 수록〕.

Solomon, B. 2023. "Social Ecological Economics." in B. M. Haddad and B. D. Solomon(eds.). *Dictionary of Ecological Economics: Terms for the New Millennium*. Edward Elgar.

Spash, C. L. 2017. "Social Ecological Economics." in *Routledge Handbook of Ecological economics: Nature and Society*. Routledge.

Spash, C. L. and A. O. T. Guisan. 2021. "A future of Social Ecological Economics." *Real-World Economics Review*, Vol. 96.

제3부

# 미래를 위한 경제 혁신

제1장

# 탄소중립 달성을 위한 몇 가지 제안

강남훈 | 한신대학교 명예교수

## 1. 머리말

현 정부에 들어와서 탄소중립 달성에 관한 비관론이 많아지고 있다. 예를 들면, 다음과 같은 견해들이다. "문재인 정부 탄소중립 계획은 환경단체 압력에 굴복한 것으로 실현 불가능하다. 뿐만 아니라 윤석열 정부 탄소중립 계획도 실현 불가능하다." "우리나라는 일조량이 부족해서 안 된다." "우리나라는 땅이 없고, 땅값이 비싸서 안 된다." "우리나라는 땅에 대한 애착이 많아 재생 에너지 발전소 인근 주민들과 합의가 불가능하다." "우리나라는 투자할 돈이 없고, 한국 정치에서 세금을 올리는 것은 금기이다." "온난화 적응해서 사는 수밖에 없다. 다행히 우리나라는 사막화가 진행될 것 같지는 않다."

그런데 이러한 비관론 내지 포기론은 우리가 탄소중립 달성하지 않았을 때 우리 후속 세대가 부담할 비용을 과소평가했기 때문에 생기는 태도이다. 탄소중립에 들어가는 비용이 후속세대가 탄소중립 달성 못 했을 때 부담해야 할 비용이 더 크다면, 당연히 탄소중립을 달성해야 할 것이다. 지구 온난화(global warming) 또는 지구 가열(global boiling)의 생태적 비용을 평가하기는 쉽지 않다. 다음과 같이 생각해 보자. 지구 온난화로 2100년 인구가 100억 명이고, 기온이 3℃ 증가한다고 가정해 보자. 기온이 3℃ 증가하면 식량 생산이 절반으로 감소한다(Lynas, 2020). 식량이 절반으로 줄어들면 인구의 25%가 줄어든다고 가정해 보자. 25억 인간의 생명, 이것이 바로 지구 온난화의 인간 생명 비용이다. 여기에 다른 생명의 비용이 추가되어야 한다. 우리나라의 탄소배출량의 비중이 약 1.8%이므로 약 4500만 명의 인간 생명은 한국의 탄소배출 때문에 희생되게 된다. 한국에서 탄소중립을 달성하는 데 아무리 많은 비용이 든다고 할지라도 한국에 사는 사람 수 정도의 인간 생명의 가치보다는 작을 것이다.

우리는 어떠한 비용을 들여서라도 탄소중립을 달성해야 한다. 그런데 희생되는 생명의 비용에 비하면 너무나도 작은 비용이다. 이 글은 우리나라에서 탄소중립을 달성하기 위한 몇 가지 제안을 하려고 한다.

## 2. 제안 1: 2035년까지 발전 부문에서 90% 탈탄소

2050년까지 탄소중립을 달성해야 한다는 데 국제적 합의가 있다. 문재인 정부에서도 2050년까지 탄소 중립 달성하고, 2030까지 2018년 비교 40% 탄소 감축을 약속하였다(NDC 상향안). 이때 2030년까지 재생에너지 비중은 30%였다. 그러나 윤석열 정부는 2030년 재생에너지 비중을 20%로 낮추었다.

지구 가열이 진행될수록, 탄소중립을 위한 국제사회의 압력이 세지고 있다. RE100 운동의 강화가 그 하나이다. RE100에 따르면 2030년 재생에너지는 60% 이상이어야 한다. RE100에서는 원자력을 인정하지 않고 있다. 우리나라 수출 대기업들은 2030년 한전에서 제공하는 전기를 사용하면 재생 전기 비중이 20%가 된다. 40%만큼의 재생 전기를 스스로 마련해야 한다. 윤석열 정부의 계획대로라면 2030년 수출 대기업들이 RE100 달성을 하기 어려울 것으로 예상된다. 윤석열 정부 재생에너지 목표 축소는 것은 수출 대기업으로 하여금 우리나라를 떠나라고 명령을 하는 것과 다름없다.

유럽 연합은 2023년부터 철강, 시멘트 등 6개 품목에 대해 탄소국경조정 제도(Carbon Border Adjustment Mechanism)를 시범 실시하고 2030년까지는 전 품목으로 확대시킬 계획이다. 유럽 연합은 원자력을 녹색 에너지에 포함시켰다. 단, 안전한 극저준위, 저준위, 중준위 폐기물 저장소가 있고, 2050년까지 고준위 폐기물 저장소를 마련해야 한다는 조건이 붙어 있다. 경주에 중저준위 폐기물 저장소밖에 마련하지 못한 우리나라는 이 조건을 맞추는 것이 불가능하다고 판단된다.

지구 온난화의 피해가 점점 가시화됨에 따라 탄소국경조정 제도는 보다 엄격한 기후 클럽으로 발전할 전망이다. 기후 클럽은 기후 정책에 협력하고 비회원국에 제재를 가하기로 합의한 국가 그룹으로 정의된다(Nordhaus, 2015). 기후 클럽은 클럽에서 정한 기준을 충족하지 못한 나라에 대해서 징벌적인 관세를 부과한다. 파리 협약처럼 자발적 협약으로는 무임승차자 문제 때문에 탄소중립을 달성하기 어렵다. 기후 클럽은 탄소중립을 달성하기 위한 유일하게 실효성 있는 방안이라고 할 수 있다. 국제 무역이라는 제도를 누구나 참여할 수 있는 공공재(public goods)에서 회원들만 참여하는 클럽재(club goods)로 만들어서 도덕적 해이를 막자는 것이다. 2022년 12월, G7은 독일의 적극적인 주장으로 기후 클럽을 만들기로 합의하였다(Federal Ministry for Economic Affairs and Climate Action, 2022.12.12). 탄소가격(탄소세 수준, 탄소배출권 가격)이 기후 클럽 가입의 조건이 될 것이다. 기후 클럽에 의해서 주도되는 국제무역체제를 기후무역체제라고 부를 수 있다.

만약 한국이 탄소중립을 달성하지 못해서 기후무역체제에서 배제되어 수출이 40% 감소한다고 가정을 해 보자(KBS, 2021.11.30). 2022년 한국 국민소득 2200조 원이었고 수출액 6900억 달러(900조 원)이었다. 수출의 부가가치 유발계수를 65%로 잡으면(한국은행, 2019) 585조 원의 국민소득이 수출을 통해서 창출된다. 이것의 40%는 234조 원이다. 탄소중립을 달성할 때까지 기후무역체제에서 제재를 받는다고 가정하면, 달성할 때까지 매년 234조 원의 비용을 지불하게 된다. 같은 말이지만, 매년 234조 원까지는 탄소중립에 투자해도 비용보다 편익이 더 크다는 결론이 나온다.

앞으로 기후무역체제가 성립한다고 전망할 때, 우리가 국제무역에서 배제되지 않기 위해서는 현재의 탄소중립 목표를 얼마나 앞당겨야 할까? 독일은 2035년까지 발전 부문 탈탄소 법률을 제정하였다. 영국과 미국도 2035년까지 전력 부문에서 탈탄소를 하겠다고 발표하였다. 우리나라도 2035년까지 발전 부문에서서 탈탄소를 거의 달성해야 기후무역체제에서 배제당할 위험을 최소화할 수 있다. 기업의 해외 이전을 막고, 수출기업의 경쟁력 상실을 막고, 재생 에너지 산업을 선도해 나갈 수 있다.

이 글에서는 2035년까지 전력 부문에서 90% 정도의 탈탄소를 달성할 것을 제안한다. 이것은 미국, 영국, 독일보다 10% 낮은 수준이다. 모자라는 10%는 탄소포집활용저장(CCUS) 기술 개발로 일부 상쇄할 수 있을 것이다. 원자력이 30%의 전기를 생산한다고 할 때 재생 전기가 60% 이상을 차지하면 된다. 윤석열 정부 계획대로 2030년 재생 발전 20% 목표를 달성한다고 할 때, 나머지 5년 만에 3배로 늘려야 하므로, 결코 만만한 과제가 아니다. 그러나 이보다 더 늦어져서 몇 년 동안이라도 기후무역체제에서 제재를 당하게 되면 우리 경제는 막대한 손실을 입고, 수십 년 동안의 쇠퇴 경로로 추락할 가능성이 크다.

2035년 발전 부문 탈탄소가 불가능할까? 불가능하지 않다. 국민들에게 탄소중립 비상사태를 알리고, 기후 채권을 발행해서 대규모 공공투자를 시행하고(제안 2), 필요한 토지를 시도별로 의무적으로 용도지정하도록 하면(제안 3) 가능하다.

## 3. 제안 2: 기후 채권 발행과 국가의 대규모 에너지 전환 투자

### 1) 투자 규모 추정

2022년 시행되기 시작한 미국의 IRA(Inflation Reduction Act)는 향후 10년 동안 약 7370억 달러의 세수를 확보해서 헬스케어와 에너지 전환 정책 등에 4370억 달러를 활용하고, 정부 부채를 줄이는 데에 약 3000억 달러를 사용하는 법안이다. 원래 계획은 3조 5000달러였는데 의회에서 합의하는 과정에서 규모가 대폭 줄어들었다. 법안의 이름과 달리, 인플레이션 감축보다도 에너지 전환에 초점을 맞추고 있다.

기후 변화 및 에너지 전환에 쓰일 3940억 달러 중 2160억 달러는 기업의 에너지 전환 투자에 대하여 환급가능한 세액공제 형태로 제공된다. 즉, 세액이 공제액보다 작은 경우에는 현금으로 지원된다. 소비자에게 세액 공제 형태로 지원되는 금액은 430억 달러이다. 전기 자동차 1대당 4000달러, 히트 펌프 설치 등에 대하여 1년에 1인당 2000달러가 지원된다.[1]

탄소중립을 달성하기 위해서 필요한 투자 규모에 대해서는 몇 가지 추정이 있다. 스턴과 스티글리츠는 2℃ 이하를 유지하기 위해서 필요한 연간 투자 규모에 대해서, 선진국은 2030년까지 투자가 GDP의 15%에서 18%로 3%p 증가해야 한다고 추정하였다. 한국에서 GDP의 3%는 연간 60조 원 정도이다. 국제에너지기구(International Energy Agency)는 2020년 전 세계 GDP의 2.5% 수준인 재생에너지 투자가 2030년까지 GDP의 4.5%로 증가해서 2050년까지 유지되어야 한다고 추정하였다(IEA, 2020). 한국에서 GDP의 4.5%는 약 90조 원에 해당된다. 그런데 윤석열 정부의 재생에너지 억압 정책으로 인해서 다른 나라에

---

1 https://www.mckinsey.com/industries/public-sector/our-insights/the-inflation-reduction-act-heres-whats-in-it.

비해 재생 에너지 투자가 부족할 것이므로, 우리는 2028년부터 2035년 사이에 2배 정도 더 큰 규모로 진행해야 한다.

제10차 전력기본계획에서는 2036년 최대전력 목표 수요를 118GW로 잡고 있고, 목표 설비를 143.9GW로 잡고 있다(산업통상자원부, 2023). 2035년까지 200GW의 신재생 전기 설비가 추가된다면, 산업, 운송, 주택의 전기화가 전력 기본계획보다 빠르게 진행된다고 하더라도 90% 탈탄소를 달성하는 데 충분할 것이다.

에너지경제연구원은 2022년 재생에너지 1GW당 건설 비용을 태양광 1조 3000억 원, 육상 풍력 2조 7000억 원, 해상풍력 5조 5000억 원으로 추정하였다(이근대·임덕오, 2022). 재생 에너지 건설 비용 하락 추세를 고려해서, 2028~2035년 사이 태양광 설치 비용을 평균 1조 원, 육상풍력 2조 원, 해상풍력 5조 원이라고 가정하고, 육지 및 수상 태양광 80%, 육상풍력 10%, 해상풍력 10%로 구성된다고 단순하게 가정하면, 200GW 설치에 약 300조 원이 필요하게 된다. 이 연구에서 재생에너지 30%일 때 재생 에너지 전력 시스템(재생에너지 그리드, ESS 등) 유지에 필요한 투자 비용이 70조 원으로 가정하고 있으므로, 재생에너지 60% 달성을 위해서는 약 140조 원이 필요하다고 볼 수 있다. 총 440조 원 중 공공에서 2/3를 투자하고 민간에서 1/3을 투자한다고 가정하면, 필요한 공공투자 규모는 약 300조 원이 된다. 여기에 더해서 200조 원을 운송과 건물 부문의 에너지 전환, CCUS 등 재생에너지 기술 개발과 핵융합 연구개발, 기업에 대한 재생에너지 투자 지원에 사용한다고 하면, 총 500조 원의 예산이 필요하게 된다.

### 2) 기후 채권 발행

이 글에서는 2035년까지 500조 원의 기후 채권을 0%의 이자율로 발행하고 중앙은행이 인수할 것을 제안한다. 0%의 이자율 발행은 다음과 같은 근거에 의해서 정당화될 수 있다.

첫째, 편익이 비용에 비하여 압도적으로 더 크다. 앞에서 추정하였듯이, 탄소중립 투자를 하지 않아서 기후무역체제에서 배제당할 때 매년 234조 원의 피해가 발생한다. 2년분의 피해액만 모아도 투자 비용을 능가한다. NREL은 미국에서 2035년까지 전력 부문 탈탄소할 때의 비용과 편익에 관하여 추정하였다. 이 연구에 따르면 편익이 비용의 3배에서 10배 사이이다(NREL, 2022).

둘째, 기후 채권은 현재 세대의 소비를 위해서 미래 세대에게 부담을 지우는 행위가 아니라, 기후 온난화로 인한 미래 세대의 비용 부담을 줄여주기 위한 투자이다.

셋째, 기후 온난화로 인한 피해는 탄소중립 달성이 늦어질수록 가속적으로 증가한다. 따라서 탄소중립 투자는 빨리 집행할수록 비용 대비 편익이 커진다.

넷째, 기후 채권 투자를 통해서 에너지 산업에서 공공지분을 확보하고, 공공지분에서 발생하는 수익을 전 국민에게 기본소득으로 배당으로 한다고 할 때(제안 5), 미래 세대가 기후 채권의 가장 큰 금전적 수혜자가 된다. 탄소중립을 달성함으로써 생명을 지키는 비금전적 편익은 말할 필요도 없다.

다섯째, 우리나라는 OECD 중 낮은 수준의 국가 부채비율과 가장 높은 수준의 가계 부채 비율을 가지고 있다. 기후 채권을 발행하더라도 국가 신인도 하락을 걱정할 필요가 없다.

여섯째, 정부의 에너지 투자는 태양광 모듈, 배터리, 에너지 저장 시설 등을 민간 기업으로부터 구매하는 것을 의미한다. 국내 기업의 매출을 증가시키고, 기술혁신을 촉진해서 한국 경제를 발전 경로로 다시 올려놓을 수 있다. 에너지 수입을 대체해서 내수 시장의 규모를 키우게 된다.

재생에너지 투자가 소비를 증대시키는 효과는 크지 않기 때문에 기후 채권 발행으로 인플레이션이 일어날 가능성은 크지 않을 것으로 판단된다. 그럼에도 불구하고 인플레이션이 일어난다면, 이자율 인상이나 지급준비율 인상 등의 방법으로 대응할 수 있다. 이자율을 인상시키면 재생 에너지 부문 이외의 민간 투자가 위축되겠지만, 이것은 불가피한 일이다. 기후 위기를 극복하기 위해서는 다른 민간 부문의 투자를 줄여서라도 재생 에너지 투자를 늘려야 있다.

### 4. 제안 3: 시도별로 면적의 1.5%를 재생에너지 용도로 지정

햇빛은 무한한데, 햇빛을 받을 수 있는 토지는 유한하다. 우리나라에서는 탄소 중립에 가장 큰 장애가 되는 것은 토지이다. 첫째로 토지가 너무 비싸다. 2022년 토지가치는 GDP의 5배 수준으로서 OECD 나라 중에서 최고의 비율이다. 영국은 3배, 제조업 경쟁 국가인 일본은 2.5배, 독일은 2배 정도이다. 재생 발전에는 화석 발전보다 넓은 토지가 필요하므로, 값비싼 토지는 재생 에너지 생산비를 다른 나라에 비해 비싸게 만드는 주된 요인이다. 둘째로 주기적으로 일어나는 부동산 투기로 국민들이 토지 가격이 상승에 대한 기대감이 커서 토지를 둘러싼 갈등이 크다. 주변에 태양광 설치된다고 하면 토지 가격이 하락할 것을 우려해서 극심한 반대가 일어난다.

재생 발전에 사용할 토지를 충분히 확보하지 못하면 탄소중립을 달성할 수 없다. 토지 확보 문제를 해결하기 위해서 독일의 모범적인 사례를 참고할 필요가 있다. 독일은 2022년 육상 풍력 에너지법을 통과시켰다. 이 법에 따르면, 독일의 13개 주에서는 2027년까지 육상 풍력 발전을 위해 국토 면적의 1.1~1.8%를 지정해야 하고, 2032년까지 1.8~2.2%를 지정해야 한다.[2] 2023년 이 법이 시행되면서 하루에 4, 5기씩 풍력발전기가 건설되고 있다.

이와 같이 토지를 의무적으로 재생에너지에 용도지정하는 것은, 독일이나 한국과 같이 토지가 넓지 않은 나라에서 탄소중립을 위해서 필요한 토지를 빨

---

2 https://www.bmwi.de/Redaktion/DE/Downloads/Gesetz/entwurf-eines-gesetzes-zur-erhöhung-und-beschleunigung-ausbaus-windenergieanlagen-an-land.pdf?

리 확보하는 좋은 방법이다.

첫째, 이것 모든 토지소유자가 탄소 중립을 위해서 자신의 토지 면적에 비례해서 희생을 하는 것이므로 공정한 방법이다. 다른 지역은 희생하지 않는데 우리 지역만 희생하라고 하면 어느 누구도 동의하기 힘들 것이다. 모두가 자기 주변 땅에 재생 발전소 설치를 반대하면 한국 경제는 쇠퇴 경로로 빠지게 되고 결국 자기 땅 값도 더 떨어지게 된다. 죄수의 딜레마이다. 법률로서 모두가 비례적으로 희생하게 만드는 것이 죄수의 딜레마에서 빠져 나오는 방법의 하나이다.

둘째, 더 적은 토지 비용으로 더 빨리 탄소중립에 필요한 부지를 확보할 수 있다. 발전소, 송전망, 저장시설 주변의 주민들이 높은 보상을 요구하면서 협의를 지체할 경우 시간이 걸릴 뿐만 아니라, 보상 비용의 증가로 전력 원가가 상승하게 된다. 법률로서 용도 지정을 의무화할 경우 토지 소유자들이 무리한 요구를 하기 힘들어진다. 특히 법률로 정한 만큼의 면적을 용도 지정하지 못한 지역에 대해서 벌금을 매긴다면 더 작은 비용으로 합의에 도달할 수 있다. 토지 비용, 보상 비용이 낮을수록 전기 요금이 낮아지고, 낮은 전기 요금은 전 국민에게 이익이 된다.

셋째, 환경 훼손을 최소한으로 하면서 계획적으로 재생 에너지 부지를 확보할 수 있다. 현재와 같이 사업자가 주민들과 협의가 되어 사업신청을 하는 장소부터 닥치는 대로 재생 발전 사업을 허락하게 되면, 환경 훼손이 큰 장소에서 먼저 사업이 시작되는 것을 막기 힘들어진다. 시도별로 가능한 공공기관 건축물, 민간 건축물, 주차장, 고속도로, 일반도로, 산책로, 호수, 바다, 농지, 산지 등을 모두 모아놓고 환경 부담이 가장 작고 건설비가 적게 들고 발전량이 많은 순서대로 지정을 해서 200GW 설비 용량을 건설할 수 있는 부지를 마련하는 것이 나라 전체로 환경 훼손을 가장 적게 하는 방법이다.

에너지 경제 연구원은 1GW당 필요한 부지 면적을 태양광 10km$^2$, 육상 풍력 5km$^2$로 추정하였다(이근대·임덕오, 2022). 200GW 목표를 채우기 위해서 육지만으로 부지를 확보한다고 하면 2000km², 육지의 2%가 필요하다. 우리는 바다 면적이 육지의 4배 이상이므로, 육지와 바다의 1.5%를 부지로 확보하면 2050년까지 충분할 것이다.

이러한 근거들에 입각해서 다음과 같이 제안한다.

광역 시도는 2030년까지 육지와 바다 면적의 0.7%를 재생 에너지 용도로 지정하고, 2035년까지 1.5%를 지정하도록 한다. 용도 지정을 위해서는 주민 합의가 완료되어야 하고, 환경부의 환경 평가를 받아서 환경부담이 작은 순서대로 지정하도록 한다. 부지 일정한 거리 이내의 주민들 및 경제활동을 하는 사람들에게는 매년 일정한 금액의 보상 연금이 지급된다. 연금 지급액은 전국적으로 비슷하게 조정한다. 부지를 지정하지 못하는 시도에 대해서는 벌금이 부과되거나 교부금이 삭감되며, 더 비싼 에너지 가격이 적용된다. 토지 가격이 비싸고 면적이 좁은 시도는 다른 시도로부터 상호 합의하는 가격으로 부지를 차입할 수 있도록 한다. 광역 시도는 기초 시군구에 대해서 유사한 원칙을 적용할 수 있다.

## 5. 제안 4: 전기 요금 인상과 탄소배당

앞으로 기후무역체제가 성립된다고 전망할 때, 탄소가격을 국제수준으로 유지하는 것이 무역 제재를 받지 않을 조건이 될 것이다. 이때 탄소가격은 탄소세, 탄소배출권 가격, 혹은 이 둘의 조합 모두를 의미한다.

탄소세는 휘발유와 경유에 대해서 교통·에너지·환경세, 부가세로서 교육세(교통·에너지·환경세액의 15%), 지방세인 자동차세 주행분(교통·에너지·환경 세액의 26%), 부가가치세(공급가액의 10%) 등이 부과되고 있다. 이 중 교통에너지환경세 비중이 가장 큰데, 2021년 16조 6000억 원이었는데, 2021년 11조 1000억 원으로 감소하였다(국회예산정책처, 2023). 우크라이나 전쟁으로 국제 유가가 오르자 정부가 세금을 인하한 것이다.

탄소배출권 거래제도 시범적으로 실시되고 있다. 2015년 도입되어 제3차 계획기간(2021~2025년)에는 유상할당을 10%로 확대하였지만, 실제로 2021년에는 5% 미만의 탄소에 대해서 탄소배출권 거래제가 실시되었다.[3] 한국의 2022년 12월 배출권 가격은 1t(t·배출권 1장)당 11.84달러로 2019년 12월(35.43달러)에 견줘 66.6% 하락했다. 반면 같은 기간 유럽연합은 26.97달러에서 91.38달러로 238.8% 급등했다(≪한겨레≫, 2023.7.18).

그런데 우리나라는 마이너스 탄소세, 즉 화석연료에 대해서 보조금도 지급하고 있다. 한전이 공급하는 전기 대부분이 화석 에너지에 의해서 생산되고 있는 상태에서, 가정과 기업에 대하여 원가 이하의 가격을 매기는 것은 화석 연료 보조금에 해당된다. 화석 연료 보조금의 크기는 한전의 적자 규모로 가늠할 수 있다. 원가 이하의 전기 가격으로 인해서 한전의 누적 적자는 2023년 200조 원을 넘겼다.

유럽 수준의 탄소가격을 유지하려면 전기 요금이 유럽 수준으로 증가해야 한다. 2023년 8월 기준 한국의 가정용 전기요금은 MWh당 106.8달러로서, 미국 151.2달러, 일본 240.2달러, 독일 348.9달러, 덴마크 518.3달러로 매우 낮은 수준이다. 산업용의 경우에는 차이가 조금 줄어든다. 한국 95.3달러, 미국 84.5달러, 독일, 203.5달러, 일본 146.8달러이다.[4]

앞으로 기후무역체제에서 무역 제재를 당하지 않기 위해서는 전기 요금이 유럽 수준으로 인상되어야 한다. 적어도 지금의 2배 수준으로 인상되어야 한다는 것을 의미한다. 그러나 어떤 정부도 이 정도의 전기 요금을 인상하면서 지지율을 유지할 수 없다. 국제 유가가 오를 때마다 탄소세를 낮추고 화석 연료

---

3 "2021년 정부는 배출권 5억 8480만 개(톤)을 풀면서 이 가운데 97.4%(5억 7010만 톤)를 공짜로 줬다. 그해 기업 배출량이 5억 9100톤이었으니 배출량 96.4%를 공짜로 내뿜은 셈이다"(≪한국일보≫, 2023.7.4).

4 https://home.kepco.co.kr/kepco/EB/A/htmlView/EBAAHP007.do.

보조금을 증가시키자고 하는 데에는 여당과 야당이 구분되지 않는다.

정치인들이 정치적 부담 때문에 에너지 가격을 올리지 못하는 문제를 해결하는 하나의 방법은 전력 요금 결정을 정부의 손에서 떼내어서 완전히 시장에 맡기는 것이다. 한전과 발전공기업을 완전히 민영화하고 가격이 민간업자들에 의해서 자율적으로 결정되도록 하면 전력 요금은 국제 가격 수준으로 인상될 것이다. 그러나 이 경우에도 정부는 국제 수준에 맞는 탄소가격을 유지해야 하는 임무가 있으므로, 정치인들이 정치적 부담에서 완전히 벗어날 수는 없다. 저소득층 상당수가 난방비를 충당할 수 없게 될 것이고 저소득층과 중산층의 실질소득이 크게 감소하여 불평등이 심화될 것이다. 이런 식으로 하면 극심한 불평등 속에서 탄소중립을 달성하게 될 것이다.

이 글에서는 다음과 같이 탄소배당과 함께 단계적으로 전기 요금을 인상함으로써 불평등을 확대시키지 않으면서 탄소중립을 달성할 것을 제안한다.

첫째 단계. 현재의 교통에너지환경세를 우크라이나 전쟁 이전 수준으로 정상화하고, 그 수입 전체를 탄소배당으로 전 국민에게 지급하면서, 한전 적자가 나지 않은 수준으로 전기 요금을 인상한다. 기업에 대해서는 기후 채권 발행(제안 2)으로 재생에너지 투자를 지원한다.

둘째 단계. 탄소가격을 2035년까지 유럽 수준으로 인상하면서, 탄소세 또는 배출권 판매 수입 증가분 전체를 전 국민에게 탄소배당으로 지급한다. 기업의 재생 에너지 투자에 대해서는 기후 채권 발행으로 지원한다.

탄소배당과 관련해서 탄소세 또는 탄소배출권 판매 수입의 일부를 저소득층 에너지 바우처로 지급하고 나머지를 탄소중립 투자에 사용하자는 주장이 있다. 그러나 이 주장은 다음과 같은 몇 가지 한계를 갖고 있다.

첫째, 저소득층에게도 에너지 소비를 줄이는 유인이 있어야 한다.

둘째, 중산층 실질소득 감소도 정치적으로 감당하기 쉽지 않다. 설령 중산층이 한두 번은 전기 요금 인상을 감내한다고 할지라도 탄소중립이 달성될 때까지 지속적으로 증가하는 것을 감내하기는 힘들다.

셋째, 무엇보다도 불평등이 증가하는 탄소중립은 바람직한 결과라고 보기 힘들다.

넷째, 탄소중립 투자는 탄소세 수입으로 충당하기 불가능한 규모이다. 탄소중립 투자는 기후 채권을 발행해서 마련해야 한다.

## 6. 제안 5: 공유부 배당 — 햇빛연금과 바람연금

정의로운 에너지 전환을 발전 산업 노동자들의 일자리가 줄어들지 않는 에너지 전환이라는 개념보다 폭넓게 정의할 필요가 있다. 이 글에서는 정의로운 전환을 불평등이 증가하지 않는 에너지 전환으로 정의하려고 한다. 물론, 불평등이 증가하지 않는 전환을 위해서는 당연하게 발전 산업 노동자들의 일자리가 줄어들지 않는 것이 바람직하다.

탄소중립을 달성하기 위해서는 높은 탄소가격이 필수적이다. 탄소세 인상을 통해서 탄소가격을 높여가는 경우를 생각해 보자. 처음에 탄소세가 인상되면 에너지 가격이 높아진다. 높은 에너지 가격은 재생 에너지를 수익성 있게 만들어서 재생 에너지 생산이 늘어나게 된다. 이렇게 되어서 화석 에너지 사용량이 80%로 줄어들었다고 가정해 보자. 탄소세 인상으로 에너지 가격이 증가하였기 때문에 가계의 에너지 지출은 증가한다. 탄소세 수입은 에너지 지출 증가분의 80%가 된다. 탄소세 수입 전체를 탄소배당으로 지급하면 저소득층과 중산층 대부분 가계에서 늘어난 에너지 지출액 이상으로 탄소배당을 받게 되어 실질 소득이 증가하게 된다.

그런데 탄소세가 더욱 인상되어 에너지 가격이 더욱 높아지고 재생에너지 사용량이 80%로 늘어나고 화석에너지 사용량이 20%로 줄어들었다고 가정해 보자. 에너지 가격이 높아졌으므로 가계의 에너지 지출은 더욱 증가한다. 탄소세 수입은 에너지 지출 증가분의 20%가 된다. 탄소세 수입 전체를 탄소배당으로 지급한다고 할지라도 저소득층과 중산층 대부분의 가계에서 탄소배당이 늘어난 에너지 지출액에 못 미치게 된다. 저소득층과 중산층의 실질소득이 줄어들고 불평등이 증가하게 된다. 탄소배당만으로는 불평등이 줄어드는 에너지 전환을 달성할 수 없다.

다른 한편으로 탄소세가 인상되면 재생에너지 기업들은 수익이 증가하게 된다. 아무런 기술혁신이 없더라도 탄소세가 올라가면 올라갈수록 수익이 늘어나다. 탄소세로 인해서 횡재를 얻게 되는 셈이다. 재생 에너지 기업에 투자하거나 대출을 한 금융자본도 막대한 이익을 얻게 된다. 중산층과 저소득층 가계의 실질소득은 줄어들지만 금융자본과 재생 에너지 자본의 횡재는 더욱 늘어난다. 부자는 더 부자가 되고 가난한 사람은 더 가난하게 된다.

이 문제를 해결하는 하나의 방법은 재생 에너지 기업에 횡재세를 부과하는 것이다. 그러나 이 방법은 재생 에너지 기업의 수익성을 악화시키므로, 재생 에너지 전환을 촉진하는 방향과 어긋나게 된다.

이 글에서는 다음의 두 가지 방법으로 불평등을 확대하지 않으면서 에너지 전환을 달성할 것을 제안한다.

첫째, 주민들이 재생 에너지 기업에 참여하는 것이다. 햇빛 발전소, 바람 발전소 같은 협동조합을 만들어서 조합원 배당으로 에너지 기업의 이익을 나누어 가지는 것이다. 지역 주민에 대한 햇빛 연금, 바람 연금이다. 이것은 소규모 발전소에 적합하다.

둘째, 대규모 발전소는 정부에서 투자를 통해 지분을 확보하고, 지분으로부터 나오는 수익을 모아서 전 국민에게 기본소득을 지급하는 것이 바람직할 것이다. 전 국민에 대한 햇빛 연금, 바람 연금이다. 햇빛과 바람은 지역주민의 것이기도 하지만, 전 국민의 것이기도 하다. 정부의 투자금은 기후 채권을 발행해서 마련한다. 저소득층과 중산층은 탄소 배당 이외에 햇빛 연금, 바람 연금으로 에너지 지출 증가를 충당할 수 있다.

이렇게 정부 투자로 공유지분을 확보하고 지분으로부터 나오는 수익을 적립해서 전 국민 햇빛 바람 연금으로 지급하는 경우, 재생 에너지 기업의 초과 이윤과 정상 이윤에 공유지분 비율을 곱한 금액을 환수하게 된다. 이렇게 환수 금액이 초과 이윤에 미달할 수도 있고 초과할 수도 있지만, 재생에너지 기업의 정상이윤까지는 환수하지 않는 수준에서 적절히 조절할 필요가 있다.

이와 같이 지역주민과 전 국민의 햇빛 연금과 바람 연금을 통해서 불평등을 확대시키지 않는 에너지 전환을 달성할 수 있다. 마침 모범적인 사례가 있다.

신안군은 2030년까지 태양광 1.8GW, 해상풍력 8.2GW를 계획하고 있다. 이것은 2030 신재생 목표 71.5GW의 14%에 해당된다. 발전소 설립 법인(SPC)에 주민자본 30%(총자본의 4%)를 참여시켜서, 이익의 30%를 햇빛 연금으로 공유하고 있다. 2023년 현재 햇빛연금은 5개 섬에서 발전소로부터의 거리와 발전소 규모에 따라서, 1인당 연간 40만 원에서 240만 원까지 차등해서 지급하고 있다. 햇빛연금은 섬 주민 공유부 배당의 성격과 보상의 성격을 함께 갖고 있는데, 현재로서는 지역주민 보상의 성격이 강하다고 볼 수 있다. 그런데 민간투자 48조 원이 들어가는 해상풍력이 완성되면 신안군에 매년 3000억 원의 수익이 생기고 신안군 전체 주민에게 1인당 월 50만 원의 바람연금을 지급할 계획이다. 이렇게 되면 공유부 배당의 성격이 강해진다.

신안군 발전소가 금융자본으로부터 약 85%의 투자나 융자를 받았다고 할 때, 발전소 수익의 85%는 금융자본의 몫이 될 것이다. 만약 이 몫을 정부에서 투자해서 지분으로 확보한다면 공유부 배당에 필요한 상당한 규모의 재원을 마련할 수 있다. 정부의 재생 에너지 투자를 재생 에너지 기업에 퍼주는 것에 그칠 것이 아니라 정부 지분을 확보하고, 그로부터 나오는 수익을 모아서 전 국민에게 햇빛연금과 바람연금을 지급하면 불평등을 줄이면서 탄소중립을 달성할 수 있을 것이다.

## 7. 제안 6: 발전 공기업 대통합

앞으로 기후무역체제가 성립되면 한전 적자는 화석 연료 보조금에 해당되기 때문에 국제적으로 무역 제재를 받게 된다. 적자 상태인 한전을 가지고 탄소 중립을 달성하기 힘들다. 한전 적자로 송전 투자가 위축되어 재생 발전을 하더라도 쓸 데가 없어서 재생 발전량을 줄이려는 거꾸로 가는 조치까지 나오고 있다.

한전 적자로 민영화 압력이 가중되고 있는데, 민영화는 결코 바람직한 대안이 아니다. 한전을 민영화시키면 전기 요금이 한계원리에 따라서 책정된다고 할 때, 가장 생산비가 많이 드는 발전소의 생산비가 기준이 되기 때문에 전기 요금이 높아지게 된다. 심지어 대규모 민간 발전소들의 담합으로 경쟁가격을 넘는 독점가격 수준에서 책정될 위험도 있다. 이렇게 되면 불평등이 증가하게 된다. 한전 민영화는 에너지 안보 차원에서도 바람직하지 못하다. 우크라이나 전쟁과 같은 사태가 일어나서 에너지 가격이 급등하게 되면 한국 경제에 더 큰 충격이 가해질 수 있다.

발전 공기업 전체를 한전을 지주회사로 해서 대통합을 하는 것이 필요하다. 대통합된 한전에 탄소중립 미션을 부여하고 기후 채권 발행으로 풍부한 예산 지원을 해야 한다. 재생 에너지 그리드, 저장 시설 투자 등을 한전이 책임지고 수행하게 해야 한다. 그렇게 함으로써 질서 있고 효율적으로 에너지 전환을 할 수 있다.

한전 대통합으로 노동자들의 일자리를 줄이지 않는 에너지 전환이 가능하다. 화석 발전소 노동자들을 재생 발전소나 저장 시설에 재배치 할 수 있기 때문이다. 한전 대통합은 발전공기업의 수익으로 한전의 적자를 일부 상쇄할 수 있으므로 그 즉시 한전 적자 해소에 도움이 된다. 분할된 발전 공기업 경영진의 수를 줄여서 비용도 절약할 수 있다.

정부는 대통합된 한전이 민간 재생 발전소를 육성에 도움을 주도록 명령할 수 있다. 협동조합과 기업 등 민간 재생 발전소가 전체 전력 생산의 30% 정도의 비중을 차지하는 것이 적합할 것이다. 한전은 민간 발전소의 계통 연결을 보장하고 저장 시설을 제공하는 등 민간 발전소 투자 수익을 보장할 수 있다. 대통합된 한전은 대규모 투자와 국제간 신뢰가 필요한 일본과 중국 사이의 수퍼 그리드 건설에도 유리하다. 한국이 피크일 때 다른 나라로 전력을 제공하고 다른 나라가 피크일 때 그만큼의 전력을 제공받는다면 발전소 설비 용량과 에너지 저장 시설 용량을 절약할 수 있다.

## 참고문헌


국회예산정책처. 2023.「2023 대한민국 조세」.

산업통상자원부. 2023.「제10차 전력수급기본계획」.

이근대·임덕오. 2022.「재생에너지 공급확대를 위한 중장기 발전단가(LCOE)전망 시스템 구축 및 운영(3/5)」. 에너지경제연구원. 기본연구보고서 2022-23.

≪한겨레≫. 2023.7.18.

한국은행. 2019. 산업연관표.

≪한국일보≫. 2023.7.4.

KBS. 2021.11.30. "기업 생존전략된 'RE100'…뒤처지면 수출 40%↓". https://news.kbs.co.kr/news/view.do?ncd=5337609.

Federal Ministry for Economic Affairs and Climate Action. 2022.12.12. "G7 establishes Climate Club" https://www.bmwk.de/Redaktion/EN/Pressemitteilungen/2022/12/20221212-g7-establishes-climate-club.html.

IEA. 2020. "Net Zero by 2050: A Road Map for the Global Energy Sector." https://www.iea.org/reports/net-zero-by-2050

Lynas, Mark. 2020. *Our Final Warning: Six Degrees of Climate Emergency*〔김아림 옮김.『최종 경고: 6도의 멸종』. 세종 서적. 2022〕.

National Renewable Energy Laboratory. 2022. "Examining Supply-Side Options to Achieve 100% Clean Electricity by 2035." https://www.nrel.gov/docs/fy22osti/ 81644.pdf.

Nordhaus, William. 2015. "Climate Clubs: Overcoming Free-riding in International Climate Policy." *American Economic Review*, Vol. 105, No. 4(April 2015), pp. 1339~1370.

Stern, Nicholas and Joseph E. Stiglitz. 2023. "Climate change and growth." *Industrial and Corporate Change*. Vol. 32, Iss. 2(April 2023), pp. 277~303. https://doi.org/10.1093/icc/dtad008.

제2장

# 에너지전환과 통합전력망 운영*

김윤자 | 혁신더하기연구소 이사장, 한신대학교 국제경제학과 교수

## 1. 서론

이 글의 목적은 에너지전환에 효과적으로 부응하기 위해 전력망의 역할을 검토하는 것이다. 에너지전환과 관련하여 정부를 비롯한 관련 기관이 제시하는 여러 시나리오의 목표치는 예상 전력수요와 탄소감축량에 따른 전력부족분, 그리고 이를 보완하기 위해 필요한 재생에너지 공급량에 초점이 맞춰져 있다. 그러나 이 전력을 수송할 전력망, 전력계통에 대한 고려가 상대적으로 소홀하여 그 실현 가능성이 우려되고 있다. 분산된 재생에너지의 전력을 융통하고 수송하는 과정을 어떻게 구상할 것인지 그 지배구조와 전력계통 구성에 대한 전망이 제시되어야만 에너지전환이 실질적으로 가능할 것이다. 이 글은 이러한 검토를 위한 전제로서 에너지전환에 대응하는 전력망의 역할을 살펴보고자 한다.

---

* 이 글은 부경대학교 산학협력단 보고서 「포스트 코로나 시대 그린 뉴딜과 에너지 전환의 성공을 위한 전력 산업의 역할」(2022.2.10) "제3부 분산형 전원과 전력망의 안정성 관리 제3장 전력망 연계와 통합전력망 운영"을 수정·보완하였음.

우리는 이 글에서 미래의 전력망에 대하여 "분산"과 "통합"의 시너지, 즉 전력망의 "물리적 분산과 망 상호 간 조율 시스템의 통합"이라는 전망을 제시하고자 한다.

서론에 이어 2절에서는 각국 전력기업들의 전력망 사업부문이 증대하는 추세를 설명하고 3절에서 다방향의 전력망 연계를 시도하는 모델로서 그물망(Meshed Grid), 클러스터 확장형 등을 검토한다.

4절에서는 통합전력망의 공익적 관리를 검토한다. 먼저 망 개방을 둘러싸고 소매경쟁 도입을 주장하는 일부의 논리를 살펴본다. 이를 통해 소매경쟁의 편익(benefit)이 거래비용 증가 등 비용(cost)보다 작을 수 있다는 점, 장기적인 경제성의 저하, 신뢰도 악화, 친환경 전원의 보급 저해 등을 초래할 수 있다는 점 등을 지적한다. 또한 분산형 전력망과 기존의 집중형 전력망이 택일적 관계(trade-off)가 아니라 상보(相補, mutual-complementing)의 관계임을 지적한다.

5절 결론에서는 통합 전력망 플랫폼에서 전력 공기업을 활용하는 방안을 제시한다. 플랫폼 독점에 대한 Lina Khan, Jean Tirole 등의 비판을 바탕으로, 다층적이고 다방향적인 미래 전력망의 공익적 플랫폼 운영자(platform operator) 혹은 '플랫폼 조정자'(Platform Coordinator: PC)로서 전력공기업의 역할을 살펴본다.

## 2. 전력망 사업의 비중 증대 추세

에너지전환의 추세에 대응하여 각국 전력기업들은 경영전략을 전환하고 있다. 대체로 그 방향은 전통적인 발전방식에서 재생에너지발전으로의 전환, 그리고 사업부문별로는 발전부문에서 송/배전망 부문으로의 집중으로 나타나고 있다. 간헐성이 높은 재생에너지와 중앙 통제가 어려운 분산형 전원이 확대되면서 전력공급의 안정성이 저하되고 부하예측의 불확실성이 증가하자, 각국 전력기업들은 전력공급 안정성을 강화하기 위해 망 설비 투자에 집중하고 망 관리의 안정성과 효율성을 높여줄 디지털화 투자에 집중하고 있는 것으로 보인다. 이에 따라 수직통합형 전력기업 내에서는 부문별로 송/배전부문의 영업이익률이 가장 높게 나타나고 발전과 판매부문의 영업이익률은 상대적으로 저조하게 나타나고 있다.

한편으로 전통적인 화력발전 및 원자력발전의 자산가치가 하락하면서 각국 전력기업은 이를 매각하거나 조기폐쇄하고 있다. 대표적인 예로 독일의 E.ON은 매각 혹은 RWE와의 스왑을 통해 발전사업에서 철수하여 망사업과 솔루션에 주력하고 있다. 판매부문도 에너지효율 향상으로 인한 수요둔화 및 판매사간 경쟁 심화에 따라 주요국에서 1~3% 수준의 영업이익률을 나타내고 있다. 일부 전력판매사는 고객유치를 위해 가스 혹은 에너지서비스(EMS, 분산전원, EV충전 등)와 결합한 결합상품 제공 전략, 인센티브 제공 등으로 수익성 확보에 나서고 있다. 일례로 일본 도쿄에서는 소프트뱅크, 라쿠텐, 아마존 JAPAN 등 신전력공급사가 신규고객 확보를 위해 전기, 휴대전화, 가스 등의 결합상품을 판매하고 있다. 미국 텍사스의 발전·판매 유틸리티 Reliant Energy도 마일리지, 포인트 등의 부가서비스를 제공하여 고객유치를 꾀하고 있다(이지희 외, 2020: 5).

다른 한편으로 분산형 전원과 분산 전력망이 확대되면서 기존의 중앙집중적 전력망에 대한 의존도가 상대적으로 감소할 가능성이 나타나고 있다. 이때 송전사업자를 비롯한 종전의 전력망 사업자는 한편으로 기존 망 자산의 좌초비용(stranded cost)을 비롯한 재무적 위험과 함께 다른 한편으로 계통운영의 혁신에서 오는 새로운 사업기회와 마주한다. 이제 전력망은 다양한 분산형 전원의 연계에 따른 혼잡 관리와 고도의 유연성 확충, 다양한 수요와 공급여건을 고려한 복합적인 망 균형 유지, 종전과는 달라진 송/배전망 간 다방향 소통 및 협력 등을 요구하고 있다.

이처럼 분산형 전원이 확대되고 망 사업의 중요성이 증가하면서 각국 전력회사들의 사업부문별 수익기여도에서도 변화가 나타나고 망 사업분야의 이익 비중이 증가하는 것으로 확인되고 있다.

수직통합기업을 대상으로 한 조사에 따르면, 영국 전력기업의 송/배전 부문 영업이익률은 35~50%인 데 비해 판매부문 이익률은 1% 수준, 발전부문의 평균 영업이익률은 12.8%로 나타나고 있다. 미국의 경우에도 송/배전 사업부의 영업이익률은 최대 54%에 달하는 데 비해 판매사업 수익률은 2.2%에 불과했다. 유럽에서는 2000년대 전력자유화 이후 유럽연합의 전력지침에 의해 송전망 개방 및 송전망 중립성이 요구되고 있어서 독립 송전망 사업자만이 송전사업을 수행하고 있다. 따라서 송전부문을 예외로 하면 유럽의 배전부문 영업이익률은 약 20%에 이르고 이는 발전이나 판매부문 영업이익률의 2~5배에 해당하는 것으로 나타났다(이지희 외, 2020: 2~4).

특히 영국의 경우 6개 전력기업을 대상으로 2014~2018년간 영업이익률 평균을 보면 송전 부문에서 34.2%, 배전부문에서 50.4%의 영업이익률을 보여 발전부문 12.8%, 판매부문 0.9%와 대비되고 있다. 영국의 송전망 사업자 National Grid는 안정적인 망사업 수익을 기반으로 해외 진출을 통해 성장성을 지속하고자 한다. 특히 미국에 자회사를 설립함으로써 송전망과 신재생 사업을 확대하고 있다. 망사업의 수익구조는 규제체계와 관련이 깊은데, 영국은 성과기반 보상 규제체계를 통해 망사업을 규제하고 있다. 영국의 RIIO(Revenue = Incentives + Innovation + Output) 규제체계에 따르면 망사업자에 대한 보상은 기저수익, 투자보수, 성과기반 보상으로 구성되어 있다. 규제기관은 망투자에 대한 이익으로서 투자보수를 제공하며 별도로 성과기반의 추가 인센티브를 제공한다. 이에 따라 망사업자는 투자비 절감과 성과기반 보상체계를 통해 이익을 창출할 수 있다.

그동안 National Grid는 망 신뢰도 유지와 투자비 절감을 위해 성과기반의 보상체계에 대응하여 투자 성격을 이원화해 관리했다. 먼저 신규 설비투자를 축소함으로써 총 투자비를 감축하고 규제체계상 투자비 절감에 따른 인센티브를 획득했다. National Grid는 다른 한편 성과기반 네트워크 관리를 통해 투자

규모 축소로 인한 신뢰도 저하를 방지하고 안정적인 공급을 보장한다. 망 운용 인력과 자산평가 알고리즘이 각각 송변전 자산 상태를 정기적으로 평가하고 평가모형상 고장확률이 기준점을 초과할 경우 자산을 선택적으로 보강 혹은 교체함으로써 노후화된 설비의 일괄교체로 인한 투자비 증가를 방지한다(이지희 외, 2020: 12).

미국의 Exelon은 원전과 배전망사업을 중심으로 한 성장전략을 수립하고 저탄소 전원에 지급하는 정부 보조금(Zero Emission Credit)과 용량요금 확보를 통해 원전의 수익성을 유지하고 있다. Exelon 등 미국 9개 전력기업의 2016~2018년간 평균 영업이익률은 송전 및 송배전이 속한 사업부의 경우 최대 54%에 달하는 반면 판매사업은 2.2%에 머물렀다. 특히 발전/송배전/판매의 수직통합 유틸리티의 경우 23.4%의 이익률을, 발전과 판매를 겸한 유틸리티의 경우 4.8%, 송전사업 유틸리티는 53.9%, 송배전과 판매를 겸한 경우 20.8%, 판매부문은 2.2.%의 이익률을 각각 기록하였다.

유럽에서도 2016~2018년간 평균 영업이익률은 배전부문이 20%로 판매 부문 영업이익률의 2~5배를 나타냈다. 이탈리아의 Enel과 독일의 E.ON은 전체 영업이익 중 배전망 사업부문의 영업이익이 절반 이상을 차지했다. 이탈리아의 공기업인 Enel은 동유럽의 원전 및 국내외 석탄발전 13GW를 매각하여 전통적인 발전 부문을 축소하는 대신 미국과 남미의 재생에너지를 적극 공략하고 있으며, 특히 남미지역 배전망기업 인수를 통해 성장을 도모하고 있다. Enel의 경우 2018년 배전부문 매출비중은 17%인 반면 영업이익 비중은 56%였다. 이에 비해 발전부문 매출비중은 약 47%이나 영업이익 비중은 13%로 낮았다.

프랑스의 전력 공기업 EDF는 원전과 신재생, 배전망 중심의 성장 전략을 구축하여 경영전략 CAP 2030에서 원전, 신재생, 배전망 중심 성장체계를 구축할 것을 밝혔다. 이 중 원전사업의 경우 국내는 원전비중을 50%로 감축하는 반면 해외 사업은 신흥국 지역에서 신규 사업을 추진하는 방향으로 나아가고 있다.

앞에서 본대로 독일의 E.ON은 원전, 화력자산 가치하락으로 인한 대규모 손

〈그림 2-1〉 전력산업 사업부문별 이익기여도 변화 전망, 2015~2025

(단위: 10억 유로)

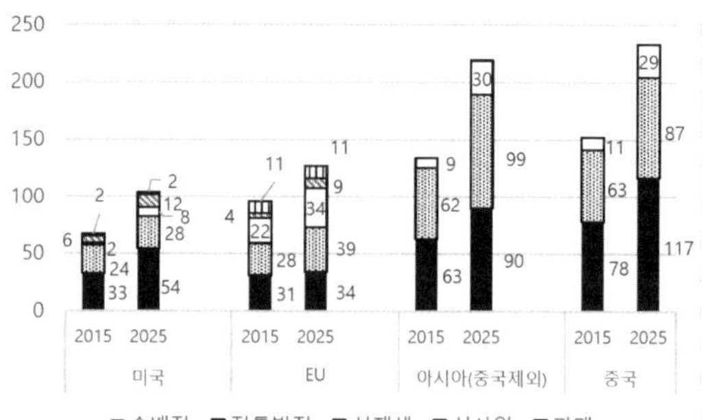


자료: McKinsey, "How utilities can keep the light on"(2018). 이지희 외(2020: 4)에서 재인용.

실 이후 발전자회사 매각 및 RWE와의 자산교환을 통해 사업을 완전히 철수했고 배전망 및 솔루션(판매) 사업에 집중하고 있다. 이에 따라 E.ON의 배전부문 영업이익 비중은 전체 대비 57%를 차지했다. 반면 RWE는 기저전원인 전통발전원에서 수익 창출이 가능할 것으로 판단하고 전통발전과 신재생을 결합한 성장전략을 수립하고 있다. 2018년 E.ON과 RWE는 자산교환 방식을 통해 사업부문을 재조정했다. E.ON은 배전망과 판매사업만을 수행하고 RWE는 발전(신재생, 화력)과 트레이딩 사업을 수행한다. E.ON은 RWE의 배전, 판매사업 인수 이후 2019년 영업이익이 전년 대비 30% 증가할 것으로 전망하고 있다. 그러나 RWE는 이익증가는 발생하나 전년 대비 10% 미만에 불과할 것으로 전망하고 있다. 현재는 사업재조정 초기단계로 변화의 가능성이 높지만 배전과 판매사업을 선택한 E.ON의 경영전략이 RWE의 전략에 비해 우월한 것으로 평가되고 있다.

스페인 Iberdrola는 2000년대부터 정부 보조금을 기반으로 풍력과 배전망 중심의 사업체계를 구축했다. 2010년대 이후에는 자국의 보조금 축소에 대응하여 영국, 미국 등의 선진국지역의 풍력발전과 배전망 투자를 확대하고 있다(이지희 외, 2020: 2~5).

## 3. 다방향 전력망의 연계 모델

재생에너지를 비롯한 분산형 전원의 확대에 따라 물리적으로는 각 전력망이 분산될 수 있다. 그러나 전력수급의 조절과정에서 오히려 망 상호 간의 소통과 조율은 양방향/다방향으로 중층화되는 계통시스템의 연계와 조율을 요구하게 된다. 따라서 망의 물리적 집중은 분산되더라도 각종 IT기술과의 접목을 통해 효율적인 조율과 통합을 지향하는, 전력망의 "물리적 분산과 망 상호 간 조율 시스템의 통합"이 미래 전력망의 발전방향을 시사한다.

요컨대 분산형 전원의 증대는 송/배전/소비자/중계자 등 다양한 참여자 사이의 조율을 더욱 필요로 한다. 신뢰성 있고 복원력 있는 망을 위해 새로운 TDC(송/배전/고객) 협조틀(new transmission-distribution-customer operational coordination frameworks)의 운용이 요구되는 것이다(Martini, 2019). 바꾸어 말하면, 분산전원은 오히려 총괄적 운용시스템을 요구한다는 것이다. 물리적으로 전원과 망이 분산될수록 이들을 총괄적 시스템으로 연계해주는 전력 플랫폼 플레이어, 즉 플랫폼 운영자(platform operator) 혹은 플랫폼 조정자(PC)가 중요해지는 것이다.

예컨대 네덜란드와 독일에서 송전사업을 하고 있는 TenneT는 북해의 대규모 풍력 발전을 위해 '허브 앤드 스포크(hub-and-spoke)' 개념을 도입, 지역별(spoke)로 생산된 전력을 거점(hub)에 집중한 뒤 이를 다시 전력수요에 따라 각 지역(spoke)으로 공급하는 방안을 제시한 바 있다. 여러 풍력 발전소에서 전력을 중앙 집중화하고 HVDC 케이블을 사용하여 본토로 전력을 운송하는 인공섬 건설을 제안하고 케이블은 북해 국가들과 상호 연결시킨다는 것이다(Baes et al., 2018: 3).

### 1) 그물형 전력망 모델

최근 재생에너지와 분산형 전원의 확산에 대응하는 미래의 통합적 전력망으로서 다양한 분산 전력망을 다방향으로 연계하는 복합적 전력망의 하나의 예시로서 그물형 전력망(Mesh Grid, Meshed Electrical Distribution System)이 검토되고 있다. 기존의 방사선 상의 전력망은 전력망 운영의 중심이 통합거점으로서 전력망을 관리하는 일극 일방향의 전력망인 데 반해 그물형 전력망은 발전원별 지역별 국지적 전력망들을 상호 연계하여 망 상호간 양방 소통과 다방향 조율이 가능하도록 연계된 다극 다방향 전력망을 지향하는 개념이다.

먼저 배전망의 유연성을 증대시키고자 하는 최근의 한 실증연구는 배전망을 그물형으로 연계지음으로써 기존의 방사선형 배전망에 비해 재생에너지의 전력망 수용이 15.4% 늘어났고 망 비용(system cost)이 42% 감소했다고 보고하고 있다. 뿐만 아니라 최종 에너지소비에서 재생에너지가 차지하는 비중이 75.8%에 달했으며 이러한 성과가 다른 부작용 없이 달성되었다는 것이다. 기존의 전력망도 그물식으로 디자인되어 있으나 시스템보호와 관련된 기술적 한계 때문에 스위치(tie-lines)가 방사선으로 열리도록 되어 있다는 점에서 차이가 있다는 것이다(Cruz et al., 2018: 16).

그런데 배전계통에서의 전압은 변전소에서 LTC(Load Tap Changing) 변압기와 피더(feeder)의 전압조정기(voltage regulator) 및 캐패시터 등 여러 기기에 의하여 조정되어 적정유지전압 범위 내에서 운전되어야 한다. 그물형 전력망의 복합배전계통은 기존의 일방향의 방사상 구조(radial structure)가 아니라 그물형으로 연계되는 구조이므로 적정유지전압에 영향을 미칠 가능성이 있다. 분산형 전원이 없는 기존의 배전망은 변전소에서 수용가로의 단방향 조류만을 고려하여 설계되었고 전압은 피더의 말단으로 단조감소한다. 그러나, 분산형 전원을 계통에 연계하면 연계지점의 전압이 상승하고 수용가에서 변전소 방향으로 역방향조류가 발생하여 적정전압 유지 범위를 벗어날 수 있다. 국내외 전력산업에서의 기술발전 속도와 역량을 감안하면 대안이 마련될 것으로 기대할 수 있지만 그물형 전력망을 포함하여 새로운 전력망을 구상할 때는 이러한 기술적 요인을 충분히 감안해야 할 것이다.

〈그림 2-2〉 그물 전력망의 예시

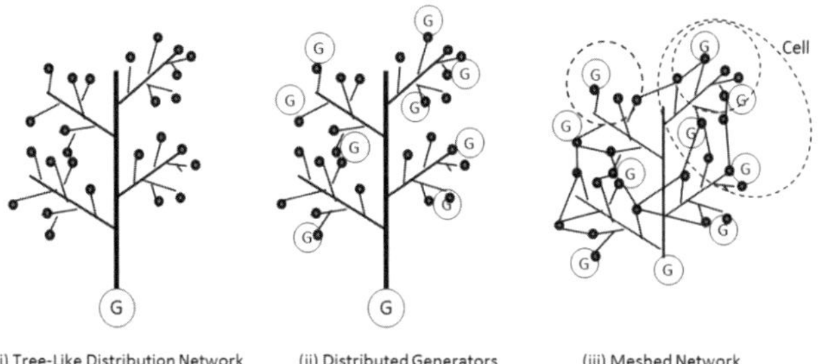


자료: Abe and Stöcker(2018).

특히 늘어나는 재생에너지를 수용하기 위해 송전망을 확충하는 방안은 전력망의 동기화(grid synchronization)를 강화시키기는 하지만 소규모 망에서의 실패가 대참사로 이어지어 자칫 대규모 정전을 불러올 수도 있다는 점에서 문제가 있다. 스마트 그리드나 마이크로 그리드가 동기화된 전력망의 일부라 하더라도 망의 회복력(grid resiliency) 문제를 해결해주지는 못한다는 것이다. 따라서 일종의 전력망 중계장치라 할 수 있는 디지털 그리드 라우터(DGR, Digital Grid Router = multi-leg IP addressed AC/DC/AC converters)를 이용하여 기존의 송/배전망을 그물형 망(meshed networks)으로 바꿈으로써 망의 회복력 문제를 해결하고자 하고 있다. 여기서 DGR은 지역·시간·가격대(탄소배출가격을 포함한)에 따른 발전·송전·전력저장·전력소비 등의 모든 정보를 기록하는 장치이다(Abe and Stöcker, 2018).

그림에서 (i)는 기존의 배전망을 나무모양으로 나타내고 있다. 여기서는 주발전기 G로부터 나무줄기 모양의 방사선형 송(고전압)/배전망(저전압)을 통해 일방향으로 공급되고 있다. 그림 (ii)는 각종 분산형 전원(G)들로 이루어진 배전망들을 나타내고 있는데, 이것은 분산형 전원의 변동성에 따른 전압 변동(voltage fluctuation)에 매우 취약하다. 그림 (iii)에서 이러한 전압변동은 그물형 전력망의 다양한 복수의 경로를 통해 조절될 수 있다. 기존의 전력망도 형태는 그물형으로 되어 있지만 이는 스위치를 차단하여 전력을 다른 쪽으로 보낼 뿐이어서 방사선 망에 불과하다는 것이다.[1] 따라서 그물형 전력망 내에 위에서 설명한 DGR을 연계시킴으로써 전력망을 안정화하자는 것이다.

이와 같은 그물형 전력망의 실제 운영은 매우 복잡한 것이어서 블록체인, P2P 통신기술, 현대 암호기법 등 다양한 IT 분야 성과가 융합되어야 한다. 이를 위해 일본에서는 환경청의 지원 아래 동경대학이 Digital Grid Platform Cooperation과 함께 2016~2019년에 걸쳐 650만 달러 예산의 Urawa Misono Project를 진행한 바 있으며 간사이 전력과 동경전력도 공동연구팀(joint worker)으로 이에 참여하였다.

### 2) 클러스터 확장형 모델

아울러 프로슈머의 소규모 망들을 지역별 클러스터로 묶고 이들을 다시 집중형 전력망에 연계하는 일종의 서열적 통합망 모델도 검토할 필요가 있다. 이는 다양한 에너지원과 지역 간 망 연계 및 통합 운영은 재해, 테러 등 유사 시 복원력(resilience)을 높이고 전력공급의 안정성을 높여줄 것이다. '클러스터 확장형 그리드'로 명명된 이 구상에 따르면, 전체의 전력시스템을 '대규모 전원에서 장거리 송전망을 통해서 오는 기간 그리드'와 '수요자와 가까운 지역 자립 그리드'라는 두 클러스터로 구분할 때, 후자의 지역 그리드는 분산형 전원, 에너지저장시스템, 수요자가 유기적으로 연관되어 운영된다. 여기서 클러스터란 전력이 자급자족되는 그리드의 한 단위로서 작게는 1세대의 주택으로부터 크게는 커뮤니티, 즉 지역공동체 규모에까지 이르는 것이다(요코야마 류이치 편저, 2013: 85). 지역 그리드는 평소에는 기간 그리드에 연계되어 필요에 따라 전력

1 Cruz et al.(2018)과 같이 Abe and Stöcker(2018)에서도 이는 전력망 보호를 위한 것이었음을 지적하면서, 그동안 상호 교류하는 양방향 혹은 다방향의 그물식 전력망은 그동안 금지되어 왔음을 아울러 지적하고 있다.

을 공급받지만 전력의 융통과 관리라는 차원에서는 지역 그리드가 주도권을 갖는다. 그리고 기간 그리드에 문제가 발생했을 때는 기간 그리드와의 연계를 끊고 지역 내 자립 운전으로 전환했다가 기간 그리드의 문제가 해결되면 다시 연계를 복귀시키는 것이다.

이상에서 살펴본 그물형, 클러스터 확장형 등의 공통점은 재생에너지를 비롯하여 증가하는 분산형 전원을 수용하기 위해서 집중형 전력망과 분산형 전력망을 연계 짓고 이를 통해 전력망 운영의 안정성과 효율성을 도모한다는 점이다.

## 4. 통합 전력망의 공익적 관리

### 1) 망 개방과 소매경쟁 논란

에너지전환은 사회 전체의 시스템 전환을 의미하며 따라서 이를 뒷받침할 전력망의 운용에는 공익적 개입과 조율이 대단히 중요하다. 분산형 전원의 확산을 계기로 국내에서는 기존 전력망 시스템에 유연성을 확보해야 한다는 기조 하에 현재 전력망 공기업이 독점하고 있는 "배전 영역을 개방해 소매시장을 자유화하고 배전 분할로 다양한 사업자들에게 비즈니스 플랫폼을 제공해야 한다"는 주장이 제기되고 있다(≪에너지경제신문≫, 2020.6.17).

흔히 재생에너지발전처럼 건설기간이 상대적으로 짧은 에너지원은 단기 수익에 관심을 두는 민영화된 시장모델을 선호하는 것으로 알려져 있다. 예컨대 재생에너지 확대와 분산에너지원의 확산과 함께 미국에서는 2001년 캘리포니아 정전사태 이후 잠잠했던 구조개편 요구가 소매시장 경쟁을 중심으로 일부에서 재연되고 있다. 그러나 캘리포니아를 비롯하여 펜실베이니아, 일리노이, 오하이오, 텍사스 등의 사례는 소매시장 경쟁에 따른 새로운 요금제가 에너지의 효율적 사용을 유인하기보다는 가장 낮은 전력사용요금 쪽으로 소비자를 압박하고 있음을 보여준다. 요컨대 '양껏 소비할 수 있는 전기'를 지향하는 요금제가 쏟아져 나오고 사회적 이익보다는 단위비용 최소화와 에너지판매량 최대화에 전력회사의 역량을 집중시켰다는 것이다(Cavanagh and Levin, 2016: 307). 전문가들은 이러한 구조개편이 재생에너지의 증가와 에너지 효율의 개선에 도움이 되지 않는다고 우려를 나타낸 바 있다(Nooij and Baarsma, 2009; Palmer and Burtraw, 2005; Jaoskow, 2006).[2]

각국의 구조개편을 이끌었던 영국의 경우 구조개편 이후 6대 거대기업(Big 6)이 발전·판매를 겸업하고 쌍무계약 비중이 한때 98%까지 상승함으로써 경쟁도입이 무의미하다는 비판을 받았다. 실제로 영국 정부는 자유화 이후에도 공급용량 확보, 도매가격 보장 등 시장제도의 보완이라는 명분으로 계속 개입할 수밖에 없었다.[3] 영국 정부가 전력 소비자의 보호, 공급 안정성 확보, 적정 요금 유지, 탈탄소화정책 등을 추진하는 과정에서 계속 보완적 조치를 내놓으면서 한편에서는 영국식 전력산업 구조개편 모델의 실패를 자인했다는 의견이, 다른 한편에서는 정부와 민간의 균형 속에 시장개혁의 진전이 이루어진 과정이었다는 의견이 각각 제시되었다(Grubb and Newbery, 2018: 28).

또한 1990년대의 전력산업구조개편에 따라 전력회사를 수직분할한 유럽의 경우 미국이나 중국의 수직통합 전력회사에 비해 재생에너지 확산에 필요한 유연성 자원 투자 및 전력망 투자에 불리하다는 주장도 최근 제기되고 있다(McCarthy, 2020). 미국의 경우 수직통합형 전력회사들이 ESS를 비롯한 유연성 자원에 대규모 투자를 추진하고 있는 데 반해 유럽의 경우는 수익성이 충분히

---

2 "고객들은 일반적으로 단순하고 변동이 적은 요금제를 원한다"(Cavanagh and Levin, 2016: 303).

3 특히 영국 정부는 2022년 4월 6일 Net Zero달성을 위해 새로운 Future System Operator를 설립하여 1990년대 민영화된 National Grid 일부를 재국유화할 것이라고 밝혔다(*The Guardian*, 2022. 4.6. https://www.theguardian.com/business/2022/apr/06/national-grid-to-be-partially-nationalised-to-help-reach-net-zero-targets).

확인된 경우에만 보수적으로 투자에 나선다는 것이다. 특히 코로나19 확산으로 산업활동이 전반적으로 위축되면서 재생에너지발전이 많은 시간대에 마이너스 전력가격을 발생시키고 있어서 투자자본 회수를 더욱 위태롭게 하고 이에 따라 투자를 더 위축시키고 있다는 것이다.

따라서 재생에너지 증가와 에너지 효율 개선을 위해서는 소매경쟁 구조개편에 기대하기보다 정책입안자가 재생에너지 의무화, 에너지효율의 표준 설정 및 기준 상향 등과 같은 정책을 시행하는 것이 효과적이라는 주장이 제기된다. 즉,

> 투자자들은 도매가격의 높은 변동성과 투자비용 회수의 불확실성을 두려워한다. 도매시장 위험성을 낮추는 장기 계약 체결은 소매경쟁시장을 둔화시키며 신규 자본투자를 더욱 저해한다. 고객 역시 과도한 정보와 거래비용 문제에 직면한다. 경쟁이 소매시장의 혁신을 가져올 수 있다. 그러나 그 혁신은 고객의 시간 제약과 정보수용 한계를 오용한다. 왜곡된 혁신은 장기적 경제성의 저해, 신뢰도의 악화, 친환경 전원의 보급 둔화 등 매우 부정적인 결과를 초래한다(Cavanagh and Levin, 2016: 304).

세계은행은 2020년 보고서에서 1990년대의 세계적인 전력산업구조개편이 소기의 성과를 달성하지 못했다고 진단하면서 전력산업의 개혁은 첫째, 각국의 정치경제적 상황에 따라서, 둘째, 추구하는 정책목표에 따라 설계되고 추진되어야 하며, 셋째, 정책목표를 달성하기 위해 복수의 제도적 경로들이 가능해야 한다고 제안한다. 무엇보다도 전력개혁에 유일한 모범답안은 없다는 점, 그리고 새롭게 등장한 탄소저감 및 재생에너지로의 전환이라는 과제, 기술 변화 등을 고려할 때 1990년대 구조개편 모델은 에너지 목표 달성에 적합하지 않다고 지적하였다(Foster and Rana, 2020: 34).

## 2) 분산형 전력망과 집중형 전력망의 상보관계

국내 재생에너지산업은 이명박 정부가 녹색성장 정책을 추진하기 이전에는 중소기업 중심이었지만 그 후부터는 빠른 속도로 대기업 위주로 전환되어 전통 주력산업과 유사한 양상이 나타나고 있다. 태양광의 경우 전자와 화학산업의 대기업, 풍력의 경우 조선산업의 대기업, 바이오에너지의 경우 정유산업의 대기업이 적극 진출하여 산업의 핵심으로 자리 잡고 있다. 태양광에서는 현대, 삼성, LG, 한화 등 국내 주력 대기업들은 수직통합을 통하여 가치사슬 전반에 진출하는 형태가 더욱 강화되고 있다(장윤종 외, 2012: iii). 따라서 분산에너지원이 확대됨에 따라 이들을 지역단위 및 전국단위에서 계통에 연결하고 관리하는 전력망 관리를 누가 어떻게 할 것인가는 매우 중요한 문제이다.

예컨대 2021년 3월 제주도는 '분산에너지 특구' 지정을 요구하면서 출력제어를 최소화하기 위해 150MW 규모 재생에너지를 추가 수용할 수 있는 계통안정화 ESS를 제주도부터 구축하고, 제주도 내 잉여전력을 육지로 전송하는 초고압직류송전망(HVDC) 공사를 2022년부터 실시할 예정이다. 이는 분산에너지 확산에 따라 전력거래 및 출력조정을 위해 장거리 송전망 공사가 요구되고 있음을 보여준다. 이 공사는 LS산전 등에 설비기자재를 발주하면서 한국전력공사가 시행할 예정이어서 분산에너지원 확산에 따른 기존의 중앙집중형 전력망과의 상보관계가 요구되고 있음을 보여주는 것이다.

이처럼 분산에너지원의 가치를 제대로 누리기 위해서는 분산되어 있는 에너지원을 연계하고 조절하는 코디네이터가 필요하다. 중요한 것은 분산형 전력망과 기존의 집중형 전력망이 서로 보완 및 협력관계에 있다는 점이다. 배전밀도가 떨어지는 원격지의 분산형 전력망은 집중형 전력망의 망 비용을 줄여준다. 집중형 전력망은 전력공급의 최종담당자(last resort)로서 분산형 전력망의 수급조절, 지역별 차이의 조정, 망 투자에 도움이 된다. 말하자면 집중형 전력망과 분산형 전력망이 "따로 또 같이" 연계됨으로써 한편으로 자연적 사회적 각종 재난으로부터 전력의 안정성을 보장하고 다른 한편으로 지역별 전원별 특성에 맞는 친생태적 전력망을 운용할 수 있다는 것이다.

특히 국가 간 대륙 간 광역 전력망으로서 수퍼그리드는 풍력이나 태양열이 풍부한 지역에서 전력을 생산해 소비가 많은 지역에 공급하는 국제 전력망 사업으로서 유럽과 아프리카에서 활발하게 전개되어 왔고 최근에는 동북아 수퍼그리드에 대한 관심도 늘어나고 있다. 북유럽 슈퍼그리드(Nord EU Supergrid)는 북해 해상 풍력과 연안 국가들의 육상 풍력·수력 자원을 활용해 생산한 전력을 유럽연합(EU) 국가에 공급하는 사업이다. 남유럽·중동·북아프리카 슈퍼그리드(Sud EU-MENA Supergrid)는 중동과 북아프리카의 사막 지역에 풍부하게 존재하는 태양·풍력 에너지를 활용해 전력을 생산하고 이를 MENA 지역 국가뿐 아니라 남유럽 국가에도 공급한다는 계획이다. 남아프리카 슈퍼그리드(Grand Inga Project)는 잠재 발전 능력이 100GW에 이르는 콩고강의 수력 자원을 이용하여 대규모 발전소를 짓고 그 전기를 이집트의 카이로에서 남아프리카공화국 요하네스버그까지 공급하려는 계획이다.

기술적으로 슈퍼그리드는 원자력, 수력, 태양·풍력 에너지, 석탄·석유·가스 등 각종 에너지원을 사용하여 생산한 전력을 초고압직류송전(HVDC = High Voltage Direct Current) 방식으로 공동 사용하는 것이다. 그 밖에도 초고압 고성능의 송변전설비, 광역 전력계통 감시시스템(WAMS)과 같은 광역 통합망 관리 기술, EPC (Engineering, Procurement, Construction) 역량이 총동원되는 ICT 산업과 에너지 산업의 융합이라고 할 수 있다(김윤자, 2020: 49). 다양한 에너지원에서 생산한 전기를 대량으로 먼 곳까지 효과적으로 보낼 수 있다는 점에서 '전력 융통의 슈퍼하이웨이'라고도 불린다.

특히 동북아 수퍼그리드는 동북아 재생에너지[4]의 공동 활용(기후변화 대응)

4 Mongolian Energy Economics Institute(몽고에너지경제연구원)의 2018년 자료는 몽골의 풍력 잠재용량은 설비용량 기준 1100GW이며 EDF의 2018년 자료는 몽골의 태양광 잠재 용량은

〈그림 2-3〉 동북아 수퍼그리드 예상도

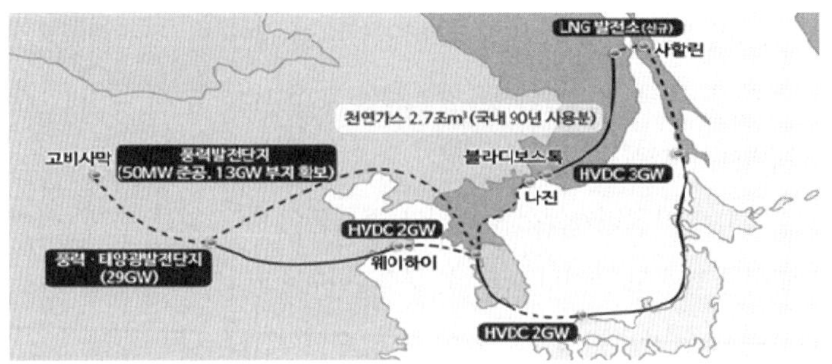


자료: 산업통상자원부(2017: 61).

및 동북아 정세안정을 도모하는 것으로, 중국의 산동지방과 해저연결, 러시아 극동지역과 육상연결, 한일 간 해저연결 등을 통해 한국의 계통고립을 탈피하고 계통안정성을 확보한다는 것이다. 아울러 HVDC 기술확보[5]로 국제경쟁력을 강화한다는 계획이다(김윤자, 2020: 50~51).

정부의 제9차 전력수급계획에 따르면 동북아 수퍼그리드는 2022년까지 한·중 사업화에 착수하고 한·일, 한·러 간 사업타당성 조사를 완료한다는 계획이다(산업통상자원부, 2020: 60).

한편으로 국가 간·대륙 간 전력망을 연계하는 수퍼그리드가 증가하고 다른 한편으로 소지역 단위 마이크로 그리드가 관심을 모으는 가운데, 클라우드시스템과 각종 원격 조정 시스템, M2M, IoT, 빅데이터, 블록체인 등 '스마트 기술'을 활용하여 다양한 영역별 결합을 도모하는 이를테면 '다방향 확장형 통합 모델'이 모색되고 있다. 이를 통해 국내외 발/송/배전을 아우르고 나아가 에너지

1500GW로 추정(맥킨지 외, 2019: 3).

5 HVDC기술과 관련하여 참고로, 완도와 제주를 연결하는 제주#3 HVDC 사업은 200MW 용량의 대규모 사업으로, 구간은 해상이 약 90km, 육상은 약 9km에 달한다. 선종으로는 HVDC XLPE가 적용될 예정으로, 기본조사로 수심측량, 지층탐사-해저면 영상조사, 자력조사, 그 밖에 해저지질 조사가 정밀조사로 진행됐다. 해저지질 조사는 콘관입시험(CPT), 바이브로코어(VC), 박스코어(BC) 등의 조사방법을 사용했다(≪전기신문≫, 2019.6.16)

〈표 2-1〉 동북아 수퍼그리드 국가별 추진상황

| 구분 | 한·중 | 한·일 | 한·러 |
|---|---|---|---|
| 규격 | 500kV, 2.4GW | 500kV, 2.4GW | 500kV, 3GW |
| 연결 | 태안·웨이하이 | 경상권·마쓰에 | 수도권·블라디보스토크 |
| 규모 | 약 330km | 약 340km | 약 1000km |

| 국가별 추진단계 | 협력MOU | 공동연구 | 예비타당성 | JDA 체결 | SPC 설립 | JV 설립 | 착공 |
|---|---|---|---|---|---|---|---|
| 한·중(국가전망) | 2016. 3. | 2017. 3. | 2018. 9. | 진행중 | | | |
| 한·일<br>(소프트뱅크) | 2016. 3. | 2017. 3. | 진행중 | | | | |
| 한·러<br>(로세티) | 2018. 6. | 진행중 | | | | | |

자료: 산업통상자원부(2020: 56).

외에 통신, 교통 등 다양한 서비스를 함께 제공한다는 전망도 나오고 있다.

일례로, 이더리움 블록체인을 그리드 내 전력거래 중개 기술로 활용할 수 있을 것이다. 이를테면 'Solar Coin'과 같은 암호 화폐를 활용하여 재생에너지 거래를 활성화하면 태양광 발전의 확대에 기여할 수 있다는 것이다. 실제로 독일의 RWE와 스타트업회사 Slock.it은 EV 충전 지불 시스템을 구축하고 이더리움 블록체인을 활용하여 중개자 없는 무계약 충전 지불 시스템을 개발하고 있다. 그 밖에도 지역 기반의 소규모 거래부터 전력사 간 도매 거래에 이르는 전력 거래 플랫폼이 개발 중이며 IoT 기술을 활용해서 일조량, 전력사용량 등 다양한 에너지 정보를 축적하여 스마트앱을 통해 자동으로 전력거래가 이루어짐으로써 기존의 전력거래소 역할을 대신하는 사례도 예시되고 있다(박민혁, 2018: 38, 61).

이처럼 기존의 일방적 전력공급을 넘어 양방향/다방향의 새로운 전력시스템이 강조되면서 시스템 전반의 통괄적 조정은 더욱 중요해지고 있다. 향후 망 관리를 비롯하여 미래의 전력산업은 다양한 플레이어와 이해관계자의 참여를 협의하고 조정하는 이른바 협치의 거버넌스에 달려 있으며 이를 통합적으로 조율하는 구심 단위(coordinating center)의 역할이 매우 중요할 것이다.

실제로, 정부와의 조율 등이 필요하여 상대적으로 순발력이 떨어지는 전력

공기업에 앞서서, 국내외 민간기업들이 규모나 범위는 작지만 발 빠른 행보를 보이고 있다. 일본에서는 소프트뱅크 에너지와 한화큐셀 재팬이 소규모 가정용 태양광과 ESS 등 보유자원에 기반하여 VPP(가상발전소, Virtual Power Plant)를 구축하고 ESS 1000대 연계, AI 및 블록체인 기술을 도입하여 실증에 나선 바 있다. 이 작업에 한화그룹 계열사인 한화큐셀재팬은 자원 관리자(Resource Aggregator)로 참여하여, 소비자들과 직접 계약을 맺고 전력의 제어 및 관리를 담당하고 있다. VPP모델에서 중개사업자는 재생에너지와 ESS를 모집하여 VPP를 구축하고, 전력 판매수입 확보, 전기요금 절감 등 참여 고객의 수익 증대를 위해 VPP를 운영한다.

이러한 사례는 국내에서도 시장친화적 시민환경단체와 민간전력사들의 호응을 얻을 가능성이 있고 이들과 함께 한화, SK, POSCO 등 선도적 대기업들이 VPP 운영을 시도할 가능성도 있을 것이다. 이 중에서도 태양광 셀 분야에서 세계시장 1위를 차지하고 있는 한화에너지는 한화케미칼, 한화큐셀, 한화에너지 등 계열사별 전문영역을 구축하여 태양광 사업 수직계열화를 도모하고 있다. 한화케미칼이 폴리실리콘에, 한화큐셀은 웨이퍼 셀 모듈 가정용 EPC에, 한화에너지는 모니터링 O&M에 각각 특화하고 있다. 2017년 1월 한화큐셀은 시공업체와 파트너십을 통해 중소형 태양광(100~500kW) 관련 모든 서비스를 원스톱으로 제공하는 '큐파트너'를 출범시켰고 한화 제품을 영업·시공할 수 있는 자격 취득, 판촉·프로모션을 지원하며 부지개발, 시공, 발전승인은 물론 금융·보험과 연계한 토털 서비스를 제공하고 있다. 또한 자체개발한 HEIS(Hanhwa Energy Intergrated System) 관제 시스템을 운영하여 대규모 발전단지의 경우 발전량, 가동률 등 발전소 현황을 실시간으로 확인하고, 정기점검·보수 서비스와 매출·비용의 재무관리에 이르기까지 통합정보를 제공하고 있어서 주목된다(이상호, 2018: 3).

민간기업의 이러한 움직임은 에너지분권 논의 속에서 더욱 확대되고 있는데, 이 과정에서 시민단체와 결합한 일부 지방자치단체가 이러한 흐름에 대응하여 소규모 VPP를 제안할 수도 있을 것이다. 기후변화와 에너지전환에 대응하여 이처럼 다양한 주체의 창의적 참여가 이루어지는 것은 고무적인 현상이라고 할 수 있다. 다만 망 산업이 가지고 있는 규모의 경제와 범위의 경제의 추구, 특히 플랫폼 경제의 확산 속에서 VPP를 운영하는 플랫폼 운영자가 독점적 지위를 남용하는 폐해가 있을 수 있으므로 공익적 차원의 대응과 관리가 필요하다.

## 5. 결론: 통합 전력망 플랫폼과 전력 공기업의 활용

망산업을 비롯하여 플랫폼 경제의 확산과 독점적 지위의 남용에 대해서는 다양한 비판이 제기되어 왔다. 최근에는 기존의 독점이론 및 반독점정책이 포식적 가격책정(predatory pricing)의 위험을 과소평가하고 서로 다른 사업영역 간의 통합이 어떻게 반경쟁적인가를 과소평가해 왔다는 성찰이 제기되고 있다.

2014년 노벨 경제학상 수상자인 장 티롤(Jean Tirole)은 기술발전이 빠르게 진행되는 디지털시대에 기존의 방식으로 빅테크기업들의 독점행위를 규제하는 데에 한계가 있음을 다음과 같이 지적하고 있다.

> 기업들은 시장에서 비열한 계략(dirty tricks)을 펼치거나, 잠재적 경쟁자를 없애기 위한 기업인수(killer acquisitions)에 돈을 쓰거나, 그들의 지배적인 지위를 획득하거나 유지하기 위해 로비스트와 변호사들을 고용할 수도 있다(Tirole, 2020: 24).

그는 특히 지배적 플랫폼 기업에 의한 자사서비스 우대행위(self-preferencing)의 반경쟁적 위험을 경고하고 있다(Tirole, 2020: 26).

예일 대학의 반독점법 법학자로서 바이든행정부의 연방거래위원회 위원장에 임명된 리나 칸은 특히 온라인 플랫폼에 대한 우려를 다음과 같이 지적하고 있다.

> 첫째, 플랫폼시장의 경제학은 기업들로 하여금 이윤보다 성장을 추구(투자자들이 좋아하는)하게 만드는 인센티브를 제공하고 있고 이는 전통적으로는 비합리적인 포식적 가격정책을 합리적으로 만든다는 것이다. 둘째, 온라인플랫폼은 사업영역 간 통합을 하는 핵심 중개자이기 때문에 자신의 경쟁상대들이 의존하고 있는 핵심 인프라를 통제하고 있다는 것이다(Khan, 2017: 710).

그러므로 그 대안으로서 전통적인 반독점·경쟁정책을 회복시키거나 혹은 "커먼 캐리어의 책무와 의무를 적용(applying common carrier obligations and duties)"할 수 있는데, 플랫폼 경제의 경우 후자의 의미가 강조되고 있다(Khan, 2017: 710).

문제는 독점의 폐해에 대응하여 기업분리 등 강력한 규제를 가해도 현대경제에서 독점의 규모와 범위는 계속 확대되어 왔다는 것이다. 이는 독점이 가지고 있는 규모의 경제(economies of scale) 및 범위의 경제(economies of scope)에서 비롯된다. 실제로 인류의 경제발전 과정은 비효율적인 기업이 효율적 우량기업에 의해 시장에서 도태되는 흡수합병의 과정을 거치면서 진행되어 왔다. 또 산업혁명 초기의 면공업에서 최소적정자본 규모가 거대한 중공업, 장치산업, 우주항공산업으로 산업이 발전하는 과정도 소자본의 집중과 독점에 의해 진행되어 왔다.

경제학교과서에서 기업의 수직결합은 거래비용 절감, 배분효율성 증대, 이중한계화 회피에 따른 가격 하락 등 경제후생의 증대를 가져오는 것으로 설명된다(최정표, 2019: 270~274). 독점의 이러한 이익이 국민경제 전체 차원에서 배분되면 사회적 후생의 증대를 가져오겠지만 당해 독점 기업의 사적 초과이윤이 되어 그 경제적 정치적 영향력을 과대하게 한다면 이는 독점의 횡포가 될 수 있을 것이다. 따라서 독점력 증대에 따른 횡포에 대응하기 위하여 각국은 그 역사발전이나 사회경제구조의 특징에 따라 각각 정부가 가격을 규제하거나 혹은(and/or) 공적 소유로 운영한다. 이민자들의 사기업으로 건설된 미국의 경우는 사적 독점의 전통이 강하여 주로 정부의 가격규제로 독점의 횡포에 대응하고 유럽의 경우는 규제 외에도 공적 소유로 이에 대응해 온 것이 그 예이다.

전통적으로 자연독점의 성격이 강한 망산업과 함께 발전/송배전/판매의 수직일관체계를 특징으로 하는 전력산업의 경우 프랑스전력공사(EDF), 스웨덴의 바텐팔(Vattenfall) 등은 각국을 대표하는 에너지 공기업들로서 그동안 수직결합에 따른 이익을 국민경제 차원에서 배분해 왔다. 이들 공기업은 1990년대 유럽의 전력시장을 통합하기 위한 EU 차원의 경쟁지침 이후 송전부문을 분리하였으나 여전히 발전과 배전, 판매를 아우르는 대표국민기업(national champion)의 위상을 유지하면서 에너지전환을 기회로 삼아 국내외에서 활발한 신사업을 전개하고 있다. 예컨대 해외 수익이 절반을 넘는 바텐팔은 2020년 한국의 현대자동차와 전기차 보급을 위한 파트너십을 맺고 유럽 전기차 충전 인프라 강화에 나서고 있다.

이처럼 각국은 에너지전환의 기회를 살리기 위해 에너지공기업을 적극 활용하고 있다. 해상풍력과 같이 대규모투자가 요구되는 경우에도 각국은 신기술 선점과 시장 선점을 위해 공기업의 역할을 앞세우고 있다. 해상풍력은 1GW 개발에 10조 원 가까운 자금이 투자되는 것으로 평가되는데, 우리나라 서해안의 해상풍력발전을 둘러싸고 외국 공기업이 진출을 시도하는 것도 그 한 예이다. 풍력발전에서 세계적 우위를 차지하고 있는 덴마크의 에너지공기업 오스테드는 2020년 11월 인천 앞바다에 8조 원을 들여 1.6GW 규모의 해상풍력 단지 조성계획을 발표했다. 오스테드는 2017년 국영 에너지기업인 'Dong Energy'에서 오일·가스 분야를 분리해 매각하고 친환경에너지 중심으로 사업을 재편하면서 명칭을 변경했다. 덴마크 정부가 50%의 지분을, Seas NVE가 10%의 지분을 갖고 있다. 오스테드는 2019년 말 기준 12조 원의 매출에 1조 원의 영업이익을 올렸는데, 글로벌 해상풍력시장에서 5.6GW를 운영 중이며, 4.3GW를 건설 중이다. 오스테드는 이미 영국(5.8GW), 독일, 덴마크, 대만 등에 진출했으며 아시아에서는 대만에 이어 한국 진출을 시도하고 있는 것이다. 한국이 해상풍력선단 자체가 없어 케이블, 구조물, 풍력발전기를 설치할 수 있는 선단을 갖춘 기업들의 경우 비용 측면에서도 유리한 상황이라는 것이다(유희덕, 2020.12.10).

1990년대 전력자유화 구조개편 이후 오히려 각국의 전력산업은 국내외 흡수합병을 통해 소수 거대기업에 의해 독과점되고 있다. 각국의 에너지기업은 에너지전환의 위기 및 기회에 대응하면서 또다시 국경을 넘고 업역을 넘어 수직적 수평적 독점에 나서고 있다. 여기에 향후의 전력망에서는 IT 발전에 따른 '네트워크 효과'를 통해 더욱 신속하고도 광범위한 플랫폼 독점이 가능해지고 있다. 전력산업에서의 모든 성과뿐 아니라 관련 상품≫서비스가 플랫폼으로 수렴되면서 전력회사의 업역도 바뀌어가고 있다. 예컨대 IT기업 애플이 컴퓨터 업역을 넘어 음악 파일 공급업자, 음악 재생 휴대 단말기 제조사라는 업역으로 확대되고 이는 다시 아마존이나 구글의 전자책 단말기 발매로 더욱 가속화되는 것과 비슷한 상황이 전력산업에서도 빠르게 진행될 수 있다.

미래 전력망의 경우 중앙과 지역의 발전사업자, 판매사업자, 시민단체 등 다양한 플레이어들이 관계를 맺으면서 플랫폼으로서의 망을 관리하는 플랫폼 운영자(platform operator) 혹은 플랫폼 조정자(Platform Coordinator)의 역할이 매우 중요하다. 여기서 플랫폼이란 기존의 IT산업에서 소프트웨어·하드웨어 개발자가 이해관계를 맺는 공학적 플랫폼의 의미를 넘어 보다 포괄적인 의미를 갖는다.[6] 플랫폼은 일반적으로 플랫폼 이용자 간에 상호작용을 극대화하여 탐색비용과 같은 거래비용을 줄여주고 소비자와 공급자 간의 네트워크 외부성(network externalities)을[7] 내부화시킴으로써 네트워크 편익(network benefit)을

---

6 본래 기차역의 승강장이나 연단을 의미하던 플랫폼은 오늘날 통상 여러 참여자가 공통된 사양이나 규칙에 따라 경제적 가치를 창출하는 토대로 이해된다. IT의 발달과 인터넷의 확산으로 플랫폼 참여자가 크게 늘어나면서 제품개발, 생산, 마케팅, 서비스 등 가치사슬 내 다양한 부문에서 플랫폼 활용이 확대되고 있고 이 때문에 플랫폼은 촉매(catalyst)로 지칭되기도 한다(하준·이성복, 2012: 45).

7 소비자의 효용이 다른 구성원의 동일 재화 혹은 서비스의 소비에 의존하는 경우 네트워크 외부성이 존재한다고 하는데, 이는 소비자가 많은 제품을 선호하는 경우와 같이 수요 차원의 규모의

〈그림 2-4〉 통합전력망의 플랫폼 운영자(조정자) 예시도

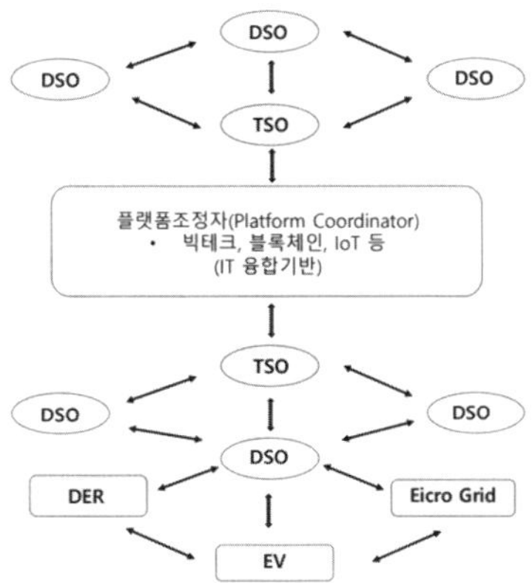


증대시킨다.[8]

그림에서 보듯이 전력망의 경우에도 망이 양적으로 확대되고 질적으로 심화되면서 망 자체와 망이 탑재하는 각종 서비스 간의 경합과 경쟁이 고도화될 것이다. 따라서 망 자체와 각종 서비스를 유기적으로 연결시키고 활성화시키는 플랫폼 운영자 혹은 플랫폼 조정자의 역할이 더욱 중요해질 수밖에 없다. 플랫폼 조정자는 향후 관련 기술이 가속도적으로 발전하면 이에 상응하여 가변적 상황에 유연하게 대응하면서 망 관련 다양한 플레이어들의 이해관계를 공익적으로, 즉 전체 차원에서 조율하여 시너지를 모색한다는 의미에서 공익적으로 조율할 수 있는 역량과 위상을 갖추어야 한다.

마이크로 그리드에서 수퍼그리드에 이르기까지 미래의 전력망이 다양한 분산형 전원을 통합한 VPP들을 연계하고 IoT, AI, 빅데이터 등 IT산업의 최신 성과와 결합하여 전력서비스 외에 통신, 각종 배송, 케이블 TV, 문화상품 서비스

---

경제라고도 할 수 있다.

8 상호작용을 필요로 하는 둘 이상의 고객군이 존재할 때 양면시장 혹은 다면시장이라고 하는데 따라서 플랫폼 작동원리로 양면시장이론 혹은 다면시장이론이 원용된다. 이에 대해서는 하준·이성복(2012); Rochet and Tirole(2006); Hagiu and Wright(2011) 참조.

를 병행하는 경우 플랫폼 운영자의 독점적 지위는 막강할 것이다. 아마존, 구글, 페이스북 등 세계적 플랫폼 기업들의 막강한 정치경제적 영향력을 두고 '포식자 플랫폼(predator platform)'이라는 용어까지 등장하고 있다.[9] 이 경우 기업 분리 등의 전통적인 반독점·경쟁촉진 정책으로는 한계가 있어서 망 운영자의 책무와 의무를 법제화하는 것이 하나의 대안이 될 수 있을 것이다.

한국은 공공정책의 수용성이 높고 거시경제적 차원에서 중앙집중적 망 관리를 담당해 온 전력공기업을 가지고 있다. 발전회사, 전력설비에 ICT토탈서비스를 제공하는 KDN(Korea Electric Power Knowledge Data Network), 발전정비를 담당하는 KPS(Korea Powerplant Service) 등 공익적 책무와 '전력 스마트화'에 유리한 공기업들을 가지고 있다. 에너지전환이 각국의 주어진 조건을 감안하면서 진행되는 것이라면 한국은 이러한 기존의 '국제적 비교우위'를 잘 살리면서 미래 전력시스템의 효율적 운영을 모색할 때 에너지전환을 새로운 성장모멘텀으로 활용해 나갈 수 있을 것이다.

---

9 플랫폼 자문사이트 https://platformthinkinglabs.com/materials/the-dark-side-of-platform-monopoly/ 참조.

## 참고문헌

김윤자. 2020.「에너지전환기의 한국 전력산업」. 혁신더하기연구소.『에너지전환과 전력산업구조개편』. 다돌책방.

맥킨지 인코포레이티드 외. 2019.1.「동북아 계통 연계사업 추진을 위한 최적방안 도출 및 전략수립」.

박민혁. 2018.7.6.「블록체인의 전력분야 활용 사례와 전망」. 2018 제3차 전력경제포럼 발표자료.

산업통상자원부. 2017.12.29.「제8차 전력수급기본계획(2017~2031)」.

_____. 2020.12.28.「제9차 전력수급기본계획(2020~2034)」.

≪에너지경제신문≫. 2020.6.17. "그린뉴딜·에너지전환, 전력망 구조 변화가 우선".

요코야마 류이치(横山隆一) 편저. 2013.『재해에 강한 전력 네트워크』. 김유영 옮김. 고려대출판부.

유희덕. 2020.12.10. "글로벌 기업은 신재생 주도권 쟁탈 중인데…우리는 업역 다툼만". ≪전기신문≫. http://www.electimes.com/article.php?aid=1607572568209443002.

이상호. 2018.6.4.「태양광 DER 활성화를 위한 플랫폼 구축 방안」. 한전경영연구원. ≪KEMRI 전력경제REVIEW≫, 2018년 제12호.

이지희·주재각·김준형·박정연·허준혁. 2020.3.2.「글로벌 유틸리티 Value Chain별 수익성 및 사업전략 분석」. 한전경영연구원. ≪KEMRI 전력경제REVIEW≫, 2020년 제3호.

장윤종·곽대종·김계환 외. 2012.「신재생에너지 대·중소기업 공생발전을 위한 산업생태계 조성방안」. 산업연구원.

≪전기신문≫. 2019.6.16. " '완도~제주 HVDC 사업' '동북아 슈퍼그리드' 등 뜨거운 이슈 '한 자리' ". http://www.electimes.com/article.php?aid=1560681793180823002.

최정표. 2019.『산업조직경제학』(제5판). 형설출판사.

하준·이성복. 2012.「IT 융합 산업의 발달과 정책적 시사점: 양면시장 이론을 중심으로」. 산업연구원.

Abe, Rikiya and Carsten Stöcker. 2018. "Software Defined Digital Grid on a P2P Network — On Systems of Autonomous Energy Cells." https://cstoecker.medium.com/software-defined-digital-grid-on-a-p2p-network-cdd17c9017e4.

Baes, Kurt, Florence Carlot, and Maxime Dehaene. 2018. "What's next for TSOs?, Arthur D Little." https://www.adlittle.com/en/insights/viewpoints/what%E2%80%99s-next-tsos.

Cavanagh, Ralpf and Amanda Levin. 2016. "Rehabilitating Retail Electricity Markets: Pitfalls and Opportunities." Fereidoon Sioshansi(ed.). *Future of Uutilities* 〔김선교·허준혁·김동원 옮김.『에너지전환 전력산업의 미래』. 이모션미디어. 2018〕.

Cruz, Marco R. M., Desta Z. Fitiwi, Sérgio F. Santos, Sílvio J. P. S. Mariano, and Joao P. S. Catalão. 2018. *Prospects of a Meshed Electrical Distribution System, Featuring Large-Scale Variable Renewable Power*. Energies.

Foster, Vivien and Anshul Rana. 2020. *Rethinking Power Sector Reform in the Developing World*. Sustainable Infrastructure Series. Washington, DC: World Bank. doi:10.1596/978-1-4648-1442-6. License: Creative Commons Attribution CC BY 3.0 IGO.

Grubb, Michael and David Newbery. 2018. "UK Electricity Market Reform and the Energy Transition: Emerging Lessons." Energy Policy Research Group. Cambridge Working Paper in Economics (June 2018). https://www.eprg.group.cam.ac.uk/wp-content/uploads/2018/06/1817-Text.pdf.

Hagiu, Andrei and Julian Wright. 2011. "Multi-Sided Platforms." Working Paper. Harvard Business School (October 12, 2011).

Joskow, P. 2006. Competitive Electricity Markets and Investment in New Generating Capacity. Working Paper 06-14. AEI-Brookings Joint Center for Regulatory Studies.

Khan, Lina M. 2017. "Amazon's Antitrust Paradox." *The Yale Law Journal*, Vol. 126, No. 3(Jan. 2017), pp. 564~907. https://www.yalelawjournal.org/note/amazons-antitrust-paradox.

Martini, Paul De. 2019. "Operational Coodination Architecture: New Models and Approaches." *IEEE Power and Energy Magazine*, Vol. 17, Iss. 5(Sept.-Oct. 2019), pp. 29~39.

McCarthy, Rory. 2020.11.9. "Europe will lose the energy storage race unless governments incentivise flexible power." Rechargenews.com. https://www.rechargenews.com/energy-transition/europe-will-lose-the-energy-storage-race-unless-governments-incentivise-flexible-power/2-1-909434.

McKinsey. 2018. "How Utilities Can Keep the Light on."

Nooij, M. and B. Baarsma. 2009. "Divorce Comes at a Price: An ex ante welfare analysis of ownership unbundling of the distribution and commercial companies in the Dutch energy sector." *Energy Policy*, Vol. 37, pp. 5449~5458.

Palmer, K. and D. Burtraw. 2005, The Environmental Impacts of Electricity Restructuring: Looking back and Looking forward, Resources for the Future.

Rochet, Jean-Charles and Jean Tirole. 2006. "Two-sided markets: A Progress report," *The RAND Journal of Economics*, Vol. 37, Iss. 3 (September 2006), pp. 645~667.

Tirole, Jean. 2020.4.3. "Competition and the Industrial Challenge for the Digital Age." https://www.tse-fr.eu/sites/default/files/TSE/documents/doc/by/tirole/competition_and_the_industrial_challenge_april_3_2020.pdf.

제3장

# 한국 금융산업의 현주소와 금융 혁신의 정책적 방향

이재우 | 한국수출입은행 해외경제연구소 산업경제팀 팀장

## 1. 문제제기

한국에서 금융산업에 대한 불만은 어제 오늘에 일이 아니다. 자본주의 경제 성장에 있어 중추적 역할을 하는 금융산업이 한국 경제 성장의 과정에서 찬사를 받기보다는 비난의 대상으로 전락한 것은 어쩌면 아이러니한 일이라고 할 수 있다.

그것은 우리나라의 금융산업이 한국의 경제성장 과정에서 외연적으로 급격한 성장을 했지만 그 과정 속에서 금융소비자들의 요구를 충분히 만족시키지 못했다는 것을 나타내는 증표라고 할 수 있다.

그러나 한국의 금융산업이 지속적으로 성장하면서 한국 경제에서 차지하는 비중 및 역할이 커져왔다는 것은 부정할 수 없는 사실이고 한국 경제가 한 단계 더 성숙하기 위해서 금융산업의 발전과 그 기능의 강화가 절실하다는 것도 주지의 사실이다.

특히, 4차 산업 혁명이라는 새로운 변화의 물결은 산업 혁신을 추동하도록 금융의 역할을 강조할 뿐만 아니라 금융 자체의 혁신도 요구하고 있다. 핀테크라고 통칭되는 기술혁신에 기반한 금융의 디지털화가 폭발적으로 이루어지며

금융산업의 지형이 크게 흔들리고 있는 것이다.

이 글에서는 기술적, 시장적 측면에서 변화의 압박을 받고 있는 금융산업이 어떠한 방향으로 혁신되어야 하는가에 대하여 우리나라 금융 산업의 현실과 문제점을 검토하고 그 문제점의 원인을 분석한 후 최근 확산되고 있는 핀테크 또는 금융의 디지털화를 통한 문제의 극복 가능성을 검토하고 마지막으로 금융혁신을 위한 정부의 정책적 방향성을 제시하고자 한다.

## 2. 한국 금융의 현주소: 불균형적 성장과 낮아지는 경제 기여도

### 1) 금융산업의 외형적 성장

한국 금융산업은 자생적으로 발전하기보다는 정책의 흐름에 따른 굴곡진 과정을 통해서 발전해 왔다. 1970년대까지 금융산업은 대부분의 개도국 또는 후발국의 경우와 마찬가지로 정부의 경제개발을 위한 수단으로 역할을 하며 부침을 거듭했다. 1980년대부터 금융자율화, 개방화의 요구에 부응하기 위해 점차적으로 홀로서기를 시작하여 1990년대에 금융실명제, 금리자유화 등으로 통해 정책 수단의 역할에서 벗어나기 시작하면서 완전하지는 않지만 독자적인 성장의 길로 들어선다.

특히, 1997년 미증유의 외환위기 및 금융 구조조정을 겪으면서 한 단계 더 성숙된 산업으로 자리 잡으며 시장의 요구를 수용하며 성장하기 시작한다.

한국 금융산업의 양적인 규모의 성장을 자율화가 시작된 1990년대 이후 금융산업 규모의 발전 수준을 금융기관 유동성과 은행자산 규모가 GDP에서 차지하는 비중으로 살펴보면 한국의 금융산업은 자율화와 개방화 이후 외환위기와 글로벌 금융위기 속에서도 가파른 성장세를 유지하여 1991년도 96%에 불과하였던 GDP대비 금융기관 유동성 비중이 2020년대에는 225%로 성장하게

〈그림 3-1〉 한국 금융산업의 성장 추이

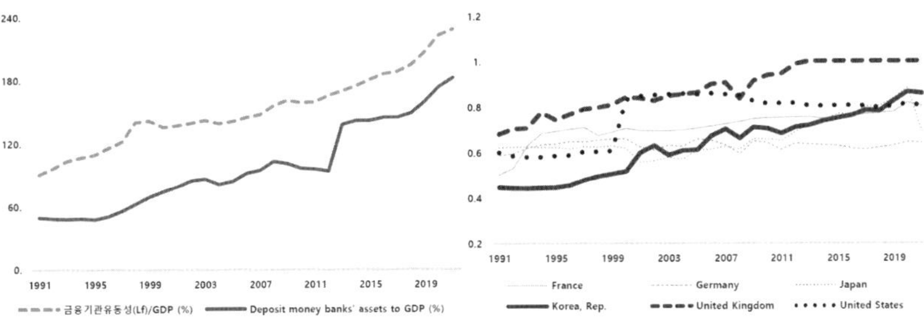


주: (오른쪽 그림)국가별 GDP대비 금융기관 신용 규모를 최고수준 국가를 1로 상대적으로 평가한 지수.
자료: (왼쪽) 한국은행 "경제통계시스템", World Bank "Global Financial Development Database", (오른쪽) IMF "Financial Development Index Database".

〈그림 3-2〉 한국과 선진국 금융산업 발전 지수 비교

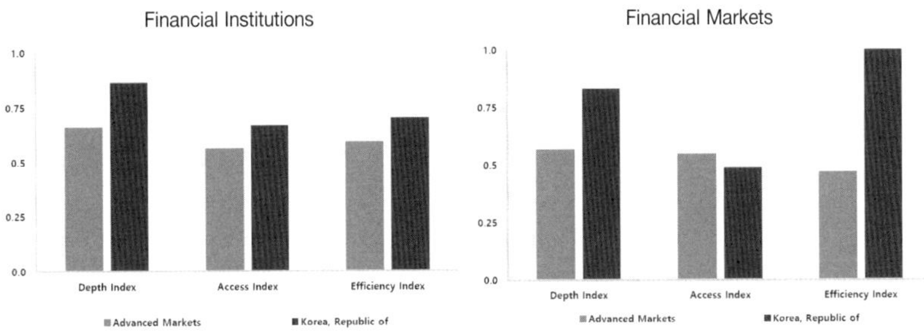


주: 지수별 구성요소는 부록 참조.
자료: IMF "Financial Development Index Database", 2020년 기준.

된다. 이러한 양적인 팽창은 같은 기간 주요 선진국과 비교해서도 매우 빠른 속도이다. 특히 글로벌 금융위기 이후 선진국보다 빠른 성장세를 보여 IMF가 평가한 GDP대비 금융기관 신용 규모 지수로 볼 때 한국의 금융산업의 규모는 일본, 프랑스, 독일 등을 넘어서고 있다.

한국의 금융산업은 단순히 양적인 팽창만 한 것이 아니라 관련 인프라와 시장 제도의 효율성도 빠르게 개선되며 최근에는 금융기관 및 금융시장의 발전 정도가 선진국 평균 수준을 넘어서고 있는 것으로 평가되고 있다. IMF의 금융 발전지수[1]를 보면 금융기관 및 시장의 규모(depth)뿐만 아니라 금융접근성, 효율성 지수에서도 다른 선진국을 압도하고 있는 것으로 나타나고 있다.

〈표 3-1〉 한국금융산업의 국민경제기여 관련 지표 추이

| | 생산유발계수 | 영향도 계수 | 고용계수 | GDP대비 부가가치 비중 |
|---|---|---|---|---|
| 2005 | 1.714 | 0.655 | 6.2(6.0) | 6.4% |
| 2010 | 1.694 | 0.939 | 5.6(5.1) | 6.5% |
| 2015 | 1.646 | 0.891 | 4.2(4.6) | 5.8% |
| 2019 | 1.642 | 0.886 | 3.4(4.1) | 5.9% |

주: 2010년 계수는 2015년 연결표 불변가격 기준, 고용계수는 10억 단위 생산당 고용인원.
자료: 한국은행.

### 2) 한국 금융의 경제적 기여도

이러한 양적인 성장에도 불구하고 국내경제에 차지하는 비중과 기여도는 크게 높아지지 않고 있는 것이 현실이다. 한국의 금융산업이 창출하는 부가가치가 총 GDP에서 차지하는 비중은 1990년 5.2%에서 2002년 7.0%로 가파른 성장세를 보인 이후 정체된 양상을 보이다 2010년대 들어서는 비중이 오히려 축소되며 5.6%까지 축소되었고 최근에야 6%를 회복하였다. 부가가치 창출이 부진하다는 것은 금융산업의 생산성이나 수익성이 개선되지 않아 금융산업의 규모가 확대되어도 실질적으로 금융산업이 경제성장에 기여한 부분이 2000년도 들어서 더 확대되지 않았다는 것을 의미하는 것이다.

금융산업에 다른 산업에 미치는 영향을 산업연관 효과로 보았을 때도 금융산업의 영향도는 점차 축소되는 경향을 보이고 있다. 금융산업이 다른 산업의 생산을 어느 정도 추동하는가를 판단할 수 있는 생산유발계수는 2005년 1.714에서 지속적으로 하락해 2010년에 1.689, 2019년에는 1.642로 하락하였다. 이를 전산업 평균(1점)과 비교한 영향도 계수는 1보다 낮아 전산업 평균을 밑돌았을 뿐만 아니라 2010년 0.939에서 2019년 0.886으로 더 악화되는 양상을 보이고 있다.

고용계수 역시 타산업에 비해 크게 악화되고 있는 상황이다. 우리나라 산업

---

1 IMF 금융발전지수의 구체적 구성과 내용은 〈부록〉 참조.

이 성숙되어 감에 따라 생산의 고용효과가 떨어지는 것은 당연한 것이나, 금융산업의 고용계수의 하락은 전체 산업과 비교했을 때에도 매우 빠르게 악화되고 있는 것이다. 2005년 10억 단위 생산당 6.2명을 고용하여 전산업 평균인 6명보다 큰 고용효과를 보았던 금융산업은 2015년 이후에는 산업 평균보다 낮은 생산의 고용창출효과를 보이고 있다.

### 3) 금융 수요자의 평가

금융산업을 평가하기 위해서 가장 중요한 것은 금융 소비자의 평가일 것이다. 금융업의 역할은 돈이 필요한 사람과 돈이 남는 사람을 연결시켜주는 즉 시장에 존재하는 금융갭(financial gap)을 축소시키기 위해 금융공급자와 소비자를 연결시켜주는 것이다. 금융업자는 단순히 자금의 공급자와 수요자에 대한 정보만 가지고 서로 연결시켜주는 것이 아니다. 여기서 중요한 것이 자금공급자의 수익니즈와 투자위험에 대한 성향을 정확히 판단하고 기업 등 금융수요자의 부도가능성 및 위험도를 파악하여 거래가 성립할 수 있도록 금리 등 거래조건을 만들어내는 것이다. 이러한 능력을 통해 금융거래가 활성화되면 금융의 공급자와 수요자가 모두 만족하게 되는 것이다.

이러한 역할을 잘 수행하고 있는지를 자금수요자 측면에서 보자. 사업활동에 있어서 금융서비스의 경쟁력을 국가 간 비교한 IMD World Competitiveness[2]로 살펴보면 2023년 한국의 금융분야의 경쟁력 순위는 총 64개국 중 36위에 그쳐 전체적인 경쟁력(28위)보다 낮은 수준이다. 특히 국내 금융소비자를 대상으로 한 설문조사로 평가된 금융 및 은행의 사업활동 지원도에 대한 평가는

---

2 IMD World Competitiveness는 각국의 경영 환경을 중심으로 경쟁력을 평가하는 지수로 Business Efficiency 항목 아래 Finance 부문은 총 16개 항목(통계 9개, 설문 7개)로 구성되어 있으며 이 글에서는 설문조사로 이루어지는 주로 항목을 활용함.

〈표 3-2〉 IMD World Competitiveness 순위: 주요 금융 부문

| | 2011년 (총59개국) | 2015년 (총61개국) | 2018년 (총63개국) | 2023 (총64개국) |
|---|---|---|---|---|
| 전체 | 22위 | 25위 | 27위 | 28위 |
| 은행 및 금융서비스의 사업활동 지원도 | 40위 | 48위 | 54위 | 50위 |
| 기업대출의 용이성 | 35위 | 45위 | 52위 | 49위 |
| 모험자본의 용이성 | 34위 | 45위 | 53위 | 44위 |

자료: IMD World Competitiveness yearbook, 각 호.

50위로 최하위 수준을 기록하고 있다. 금융기관의 기업에 대한 자금공급 역할에 대한 평가를 볼 수 있는 기업대출의 용이성(49위), 주식시장을 통한 자금조달의 용이성(41위), 모험자본의 용이성(44위) 부분에서도 매우 낮은 평가를 받아 기업들의 국내 금융산업에 대한 불만이 높은 것으로 나타나고 있다. 문제는 이러한 낮은 평가가 지속됨에도 불구하고 개선되지 않고 있다는 점이다.

이러한 금융수요자들의 불만은 다른 지표를 통해서도 확인할 수 있다. 우선 가장 자금수요가 큰 기업, 특히 중소기업의 경우 시중은행[3]의 총 대출에서 차지하는 비중이 갈수록 축소되는 경향을 보이고 있다.

총 대출잔액에서 기업자금 대출이 차지하는 비중은 2003년 이후 45% 내외를 기록하고 있는 반면 중소기업(개인사업자 제외)[4]의 대출 비중은 2008년 25.8%를 기록한 이후 지속적으로 하락세를 보이며 2018년 16.1%를 기록한 후 소폭 상승했으나 20% 수준을 넘어서지 못하고 있는 실정이다. 최근의 기업대출 비중 상승은 부동산 시장 침체 등에 따른 가계 대출 수요 감소에 따른 것으로 기업금융에 대한 금융기관의 대출 태도가 변경되었다고 볼 수는 없다.

또한 금융기관의 위험 인수 태도를 볼 수 있는 대출중 신용대출 비중을 보면 2008년까지 45% 수준을 기록했으나 이후 지속적으로 하락하여 2022년에는 23%

---

3 전국적인 점포망을 가지고 있는 상업은행으로 2023년 현재 KB국민은행, 우리은행, 신한은행, 하나은행, SC제일은행, 씨티은행을 칭함.

4 개인사업자 대출의 경우 대출 용도 및 담보의 성격 측면에서 가계대출과 혼용되는 경우가 있어 이 글에서는 중소기업 대출 중 개인사업자 대출을 제외하고 분석함.

〈그림 3-3〉 시중은행 기업대출 및 담보유형별 비중 추이

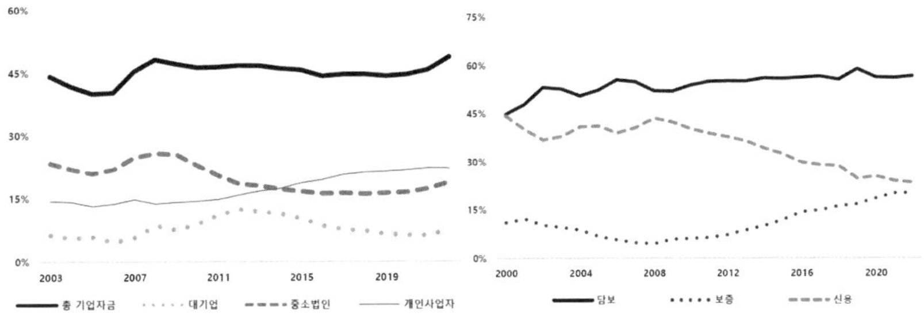


자료: 금융감독원 "금융통계정보시스템".

대로 하락하였다. 신용대출 비중의 감소는 보증기관의 확대에도 영향을 받을 것으로 볼 수 있으나 그 기간 동안 담보대출의 비중이 상승한 것으로 볼 때 은행이 차주에 대한 적절한 신용평가를 통해 자금을 지원하기보다는 대출의 위험을 쉽게 피할 수 있는 방법으로 담보를 가지고 있거나 보증을 받을 수 있는 대상에게 대출하는 것으로 볼 수 있다. 이것은 은행이 자금공급 시장에서 우위의 입장을 가지고 그 지위를 편하게 활용했다고 볼 수 있는 것이다.

이러한 금융기관의 시장에서의 우월적 지위의 활용은 금융기관의 위험관리 및 건전성 유지에는 도움이 되나 결국 금융 소비의 소외자를 확대시키게 된다. 결국 담보 능력이 없는 중소기업의 대출이 더욱 어려워지게 되는 것이다.

이러한 금융 소비자의 소외는 가계금융시장에서도 확인된다. 금융기관의 적극적인 위험관리로 저신용 및 저소득자에 대한 대출이 위축되고 있는 것이다. 2016년 가계대출 중 7.1%를 차지했던 저신용자(신용점수 664점 이하) 대출 비중이 지속적으로 하락하며 2021년에는 3.3%를 기록하였다. 특히, 중신용자에 대한 대출 비중도 축소되고 있어 금융소외자가 양산되고 있는 것이다. 이러한 경향은 가계소득 기준으로 보았을 때도 나타나고 있다.

이러한 제도권 금융기관의 저신용자에 대한 대출 기피로 발생한 금융소외층은 결국 사금융 등으로 내몰리며 더 삶의 수준이 악화되는 악순환에 빠지게 되는 것이다. 문제는 이러한 금융소외층 문제를 해결할 수 있는 정책금융이 아직

〈그림 3-4〉 국내 금융기관의 신용도 및 소득별 가계대출 비중 추이

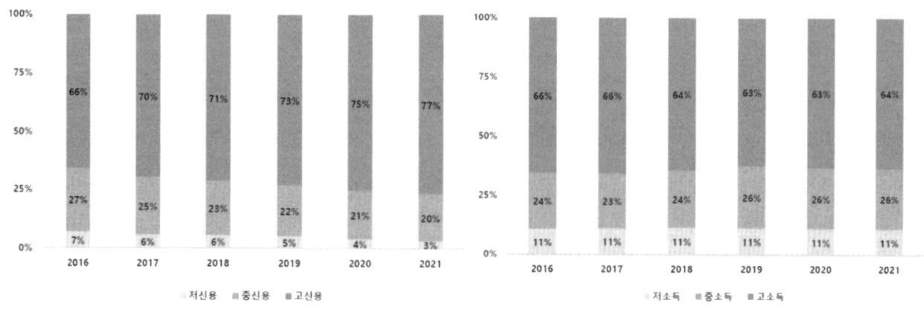


주: ① 대출금액 기준. ② 고신용 신용점수 840점 이상, 중신용 665~839점, 저신용 664점 이하. ③ 고소득 상위 30%, 중소득 30~70%, 저소득 하위 30%

자료: 한국은행, 『금융안정보고서』, 2018년 12월, 2020년 12월, 2023년 6월.

활성화되지 않았다는 점이다.

금융산업에 대한 불만은 자금수요자에게만 있는 것은 아니다. 자금을 공급 또는 운용하고자 하는 측에서도 불만이 쌓여 있기는 마찬가지다. 저금리가 장기화되어 예적금을 통한 자금운용이 쉽지 않은 상황에서 자산을 안전하게 맞길 금융기관을 찾지 못하고 있는 것이 현실이다. 그렇다 보니 결국 자기가 스스로 투자를 고민하고 결정하는 개미투자자들이 양산되고 있는 것이다. 우리나라 유가증권 시장에서 개인주주의 보유주식 비중은 코로나19 이후 급격하게 증가해 50%를 상회하고 있고 시가총액에서 차지하는 보유액의 비중도 28% 증가했다. 이것은 자산운용사나 투자자문사가 등 전문금융기관이 자기의 역할을 제대로 못하고 있다는 것을 의미하는 것이다. 이러한 경향은 자산운용사 및 투자자문사에 일임 또는 자문을 위해 신탁한 자산규모가 점차 위축되고 있는 것에도 확인할 수 있다. 자본시장의 규모(KOSPI 시가총액 + 채권발행잔액)대비 자산관리 금융기관의 일임 및 자문액 규모가 점차 축소되는 것에서도 확인할 수 있다. 특히, 최근 라임, 프라임 펀드 사태 등은 금융기관에 대한 신뢰 하락 및 불만을 더욱 확대시키고 있는 것이다.

금융기관에 대한 불만은 단지 금융상품에 국한되지 않고 금융기관이 금융소비자를 대하는 태도에도 있다. 일명 불완전 판매라고 일컬어지는 일이 비일비

〈표 3-3〉 증권시장*에서 개인투자자의 비중 및 자산운용사** 이용도 추이

| | 총주식 중 개인 보유수 비중 | 시가총액 대비 개인 보유액 비중 | 자산운용사 일임 자산 비중 (시가총액 및 채권발행잔액 대비) |
|---|---|---|---|
| 2016 | 50.1% | 25.1% | 18.6% |
| 2017 | 49.6% | 24.4% | 17.2% |
| 2018 | 47.0% | 25.9% | 18.7% |
| 2019 | 46.8% | 24.4% | 18.1% |
| 2020 | 51.1% | 28.0% | 16.6% |
| 2021 | 50.9% | - | 16.4% |
| 2022 | 50.9% | - | 16.6% |

주: * 유가증권시장, 코스닥 시장, 코네스 시장 합계. ** 자산운용사, 자문사, 증권사, 선물사의 일임 및 자문 규모.
자료: 한국예탁결제원, 한국금융투자협회.

〈그림 3-5〉 금융 소비자의 불만 경험 사례

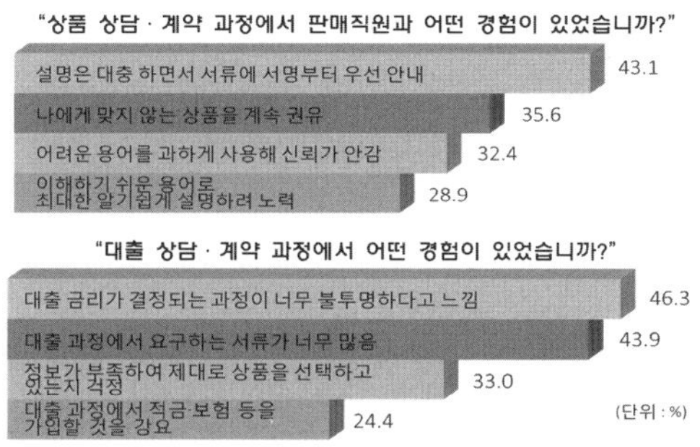


자료: 금융위원회(2020), " '19년 금융소비자 보호 국민인식조사 결과 및 시사점".

재하고 만연되어 있는 것이 우리나라 금융사의 현실인 것이다.

결국 한국의 금융산업은 선진국 수준의 외형적 성장에도 불구하고 자금 수요자 측면에서는 중소기업 및 저신용자에 대한 신용공급을 억제함으로써 금융소외자를 양산하는 반면 자금 공급자들에게는 자금운용에 대한 전문성을 인정 못 받으며 사회, 경제적으로 신뢰를 잃고 있는 것이다.

## 3. 금융기관의 보수적 경영 원인

한국 금융산업이 금융소비자에게 외면 받으면서 공급자 중심으로 보수적인 경영전략을 취하는 원인은 무엇인가? 금융기관이 자신의 경영전략을 결정하는데 고려하는 가장 중요한 요소는 산업내 경쟁강도 등 외부환경과 금융기관들의 효율성과 생산성 등 내부역량이다.

산업의 경쟁강도는 산업내 산업의 진입장벽, 플레이어의 수 및 집중도와 기업활동을 제약하는 정부의 규제 등에 의해서 결정되고 내부역량은 금융업이 중개하는 자산에 대한 가치평가 능력에 의해서 결정된다. 가치평가 능력은 금융 자산의 현재 및 미래가치와 그에 수반되는 위험 요인들을 면밀하게 분석하고 정량화하는 것으로 가치평가 능력에는 위험관리의 능력도 포함된다고 할 수 있다. 이 두 요소가 어떻게 결합되나에 따라 금융기관은 공격적 또는 적극적 시장확대 전략을 취할지 보수적 방식을 취할지 결정하는 것이다.

산업내 경쟁강도가 높을수록 신규 시장을 창출하려는 노력이 확대되면서 금융소비자의 니즈를 파악하고 그것에 맞추려는 노력이 강화될 수밖에 없는 것이다. 반면에 산업의 진입장벽이 높고 경쟁이 심하지 않을수록 시장의 니즈보다는 현재 자신의 시장적 지위를 유지하는 것에 더 노력하게 된다. 과점적 구조에서 불확실성이 큰 새로운 시도를 통해 산업을 확대하기 보다는 현재의 시장점유율을 지키려는 보수적 전략이 우월한 전략으로 선택될 가능성이 높아지는 것이다.

금융기관의 가치평가 및 리스크 관리 능력의 경우 능력이 낮을수록 보수적인 영업활동을 할 가능성이 높아진다. 미래의 불확실성이 지배되는 금융거래에 있어서 대출과 투자에 대한 정확한 가치평가를 할 수 없거나 자신의 판단을 신뢰할 수 없을 경우에는 보수적 방식의 영업활동을 통해 불확실성의 위험을 줄이고 안정적 수익을 추구하게 된다.

가치평가 능력이 높다고 해서 항상 공격적인 경영전략을 취하는 것은 아니다. 가치평가 능력의 향상은 금융소비자들에 대한 더 높은 시장 지배력의 확대로 이어지게 되고 이것이 독과점적 시장구조와 연결될 경우 금융기관은 금융시장을 분할 관리하며 자신의 이익을 최대한으로 올릴 수 있는 전략을 취하게 된다. 이러한 경우 더욱더 보수적인 영업활동으로 금융소비자들의 소외가 확대될 수 있는 것이다.

그럼 한국 금융시장 및 산업의 상황은 어떤가? 한국 금융시장의 상황을 먼저 산업 외부적 요인부터 보면, 은행권을 중심으로 한국 금융산업이 집중화되어 있다는 것은 이미 잘 알려진 사실이다. 1997년 외환위기 이전 26개였던 일반은행은 그 이후 부실은행 구조조정, 은행 간 인수합병으로 통해 12개로 감소하였다. 특히, 시장의 지배권을 가지고 있는 시중은행의 경우는 6개로 축소되었다. 이들 은행권의 시장집중도를 CR3(상위 3개은행 비중)와 HHI[5]로 분석해 보면, 은행의 총자산의 경우 2021년 말 현재 CR3가 61.4%, HHI가 1660로 매우 높은 수준이며 총대출 규모도 CR3 61.9%, HHI 1695로 집중도가 더 높은 상황이다(금융산업경쟁도평가위원회, 2022).

이러한 집중화에는 금융산업에 대한 진입규제도 한 몫을 하고 있다. 은행업의 경우 자본금, 대주주 적격성, 인적 물적 요건 등으로 신규 진입이 쉽지 않고, 정부의 칸막이식 규제방식으로 각 부야별로 시장이 분리되고 분야별로 시장지배자가 생기며 산업이 집중화되는 경향이 강화되고 있는 것이다. 최근에 인터넷 전문은행 등의 진입을 허용했으나 이러한 금융산업 관리 규제 등이 근본적으로 해결되지 않고서는 산업의 집중화 문제가 쉽게 해결되지 않을 것이다.

다음으로 금융기관의 가치평가 및 리스크 관리 능력을 보자. 이 부분을 평가해주는 직접적인 지표가 존재하지는 않는다. 그러나 가치평가의 능력이 바로

5 Herfindahl-Hirschman Index: 기업을 매출액이나 자산규모순으로 배열하고 시장점유율을 각각의 %로 계산한 후 이들 점유율의 제곱을 모두 합산한 지수로 HHI≤1000 집중되지 않은 시장, 1000≤HHI≤1800 다소 집중된 시장, 1800〈HHI 매우 집중된 시장으로 평가.

〈표 3-4〉 대륙별 세계 100대 은행의 2013~2017년 평균 수익성 지표 (단위: %)

| | ROA | ROE | NIM |
|---|---|---|---|
| 북미 | 0.91 | 10.13 | 2.29 |
| 유럽 | 0.37 | 6.02 | 1.55 |
| 아시아(한국 제외) | 0.98 | 13.40 | 2.25 |
| 오세아니아 | 0.86 | 12.92 | 1.87 |
| 남미 | 1.32 | 17.18 | 5.63 |
| 해외은행 평균 | 0.76 | 10.29 | 2.14 |
| 국내 6대 은행 평균 | 0.41 | 5.75 | 1.80 |

자료: 금융연구원(2018).

금융기관의 효율성과 생산성을 결정하는 것이기 때문에 수익성을 나타내는 지표로 어느 정도 판단할 수 있을 것이다.

대표적인 수익성 지표인 ROA로 우리나라 대표 은행들의 수익성을 글로벌 주요 은행들과 비교하면 아직 낮은 수준임을 보이고 있다. 2013년부터 2017년 사이의 우리나라 6대 은행의 평균 ROA(0.41%), ROE(5.75%)는 글로벌 100대 은행(국내은행 제외) 5년 평균 ROA(0.76%), ROE(10.29%)보다 낮게 나타나고 있다. 대륙별로도 여타 대륙의 은행보다도 저조한 상황이다. 이러한 추세는 최근까지 지속되어 2021년 기준 국내 주요 은행의 ROA는 0.38~0.57% 수준을 기록해 글로벌 1000대 은행의 평균인 0.75%보다 낮은 상황이다(The Banker, 2021). 특히, 국내 은행의 전체 자산 중 70% 이상을 차지하는 대출의 경우 순이자마진(net interest margin)이 주요 국가 은행 대비 낮아 국내 은행의 생산성과 효율성이 전반적으로 낮고 결국 핵심 경쟁력이라고 할 수 있는 가치평가 및 리스크 관리의 능력이 낮다는 것을 반증하는 것이다.

결국 국내 금융기관의 보수적인 경영을 하는 것은 높은 진입장벽에 따른 낮은 경쟁강도와 금융기관의 가치평가 및 리스크 관리 측면에서의 낮은 생산성으로 발생한 것으로 볼 수 있다. 그럼 이러한 문제를 해결할 수 방안은 무엇인가에 대하여 최근 급속하게 확산되고 있는 핀테크의 활용 가능성과 그것을 위한 정책적 방안을 통해 분석해 보도록 하자.

## 4. 금융혁신을 위한 핀테크의 활용 가능성

우리나라 금융산업의 문제를 해결하고 혁신시킬 수 있는 방안으로 많은 사람들이 핀테크의 활용을 이야기하고 있다. 핀테크란 금융산업에 4차 혁명으로 이루어진 기술의 발전을 적용시켜 금융산업을 한 단계 더 업그레이드시키는 것을 의미한다.

금융에 발전하는 기술을 접목시키는 일은 어제 오늘의 일은 아니다. 정보통신 기술이 발전함에 따라 자금이동에 있어서 시공간의 제약을 극복하게 되며 고객의 접점이 확대되며 금융시장의 규모가 확대되어 온 것이다. 해저케이블의 설치, Telex 등을 통한 국경 간 금융의 전신거래, 인터넷을 활용한 금융거래 및 결제 등이 금융산업을 발전시킨 예이다.

그러나 최근에 확산되고 있는 기술의 변화는 이전의 변화와는 다른 측면에서 이루어지고 있는 것이 사실이다. 기존의 기술의 발전이 금융거래의 활성화 또는 금융 자동화 등을 통한 노동생산성의 확대의 수준이었다면 최근의 빅 데이터, AI, 블록체인(분산원장 기술), 크라우드 펀딩(crowd funding) 등 플랫폼 경제의 질적 변화 등은 금융의 근본적인 측면에서의 변화를 예고하고 있다.

이전에서 서술했듯이 금융 거래의 기본적인 문제는 미래의 불확성 또는 위험을 어떻게 관리하는가이다. 여기서 정보 수집, 관리 분석은 매우 중요한 역할을 한다. 핀테크는 이전의 정보 관리와 다른 측면은 정보의 수준을 단순히 금융거래에 관련된 것에 머무르지 않고 기업 및 개인들에 관련된 수많은 비금융적 정보를 활용하며 금융자산에 대한 가치평가 및 리스크 관리를 한 단계 높이고 있는 것이다. 물론 미래의 불확실성을 제거한다는 것은 불가능한 일이다. 그러나 경제행위자들에 대한 패턴을 더 면밀하게 분석함에 따라 금융거래의 일차적인 문제인 정보의 비대칭성을 축소시켜 나가는 것이다.

이러한 정보의 비대칭성의 축소는 핀테크의 또 다른 특성인 금융소비자와의 다양한 접점형성과 연결되어 그 동안 금융시장에 접근하지 못했던 경제적 약자들에 대한 금융중개 서비스를 확대 제공하여 금융 소외자를 축소시키며 금융의 포용성을 높이고 있다.

여기서 더 중요한 것은 핀테크가 이전에는 사용하지 못했던 다양한 정보를 생산 활용을 통해 금융거래의 중개를 가능하게 함에 따라 그 동안 금융기관이 가지고 있던 지위가 약화되고 있다는 것이다. 이전까지 여러 기술의 발전은 금융거래에서 발생하는 여러 정보를 많이 획득하고 그것을 활용하는 것에 초점을 두고 있었다. 이러한 발전 방식은 금융기관의 금융거래에 있어서의 지위를 더욱 높이는 결과로 이어진 것이 현실이다. 더 많은 금융정보에 접근할 수 있는 능력을 가지고 있는 금융기관이 더 많은 경쟁력을 가지게 되고 시장에 더 우월적 지위를 가지게 되는 선순환적 구조로 금융의 집중화를 확대시킨 것이다. 비금융 정보를 활용한 금융거래의 중개는 이러한 금융기관의 집중화 구조에 핀테크가 어느 정도 제약을 가할 수 있는 것이다.

또한 플랫폼을 통한 금융거래의 활성화는 은행을 중심으로 한 금융기관의 금융거래 독점을 해체시킬 수 있게 된 것이다. 기존의 금융기관을 통한 금융거래 방식은 금융기관의 금융거래 정보에 대한 독점력을 더 확대시켜 왔다. 그러나 금융기관을 통하지 않은 금융거래가 가능해지고 확산됨에 따라 금융기관의 정보 독점력이 약화되며 금융업이 가지고 있는 진입장벽을 낮추고 있는 것이다.

결국 핀테크는 한국 금융산업이 가지고 있는 독과점적 구조와 낮은 가치평가 및 리스크 관리의 문제를 동시에 해결해 금융소비자에 니즈를 충족시키고 더 나아가 금융소외자를 줄일 수 있는 하나의 도구로 활용될 수 있는 것이다.

그러나 핀테크를 활용한 금융거래의 활성화 및 금융산업의 진입장벽의 파괴, 빅테크 등 비금융기업의 금융업 진출만으로 모든 문제가 해결되지는 않는다. 핀테크의 도입만으로 금융산업의 독점적 구조로 발생한 금융소비자의 소외 문제가 해결되지는 않기 때문이다.

금융산업이 가지고 있는 집중화의 경향은 새로운 플레이어가 시장에 진입한다고 해서 해소되는 것이 아니다. 새로운 경쟁구조 속에서도 독점력 및 시장

지배력을 확대하려는 금융기관들의 전략으로 금융기관과 빅테크 기업의 합종연횡이 이루어질 것이고 그 과정 속에서 금융산업의 독과점이 더 공고화될 가능성이 있는 것이다. 최근의 골드만 삭스(Goldman Sachs)와 애플(Apple) 간, 구글(Google)과 씨티그룹(Citigroup) 간 업무 협약 발표 등이 이러한 경향을 보여주고 있는 것이다(Boot, Hoffmann, Laeven, and Ratnovski, 2020).

이렇게 독과점 체제가 형성되면 이전보다 더 강력한 정보력을 가진 금융기관이 자신의 이윤을 극대화하는 방식으로 시장을 분절화시키고 금융소비자에 대한 공급자의 정보 우위를 더 확대시켜 금융소외 또는 금리 단절 등의 문제를 심화시키게 될 수 있는 것이다.

따라서 산업의 진입장벽을 만들어 지대추구를 하려는 기업들과 그것을 막으려는 정부의 노력은 한번으로 끝나는 것이 아니라 지속적으로 아니 영원히 이루어져야 하는 것이다.

## 5. 정부정책 방향성

마지막으로 현재의 금융산업의 독과점 상태를 해소하고 다시 독점화되는 경향을 막을 수 있는 정책의 방향에 대한 이야기로 글을 마치고자 한다.

정부는 우선적으로 핀테크 등을 활용한 새로운 진출자가 산업과 시장 내에서 안정적으로 정착하여 산업내의 신선한 충격으로 작용하여 산업내 역동성이 확대될 수 있도록 하여야 한다. 여기서 중요한 것은 핀테크의 확대가 목표로 하는 것이 무엇인가를 정확하게 인식하고 있어야 한다. 즉 핀테크를 활용하여 금융산업의 독과점 및 낮은 생산성을 극복하기 위한 정책의 최종적 목표는 기존 금융산업이 가지고 있는 보수적 경영으로 발생한 낮은 금융소비자의 만족도와 금융소외자의 확대를 극복하는 것이라는 것을 명심해야 하는 것이다.

정부는 최근 금융산업에서 핀테크의 활용도를 높이고 그것을 통해 산업의 발전을 꾀하는 정책을 수립하고 실행하고 있다. 문제는 이러한 정책의 방향성이 금융소비자의 측면보다는 금융기관 즉 공급자 측면에서 실행되고 있다는 점이다. 정부의 핀테크 관련 정책을 보면 핀테크를 활용한 금융기관의 경쟁력 강화, 더 나아가서는 글로벌 경쟁력 확보를 통한 금융기관의 해외진출이라는 것에 더 집중하고 있다는 것이다. 이러한 경우 금융기관의 경쟁력 확보가 금융소비자의 이해와 상충될 수 있는 결과를 만들어낼 가능성이 있는 것이다. 따라서 정부는 금융혁신의 목적이 단순히 금융산업의 글로벌 경쟁력 확보가 아닌 금융산업의 균형적 성장 및 금융의 포용성을 확대하는 것에 있다는 것을 잊지 않아야 한다.

다음으로 금융산업에 가지고 있는 네트워크 외부성으로 독점화되는 경향을 막도록 노력해야 한다. 그것을 위해서는 핀테크에서 중요한 정보에 대한 정책을 강화하여야 한다. 첫째 금융거래 중개자들이 정보를 독점하는 것을 지속적으로 관리하여 한다. 경제거래를 중개하면서 획득한 정보를 거래중개자가 독점하는 것을 허용하게 되면 정보의 독점을 통한 시장의 지배확대 전략이 지속적으로 나타나게 될 수밖에 없다. 따라서 특정한 금융기관이 거래 정보를 독점하지 못 하도록 하여야 한다. 더 나아가 금융소비자들의 정보에 대한 권리를 정확하게 하여 정보의 공급자 우위적 상황을 제거하도록 하는 정책을 시행해야 하는 것이다. 최근 오픈뱅킹과 마이데이터 정책은 이러한 방향으로 가는 기초적인 단계이다. 그러나 아직 빅테크 등이 가지고 있는 정보에 대한 정책이 아직 확실하게 이루어지고 않고 있으니 이에 대한 정책수립도 빠르게 이루어져야 할 것이다.

이를 위해서 또한 정부는 자신이 가지고 있는 공공정보를 사회적으로 공유하는 방식을 통해 사회적 정보량을 전체적으로 확대시킴으로써 특정 금융기관의 정보 독점력을 약화시키도록 노력해야 할 것이다.

마지막으로 정책에 따른 부작용이 발생하여 정책의 최종적 목표에서 일탈하지 않나 지속적으로 모니터링해야 한다. 부작용의 일례가 정보의 공유화 또는 공공정보와 확대가 “Hirshleifer effect”를 발생시켜 금융소외가 확대되는 방향으로 나갈 가능성이다. Hirshleifer effect란 공공정보가 확대되면 될수록 사회 내 정보의 차가 축소됨에 따라 경제주체들이 동일한 방향으로 행동을 결정함에 따라 경제거래가 이루어지지 않는 것을 이야기하는 것으로 모든 금융기관이 금융소비자에 대한 동일한 정보를 통해 금융거래를 결정할 경우 특정 집단에 대한 금융소외 현상이 확대될 수도 있는 것이다.

또한 정보산업 발전에 따른 신속한 정보의 유통 및 그에 따른 쏠림현상으로 발생하는 불안정성 확대 가능성에 대하여 대책을 마련해야 한다. 최근 미국의 SVB 사태 등에서 나타난 급속한 자금인출 사태 등이 대표적인 사례가 될 것이다.

결국 정부는 이제 금융시장내의 경쟁을 강화시키는 것은 단순히 진입장벽을 낮추는 것으로 끝나는 것이 아니라 정보에 대한 접근성의 확대 및 공유 정책이 기반하며 그에 따른 부작용 등을 면밀하게 고민하여야 한다.

한 번에 완벽한 정책을 수립할 수는 없다. 결국 자신의 정책목표를 정확히 하고 정책이 수행되는 과정에서 발생하는 여러 문제에 대하여 열린 자세로 지속적으로 개선시켜 나가는 것이 이전에 경험하지 못했던 새로운 상황에 대응하는 최선의 방식이다.

## 〈부록〉 IMF 금융발전지수(financial development index) 구성 요소 및 자료원

### 1. 지수의 구성

〈그림 3-6〉 IMF 금융발전지수의 구성

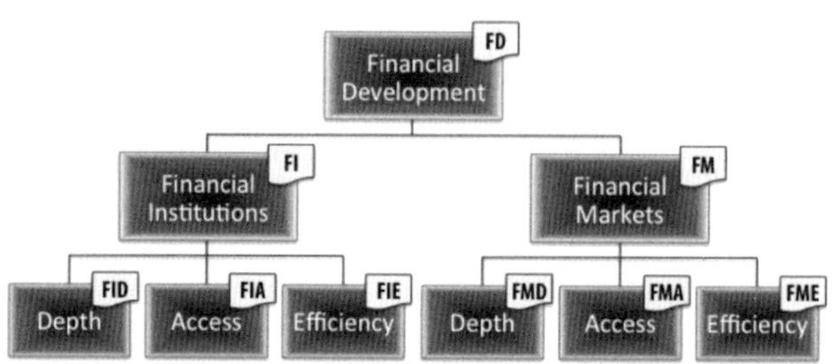


### 2. 지수별 구성지표 및 자료원

〈표 3-5〉 지수별 구성지표 및 자료원

| Category | Indicator | Data source |
|---|---|---|
| | Financial institutions | |
| Depth | Private-sector credit to GDP | FinStats 2015 |
| | Pension fund assets to GDP | FinStats 2015 |
| | Mutual fund assets to GDP | FinStats 2015 |
| | Insurance premiums, life and non-life to GDP | FinStats 2015 |
| Access | Bank branches per 100,000 adults | FinStats 2015 |
| | ATMs per 100,000 adults | IMF Financial Access Survey |
| Efficiency | Net interest margin | FinStats 2015 |
| | Lending-deposits spread | FinStats 2015 |
| | Non-interest income to total income | FinStats 2015 |
| | Overhead costs to total assets | FinStats 2015 |
| | Return on assets | FinStats 2015 |
| | Return on eauity | FinStats 2015 |
| | Financial markets | |
| Depth | Stock market capitalization to GDP | FinStats 2015 |
| | Stocks traded to GDP | FinStats 2015 |
| | International debt securities of government to GDP | BIS debt securities database |
| | Total debt securities of financial corporations to GDP | Dealogic corporate debt |

| | | database |
|---|---|---|
| | Total debt securities of nonfinancial corporations to GDP | Dealogic corporate debt database |
| Access | Percent of market capitalization outside of top 10 largest companies | FinStats 2015 |
| | Total number of issuers of debt (domestic and external, nonfinancial and financial corporations) | FinStats 2015 |
| Efficiency | Stock market turnover ration (stocks traded to capitalization) | FinStats 2015 |

3. 지수 값의 결정

각 지표의 국가별 값의 분포를 편준화하여 0과 1사이의 값으로 치환 후 지표별 가중치에 따라 지수값 산출.

## 참고문헌


금융산업경쟁도평가위원회. 2022.「은행업 경쟁도 평가 결과 보고서」.

금융연구원. 2018. "국내은행의 수익성은 적정한가?".

금융위원회. 2020. "'19년 금융소비자 보호 국민인식조사 결과 및 시사점".

한국은행.『금융안정보고서』, 2018년 12월, 2020년 12월, 2023년 6월.

IMD World Competitiveness yearbook.

Boot, A., P. Hoffmann, L. Laeven, and L. Ratnovski. 2020. "Financial Intermediation and Technology: What's Old, What's New?" IMF Working Paper.

The Banker. 2021. " Top 1000 World Banks."

제4장

# 한국의 인도·태평양 전략과 대외통상 및 기술협력 방향

안충영 | 중앙대학교 국제대학원 석좌교수

## 1. 머리말

한국의 윤석열 정부는 외교·안보·경제에 관한 대외정책으로 2022년 12월 "평화롭고, 개방되며, 번영의 인도·태평양 전략"(Strategies for Peaceful, Open, and Prosperous Indo-Pacific region. 이하 인·태 전략)을 대내외에 천명하였다(ROK, MoFA, 2022). 격화되는 미·중 패권 갈등 속에서 전임 문재인 정부는 남북 간 화해를 위하여 북한과 중국에 대하여 적극적 우호전략을 견지하고 한·미 안보동맹에 대하여 자제된 소극적 정책을 유지, 그동안 연례적, 방어적 한·미 합동군사훈련도 중지하는 등 전략적 모호성(strategic ambiguity)을 취하였다. 그러나 윤석열 정부는 북한의 계속되는 미사일 발사와 핵위협 등 안보도전에 대비하여 한·미 관계에서 자유와 민주주의의 기본이념을 공유하는 "가치동맹(value alliance)"을 토대로 전통적 안보동맹을 더욱 강화하는 전략적 명료성(strategic clarity)으로 전환하였다. 한·미 양국은 북한의 지속적 핵위협에 대한 확장억제력(extended deterrence)을 적극 추구하고 경제관계에서도 첨단 기술협력 등을 강화하기로 하였다(Ahn, 2002; Panda and Ahn, 2023). 이를 토대로 윤 정부의 인·태 전략은 외교, 안보, 경제 협력의 공간을 인도 태평양에 이어 전 세계적으로 확장하였다.

경제적 관점에서 지금 세계는 코로나19 대역병을 거치면서 공급사슬망의 유연성(supply chain resilience) 확보가 절실히 필요함을 인식하게 되었다. 1990년대 이후 전체 세계교역의 50%가 소재와 부품의 국경 간 이동에서 일어나고 있다(World Bank, 2020). 세계적 대역병 코로나를 퇴치하기 위하여 특정국가에서 발생한 불가피한 봉쇄조치가 부품과 소재의 공급차질을 일으켜 통상국가 사이에 생산중단 등 심각한 충격을 주기도 하였다. 이에 따라 세계 각국은 코로나19 이후에도 예상되는 자연재해, 대역병, 러시아의 우크라이나 침공 등 전쟁으로 일어나는 소재·부품의 중단을 막기 위한 공급사슬망의 유연성을 절실히 추구하고 있다. 그 결과 모든 나라의 통상정책의 핵심은 소재와 부품 조달체계에서 그동안 활용했던 무재고경영(just in time management)에서 예기치 않는 사태에 대비하여 비용이 들더라도 재고를 쌓고 다양한 아웃소싱을 추구하는 "만약의 상황에 대비한 경영(just in case management)"으로 전환하고 있다(Yusuf and Leipziger, 2022).

지금 세계는 미·중 간 첨단기술 격돌에 이어 설상가상으로 우크라이나 전쟁이 장기화되면서 공급사슬망 유연성은 이제 안보적 함의마저 지니게 되었다. 안보와 통상의 연계성(security-trade nexus) 아래 미·중 간 갈등은 전략물자(strategic materials)의 의도적 수출마저 통제하기에 이르렀다. 중국에 대한 미국의 반도체 등 고기술 품목의 금수조치에 대하여 중국은 희토류, 니켈, 리튬 등의 수출금지 등을 통하여 전략물자를 무기화(weaponization)하고 있다. 이와 같이 의도된, 혹은 의도하지 않던 사유로 인한 전략물자의 단절은 경제안보(economic security) 및 안보·통상의 연계성의 개념을 낳고 국제관계의 주요 정책변수가 되고 있다(Goodman, 2021).[1]

1 Goodman(2021)은 거시경제차원에서 경제안보를 구국안보를 지탱할 수 있도록 핵심기술과 공급사슬망의 보호와 증강으로 정의하였다. 미시적으로 사이버 공격과 수출 혹은 금지된 주요기

윤석열 정부는 대일본 외교관계의 정상화를 위하여서도 과감한 선제적 조치를 취하였다. 식민지 지배 시대 조선인 강제 징용자 보상에 대한 한국 법원의 판결에 대하여 당해 일본기업이 아닌 제3자 변제해법을 제시함으로서 교착상태에 빠진 한·일 관계를 복원하고 셔틀외교를 재개하는 등 적극적 미래지향 관계로 바꾸었다. 한·일 관계의 외교적 전환점을 계기로 북한의 핵을 포함한 안보 위협에 대하여 지난 수년 동안 소극적으로 유지되던 한·미·일 삼각안보체제도 더욱 강화되었다. 나아가서 한·미·일은 2023년 8월 사상 초유의 한·미·일 정상회담을 통하여 Camp David Pact를 선언하여 북한의 지속되는 핵과 미사일 위협에 대비하여 종래보다 훨씬 강화된 안보태세를 유지하고 경제관계에도 전략물자 조달 및 기술협력에서 공조관계를 강화하기로 하였다.

대중국 관계에서 한국의 인·태 전략은 상호존중(mutual respect)과 상호주의(reciprocity)를 바탕으로 원칙에 입각한 외교(principled diplomacy)를 기본관계로 설정하고 중국 배제가 아니라 사안에 따라 상호협력을 추구하는 포용적 기조를 강조하고 있다. 나아가서 인·태 전략은 그동안 한반도에 집중된 네 강대국과의 관계를 벗어나 세계에서 뜻이 맞는(like minded countries) 나라와 관계 증진을 추구하고, 한국의 발전 경험을 개도국이 주축을 이루고 있는 Global South와 공유하며, 기후변화 대응, 정보격차해소, 반(反)테러 등 글로벌 공공재를 생산하는 데 적극 동참하는 글로벌 중추국가(global pivotal state)의 역할을 자임하고 있다.

이 글의 기본 목적은 2022년 5월에 출범한 윤석열 정부가 천명한 인·태 전략의 특성과 안보와 경제의 상호 연계 속에서 나타난 세계경제의 분절화(fragmentation) 속에서 한국의 장기 발전을 위한 대외통상 및 기술협력의 방향을 탐색하는 데 있다. 특히 뜻이 맞는 나라와 함께 구체적 협력방향을 제시하고 한

---

술의 해외유출 혹은 스파이 활동의 예방을 경제안보의 요소로 보았다. 특히 오늘날 상호의존적 국제경제관계에서 국경 간 공급사슬망의 안전성을 경제안보의 주요사안으로 정의하였다.

국이 취할 전략적 자율성(strategic autonomy)에도 초점을 맞춘다. 2절에서 인·태 전략의 기본적 특징을 서술하고, 3절에서 미국과 중국의 패권경쟁이 인·태 지역에서 다양한 다자주의(multilateralism)와 지역적 소자주의(minilateralism)의 경쟁적 등장에 따른 함의와 한국의 대응을 논의 한다. 4절에서는 인·태지역에서 일어나는 지경학적 신기류와 한국의 전략적 행동반경을 통상과 안보 측면에서 기술한다. 특히 전략적 자율성을 강조하고, 미·중 간 패권대결에서 나타나는 공존과 경쟁 속에서 융합을 모색하는 하나의 틀로서 CPTTP와 RCEP의 전략적 융합을 논의한다. 5절에서 인·태지역에서 일어나고 있는 지경학적 구도에서 한국의 고도 기술협력 방향을 논의한다. 6절에서 한국이 선택해야 하는 정책적 제언을 한다.

## 2. 한국의 인도·태평양 전략의 특성

세계경제는 지금 전후 GATT-IMF 체제 아래 미국주도의 자유주의 질서의 단극체제(unipolar system)가 종언을 고하고 미국에 도전하는 신흥 강대국 중국에 의하여 양극체제(bi-polar system)로 변모되고 있다. 중국은 2001년 WTO체제에 편입 이후 수출주도의 고도성장을 지속하면서 공산당 일당체제 아래 중화민족의 국가주의와 "중국식 시장경제" 운용으로 세계 제2 경제대국이 되었다. 마침내 중국은 건국 100주년이 되는 2049년에 부강, 민주, 문명의 3대 요소가 조화를 이룬 사회주의의 완성으로 패권국 중국몽을 천명하면서 군사력과 경제력에서 미국과 본격적 경쟁을 벌리고 있다. 미·중 간 격돌이 첨예화 하면서 국제질서는 안보와 기술패권을 둘러싸고 미국과 중국 중심의 양극체제로 현격하게 분할되고 그 결과 안보와 통상이 맞물려 돌아가는(security-trade nexus) 구도 아래 인·태지역에는 다기한 지경학적 장치(geo-economic architectures)들이 등장하고 있다. 일부 논자는 미·중 사이의 패권 경쟁은 국제적 공공재 생산에서 리더십 부재로 인한 세계적 혼란을 야기하는 이른바 킨들버거 함정(Kindleberger trap)에 빠지게 할 수 있으며(Nye, 2017), 최악의 경우 전쟁까지 촉발되는 투키디데스 함정(Thucydides trap)에 빠진다고 진단하였다(Allison, 2017).

지난 10여 년 동안 아·태지역에는 미국과 중국이 구심력을 행사하는 다기한 안보와 경제동맹 및 협의체가 합종연횡의 형태로 등장하고 있다. 다음 절에서 논의하는 CPTPP, RCEP, AEC, IPEF, QUAD, SEC 등이 대표적 기구로 나타나면서 세계경제는 WTO의 한 지붕 지구촌 경제가 파열되고 미국과 중국의 군사안보 및 기술 패권을 둘러싼 양극화 체제의 부산물들이 다양하게 등장하고 있다. 미국과 중국이 자국이익 중심의 대결에 따른 지경학적 분절화가 지속되면서 세계 3대 경제축인 EU도 경제통상의 사안에 따라 독자적 행보를 추구하고 있다. 마찬가지로 세계경제의 선순환 구조를 위하여 일본, 인도, 호주, 캐나다, 한국, 사우디 등 중견국(middle power)들도 사안에 따라 독자적 목소리를 제기할 움직임을 보이고 있다.

세계적인 지경학적 분절현상(geo-economic fragmentation) 속에서 윤석열 정부가 2022년 12월에 천명한 인·태 전략은 3대 기본가치를 담고 있다. 첫째는 "자유(freedom)"에 대한 가치이다. 이 가치를 통하여 자유, 민주주의, 법치, 인권 등을 존중하는 국가들과 연대하여 규범에 입각한 국제질서를 창달하는 목적을 지니고 있다. 둘째, "평화(peace)"의 가치이다. 국제적으로 합의된 원칙에 입각하여 무력 충돌을 예방하며 대화를 통하여 국제분쟁을 해결한다는 방향을 잡고 있다. 셋째, "번영(prosperity)"의 가치이다. 인·태지역에 투명하고 공정한 국제 질서를 정착시켜 역내 공동번영을 추구하는 목적을 지니고 있다. 이를 위하여 공급망 유연성(supply chain resilience)을 추구하며, 포용적 경제·기술 생태계를 구축하는 것으로 요약될 수 있다.

이와 같은 기본 가치를 구현하기 위하여 윤석열 정부는 3대 협력원칙(principles of cooperation)을 제시하였다. 첫째는 포용성(inclusiveness)의 협력 원칙으로 특정국가를 목표로 배제하지 않는 다는 것이다. 둘째는 신뢰(trust)를 기반으로 뜻을 같이 하는 나라와 파트너십을 구축하는 원칙이며, 셋째 원칙은 모든 당사국 모두에 이익이 되는 상호주의(reciprocity)를 지향한다는 점이다. 이러한 원칙을 기초로 한국의 인·태 전략의 핵심은 한·미 간의 가치동맹을 기초로 안보를 강화 하고 그 기반 위에서 대외적으로 모든 나라와 신뢰와 상호주의에 입각한 협력기조를 유지한다는 것이다.

세계경제의 지역적 구도에서 APEC에서 보듯이 아시아 태평양으로 명명되던 지역이 미국에 의하여 인·태지역으로 불리고 있다. 그 배경에는 중국이 "해양실크로드"의 건설을 통한 해양굴기를 선언하고, 남중국해에 인공섬을 구축하여 군사기지화를 강행, 항행의 자유를 위협하고 있기 때문이다. 인도양에서 해상안보가 국제적 화두가 되면서 인·태 지역 개념으로 문헌과 언론에 등장하고 있다. 남중국해는 한국과 일본을 포함 세계적으로 가장 빈번히 이용하는 해상화물의 유통 경로이다. 남중국해를 통하여 세계물동량의 50 % 이상이 운송되며 믈라카 해협을 통과하는 원유는 하루에 1000만 배럴에 달한다.[2]

남중국해에는 전략적 해양루트 기능 이외에 석유와 천연가스도 크게 매장되어 앞으로 주변국 간 영토분쟁은 더욱 가열 될 전망이다. 중국의 일대일로 정책(Belt Road Initiative)은 중앙아시아, 아프리카, 유럽에 이르기 까지 육로에 이어 해상으로 까지 확장되고 있다. 해상루트 시발점인 남중국해가 바로 인도양으로 연결되고 있다. 이들 해상루트에서 해상안보의 중요성이 부각되면서 인도·태평양으로 명명되고 그 중요성이 날로 부각되고 있다. 남중국해에 인공섬을 구축하여 군사요새화하는 중국의 행위에 대하여 국제 상설중재재판소가 불법적 행동이라고 규정하였다. 그러나 중국은 군사기지화를 통한 영해의 확장과 항행의 자유(freedom of navigation)를 제한하는 의도를 보이면서 미·중 간 갈등은 더욱 심화되고 이 지역은 잠재적으로 세계적 화약고로 변모되고 있다.[3]

---

2 자세한 내용은 위키백과, '남중국해' 참조.

3 중국의 불법적 인공섬 건설에 대하여 필리핀이 중국을 상대로 제소한 사건에 대해 2016년 7월

## 3. 인도 태평양 지역에서 다자주의와 소자주의에서 한국의 대응

미·중 패권격돌이 심화 되면서 지금 인도 태평양에는 〈표 4-1〉에서 보는 바와 같이 안보, 무역과 투자의 측면에서 상이한 목적을 지향하는 다양한 소자주의(mini-lateralism)및 다자주의(multi-lateralism) 형태의 협력기구가 존재한다. 안보협력기구들도 대부분이 코로나 팬데믹 예방, 녹색성장, 사이버 테러예방 등 국제적 공공재를 다루고 있기 때문에 모든 기구가 사실상 세계적 화두인 공급망 안정과 연계되어 있다고 볼 수 있다. 뜻이 맞는 나라들끼리 합종연횡의 소지역주의가 다양하게 등장하고 있는 점도 주목할 현상이다.

한국은 이들 협력기구의 대부분에 가입하고 있다. 아직 미가입기구로 CPTPP, DEPA, AEC, FVEY, RSCI 등이 있다. AEC는 동남아시아국가연합(ASEAN)의 공동체이기 때문에 지리적으로 멀리 떨어진 한국의 회원가입이 불가능하고 중국이 주도하는 SCO는 사회주의권 구소련 연방국들이 대부분 회원국이기 때문에 한국이 가입할 여건이 아니다.

석유 등 주요 광물자원이 전무한 한국은 경제개발의 초기부터 수출 주도형 대외지향 전략을 채택하였으며 자유무역체제를 글로벌 차원에서 정착시키려는 다자주의에 초점을 맞추었다. 대외지향전략은 무한대의 해외시장을 활용케 하였으며 국제경쟁에 자연스럽게 노출되기 때문에 효율과 경쟁을 내재화할 수 있었다. 그러한 동력으로 한국은1960년대 초 세계 적으로 최빈국 반열에서 지금은 10위권 경제대국으로 도약할 수 있었다. 한국은 세계 일류 고소득 국가를

---

12일 국제 상설중재재판소는 타이완이 지배중인 이투아바섬을 포함한 9개 섬이 암초나 간조노출지라고 판결했다. 가장 큰 섬도 암초이므로, 스프래틀리 군도의 모든 섬과 스카버러 암초는 영해와 EEZ의 기준이 되지 못함을 뜻한다. 또한 중국의 인공섬 건설은 불법이라고 규정했다. 중국이 역사적으로 남중국해 수역에서 조업해온 사실은 인정했으나, 다른 나라도 마찬가지로 해당 수역에서 역사적으로 조업을 해왔다고 결정했다. 이에 따라 구단선을 비롯한 중국의 영유권 주장은 법적 인정을 받지 못하였다.

〈표 4-1〉 인도·태평양 지역에서 소자주의 및 다자주의 기구

| 자유무역 및 FDI | 협의기구 | 안보협력기구 |
|---|---|---|
| CPTPP | IPEF | QUAD, QUAD Plus |
| RECP | CHIP Four | AUKUS, ARF |
| AEC | DEPA, RSCI | SCO |
| ASEAN+3 | APEC | FVEY |

주: ▸ CPTPP(Comprehensive and Progressive agreement for Trans-Pacific Partnership): 포괄적·점진적 환태평양 동반자협정으로 일본, 호주, 캐나다, 멕시코, 베트남, 뉴질랜드, 칠레, 페루, 싱가포르, 말레이시아, 브루나이 등 11개국이 2018년 3월에 출범시켰다. 2013년 영국이 가입하면서 전체 회원국은 12개 나라로 늘어났다.

▸ RCEP(Regional Comprehensive Economic Partnership): 지역 포괄적 경제동반자 협정으로 ASEAN 10개국, 한국, 중국, 일본, 호주, 뉴질랜드 15개 회원국으로 2022년 발효되었다. 인도가 최초 협상당사국으로 참여하였으나 마지막 협상 라운드에서 탈퇴하였다.

▸ AEC(ASEAN Economic Community): ASEAN 10개국이 경제공동체를 지향하여 2015년에 창설하였다.

▸ APT(ASEAN Plus Three): ASEAN + 한국·중국·일본 간 경제협력 프레임워크로 1997년 12월 시작되었다.

▸ IPEF(Indo-Pacific Economic Framework): 미국의 바이든 대통령이 주도하여 2022년 2월에 발효된 인도·태평양 경제이니셔티브로 미국, 호주, 인도, 인도네시아, 한국, 일본, 말레이시아, 뉴질랜드, 필리핀, 싱가포르, 태국, 베트남 등 12개 회원국 간 공동경제원칙에 관한 협의기구로 2022년 5월 출범하였다. 협의분야로 ① 무역, ② 공급망, ③ 청정경제, ④ 공정경제 등 4대 필라를 지니고 있으며 구체적으로 디지털 경제 및 기술 표준, 공급망 회복, 탈탄소 청정 에너지, 사회간접자본확충, 노동기준 등 신통상의제를 주요 어젠다로 설정하고 있다.

▸ CHIPS and Science Act: 미국 바이든 행정부는 미국, 일본, 한국, 대만 등 4개국이 참여하는 반도체 협력기구를 2022년 3월에 제안하였다. 그 뒤 2022년 7월 반도체과학법을 제정하고 520억 달러의 기금을 조성하여 여타 3개국으로부터 미국으로 반도체 투자를 독려하고 반도체의 기술 수출에 관한 대 중국 견제를 위하여 상호 협력을 추구하고 있다.

▸ DEPA(Digital Economic Partnership Agreement): 디지털 경제 동반자 협정으로 뉴질랜드, 칠레, 싱가포르가 2020년 12월 출범시켰다.

▸ RSCI(Resilient Supply Chain Initiative): 호주, 인도, 일본이 공급망 유연성 회복을 위하여 2020년 9월에 발족시켰다. 자유롭고, 공평하며, 투명하여 예측 가능한 무역 투자 환경의 구축을 지향한다.

▸ APEC(Asia-Pacific Economic Cooperation): 아·태지역 경제협의체로 1993 년 정상회의로 출범하였으며 무역과 투자의 자유화와 원활화를 지향한다. 미국, 한국, 일본, 호주, 뉴질랜드, 캐나다, 인도네시아, 필리핀, 브루나이, 말레이시아, 싱가포르, 태국, 중국, 대만, 홍콩, 멕시코, 파푸아뉴기니, 칠레, 러시아, 베트남, 페루가 회원국이며 비구속성 협력기구이다.

▸ ARF(ASEAN Regional Forum): 아·태지역 유일의 다자 안보 포럼으로 ASEAN 10개국의 대화파트너 16개국으로 뉴질랜드, 러시아, 미국, 호주, 캐나다, 파푸아뉴기니, 인도, 몽골, 북한, 파키스탄, 동티모르, 방글라데시, 스리랑카 등 26개국이 포함되며 1993년 출범하였다.

▸ QUAD(Quadrilateral Security Dialogue): 미국, 일본 호주, 인도 등 4개국이 중국의 일대일로 정책에 대한 대응조치로서 시작된 안보대화기구로서 정기적 정상회담 또한 그러한 회담을 통해 구현되는 체제를 말한다. 미국·일본, 미국·호주는 동맹관계에 있지만 인도는 일부 안보와 경제협력사안에 대하여 이들 국가와 협력하는 관계를 지니고 있다. 2021년 미국의 바이든 대통령이 정상회담으로 승격시켰다.

▸ QUAD Plus: 기존 QUAD 4개국 이외 한국, 뉴질랜드, 베트남을 포함시켜 확대 개편하려는 의도를 지니고 있다. 2020년 코로나19 팬데믹에 유기적 대응을 위하여 4개국에 3개국이 추가되어 원격회의를 한 것이 시초이다. 향후 QUAD의 발전 여부에 따라 이들 3개국을 위시하여 더욱 외연을 확장할 수 있다.

▸ AUKUS(Trilateral Security Pact between Australia, the United Kingdom, and the U.S.): 미국, 영국, 호주 간 안보협정으로 2021년 9월 출범하였다.

▸ SCO(Shanghai Cooperation Organization): 중국 주도로 유라시아의 정치, 문화, 안보에 관한 협력기구로 러시아, 카자흐스탄, 키르기스스탄, 타지키스탄, 인도, 파키스탄, 이란 등이 회원국이며 1996년 출범하였다.

▸ FVEY(Five Eyes Intelligence Alliance): 미국, 영국, 캐나다, 호주, 뉴질랜드 등 5개국으로 안보관련 신호 정보공유 동맹으로 1956년 결성되었다.

지향하기 위하여 변모되는 국제경제안보지형에 따라 등장하는 다자주의와 지역적 소자주의에 능동적으로 대처하며 지속 가능한 고도기술사회를 구축해야 한다. 그러한 관점에서 한국의 인·태 전략은 분절화되어 가는 세계경제에서 가치외교를 통하여 자유, 민주, 인권, 시장경제를 고수하고 국제통상과 국경 간 직접투자를 가능케 하는 개방적 국제질서에 적극 편입하는 데 초점을 맞추고 있다. 이를 위하여 한국이 취하여 할 중요한 과제를 지역적 소자주의와 다자주의의 관점에서 아래에서 논의하기로 한다.

첫째, 국내 부처 간 수렴절차를 마친 한국은 CPTPP에 공식가입을 서둘러야 한다. 한국은 세계에서 대표적 FTA 체결 국가이다. 한국의 FTA 체결 국가는 세계 GDP의 80% 정도를 점유하고 있다. CPTPP는 높은 개방 수준을 지니고 있는 가장 선진화된 FTA이다. 미국의 오바마 행정부는 2012년에 발효된 한·미 FTA를 골간으로 환태평양경제동반자협정(TPP)을 2015년에 타결하였다. 그러나 미국 국익우선의 보호주의를 내걸고 당선된 도널드 트럼프 대통령은 2017년 1월 취임과 동시에 TPP에 의한 자유무역이 미국의 중산층 일자리를 뺏는 등 미국 경제에 더 큰 손실을 끼친다는 이유로 TPP에서 탈퇴하여 버렸다. TPP에서 60%의 경제규모를 가진 미국이 탈퇴하면서 훨씬 왜소한 규모인 CPTPP로 재탄생하였다.

미국이 탈퇴하면서 남은 11개국은 일본이 주도하여 미국이 강력히 주장하였던 서비스 시장개방과 지재권 등 몇 개의 조항을 수정하여 CPTPP로 2018년에 발효시켰다. 영국이 신규로 2022년에 CPTPP에 가입하였고 중국과 대만이 공식 가입신청을 하여 놓은 상태이다. CPTPP는 가입 신청국에 대하여 현재의 개방화 정도와 그를 뒷받침하는 국내 법령체계가 갖추어 있는지를 심사하고 회원국 전원합의에 의하여 가입여부를 결정한다. 한국은 멕시코와 일본을 제외하고 나머지 CPTPP 회원국과 양자 혹은 소자 간 FTA를 체결한 상태이다. 따라서 한국은 CPTPP 가입협상에서 농업부문에서 어느 정도 신규개방을 받아들이면 무난하게 가입 문턱을 넘을 수 있을 것으로 전망된다. 한·일관계가 최근 정상화 되면서 일본을 위시한 CPTPP 중견국들이 전체 경제규모를 늘리기 위하여 한국의 CPTPP 가입을 적극 희망하고 있는 상황이다.

둘째, 한국은 QUAD 플러스 워킹 그룹에 참여하여 해상안보, 반사이버 테러, 녹색성장 등 국제공공재 생산에 동참할 필요가 있다. 북한의 핵 위협에 맞설 수 있는 안보증강이 되고 인도 태평양에서 항행의 자유를 수호하는 국제공조에 참여하여야 하기 때문이다. 한국은 2020년 뉴질랜드, 베트남과 함께 제1차 QUAD 플러스 워킹 그룹에 참여하여 공중보건, 녹색성장, 디지털 연계성(digital connectivity) 등 논의에 참여한 바 있다. 이제 QUAD는 정상회의로 승격과 함께 정례화되고 단순 해양안보를 넘어서 국제 공공재 생산에 역점을 두도록 진화할 경우 한국은 QUAD 플러스에 공식 참여할 가능성을 열어 두어야 한다.

셋째, 한국은 국제적 디지털 통상 기제를 통하여 국제적 전자 상거래를 구축하는 데 적극 나서야 한다. 예컨대 DEPA와 RSCI는 현재 각기 3개국 회원국에 그치고 있지만 한국이 가입을 서두를 필요가 있다. 이와 같은 소자협정에 참여하여 중소기업으로 하여금 전자 상거래를 활용하여 해외시장에서 자사제품을 쉽게 홍보와 판매를 촉진하고 공급사슬망의 유연화에 참여토록 해야 한다. 우리나라의 대기업은 해외지사 등 광범한 판매망을 가지고 있지만 중소기업은 그러하지 못하다. 그리고 대기업과 준 공기업이 해외 진출전시회를 할 때 중소기업과 함께 해외 시장의 동반진출을 추구해야 한다.

넷째, 2022년에 RCEP이 발효되었다. RCEP은 CPTPP에 비교하여 개방화의 정도는 낮지만 중요한 의미를 지니고 있다. 우선 사상 처음으로 한·중·일 3국이 교역과 투자에 관한 공식적 협약 속에서 자유화 장치에 묶여 있다는 점이다. 그리고 한·일과 중·일은 처음으로 양자 간 FTA로 공식 연계되어 있다는 점에서 의미를 부여할 수 있다. 한·중·일 삼국 간의 이른바 CJK FTA는2012년 시작하여 2019년까지 16차에 걸친 협상을 진행하였으나 진전을 보지 못하고 현재 중단된 상태에 있다. 한·중·일 3국은 그 동안 RCEP 협상에 집중하였고 이제 RCEP을 발효시켰기 때문에 RCEP이 한·중·일 FTA를 대체하는 분위기까지 감돌고 있다. 그러나 한·중·일 FTA협상은 더욱 높은 개방율과 서비스시장 개방도 다루고 있지만 RCEP은 개방률이 낮고 서비스분야 개방은 양허에서 제외되어 있다. 따라서 한국은 한·중·일 협상을 적극 추진하는 데 앞장서 중국과의 경제관계 개선에 대한 우리의 변함없는 의지를 표명할 필요가 있다. 동시에 한국은 한·중FTA를 격상하는 협상도 진행할 필요가 있다.

인도는 RCEP의 초기 가맹국이었으나 마지막 협상라운드에서 탈퇴함으로서 RCEP의 위상은 상당히 감소되었다. 그럼에도 불구하고 발전단계와 부존자원도가 서로 상이한 RCEP 15개국은 그 규모 면에서 세계 최대 GDP를 가지고 있으며 역내 회원국 간 원자재, 중간재 조달에 대하여 통합 원산지 규정을 가지고 있다는 점에서 각별한 의의를 부여할 필요가 있다. 특히 무역당사자가 공인기관을 활용하지 않고 스스로 원산지의 자율인정(self-certification)을 할 수 있다는 점에서 중소기업들이 쉽게 활용할 수 있다.

다섯째, 코로나19 팬데믹 기간 동안 특정국가에 과다하게 집중된 통상과 투자는 상당한 리스크를 안고 있음을 목격 하였다. 특히 한국은 중국시장으로 지금도 수출의 25%를 그리고 해외직접투자에서도 미국에 이어 제2의 해외직접투자를 이행하여 왔다. 2001년 중국의 WTO 회원가입을 계기로 한국의 대중국투자는 2002~2007년 기간에 미국보다 더욱 많은 최대 투자를 기록했다. 2007년의 경우 한국의 대중국투자는 한해 57억 달러까지 기록하여 중국의 외국인직접투자액 231억 달러의 25%를 차지했다. 2008년 세계금융위기로 다소 주춤했지만 2018~2019년에도 한국의 대중국 직접투자는 48억 달러를 기록하였다.[4]

미·중 격돌 속에서 취해진 미국의 인플레 감축법(Inflation reduction act)과 반도체과학법(Chips and science act) 때문에 직접투자의 탈중국 추세가 진행되고 있다. 이에 따라 한국도 공급사슬망의 다변화를 위하여 통상과 투자대상국의 범역을 소자주의 관점에서 접근할 필요가 있다. 탈중국 기류와 함께 한국의 기

---

4 수출입은행 해외직접투자 통계(http://www.koreaexim.go.kr) 및 나라경제지표.

업들은 중국보다 저임금의 메리트가 있는 베트남과 인도네시아로 투자 러시를 이루고 있다. 이들 ASEAN 국가들은 인구와 자원 면에서 매력적인 투자처이다. ASEAN 중심성(centrality)을 바탕으로 ASEAN에 이어 인도에 이르기까지 소자주의 경제협력을 적극 전개할 필요가 있다.

소자주의 확장에서 인도는 이제 세계 최대 인구를 지니고 있으며 평균 연령 28세의 무한한 미래시장을 지니고 있다. 인도는 최근 8%대에 이르는 고속성장을 계속하여 향후 4~5년 내에 세계 제3의 GDP 규모를 가지는 나라가 된다.[5] 따라서 민주주의 인구대국 인도는 한국이 추구하는 인·태 전략의 핵심적 파트너 국가가 될 수 있다.[6]

## 4. 한국의 중견국 연대 전략과 CPTPP와 RCEP의 융합

미국과 중국은 인·태지역에 존재하는 다양한 소자주의 장치와 역내 다자주의 기제들에서 독자적 허브 국가 역할을 하고 있으며 여타 국가들은 스포크 국가의 위치에 있다. 두 허브 국가가 자국이익 중심의 일방적 보호주의 정책으로 일관할 때 이들 스포크의 중견국가들은 자유무역주의 발전을 위한 대안을 제시하고 제동력을 행사할 수 있는 중견국 연대전략(middle power coalition)을 추구할 필요가 있다. 한국은 미국과 중국의 경쟁적 패권 추구와 그에 따른 일방적 보호주의에 대하여 ASEAN, 인도, 일본, 호주 캐나다 등 중견국 연대를 통하여 Global South를 포함하여 규범에 기반한 지역 및 국제 공공질서를 구축하는데 대안을 제시하고 사안에 따라 기능적 연대를 탐색할 필요가 있다.

리셴룽 싱가포르 총리의 지적대로(Lee, 2020) 동아시아 국가들은 경제협력에

5 인도의 경제 현황과 한국의 투자에 대하여 Ahn(2023) 참조.

6 한국·인도와의 전략적 동반자 협력에 관하여 Ahn(2023)과 Ahn and Panda(2023) 참조.

서 미국과 중국 중 어느 한쪽을 강압적으로 선택해야 하는 상황이 오는 것을 원치 않는다. 중견국 연대론은 국제관계에서 결속의 목적과 형태, 기능성, 허브 국가와 관계 등 다양한 관점에서 논의될 수 있다.[7] 이 글에서는 중견국 연대를 자유무역, 녹색성장, 반테러 등 국제적 공공성 가치 구현에서 사안에 따라 영향력을 행사할 수 있는 중규모 국가들의 단합된 행위를 통하여 전략적 자율성(strategic autonomy)의 행사로 정의한다. 예컨대 미국은 안보라는 명분 아래 중국에 대한 반도체 수출 통제를 일방적으로 취하고 있다. 여기서 쟁점이 될 수 있는 사안은 반도체 나노기술 수준이 어디까지가 안보에 위협적이고 어느 수준에서 상업적 국제거래를 할 수 있는가에 대한 경계선 문제이다. 소자 내지 다자주의의 역내 장치를 통하여 스포크 국가들의 의향이 반영 될 수 있는 협의가 반드시 필요하다. 오늘날 군사기술은 점점 상업기술과 경계가 불분명하여지고 있다. 따라서 미국에 의한 군사·민간 기술의 경계선에 따라 반도체의 무역 당사국들은 그들의 대외통상에 심각한 타격을 받을 수 있다. 중견국 연대를 통하여 중국에 대하여서도 전략물자의 무기화에 대하여 집단적 의견 표출과 함께 개선을 촉구하여야 한다.

3절에서 인도 태평양 역내 다양한 안보·통상 연계 장치에 관하여 설명한 바와 같이, 한국이 추구하는 인·태 전략은 "포용성(inclusiveness)"을 강조하고 있다. 중국과의 경제적 의존관계와 지리적 인접성을 볼 때 더욱 그러하다. 오랜 역사를 통하여 한국은 바로 주변 강대국인 중국과 일본으로부터 침략과 지배를 당한 과거사를 지니고 있다. 한국의 중추국가론은 대 중국, 일본, 그리고 여타 인·태국가에 대하여 인류의 보편적 가치에 충실하고 국제적 공공재 생산에 적극 참여가 외교, 경제, 인보의 기본 틀임을 지속적으로 천명하고 실천하는 데서 구현될 수 있다.

---

7 중견국 연대론(middle power coalition)의 다양한 정의와 구체적 협력 형태는 Nagy(2020); Das (2021) 참조.

인도 태평양에서 평화와 번영을 추구하는 데 한·중·일은 역사적·지리적 관점에서 통합의 중요한 열쇠를 쥐고 있는 당사국이다. 환경적 측면에서 볼 때 한·중·일은 일의대수(一衣帶水)의 경제권에 맞물려 있다(安忠榮, 2001). 중국에서 발원한 황사는 한반도를 넘어 일본에까지 이르고 후쿠시마 오염수의 방류에 대하여 중국과 한국은 수산물 안전과 해양 오염에 대하여 민감한 반응을 보일 수밖에 없다. 일부 시민사회가 적극적 반대를 포명할 정도로 삼국은 서로 연계되어 있다. 한 중·일의 많은 원자력 발전소가 상호 인접한 해안선에 있는 점을 감안할 때 한·중·일 3국은 원자력 안전에 대한 공동관리 정책에도 합의를 하여야 한다.

APEC 협의에서 무역과 투자의 자유화를 아시아 태평양 지역에 구축하려는 아태자유무역지대(APFTA)의 이상은 미국과 중국 등 APEC 21회원국이 모두 합의하여 제시한 청사진이다. 인·태지역에서 중국과 미국이 자유무역 기제로서 CPTPP에 가입하여 공정하고 평평한 조건에서 공동번영의 장치를 마련한다면 포괄적이고 번영의 인·태지역으로 변모시킬 수 있다. 한국이 CPTPP에 조속 가입하고 RCEP과 장기적 융합을 유도하는 운동에 중견국과 연대하여 적극적 리더십을 발휘한다면 한국이 표방하는 글로벌 중축국가의 역할을 구현할 수 있다.[8]

현재 RCEP과 CPTPP 양대 자유무역협정에 일본, 호주, 말레이시아, 베트남, 싱가포르, 브루나이, 뉴질랜드 등 7개국은 공히 속하고 있다. 중국은 현재 CPTPP에 공식가입을 신청하여 놓은 상태이다. 중국의 가입여부는 시간이 소요될 전망이다. 우선 국내 법제적 개혁을 통하여 개방수준을 CPTPP 기준에 맞추는 데 시간이 소요될 것이고 기존 가입국들이 중국의 사회주의형 시장경제 체제에 여러 가지 의의를 제기할 가능성이 있다. 설령 시간이 걸릴지라도 중국으로 하여금 자유주의 개혁개방을 지속하도록 하여 두 거대 자유무역 체제가

8 CPTPP와 RCEP의 융합에 관한 자세한 내용은 Ahn(2018) 참조.

통합이 된다면 세계경제의 분절화를 막는 데 중요한 계기를 마련할 수 있다. 이러한 관점에서 인도·태평양의 중견국들은 중국으로 하여금 거대 지역 통합에 참여할 수 있는 내부개혁을 단행하도록 촉구하여 반글로벌화의 길로 들어서는 것을 막을 필요가 있다.[9]

## 5. 한국의 고도기술 경제를 향한 기술선진국과 기술협력

한국의 인·태 전략에서 글로벌 중추국가의 역할을 자임하기 위하여 한국은 강력한 안보역량과 함께 고도의 기술능력이 뒷받침되어야 한다. 지금 21세기형 첨단기술 우위를 둘러싸고 미·중 간의 격돌은 말할 필요도 없고 선진경제권 모두가 치열한 경쟁을 벌리고 있기 때문이다. 미·중에 이어 서방 선진권 경제들도 반도체, 전기자동차, AI, 양자 컴퓨팅, 6G 등에서 경쟁우위를 차지하기 위하여 독자적 역량강화는 물론 뜻이 맞는 나라와 전략적 제휴를 하고 있다. 특히 21세기 국가 안보의 핵심기술인 반도체에서 한국은 메모리 반도체의 제조부문에서는 세계적 선두주자의 위치에 있다. 반도체는 우리나라 총수출의 20%를 차지하고 있다. 그러나 파운드리 반도체에서는 대만에 뒤지고 부가가치가 높은 반도체의 전공정과 후공정 분야에서는 미국이 압도적 우위를 차지하고 있다.

미·중 격돌이 심화되는 가운데 미국은 21세기 첨단기술 우위를 고수하기 위하여 그동안 자유경쟁시장 원리에 반한다고 배척하여 왔던 산업정책을 적극적으로 실시하고 있다. 미국의 바이든 행정부는 Inflation Reduction Act(IRA)[10]를

9 미·중 격돌이 전면적 대결로 가는가? 현재의 대립과 갈등 상항이 그대로 현상 유지되는가? 그렇지 않으면 수렴체제로 가는가?에 대한 함의는 Ahn(2018) 참조.

10 미국의 바이든 행정부는 급등한 인플레이션을 완화하기 위하여 2022년 8월에 발효된 법안으로 기후변화 대응, 의료비 지원, 법인세 인상 등의 내용이 포함되어 있다. 법안은 2030년까지 온실가스 40% 감축을 위하여 친환경 에너지 생산과 기후변화 대응 정책에 3690억 달러(전체 IRA 예

통해 전기차와 배터리의 미국내 투자와 구매 촉진을 위하여 정부보조금을 지급하고 있다. 나아가서 이들 전략 부문에서 미국 국내로 회귀하는 기업(reshoring)이나 미국의 우방국가에 투자(friendshoring)까지 장려하고, 미국에 직접투자 하는 외국기업에 대하여서도 동일한 인센티브를 제공하고 있다. 그 결과 한국의 삼성, 현대, SK, LG 등이 미국에 대규모 투자를 단행하고 있다. 한국 기업은 IRA와 반도체과학법이 2022년 8월 시행된 이후 지난 1년간 1억 달러(약 1340억 원) 이상의 대미 투자 프로젝트 20건을 발표하여 투자건수와 금액에서 가장 많이 한 나라가 되었다. 유럽 19건과 일본 9건보다 많은 기록이다.[11]

한국의 삼성 반도체는 미국에 진출한 지 25주년이 2021년에 미국 내 신규 파운드리 반도체 생산라인을 텍사스주 테일러시에 150만 평 대지 위에 170억 달러(22조 원) 규모의 투자를 했다. 첨단 파운드리 공정을 건설하여 5G, HPC(High performance computing), AI 등 다양한 분야의 첨단 시스템 반도체를 생산할 예정이다. 삼성전자는 AI, 5G, 메타버스 분야에서 전 세계의 시스템 반도체 고객에게 첨단 미세 공정 서비스를 보다 원활하게 제공하여 글로벌 반도체 공급망 안정화는 물론, 일자리 창출, 인재양성 등 지역사회의 발전에도 기여한다고 밝혔다. 테일러시의 삼성 반도체 공장은 오스틴 사업장과 불과 25km 떨어진 곳에 위치하여 기존 사업장 인근의 인프라를 그대로 활용, 용수와 전력 등 공급도 원활하며, 다양한 IT 기업들과 유수 대학들이 있어 파운드리 고객과 우수인재

---

산 가운데 약 절반)를 투입한다. 특히 전기차 보급확대를 위하여 중고차에 4000달러, 신차에 7500달러의 세액을 공제하여 준다. 그러한 지원을 받기 위하여 배터리의 핵심 자재인 리튬, 코발트, 니켈 등을 미국 혹은 미국과 FTA를 맺은 나라로부터 조달을 하여 북미지역에서 제조된 자동차에 한하여 보조금을 지급하는 것을 골자로 하고 있다. 미국의 공급망에서 중국을 배제하려는 의도를 지니고 있다. 자세한 내용은 Kaufman(2022) 참조.

11 한국의 대미 투자는 반도체에 이어 전기차와 배터리 기업이 주도했다. 현대차 그룹은 조지아주에 첫 전기차 전용 공장을 짓고 있다. LG에너지솔루션과 SK온도 인근에 현대차와 배터리 합작 공장을 각각 건설하기로 했다. 두 회사에 삼성SDI를 더한 K-배터리 3사는 GM·포드·스텔란티스 등 미국 자동차 회사와 합작 배터리 공장을 운영하거나 건설 중이다. 자세한 내용은 ≪ZDNET Korea≫(2023.3.18) 참조.

확보가 용이한 점을 활용하고 있다(≪ZDNET Korea≫, 2023.3.18). 텍사스주는 "텍사스 반도체법(Chips Act)"을 바탕으로 텍사스 반도체 혁신 컨소시엄을 구축, 첨단 반도체 연구·설계·제조 분야에서 텍사스의 국내외 기업 유치를 위하여 보조금을 지원한다(≪ZDNET Korea≫, 2023.3.18).

반도체 산업은 국제적 가치사슬의 측면에서 크게 3가지 단계로 분류된다. 〈그림 4-1〉에서 보는 바와 같이 부가가치가 상대적으로 높은 설계, 기초 및 응용 R&D 등 제조이전 공정(pre-production), 부가가치가 상대적으로 낮은 제조공정, 그리고 다시 부가가치가 높은 패키징과 마케팅 등 제조 이후 공정(post-production)으로 분류되고 있으며 기술 선진국들은 이 스마일 커브에 영역별로 참여하고 있다. 미국은 부가가치가 높은 생산 전공정과 후공정 영역에서 압도적 기술우위를 지니고 있다. 부분적으로 일본과 네덜란드 등이 이에 참여하고 있다. 부가가치가 상대적으로 낮은 제조공정에서 한국과 대만은 메모리와 비메모리 분야에서 세계적 생산국 지위를 점유하고 있다. 중국은 이들 반도체 생산에 필요한 전략물자를 보유하고 있다.

고성능 고효율 반도체는 끊임없는 기술발전을 거듭하여 우주산업, 군사무기, 6G, 자율주행 자동차 등에 절대로 필요한 첨단 기술부품이 되어, 군·민 겸용기술(military and civilian dual technology)의 성격을 지니고 있다. 미국은 고급 반도체에서 압도적 경쟁력을 보유하기 위하여 중국의 추격을 절대로 허용하지 않는 정책을 구사고 있다. 이를 위하여 미국과 안보동맹을 하고 있으며 반도체에서 분야별 강자인 일본, 한국, 대만을 포함하여 반도체 협의기구인 Chip 4 과학기술 협의체를 구성하여 중국 추격을 따돌리고 있다. 미국은 한국과 대만이 압도적 생산점유율을 지니고 있는 반도체의 국제적 생산기지가 만일의 사태로 반도체 공급사슬망에 파열이 일어나는 리스크를 예방해야 한다는 입장을 취하고 있다. 이에 따라 한때 일본의 산업정책을 비난하던 미국이 이제 자국산업보호의 산업정책을 과감하게 추진하여 미국 스스로 반도체 제조에도 주도권을 가능케 하는 반도체의 완결 스마일 커브 장악을 실천하고 있다.

〈그림 4-1〉 반도체의 가치사슬 공정에서 스마일 커브

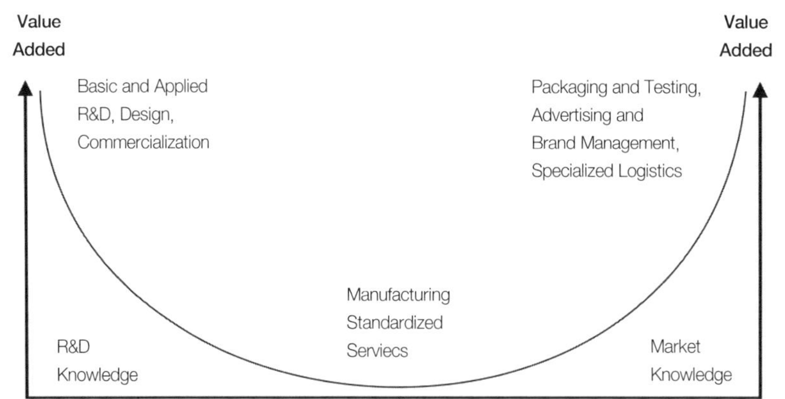


| | Pre-Production Location | Production Location | Post-Production Location |
|---|---|---|---|
| Before Alliance | U.S. | Korea | U.S. |
| Post Alliance | U.S. and Korea | U.S. and Korea | U.S. and Korea |

자료: The smile curve is adapted from Mudambi(2008).

2023년 4월 26일 진행된 한·미 정상회담에서 한미 양국은 전통적 안보동맹을 강화하고 경제안보에도 협력을 강화하기로 하였다. 이에 따라 한·미정상회담 선언문에서 한미 양국은 예측 가능한 투자환경을 조성하여 양국에 공히 도움이 되는 반도체 상호투자를 적극 권장하기로 합의하였다.[12] 그리고 양국은 첨단 고급반도체, 고급 패키징, 고급 재료 부문에서 연구개발 사업을 적극 탐색하기로 하였다. 이를 계기로 한국은 미국과 함께 미국으로부터 반도체의 제조 전공정과 후공정과 관련하여 전략적 협력을 추구할 수 있게 되었다.

12 2023년 4월 26일 한·미정상 선언문 관련 텍스트 원본은 다음과 같다. "The two Presidents committed to continuing close consultations with a view to ensuring those Acts encourage mutually beneficial corporate investment in the United States by creating predictable conditions for business activities. They also committed to identifying opportunities for research and development collaboration in the fields of leading-edge emiconductors, advanced packaging and advanced materials." *Korea Times*(2023.4.27).

한국기업이 미국의 반도체 스마일 커브의 완성에 절대적 협력을 하는 만큼 미국도 한국의 반도체 스마일 커브를 한국에서도 완성하여 한 나라에 집중된 리스크를 줄이고 안보동맹을 더욱 공고히 하는 데 협력할 필요가 있다. 한국은 미국의 반도체과학법(CHIPS and Science Act)을 적극 활용하여 반도체의 전공정과 후공정 분야에서 미국기업을 한국에 유치할 수 있도록 적극적 인센티브를 마련하고 필요한 인력공급역량을 갖추어 한국형 반도체 스마일 커브를 완성하는 데 노력하여야 한다. 그러한 고도기술을 유치하기 위하여 한국은 규제개혁을 통하여 국내 투자환경을 친기업형으로 과감히 바꾸고, 고급기술인력의 유연한 공급, 투명한 법령체계를 갖추는 등 고도의 기술 흡수능력 배양을 하여야 한다.[13]

## 6. 맺는말

한국의 인·태 전략은 기본적으로 "개방성"과 "자유화"의 두 기둥 위에 또 하나의 기둥으로서 "포용성(inclusiveness)"을 추구하고 있다. 가치체계의 전 스펙트럼 안에서 전체가 아니고 부분적 측면에서라도 뜻을 같이하는 나라들과 한국은 통상과 직접투자의 다변화 측면에서 협력의 공간을 넓혀 가야 한다. 따라서 한·미 동맹과 한·미·일 삼각안보협력체제를 바탕으로 자유와 개방성을 한국의 체제가치임을 국제관계에서 부단히 천명하고 그를 뒷받침할 수 있는 고도 기술역량을 갖추어 첨단 산업에서 경제협력의 공간을 넓혀야 간다. 중국과의 관계에서 공급 사슬망의 안정성을 위하여 과다한 중국 의존도를 축소하여 가지만 중국과는 정경분리의 차원에서 상생의 협력기조는 적극 유지해야 한다.

중국과의 협력관계의 유지는 지금까지 경제적 의존관계와 지리적 인접성을

13 반도체 등 첨단 산업 유치를 위한 국내투자환경개선에 관하여 Ahn(2023c: 4장) 참조.

볼 때 더욱 그러하다. 오랜 역사를 통하여 한국은 바로 주변 강대국 중국과 일본으로부터 침략과 지배를 당한 과거사를 지니고 있다. 중국과 일본에 대하여 한국은 피지배의 과거사를 극복하고 선진기술대국에 합류하는 길은 인류보편적 가치를 적극 신봉하는 나라로 국격을 다지고 세계적 경쟁력을 지닌 중견기술강국을 만들어 갈 때 가능하다.

이를 위하여 한국은 모든 대외관계에서 자유, 민주, 시장경제라는 인류의 보편적 가치에 충실하고 국제적 공공재 생산에 적극 참여하는 노선을 외교, 경제, 안보의 기본 틀임을 확고히 천명하고 실천해야 한다. 그러한 틀 속에서 한국은 고도기술경제를 실현하는 전략을 짜야 한다. CPTPP의 가입을 서두르고 RCEP의 자유화 기제를 지속적으로 강화하여 양대 자유무역협정을 수렴 융합시키는데 한국은 중재자로서 노력을 경주 할 필요가 있다. 그리고 인·태지역에 현존하는 다기한 소자주의에 적극 참여 개방형 체제를 공고히 하는 방향으로 유도해야 한다. 그렇게 함으로서 한국은 중국으로 하여금 공평하고 규칙에 기반한 자유질서 확립이라는 협력 공간 속에서 한·중 양자관계가 관리되도록 노력해야 한다. Camp David 협약에 따라 한·미·일 삼각 안보체제를 고도기술협력 공간으로 승화시키고 대중 협력의 지렛대로 활용해 가야 한다.

한국은 미국과 중국의 자국이익 중심의 일방주의 정책에 대하여 의미 있는 대안을 제시하는 중진국 연대에 적극 참여 전략적 자율성도 행사함으로서 보호주의의 세기적 기류에 제동을 걸어야 한다. 앞으로 한국은 북한의 지속되는 핵위협에 대응하는 안보 역량을 갖추고, 경제적으로 선진 고도기술경제를 구축하여야 한다. 반도체, AI, 양자 컴퓨팅, 바이오 등 분야에서 세계적 경쟁력을 지닌 기업이 출현하면 그러한 기술을 바탕으로 대외 협상력을 발휘할 수 있다. 한국은 자존적 선진국가목표를 달성하기 위하여 내부적으로 국민적 통합을 이룩하고 첨단 기술력 배양을 이행해야 하는 도전적 과제에 직면하고 있다.

## 참고문헌

≪ZDNET Korea≫(2023.3.18). "미 반도체 법 1년…한국기업 20건으로 가장 많아…".

安忠榮. 2001.「現代 東アジア 經濟論」. 日本 岩波書店.

Ahn, Choong Yong. 2001. "A search for robust East Asian development models after the financial crisis: Mutual learning from East Asian experiences." *Journal of Asian Economics*, Vol. 12, pp. 419~443.

_____. 2002. "Yoon vows to build a value-based alliance with Washington." East Asia Forum. July 5, 2022.

_____. 2018. "Toward an East Asian Economic Community: Opportunities and Prospects." in edited by Peter Hayes and Chung-in Moon. *The Future of East Asia*. Palgrave: Macmillan. pp. 131~164.

_____. 2020. "Chengdu Trilateral Summit still to deliver." East Asia Forum. February 11th, 2020.

_____.2023a. "Enhancing ROK-India Strategic Partnership in ROK's Indo-Pacific Construct: Pivotal States, Minilateraism and Multilateralism." Choong Yong Ahn and Jagannath Panda(ed.). *Pivotal States: Global South and India-South Korea Relations*. Stockholm: Institute Security and Development Policy.

_____. 2023b. "The View from South Korea." *Voices from Asia, Australian Foreign Affairs Monthly*. August 2, 2023.

_____. 2023c. *South Korea and Foreign Direct Investment: Policy Dynamics and the Aftercare Ombudsman*. Routledge.

Ahn, Choong Yong and Jagannath Panda(ed.). 2023. *Pivotal States: Global South and India-South Korea Relations*. Stockholm: Institute Security and Development Policy.

Ahn, Choong Yong, Kuno Arata, and Zhang Jianping. 2023. "Regional Comprehensive Economic Partnership (RCEP) for China, Japan, and the ROK." Trilateral Economic Report. Trilateral Cooperation Secretariat, pp. 72~100.

Allison, Graham T. 2017. *Destined for War: Can America and China escape from Thucydides Trap*. Boston: Houghton Mifflin Harcourt.

Asia Development Bank. 2011. "Asia 2050: Realizing Asian Century."

_____. 2013. Asia Regional Integration Center. ADB Integration Indicator.

Axelrod, Robert. 2006. *The Evolution of Cooperation*. Basic Books.

Balassa, B. 1967. "Trade Creation and Trade Diversion in the European Common Market." *The Economic Journal*, Vol. 77.

Bergsten, C. Fred, Charles Freeman, Nicholas R. Lardy, and Derek J. Mitchell. 2008. *China's Rise: Challenges and Opportunities*. Peterson Institute for International Economic Policy and center for Strategic and International Studies, pp. 1~269.

Das, Shubhamitra. 2021. "Middle Power cooperation in the Indo-Pacific: India and Australia at the forefront." *International Studies*, Jawaharlal Nehru University.

Goodman, Matthew P. 2021. "Economic Security: A shared U.S.-Japan Priority." *Commentary, Center for Strategic and International Studies*. October 27, 2021.

Kaufman, Anna. 2022. "What is the Inflation Reduction Act 2022? Answering your common questions about the bill." *USA Today*. Archived from the original on March 9, 2023.

Kissinger, H. 2020. "The Coronavirus Pandemic will forever alter the World order." *Wall Street Journal*. op-ed. April 3, 2020.

*Korea Times*. (2023.4.27). "Text of Joint Statement between US and Republic of Korea."

Lee, Hsien Loong. 2020. "The Endangered Asian Century: America, China, and the Perils of Confrontation." *Foreign Affairs*. July/August 2020.

Mudambi, R. 2008. "Location, Control and Innovation in Knowledge-intensive Industries." *Journal of Economic Geography*, Vol. 8, No. 5, pp. 699~725. DOI: 10.1093/jeg/lbn024.

Nagy, Stephen. 2020. "Pivoting towards Neo-Middle Power Diplomacy: Securing Agency in an Era of Great Power Rivalry." Canadian Global Affairis Institue. Nov. 2020.

Nye, Joseph. 2004. *Soft Power: The Means to Success in World Politics*. Public Affairs Books.

_____. 2017. "The Kindleberger Trap." *Project Syndicate*. January 9, 2017.

Panda, Jagannath and Choong Yong Ahn. 2023. "South Korea's Indo-Pacific Strategy: Quest for Clarity and Global Leadership." *The Diplomat*. January 16, 2023.

Republic of Korea, Ministry of Foreign Affairs (ROK, MoFA). 2022. "Strategy for a Free, Peaceful, and Prosperous Indo-Pacific Region." December 2022. https://www.mofa.go.kr/eng/brd/m_5676/view.do?seq=322133.

World Bank. 2020. "World Development Report2020: Trading for Development in the Age of Global Value Chains." Washington, DC.

Yoon, Suk Yeol, "Freedom and Solidarity: Answers to the Watershed Moment." Keynote Speech at the 77th UN General Assembly. September 20, 2022. https://estatements.unmeetings.org/estatements/10.0010/20220920/fmM7ArKgKRs0/CYDhfCqDkInV_en.pdf.

Yusuf, Shahid and Danny Leipziger. 2022. "Global supply chain in a post-Covid multipolar world: Korea's Options." *Policy Reference* 22-03. Korea Institute for International Economic Policy.

제5장

# 국가 통계데이터의 안전한 연계 활용 체계*

류근관 | 서울대학교 경제학부 교수

## 1. 국가 통계데이터 거버넌스 개편 필요성

데이터에는 규모의 경제(economy of scale)와 범위의 경제(economy of scope)가 작동한다. 자료의 개수가 늘수록 자료의 가치가 비례 이상으로 증가하고, 자료가 특성(features)별로 분석될 때보다 서로 다른 특성이 결합되어 자료가 종합적으로 분석될 때 자료의 가치가 가파르게 증가한다. 데이터는 종으로든 횡으로든 합쳐질수록 그 가치가 배가된다. 이런 맥락에서 스몰데이터(small data)는 자연스럽게 빅데이터(big data)화 되어가고 있다.

국가 통계데이터 역시 규모의 경제, 특히 범위의 경제에 직면한다. 증거에 기반한 정책 집행과 실용주의에 입각한 국정 운영을 하려면 국가 통계데이터의 원활한 연계 활용이 필수적이다. 예를 들어보자. 연금개혁을 하려면 포괄적으로 연금 실태가 파악돼야 한다. 실효성 있는 가계 대책을 마련하려면 가계의 경제상황 전모가 드러나야 한다. 하지만 국가 통계데이터의 원활한 연계 이용

* 이 글은 필자가 통계청장으로 재임하던 때 ≪중앙일보≫ 2022년 4월 7일 자에 특별 기고했던 내용을 고인이 되신 학현 변형윤 선생님을 기리며 대폭적으로 수정·보완한 것이다.

〈표 5-1〉 국가승인통계의 분야별 분포

| | 합계 | 보건 | 농림수산 | 정보통신 | 건설교통 | 교육문화 | 경제 | 환경 | 노동 |
|---|---|---|---|---|---|---|---|---|---|
| 국가승인통계 수 | **1,276** | 63 | 57 | 56 | 47 | 40 | **40** | 38 | 37 |

〈그림 5-1〉 데이터의 종류, 활용방식, 관련법률

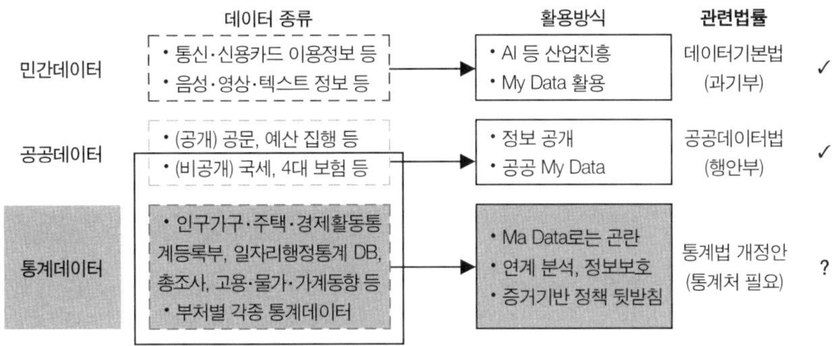


자료: 류근관(2023).

이 쉽지 않다. 조직이 문제다. 현재 중앙통계기관인 통계청은 기획재정부 외청이다. 정부 직제상 청은 소속된 부의 고유업무를 맡아 처리한다. 통계청이 직접 생산하는 66종의 국가 통계 가운데 경제통계는 약 20종으로 1/3에도 미치지 못한다. 〈표 5-1〉에서 보는 것처럼 여러 기관이 생산하는 전체 국가승인통계 1276종으로 확장해도 경제통계는 일부분이다.

경제개발기에는 경제가 전부였고 통계도 경제통계가 전부였다. 하지만 지금은 아니다.

〈그림 5-1〉과 같이 데이터를 크게 민간데이터, 공공데이터, 통계데이터로 삼분해 보자. 현재 민간데이터는 과학기술부, 공공데이터는 행정안전부에서 나름 효율적으로 관리하고 있다. 금융 및 바이오 민간데이터의 경우 전 세계적으로 마이데이터(My Data) 사업이 진행 중이다. 공개대상 공공데이터의 경우, 공공데이터 개방지수는 경제협력개발기구(OECD) 회원국 중 한국이 1위로 앞서 있다. 반면, 비공개 공공데이터 및 통계데이터의 거버넌스는 취약하다. 통계데이터는 고도의 신뢰성 확보 및 개인정보보호 이슈 등의 관점에서 볼 때 민

간데이터 내지 공공데이터와 구분된다. 예컨대 국가통계데이터에는 마이데이터 개념을 적용할 수 없다. 이는 국가의 성격상 누구도 낙오시키지 말아야 하기 때문이다(No one should be left behind). 이것이 바로 국가 통계데이터의 경우 개인이든 사업체든 통계 응답의무를 지게 하는 이유이기도 하다. 현재 통계데이터 수집·연계·활용을 총괄하는 정부 내 주도 조직이 취약하다. 경제통계 외에도 사회, 복지, 환경 등 각 분야별 통계데이터를 연계·활용하기 위한 국가통계데이터 총괄 기구가 절실히 요구되는 시점이다.

## 2. 증거 기반 국정운영을 효율적으로 하려면 통계처 필요

국가 운영이 이데올로기에 따라 이루어지거나 누군가의 감에만 의존해 이루어지거나 상명하복 방식으로 이루어진다면 그런 국가의 국민은 불행하다. 해서 국정운영의 의사결정에 데이터·과학화 기반 시스템이 도입될 필요가 있다. 보다 정확하고 다양한 통계데이터를 기반으로 한 증거 기반 정책의 실질화가 중요하다. 그러려면 현재 기획재정부 외청 지위에 머물고 있는 통계청을 총리실 산하 통계처로 조직 변경해서 통계처를 국정 운영에 쓰일 증거 관리의 주무기관으로 기능하게 해야 한다. 즉 통계청이 통계처가 되어 국가데이터 거버넌스의 허브(hub)가 되어야 한다. 이는 필자가 2020년 말부터 2022년 5월까지 통계청장으로 일하며 절실히 느낀 바다.

현 정부는 정부데이터 개방, 원스톱 행정업무 시스템 구축, 국민 개개인 맞춤형 서비스, 산업 성장에 기여 등을 내세우며 국가 디지털 비전을 선언하고 있다. 정부의 디지털 플랫폼을 통해 데이터 장벽을 허물고 더 많이 개방하면, 민간 디지털 경제를 선도하는 선순환 구조로 이어진다는 생각이다. 이를 위해 최적화된 솔루션을 도입하고 최고의 인공지능 시스템을 구축하겠다는 목표도 함께 제시한 바 있다. 인공지능은 데이터가 없으면 작동할 수 없다. 연계되지 못하고 분절된 데이터는 인공지능의 성능을 떨어뜨린다. 검증되지 않은 자료는 자칫 오작동마저 일으킨다. 연금개혁, 인구절벽, 고용·물가 등 정부가 풀어야 할 경제·사회 문제는 고차방정식으로 연결돼 있다. 문제를 풀기에 개별 부처만으로는 힘에 부친다. 부처 간 연계되고 상호 검증된 통계데이터로 풀어야 보다 나은 해법을 찾을 수 있다.

정부는 과학적 데이터를 근거로 정책을 수립하고 이어 정책 집행의 산물을 포괄적으로 측정하고 객관적으로 평가해야 한다. 인구, 사회 통합, 산업 구조 변화, 기후 변화 등 최근의 사회·경제·환경 문제는 복합적이기 때문에 단일 부처의 시각만으로 복합적 문제에 접근하는 것은 바람직하지 못하다. 해서 부처 간 협업이 강하게 요구된다. 부처 간 협업은 다양한 통계데이터의 연계, 공유부터 시작해야 효과적일 게다. 우리나라가 따르는 분산형 국가 통계 체계 하에서 부처별로 발생하는 심각한 대리인 문제(agency problem)를 제어하려면 개별 부처가 정책 집행도 하고 그 측정 및 평가도 독점적으로 수행하게 방치해서는 안 된다. 국무총리실과 국무조정실이 국무총괄 및 국무조정에 있어 형식적인 권위(formal authority)를 넘어 실질적인 권위(real authority)를 가지려면 부처 간 데이터를 연계해 확보하고 이를 종합적으로 분석할 수 있어야 한다. 그래야만 총리실이 개별 부처의 대리인 문제를 제어할 수 있다.

## 3. 가계부채통계 등은 범부처 자료 필요

개인정보보호법, 정보통신망법, 신용정보법 등 이른바 데이터 3법 개정 (2019년 12월) 이후 통계데이터에 대한 수요는 지속적으로 증가하고 있다. 민간이든 정부든 보다 많은 데이터를 연계 결합 활용하고 싶은 욕구에 직면하게 된다. 이때 빅데이터(big data)는 바람직하되 빅브라더(big brother)는 안 된다. 그러려면 데이터의 연계 및 활용에 앞서 개인정보를 철저히 지키기 위한 제반 장치가 반드시 필요하다.

그렇다면 정부의 증거 기반 정책을 뒷받침할 우리나라 국가 통계데이터의 현주소는 과연 어떨까? 논란이 되고 있는 연금 문제부터 살펴보자. 우리 사회는 저출생·고령화에 따른 인구절벽에 직면하고 있다. 경제협력개발기구 회원국 중 노인빈곤율과 고령화 속도는 위로부터 1위이고, 출생률은 아래로부터 1위다. 연금개혁이 화두로 떠올랐지만 정작 개인 및 가구별 연금 수급 상황을 한눈에 보여주는 포괄적 연금통계는 부처 어디에도 없다. 다양한 공적·사적연금과 관련해 기초연금과 국민연금은 보건복지부, 퇴직연금은 고용노동부, 개인연금은 국세청, 주택연금은 금융위원회·주택금융공사 등 담당부처가 제 각각이다. 그나마 통계청이 지난 3년 이상의 기간 동안 각 부처에 흩어져 있는 각종 연금 데이터와 통계청의 통계등록부를 연결해 연금실태 전모를 파악하는 포괄적 연금통계 개발을 추진해왔다. 포괄적 연금통계 작성은 2022년 4월 그 작성 계획안이 당시 총리주재 현안조정회의에서 통과된 것에 기반을 두고 있다. 마침내 2023년 10월 26일 사상 최초로 포괄적 연금통계가 작성되어 공표되기에 이르렀다(통계청, 2023).

〈그림 5-2〉에서 보는 것처럼 개인별로 각종 연금을 연계하는 것에 더해서 경제활동, 일자리, 주택 및 농지 소유 자료와도 연결해야 한다. 이처럼 제반 통계데이터를 종합적으로 연계해야 할 이유는 자명하다. 개별 연금 분석, 경제활동 분석, 주택 및 농지 소유 분석을 따로따로 진행해서는 노인의 경제상황과 빈곤실태를 제대로 파악할 수 없다.

경제협력개발기구 통계에 따르면 한국의 노인빈곤율이 회원국 중 최상위이다. 노인 열 명 중 거의 네 명이 상대적 빈곤에 시달릴 정도로 노인 빈곤 문제가 심각하다는 것이다. 한데 과연 그럴까? 〈표 5-2〉는 가계금융복지조사 미시자료(micro data)를 이용해 직접 계산해 구한 표이다. 이 표는 나이별로 소득과 자산의 분포를 보여준다.

소득과 자산의 분포는 생산연령인구와 고령층 간 상당한 차이가 있다. 대체

〈그림 5-2〉 포괄적 연금 통계 개념도

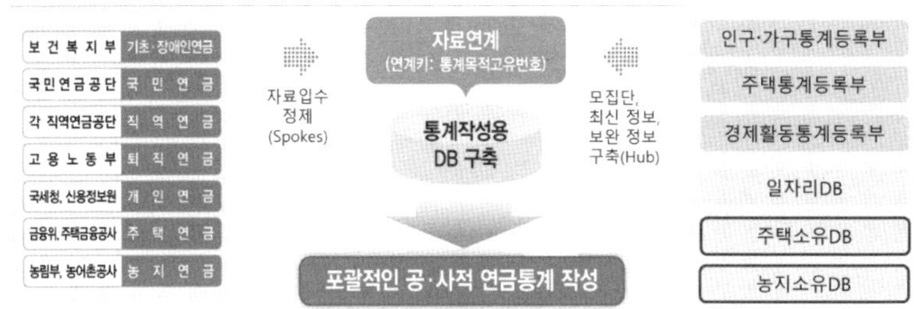


자료: 통계청(2023).

〈표 5-2〉 고령층과 생산연령인구의 자산과 소득 분포 비교

| 가구주 연령 | P(고자산) | P(저소득) | P(고자산 & 저소득) | P(저소득 I 고자산) | P(고자산 I 저소득) | 가구 구성비 |
|---|---|---|---|---|---|---|
| 전체 | 0.400 | 0.400 | 0.075 | 0.187 | 0.187 | 100.0 |
| 65세 이상 | 0.355 | 0.704 | 0.161 | 0.452 | 0.228 | 27.3 |
| 65세 미만 | 0.417 | 0.286 | 0.042 | 0.102 | 0.148 | 72.7 |

주: 고자산은 순자산 4,5분위(상위 40%)이며, 저소득은 소득 1,2분위(하위 40%)임. 소득분위는 2020년 연간 경상소득 기준이며, 순자산분위는 2021년 3월 31일 기준임.
자료: 류근관(2023).

적으로 65세 미만의 생산연령인구에서는 소득과 자산이 같이 움직이는 경향이 강하다. 저소득이 저자산과 이어지고 고소득이 고자산과 이어진다. 반면 65세 이상 고령층은 소득과 자산의 관계가 생산연령층과 아주 다르다. 예컨대 자산 상위 40%로 한정해 보더라도 이들 중 무려 절반에 가까운 45% 이상이 소득 기준으로는 하위 40%에 속한다. 우리나라의 경우 자산에서 차지하는 부동산의 비중이 다른 OECD 회원국에 비해 높음을 감안할 때 우리나라 고령층의 상대적 빈곤율은 어느 정도 과장되어 있을 개연성을 부정하기 어렵다. 해서 노인 빈곤 문제에 실효성 있게 접근하거나 연금 개혁을 보다 의미 있게 진행하려면 각종 연금의 연계는 물론 여기에 더해 경제활동, 주택 및 농지 소유 실태 등을 종합적으로 연계해서 들여다볼 필요가 있다.

포괄적 연금통계 외 다른 분야에서도 통계데이터의 연계 수요는 빠르게 증가하고 있다. 기후변화 대응, 탄소 제로(net zero) 이행 등 탄소중립 정책을 효율적으로 펼쳐 나가려면 '기업통계등록부'와 '에너지총조사'를 연계하고 나아가

‘인구가구등록부’와 가구별 에너지 사용 미시 데이터를 연계하여 업체별 및 가구별 에너지 사용 실태, 온실가스 배출량을 파악해야 한다. 업종·규모별 에너지사용량, 탄소배출량 등에 관한 통합데이터를 제공하여 ESG 산업을 촉진할 필요성도 있다.

통계지리정보서비스(SGIS)를 통해 격자·소지역·생활권별로 시각화된 상세 통계 정보를 제공하면 이는 지역균형발전의 기초 자료가 된다. 한편 통계청은 현재 민간보유 신용정보와 통계청의 인구·가구통계등록부를 연계하여 가계부채통계를 개발 중이다. 개발이 종료되면 가구 전수자료를 활용하여 세대 유형별·주택소유별 대출규모 등 맞춤형 통계데이터를 제공할 수 있게 될 것으로 기대된다.

의료·바이오헬스 산업 촉진을 위해서는 관계부처 협업으로 데이터댐 구축 및 공공·민간 빅데이터 연계가 필요하다. 이때 통계청의 인구통계등록부를 축으로 해서 건강검진, 진료명세서, 처방정보 등을 연계하면 효율적으로 통합 바이오데이터를 구축할 수 있을 것으로 생각한다. 구축 후에는 이를 신약개발, 희귀질환 극복, 의료산업 활성화 등에 활용해야 한다. 여기에 족보까지 연계된다면 우리나라의 통합 바이오데이터는 유전병 연구에 있어 획기적인 자료원이 될 것이다. 물론 개인정보보호의 필요성은 그만큼 더 증가한다.

범부처 자료를 활용해야 만들 수 있는 사회통합지표, 유엔 지속가능개발목표(SDGs), 탄소 제로 등도 데이터 연계·활용에 어려움을 겪고 있기는 마찬가지다. 부처 간 데이터 칸막이는 증거 기반 정책을 뒷받침할 새로운 국가 통계 개발의 속도를 현저히 떨어뜨리고 있다. 환경 변화는 빠른데 의미 있는 통계 생산은 턱없이 느리다. 국가 통계데이터에 있어 수요와 공급 간 괴리가 있다.

## 4. 근거 없이는 근거 기반 정책도 없다

무엇이 문제일까? 민간데이터는 금융위원회와 과학기술부가 중심이 되어 금융과 바이오 분야 마이데이터 사업을 나름 의미 있게 추진 중이다. 공공데이터는 행정안전부에서 비교적 잘 관리하고 있다. 하지만 국세, 4대 보험 등과 같은 비공개 공공데이터, 통계청의 각종 통계데이터 및 통계등록부, 부처별 데이터를 포괄하는 국가 통계데이터의 거버넌스는 여전히 취약하다. 국가 통계데이터는 경제·사회·환경 등 전 부처에 연관된 국가 기초자산임을 고려할 때 이는 큰 문제다.

정부의 국정 운영에 있어 증거 기반 정책이 중요한데 증거에 해당하는 통계데이터의 활용체계는 여전히 부실한 셈이다. 근거 없이는 근거 기반 정책도 없다. 이는 우리나라가 따르는 분산형 국가통계제도 하에서, 허브의 부재로 인한 부처 간 데이터 연계·활용 한계가 가장 큰 원인이다. 데이터는 쌓이고 연계될수록 가치가 급증하는데 아쉽게도 가장 중요한 국가 통계데이터에서만큼은 이러한 잠재적 가치를 충분히 실현시킬 조직적 기반이 갖춰져 있지 않다.

## 5. 허브 앤드 스포크 모형

개인정보보호 문제를 풀지 못하면 의미 있는 데이터의 연계 활용이 쉽지 않게 된다. 이를 이해하기 위해 어릴 적 한 번쯤은 해봤을 스무고개라는 게임을 생각해 보자. 모르는 개인에 관해 한두 개 또는 서너 개의 특성만을 알게 된다고 해서 그 대상이 누구인지 알아채기는 어렵다. 하지만 스무 개의 특성이 결합되면 대체로 그 대상이 누구인지 알 수 있게 된다. 범위의 경제를 누리려면 특성을 따로따로 분리해서 분석하기보다 여러 특성을 결합해서 종합적으로 보아야 한다. 문제는 여러 특성이 결합되다 보면 개인의 신상이 털리게 된다는 점

〈그림 5-3〉 통계청이 개념화한 허브 앤드 스포크 모형

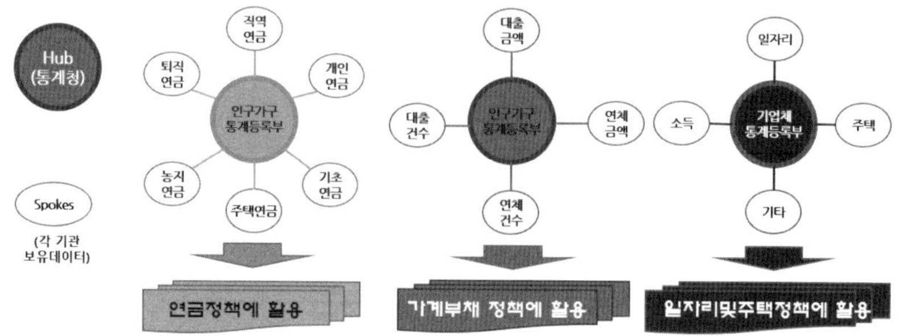


자료: 류근관(2023).

이다. 즉 개인정보보호가 안 된다. 이는 국가 통계데이터라고 예외일 수 없다. 그러니 개인정보보호 문제가 부처 간 자료의 연계 활용 문제를 어렵게 만든다.

실용주의에 입각한 증거 기반 정책의 구현은 국가 통계데이터의 안전한 연계 활용을 지원하기 위한 국가통계데이터 거버넌스의 획기적 전환에서 시작할 필요가 있다. 그 해답은 2021년도부터 통계청이 허브앤드 스포크(hub and spokes)로 개념화한 모형에서 찾아본다. 〈그림 5-3〉은 이를 도시하고 있다.

허브 앤드 스포크 모형은 통계청의 통계등록부(hub)를 축으로 해서 공공 및 민간 등 데이터를 가진 여러 기관이 보유한 데이터(spokes)를 동형암호(homomorphic encryption) 등 가장 최신의 정보기술로 연결하고, 암호화한 상태에서 안전하게 분석하는 틀이다. 각 기관의 데이터를 물리적으로 한곳에 모을 필요도 없다. 데이터 보유기관은 자료를 자신의 데이터 센터 밖으로 내주지 않은 채 연결할 수 있도록 협조만 하면 된다. 그러니 현재 부처마다 독자적으로 추진하는 빅데이터 센터 건립 추세와도 잘 어울린다. 자료 연계와 자료 분석을 암호화한 상태에서 하고, 그 암호화된 분석 결과마저도 안전하게 관리한다. 그러니 극단적으로 '적과의 동침'마저도 허용한다. 암호화된 결과를 푸는 이치는 은행의 개인 금고를 열 때 은행이든 개인이든 혼자서는 열 수 없고, 둘이 합심해야만 열 수 있는 것과 같다. 〈그림 5-4〉를 보라.

〈그림 5-4〉 암호화된 결과를 기관 A, B가 합의하여 푸는 키관리 체계 개념도

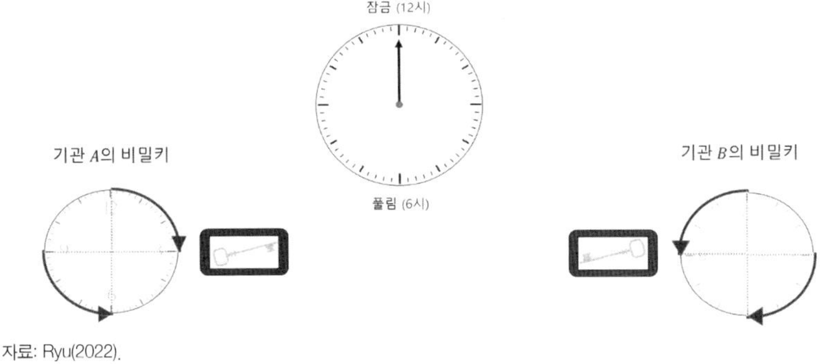


자료: Ryu(2022).

이러한 원리는 그 동안 개인정보보호 문제로 자료제공을 거부하던 개별 부처의 명분이 더 이상 설 자리를 잃게 만든다. 통계등록부와 개인정보보호 두 가지를 핵심 축으로 해서, 관계 부처 간 자료가 필요할 때만 안전하게 믹스 앤드 매치(mix & match) 방식으로 연계·활용할 수 있기 때문이다. 이로써 통계청이 개발하고 있는 허브 앤드 스포크 모형은 데이터 비밀 보호 기능이 탑재된 정부의 디지털 플랫폼 역할을 수행하게 된다.

최근 국제학회와 국제기구에 우리나라 통계청이 개발하고 있는 국가 통계데이터 거버넌스인 허브 앤드 스포크 모형이 소개됐다. 우선 UN은 최근 2023년에 펴낸 UN PET 보고서에서 우리나라 통계청이 개념화해 개발하고 있는 허브 앤드 스포크 모형을 하나의 중요한 사례로 소개하고 있다(UN CEBD, 2023).

또 독일의 한 연구기관은 독일 노동부에 제출하는 보고서에서 우리나라 통계청의 허브 앤드 스포크 모형을 세계적인 데이터 활용 혁신사례 중 대표적인 사례로 소개하고 있다(RWI-Essen, forthcoming).

나아가 통계청의 허브 앤드 스포크 모형의 구체적 적용 사례로서, 통계청의 기업통계등록부와 한 지방자치단체의 소상공인 자료 등 두 기관의 통계데이터를 최신 동형암호 기술로 연계·분석한 성공 사례도 국제적 학술기관인 수리통계혁신연구소(iMSi) 워크숍에서 발표됐다. 이를 두고 당시 워크숍에 참석한 세

계 최고의 암호학자들은 최신 정보보호 기법의 선구적인 활용 사례라고 평가했다. 우리나라 통계청의 허브 앤드 스포크 모형은 유엔과 OECD 통계위원회 의장단 등 국제기구에서도 호평을 받았다. 지금은 우리가 국가 통계데이터 거버넌스의 세계 표준을 선도할 절호의 기회다.

## 6. 정부조직 개편으로 '통계데이터처' 탄생해야

법을 집행하는 과정에서 죄형법정주의에 따라 증거가 중요하듯, 정부에는 국정운영의 흔적인 통계데이터가 중요하다. 총리실은 정책에 대한 총괄·조정의 공식적인 권한을 갖고 있다. 하지만 예산집행과 성과측정의 실질적인 권한은 통계데이터를 가진 각 부처에 있다. 증거 기반 정책을 수립하고 평가해야 할 데이터 시대에 부처 간 데이터 칸막이는 효율적인 국정 운영을 방해하고 총리실의 실질적인 정책 총괄 및 국무조정 기능을 훼손한다.

부처 이기주의를 막고 객관적인 정책 기록과 성과 평가를 하려면 무언가 변화가 필요해 보인다. 국가 통계데이터에 관한 한 경험과 인력 면에서 앞선 통계청이 주도조직(focal point)으로 나서야 한다. 통계청이 국가통계데이터의 허브 역할을 수행해 각 부처에 산재한 통계데이터를 연계·공유·분석할 필요성이 절실하다.

우리 사회의 급속한 데이터 변화 속도와 데이터 연계 수요 증가를 감안할 때, 국가 통계데이터 거버넌스 개편은 시급하다. 정보 통신 수요가 급증하던 과거 우리 정부는 체신청을 정보통신부로 적기에 조직 개편해, 지금 우리나라가 세계적 정보 통신 강국으로 우뚝 서는 데 기여했다. 데이터 시대에 통계청을 통계데이터처로 개편하는 것은 지금 이 시점에 꼭 필요한 정부 조직 개편이라고 생각된다. 총리실이 국무총괄·조정에 있어 실질적 권한을 갖도록 국가 통계데이터로 뒷받침하자. 국정 운영에 있어 실용주의를 정착시키자.

## 참고문헌

류근관. 2023.6.5. "증거기반 정책을 뒷받침하기 위한 국가 통계데이터의 안전한 연계 활용 체계". 한국경제학회, 한국통계학회, 통계청 공동 정책 심포지엄 발표문.

_____. 2022. 국가통계의 새로운 길. 통계청.

_____. 2022.4.7. "국가 통계데이터 제대로 만들려면 부처 칸막이 없애야." ≪중앙일보≫.

통계청. 2023.10.26. "2016~2021년 연금통계 개발 결과"(보도자료).

RWI-Essen (Germany), Report for the German Labour Ministry. "Hub and Spokes Model for Governmental Data in Korea is a best-practice example for innovative methodology and data use worldwide"(forthcoming).

Ryu, Keunkwan. 2022.9. "Hub and Spokes Model for Governmental Data: Data Linkage and Data Security." Maekyung World Knowledge Forum 2022.

UN Committee of Experts on Big Data and Data Science for Official Statistics. 2023. "United Nations Guide on Privacy-Enhancing Technologies for Official Statistics." https://unstats.un.org/bigdata/task-teams/privacy/guide/2023_UN%20PET%20Guide.pdf.

제6장

# 국민연금 재정추계 비판적 평가와 정책적 시사점*

정세은 | 충남대학교 경제학과 교수

## 1. 서론

2022년 5월 집권한 윤석열 정부는 노동개혁, 연금개혁, 교육개혁을 국정과제로 제시하고 적극 추진하고 있다. 교육개혁은 주로 노동시장에 뛰어들기 전 인구, 노동개혁은 노동시장에서 활동하는 인구, 연금개혁은 노동시장에서 은퇴한 인구를 대상으로 하는 개혁이라는 점에서 현 정부의 정책은 국민 전체에게 심대한 영향을 미칠 것이라고 해도 과언이 아니다.

공적연금의 일부분이자 핵심인 국민연금은 낮은 소득대체율, 넓은 사각지대 등의 문제와 함께 저출생·고령화로 인한 미래 재정불안의 우려도 겪고 있다. 이러한 상황에서 적정 소득대체율 수준, 바람직한 재원 마련 방안과 관련하여 상반되는 의견들이 첨예하게 대립하고 있다. 국민연금법은 5년마다 한 번씩 국민연금 재정계산을 실시하여 국민연금 보장성과 재정 상태를 점검하고 바람직한 제도 개혁안을 제시하도록 규정하고 있다. 마침 올해가 제5차 국민연금 재

---

* 이 글은 2023년 6월 2일 한국사회정책학회 춘계학술대회에서 발표한 "국민연금 제5차 재정계산 결과에 대한 비판적 평가"(김종호와 공저)의 일부를 수정한 것이다.

정계산이 실시되는 해이다.

재정추계는 제도 개선 논의에 앞서 장기에 걸친 국민연금의 수입과 지출의 추정 결과를 제출함으로써 바람직한 개혁 방안을 논의하는 데 나침반 같은 역할을 담당한다. 그런데 재정추계가 그 역할을 '잘' 감당하고 있는가? 그렇다고 답하기 어려운데, 그 이유는 미래 70년을 전망하면서 국민연금 제도뿐 아니라 사회경제 관련 정부 정책, 가계와 기업의 행동 방식이 향후 70년간 전혀 변하지 않는다는 무리한 가정을 채택하기 때문이다. 현재 어느 나라보다 빠르게 진행되는 고령화와 4차 산업혁명은 출생률, 경활률, 생산성 증가율, 자본축적률의 미래 흐름을 크게 바꿀 것인데, 재정추계는 이 변수들의 과거 추세치를 단순히 연장하는 방식으로 전망하고 있다.

제5차 국민연금 재정계산의 최종보고서는 연금 개혁안 논의가 완전히 끝난 후 가을쯤에 발간되겠지만 재정추계 분야는 이미 지난해 여름에 시작되어 3월 말에 결과가 발표되었다(국민연금 재정추계전문위원회, 2023a).[1] 이 글은 5차 재정계산의 재정추계 부분에 초점을 맞추어 주요 추정 결과를 살펴보고 재정추계 방법론의 한계와 그로 인한 재정전망의 한계점을 지적하고 그로부터 정책적 시사점을 도출하도록 할 것이다.

## 2. 제5차 국민연금 재정추계의 주요 결과

1988년 도입된 국민연금은 시간이 흐름에 따라 조금씩 제도를 발전시켜 오고 있는데 그중 하나가 1998년에 국민연금법을 도입하여 5년을 주기로 장기 재정전망과 제도 개혁을 모색하는 재정계산을 수행하기로 한 것이다. 이에 2003

1 제5차 재정계산의 추진체계, 재정계산위원회 회의 자료. 올해 3월 31일에 보도된 재정추계 결과 등은 국민연금공단 홈페이지에 게시되어 있음.

〈그림 6-1〉 1~5차 국민연금 재정추계의 합계출생률 전망치

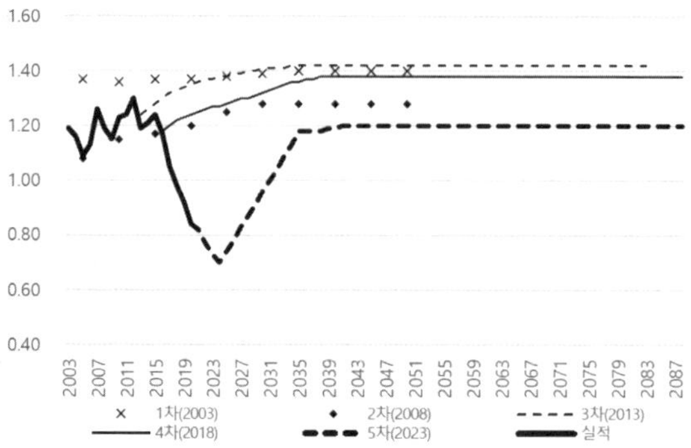

자료: 국민연금발전위원회(2003); 국민연금재정추계위원회(2008); 통계청(2011; 2016; 2021) 활용.

년 1차 재정계산을 실시했고 올해 5차 재정계산이 진행되고 있다. 재정계산 산하의 재정추계전문위원회는 국민연금 개혁 방안 논의를 위한 자료로서 올해 3월 말에 추계결과를 발표했다. 지난 4차 재정추계 이후 출생률이 급락하여 이러한 출생률 하락이 5차 추계결과에 어떠한 영향을 미쳤을지에 관심이 쏠릴 수밖에 없었다.

5차 국민연금 재정추계에서 사용한 인구 전망치는 통계청이 추계한 자료이다(국민연금 재정추계전문위원회, 2022a). 통계청에서 인구 전망을 실시할 때 출생률 전망, 기대수명 전망, 국제이동(순) 전망이 핵심적인 요소들이다. 기대수명과 국제이동(순) 요인들은 그다지 변화가 없는데 출생률은 2016년 이후 빠르게 하락하고 있다. 2016년 1.17이었던 출생률이 2017년 1.05까지 급락했는데 이후에도 출생률은 하향 추세를 멈추지 않고 있다. 2015년 이후 특히 조선산업과 자동차산업의 대규모의 구조조정, 그로 인한 지방에서 수도권으로의 청년층의 이동, 지방보다 더 낮은 수도권 출생률, 코로나19 위기가 겹친 결과가 아닐까 추측된다. 통계청(2021)은 출생률이 2030년대 중반까지 1.2로 회복하여 이후 그 수준을 유지할 것으로 전망했다.

출생률 전망치가 1.2로 매우 낮을 것으로 전망됨에 따라 미래 노인부양비(65세 이상 인구/15세~64세 인구)도 높아지고 그에 따라 국민연금 제도부양비(수급자

〈표 6-1〉 5차 국민연금 재정추계의 제도부양비 전망치

| | 2023 | 2030 | 2040 | 2050 | 2060 | 2070 | 2080 | 2088 | 2093 |
|---|---|---|---|---|---|---|---|---|---|
| 5차 | 24.0 | 36.4 | 62.9 | 95.6 | 125.4 | 138.3 | 143.1 | 128.1 | 119.6 |

출처: 국민연금재정추계전문위원회(2023a).

〈표 6-2〉 5차 국민연금 재정추계의 거시전망치

| | 2023~2030 | 2031~2040 | 2041~2050 | 2051~60 | 2061~2070 | 2071~2080 | 2081~2093 | 기간 평균 |
|---|---|---|---|---|---|---|---|---|
| 실질경제성장률 | 1.9 | 1.3 | 0.7 | 0.4 | 0.2 | 0.2 | 0.3 | 0.7 |
| 실질임금상승률 | 1.9 | 1.9 | 1.8 | 1.7 | 1.6 | 1.6 | 1.5 | 1.7 |
| 실질금리 | 1.4 | 1.4 | 1.3 | 1.2 | 1.2 | 1.2 | 1.2 | 1.3 |
| 기금투자수익률 | 4.9 | 4.6 | 4.5 | 4.5 | 4.4 | 4.4 | 4.5 | 4.5 |
| 물가상승률 | 2.2 | 2.0 | 2.0 | 2.0 | 2.0 | 2.0 | 2.0 | 2.0 |
| 경제활동참가율* | 62.5 | 60.3 | 57.6 | 54.9 | 53.9 | 53.2 | 53.4 | 56.2 |
| 경제활동참가율** | 71.6 | 73.6 | 75.6 | 74.3 | 74.5 | 75.5 | 75.7 | 74.5 |

주: * 15세 이상 인구 전체의 경제활동참가율이고, ** 생산연령인구(15~64세)의 경제활동참가율임.
자료: 국민연금재정추계전문위원회(2023a).

숫자/가입자 숫자)도 급등할 것으로 전망되었다. 국민연금 제도부양비는 지난 4차 추계에서의 전망치보다 더욱 높아졌다. 2080년 노인부양비는 4차 추계에서는 90.7이었으나 5차 추계에서는 110.3로 크게 증가했으며 국민연금 제도부양비도 각각 121.9와 143.1로서 역시 5차 추계의 경우가 더욱 높았다.

낮은 출생률로 인한 취업인구 감소, 여기에 생산성 증가율 둔화 가정 추가로 인해 5차 재정추계에서 장래 경제성장률은 시간이 흐름에 따라 빠르게 낮아질 것으로 전망되었다. 2040년대가 되면 0%대 성장률로 떨어지게 되어 추계기간 전체에 걸친 경제성장률 평균치는 0.7%일 것으로 전망되었다. 4차 추계의 경우 1.1%였으므로 0.4%p 하향 조정된 것이다(〈표 6-2〉). 실질경제성장률 전망치는 기간초 1.9%에서 기간말 0.3%까지 크게 하락했는데 실질임금증가율은 1.9%에서 1.5%로 그만큼 하락하지 않는다. 투입요소로서 노동이 빠르게 감소하는데 상대적으로 희소해지는 요소의 보수가 높아지는 원리 때문이다. 경제성장률과 임금성장률 이외에 실질금리, 기금투자수익률, 물가상승률 추정치는 전 기간에 걸쳐 크게 변하지 않는 것으로 추정되었다. 물가상승률은 2031년부

〈표 6-3〉 5차 국민연금 재정추계의 총급여지출 전망치(GDP 대비 비중) (단위: %)

| | 2023 | 2030 | 2040 | 2050 | 2060 | 2070 | 2080 | 2088 | 2093 |
|---|---|---|---|---|---|---|---|---|---|
| 총급여지출 전망치 | 1.7 | 2.7 | 4.4 | 6.3 | 7.7 | 8.8 | 9.4 | 9.2 | 8.8 |

자료: 국민연금재정추계전문위원회(2023a).

〈표 6-4〉 5차 국민연금 재정추계의 기금소진 시점 전망치

| | 최대적립기금 시점 | 수지적자 시점 | 기금소진 시점 |
|---|---|---|---|
| 5차 | 2040년(1755조 원) | 2041년 | 2055년(△47조 원) |

주: 수지적자 시점은 당년도 지출이 총수입(보험료수입 + 기금투자수익)보다 커지는 시점임. ( )값은 적립기금 규모.
자료: 국민연금재정추계전문위원회(2023a).

터 2%에 고정되는데 이는 물가상승률이 중앙은행의 통화정책에 의해 결정되는데 중앙은행의 목표 물가상승률은 변화가 없을 것으로 가정되기 때문이다.

이제 재정추계의 핵심 결과인 총급여지출 규모(GDP 대비 %), 기금 소진 시점, 부과방식비용률(%) 전망치를 살펴보자. 5차 재정추계의 총급여지출 전망치의 경우 2023년 GDP 1.7%에 수준이던 것이 점차 증가해서 2080년에는 9.4%까지 증가한다. 가장 많을 때도 GDP 10%에 이르지 못하는 것이다. 또한 제도부양비가 4차 추계에 비해 크게 높아졌으나 GDP대비 총급여지출 규모는 큰 변화가 없는 것으로 나타났다(〈표 6-3〉). 은퇴 노인 인구 규모가 4차 추계와 크게 차이가 없고 이들의 급여총액이 실질기준으로 크게 변하지 않기 때문으로 보인다. 한편 기금소진 시점은 2055년으로 추정되어 4차 추계에 비해 2년 정도 앞당겨졌는데 이것은 추계 결과상 큰 변화라고 보기는 어려울 것이다(〈표 6-4〉).

5차에서 부과방식비용률 추정치는 2023년 6.0%로서 실제 보험료율보다 낮았는데 2030년 9.2%로 실제 보험료율과 비슷해지고 이후 빠르게 상승하는 것으로 추정되었다(〈표 6-5〉). 가장 부과방식비용률이 높을 것으로 추정된 시점은 2080년으로서 그때 수치는 34.9%가 될 것으로 전망되었다. 4차 추계 시에 부과방식비용률의 2080년 추정치는 29.5%로서 그 차이는 5.4%p 정도이다. 4차와 비교하여 부과방식비용률 추정치가 크게 차이가 나는 셈인데 이미 4차 추계의 전망치가 실제 채택하기 어려울 정도로 높은 수준이었다는 점에서 5차 추계의 전망치가 발표되었을 때 오히려 이에 대한 반응이 크지 않았다.

〈표 6-5〉 5차 국민연금 재정추계의 부과방식비용률 전망치

| | 2023 | 2030 | 2040 | 2050 | 2060 | 2070 | 2080 | 2088 | 2093 |
|---|---|---|---|---|---|---|---|---|---|
| 5차 | 6.0 | 9.2 | 15.1 | 22.7 | 29.8 | 33.4 | 34.9 | 31.7 | 29.7 |

주: 부과방식비용률은 부과대상 소득총액 대비 급여지출 총액 비율로 산정. 부과식 혹은 적립식과 상관없이, 혹은 현재 기금이 어느 정도 축적되어 있는지와 상관없이 급여지출액을 보험료 수입으로만 충당한다고 할 때 가입자가 부담해야 하는 보험료율.

자료: 국민연금재정추계전문위원회(2023a).

〈표 6-6〉 70년 후 기금을 유지하기 위해 필요한 보험료율 수준

| 보험료율 인상시점* | | 재정목표(추계기간 말** 기준) 시나리오 | | | | |
|---|---|---|---|---|---|---|
| | | 적립배율 1배*** | 적립배율 2배 | 적립배율 5배 | 수지적자 미발생 | 일정한 적립배율 유지 (적립배율) |
| 5차 | 2025년 | 17.86% | 18.08% | 18.71% | 19.57% | 20.77% (14.8) |
| | 2035년 | 20.73% | 21.01% | 21.85% | 22.54% | 23.73% (11.7) |

주: * 보험료율 인상시점은 재정계산 수행 시점 및 단계적 인상 가능성을 고려하여, 최소기간 2년을 가정(4차 2020년, 5차 2025년)하여 재정추계전문위원회에서 설정. ** 4차 재정계산은 2088년, 5차 재정계산은 2093년 기준.

자료: 국민연금재정추계전문위원회(2023a).

재정추계는 마지막으로 재정평가 분석으로서 추계기간 말까지 기금을 소진시키지 않는 시나리오 몇 개를 재정목표로 제시하고 몇 개 제시하고 각 재정목표를 달성하기 위해 인상해야 할 보험료 수준이 얼마인지를 제시했다. 〈표 6-6〉은 추계기간 말까지 기금을 유지하고자 한다면 2025년 17.86~20.77% 수준으로 보험료율을 올려야 한다고 제안했다.

## 3. 추정법의 한계: 고령화 심화에도 낮은 출생률, 경활률 방치한다는 가정

국민연금의 재정추계 방식은 국민연금 수입과 지출을 결정하는 변수들을 관련성이 깊은 변수끼리 묶어 여러 개의 모듈을 만들고 그것들을 순차적으로 풀어감으로써 전망치를 도출하는 식으로 진행된다. 모듈은 인구전망 모듈, 거시전망 모듈, 기금운용수익률 전망 모듈, 추계모형 모듈로 구성되어 있으며, 이 순서대로 전망치를 추정해 나간다. 그런데 이렇게 순차적으로 모듈을 풀어감에 따라 앞부분에서 추정된 변수가 이후 변수들의 추정에 영향을 미치는 특징

을 갖게 된다. 그러다 보니 인구 변수의 영향력이 매우 클 수밖에 없다.

이 인구 추계치의 역할을 살펴보면 거시 모듈에 들어가 거시 변수들의 전망치를 결정한다. 국민연금 장기재정전망에서 가장 핵심적인 역할을 하는 GDP는 총요소생산성, 취업자, 자본량이라는 3개 요인에 의해 결정되는데, 총요소생산성은 인구와 상관없이 전망되지만, 취업자 전망치는 인구 추계치에 경제활동참가율 추정치가 결합되어 결정되고 자본량은 취업자 추정치에 총요소생산성 추정치가 결합되어 결정된다. 즉 GDP 성장률 전망치를 결정함에 있어 인구 추계의 역할이 매우 크다. 인구 추계는 거시전망에는 직접적인 방식으로 영향력을 미치는데, 기금수익률에는 경제성장률 추정치를 통해 간접적인 방식으로 영향을 미치게 된다.

본격적으로 국민연금의 수입과 지출의 흐름을 추계하는 추계모형에는 인구 모듈에서 제공한 가입자, 수급자 전망치, 거시 모듈에서 제공하는 거시경제변수 추정치, 기금투자수익률 모듈에서 제공하는 수익률 추계치가 함께 투입되고 여기에 국민연금 제도 관련 가정들이 더해져서 재정상태 변수의 추계치가 도출된다. 결국 인구 전망치는 모든 모듈에 들어가서 주요 변수 전망치를 결정하므로 국민연금 재정추계에 매우 큰 영향력을 미치게 된다. 〈표 6-7〉은 인구 변수의 영향을 받는 변수들을 굵은 글씨로 표시했는데 인구 변수의 영향력을 이해할 수 있다.

국민연금 제도 변수는 현재 제도가 고정된다고 가정하기 때문에 미래 어떻게 변할지 가정할 필요가 없지만 그 외 변수들은 특정한 가정이 선택될 수밖에 없다. 그런데 재정추계는 제도의 불변이라는 가정을 국민연금 제도에 한정하지 않고 다른 변수에도 적용하여 향후 70년간 발생할 가능성이 매우 높은 사회경제 변화까지도 불변이라고 가정한다. 문제는 이러한 불확실성과 제도의 불변성 가정이 보수적 전망을 유도한다는 것이다. 특히 장기 재정전망에서 인구의 영향력이 막강한데 인구 전망과 관련하여 제도, 행태, 정책의 변화를 거의 반영하지 않는다는 문제를 안고 있다.

〈표 6-7〉 국민연금 재정추계 입력변수와 출력변수

| 추계 모듈 | | 입력변수 | 출력변수 |
|---|---|---|---|
| 제도 | | | 보험료율, 급여조건,<br>납부예외자비율, 징수율 등 |
| 인구 | | **출생률, 사망률, 국제이동률** | **인구수** |
| 거시 | | **인구수, 경제활동참가율, 실업율** | GDP, 물가상승률,<br>임금상승률, 금리, |
| 가입자 | | **인구수, 경제활동참가율,** 가입률 | **가입자 수** |
| 가입기간별<br>가입자 | | **가입자수,** 대기자수, 이동률, 납부예외자비율, 징수율 | 가입기간별 가입자 수,<br>가입기간별 대기자수 |
| 연금보험료 | | **가입자수, 평균소득,** 보험료율,<br>납부예외자비율, 징수율, **임금상승률** | 보험료 수입 |
| 급여지출 | 기본연금액 | 평균소득, 가입기간 가중치, **임금상승률,** 물가상승률, 금리 | 기본연금액, 반환일시금액 |
| | 노령연금 | **가입자수,** 대기자수, 사망률, **기본연금액,** 물가상승률 | 노령연금 수급자수, 급여액 |
| | 장애연금 | **가입자수,** 장애발생률, 사망률, **기본연금액,** 물가상승률 | 장애연금 수급자수, 급여액 |
| | 유족연금 | **가입자수,** 대기자수, 노령연금, 수급자수, 장애연금,<br>수급자수, 사망률, 유유족률, **기본연금액,** 물가상승률 | 유족연금 수급자수, 급여액 |
| | 중복급여 | 중복급여 대상자수, **평균급여액,** 물가상승률 | 노령연금 수급자수, 급여액 |
| 반환일시금 | | 가입자수, 사망률, 유유족률, 반환일시금액 | 반환일시금 수급자수, 급여액 |
| 투자수익 및 기금 | | **보험료수입,** 급여지출, **기금투자수익률** | 투자수익, 적립기금 |

주: 굵은 글씨로 표시된 변수는 인구에 의해 것임.
자료: 재정추계분석실(2022: 표 II-1)에서 인용.

출생률 전망의 비현실성에 대해서 이야기하지 않을 수 없다. 현재 출생률 전망은 통계청이 수행하고 있는데 출생률을 결정하는 요인들을 분석한 것이 아니라 출생률이라는 변수의 움직임을 통계적 기법에 의해 분석하여 그로부터 전망치를 도출한 것이다. 이 방법론에 의해 도출한 장기 출생률 전망치는 1.2이다. 그리고 이러한 전망치하에서 우리나라의 인구는 2025년 5145만 명에서 2090년 2901만 명으로 줄어든다. 재정추계는 2093년까지 하지만 물론 이후에도 인구 규모는 계속 줄어들 것이다.

통계청이 사용한 방법론은 인구를 전망할 때 보통 사용하는 방법론이므로 잘못된 것이라고 할 수 없다. 그러나 출생률 1.2는 초저출생률이라고 여겨지는 1.3보다도 낮은 수준으로서 이러한 출생률이 향후 70년간 지속된다면 대한민국은 돌이킬 수 없는 소멸의 길에 들어섰다는 것을 의미하게 된다. 그러한 점

〈그림 6-2〉 주요 선진국 15~64세 경제활동참가율

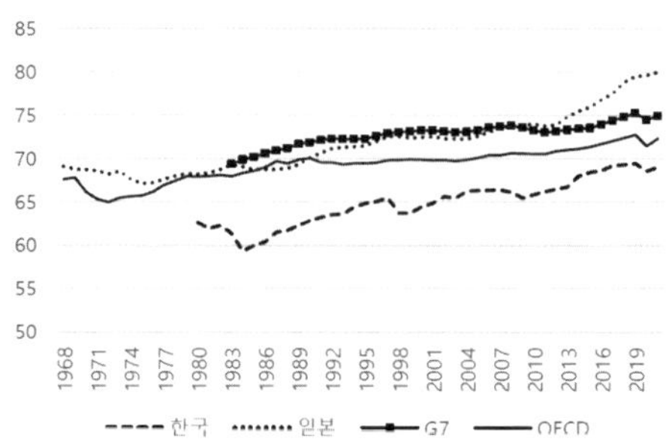


자료: OECD Labour Market Statistics.

에서 한국 정부는 향후 어떤 정치집단이 집권할지와 상관없이 출생률을 올리기 위한 특단의 정책을 실시할 수밖에 없을 것이다. OECD 평균 출생률이 1.6이라는 점에서 출생률 1.2가 향후 70년간 지속된다고 가정하는 것은 매우 비현실적이다.

출생률 이외에 OECD 주요국과 비교해서 여전히 낮은 수준인 우리나라의 경제활동참가율이 향후 고령화가 심화되는데도 불구하고 매우 느린 속도로 OECD 평균치에 접근해 간다고 가정하는 것도 문제이다. 인구감소와 고령화로 조만간 사회 전 영역에서 일할 사람이 턱없이 부족해질 것을 고려하면 비현실적인 가정이다. 〈그림 6-2〉는 고령화가 심각한 일본에서 생산가능인구의 경활률이 1990년대에 OECD 평균을, 2010년대에 G7국가 평균을 상회하고 최근에는 80%에 육박하고 있음을 보여주고 있다. 우리나라는 주요 선진국들을 과거보다 더욱 빠르게 따라잡고 있지만 여전히 큰 격차를 보이고 있다. 그런데 장기 재정전망에서는 이러한 격차가 향후 100여 년에 걸쳐 서서히 해소될 뿐 넘어서지 못한다고 가정하고 있다(국민연금 재정추계전문위원회, 2022b). 즉 고령화는 조만간 선진국 최고 수준이 될 것인데 그때에도 생산가능인구의 경활률은 선진국 평균을 따라잡지 못한다고 가정하는 것이다.

우리나라의 경활률이 낮은 것은 남녀의 경활률 격차가 매우 크기 때문이다. 2019년에 30~64세 남성의 경활률은 거의 90%에 육박하는데 여성은 60%대 전

〈표 6-8〉 우리나라 성별·연령별 경활률, 실업률, 고용률 (단위: %)

| 성별 | 연령별 | 2000 | | | 2019 | | |
|---|---|---|---|---|---|---|---|
| | | 경활률 | 실업률 | 고용률 | 경활률 | 실업률 | 고용률 |
| 남성 | 15세 이상 | 74.4 | 5.0 | 70.8 | 73.5 | 3.9 | 70.7 |
| | 20~64세 | 85.9 | 4.9 | 81.7 | 84.4 | 3.9 | 81.0 |
| | 20~29세 | 72.6 | 8.8 | 66.2 | 63.4 | 9.7 | 57.3 |
| | 30~59세 | 91.8 | 4.0 | 88.1 | 90.2 | 3.1 | 87.5 |
| | 60~64세 | 87.9 | 3.8 | 84.6 | 87.7 | 2.9 | 85.1 |
| 여성 | 15세 이상 | 48.8 | 3.6 | 47.0 | 53.5 | 3.6 | 51.6 |
| | 20~64세 | 57.0 | 3.6 | 55.0 | 63.8 | 3.6 | 61.5 |
| | 20~29세 | 58.4 | 6.0 | 54.9 | 64.3 | 8.2 | 59.0 |
| | 30~59세 | 53.9 | 2.7 | 52.5 | 65.3 | 2.7 | 63.6 |
| | 60~64세 | 60.3 | 2.6 | 58.8 | 61.6 | 2.2 | 60.2 |

자료: 통계청 경제활동인구조사 통계.

반에 머물러 있었다(〈표 6-8〉).[2] 여성의 경활률은 왜 이렇게 낮은가? 이번 재정추계에 투입된 경활률 전망치는 정규철·김지연·허진욱(2022)이 추정하였는데, 이들은 통계청의 경제활동인구조사 원자료를 활용하여 연령, 학력, 가구주 여부, 혼인상태 등 개인 특성이 경활률에 어떤 영향을 미쳤는지를 분석하는 방법론을 사용하였다. 추정 결과 여성의 경우 기혼 상태일 때 경활률이 낮은 것으로 추정되었다.

이러한 추정 결과는 우리나라 여성들이 결혼, 출산, 육아로 인해 경력이 단절되는 현상을 반영하는 것이고 제도적으로 이 문제를 완화해 준다면 여성의 경활률은 빠르게 올라갈 수 있음을 의미한다. 향후 빠른 속도의 인구감소와 고령화로 인해 일할 사람이 부족해지면 여성인력을 활용하기 위한 정책이 더욱 적극적으로 시행될 수밖에 없고 여성의 경활률은 빠르게 올라갈 것이 명확한데 장기 재정추계에서는 이것이 충분히 반영되지 않았다.

2 이철희·이지은(2017); 이철희(2022)는 인구변화로 인해 장기적으로 노동투입이 줄어들 것으로 전망되지만 장년 및 여성 고용의 증가와 같은 노동공급 변화가 발생한다면 인구변화로 인한 노동공급규모의 감소는 상당히 줄어들 수 있다고 주장했다.

## 4. 추정법의 한계: 고령화 심화에도 저생산성, 저투자 방치한다는 가정

국민연금 재정추계의 방법론상 또 다른 한계는 인구와 함께 경제성장률을 결정하는 중요한 요인인 총요소생산성의 전망치가 '직관적' 방법으로 결정되었고, 게다가 향후 4차 산업혁명 기술이 생산성 제고 효과를 가져올 가능성을 무시하고 경제가 성숙기에 들어섰으니 과거에 비해 당연히 매우 낮은 속도로 증가할 것이라고 가정하였다는 점이다.

〈표 6-9〉는 OECD 회원국의 총요소생산성 증가율의 흐름을 보여주고 있는데 우리나라는 1980대에 총요소생산성 증가율이 가장 높은 국가였으나 빠르게 하향하여 2010년대에 들어서는 평균치에 근접하는 모습을 보였다. 그런데 국민연금 재정추계에서 거시변수 전망을 담당한 한국개발연구원의 연구진은 그 이유를 정확히 밝히지 못하고 "소득수준이 높을수록 총요소생산성 증가율이 낮은 경향이 있으며, 한국의 1인당 GDP는 2011~2019년에 OECD 국가(1980년부터 자료가 가용한 32개국) 중 하위 32.2%에 해당하므로 기준시나리오 총요소생산성 증가율을 OECD 상위 25%와 50% 사이의 값인 1.0%로 가정한다"고 결정했다(정규철·김지연·허진욱, 2022).

이러한 '직관적' 전망 방식을 택한 것은 총요소생산성을 결정할 것으로 기대되는 요인들, 예를 들어 1인당 GDP, 무역자유도, 법제 및 재산권 보호, 금융, 노동, 기업활동 규제 등을 가지고 한국의 총요소생산성 증가율을 설명하고자 회귀분석을 했을 때 유의미한 추정결과를 얻기 어려웠기 때문이다(신석하·황수경·이준상·김성태, 2013). 이로 인해 우리 경제가 성숙기에 접어들었으므로 총요소생산성 증가율이 과거 실적치의 추세보다 낮은 수준을 보일 것이라는 직관에 의존한 것이다.[3]

3 총요소생산성이 하락할 것이라고 전제한 다른 이유도 있다. 향후 1인당 근로시간의 감소, 단기간 근로자의 급속한 증가, 생애주기에서 생산성이 감소하는 고령인구 증가 추세 등이다(신석하·

〈표 6-9〉 총요소생산성(TFP) 증가율

| | OECD | | | | | G7 | 한국 |
|---|---|---|---|---|---|---|---|
| | Min | 25% | 50% | 75% | Max | | |
| 1981~1990년 | -1.5 | 0.3 | 1.0 | 1.5 | 3.8 | 1.2 | 3.8 |
| 1991~2000년 | -0.3 | 0.9 | 1.2 | 1.9 | 3.2 | 1.1 | 1.9 |
| 2001~2010년 | -0.9 | 0.2 | 0.4 | 0.8 | 2.1 | 0.2 | 1.7 |
| 2011~2019년 | -0.9 | 0.3 | 0.6 | 0.9 | 2.8 | 0.5 | 0.7 |
| 평균 | -0.9 | 0.4 | 0.8 | 1.3 | 3.0 | 0.7 | 2.0 |

주: Penn World Table 10.0을 이용하여 계산함.
자료: 국민연금재정추계전문위원회(2022c: 표 4-3)에서 재인용.

그런데 한국경제의 총요소생산성은 외환위기가 있었던 1991~2000년에도 평균 1.7% 증가했는데 2011~2019년에 0.7%로 크게 하락한 것은 경제의 성숙 현상이라고 보기에는 과도하게 급한 추락세이다. 총요소생산성 측면에서 부정적 충격이 있었다고 볼 수밖에 없는데 그것이 무엇이었는지 파악하지 못하고 있는 것은 문제이다. 한편 이렇게 총요소생산성의 급락 원인을 파악하지 못하는 것과 더불어 현재 진행되고 있는 4차 산업혁명 기술, 로봇과 AI 기술이 향후 총요소생산성에 어떤 효과를 발휘할지도 반영하지 못하고 있다. 그런데 애쓰모글루와 레스트레포(Acemoglu and Restrepo, 2017)는 선진국들의 경우 고령화가 빠를수록 자동화 전환이 빠르게 이루어져 1인당 GDP가 높다는 실증분석 결과를 제출한 바 있다.

노동력 전망치와 총요소생산성 전망치가 자본스톡 전망치 결정에서 핵심적 역할을 하는데, 이 두 변수의 추정방법이 개선의 여지가 크다는 점에서 자본스톡 전망치도 문제이다. 자본스톡이란 민간과 정부의 투자 행위에 의해서 결정되는 것인데 이들이 미래에 어떻게 투자할지 전망하기란 쉽지 않다. 재정추계에서는 투자 이론에 기대어 미래의 자본 축적 경로를 전망하는데 투자 이론에서 핵심적인 투자 결정 요인이 자본 생산성이다. 자본 생산성이 높을 때 자본

---

황수경·이준상·김성태, 2013).

〈그림 6-3〉 인구 시나리오와 투자율 전망(5차 추계 및 GDP 대비) (단위: %)

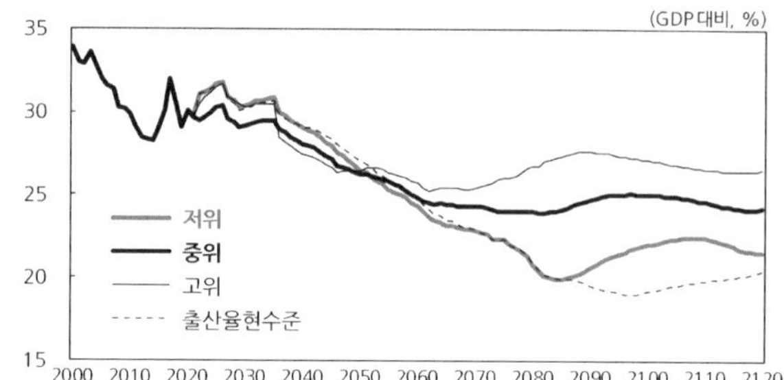


주: 중위가 기준시나리오인데 출생률이 장기에 1.2로 수렴하는 시나리오이고 저위는 1.02, 고위는 1.40으로 수렴하는 시나리오임.
자료: 국민연금재정추계전문위원회(2022c).

〈그림 6-4〉 총요소생산성 가정과 투자율 전망(5차 추계 및 GDP 대비) (단위: %)

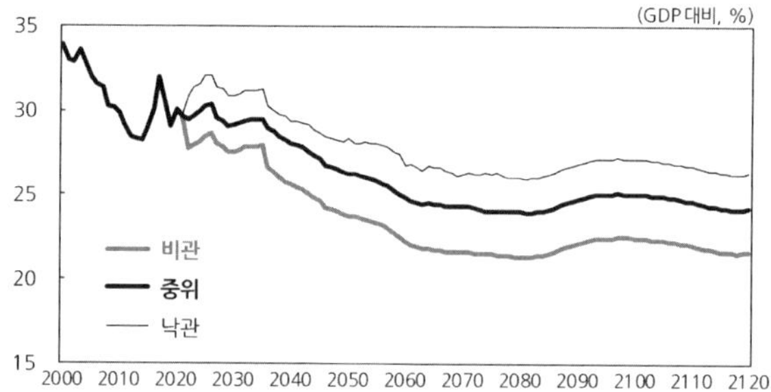


주: 비관 시나리오는 총요소생산성 증가율이 중위 시나리오에 비해 전기간 0.5%p 낮음. 낙관 시나리오는 0.5%p 높음.
자료: 국민연금재정추계전문위원회(2022c).

수요가 많아져서 투자를 많이 한다는 이론이다. 그리고 자본 생산성을 결정하는 중요한 요인이 노동력 규모와 총요소생산성 수준이기 때문에, 미래 노동공급의 감소와 총요소생산성 증가율 둔화가 자본 생산성에 부정적 영향을 미치게 되어 자본수요가 줄고 자본축적이 둔화된다.

실제로 재정추계의 거시 전망 결과를 보면 미래 취업자가 줄어들고 총요소생산성이 줄어든다는 기준시나리오(중위 가정)하에서 투자율(GDP 대비 투자규모, %)은 계속 하락한다. 그리고 〈그림 6-3〉과 〈그림 6-4〉를 보면 출생률 전망치가 중위 가정보다 더 낮은 저위 가정과 총요소생산성이 더 느리게 증가하는 비관 가정에서 각각 투자율을 더욱 낮다. 즉 미래에 왜 투자율이 낮아지는가는 인구 감소와 고령화, 총요소생산성 둔화 때문이라고 말할 수 있다.

그러나 미래에 인구 감소로 인해 노동력이 부족해지면 정부나 기업, 혹은 심지어 가계까지도 이에 대응하기 위해 적극적으로 로봇 투입을 늘릴 것이고 이는 당연히 노동생산성 제고를 가져올 것이다. 그런데 국민연금 재정추계에서는 이러한 동학이 전혀 고려되지 않았다.

## 5. 미래 전망의 불확실성: 정책이 역할까지 포함한 더욱 다양한 민감도 분석 필요

재정추계에서는 장기 재정전망에서 가정들이 가지는 불확실성을 감안하여 대안 가정을 투입하여 결과가 얼마나 달라지는지를 보는 민감도 분석을 실시하였다. 핵심 변수인 인구와 총요소생산성에 대한 대안 가정을 투입한 결과를 살펴보자. 기본가정의 결과와 비교하면 인구가 덜 감소하면(인구 고위 가정) 경제성장률이 전체 기간 평균 0.3%p 증가하고, 총요소생산성 증가율이 다소 높아지면(총요소생산성 낙관 가정) 경제성장률이 전체 기간 평균 0.4%p 증가하는 것으로 추계되었다.[4] 각각의 시나리오하에서 국민연금 재정은 어떤 영향을 받는가? 25.2%, 중위낙관은 27.4%였다. 만일 출생률이 1.4까지 올라가고 생산성 증가율도 장기에 1.5%를 유지할 수 있다면 부과방식비용률이 크게 낮아진다는 것을 의미한다.

고령화가 빠르게 진전되면 오히려 그에 적극 대응하는 과정에서 실제 미래 성장률은 5차 재정추계가 제시한 기본가정하의 성장률 전망치보다 높을 가능성이 크다.[5] 이렇게 본다면 현재의 추계 방법론은 향후 70년간의 장기 재정추

---

4 물론 인구 가정과 총요소생산성 가정의 변화는 자본량 전망에 자동적으로 영향을 미친다.

5 이종화(2023)는 "물적자본 축적, 물적자본과 노동의 대체 정도, 인적자본 축적률과 기술진보율

〈표 6-10〉 조합시나리오의 경제성장률 가정

(단위: %)

| | | 2023~2030년 | 2031~2040년 | 2041~2050년 | 2051~2060년 | 2061~2070년 | 2071~2080년 | 기간 평균 |
|---|---|---|---|---|---|---|---|---|
| 기본가정(중위-중립) | | 1.9 | 1.3 | 0.7 | 0.4 | 0.2 | 0.2 | 0.7 |
| 조합시나리오 | 저위-중립 | 1.8 | 1.2 | 0.4 | 0.0 | -0.3 | -0.5 | 0.2 |
| | 고위-중립 | 2.0 | 1.5 | 0.9 | 0.8 | 0.6 | 0.7 | 1.0 |
| | 중위-낙관 | 2.4 | 1.8 | 1.1 | 0.9 | 0.7 | 0.6 | 1.1 |
| | 중위-비관 | 1.5 | 0.9 | 0.2 | 0.0 | -0.3 | -0.3 | 0.2 |
| | 초저출생률-중립 | 1.9 | 1.3 | 0.5 | 0.0 | -0.4 | -0.6 | 0.2 |
| | 출생률 OECD 평균-중립 | 1.9 | 1.3 | 0.8 | 0.6 | 0.4 | 0.5 | 0.9 |

주: 초저출생률은 코로나19 시기 초저출생률이 장기적으로 지속되는 가정으로서 2050년 이후에도 출생률이 0.98에 머무르는 가정, 출생률 OECD 평균 가정은 2053년에 출생률이 OECD 평균인 1.61이 되는 가정임.

자료: 국민연금재정추계전문위원회(2023b).

〈표 6-11〉 조합시나리오의 민감도분석 결과

(단위: %)

| 시나리오 | | 적립기금 | | 노인부양비* | | | 부과방식비용률 | | | GDP대비 급여지출 | | |
|---|---|---|---|---|---|---|---|---|---|---|---|---|
| | | 수지적자 | 기금소진 | 1960년 | 1970년 | 1993년 | 1960년 | 1970년 | 1993년 | 1960년 | 1970년 | 1993년 |
| **기본가정(중위중립)** | | **2041년** | **2055년 (-47조 원)** | **94.2** | **104.4** | **92.8** | **29.8** | **33.4** | **29.7** | **7.7** | **8.8** | **8.8** |
| 조합시나리오 | 저위중립 | 2041년 | 2055년 (-132조 원) | 99.9 | 115.0 | 112.2 | 32.6 | 38.6 | 37.6 | 8.2 | 9.7 | 10.6 |
| | 고위중립 | 2041년 | 2056년 (-209조 원) | 89.0 | 95.9 | 82.2 | 27.3 | 29.5 | 25.2 | 7.3 | 8.1 | 7.7 |
| | 중위낙관 | 2042년 | 2056년 (-259조 원) | 94.2 | 104.4 | 92.8 | 28.0 | 31.2 | 27.4 | 7.2 | 8.2 | 8.0 |
| | 중위비관 | 2040년 | 2055년 (-121조 원) | 94.2 | 104.4 | 92.8 | 32.0 | 36.0 | 32.2 | 8.3 | 9.6 | 9.6 |
| | 초저출생률 | 2041년 | 2055년 (-207조 원) | 108.5 | 129.1 | 비공개 | 34.3 | 42.0 | 42.1 | 8.3 | 10.0 | 11.2 |
| | 출생률 OECD 평균 | 2041년 | 2055년 (-14조 원) | 90.6 | 96.5 | | 28.7 | 31.1 | 25.3 | 7.6 | 8.5 | 7.9 |

주: * 18~64세 인구 대비 65세 이상 인구 비율.

자료: 국민연금재정추계전문위원회(2023b).

등 다른 요소들이 지속적인 성장에 중요하고 매우 중요하다. 2050~2060년에 연평균 GDP 증가율은 0.2~1.5%, 1인당 GDP 증가율은 1.5~2.9%의 값을 갖는 것으로 추정되었다"라는 연구결과를 도출했는데 이에 따른다면 5차 국민연금 재정추계의 경제성장률 전망치는 이 범위의 하한선에 해당한다.

계가 당면할 수밖에 없는 불확실성에 대해 보수적인 하한선을 구한 것이라고 보아야 한다. 그런데 이러한 추계 결과를 그대로 '운명'처럼 받아들이고 허리띠를 크게 졸라매기로 한다면 현재의 삶을 더욱 위축시키고 그래서 현재의 연장성으로 추계되는 미래 전망이 더욱 어두워지는 악순환을 가져올 수 있다.

따라서 재정추계 결과는 보수적 가정하에서의 하나의 시나리오 전망이라고 보고, 고령화가 야기할 다양한 부정적 및 긍정적 변화들을 적극 고려하는 시나리오 분석이 필요하다. 재정추계는 위의 시나리오 외에 몇 개를 더 분석하기는 하지만 충분하지 않아서 어떤 정책적 노력이 필요한지에 대한 나침반 역할을 하기 어렵다. 가령 현재 민감도 분석에 경제활동참가율 가정도 수정해서 투입해 보았지만 매우 소폭 증가하는 경우(0.2%p)를 시도했기에 추정 결과가 크게 달라지지 않았다. 더욱 다양한 내용으로 변화폭을 크게 주는 시나리오 분석을 시도할 필요가 있다.

## 6. 국민연금 재정추계 검토의 정책적 시사점

국민연금 재정추계는 장기에 걸친 국민연금의 미래 수입과 지출의 흐름을 도출하고 그에 근거하여 재정상태에 대한 진단을 내리게 되어 있다. 이러한 진단을 위해 네 개의 지표가 사용되고 있다. 세 개는 기금이 언제 고갈될지, 기금 고갈 후 얼마의 적자가 발생할지, 그로 인해 거두어야 할 보험료가 어느 수준일지에 관한 지표이다. 그런데 앞에서 살펴본 것과 같이 현재의 재정추계는 보수적인 가정들을 채택하여 추계 작업을 실시함에 따라 이 세 개의 지표들이 그리는 국민연금의 미래 재정 상태는 매우 어두울 수밖에 없다.

재정추계 보고서가 제시하는 마지막 하나의 재정지표는 '추계기간 70년 후까지 기금 유지'를 재정 목표로 내세우고 이를 달성하기 위해서 당장 보험료를 어느 수준까지 올려야 하는지를 보여주는 것이다. 그런데 재정추계 보고서는 이것을 재정상태를 보여주는 지표라고 의도했는지 모르지만 이것을 보고받는 국민들은 이것을 국민연금 개혁안으로 이해하기 쉽다. 여기에서 제시된 적립배율 중 하나를 선택하고 그에 따른 보험료 인상안을 받아들이는 문제로 개혁안을 좁히기 쉽다. 그러나 이러한 재정목표는 공식적으로 합의된 것이 아니라는 점, 미래에는 보험료 이외에 조세 투입도 고려될 수 있다는 점에서 이러한 지표 제시는 문제이다.[6]

재정추계가 재정추계로부터 도출한 '기금유지와 필요 보험료율 인상안'대로 보장성 강화 전혀 없이 보험료만 대폭 인상되는 연금개혁이 실시된다면 이는 국민연금에 대한 국민들의 지지를 크게 약화시킬 것이다. 뿐만 아니라 현재의 생산가능인구의 가처분소득의 감소로 인한 내수 위축, 그로 인한 경제성장세의 위축, 국민연금 재정상태 악화와 같은 악순환을 일으킬 수 있다(정세은, 2022). 특히 현재 생산가능인구의 주력인 MZ세대가 가장 큰 충격을 받을 것이다. 당장 보험료를 그만큼 올린다면 이들은 보장성 개선 혜택은 하나도 없이 앞으로 은퇴하기 전까지 대폭 오른 보험료를 납부해야 한다.

고령화로 인해 미래 국민연금의 재정불안정은 우려할 만한 문제이고 그래서 그에 대한 대비는 필요하다. 그렇지만 미래는 불확실하고 어떤 정책적 대응을 하는가가 그 미래에 큰 영향을 미친다. 따라서 보험료를 올려서 재정을 안정화시킬 필요가 있지만 현재의 생산가능인구의 삶에 큰 충격을 미쳐서는 안 될 것이므로 보험료 인상 속도는 급해서는 안 되며 보험료 이외의 재정 안정 방안을 적극 모색해야 한다. 가령 국가가 가계에 충분한 돌봄서비스를 제공하고 여성

6 보험료를 당장 그렇게 대폭 올리는 것은 여러 가지 문제를 안고 있다. 보험료를 대폭 올리게 되면 가계는 가처분소득 감소로 인해 소비를 줄일 수밖에 없을 것이며 보험료를 절반 부담하는 기업도 인건비 부담으로 인해 고용 조정에 나서게 될 수밖에 없을 것이다. 그런데 이러한 보험료 인상은 당장의 복지 확대로 연결되는 것이 아니라 기금으로 쌓여 금융 부문을 팽창시킨다. 기금이 팽창한다고 실제로 실물투자가 늘어나는 것은 아니다. 신자유주의 개혁 이후 실물 부문에 비해 금융 부문이 과도하게 팽창했던 것을 돌이켜보면 알 수 있는 일이다(정세은, 2022).

의 경력단절을 막는 정책을 편다면 여성 경활률과 생산성이 높아져 연금 재정에 크게 기여할 것이다. 한편 고령화가 더욱 심화되는 먼 미래에는 보험료뿐만 아니라 부분적으로 세수 투입을 통해 국민연금 재정을 안정화시킬 필요가 있다(유희원·한신실, 2022).

국민연금 재정의 안정성 여부를 결정할 가장 궁극적인 요인은 출생률이다. 출생률의 상승은 국민연금 재정에만 영향을 미치는 것이 아니라 한국경제 미래 전체를 결정할 매우 중요한 문제이다. 그리고 현재 낮을 대로 낮아진 출생률을 반전시키는 데 있어서 향후 한 세대는 매우 중요하다. 따라서 MZ세대 보험료를 당장 대폭 올릴 것이 아니라 이들이 자유롭게 결혼하고 출산할 조건을 만들어주는 것이 필요하다. 국민연금 재정추계가 연금 개혁을 위해 제대로 역할하고자 한다면 장기 재정전망과 관련한 다양한 시나리오 분석, 재원 마련과 관련한 다양한 방안을 제시하는 것, 평균적 효과 분석뿐 아니라 소득계층별·성별·코호트별 재분배 효과에 대한 추정까지로 분석을 확대해나갈 필요가 있다.

## 참고문헌

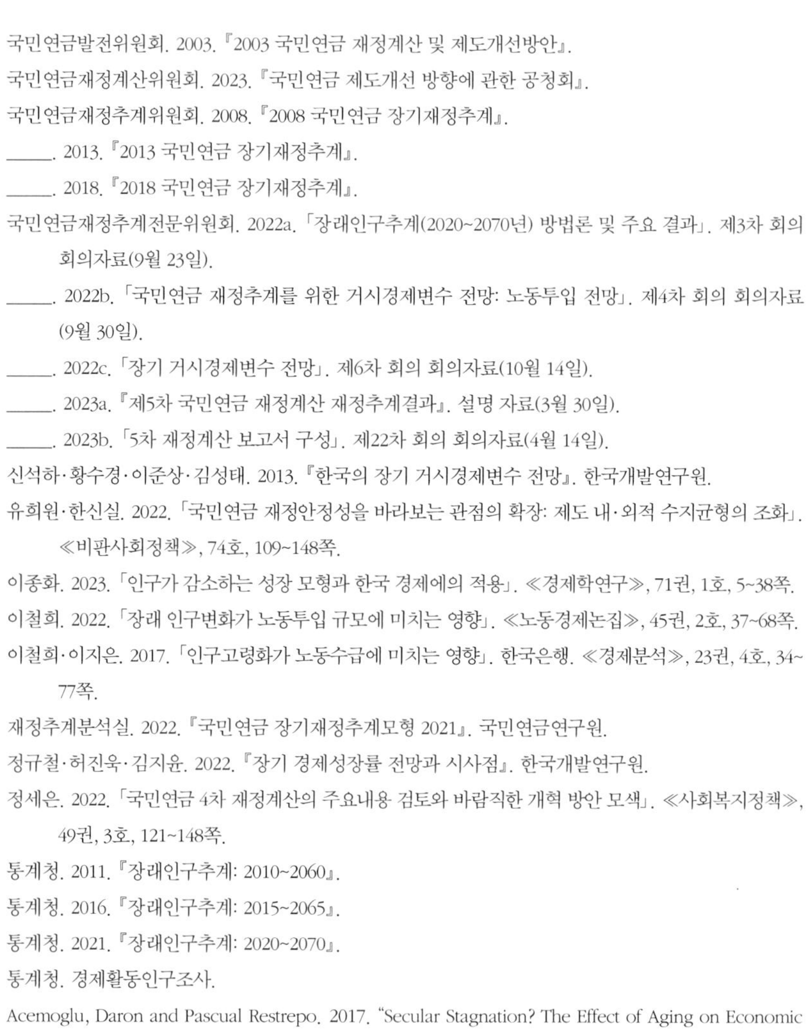


국민연금발전위원회. 2003. 『2003 국민연금 재정계산 및 제도개선방안』.

국민연금재정계산위원회. 2023. 『국민연금 제도개선 방향에 관한 공청회』.

국민연금재정추계위원회. 2008. 『2008 국민연금 장기재정추계』.

_____. 2013. 『2013 국민연금 장기재정추계』.

_____. 2018. 『2018 국민연금 장기재정추계』.

국민연금재정추계전문위원회. 2022a. 「장래인구추계(2020~2070년) 방법론 및 주요 결과」. 제3차 회의 회의자료(9월 23일).

_____. 2022b. 「국민연금 재정추계를 위한 거시경제변수 전망: 노동투입 전망」. 제4차 회의 회의자료(9월 30일).

_____. 2022c. 「장기 거시경제변수 전망」. 제6차 회의 회의자료(10월 14일).

_____. 2023a. 『제5차 국민연금 재정계산 재정추계결과』. 설명 자료(3월 30일).

_____. 2023b. 「5차 재정계산 보고서 구성」. 제22차 회의 회의자료(4월 14일).

신석하·황수경·이준상·김성태. 2013. 『한국의 장기 거시경제변수 전망』. 한국개발연구원.

유희원·한신실. 2022. 「국민연금 재정안정성을 바라보는 관점의 확장: 제도 내·외적 수지균형의 조화」. ≪비판사회정책≫, 74호, 109~148쪽.

이종화. 2023. 「인구가 감소하는 성장 모형과 한국 경제에의 적용」. ≪경제학연구≫, 71권, 1호, 5~38쪽.

이철희. 2022. 「장래 인구변화가 노동투입 규모에 미치는 영향」. ≪노동경제논집≫, 45권, 2호, 37~68쪽.

이철희·이지은. 2017. 「인구고령화가 노동수급에 미치는 영향」. 한국은행. ≪경제분석≫, 23권, 4호, 34~77쪽.

재정추계분석실. 2022. 『국민연금 장기재정추계모형 2021』. 국민연금연구원.

정규철·허진욱·김지윤. 2022. 『장기 경제성장률 전망과 시사점』. 한국개발연구원.

정세은. 2022. 「국민연금 4차 재정계산의 주요내용 검토와 바람직한 개혁 방안 모색」. ≪사회복지정책≫, 49권, 3호, 121~148쪽.

통계청. 2011. 『장래인구추계: 2010~2060』.

통계청. 2016. 『장래인구추계: 2015~2065』.

통계청. 2021. 『장래인구추계: 2020~2070』.

통계청. 경제활동인구조사.

Acemoglu, Daron and Pascual Restrepo. 2017. "Secular Stagnation? The Effect of Aging on Economic Growth in the Age of Automation." *American Economic Review*, Vol. 107, No. 5, pp. 174~179.

OECD. Labour Market Statistics.

제7장

# 경제발전론의 관점에서 본 우리나라 주거체제 형성과 전망

이상영 | 명지대학교 부동산학과 교수

## 1. 들어가는 글

주거체제론은 주거문제가 개별적 인과관계에서 발생하는 것이 아니라 특정한 체제(regime)나 체계(system)에서 발생한 것으로 본다. 즉, 상호 연관된 사회경제적 체제 내에서 국가전체의 주거문제를 살펴보고, 그 해결방안을 찾고자 하는 것이 이 접근법의 특징이다. 주거체제론은 유형별로 주거체제를 국제비교하고, 그 특징을 드러내는 방식으로 접근한다.

그런데 지금까지 대부분의 연구는 주거체제의 유형 자체에 집중하고, 그것이 한 국가의 경제발전에 따라 변모할 수 있다는 점은 주목하지 못했다. 우리나라와 같이 급속한 경제성장과정에서 하나의 주거체제가 형성·성숙·쇠퇴·변화의 과정을 겪는 국가의 경우는 그 변모의 과정을 경제발전론적 관점에서 살펴볼 필요가 있다.

최경호(2023)는 우리나라 주거문제가 대량생산·대량소비의 포디즘(Fordism) 형태의 공급 및 주거점유체계에서 포스트 포디즘 모델로 전환하면서 나타나고 있다고 주장한다. 초기 포디즘단계에서 국가주도하에 토지를 민간에 공급하여 신속하게 주택을 건설하는 방식이었고, 이후 성숙한 포디즘 단계에서는 정비

사업의 역할이 커지면서 재개발동맹에 의해 기존단지를 활용하여 주택을 공급하는 방식이 되었다. 2010년대 중반 이후에는 다양한 민간과 공공의 금융이 동원되면서 제3섹터적인 접근방법이 부분적으로 도입되었으나, 새로운 주거체제로의 변신에는 성공하지 못하고 있다고 평가한다.

이처럼 경제발전론의 관점에서 보면 우리나라의 주거체제는 개발도상국 시절에는 국가(중앙정부)주도의 경제성장과정에서 권위적 주거체제가 형성되었다. 이 주거체제는 동아시아 개발도상국들에 일반화된 생산주의주거체제의 한 유형으로 평가할 수 있다(Holliday, 2000: 706). 2000년대까지도 우리나라는 이러한 생산주의주거체제의 기본적 성격에서 크게 벗어나지 못하고 있고, 경제성장시대의 유제(legacy)로 인해 선진적인 주거체제로 전환하는 데 상당한 어려움을 겪고 있다. 주거체제에서 가장 이상적 유형으로 간주되는 북유럽의 사회민주주의주거체제로의 전환은 대부분의 선진국에서도 이루지 못하고 있지만, 우리나라는 그 전단계의 자유주의주거체제 내지는 보수주의주거체제를 달성하는데도 어려움을 겪고 있다.

동아시아 발전도상국들은 국가주도하에 주택공급을 위한 민간자원의 동원을 통해 생산주의주거체제가 단기간에 구축되었다. 이 과정에서 일반적인 자본주의국가와는 달리 국가자본주의적 성격의 주거체제하에 주택의 대량생산체계(포디즘)가 구축되고, 상대적으로 민간주도에 의한 주거체제의 지속가능성은 높지 않았다. 이러한 생산주의주거체제는 우리나라와 더불어 동아시아국가(일본, 대만, 홍콩, 싱가포르) 대부분에서 경제발전 초기부터 형성된 주거체제이지만, 2000년대 들어서면서 각국의 경제적 사정에 따라 현재는 다른 주거체제로 급속히 분화하고 있다.

이와 같은 주거체제의 발전단계별 변화의 과정에서 우리나라는 어느 단계 내지는 유형에 속하며 적합한 주거체제는 무엇인지, 이를 위해서 어떤 주택정책이 필요한지에 대해 살펴보는 것이 논문의 목적이다. 특히 동아시아의 독특한 생산주의주거체제에서 선진적 주거체제로 이행하는 과정에서 우리나라만이 가진 고유한 주택문제의 과제가 무엇인지를 선별하고 이에 대한 대안을 검토하고자 한다.

## 2. 동아시아 생산주의주거체제의 특징과 변화

### 1) 생산주의주거체제의 특징

생산주의주거체제에 대해서 Holliday(2000)는 각국의 유형과 그 특성을 분석하고 있다. 그는 동아시아지역의 발전국가 유형인 일본, 한국, 대만, 홍콩, 싱가포르 등을 통칭해서 생산주의복지체제(productivist welfare capitalism)로 명명하였다. 이 체제의 특징으로 경제정책에 대한 종속된 주택정책의 수단화, 경제정책과 연계된 보조 확대, 일정 정도의 가격규제 존재, 노동시장에서의 지위에 따른 주택배분 등을 들고 있다. 특히 신규주택공급 방식에서 국가 주도의 민간자원 동원 및 조직화를 이 주거체제의 가장 큰 특징 중 하나로 본다.

이러한 생산주의 주거체제는 3가지 유형으로 구분되는데, 〈표 7-1〉에서 보면 '발전적 보편주의', '촉진주의', '발전적 특화주의'가 있다.

우선, 발전적 보편주의의 대표적인 국가로 일본을 들고 있다. 다른 생산주의 주거체제에 비해서 사회적 권리의 제한이 적고, 국가가 시장과 가족에 대한 보조를 하는 유형으로 우리나라나 대만도 이 유형에 속한다.

두 번째 유형으로는 촉진주의가 있다. 이 유형은 발전적 보편주의 요소를 가지고 있지만, 사회적 권리를 최소화하고, 계층화효과는 제한적이면서, 시장우선주의를 채택하고 있다는 점에서 다른 유형과 구별된다. 대표적인 국가로는 홍콩이 있는데, 홍콩주택청(HA)을 통해 도심부에 저소득층을 위한 대규모 공공임대주택을 공급하면서 나머지 주택공급은 시장의 자율에 맡기고 있다. 이 유형에서는 대규모의 공공임대주택을 공급을 통해서 저소득층의 주거비를 낮

〈표 7-1〉 생산주의 주거체제의 유형

| | 사회정책 | 사회적 권리 | 계층화효과 | 국가-시장-가족 관계 |
|---|---|---|---|---|
| 발전적 보편주의 | 경제정책에 대한 종속적 지위 | 제한적: 생산적 활동에 연계된 확장 | 생산적 요소의 위치 강제 | 일부 보편주의프로그램을 가진 시장과 가족을 지지하는 국가 |
| 촉진주의 | 경제정책에 대한 종속적 지위 | 최소화 | 제한적 | 시장우선주의 |
| 발전적 특화주의 | 경제정책에 대한 종속적 지위 | 최소화: 생산적 활동에 연계된 개인적 규제 | 생산적 요소의 위치 강제 | 가족의 사회복지활동을 지원하는 국가 |

자료: Holliday(2000: 710).

추고, 임금을 억제하는 효과를 누렸다.

세 번째 유형으로는 발전적 특화주의가 있다. 해당 국가로는 싱가포르가 있는데, 중앙연금기금(CFP)을 이용한 확장적 공공주택 공급을 통해 주거문제를 해결하고 있다. 즉, 싱가포르는 주택용지를 국유화하여 저렴하게 공공분양주택을 건설하고, 국민들에게 CFP의 주택금융을 활용하여 평생 2번 분양받을 기회를 주고 있다. 분양을 받은 국민은 일정기간 거주 후 이 주택을 매각해서 그 차익을 누릴 수 있다.

우리나라는 일본과 유사한 생산주의주거체제로 발전적 보편주의의 유형에 속한다. Holliday(2000)는 대만의 경우도 발전적 보편주의 유형으로 간주하고 있어서 경제발전 초기에 일본, 한국, 대만은 동일 유형으로 생산주의주거체제의 가장 전형적인 유형이었다.

이러한 발전적 보편주의 유형의 생산주의주거체제가 경제발전에 따라 어떤 주거체제로 전환할 것인지에 대해서는 많은 논란이 있다. Esping-Anderson (1990)은 서구국가의 주거체제를 3가지로 구분하고 있는데, 동아시아국가들이 이 중 어떤 주거체제로 발전할 것인가에 대한 논의는 없다. 동아시아 주거체제 중 유일하게 서구국가의 주거체제에 편입된 경우가 일본인데, 제2차 세계대전 이후 생산주의주거체제에서 1990년대 후반 자유주의 주거체제로 이행했다(남원석, 2009). 이러한 일본의 주거체제의 이행은 국가주도의 주택공급 및 정책을 사실상 포기하고, 자유주의주거체제가 지향하는 최소한 국가개입으로 주택정책을 전환한 결과다.

### 2) 생산주의주거체제의 변화

일본의 사례로 생산주의주거체제 변화를 좀 더 자세히 살펴보자.

일본은 제2차 세계대전 시 450만 호에 달하는 주택이 파괴되어 긴급히 주택건설이 필요했다. 이 문제를 해결하기 위해 1950~1960년대에 중앙정부 주도로 택지개발, 주택건설, 주택금융의 전체 공급체계를 구축하게 된다. 이때 생겨난 공기업들이 주택공단, 토지공단, 주택금융공고 등의 공기업들이다. 이들 기관을 통해 대규모 민간 토지를 국가가 강제수용하고, 개발하는 방식으로 주택을 공급하는 전형적인 '동아시아 주거체제모형'이 만들어졌다(남원석, 2009).

그런데 1990년대 후반 재정위기를 계기로 동아시아 생산주의주거체제에서 선진국형의 자유주의주거체제로 전환하게 된다. 동아시아국가에서 국가주도에 의한 공공임대주택 건설은 매우 중요한 경제정책이다. 일본정부는 1990년대 중반까지 저소득층을 위한 대량의 공공임대주택을 제공하기 위해 국가 자원을 총동원하였다. 이에 따라 1966~1970년 1기 주택건설 5개년 계획부터 2001~2005년 제8기 5개년계획까지 40년간 대량의 주택을 국가주도로 건설하였다. 이 기간 중 공적자금을 동원해서 매 5개년 계획마다 300~400만 호씩 주택을 건설하였고, 이 중 20%를 공공임대주택으로 건설했다.

그런데 1990년대 초반 버블경제의 붕괴로 인해 재정위기가 심화되면서 1990년대 후반부터 5개년 주택건설계획은 예산부족으로 매우 부진하게 되었다. 2000년대 초 제8기 5개년 계획에서는 공공임대주택 공급이 목표치에 크게 미달하였다. 우리나라의 LH에 해당되는 UR공단(도시재생기구, Urban Renaissance agency)의 경우는 67.6%, 지방자치단체가 제공하는 공영주택은 58.9%, 공적조성민간주택은 51.7%, 주택공고주택은 33%만이 지어졌다. 이에 따라 일본정부는 제8기 계획 중간에 이 계획을 포기하게 된다.

이때부터 일본은 주택의 양적 공급목표를 포기하고, 주택의 질적 관리로 주택정책의 대전환이 이루어졌다. 동시에 UR의 기능도 공공임대주택 공급자가 아니라 민간과 경쟁하는 일반기업으로 전환하면서 UR임대주택의 저렴한 임대료정책도 폐기하게 된다(국토해양부, 2012: 326~327). 이렇게 공공의 역할을 포기하면서 임대주택정책은 공공주도에서 민간중심으로 전환하게 된다.

이러한 변화에 발맞춰 도입한 임대주택관련법이 '양질의 임대주택공급의 촉진에 관한 특별조치법'(1999년 도입, 2000년부터 시행)이다. 이 법은 일본이 공공임대공급을 포기하고, 민간에 우량한 임대주택을 공급하기 위해 도입된 것이다. 이때 도입된 임차제도가 '정기차가제도'라는 미국식 임대차제도였다. 정기차가제도는 임차인의 권리를 보장하는 정당사유제를 적용하지 않고, 서면에 의해 2년 이내로 임대차계약을 하는 제도다(이상영 외, 2020: 48). 이 법에서는 계약갱신청구권이나 임대료상한제가 적용되지 않는다.

이러한 임대제도의 변화는 일본의 임대시장에서 큰 이정표로 제2차 세계대전 시기부터 유지한 임대료상한제, 정당사유제에 의한 임차인의 계약갱신청구권 등의 제도가 사라지게 되었다. 기존 정당사유제하에서 임대인들은 수익성 있는 임대주택을 공급하기 어려워 민간임대가 공공임대에 비해 열악한 시설과 임대조건을 가지고 있었다. 이러한 상황에서 정기차가제도의 도입은 민간임대시장이 활성화되는 계기가 되었다.

민간임대주택시장 성장의 가장 큰 촉매제는 기존주택을 임대주택으로 전환할 경우 상속증여세를 대폭 감면하는 세제혜택이었고, 정기차가제도가 도입되면서 미국식 임차제도가 완성되었다. 이러한 제도적 변화로 일본 민간임대시장에서는 소유와 경영이 분리되는 서브리스(sub-lease)와 같은 마스터리스(master lease) 방식이 크게 확산되었다.

지난 20여 년간 시장주의에 입각한 정책전환으로 국가는 최소한의 주거안전망만을 제공하고, 주택시장 전반은 자유주의주거체제의 전형적 형태로 변모하였다. 그 결과 자가 주거율은 60%로 고정되었고, 공공임대주택의 비중은 지속

〈표 7-2〉 복지체제별 주택정책의 구조적 속성

| 복지체제: 주택정책 | 사회정책의 지위: 주택정책의 단화여부 | 탈상품화: 주택보조 및 가격규제 | 사회계층화: 주택배분 | 국가-시장-가족 관계: 신규공급의 중심주체 |
|---|---|---|---|---|
| 자유주의 | 특별한 지위도 없고 종속도 없음 | 자산조사에 근거한 소규모 보조, 시장에 의한 가격결정 | 최빈곤층에 한해 국가가 주택배분 | 신규주택공급에 대한 민간(주로 대기업) 주도 |
| 보수주의 | 특별한 지위도 없고 종속도 없음 | 특정집단별 분절된 보조, 시장교정을 위한 가격규제 | 국가개입을 통해 직역 등에 따른 특정집단 우대 | 신규주택공급에 대한 민간(가족, 중소기업) 주도 |
| 사회 민주주의 | 경제정책에 종속되지 않는 독자적 지위 | 대규모 보편적 보조, 국가의 강력한 가격규제 | 소요(needs)에 근거하여 배분 | 신규주택공급에 대한 국가의 주도 |
| 생산주의 | 경제정책에 대한 종속적 지위, 수단화 | 소규모 보조, 경제정책과 연계될 때 보조 확대, 일정 정도의 가격규제 존재 | 노동시장에서의 지위에 따라 배분 | 신규주택공급에 대한 국가의 주도(민간자원 동원 및 조직화) |

자료: 남원석(2009: 160).

적으로 하락하여 전체 주택재고의 5%에 수준에 불과하게 되었다. 그나마 UR이 가진 74.7만 호의 공공임대주택(주택재고의 1.4%)은 민간과 경쟁하는 임대주택으로 전환, 운영되고 있다. 일본의 주거체제 이행으로 공공이 위축되고, 민간의 임대조건이 후퇴하면서 상대적으로 높은 주거비를 부담하는 주거체제가 정착되고 있다. 생산주의주거체제가 자유주의주거체제로 전환하면서 일반국민의 입장에서 보면 주거환경이 더욱 악화되는 것으로 귀결되고 있다.

## 3. 우리나라 주거체제의 발전과정

### 1) 우리나라 주거체제의 형성과 변화

2000년대 이전에 우리나라의 생산주의주거체제는 전형적인 동아시아의 발전적 보편주의 유형에 해당되는 주거체제였다. 주택정책이 경제정책에 대하여 종속적 지위에 머물렀고, 주택분양가 규제 등 각종 투기규제가 존재했다. 주택분양의 경우 노동시장에서의 지위에 따른 주택자원의 배분적 성격을 띠고 있었다. 신규주택공급에 대해서 청약제도에 의한 공공분양제도가 의무화되었고, 이를 통해 조성된 기금을 활용하여 공공임대 등 주택정책에 필요한 재원이 조달되었다. 이러한 기제가 원활히 작동되도록 정부는 토지공사, 주택공사, 도시주택보증공사, 주택도시기금 등을 설립하였다. 국가가 민간의 토지, 자금, 자원을 최대한 동원해서 주택을 공급하는 시스템을 확립한 것이다.

그런데 2000년대 중반 이후에는 이러한 생산주의주거체제에 큰 변화가 나타났다. 다양한 공공임대주택 유형이 등장하고 공공과 더불어 민간임대주택의 대량공급이 본격적으로 시작되었다(이상영 외, 2020: 15). 2007년에는 노무현정부에서는 공공임대주택 비율을 북유럽의 사회민주주의주거체제 수준인 20%까지 높이겠다는 목표치가 제시되기도 했다. 이후 이 목표를 현실적으로 달성하기 어렵다는 판단하에 중장기적으로 10% 수준으로 목표치가 조정되었다. 이에 따라 민간임대주택을 활용하는 자유주의주거체제를 우선적 목표로 하자는 주장이 제기되었다(김수현, 2011: 306).

이러한 과정을 거쳐 2020년 공공임대주택재고는 전체 주택의 8% 수준에 도달했고, 2025년에 10%를 달성할 것으로 예상된다. 10% 수준의 공공임대주택재고는 자유주의주거체제를 넘어 보수주의주거체제의 공공임대 재고비율에 근접한 수준이 된다. 동아시아의 생산주의주거체제 국가로서는 높은 공공임대비율을 달성한 것이다.

특히, 2020년 문재인정부에서는 민간임대주택 임차인의 주거환경을 개선하기 위해 주택임대차3법을 개정하면서 계약갱신청구권과 임대료상한제, 전월세신고제를 도입하였다. 이 법들의 입법취지는 선진국의 주거체제에서 볼 수 있는 민간임대제도(정당사유제, 임대료상한제)를 도입하고자 한 것이다.

그렇지만 내용적으로는 이들 국가의 제도와는 근본적 차이가 있어 오히려 이 법 도입 이후 큰 혼란을 초래하였다.

우선, 계약갱신청구권의 경우 1회(2년)에 한해 인정하기 때문에 기존 2년에서 최장 4년 가능하지만, 이후에는 더 이상 이 권리를 행사할 수 없는 한계를 가지고 있다. 이런 방식으로 계약갱신청구권을 인정하는 경우는 선진국의 경우 그 예를 찾아볼 수 없다. 대부분의 국가에서 임차인은 원하는 만큼 계약갱신청구를 하는 권리를 인정하는 것이 일반적이다. 실제 적용방식에 있어서는 임차인과 임대인 양자가 모두 해당 주택에 살 권리를 주장할 경우에는 법원에서 이에 대한 판결을 통해 우선적 거주 권리를 부여해준다.

그런데 우리나라의 경우는 임대인의 재산권을 인정하여 자가 사용 시 갱신거절이 가능하게 규정하고 있다. 그 결과 사실상 임대인이 언제나 거절이 가능하고, 이에 따라 임대인 우위의 계약갱신청구권제도로 되면서 임차인에게 큰 도움이 되지못하고 있다.

둘째, 임대료상한제는 전국을 5% 상한으로 규제하고 있다. 이러한 전국단일의 임대료상한제도는 선진국 주거체제에서는 볼 수 없다. 대부분은 대도시지역에 한정해서 신축보다는 구축에 대한 임대료상한제를 실시한다. 이는 수요가 몰리는 대도시 지역에서 오래된 주택이 사용가치에 비해 지나치게 높은 임대료를 책정하지 못하게 하려는 것이다.

반면 우리나라는 전국의 모든 임대주택에 임대료상한제를 강제함으로 이를 지키기가 매우 어려운 상황이다. 왜냐하면 임차인이 임대료상한을 요구할 때 임대인이 자가 사용을 이유로 거절하게 되면 계약이 종료되기 때문이다. 만약 임차인이 갱신을 못하면 이미 높아진 시장임대료로 재계약하는 부담이 생기기 때문에 임차인은 임대료 상한제 이상의 임대료를 수용할 수밖에 없다. 결국 법 취지와는 무관하게 5%를 넘는 임대료로 계약이 갱신되고 시장에는 동일한 주택에 여러 가지 임대료가 존재하는 등 큰 혼선을 초래하였다.

셋째, 전월세신고제는 2020년 도입했지만, 당시 임대주택 데이터베이스 구축을 위해 시행이 1년 연기되었고, 그다음 해에는 계도기간으로 1년 유예되었다. 결국 2022년 6월에야 이를 실시하게 되었지만, 2년간은 임대주택 데이터베이스 없이 주택임대차2법을 적용하였다. 그나마 이때 도입된 신고제는 이미 시행된 '민간임대주택에 관한 특별법'과 같은 임대사업자법에 구축된 신고시스템이 있음에도 불구하고, 별개로 구축, 운영하는 번거로움과 비효율을 초래하였다.

결국 임대시장은 많은 한계 속에 생산주의주거체제에서 확립된 각종 제도나 기구, 작동시스템은 크게 달라지지 않았다. 이에 따라 신규주택공급에서 대규모 신도시나 공공개발 방식은 여전히 선호되고 있다. 선분양에 따른 청약제도 등을 통해 수요관리를 하고, 조성된 주택도시기금으로 공공임대주택을 공급하는 생산주의주거체제의 핵심요소도 여전히 강고하다. 이러한 생산주의주거체제에서 확립된 주택의 대량생산방식은 우리사회에서 공공임대주택 공급의 기본방식으로 남아 있다.

### 2) 일본 주거체제와의 비교

우리나라는 생산주의주거체제에서 현재 어떤 유형으로 발전하고 있는지, 특히 서구의 3가지 주거체제와 비교할 때 그 유사점과 차이점이 무엇인가?

이를 살펴보기 위해 일본의 임대시장과 비교하면서, 그 시사점을 얻을 필요가 있다. 일본의 경우는 생산주의주거체제에서 자유주의주거체제로 이행시기가 2000년 전후였다. 이 시기 공공임대는 재정위기로 추가적인 건설이 중단되고, 민간에서는 우량한 임대주택을 건설하면서, 선진적 임대관리시스템으로 전환하였다. 이후 일본의 민간임대주택은 대부분 개인소유주의 임대주택을 대형건설사, 임대관리회사, 부동산회사가 시공하거나 관리하는 형태가 되었다. 그 결과 2000년대를 통해 일본 주요 도시의 도심에 대규모 민간임대주택이 대규모로 공급되었고, 수익성 높은 민간임대의 경우는 리츠를 비롯한 각종 부동산투자자금이 유입되었다.

2013년 현재 일본의 민영주택 1458만 호 중 77%인 1123만 호가 주택임대관리회사에서 의해 위탁 관리되고 있다. 이 중 국토교통성에 등록한 임대주택은 549만 호로 전체 임대주택의 48.9%에 달하고, 상위 임대관리회사 405개사가

511만 호를 관리하고 있다. 일본에서 임대관리 상위 업체들은 임대주택건설회사이거나 맨션(우리나라의 아파트)관리회사, 중개법인들이다. 이들 회사는 임대주택을 소유한 개인을 대신해 임대운영하며, 임대주택의 소유와 경영이 분리되어 효율적으로 관리되고 있다.

이상과 같이 일본은 정기차가제도 도입 이후 전통적으로 유지하던 임차인 보호 장치인 정당사유제가 적용되지 않는 임대주택이 크게 늘어나고 있다. 이는 전형적인 미국식 임대관리체계가 도입된 것으로 볼 수 있다. 주거체제의 관점에서 보면 임대주택시장만이 아니라 주택금융이나 주택공기업의 공급체계나 운영방식 전반에도 전형적인 자유주의주거체제가 확립되었다.

이에 비해 우리나라의 경우는 여전히 생산주의주거체제에서 볼 수 있는 국가주도 주택공급과 운영체계가 잔존하고 있다. 이에 따라 공공임대주택 재고는 상당히 증가하였지만, 결과적으로 그 운영은 적자를 면치 못하고 있다. 이에 따라 주택도시기금 조성과 LH, SH, HUG의 수익에 의존하여 유지하고 있다.

반면 민간의 경우는 전세금이나 보증금에 과도하게 의존하는 레버리지 조달방식으로 임대주택을 매입하고, 개인들이 이를 직접 관리를 하고 있다. 따라서 시장에서 임대의 주체가 레버리지에 의존하는 개인임대인이 되고, 이에 따라 전세가 폭등, 역전세, 전세난, 전세사기와 같은 많은 임대시장의 문제점을 야기하고 있다.

전세와 같은 임차제도로 인해 주택임대관리의 경우 수익성이 낮아 임대인이 직접 관리하는 것은 불가피하다. 따라서 선진국과 같은 주택을 전문회사들이 임대 관리하는 재고는 미미한 수준이다. 2022년 현재 주택 임대 관리회사가 관리하는 주택재고는 37.4만 호인데 이는 전체 민간임대주택의 5.3%에 불과하다. 소유주체로 보면 민간임대주택 중 법인이 소유한 비율도 6.8%에 불과하다. 결국 우리나라는 민간임대주택의 93~95%를 개인이 소유하면서 직접 임대 관리하는 주거체제로서 경기변동에 매우 민감한 후진적 임대시장을 벗어나지 못하고 있다.

## 4. 우리나라 주거체제의 발전전망 및 대안 검토

동아시아 생산주의주거체제 중 일본처럼 자유주의주거체제로 완전히 이행한 경우가 있고, 싱가포르처럼 국유화와 국민연금을 이용한 국가주도의 독특한 주거체제로 이행한 경우도 있다. 이에 비해 우리나라 주거체제는 생산주의 주거체제에서 선진국형 주거체제로의 이행기에서 혼란을 겪고 있다.

주거체제로 보면 〈표 7-3〉과 같이 내집마련, 공공임대, 민간임대, 공급체계, 부동산세제 등 5대 영역에서 각 주거체제는 상당히 다른 특징을 가지고 있다. 특히 공공임대의 경우 재고 면에서 절대적인 수준에서 큰 차이를 가지고 있다. 민간임대의 경우도 제도 면에서 임대료상한제나 정당사유제, 계약갱신청구의 사용방식 등에서 큰 차이가 존재한다.

위에서 살펴본 것처럼 일본의 경우는 시장우위의 효율적 주거체제로 변신하였지만, 오히려 주거환경은 더 나빠졌다. 정당사유제와 같은 임차인 보호정책이 후퇴하고 시장주의 임대차제도로 이행하였다. 저렴한 공공임대의 공급이 지자체에 위임되고, 중앙정부의 공공임대는 사실상 중단되면서 공공과 민간이 경쟁하는 구도로 바뀌었다.

따라서 우리나라의 생산주의주거체제가 선진국형의 주거체제로 이행도 그 결과가 주거환경이 개선될 것인지 아니면 좀 더 시장화되면서 후퇴할 것인지 명확하지 않다. 여기에 우리나라는 주택임대차3법 도입 등 주거관련제도를 선진화하려했지만, 제도 실시과정에서 임대료 급등과 제도의 부실화라는 심각한 문제점을 노출하였다. 좀 더 근본적으로는 전체 주택공급체계의 경직성, 전형적인 대량생산체계로 인한 다양성과 유연성 부족의 문제가 심각하다.

지금까지 생산주의주거체제에서 내집마련은 초과수요상태에서 선분양을 위한 주택청약제도에 근거하여 해소되어왔다. 이 과정에서 주택금융은 비제도권의 전세나, 공적기금 등에 의해 공급되었고, 주택유형으로는 아파트대단지와 같이 규모의 경제를 통한 대량공급이 이루어져왔다. 공공임대도 주택도시기금

〈표 7-3〉 주거체제에 따른 5대 영역별 특징

| 주거체제 | 생산주의 | 자유주의 | 보수주의 | 사회민주주의 |
|---|---|---|---|---|
| 내집마련방법 | 수요초과로 인한 분양규제, 사적금융 | 모기지대출을 활용한 내집마련 확대 | 내집마련 정체 | 내집마련 감소 |
| 공공임대비율 | 저소득층 일부 | 5% 수준 | 10% 이상 | 20~30% |
| 민간임대 | 2년 의무임대, 공공임대료상한 | 일부 정당사유제, 일부 임대료상한제 | 정당사유제, 임대료상한제 | 정당사유제, 임대료상한제 |
| 공급체계 | 국가주도 주택의 대량공급 | 민간주택의 다품종소량생산 | 민간 중심, 사회적임대인 | 주택조합과 같은 사회주택공급주체 |
| 부동산 세제 | 낮은 보유세, 높은 거래세 | 높은 보유세, 낮은 거래세 | 높은 보유세, 낮은 거래세 | 낮은 보유세, 낮은 거래세 |

과 LH, SH와 같은 공기업에 의해 재원에 의존해왔다.

결국 우리나라 주거체제는 여전히 국가주도에 의한 주택의 포디즘적 대량생산에 의존하고 있고, 국가와 공기업을 이용한 강제적 자원동원 및 주택 배분체계나 각종 규제가 쉽사리 사라지기 어렵다. 이를 대체하면서 유연한 생산시스템, 포스트 포디즘 내지는 성숙한 선진국형 주거체제가 되기 위한 기존 생산주의주거체제의 근본적인 변화가 필요하지만, 쉽지 않은 과제로 되고 있다.

향후 우리나라 주거체제가 발전하려면 2가지 측면이 고려되어야 할 것이다. 무엇보다도 생산주의주거체제의 병폐가 해소되는 과정이 되어야 한다. 동시에 선진국형 주거체제로 전환하면서 일본처럼 주거환경이 오히려 악화되는 과정을 밟아서는 안 된다. 우리나라 주거체제는 국민의 주거사다리가 원활하게 작동해서 주거 생애주기가 잘 정착되도록 재구조화되어야 한다. 이 과정에서 계층 간, 지역 간 주거비부담이 커지지 않도록 공공과 민간의 임대주택을 적절히 공급하는 포트폴리오전략이 필요하다.

이를 위해서는 주택의 점유비율 면에서 장기적으로 바람직한 황금비율을 도출할 필요가 있다. 현재 우리나라의 점유형태별 비율을 보면 자가점유 58%, 민간임대 34%, 공공임대 8%로 되어 있다. 장기적으로 안정적이 되려면 자가의 경우는 60%, 임대는 40%의 비율을 유지할 필요가 있고, 다시 임대는 민간이 20%, 공공이 20%는 되어야 안정적으로 될 수 있다. 특히 공공이 절반을 차지해서 전체 임대주택 중 저렴임대주택(affordable rent housing)의 비율이 시장에서 영향력이 있는 수준이 되어야 한다.

그런데 공공임대 비율을 늘리려면 이에 따른 재정적 부담과 생산주의주거체제의 병폐를 해소하면서 가야하는데, 이미 강고한 현재 주거체제와 그로 인한 구조적 문제로 인해 실현가능성은 높지 않다. 이미 일본의 경우 이것을 완전히 실패하면서 주거환경이 악화되는 결과를 초래하였다. 따라서 좀 더 현실적으로는 민간과 공공의 중간적 형태인 제3섹터(사회적임대인)를 늘리는 방식을 생각할 수 있다. 이 경우 순수민간 20%, 일종의 PPP(Public-Private Partnership)인 제3섹터(민관합작투자사업)의 형태로 10%, 공공 10%가 가능성이 있다.

물론 지금까지 공적임대주택 또는 사회주택 형태로 미미하게 공급되어온 제3섹터의 경우 임대인들에게 충분한 인센티브를 제공하지 못하여 현재 그 재고가 매우 미미하다. 그렇지만 앞으로는 사회적임대인과 같은 공익적 성격의 임대인이 소유한 임대주택을 획기적으로 늘리는 정책이 반드시 필요하다. 즉, 공적 성격을 가지는 저렴한 민간임대주택을 늘림으로써 민간임대시장을 안정시키고, 이를 기반으로 선진적 주거체제로 이행하는 과정을 거쳐서 주거안정을 달성하고 새로운 주거체제로 안착하는 전략이 필요하다.

## 참고문헌


국토해양부. 2012.「해외주거복지정책사례연구」.

김경희·이상영. 2022.「주택임대차3법의 문제점과 대안 탐색」. ≪동향과전망≫, 114호, 9~42쪽.

김수현. 2011.「외국의 주거복지를 어떻게 볼 것인가?」 한국도시연구소 기획. 『주거복지의 새로운 패러다임』. 사회평론.

김수현·진미윤. 2021.『집에 갇힌 나라, 동아시아와 중국』. 오월의봄.

남원석. 2009.「전후 일본 주택정책의 성격 변화: 복지체제론의 관점에서」. ≪주택연구≫, 17권, 4호, 153~181쪽.

이상영·김준형·서정렬·최명섭. 2020.『임대주택산업론』. 커뮤니케이션북스.

이선화·민보경·이상영·최경호. 2022.「국민 주거안정을 위한 주택공급 및 임대차시장 중장기전략」. 국회미래연구원. 연구보고서 22-21호.

최경호. 2023.「삼각파도를 넘을 세발자전거: 한국주거부문이 직면한 복합 위기와 구조적 대안」. ≪동향과전망≫, 118호, 104~137쪽.

국토교통부 국토통계누리. https://stat.molit.go.kr/.

일본국토교통성 홈페이지. https://www.mlit.go.jp/.

홍콩주택청(HA). https://www.housingauthority.gov.hk/en/index.html

Esping-Andersen, Gøsta. 1990. *The Three World of Welfare Capitalism*〔박시종 옮김. 『복지 자본주의의 세 가지 세계』. 성균관대출판부〕.

Holliday, I. 2000. "Productivist Welfare Capitalism: Social Policy in East Asia." *Political Studies*, Vol. 48, pp. 706~723.

제8장

# 가계부채의 리스크 관리*

유재원 | 건국대학교 경제학과 명예교수

## 1. 서론

부채는 일정 기간 내에 갚아야 할 빌린 돈을 의미한다. 가계의 경우 현재 소득으로 충당하기 힘든 소비를 하거나 또는 주식이나 부동산 투자를 해야 할 경우 돈을 빌리게 된다. 물론 약속한 시점에 원금과 함께 이자를 갚아야 한다. 그런데, 부채 규모가 적정수준을 넘어서게 되면 채무자는 부채상환이 어려워지고, 이러한 채무불이행이 한꺼번에 일어나면 경제시스템의 안정성을 위협할 수 있다.

최근 수년간 국내외에서 한국경제의 아킬레스건으로 과다한 가계부채가 지적되어 왔다. 국내 언론과 학계는 가계부채로 인하여 결국 금융위기가 도래할 것이라는 경고를 강하게 제기하였다(서영수, 2021). 이러한 비관론은 신빙성 있는 국제기구의 분석결과를 그 근거로 인용하곤 한다. 일례로 경제협력개발기구(OECD)가 매년 발간되는 「한국경제 보고서」는 한국의 가계부채 수준이 높고, 또한 증가율이 소득증가율을 상회하고 있어 가계부채문제의 해결이 시급

* 이 글은 유재원·백승관·김태준, 『부채의 역습: 부채함정에 빠진 한국경제』(시대가치, 2023) 중에서 가계부채 관련 논의를 수정 및 보완한 것이다.

하다고 지적하여 왔다(OECD, 2020). 또한 국제통화기금(IMF) 역시 한국을 가계부채취약국가로 분류하고, 가계부채증가로 가계부문의 취약성이 증대하고 있다고 지적하였다(IMF, 2023).

2022년부터 미국이 주도한 통화정책의 정상화가 본격화되면서 기준금리가 인상되자 금융시스템의 불안이 증대되기 시작하였다. 특히 2022년 하반기에는 외환시장 및 채권시장을 중심으로 수급불균형이 심각해지면서 위기감이 고조되었다. 다행히 2023년에 들어서면서 금융시장 불안은 다소 완화되는 추세를 보여왔다. 그렇다고 해서 한국의 부채위기 가능성이 완전히 해소된 것은 아니다. 코로나19 팬데믹을 거치면서 미국을 위시한 주요선진국들에서도 부채위기를 피할 수 없을 것이라는 위기론은 여전히 위력을 발휘하고 있다(Roubini, 2022).

부채가 늘어나서 정상적으로 부채를 갚아나갈 수 없는 상황을 부채함정(debt trap)이라고 정의한다. 예를 들어 2008년 글로벌 금융위기 직후 유로존의 일부 국가에서 발생한 재정적자와 국가채무 누적, 국채의 리스크 프리미엄 상승, 그리고 대외신인도 하락간 악순환이 좋은 예라고 할 수 있다. 그런데 부채함정은 비단 국채나 외채에 국한된 문제가 아니다. 가계부채도 어느 수준을 넘어서면 부채를 갚기 위하여 새로운 부채를 짊어지는 악순환에 빠질 수 있다. 가계는 과잉부채를 해소하기 위하여 소비를 줄일 수밖에 없고, 이는 경기뿐 아니라 장기적인 성장에 부정적인 영향을 미치게 된다.

이 글은 한국경제가 당면한 가계부채 리스크를 어떻게 풀어나갈지 논의하고자 한다. 가계부채문제의 해결책을 모색하려면 어떻게 가계부채가 한국경제의 안정성을 위협하기에 이르렀는지를 검토한 후 향후 가계부채문제가 더 이상 악화되지 않고 개선될 수 있도록 어떠한 관리 방안이 필요한지 분석하여야 한다. 이 글의 구성은 다음과 같다. 2절에서는 가계부채의 추세와 결정요인을 살펴보도록 한다. 3절에서는 가계부채의 위험성을 몇 가지 지표를 중심으로 검토한다. 4절에서는 가계부채문제의 연착륙을 위한 정책방안을 제시한다. 5절에서는 주요결과를 요약한 후 시사점을 도출하도록 한다.

## 2. 가계부채의 추세와 결정요인

### 1) 가계부채의 규모

가계부채 지표로 널리 사용되는 것은 한국은행이 발표하는 '가계신용'이다. 가계신용은 '가계대출'과 '판매신용'으로 구성되는데, 각각 가계가 생활 및 부업 등을 위해 받는 대출과 신용카드 및 할부금융사를 통한 외상거래를 뜻한다. 한국은행은 자금용도에 따라 가계와 기업을 구분하고 있기 때문에 주택구매와 같이 소비가 주목적인 가계대출은 가계신용으로 분류하지만, 개인이 사업을 주목적으로 대출하는 개인사업자대출은 가계신용에서 제외하고 있다.

한국은행이 집계하는 자금순환표의 '가계 및 비영리단체 금융부채'는 또 다른 가계부채지표로 종종 사용된다. 자금순환표는 국민경제를 구성하는 가계, 기업, 정부 등 경제주체 간 자금흐름을 기록한 것인데, 경제주체들의 금융자산 및 부채의 규모가 어떻게 변화하였는지를 보여준다. 국제결제은행(BIS)이나 경제협력개발기구(OECD)에서 주요국들의 가계부채를 비교할 때 한국의 경우에는 자금순환표상의 '가계 및 비영리단체의 금융부채'가 사용된다.[1]

〈그림 8-1〉은 가계신용의 최근 추이를 보여준다. 가계신용은 지속적으로 높은 증가세를 보여 왔는데, 특히 2015년과 2016년에는 각각 전년도 대비 10.9%p와 11.6%p 증가하였다. 또한 코로나 사태가 발생한 2020년과 2021년에도 7.9%p와 7.7%p 증가하였다가 2022년에는 0.2%p대로 크게 감소하였다. 2022년 말 현재 가계신용은 1867조 원으로, 가계대출과 판매신용은 각각 1749.3조 원(93.7%)과 117.7조 원(6.3%)을 차지하고 있다. GDP 대비 가계신용비율은 2021년 89.9%에서 2022년에는 86.8%로 다소 감소하였다.

---

1 국제비교에서 가계부채를 정의할 때 소규모 개인사업자와 비영리단체의 채무를 포함시킨다. 하지만, 일정 규모 이상의 복식부기 대상 개인사업자는 기업으로 분류하여 제외시킨다.

〈그림 8-1〉 한국의 가계신용 추세 (단위: 조 원)

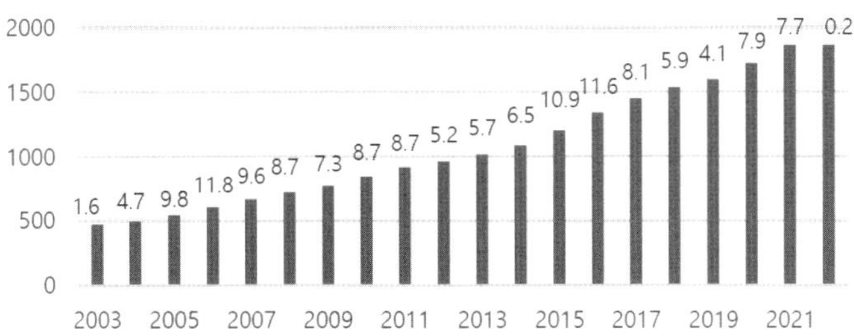


주: 막대위 수치는 전년도 대비 증감률(%p)을 표시.
자료: e-나라지표, "가계신용동향".

가계부채가 가계신용이나 자금순환표상의 개인금융부채를 의미할 때, 부채는 일정 기간 내에 확정된 금액을 상환하여야 한다는 의미로 좁게 정의하고 있다.[2] 그런데 협의의 부채라고 해도 그 포괄범위를 놓고 논란이 있다. 우선 개인사업자 대출의 상당부분이 실제로는 개인들이 규제를 피하게 위해 법인 명의로 받은 대출이므로 한국은행 통계는 가계부채를 과소평가할 위험이 있다. 또한 전세보증금을 가계부채에 포함시켜야 하는지도 논란거리이다.

한국의 독특한 주택임대차계약 형태인 전세제도는 임차인이 전세금을 임대인에게 예탁하고, 계약기간이 끝나면 돌려받는다. 따라서 임대인의 입장에서 전세보증금은 계약기간이 끝났을 때 상환해야 할 의무가 있다는 의미에서 확정부채로 볼 수 있다. 반면 임차인의 입장에서는 전세보증금은 자산으로 볼 수 있다. BIS가 각 각국의 가계부채 총량을 집계할 때는 금융기관이 가계에 공급한 대출 총량을 기준으로 한다. 그런데, 가계부채의 대부분이 금융기관으로부터의 차입을 통해 이루어지는 경우와 달리 한국의 전세제도는 세입자가 전세

2 협의의 부채(liability)는 일정기간 내에 확정된 금액을 직접 상환해야 하는 확정부채를 의미하는 채무(debt)이다. 가계의 경우 주택담보대출이나 신용카드대금 등이 여기에 해당한다. 광의의 부채는 확정부채에다가 미래에 이행되어야 할 비확정적인 금전적 의무나 서비스를 포함한다. 김세직(2022)은 전세보증금은 미래시점에 상환하는 의무가 있으므로 가계부채에 포함시켜야 한다고 주장한다.

〈표 8-1〉 가구당 부채 규모 및 구성비(2022)

| 구분 | 금융부채 | | | | | 임대보증금(B) | 부채(A + B) |
|---|---|---|---|---|---|---|---|
| | 소계(A) | 담보대출 | 신용대출 | 신용카드 관련 대출 | 기타 | | |
| 평균(만 원) | 6803 | 5381 | 1008 | 71 | 343 | 2367 | 9170 |
| 구성비(%) | 74.2 | 58.7 | 11.0 | 0.8 | 3.7 | 25.8 | 100.0 |

주: 기타는 개인이나 직장에서 빌린 돈, 외상 및 할부, 낼 곗돈 등 포함.
자료: 한국은행(2022.12.1).

금을 제공한다는 이유로 전세금을 가계부채에서 제외하는 것이 옳은가라는 문제가 발생한다.

김세직(2022)에 따르면 2021년 현재 전세금의 규모는 대략 851조 원으로 추산되는데, 이를 포함할 경우 가계부채는 약 2713조 원으로 늘어난다. 이 경우 가계부채의 GDP대비 비율은 통상 100% 정도라는 공식통계보다 훨씬 높은 130%에 달하게 된다. 물론 전세보증금을 가계부채로 볼 수 없다는 반대의견도 만만치 않다. 집값이 하락하여 전셋값도 하락하는 사태가 발생하지 않는 한, 전세금은 다음 세입자로부터 받아서 지급하게 되므로 진정한 의미의 부채로 볼 수 없다는 것이다. 한국은행에서 가계신용자료를 발표할 때 전세보증금을 포함시키지 않는 것은 전세보증금은 임대인과 임차인 간에 공적 금융시장이 아니라 사적 금융시장에서 거래가 이루어지기 때문이다.

이러한 논란을 고려하여 통계청이 금융감독원 및 한국은행과 공동으로 매년 전국의 2만여 표본가계를 대상으로 실시하는 가계금융복지조사에서는 가계의 부채를 금융부채와 임대보증금으로 구분하여 파악하고 있다. 〈표 8-1〉에서 보는 바와 같이 2022년 3월 31일 기준 가구의 평균부채는 8801만 원이다. 한편 금융부채와 임대보증금은 각각 6518만 원(74.1%)과 2283만 원(25.9%)로 조사되었다.

한국의 가계부채수준은 전세보증금을 제외하더라도 대부분의 주요국들 보다 확실히 높다. 〈그림 8-2〉는 OECD 회원들의 2021년 4/4분기 현재 가계부채 비중을 비교하고 있다. 먼저 한국의 GDP대비 가계부채비율은 106.6%로서 스위스, 호주, 캐나다에 이어 네 번째로 높다. 한편 한국의 가처분소득대비 가계

〈그림 8-2〉 OECD 회원국의 가계신용 비율(2021) (단위: %)

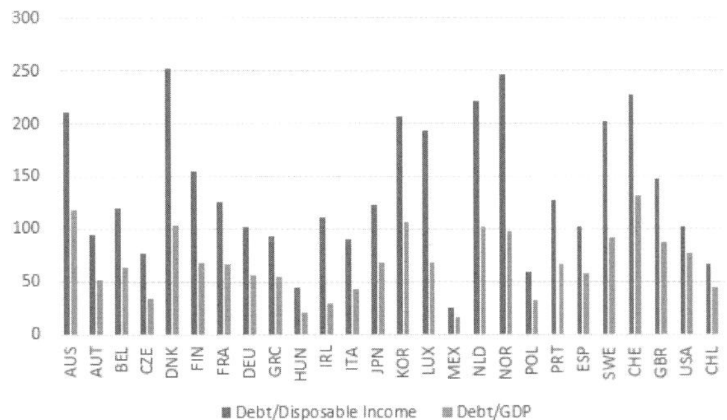


자료: OECD iLibrary, Household Debt.

부채비율은 205.6%를 기록하여 덴마크, 노르웨이, 스위스, 네덜란드, 호주에 이어 여섯 번째로 높다. 만약에 전세보증금을 포함한다면 한국은 OECD회원국 중 가장 부채비율이 높다.

기존연구에서는 성장에 부정적인 영향을 주기 시작하는 과다가계부채 임계치를 GDP대비 75~85% 정도로 보고 있다(박창현 외, 2021). 한국의 가계부채는 이미 이 수준을 넘어섰다. 게다가 가계부채와 기업부채를 합한 민간부채의 GDP대비 비율은 2022년 말 기준으로 225%에 달해 우리 경제가 위기에 직면할 수 있다는 우려가 점차 커지고 있다.

최근 가계부채의 증가율을 놓고 보면 문제가 더 심각하다. 한국의 GDP대비 가계부채비율은 1970년에는 10%에 불과하였는데, 불과 50년 만에 10배를 넘어섰다. 2016~2021년 6년간의 증가율을 보면 한국의 가계부채비중 증가율은 22.1%를 기록하여 주요선진국들과 월등하게 높다. 2020~2021년 코로나19 팬데믹 기간 중 증가율만 보도라도 한국(12.2%)은 유로지역(5.1%)이나 미국(3.6%)보다 훨씬 높은 편이다. 또한 유럽국가들 중에서 룩셈부르크, 노르웨이, 그리스, 덴마크 등의 가계부채비율이 줄어든 것과 대조적이다.

### 2) 가계부채의 결정요인

다음에는 한국의 가계부채가 왜 이렇게 빠른 속도로 증가하였는지를 살펴보도록 하자. 이를 위하여 GDP대비 가계부채비율의 동태적 변화식을 검토하여 보자.[3]

$$\triangle(\frac{D}{Y})_{t+1} = \frac{NC_{t+1}(r_{t+1}, REG)}{Y_{t+1}} + \frac{r_{t+1} - g_{t+1}}{1+g_{t+1}}(\frac{D}{Y})_t \quad \text{———} \quad (1)$$

$D_t$: t기말 가계부채　　　　$Y_t$: t기 GDP

$N_t$: t기 신규가계신용(순차입액)　　　　REG: 대출관련 규제

$r_t$: t기 실질이자율　　　　$g_t$: t기 경제성장률

신규가계신용이 없더라도 다음기 가계부채의 규모는 기본적으로 이번기 가계부채에다가 이자를 합한 원리금과 같다. 경제성장의 결과로 GDP가 커지면 GOP에 대한 가계부채비율은 감소하게 된다. 따라서 다음기 GDP대비 가계부채비율은 현재 가계부채비율의 증가를 결정하는 실질금리와 성장률 간 차이, 그리고 다음기 신규신용(순차입액)에 의해 결정된다.[4] 따라서 가계부채비율을

---

3 가계부채도 정부부채와 마찬가지 원리로 변화한다고 볼 수 있다. 정부의 예산제약으로부터 정부부채의 대GDP비율 변화는 다음과 같이 정의할 수 있다(Escolano, 2010). 이때 조세를 초과하는 정부지출(G - T)은 본원적 재정적자(primary deficit)를 의미한다.

$\triangle$Debt = (G - T) + rDebt

→ $\triangle$Debt/GDP = primary deficit/GDP + [(r - g) × Debt/GDP]

4 t기말의 가계부채를 $D_t$, t + 1기의 신규가계신용(순차입액 = 차입액 - 상환액)을 $NC_{t+1}$라고 하면,

$D_{t+1} = NC_{t+1} + (1 + r_{t+1})D_t$.

양변을 $Y_{t+1} = (1 + g_{t+1})Y_t$로 나누면

$$(\frac{D}{Y})_{t+1} = \frac{NC_{t+1}(r_{t+1}, REG)}{Y_{t+1}} + \frac{1+r_{t+1}}{1+g_{t+1}}(\frac{D}{Y})_t$$

$$\rightarrow \quad (\frac{D}{Y})_{t+1} - (\frac{D}{Y})_t = \frac{NC_{t+1}(r_{t+1}, REG)}{Y_{t+1}} + \frac{r_{t+1} - g_{t+1}}{1+g_{t+1}}(\frac{D}{Y})_t$$

결정하는 주요요인으로는 현재 가계부채비율의 증가를 결정하는 실질금리와 성장률, 그리고 신규신용에 영향을 주는 실질금리와 규제가 될 것이다.

실질금리가 성장률보다 높아지면 시간이 갈수록 가계부채비율은 높아질 것이다. 하지만 실질금리가 높아지면 신규신용에 부정적인 영향을 미치기 때문에 가계부채비율에 미치는 총효과는 불분명하다. 우선 성장률이 일정하다고 가정할 때 금리가 높아지면 부채상환부담이 증가하고 가계부채의 증가속도는 더 커진다. 반대로 금리가 높아지면 신규신용은 감소하기 때문에 증가속도는 둔화하게 된다. 최근 수년간 부동산시장과열과 맞물려 가계부채가 급속히 늘어난 것은 금리가 신규신용에 미치는 영향이 상당히 크다는 것을 시사한다. 금리가 낮아지면 주식이나 부동산투자가 늘어나는 것도 이러한 신규신용의 증가 때문이다. 반면에 고금리가 지속되면 가계부채증가세가 둔화되고 자산시장이 침체될 것이라고 예상할 수 있다. 다음에는 2001년 이후 자료를 이용하여 이러한 예상이 맞는지를 검토하도록 한다.

첫째, 한국의 경제성장률과 실질대출금리 추세를 비교하여 보자. 이때 실질대출금리는 예금은행의 가계대출금리에서 소비자물가상승률을 제한 값으로 정의하였다. 〈그림 8-3〉에서 보는 바와 같이 글로벌 금융위기 직후인 2009년을 제외하면 대부분의 기간 중 성장률이 실질대출금리보다 높았다. 그러나, 2019~2020년 기간 중에는 성장률이 떨어지면서 실질대출금리가 성장률을 상회하였다. 2021년 이후에는 물가상승률이 명목금리보다 더 빠르게 상승하면서 실질대출금리가 크게 떨어졌고, 다시 성장률보다 낮아졌다. 요약하면 실질대출금리와 성장률 간의 격차(r - g)는 부(-)의 값을 보일 때가 더 많았다. 따라서 이자부담이 늘어나면서 가계부채비율이 증가하였다고 보기 힘들다.[5]

---

5 Piketty(2014)는 주요선진국의 국민소득에서 자본소득이 차지하는 비중이 증가하는 이유를 자본수익률(r)이 경제성장률(g)보다 높기 때문이라고 주장하였다. (r-g)는 식 (1)의 부채비율의 증가와 마찬가지로 자본소득비율의 증가를 결정하는 요인으로 해석할 수 있다. 한국의 사례를 분석한 표학길(2015)에 따르면 2000년대에 들어오면서 회사채이자율에서 소비자물가상승률을 차

〈그림 8-3〉 한국의 경제성장률과 실질대출금리 추세

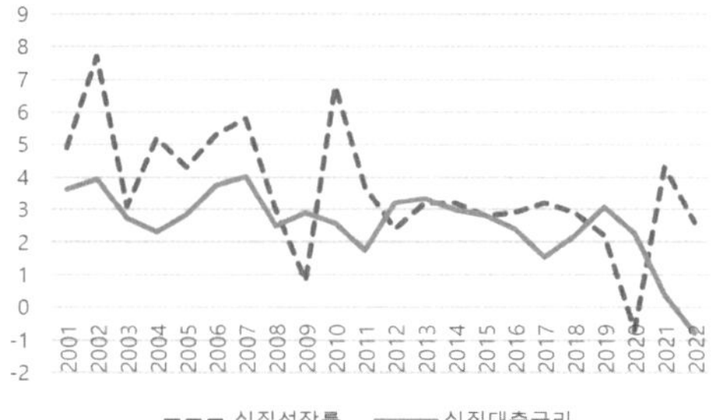


주: 실질대출금리 = 예금은행 가계대출금리 − 인플레이션율(CPI).
자료: 한국은행 경제통계시스템.

〈그림 8-4〉 한국의 가계부채비율 증가율과 실질대출금리 추세 (단위: %)

자료: BIS(Total credit to households as a percentage of GDP); 한국은행 경제통계시스템.

둘째, 금리가 성장률보다 낮았다면 낮은 금리가 가계부채 증가를 견인하였을 가능성이 높다. 〈그림 8-4〉는 실질금리와 가계부채비율의 증가율 추세를 보여주는데 둘 사이에는 역관계가 존재하는 것을 보여준다. 즉, 외환위기 직후인 1999~2000년 기간과 2020년 이후를 보면 실질금리가 하락할 때 가계부채비율의 증가율은 커졌다는 것을 볼 수 있다. 반대로 2018~2019년 기간 중에는 실질금리가 증가하면서 가계부채비율의 증가율은 감소하였다. 이러한 사실은 금리 수준이 신규대출에 상당한 영향을 미쳤다는 것을 시사한다.

---

감한 실질자본수익률(사전적)이 실질성장률에 못 미치는 경우가 빈번하게 나타나고 있어 피케티 가설을 지지하기 어렵다고 결론지었다.

〈그림 8-5〉 한국의 실질주택가격 증가율과 실질대출금리 추세 (단위: %)

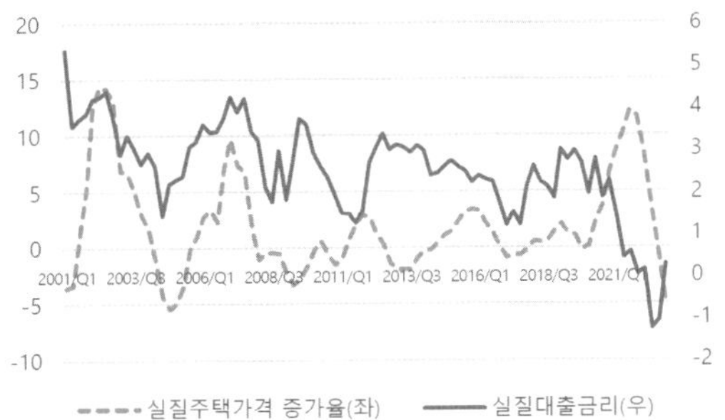


자료: BIS(Real residebtuak property prices), 한국은행 경제통계시스템.

〈그림 8-6〉 한국의 아파트 매매가격 증가율 및 주택대출 규제 추이

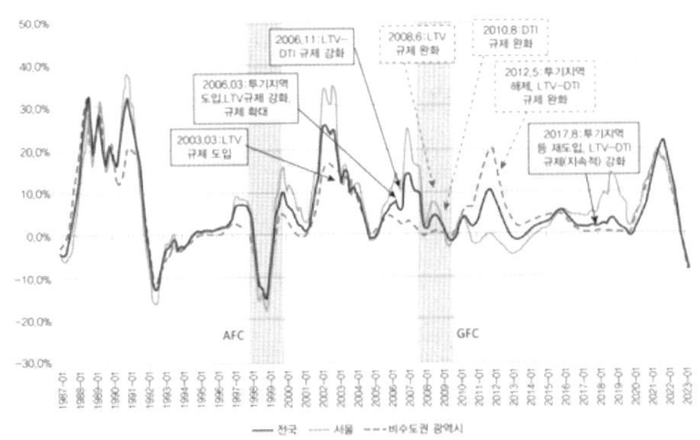


주: KB 국민은행 주택가격지수의 전년동월대비 증가율.
자료: 손재영·김경환(2023: 그림 2-2).

셋째, 금리가 낮을 때 신규대출이 증가한 중요한 이유 중의 하나로 금리와 부동산가격 간의 역관계를 들 수 있다. 즉, 금리가 낮을 때는 부동산 수요가 증가하여 가격이 빠르게 증가하는데, 이는 다시 부동산투자를 위한 가계대출의 증가를 가져오는 결과를 초래하였다. 〈그림 8-5〉는 실질대출금리와 실질주택가격 증가율 간의 역관계를 여실히 보여준다.

넷째, 신규가계신용에 대한 정부규제도 무시할 수 없는 요인이다. 정부는 부동산경기가 침체되었을 때는 대출규제를 완화하고, 반대로 부동산경기가 과열되었을 때는 대출규제를 강화하는 정책을 반복적으로 사용하여 왔다. 〈그림

8-5〉에서 본 바와 같이 실질대출금리가 하락할 때 실질주택가격이 오르는 것은 이 같은 규제의 변화 때문이라고 짐작된다.

주택관련규제지표로 총부채상환비율(Debt-To-Income: DTI)과 주택담보대출비율(Loan-To-Value: LTV)을 들 수 있다. DTI는 총대출 원리금을 차입자의 소득금액×대여연수로 나눈 값이다. 한편 LTV는 대출가능금액의 주택담보가치에 대한 비율(%)을 의미한다. 〈그림 8-6〉은 실제로 주택가격이 상승(하락)하면 규제가 강화(완화)되었음을 보여준다(손재영·김경환, 2023).[6]

요약하면 가계부채비율이 최근 수년간 급등한 주요원인은 실질대출금리의 하락으로 인한 부동산 가격 급등과 이에 대응한 가계대출의 증가라고 할 수 있다. 부동산 가격 급등에 규제강화로 대응하는 것이 기대와 정반대의 역효과를 가져온 점도 있다. 2017년 규제강화는 부동산가격 상승에 대한 기대를 부추겼고, 금리하락으로 인한 영업이익감소를 만회하려는 금융기관의 대출확대와 맞물리면서 가계부채 급증에 기여하였다.

## 3. 가계부채의 리스크

### 1) 재무건전성 악화

가계부채가 증가해도 가계자산이 더 빠른 속도로 증가하면 문제가 없는가?

---

6 2023년 3월 현재 주택관련대출규제는 다음과 같다(손재영·김경환, 2023).

| 구분 | 투기지역 | 투기과열지역 | 조정대상지역 | 비규제지역 |
|---|---|---|---|---|
| LTV(개인) | 50 | 50 | 50 | 70 |
| LTV(임대, 구입사업자) | 30 | 30 | 30 | 60 |
| DTI | 40 | 40 | 40 | 60 |

자료: 금융위원회.

〈그림 8-7〉 가계 금융부채/금융자산 및 금융부채/비금융자산 비율 추세 (단위: %)

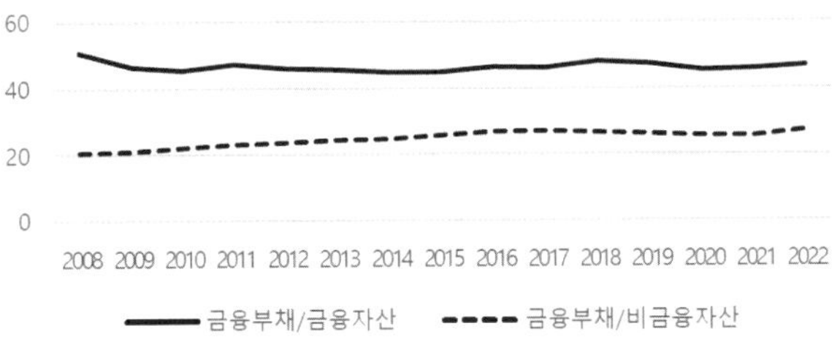


자료: 한국은행 경제통계시스템, 제도부문별 대차대조표(명목, 연말기준).

장기적으로는 그럴지 모르지만, 단기적으로는 유동성 위험이 커질 수밖에 없다. 부채를 청산하기에 충분한 자산이 있더라도 자산을 현금화하는 데 어려움이 있다면 문제가 발생하기 때문이다. 한국의 경우는 자산의 상당부분이 부동산으로 구성되어 있으므로, 부동산가격이 하락할 경우 가계의 재무건전성이 악화될 공산이 크다.

〈그림 8-7〉은 2008~2022년 기간 중 가계의 금융부채의 금융자산 및 비금융자산에 대한 비율 추세를 보여준다. 가계의 부채/금융자산은 2008년 50.7%를 고점으로 2015년까지 하향추세를 보이다가 2016년 다시 상향추세로 반전되어 2018년에는 47.9%를 기록하였다. 그 이후에는 가계부채의 빠른 증가에도 불구하고 주가급등에 힘입어 금융자산이 증가율이 더 높았다.

한편 비금융자산에 대한 금융부채 비율은 2008~2017년 기간 중에는 완만한 상승세를 보이다가 2018년 이후에는 하락세로 돌아섰다. 이러한 추세는 부동산 가격과 밀접하게 연계되어 있다. 2017년 이전에는 부동산가격이 안정되었다가 2018년부터 부동산가격이 상승하기 시작하였다. 특히 부동산가격이 폭등한 2020년과 2021년에는 금융부채도 늘었지만 비금융자산이 더 빠르게 증가하여 부채비율은 하락한 것이다. 2022년에는 부동산가격이 하락하면서, 다시 금융부채/비금융자산 비율이 상승하였다.

〈그림 8-8〉은 2021년 OECD 회원국 가계의 금융자산 대비 금융부채 비중을 비교하고 있다. 한국(46.6%)은 노르웨이(68.6%), 핀란드(48.5%), 슬로바키아(46.9%)

〈그림 8-8〉 OECD 회원국의 가계 금융부채/금융자산 비율(2021) (단위: %)

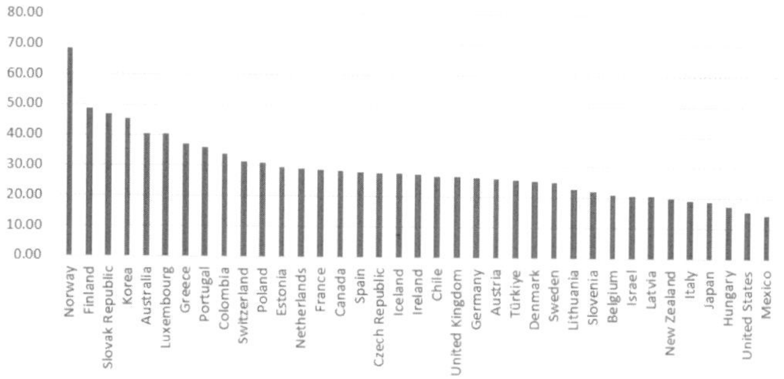


자료: OECD Statistics, Financial Indicators-Stocks.

에 이어 네 번째로 높다. OECD 평균(29.2%)은 물론 일본(18.7%)과 미국(15.6%)과 비교하더라도 상당히 높은 편이다. 자산은 부채에 비해 더 변동성이 크다. 2022년에 미국과 한국의 기준금리가 급상승하여 주가수준이 2년 전 수준으로 하락했고 부동산가격의 하락도 가시화되었다. 고금리 현상이 지속된다면 자산가치 하락이 본격화되고, 가계의 재무건전성은 더욱 악화될 것이다.

### 2) 원리금상환부담 증가와 경기변동폭 확대

부채위험도는 부채수준뿐만 아니라 차주의 상환능력도 관련이 있다. 만약 차주가 은행에서 대출을 받았는데 원리금을 갚지 못하면 은행의 입장에서 부실채권이 될 것이고 부실채권이 과다하면 은행이 도산하고 은행위기로 이어질 수 있기 때문이다. 차주의 부채상환능력을 측정하는 대표적인 지표는 총부채원리금상환비율(DSR)인데 이는 대출을 받으려는 사람의 소득 대비 연간 총원리금상환액 비율을 의미한다. DSR이 높아지면 차주의 부채상환부담이 더 늘어나게 된다.

한국은행의 가계부채 데이터에 따르면 가계대출차주의 DSR은 2019년 4/4분기 38.0%에서 2020년 4/4분기 38.4%, 2021년 4/4분기 40.2%, 그리고 2022

〈그림 8-9〉 한국과 미국의 가계부채 DSR변화 추이 (단위: %)

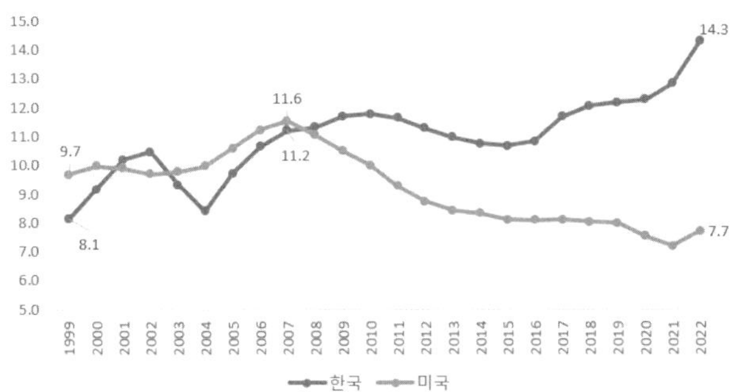


자료: BIS, Debt service ratios of households.

년 4/4분기 40.6%로 증가하였다(한국은행, 2023.3). 그런데 BIS가 집계한 2022년 한국 가계의 DSR은 14.3%를 기록하였다. 이렇게 두 기관의 통계가 차이가 발생하는 이유는 명확하다. 한국은행은 부채가 있는 가구만을 대상으로 하는 반면, BIS는 가계 전체를 대상으로 하기 때문이다(BIS, 2017). 이러한 차이에도 불구하고 둘 다 공통적으로 DSR의 가파른 증가를 보여주고 있다.

〈그림 8-9〉는 BIS 통계에 기초하여 1999~2022년 기간 동안 한국과 미국의 가계부채 DSR 추이를 비교한 것이다. 외환위기 직후인 1999년의 한국 가계부채 DSR은 8.1%이었고, 금융위기 직전인 2007년에는 11.2%를 기록하였다. 그 이후 상승추세를 유지하여 2022년에는 한국의 DSR은 14.3%에 달하였다. 이러한 추세는 미국과 대조적이다. 미국의 가계부채 DSR은 2007년 금융위기 이전까지만 해도 2001~2002년을 제외하면 한국보다 높았다. 그러나 글로벌 금융위기이후 미국의 DSR은 하락세로 바뀌었고, 반면에 한국의 DSR은 상승세를 이어온 결과 2022년 미국의 DSR은 13.7%와 7.7%를 기록하여 한국의 1/2 수준으로 감소하였다.

〈그림 8-10〉은 OECD 주요국과 한국의 가계부채 DSR을 비교하고 있다. 한국은 호주 다음으로 높은 것으로 나타났다. 최근 한국의 가계부채 DSR이 높은 증가율을 보인 것도 여타국들과 대조적이다. 이들 국가들의 절반 이상은 DSR

〈그림 8-10〉 주요선진국과 한국의 가계부채 DSR 비교(2022) (단위: %)

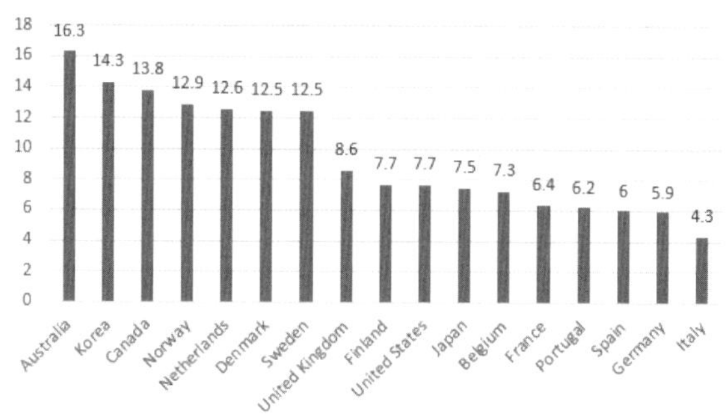


자료: BIS, Debt service ratios of households.

이 오히려 감소세를 보였다.

가계부채의 증가는 주가와 부동산투자를 늘려서 자산시장호황에 기여하고, 이는 경기호황에 기여할 수 있다. 하지만 경기가 침체될 때는 반대로 자산시장가격의 하락으로 인하여 실물경기가 크게 위축될 수 있다. 가계부채 증가가 초래하는 경기변동폭의 확대는 '신용주도형 수요채널(credit-driven household demand channel)'를 통하여 작동한다(Mian and Sufi, 2018). 즉, 경기가 좋아질 때는 주택가격이 상승하고 주택 투자가 늘 뿐 아니라, 정(+)의 자산효과 때문에 소비가 증가하기 때문에 총수요가 증가한다. 하지만 경기가 침체될 때는 주택가격이 하락하고 가계의 자산이 감소할 뿐 아니라, 원리금상황부담이 증가하면서 소비가 감소하게 되어 총수요가 위축된다. 경기침체시 건설 및 부동산부문의 침체는 일자리 감소로 이어지면서 저소득층의 어려움을 가중시킬 것이다. Sufi(2023)는 가계부채, 주택시장 및 소비 간의 상호작용이 선진국뿐 아니라 개도국에서도 관측된다고 주장하고, 실례로 한국과 중국을 들고 있다.

### 3) 취약차주의 어려움 가중

가계부채의 증가에 따른 DSR 증가는 평균적인 경향이라고 할 수 있다. 당연

〈그림 8-11〉 차주기준 DSR 추이

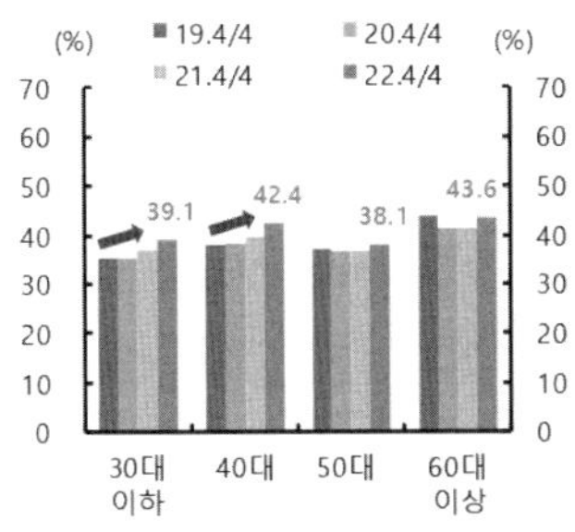


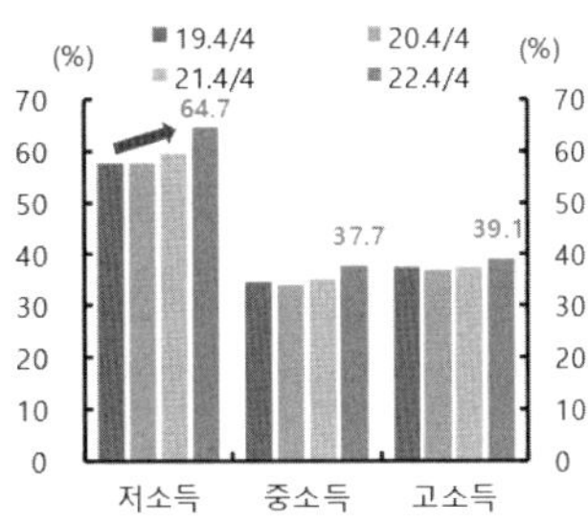


주: 고소득 상위 30%, 중소득 30~70%, 저소득 하위 30%.
자료: 한국은행시산(가계부채DB). 한국은행(2023.3)에서 재인용.

하겠지만 DSR의 증가폭은 차주의 연령이나 소득수준에 따라 달리 나타난다. 즉, 한국은행 분석에 따르면 연령이 높을수록 또한 소득이 낮을수록 DSR이 상대적으로 높다. 특히 금리 상승의 여파로 저소득층의 DSR 증가폭이 더 크게 나타났다.

〈그림 8-11〉은 2019~2022년 4/4분기별 DSR추이를 보여준다. 2022년 말 60대의 DSR은 43.6%로 가장 높다. 한편 저소득층의 DSR은 64.7%에 달해 중소득층(37.7%)나 고소득층(39.1%)보다 훨씬 높다. 이러한 사실은 저소득층의 경우는 DSR 비율 자체가 높을 뿐 아니라, 경기침체와 금리인상에 따른 DSR의 증가폭이 상대적으로 훨씬 크다는 것을 보여준다(한국은행, 2023.3).

〈그림 8-12〉는 신용도 및 소득수준별 가계대출 구성비 추이를 보여준다. 고신용 차주의 대출 비중이 지속적으로 상승하여 2023년 1/4분기 말 77.7%를 차지하고 있다. 한편 고소득 차주의 대출 비중은 63.2%를 차지하고 있다. 반면에 저신용차주와 저소득차주의 비중은 2023년 1/4분기 현재 3.6%와 11.1%에 불과하다(한국은행, 2023.6).[7]

---

7 다중채무자이면서 저소득(하위 30%) 또는 저신용(신용점수 664점 이하)인 취약차주 수가 전체 차주에서 차지하는 비중은 2023년 1/4분기 말 6.3%를 기록하였다. 한편 취약차주가 보유한 대출

〈그림 8-12〉 신용도 및 소득수준별 가계대출 구성비

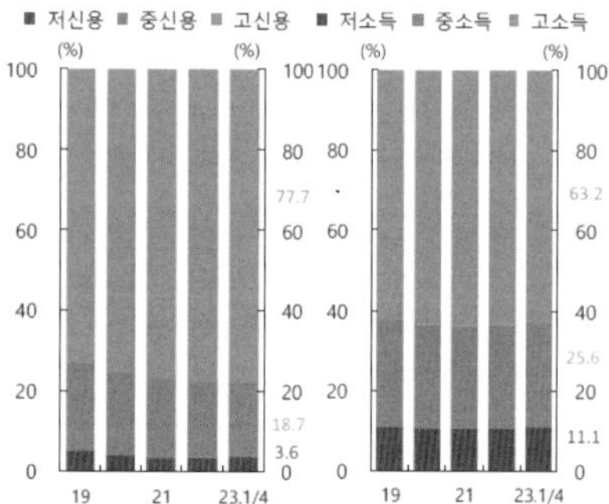


주: ① 대출금액 기준, ② 고신용 신용점수 840점 이상, 중신용 665~839점, 저신용 664점 이하, ③ 고소득 상위 30%, 중소득 상위 30~70%, 저소득 하위 30%.
자료: 한국은행 시산(가계부채DB). 한국은행(2023.6)에서 재인용.

요약하면 가계부채증가는 취약차주의 상환부담을 비대칭적으로 증가시키는 결과를 초래하며, 소득불평등을 악화시킨다. 소득수준이 높을수록 대출을 통하여 마련한 자금을 주식 및 부동산에 투자에 활용하는 경향이 높기 때문이다. 반면에 저소득층의 경우 대출을 받기도 어려울뿐더러, 대출의 목적이 자산증식보다는 생계비 조달에 있기 때문이다.

## 4. 가계부채 리스크 관리를 위한 정책과제

### 1) 건전성관리 강화

가파른 증가세를 보여온 가계부채는 증가율이 크게 떨어졌음에도 불구하고 총액은 거의 줄어들지 않고 있다. 이를 방치한다면 경기변동폭의 확대, 실물경제의 위축, 그리고 금융시장의 불안정성 확대를 가져올 것이다. 가계부채의 연

이 전체 대출에서 차지하는 비중은 2023년 1/4분기 말 5.1%(2022년 말 5.0%)를 보이고 있다.

착륙을 위하여 가계부채 규모의 축소와 더불어 부동산가격 급락을 방지하고 금리인상이 차주에 미치는 부작용을 최소화할 필요가 있다.

가계부채의 디레버리징을 하기 위한 가장 효과적인 대책은 건전성 규제정책을 사용하는 것이다. 정책수단은 주택담보대출비율(LTV), 총부채상환비율(DTI), 그리고 총부채원리금상환비율(DSR) 등이 있다. LTV는 주택가격을 기준으로, DTI와 DSR은 차주의 상환능력을 기준으로 대출액을 제한한다. 이 중에서 가장 강력한 정책수단은 차주의 상한능력을 기준으로 대출액을 제한하는 DSR 규제이다.

2022년 7월 시행된 현행 DSR 규세는 대출액이 1억 원을 넘는 차주는 DSR이 40%를 넘지 못하게 되어 있다. 그런데 DSR 규제의 문제는 이로 인해 주택관련 대출을 제한하여 실수요자들에게 자금조달의 어려움을 주고, 부동산거품의 붕괴를 가져올 수 있다는 것이다. 따라서 정부는 주택 실수요자들과 기존대출의 원리금상환에 어려움을 겪는 일부 차주에 대해서 예외를 인정해 주고 있다. LTV도 지역에 따라 40~70%로 제한하고 있으나 생애 처음으로 대출을 받는 경우는 80%, 그리고 최대 6억 원까지 허용하고 있다.

하지만 LTV 상한선이 높아지거나 DSR 규제가 느슨해진다면 해당 대출의 부실 가능성이 높아지고, 이로 인해 경제전반의 시스템위험이 커질 수가 있다. 이에 대한 보완책으로 LTV 상한선이 높아지면 은행의 자기자본비율을 더 높이거나 모기지 보험(mortgage insurance)의 일종인 한국주택금융공사의 주택금융신용보증기금을 확대운용하는 것이 바람직할 것이다.

한편 주택담보대출의 경우 원리금 분할상환을 원칙으로 하고 고정금리 대출 비중을 꾸준히 확대해야 한다. 원리금 분할 상환의 경우, 차주가 원금과 이자를 함께 상환한다면 시간이 흐름에 따라 자연스럽게 LTV 비율이 떨어져 주택가격의 급격한 하락을 방지하게 한다. 한편 만기가 길어지면, 주택가격이 하락하는 경우 담보가치가 하락하여 채무불이행의 가능성이 높아지게 된다. 따라서 금융기관의 입장에서 보면 원금상환 비중이 낮을수록 부실대출 위험도가 더 커진다고 볼 수 있기 때문에 이에 대한 대응이 필요하다.

부채관리를 위하여 필요한 또 다른 정책은 부채공급의 주체인 금융기관의 대출 행태 및 운영에 대한 감독 및 지도이다. 부채수요자인 차입자들의 행태도 중요하지만 금융기관이 대출을 어떻게 관리하는지 그리고 자산 포트폴리오를 균형 있게 구성하는지를 점검함으로써 금융기관의 건전성과 유동성이 건실하게 유지되도록 감독하는 것이 필요하다. 이러한 정책의 일환으로 은행의 자기자본비율을 BIS 바젤III에서 제시한 자기자본비율보다 자본규제를 더 강화해서 은행의 건전성을 개선하는 것과 동시에 신용공여가 과대하게 늘어나는 것을 억제해야 한다. 또한 제2금융권의 PF대출 부실과 같은 사례가 되풀이 되지 않도록 취약 금융기관에 대한 감독강화 및 주기적인 스트레스 테스트 시행 그리고 경영전반에 대한 보다 투명한 정보공개 확대 등이 요구된다.

### 2) 부동산가격의 하향 안정화

가계부채의 증가로 부동산시장이 과열되었다가 거품이 꺼지면서 부동산가격이 급락하는 현상이 나타났다. 주택가격의 급격한 하락으로 인해 자산시장이 붕괴될 경우에는 주택 구입을 위해 과도하게 늘어난 부채를 상환할 수 없는 차입자가 급증하면서 금융시스템의 위기로 확대될 수 있다. 향후 가계부채를 안정적으로 관리하려면 주택가격의 연착륙과 안정이 요구된다. 그동안 정부는 주택가격의 등락에 따라 부동산시장에 대한 규제 강화 및 완화를 되풀이해 왔다. 지난 5년 동안 가계대출이 급증한 이유도 바로 저금리정책으로 인해 금융저축보다는 부동산자산에 투자하는 것이 유리한 상황이 지속되었기 때문이다. 이제 주택가격이 하향 추세로 돌아선 상황에서 부동산시장의 연착륙을 위해서는 규제중심의 냉온탕식 주택정책에서 탈피해야 할 것이다. 주택시장의 경착륙을 우려한 정부의 지나친 규제완화나 금리인하조치로의 전환은 또 다시 주택가격의 왜곡을 초래할 수 있다. 주택시장은 경제의 다양한 거시변수와 금융여건 그리고 주택투자심리에 민감하게 반응한다. 따라서 향후 주택시장의 하향 안정을 위해서는 무엇보다도 수요와 공급에 기초한 시장 원리에 부합되는 정책과 제도를 일관성 있게 추진해서 주택시장에 대한 불확실성을 가능한 한 줄이도록 노력해야 한다.

또한 한국의 독특한 주택관련 제도인 전세제도와 이를 이용한 소위 '갭투자'의 비중을 낮추는 제도개선이 필요하다.[8] 오랫동안 전세제도는 무주택자가 주택구입을 위한 징검다리 역할을 하는 긍정적인 측면이 있었다. 하지만 주택투기의 목적에 간접적으로 활용될 여지도 상당한 상황이다. 전세보증금 대출이 일반화되면서 보다 손쉽게 전세보증금의 조달이 가능하게 됨에 따라 임대인의 전세가격 인상 요구를 충족시킬 여지가 커졌다. 이런 상황은 주택가격이 상승기조에 있을 때는 갭투자가 주택가격 상승을 부추기는 역할을 한다. 반대로 주택가격이 하락하는 경우에는 기존 새 임차인의 전세보증금으로 기존 전세보증금을 돌려주기 어려운 '역전세'나 집값이 전세보증금보다 낮은 '깡통전세'가 야기될 수 있다. 이 경우 주택가격 하락이 가속화시키고 나아가서 금융권의 부실을 확대하는 한편, 경우에 따라서 금융위기를 촉발하는 단서를 제공할 수 있다. 갭투자는 민간에 의해 이루어지는 직접주택금융이므로 규제하기는 어렵다. 그러나 갭투자가 부동산시장의 불안을 증폭시키는 부작용이 확인된 만큼, 전세보다는 월세로의 전환을 장기적으로 촉진할 필요가 있다.

전세를 줄이기 위해서는 전세보증금 대출 이자보다 월세가 더 저렴해야 가능하다. 따라서 월세에 대한 소득이나 세액 공제 등 세제혜택의 대상과 폭을 서민뿐만 아니라 중산층에게까지 대폭 확대해서 시장원리에 따라 전세가 줄어들어 임대시장이 선진화되는 방향으로 유도해야 할 것이다. 그리고 갭투자자의 대부분은 2주택 이상의 다주택 소유자라고 할 때 이들에 대한 주택 보유에 대한 부담을 강화하는 정책은 적정한 수준으로 유지하는 것이 필요하다.[9] 물론

---

8 갭투자는 주택구입 시 전세보증금으로 구입재원의 일정부분을 조달하고 주택가격과 전세보증금의 차이는 주택담보대출이나 신용대출을 이용해서 주택을 구입하는 행위를 의미한다.

이 경우 다주택자들의 보유부담을 전세세입자에게 전가할 가능성은 상존하다. 그러나 임대시장이 월세 우위로 전환될 경우 전가 정도가 점차적으로 줄어들 것으로 전망된다.

국민들의 주거를 보다 안정시키기 위해서는 국민들의 전반적인 주거상황을 면밀히 검토해서 실현가능한 중장기 주택공급 로드맵을 수립하고 이를 신뢰성 있게 집행하는 것이 중요하다. 특히 안정적으로 장기거주할 수 있는 질 높은 임대주택에 대한 공급을 공공부문은 물론 민간부문에서의 임대주택사업을 적극 육성해서 청년층과 중산층도 월세임대도 주거안정을 위한 주택소유의 대체재로 역할 할 수 있게 하고 장기적인 임대계약이 일반화되도록 제도를 개선해야 한다.[10] 또한 기존 주택의 거래가 원활하게 이루어져서 주택시장이 효율적으로 작동될 수 있도록 거래세와 양도세 등을 실수요자에게 과중한 부담이 되지 않는 수준으로 결정해야 한다. 보유세의 경우는 시가기준에서 매입가격을 기준으로 변경하고 일정 범위 내에서 인상이 가능하도록 함으로써 조세부담에 대한 예측이 가능하도록 해야 할 것이다.

### 3) 가계부채의 구조조정

정부는 부채의 디레버리징을 위해 DSR 상한을 40%로 묶는 규제를 시행하고 있다. 하지만 금리상승으로 인해 가계대출 차주의 평균 DSR이 40%를 돌파했다. 특히 취약차주의 DSR은 상한선보다 훨씬 높다. 경기침체가 계속되고 추가

---

9 전가부담을 일부 줄이고 다주택자들의 거래를 위축시키지 않기 위해서는 보유세는 강화하되 거래세나 양도세의 부담은 줄이는 것이 필요하다.

10 일각에서는 2018년 이후 시장을 단기간에 안정시키기 위해 시행된 민간임대사업자에 대한 과도한 혜택이 주택수요를 늘려서 집값을 급등시킨 요인으로 지적하고 있다. 그러나 부동산임대시장을 월세로 전환하기 위해서는 민간의 임대공급이 다양한 규모와 수준으로 늘어나야 하고 이를 위해 시장원리에 부합되는 합리적인 조치가 단계적으로 추진되어야 할 것이다.

적으로 금리인상이 된다면 이들 취약차주의 부채상환을 더욱 어렵게 하고 금융시스템의 불안을 초래할 수 있게 된다.

취약차주에 대한 대책으로 김동환(2022)은 주택이 없는 취약가구에게는 임대주택, 셰어하우스 등 주거시설을 직접 공급하거나 전월세보증금 등 금융수단을 지원하고 금융자산을 늘릴 기회를 제공할 것을 제안한다. 반면 주택을 보유하고 있지만 일정한 소득이 없거나 소득수준이 낮아 부채상환에 어려움을 겪거나 이미 채무불이행에 빠진 저소득가구에는 일자리 및 신용회복 수단을 제공하여야 한다(신용상, 2021).

그러나, 이러한 대책만으로는 취약차주 문제를 해결하는 데 역부족이다. 근본적인 대책으로는 원리금 상환이 불가능한 부채를 탕감하는 정책개입이 요구된다. 부채탕감에 대해서는 찬반 목소리가 있다. 부채탕감을 반대하는 사람들은 자본주의 경제에서 채무상환의 책임은 당사자가 져야 하며, 정부의 실패를 우려하여 개입을 최소화하여야 한다는 것이다. 자신의 능력으로 감당할 수 없는 집을 산 무책임한 주택 소유자들을 납세자의 돈으로 구제해야 하는 것은 이치에 맞지 않다는 것이다. 더구나 정부개입을 통한 부채부담의 경감이 예상된다면 도덕적 해이 때문에 채무 부실화가 심화될 것이라고 주장한다.

그럼에도 불구하고, 취약차주의 부채탕감은 사회적 순이득을 가져올 수 있다. 미국의 2008년 금융위기를 연구한 미안·수피 교수는 채무부담의 증가에 따른 실물부문의 침체를 우려하며, 부채탕감을 보다 긍정적으로 평가한다(Mian and Sufi, 2014). 자산 가격이 떨어지면 주택담보대출을 받아 집을 산 주택 소유자의 순자산은 부채 없이 주택을 매입한 경우보다 더욱 크게 감소한다고 주장한다. 더구나 채권자들에 비해 순자산이 적은 채무자들은 대개 한계소비성향이 크기 때문에 순자산이 줄어들 때 줄 때 소비는 더욱 급감하게 된다. 여기에다가 빚으로 집을 산 사람이 빚을 갚지 못할 경우 주택은 압류되어 경매를 통해 헐값에 팔리게 되고 채무자들의 순자산가치는 더욱 줄어든다. 경매를 회피하기 위해 가격을 낮춰서 집을 파는 경우에도 마찬가지다. 이처럼 담보를 팔아

빚을 갚고자 하는 때조차 채무자들은 압류의 외부효과로 인해 추가적인 타격을 입게 된다.[11]

부채의 비용과 이득은 고정된 것이 아니다. 예를 들어 경기가 호황이라면 부채상환부담은 상대적으로 줄어들 것이다. 하지만 경기침체가 발생할 경우 부채상환이 어려워질 뿐 아니라 부채가 경기침체에 미치는 부정적 효과가 확대될 것이다. 현재와 같이 금리인상과 경기침체가 동시에 이루어지고 있는 상황에서는 부채탕감 비용보다 이득이 상대적으로 커질 확률이 높다. 따라서 부채가 자연적으로 조정되기를 기다리기보다 능동적으로 부채조정을 추진함으로써 순이득을 증대시킬 수 있을 것이다.

정부는 최근 여러 가지 부채탕감 정책을 추진하고 있다. 예를 들어 기초생활수급자 등 취약층 연체자의 경우 이자전액, 원금 최대 30% 감면 등 긴급 금융구조 프로그램을 도입하였다. 또한 코로나19 팬데믹으로 대출상환에 어려움을 겪는 자영업자·소상공인들의 상환부담 완화를 위해 2022년 10월에 '새출발기금'이 설립하였는데, 연체 90일 이상 부실차주에 한해 60~90%까지 원금을 탕감해준다는 점에서 파격적이다. 그러나 주택가격의 급락과 동시에 원리금상환이 불가능한 한계차주들의 급증으로 인해 주택압류 및 금융기관 파산 등과 같은 극단적인 상황에 대비해야 한다면 좀 더 체계적인 부채탕감 정책이 필요하다. 일반 가계의 경우 현재 시행 중인 '국민행복기금'을 대폭 강화해서 '새출발기금'과 같이 과감하게 부채 탕감 조치를 추진하여야 한다. 미국은 대공황 중인 1933년, 주택소유자대부공사(The U.S. Home Owners' Loan Corporation: HOLC)를 설립해서 회수가 곤란한 모기지 대출금을 은행들로부터 매입해서 채무자들에게 금리를 낮추고 만기를 연장하는 등 채무탕감을 추진한 바 있다.

정부는 신용회복위원회의 기능을 강화하고 개인워크아웃, 개인회생, 개인파산 등의 다양한 프로그램을 확대운용하는 것이 필요하다. 도덕적 해이가 우려

---

11 미안·수피 교수는 이를 '부채에 의한 손실 강화(levered loss)'로 부르고 있다.

된다면 원리금분할상환이 어려울 뿐만 아니라 자산매각을 통해서도 잔여 부채를 완전히 갚기 어려운 한계가구의 범위를 명확하게 규정할 필요가 있다. 특히 부채를 일부라도 갚을 수 있는 가구와 그렇지 못한 가구를 구분해 내는 것도 중요하다. 전자의 경우는 만기연장 및 금리조정 등 채무조정 과정을 통한 소득흐름 개선이, 후자의 경우는 복지정책적 지원이 바람직할 것이다.

## 5. 결론

한국의 가계부채는 규모나 증가속도 면에서 과잉임에 틀림없다. 한국의 가계부채가 빠르게 증가한 주요 원인으로 저금리기조하의 자산가격상승을 들 수 있다. 저금리기조하에서는 부채상환부담이 낮아지기 때문에 가계에서는 은행대출에 대한 의존도를 높이게 된다. 금융기관 입장에서도 저금리기조하에서는 예금금리와 대출금리간 차이가 줄어들기 때문에 보다 공격적으로 대출을 할 수밖에 없고, 이는 신용위험도가 높은 가계에게도 신용을 늘리는 유인으로 작용하였다. 금리가 가계부채의 증가의 주요결정요인이라는 점은 최근 금리인상 이후 가계부채의 증가율이 둔화된 점에서 확인할 수 있다.

가계부채는 금융위기를 촉발할 핵으로 부상하였다. 현재의 과잉부채 문제를 그대로 방치할 경우 국내외의 예상치 못한 경제적·지정학적 충격 발생 시 금융위기로 발전할 가능성이 높다. 사전에 과잉부채로 인해 예상되는 문제점을 최소화하는 방안을 마련하고 대비하여야 한다. 또한 개방도와 대외의존도가 높은 한국경제의 특성을 고려하여 외부에서 오는 충격이 오더라도 견뎌낼 수 있도록 시스템 리스크를 지속적으로 관리하고 안전성을 확보하여야 한다. 이를 위하여 시장경제원리에 충실한 통화·금융정책과 부동산정책 그리고 거시경제정책이 추진되어야 할 것이다.

과도하게 늘어난 민간부채를 연착륙시키기 위해서는 건전성 규제정책을 일관되게 추진하면서, 다른 한편으로 동시에 원리금 상환이 어려운 취약차주의 부채를 일정부분 탕감하는 등 과감한 부채조정 정책의 시행이 요구된다. 아이슬란드나 미국의 경우 금융위기 이후 가계부채를 낮추는 데 시장기능에 맡기는 경향이 높았다. 한편 아이슬란드의 경우에는 정부가 은행부문 구조조정과 더불어 부채를 탕감하거나 원리금 상환을 뒤로 미루는 협상을 추진하면서 민간의 부채조정 부담을 완화하였다. 한국도 가계부채를 관리하기 위하여 취약차주에 대한 파산 및 신용회복제도를 강화하고 자영업자나 소상공인들을 위한 일종의 배드뱅크 방식의 부채탕감을 일반 저소득층에게도 적용하는 방안을 모색해야 한다. 따라서 가계부채를 점진적으로 줄여나가는 한다.

가계부채로 인한 금융위기의 발생 가능성은 부동산시장의 급락여부에 따라 다시 커질 수 있다. 금융시장에서 부동산금융이 차지하는 비중이 지나치게 커지면 금융의 불안정성이 높아지게 마련이다. 선진국의 경험을 보면 가계부채가 늘고 주택시장 버블이 일정 수준을 넘어서면 여지없이 버블이 터지고 심각한 경제위기가 도래하였다. 한국도 주택가격이 고점 대비 크게 하락하면서 주택가격이 전세가격을 밑도는 사태가 발생한 바 있다. 만약 주택가격이 전세보증금과 금융권으로부터의 대출 합계보다 적은 깡통주택의 비율이 전체 갭투자 주택의 20%만 되어도 부동산발 금융위기가 발생할 가능성은 매우 높다. 빚으로 지은 집은 결국 무너져 내리게 마련이라는 경고를 귀담아 들어야 한다.

장기적으로 가계부채비율을 낮추기 위해서는 경제주체들의 소득이 지속적으로 증가하여야 한다. 이를 위해서는 무엇보다 경제전반의 총요소 생산성을 올려서 잠재성장률을 끌어올려야 한다. 이는 가까스로 선진국 대열에 합류한 한국이 명실상부한 선도적 선진국으로 한 단계 더 올라서기 위한 필수조건이다. 또한 21세기 초고속 디지털전환시대에 걸맞는 경제·사회·복지·교육 등 사회전반의 제도와 정책에 대한 개혁과 혁신이 필요한 이유이다. 물론 성장과 더불어 구성원들에게 경제적 성과가 골고루 돌아갈 수 있도록 공정경쟁을 촉진하고 사회복지안전망을 강화하여야 한다.

마지막으로 가계부채 리스크를 줄이려면 무엇보다 부채에 대한 인식과 접근부터 바꿔야 한다. 부채는 경제주체가 미래 소득을 담보로 빌려 쓴 것이므로 부채문제 해결을 위해 정부가 개입할 필요가 없다는 사고방식은 버려야 한다. 또한 경기부양을 위하여 부채증가에 의존하는 취약한 경제체질을 근본적으로 개선하여야 한다. 정부는 부채가 일정기준 이상으로 늘어나는 것을 방지하고, 정상적인 수준으로 부채가 유지되도록 관리하여야 한다.

## 참고문헌

김동환. 2022.「한국경제의 복합위기 가능성과 금융안전망.」한국금융연구원. ≪KIF 분석보고서≫, 2022-08(12월).

김세직. 2022.5.3. "한국 실질 가계부채 2713조원, GDP 대비 130%." 김세직의 이코노믹스. ≪중앙일보≫.

박창현·남석모·진형태. 2021.「매크로레버리지 변화의 특징 및 거시경제적 영향」. 한국은행. ≪BOK 이슈노트≫, 2021-29.

서영수. 2021.『2022 피할 수 없는 부채위기』. 에이지21.

손재영·김경환. 2023.『한국의 부동산금융: 성과와 과제』. 주택도시보증공사(HUG). 박영사.

신용상. 2021.「국내 가계부채 리스크 현황과 선제적 관리방안 연구」. 한국금융연구원. ≪KIF 정책분석보고서≫, 2021-05.

유재원·백승관·김태준. 2023.『부채의 역습: 부채함정에 빠진 한국경제』. 시대가치.

표학길. 2015. "한국의 통계자료를 이용한 피케티가설의 검증". ≪한국경제포럼≫, 8권, 1호, 45~81쪽.

한국은행. 2022.12.1.「2022년 가계금융·복지조사 결과」.

_____. 2023.3.「금융안정상황」.

_____. 2023.6.「금융안정보고서」.

BIS. 2017. "BIS Database for Debt Service Ratios for the Private Non-Financial Sector."

Escolano, Julio. 2010. "A Practical Guide to Public Debt Dynamics, Fiscal Sustainability, and Cyclical Adjustment of Budgetary Aggregates." IMF.

IMF. 2023. "Global Financial Stability Report."

Mian, Atif and Amir Sufi. 2014. *House of Debt*. University of Chicago Press〔박기영 옮김.『빚으로 지은 집』. 열린책들. 2014〕.

_____. 2018. "Finance and Business Cycles: The Credit-Driven Household Demand Channel." *Journal of Economic Perspectives*, Vol. 32, No. 8, pp. 31~58.

OECD. 2020.『한국경제 보고서』.

Piketty, Thomas. 2014. *Capital in the Twenty-First Century*. The Belknap Press of Harvard University Press.

Roubini, Nouriel. 2022. *Megathreats: Ten dangerous trends that imperil our future, and how to survive them*. Little, Brown and Company〔박슬라 옮김.『초거대위협』. 한국경제신문. 2023〕.

Sufi, Amir. 2023. "Housing Household Debt, and the Business Cycle: An application to China and Korea." *NBER Working Paper*, 31489.

제9장

# Evaluating the economic recovery from the COVID-19 crisis in South Korea*

Won Jun Nah, PhD. | Professor of Economics, Kyungpook National University

## 1. The aim and scope of this paper

This paper outlines the existing national macroeconomic policies for the recovery from COVID-19 crisis in Korea. As will be discussed later, Korea experienced a discontinuity in the related policies resulting from a change of government in Spring of 2022. Hence, the strategy for economic recovery has undergone a major shift from a more inclusive and human-centred one to a very typical neoliberal and market-centred one. The main focus of this paper will be on discussions about the impacts and shortcomings of the policies of the former reformist government. This choice of focus is rather inevitable because it seems apparent that the incumbent far-right government completely runs off the track of a pro-labour, inclusive, equitable and sustainable growth. In other words, the present policy framework of the

* This research paper has been prepared with support from PSI-AP (Public Services International, Asia & Pacific).

Korean government may not get along even partially with the ILO (International Labour Organization) resolution in 2021, "Global call to action for a human-centred recovery from the COVID-19 crisis that is inclusive, sustainable and resilient."

With this limitation in mind, this paper outlines the infection control, fiscal and monetary policies of the former government and the extent to which those policies promoted or hindered equitable and job-rich recovery. We believe this way we can draw some useful policy recommendations faithful to the viewpoint of labour union movement and gradually build up a countervailing power against the repressions and dogmatism of the present anti-labour government.

The paper starts with background stories of initial spread of virus and political tensions in Korea. And then the effects of both the COVID-19 and the policy responses to it on production, employment, distribution, and indebtedness will be analyzed. In the final part, some policy recommendations to shape national COVID-19 recovery plans that unions can propose in Korea through social dialogue will be discussed.

## 2. The outbreak of COVID-19

In Korea, the first confirmed cases of COVID-19 occurred in January 2020. The full-scale spread of COVID-19 began in February. The most severe economic downturn due to COVID-19 was in the second quarter of 2020. Not only has domestic economic activity been extremely contracted, but exports have also declined significantly as major foreign countries have responded to the spread of COVID-19 with extreme containment policies.

Right after the outbreak, the Korean government quickly plunged into war against the virus, employing the strategy of 3T's which is widespread testing, aggressive contact tracing, and prompt isolation and treatment of cases. Keeping transparency was the first principle inducing citizens to voluntarily cooperate with the government's control. This approach, together with non-coercive social distancing, was successful in slowing down infections, which enabled quite a few businesses to remain open.

For the first few months of vaccinations worldwide, Korea has witnessed some delay in the initial introduction of vaccines. The reason was that the speed of developing its own m-RNA-based vaccines was unexpectedly slowed down. However, the Korean government succeeded in quickly shifting its policy direction and was able to proceed with imports and vaccination of foreign vaccines relatively rapidly. The effectiveness of centralized control was demonstrated in vaccination process as well as in setting up the efficient infection control (3T policies) and even in establishing a system for mass production of protective masks in the early stage of infection. However, the close analyses on the infection control mechanism in Korea operated during the pandemic correctly pointed out that it was rather a self-organizing process of various participants, including general citizens, medical experts, NGOs, firms, local and central governments, instead of being a state-led one-way process (Ko and Kim, 2020). The central control worked well, but social interactions between civil participants and governments were critical. In that sense, truly it was politics that enhanced the responsiveness and flexibility of the infection control mechanism.

Nonetheless, public sector has been pivotal in both the prevention and

〈Table 9-1〉 Case-fatality and mortality of OECD countries

| Rank | Country | Case-fatality | Rank | Country | Deaths per 100K |
|---|---|---|---|---|---|
| | OECD Average | 0.78% | | OECD Average | 230.75 |
| 1 | Iceland | 0.1% | 1 | New Zealand | 52.88 |
| 1 | Korea, South | 0.1% | 2 | Japan | 57.72 |
| 1 | New Zealand | 0.1% | 3 | Korea, South | 66.50 |
| 4 | Australia | 0.2% | 4 | Australia | 76.88 |
| 4 | Denmark | 0.2% | 5 | Iceland | 77.07 |
| 4 | Japan | 0.2% | 6 | Norway | 96.16 |
| 7 | Israel | 0.3% | 7 | Turkey | 120.34 |
| 7 | Netherlands | 0.3% | 8 | Canada | 135.23 |
| 7 | Switzerland | 0.3% | 9 | Netherlands | 138.34 |
| 10 | Austria | 0.4% | 10 | Israel | 142.44 |
| 10 | France | 0.4% | 11 | Denmark | 142.96 |
| 10 | Germany | 0.4% | 12 | Finland | 161.84 |
| 10 | Luxembourg | 0.4% | 13 | Switzerland | 164.19 |
| 10 | Norway | 0.4% | 14 | Ireland | 176.35 |
| 15 | Estonia | 0.5% | 15 | Costa Rica | 181.48 |
| 15 | Ireland | 0.5% | 16 | Luxembourg | 194.90 |
| 15 | Portugal | 0.5% | 17 | Germany | 203.16 |
| 15 | Slovenia | 0.5% | 18 | Estonia | 222.08 |
| 19 | Finland | 0.6% | 19 | Sweden | 235.43 |
| 19 | Greece | 0.6% | 20 | Austria | 243.94 |
| 19 | Latvia | 0.6% | 21 | France | 254.68 |
| 19 | Turkey | 0.6% | 22 | Spain | 255.54 |
| 23 | Belgium | 0.7% | 23 | Portugal | 257.59 |
| 23 | Italy | 0.7% | 24 | Mexico | 260.73 |
| 23 | Lithuania | 0.7% | 25 | Colombia | 279.74 |
| 26 | Costa Rica | 0.8% | 26 | Belgium | 294.22 |
| 26 | Slovakia | 0.8% | 27 | Italy | 311.47 |
| 28 | Czechia | 0.9% | 28 | Poland | 314.45 |
| 28 | Spain | 0.9% | 29 | United Kingdom | 325.13 |
| 28 | Sweden | 0.9% | 30 | Latvia | 332.36 |
| 28 | United Kingdom | 0.9% | 31 | Greece | 333.67 |
| 32 | Canada | 1.1% | 32 | Chile | 336.22 |
| 32 | US | 1.1% | 33 | Slovenia | 340.46 |
| 34 | Chile | 1.2% | 34 | US | 341.11 |
| 35 | Poland | 1.8% | 35 | Lithuania | 352.50 |
| 36 | Colombia | 2.2% | 36 | Slovakia | 387.05 |
| 36 | Hungary | 2.2% | 37 | Czechia | 396.78 |
| 38 | Mexico | 4.5% | 38 | Hungary | 504.76 |

Source: https://coronavirus.jhu.edu/data/mortality as of April 16, 2023.

response system. Public investment over the previous years and the emergency use authorization system had the development of testing kits eventually possible (Asian Development Bank, 2021). Also, it should be noted that the national health insurance played an essential role in the vaccination process being free of charge for all citizens. This could be a strong case proving the importance of an institutionalized social safety net.

As can be seen in 〈Table 9-1〉, on a cumulative basis by April 2023, the average case-fatality, i.e., the number of deaths per 100 confirmed cases, reached 0.78% in OECD (Organization for Economic Cooperation and Development) countries, whereas Korea's case-fatality stays at the lowest value of 0.1%. In this dimension, Korea played best in the world, along with New Zealand and Iceland. Meanwhile, the average mortality, i.e., the number of deaths per 100,000 persons, representing a country's general population, with both confirmed cases and healthy people, is about 231 in OECD countries, whereas Korea's mortality is only 67. This is the third lowest among OECD countries, following New Zealand with 53 and Japan with 58. This means that the infection control and treatment system was relatively successfully operated in Korea even compared to other developed nations.

## 3. Background politics and the change of government

The former Moon, Jae-In government took office in May 2017 right after the victory of the so-called candle light revolution. The government pursued an equitable growth during their five-year tenure, which ended in April 2022. The official economic policy paradigm was 'income-led growth' for about the first two years, and then later it has changed to 'inclusive innovation-led growth.' The income-led growth was named after the wage-led growth proposed by post-Keynesian economists and ILO. It was one of the most radical discourse in politics throughout the history of South Korea after the Korean War in 1950. Two of the most representative policies in line with the income-led growth were the rapid minimum wage raise and the introduction of 'Mooncare,' which enlarged the coverage of the national health insurance. On the details and limitations of the income-led policies in Korea, refer to Nah(2018) and Joo et al.(2020).

However, the then ruling party was politically a centre-right reformist group and was not in any good relationship with labour union movement. The political support base for the income-led growth should have been the coalition of the organized labour and civil society, but the liberal government did not agree with the initiatives taken by the unions and did not attempt at building necessary dominant social bloc (Nah, 2022d). There was a not-so-small contradiction between the political identity of the government and the economic policy paradigm of the income-led growth. Hence, in a sense, it was inevitable for the government to turn to more liberal policies after endless political battles against the ultra-right-wing opponents in the parliament. The inclusive innovation-led growth was based on the more liberal and market-friendly idea of IMF (International Monetary Fund) and OECD than the post-Keynesian wage-led growth, with the emphasis given to expanding the opportunities of citizens to participate in and contribute to economic growth.[1]

---

1 For a comprehensive appraisal of inclusive growth policies of the first years of the former

It should be noted that, since the pandemic period started early in 2020, most of policy responses to pandemic were done by the former reformist government. So, both successes and failures are mostly ascribable to them, not to the incumbent one. The then government was transparent enough and relatively open to social dialogue with civil society being loyal to basic principles of democracy.

But the presidential election in early spring of 2022 changed many things in Korea. The centre-right party lost and the newly-elected president Yoon, Seok-Yeol was from the ultra-right-wing conservative party. The new government tried to negate the progresses achieved during the former reformist government. They revived the old anti-communist law, namely national security law, and oppressed the labour union movement abusing their monopoly right of accusation. For example, they accused some peace activists of being spies from North Korea, with a ridiculous allegation. Most recently, they even try to extend working hours to maximum 69 hours a week by revising the labour standard act for the worse. We'd rather say that, if Korea had had the present government at the time of the COVID-19 outbreak, the policy responses could have been much worse and there would have been almost no success at all.

## 4. Asymmetric impacts of the COVID-19 shock

The adverse economic impact was severe especially at the initial phase.

---

government, refer to the following: OECD(2021); Nah(2022c).

〈Figure 9-1〉 Growth path: Actual vs. Trend (4Q 2019 = 100)

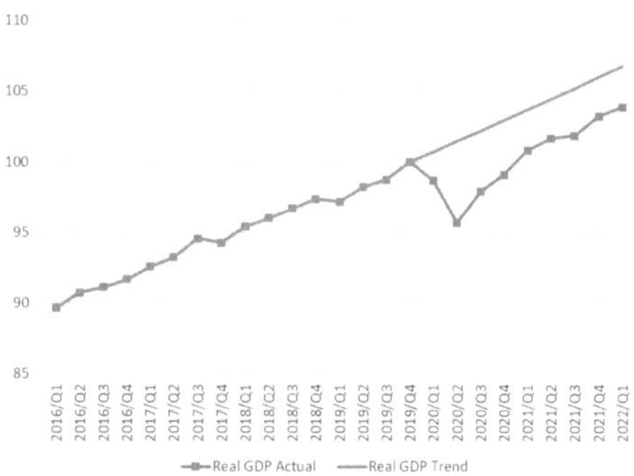


Source: National Accounts, Bank of Korea.

Clearly from 〈Figure 9-1〉, the maximum blow was felt in the second quarter of 2020. At that time, real GDP decreased to 95.7% of the level in the fourth quarter of 2019, which was just before the COVID-19 shock. Also, it was 5.7% lower than the trend real GDP.

Since the third quarter of 2020, the economy began to get better slowly. However, the economic recovery was not solid because the spread of COVID-19 expanded intermittently and quarantine measures were strengthened repeatedly. Based on the real GDP level, the economy was not fully recovered until the fourth quarter of 2021 to the level of the fourth quarter of 2019 just before the crisis. However, seemingly even today, there is still a significant gap between the actual real GDP and its former trend. The gap was minimized to 2.78% in the fourth quarter 2021, but increased again afterwards.

One of the key features of the COVID-19 crisis in its economic aspect was that various economic agents received asymmetric and uneven shocks. Economic activity in the industries requiring face-to-face contact has been greatly impacted, and industries that can avoid face-to-face contact have all

⟨Figure 9-2⟩ Production by sector: manufacturing vs. services (4Q 2019 = 100)

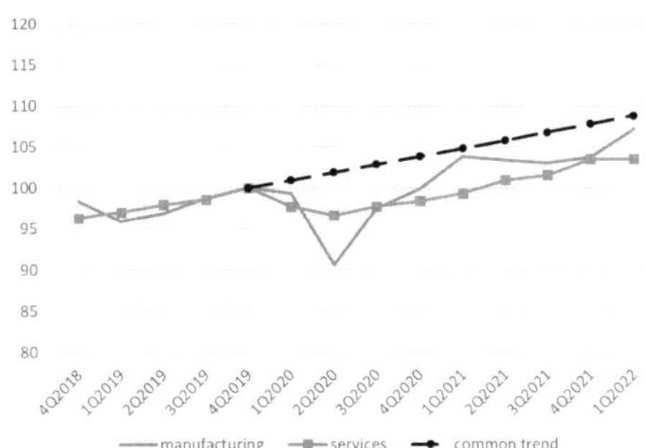


Source: National Accounts, Bank of Korea.

⟨Figure 9-3⟩ Production in the face-to-face services (4Q 2019 = 100)

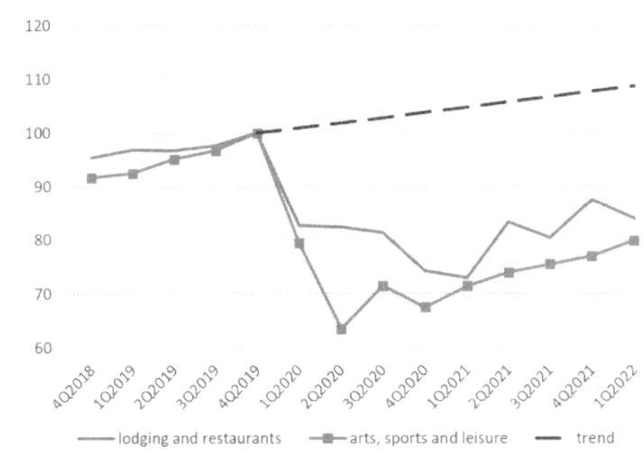


Source: National Accounts, Bank of Korea.

the more benefited and grown during the crisis.

Manufacturing production has severely decreased initially more than service production, but quickly rallied and almost recovered to the level of the fourth quarter of 2019 in the fourth quarter of 2020. It approached closely to the former trend in the first quarter of 2021. The rapid initial decline in the manufacturing production was due in part to the sudden postponement and suspension of exports to the countries under lockdown. However, the service production could not recover to the level of the fourth quarter of 2019 until the second quarter of 2021, and still has yet to catch up

〈Figure 9-4〉 Job increases by industry comparative to Jan 2020* (Thousand)

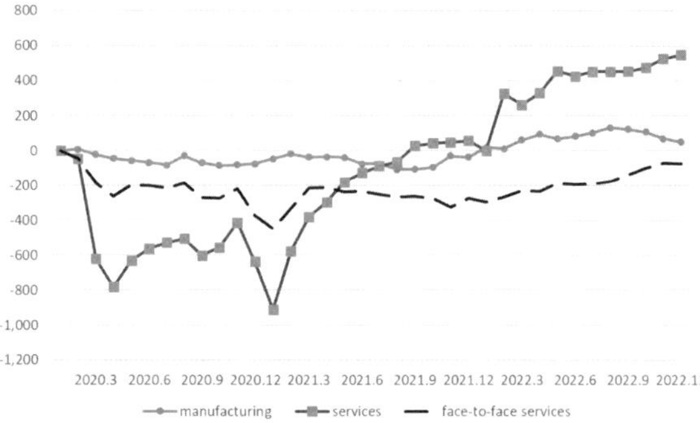


Note: * All the values are computed based on the seasonally adjusted time series for employment by industry.
Source: KOSIS database, National Statistical Office of Korea.

with the former growth path. Even within the service sector, there are differences by industry. The recovery was slowest in the face-to-face service industries such as lodging, restaurants, arts, sports, and leisure.

This uneven development in production by industry is reflected in the changes in the composition of employment during pandemic. 〈Figure 9-4〉 illustrates the evolutions of seasonally adjusted employment starting from January 2020. It seems to be evident that the manufacturing sector was relatively intact than others. The Korean government tried to keep the employment by actively utilizing the unemployment insurance from the very initial phase of pandemic. Inter alia, the employment maintenance subsidy program, which is a component of the unemployment insurance system and pays 90% of wages to workers employed in temporarily closed businesses under some preset conditions, was implemented in an expanded scale against dismissal tsunami. This subsidy program protected mainly full-time regular workers in large companies, most of which belong to manufacturing sector.

However, smaller firms in the service sector lost heavy volume of jobs. Full recovery was not possible until February 2022 at the level of January 2020 before the COVID-19 shock. But the employment of face-to-face services is not fully recovered yet even recently.

## 5. Aggregate employment and unemployment

What happens to the aggregate volume of employment and unemployment? In January 2020 before the pandemic, the level of employment stood at around 27.5 million. This absolute amount wasn't fully recovered until October 2021 (〈Figure 9-5〉). The maximum job losses happened during the period between April through May 2020 and in January 2021, in which the amount of job loss reached at 0.9~1.0 million compared to January 2020 (〈Figure 9-6〉).

Then, is it the case that the Korean economy succeed in coming back to its former employment growth trend? One caveat is that the simple extrapolation of the past trend in the growth rate of employment alone may give a false impression of too much or too less joblessness. So, this time we apply the assumption that the trend goes along with a fixed rate of employment at the level of January 2020 before the shock. Under the assumption of constant employment rate given the actual evolution of population aged over 15, it is evident that employment was fully recovered back to its former trend after February 2022. It is obvious that this is solely due to the recovery of the employment rate since the time series for population aged over 15 is given exogenously (〈Figure 9-7〉 and 〈Figure 9-8〉).

〈Figure 9-5〉 Aggregate employment (Thousand)

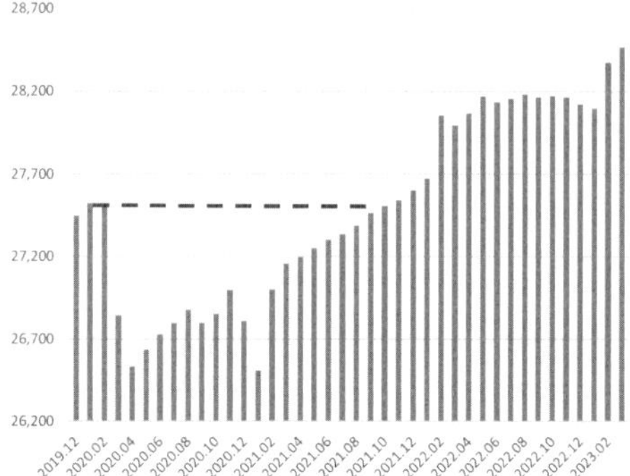


Source: KOSIS database, National Statistical Office of Korea.

〈Figure 9-6〉 Changes in employment from January 2020 (Thousand)

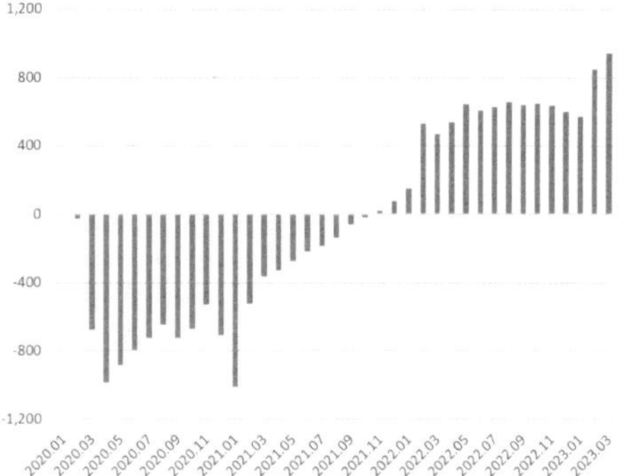


Source: KOSIS database, National Statistical Office of Korea.

What about the unemployment? It was the third quarter of 2021 that the population of the unemployed began to get lower than that in January 2020. However, the solid recovery was possible only after February 2022 (〈Figure 9-9〉).

We do not only need to consider the officially unemployed but also the discouraged workers who don't look for jobs. Hence, here we calculate the population without any job, which is the 'jobless'. The population of

〈Figure 9-7〉 Employment: Actual vs. Trend (Thousand)

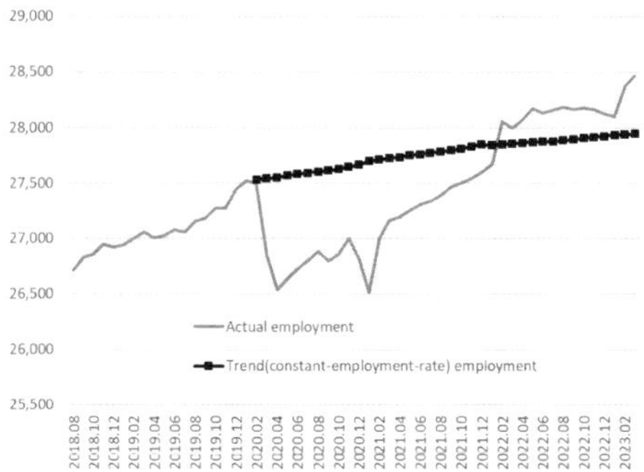


Source: KOSIS database, National Statistical Office of Korea.

〈Figure 9-8〉 Deviations from trend in employment (Thousand)

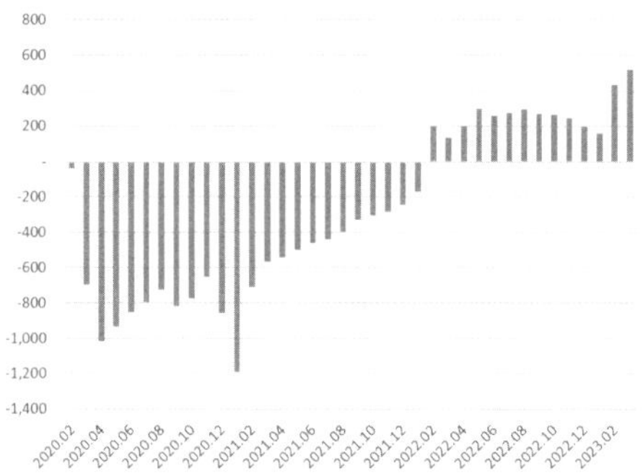


Source: KOSIS database, National Statistical Office of Korea.

joblessness gets lower than that in January 2020 only after February 2022 (〈Figure 9-10〉). Hence, we may conclude from the empirical observations discussed so far that the aggregate employment was fully recovered after February 2022 just before the presidential election in Korea.

⟨**Figure 9-9**⟩ Changes in unemployment from January 2020 (Thousand)

Source: KOSIS database, National Statistical Office of Korea.

⟨**Figure 9-10**⟩ Changes in joblessness from January 2020 (Thousand)

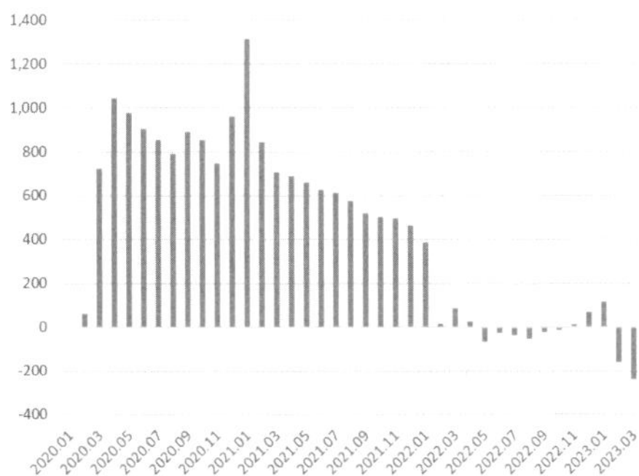


Source: KOSIS database, National Statistical Office of Korea.

## 6. Evaluating the economic policy responses: Fiscal policy[2]

The fiscal support program can be classified into four categories. The first is the emergency relief payment program which provided transfers to households. In 2020, the government paid out a total of KRW 14.3 trillion to

2 For a more general discussion on public finance recently in Korea, refer to the following: Nah(2022b; 2022a).

all the households, which provoked harsh arguments for and against the support type of the universal basic income. After much argument, in 2021, additional transfers of KRW 12 trillion were made for about 88% of households selectively this time. The second category of the fiscal support is the emergency employment support especially for non-standard workers including freelancers. The budgets for the two years summed up to a total of KRW 3.46 trillion. The third category is the support for small businesses who were adversely hit by the administrative measures including business restrictions. For the first two years, a total of KRW 21.1 trillion was transferred to small businesses. The last category is the support for COVID-19 casualties and others (Statistics Research Institute, 2022).

A big step was taken on July 2020 when the government announced a new comprehensive policy package of 'Korean New Deal.' The package aimed at transforming the Korean economy from a fast follower to a leader, from a carbon economy to a green economy, with the society becoming more inclusive. It included three main directions: digital new deal, green new deal, and human new deal. According to the initial plan, a total of KRW 67.7 trillion would be invested by 2022. Even with some critical controversies around green washing, dependence on jaebeols (hereditary conglomerates of large firms in Korea), and fiscal burden, the package itself was in line with inclusive growth paradigm by and large, in that the human new deal included a plan for strengthening welfare state and expanding employment insurance coverage to protect precarious workers.

However, after the change of government in Spring 2022, the new ultra-right government has been retrogressive and invalidated many of the progressive achievements made during the former reformist government.

〈Figure 9-11〉 Sectoral financial balances

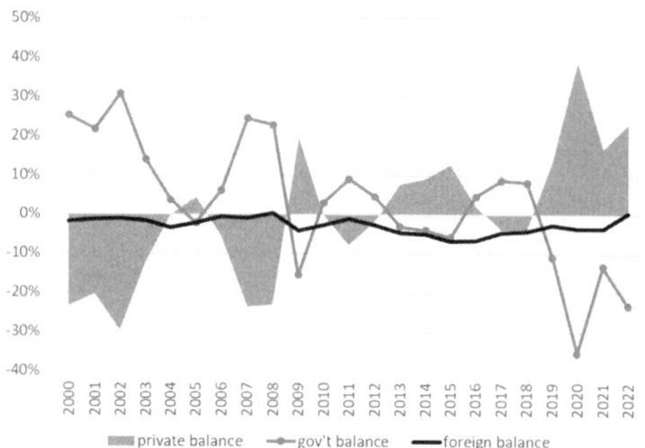


Source: ECOS database, Bank of Korea.

New president Yoon, Seok-yeol denied to inherit the Korean New Deal. So, the whole plan was simply waived with no promise of return.

One thing to note is that the fiscal policies of the Korean government has indeed been a shock absorber during pandemic, supplying funds to the households and firms in need. To illustrate this point, we constructed sectoral financial balances during the pandemic era. In constructing 〈Figure 9-11〉, we compute the foreign balance based on the national accounts. Specifically, the foreign balance amounts to the value of net imports, i.e., trade deficit. This is because the inflow of funds to a country, i.e., the outflow of funds to foreigners, occurs when the country exports goods and services to the foreigners. As is well-known, the Korean economy has usually enjoyed positive net exports receiving foreign funds. In 〈Figure 9-11〉, the negative foreign balance means the equal amount of the trade surplus, but with opposite sign. Also in the figure, the government balance was computed based on the consolidated fiscal balance reported by the Ministry of Finance. In principle, the financial balances of private sector (= households + firms), foreign sector, and government sector should sum up to zero, as an identical relation. So, the financial balance of private sector can be computed as a residual. The resulting sectoral balances are reported in ⟨Figure 9-11⟩.

Throughout the two years of 2020 and 2021, private sector totally demanded funds of KRW 1,108 trillion to build up excess savings, probably in anticipation of economic hardship. This demand for KRW 1,108 trillion was met by the trade surplus of KRW 146 trillion and the fiscal deficit of KRW 962 trillion. The analysis of sectoral financial balances reveals that the fiscal policy has served its functional role in minimizing economic damage in this regard. Otherwise, the Korean economy could have seen much drastic decreases in output and income. However, there still could be unmet needs for funds by the fiscal policy. This suspicion is well-grounded because the Ministry of Finance of Korea has been infamous throughout its modern history for the immoderate obsessions with the conservative ideology of sound finance.

Korea's fiscal soundness can be roughly evaluated on a net debt basis. The following ⟨Figure 9-12⟩ shows that the Korean government is fiscally more sound than any other government. The ratio of net debt to GDP in Korea is 20.89% in 2021 and 23.63% in 2022, allowing it to have one of the biggest fiscal space relative to GDP in the world. On the other hand, the average net debt ratio of advanced economies was 86.16% in 2021 and 82.7% in 2022. The average value was 44.04% in 2021 and 41.55% in 2022 for emerging markets and middle-income countries, whereas it was 48.52% in 2021 and 46.21% in 2022 for low-income developing countries.

Using the structural fiscal balance, which is the fiscal balance achieved with the current policy assuming the economy is at its full employment, the

〈Figure 9-12〉 Net debt/GDP (%)

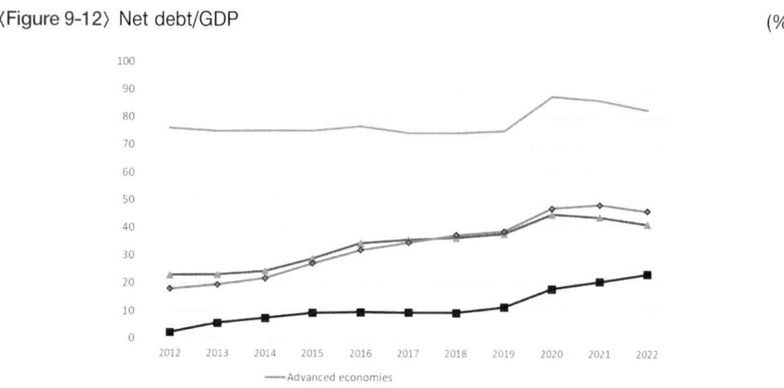


Source: IMF Fiscal Monitor.

〈Figure 9-13〉 Structural fiscal balance (% of potential output)

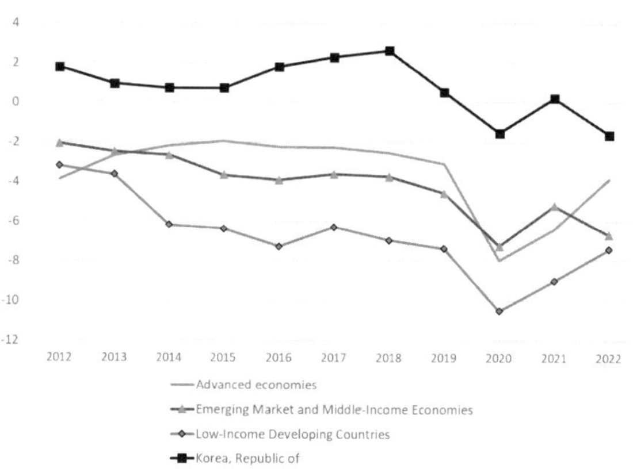


Source: IMF Fiscal Monitor.

Korean government's fiscal policy stance can be roughly compared with foreign governments. IMF estimated that Korea's structural fiscal balance, expressed as a percentage of potential output, was a surplus of 0.24% in 2021. According to the estimates since 1995, Korea's structural balance has been in deficit only in 2020 and 2022. As such, the fiscal policies in Korea have been conducted maintaining surplus even in the midst of deep crisis.

⟨Figure 9-14⟩ Growth-Interest gap 

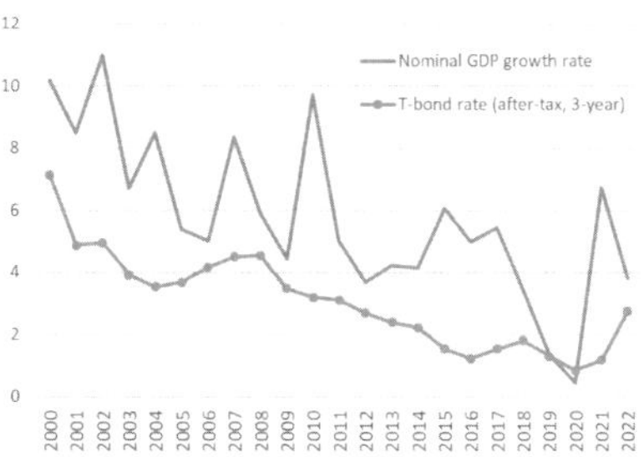


Source: ECOS database, Bank of Korea.

As a convention, the Korean ministry of finance has strictly restricted the amount of spending within the estimated range of tax revenues, keeping surplus in budget.

On the other hand, for advanced economies the average value of the structural balance was 7.94% deficit in 2021 and 6.83% deficit in 2022. It was 5.19% deficit in 2021 and 6.67% deficit in 2022 for emerging markets and middle-income countries, while it was 8.98% deficit in 2021 and 7.39% deficit in 2022 for low-income developing countries (⟨Figure 9-13⟩).

⟨Figure 9-14⟩ demonstrates that nominal GDP growth rate has tended to exceed the after-tax nominal interest rate on government bonds in Korea. Therefore, the fiscal costs that may accompany government bond issuance are rather small (Blanchard, 2019). In other words, much more active fiscal policies are in fact justifiable. The Korean economy can achieve more efficient allocation of resources by exploiting the growth-interest gap and utilizing its fiscal space more actively.

The Korean government's obsession with sound finance also appeared in the process of responding to the COVID-19 crisis. The infection control system worked quite well, and hence economic damage could be under

〈Table 9-2〉 Fiscal measures in response to the COVID-19 pandemic as of September 27, 2021

| Rank | COUNTRY | Direct fiscal support/GDP(%) | Rank | COUNTRY | Liquidity support/GDP(%) |
|---|---|---|---|---|---|
| | Advanced economy average | 11.7 | | Advanced economy average | 11.4 |
| 1 | US | 25.5 | 1 | Italy | 35.3 |
| 2 | New Zealand | 19.28 | 2 | Japan | 28.3 |
| 3 | UK | 19.27 | 3 | Germany | 27.8 |
| 4 | Singapore | 18.4 | 4 | United Kingdom | 16.7 |
| 5 | Australia | 18.37 | 5 | Denmark | 15.63 |
| 6 | Japan | 16.7 | 6 | Czech republic | 15.5 |
| 7 | Canada | 15.92 | 7 | France | 15.2 |
| 8 | Germany | 15.3 | 8 | Spain | 14.4 |
| 9 | Italy | 10.9 | 9 | Belgium | 11.88 |
| 10 | Netherlands | 10.3 | 10 | Korea, South | 10.13 |
| 11 | France | 9.6 | 11 | Finland | 7.37 |
| 12 | Czech republic | 9.2 | 12 | Switzerland | 6.22 |
| 13 | Spain | 8.4 | 13 | Portugal | 5.7 |
| 14 | Belgium | 8.18 | 14 | Sweden | 5.25 |
| 15 | Switzerland | 7.91 | 15 | Singapore | 4.7 |
| 16 | Norway | 7.40 | 16 | Norway | 4.52 |
| 17 | Korea, South | 6.40 | 17 | Netherlands | 4.3 |
| 18 | Portugal | 6.0 | 18 | Canada | 4.0 |
| 19 | Finland | 4.78 | 19 | United States | 2.4 |
| 20 | Sweden | 4.15 | 20 | New Zealand | 2.0 |
| 21 | Denmark | 3.41 | 21 | Australia | 1.8 |

Source: Database of Country Fiscal Measures in Response to the COVID-19 Pandemic, IMF Fiscal Monitor, October 2021.

control. However, the ex-post fiscal support measures were far from sufficient comparatively to other developed economies. This point is clearly illustrated in 〈Table 9-2〉 below. The Korean government tried to economize on its fiscal resources and spent only 6.4% of its GDP, whereas the average advanced economy spent 11.7% which is almost double. The truth is that an insufficient fiscal support may aggravate economic wounds and worsen the hysteresis effects on the economy. Scars may last long. Its marks can be borne in the deteriorating distribution of income and wealth. The labour

〈Figure 9-15〉 Private consumption vs. public expenditures (%)

Private consumption/GDP

60%
55%
50%
45%
2001 2002 2003 2004 2005 2006 2007 2008 2009 2010 2011 2012 2013 2014 2015 2016 2017 2018 2019 2020 2021

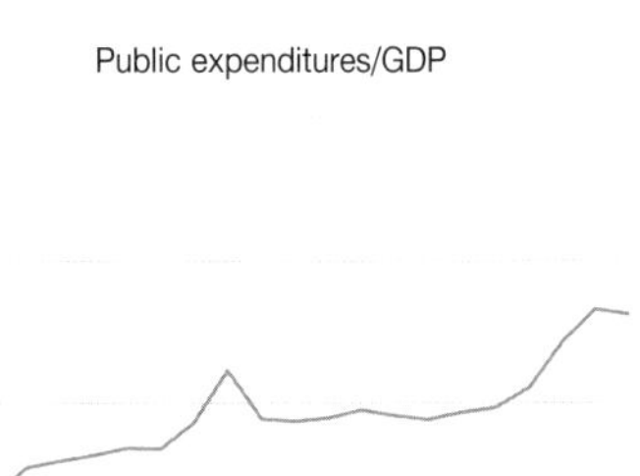

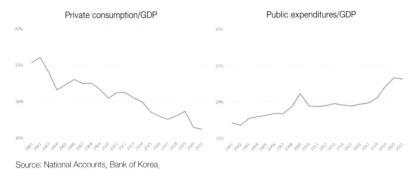


Source: National Accounts, Bank of Korea.

union movements in Korea have rightly supported fiscal expansion and explicitly argued against austerity.

Public finance in Korea is indeed in a very sound position compared to the OECD average as seen in 〈Figure 9-12〉. Moreover, given the lower real interest rates relative to the forecasted rate of economic growth in 〈Figure 9-14〉, it is expected that fiscal cost burden won't be large in the future as well. Therefore, it is high time that the active role of fiscal policies in expanding universal public services, strengthening the social safety net, and funding mission-oriented industrial policies should be taken more urgently than ever in Korea.

There was another deeper context in the Korean economy in which more active fiscal policy stance is needed as an agenda for a structural reformation. In Korea, private consumption has shown a marked decline in its share of GDP due to the deficiency in effective demand. While private consumption accounted for more than 55% of GDP in the early 2000s, quite impressively, it has fallen by as much as 10 percentage points by the early 2020s. However, expanding the role of the public sector to replace the reduced private consumption is still slow (〈Figure 9-15〉). Over the same period of two decades, the sum of government consumption and government investment rose only about 5 percentage points, now reaching slightly above 20% of GDP. The Korean economy is overly dependent on foreign demand. Strengthening the domestic demand base and securing economic autonomy are closely connected agenda in the future just like the two sides of a same coin.

## 7. Distributional impacts

The distributional impacts entailed by the COVID-19 shock and the policy responses to it can be studied by analyzing two different data sets in Korea. The first one is the report on the survey of household finances and living conditions produced by the Bank of Korea, National Statistical Office, and Financial Supervisory Service, and the second one is the thousandth percentile incomes data (2012-2021) provided by the Korea National Tax Office.

### 1) Report on the survey of household finances and living conditions

The official data from the 'Report on the survey of household finances and living conditions' reveals the effects of COVID-19 crisis on the income distribution. However, simple observations alone may give a confusing image at first sight. The Palma ratios which are the ratio of top 10% income to bottom 40% income seem to indicate that in 2020 the primary income distribution was worsened, while the after-tax income distribution improved

〈Table 9-3〉 Income distribution statistics

| Year | | 2012 | 2013 | 2014 | 2015 | 2016 | 2017 | 2018 | 2019 | 2020 | 2021 |
|---|---|---|---|---|---|---|---|---|---|---|---|
| Top 20%/ Bottom 20% | Pretax | 10.62 | 10.29 | 10.32 | 10.41 | 10.88 | 11.27 | 11.15 | 11.56 | 11.37 | 11.52 |
| | After-tax | 8.10 | 7.68 | 7.37 | 6.91 | 6.98 | 6.96 | 6.54 | 6.25 | 5.85 | 5.96 |
| Top 10%/ Bottom 40% | Pretax | 1.98 | 1.86 | 1.82 | 1.79 | 1.87 | 1.90 | 1.86 | 1.89 | 1.90 | 1.89 |
| | After-tax | 1.71 | 1.59 | 1.51 | 1.42 | 1.45 | 1.44 | 1.36 | 1.32 | 1.28 | 1.28 |
| Relative poverty | Pretax | 19.0 | 19.1 | 19.6 | 19.5 | 19.8 | 19.7 | 19.9 | 20.8 | 21.3 | 20.8 |
| | After-tax | 18.3 | 18.4 | 18.2 | 17.5 | 17.6 | 17.3 | 16.7 | 16.3 | 15.3 | 15.1 |
| Gini coefficient | Pretax | 0.411 | 0.401 | 0.397 | 0.396 | 0.402 | 0.406 | 0.402 | 0.404 | 0.405 | 0.405 |
| | After-tax | 0.385 | 0.372 | 0.393 | 0.352 | 0.355 | 0.354 | 0.345 | 0.339 | 0.331 | 0.333 |
| | Tax effect | 0.026 | 0.029 | 0.196 | 0.044 | 0.188 | 0.052 | 0.057 | 0.065 | 0.074 | 0.072 |

Source: Report on the survey of household finances and living conditions.

due to the secondary redistribution of taxes and transfers. The ratio of relative poverty measuring the proportion of population with less than 50% of median income level and the Gini coefficient also demonstrated consistent changes with behaviors of the Palma ratio in 2020.

In 2021, it is noted that the multiples of top 20% income divided by bottom 20% income went up for both the pretax and after-tax bases, which implies the income distribution deteriorated in 2021. The Gini coefficient supports the observation that after-tax income distribution became worse in 2021.

### 2) The thousandth percentile income tax data

However, the thousandth percentile income data from the National Tax Service seemingly tells a little bit different story for the period of interest. This detailed data is the one that divides the incomes reported to the National Tax Service into 1000 intervals in order, and allows us to evaluate

〈Table 9-4〉 Quintile distribution ratio and Palma ratio

| Year | 2012 | 2013 | 2014 | 2015 | 2016 | 2017 | 2018 | 2019 | 2020 | 2021 |
|---|---|---|---|---|---|---|---|---|---|---|
| Earned income | | | | | | | | | | |
| Ratio of Top 20%/Bottom 20% | 19.4 | 19.4 | 18.0 | 17.6 | 16.7 | 16.3 | 15.2 | 14.6 | 15.1 | 15.1 |
| Ratio of Top 10%/Bottom 40% | 3.02 | 3.00 | 2.80 | 2.82 | 2.71 | 2.62 | 2.45 | 2.33 | 2.36 | 2.44 |
| Total income | | | | | | | | | | |
| Ratio of Top 20%/Bottom 20% | 25.5 | 25.5 | 26.0 | 26.1 | 25.1 | 25.0 | 23.9 | 23.7 | 25.3 | 25.7 |
| Ratio of Top 10%/Bottom 40% | 4.04 | 4.01 | 3.94 | 3.94 | 3.82 | 3.82 | 3.64 | 3.58 | 3.72 | 3.86 |

Source: Report on the survey of household finances and living conditions.

〈Table 9-5〉 Gini coefficients

| Year | | 2012 | 2013 | 2014 | 2015 | 2016 | 2017 | 2018 | 2019 | 2020 | 2021 |
|---|---|---|---|---|---|---|---|---|---|---|---|
| Earned income | Pretax | 0.483 | 0.482 | 0.472 | 0.474 | 0.467 | 0.463 | 0.453 | 0.444 | 0.446 | 0.452 |
| | After-tax | 0.467 | 0.465 | 0.453 | 0.453 | 0.446 | 0.440 | 0.429 | 0.420 | 0.421 | 0.424 |
| | Tax effect | 0.016 | 0.017 | 0.020 | 0.020 | 0.021 | 0.022 | 0.023 | 0.024 | 0.025 | 0.027 |
| Total income | Pretax | 0.528 | 0.526 | 0.524 | 0.524 | 0.519 | 0.520 | 0.513 | 0.509 | 0.514 | 0.520 |
| | After-tax | 0.331 | 0.327 | 0.327 | 0.331 | 0.332 | 0.335 | 0.338 | 0.346 | 0.344 | 0.353 |
| | Tax effect | 0.197 | 0.199 | 0.196 | 0.193 | 0.188 | 0.185 | 0.175 | 0.163 | 0.170 | 0.167 |

Source: Thousandth percentile incomes data (2012-2021), Korea National Tax Office.

the personal income distribution.

In the Korean economy, the inequality of after-tax labor income and total income (= labor income + business income + financial income + real estate rental income) has generally been showing a gradual improvement in 2010s. This can be confirmed through observing the thousandth percentile income tax data. However, since the outbreak of COVID-19 infections in 2020, the distribution has noticeably deteriorated. In both 2020 and 2021, the indicators such as quintile distribution ratio, Palma ratio, and pre- and post-tax Gini coefficient all rebounded (〈Table 9-4〉). For total income, even the 'tax effect,' which shows the degree of improvement owing to the secondary redistribution, has weakened compared to the past (〈Table 9-5〉). This point is also verified by looking at the income share data. The share of the top 5% of total income was 24.9% in 2019 before COVID-19, but rose to 26.1% in

〈Table 9-6〉 Income shares

| Year | Earned income | | | | | Total income | | | | |
|---|---|---|---|---|---|---|---|---|---|---|
| | 2017 | 2018 | 2019 | 2020 | 2021 | 2017 | 2018 | 2019 | 2020 | 2021 |
| Top 1% | 7.5 | 7.3 | 7.3 | 7.5 | 7.9 | 11.4 | 11.2 | 11.2 | 11.7 | 12.1 |
| Top 5% | 20.3 | 20.0 | 19.7 | 20.0 | 20.7 | 25.3 | 25.0 | 24.9 | 25.3 | 26.1 |
| Top 20% | 49.8 | 49.2 | 48.5 | 48.6 | 49.2 | 54.8 | 54.2 | 53.8 | 54.1 | 54.7 |
| Bottom 50% | 18.7 | 19.5 | 20.2 | 20.1 | 19.9 | 15.6 | 16.1 | 16.5 | 16.2 | 15.9 |

Source: Thousandth percentile incomes data (2012-2021), Korea National Tax Office.

〈Figure 9-16〉 The rate of minimum wage raise

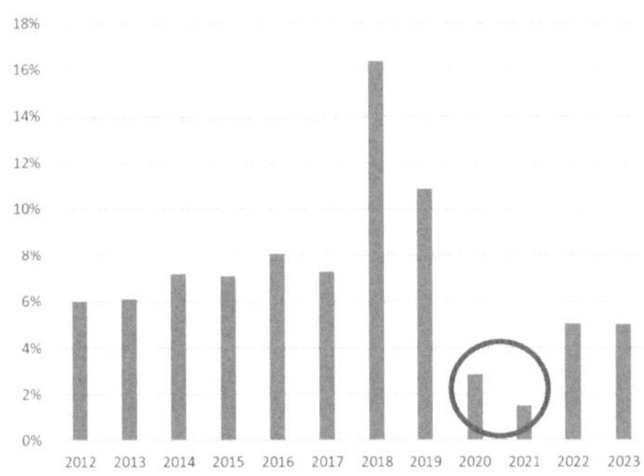


Source: Minimum wage council of Korea.

2021, while the share of the bottom 50% fell from 16.5% to 15.9% over the same period (〈Table 9-6〉). To a large part, this trend seems to be brought about by the effects from the disasters of COVID-19 overlapped with the low minimum wage raise (〈Figure 9-16〉) and weak tax justice.

〈Figure 9-17〉 compares the evolutions of average annual wages per full-time and full-year equivalent employee for Korea and OECD average. It is evident that average annual real wages in 2021 has absolutely declined in Korea. It can be inferred that this wage stagnation worsens income inequality during pandemic.

Domestic data sources for wages in Korea include 'Survey report on labor conditions by employment type' and 'Survey report on business labor force,'

⟨Figure 9-17⟩ Average annual wages in Korea (2021) (USD)

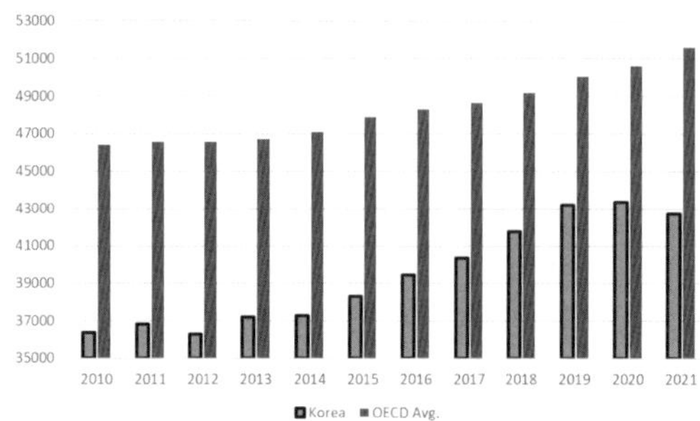


Source: OECD Employment and Labour Market Statistics.

⟨Table 9-7⟩ Growth rate of monthly income in real terms (%)

| Employment type | 2019 | 2020 | 2021 |
|---|---|---|---|
| Total workers | 3.2 | 0.8 | 0.4 |
| Regular workers | 2.5 | 1.7 | 0.3 |
| Non-regular workers | 3.1 | -1.9 | 1.3 |

Source: Survey report on labor conditions by employment type.

⟨Table 9-8⟩ Growth rate of monthly income in real terms (%)

| Employment type | 2019 | 2020 | 2021 |
|---|---|---|---|
| Total workers | 3.0 | 0.5 | 2.1 |
| Regular workers | 2.7 | -0.1 | 2.2 |
| Non-regular workers | 5.9 | 7.3 | 1.4 |

Source: Survey report on business labor force.

both of which are produced by the Ministry of Employment and Labor. The workers whose employment type is classified as 'non-regular' in the former data set experienced real wage decline of 1.9% in 2020 compared to the previous year (⟨Table 9-7⟩). This validates that the adverse impact of COVID-19 shock on employment was most concentrated around the vulnerable group.

According to the latter data set, which is the 2022 survey report on business labor force, the total wage income increased by 4.9% from the previous year. Among them, the wage income of temporary and daily workers increased by 2.8%, and that of permanent workers increased by 5.2%. Consumer price inflation rate was 5.1% during the same period, so the total wage income in real terms decreased by 0.2%, the real wage income of temporary and daily workers decreased by 2.3%, and that of permanent workers increased by 0.1%.

## 8. Evaluating the economic policy responses: Monetary and financial policies

During the pandemic, the monetary policy in Korea was largely accommodative. For the first months after the shock, the Bank of Korea lowered its base rate down to 0.5%, the lowest in the history of the Bank. The rate raise started in August 2021.

Recall from the previous discussion that the effects of the shock were asymmetric and uneven across sectors and across income groups. For this reason, the accommodative monetary policy alone could not stop excess savings from being formed and growing bigger within the economy. Especially, under the condition that the regulatory system imposed on housing market is not very effective and leaves lots of blind spots, monetary easing without strengthening the regulations on housing speculations may induce private sector to increase indebtedness and make wealth distribution more unequal. That was what really happened in Korea. As illustrated in ⟨Figure 9-19⟩, both household debt ratio and business debt ratio increased a lot more than government debt ratio in Korea.

⟨Table 9-9⟩ reveals how passive the fiscal policy responses were in

〈Figure 9-18〉 The Bank of Korea Base Rate (Annual, %)

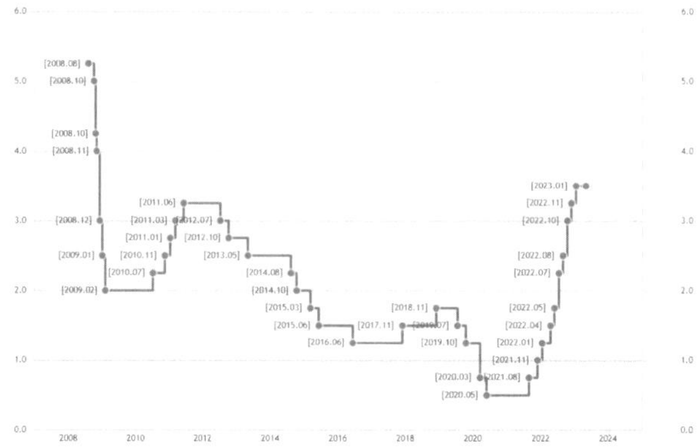


Source: Bank of Korea.

〈Table 9-9〉 Changes in debt to GDP ratio by sector: End of 2019 to end of 1st half of 2021

| Relative to GDP (%p) | Gov't increase | Business debt increase | Household debt increase |
|---|---|---|---|
| Advanced economies | 15.7 | 9.8 | 3.3 |
| Emerging economies | 12.0 | 18.7 | 6.3 |
| Korea | 6.6 | 20.4 | 10.1 |

Source: Credit to the non-financial sector data, BIS.

〈Table 9-10〉 Asset inequality

| Net asset-holding | 2017 | 2018 | 2019 | 2020 | 2021 | 2022 |
|---|---|---|---|---|---|---|
| Top 20% share | 60.0 | 60.5 | 61.5 | 62.0 | 62.0 | 62.0 |
| Bottom 50% share | 11.0 | 10.8 | 10.3 | 10.1 | 9.8 | 9.4 |
| Top 20%/Bottom 20% | 100 | 100.83 | 153.75 | 155 | 124 | 155 |
| Top 10%/Bottom 40% | 6.97 | 7.29 | 7.87 | 8.09 | 8.33 | 7.78 |
| Gini coefficient | 0.584 | 0.588 | 0.597 | 0.602 | 0.603 | 0.606 |

Source: Report on the survey of household finances and living conditions.

Korea. The households and firms had to cope with economic disasters on their own because they believed the government would back them up only partially. In that sense, the buildup of private debts during pandemic was an inevitable consequence of the sound finance of the government in Korea. Meanwhile, this buildup of debts also worsened wealth distribution. The 〈Table 9-10〉 above exhibits that the share of asset-holding by the bottom

〈Figure 9-19〉 Total debt to GDP ratio by sector

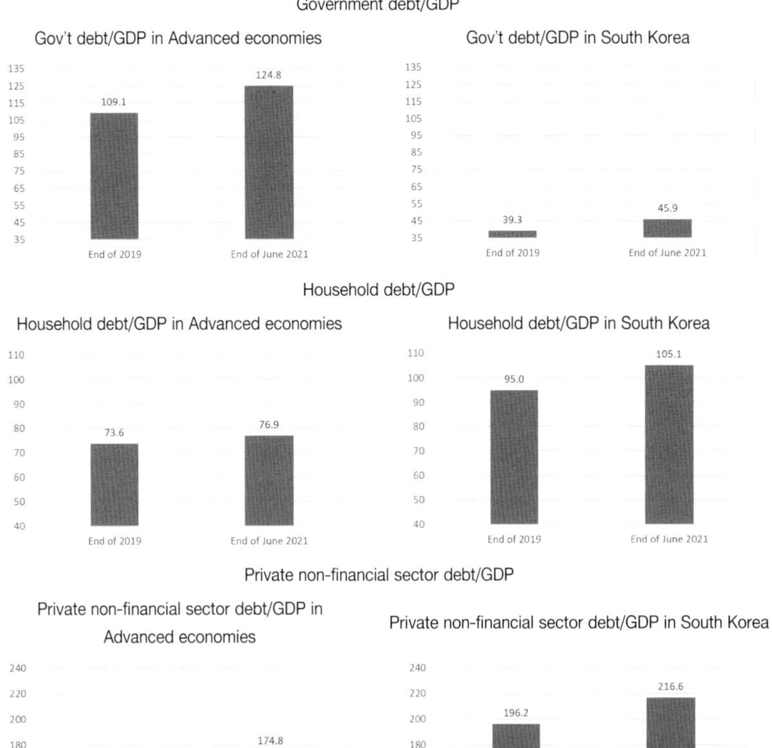


Source: Credit to the non-financial sector data, BIS (Bank for International Settlements).

half decreased from 10.3% in 2019 to 9.4% in 2022. Likewise, the Gini coefficient for wealth distribution increased throughout the pandemic period.

## 9. Conclusion and Summary

The global economy was in trouble during the COVID-19 crisis. But the Korean economy was relatively less impacted thanks to the efficient infection control system run by the Korean government. However, even while the risk of infection was relatively well controlled, the Korean economy still suffered a catastrophe of massive job losses for a considerable period of time. The deteriorating income distribution has become a long- lasting problem that is difficult to solve. The reasons may be complex, but passive fiscal policy stance may be one of them. Even in the face of crisis, the Korean government struggled to maintain a fiscal surplus. This overemphasis on sound finance may be the product of dogmatic inertia to the outdated doctrines of neoclassical economics.

The Korean government tried to compensate for the lack of direct fiscal support with liquidity support. In the historically low interest rate situation, financial means were more actively utilized than the direct fiscal measures. As the inefficient regulatory system on housing market was left as it was without improvement, asset market became overheated and household debt increased drastically. It was the passive fiscal management that eventually led the Korean economy to one of the world's highest levels of private debt comparative to GDP.

However, the excessive burden of private debt made the effective demand constraint even more binding. As the domestic demand base shrinks further, the Korean economy is always at risk of being caught in a vicious circle. Inclusive recovery is impossible unless the risk of this vicious circle is prevented.

The export-led growth feature of the Korean economy can also potentially create another vicious circle. Excessive dependence on foreign demand not only weakens the internal linkage of the economic structure, but also tends to force austere stance in macroeconomic policy making due to the need for lowering production costs to enhance export competitiveness. In that case, the constraints on effective demand will be further strengthened, resulting in a further contraction of the domestic demand base. ⟨Figure 9-20⟩ exhibits the working mechanism of these two negative feedback loops.

From this diagnosis of the Korean economy based on the experience of the COVID-19 crisis, we can draw alternative policy proposals, albeit briefly. Above all, enlarging the domestic effective demand base is a key link in controlling the risk of multiple negative feedback loops. To increase domestic demand, the labour income must increase, so it is essential to improve the primary income distribution by strengthening the bargaining power of working class and raising wages based on it. Another important task is to improve the secondary redistribution by strengthening fiscal responsibility. In essence, it is indispensable to be able to contain the dominant market power of jaebeol, which is a form of monopoly capital uniquely found in Korea, of which the typical strategy of accumulation is to rely on foreign demand and financialization. The labour union movement in Korea should be clear about these policy directions in order to overcome the COVID-19 crisis and to achieve an inclusive, equitable and sustainable recovery of the economy.

〈Figure 9-20〉 Multiple negative feedback loops

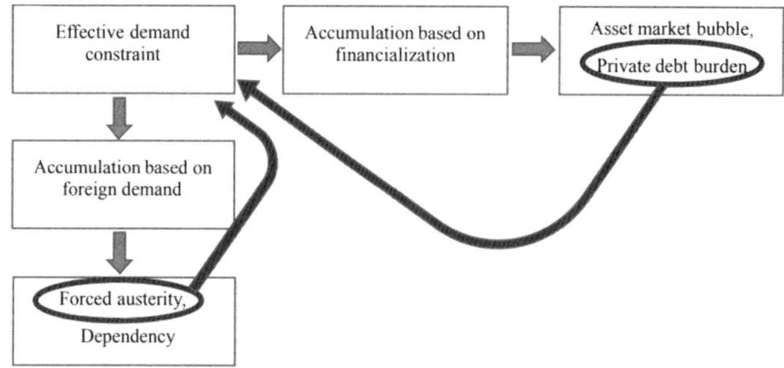

## 참고문헌

Asian Development Bank. 2021. Assessment of COVID-19 Response in the Republic of Korea.

Blanchard, Olivier. 2019. "Public debt and low interest rates." *American Economic Review*, Vol. 109, No. 4.

Joo, S.Y., K.K. Lee, W.J. Nah, S.M. Jeon, and D.H. Jo. 2020. *The Income-led Growth in Korea: Status, Prospects and Lessons for Other Countries*. Korean Institute for International Economic Policy.

Ko, K. and B. Kim. 2020. "A critical review of the evaluation of the COVID-19 response in South Korea: Issue changes and analysis of empirical evidence." *Korea Journal of Policy Studies*, Vol. 58, No. 4 (written in Korean).

Nah, W.J. 2018. "The first year of income-led growth policies in Korea: A post-Keynesian view." *Journal of Korean Economic Development* (Journal of the Korean Development Economics Association), Vol. 24, No. 3.

Nah, W.J. 2022a. "A contribution to the restoration of fiscal responsibility." PPIP Issue paper 2022-15, KPTU (written in Korean).

_____. 2022b. "Fiscal policy to ensure universal quality public service." Shifting Narratives Online Global Conference.

_____. 2022c. "The background of the inclusive economy and income-led growth of the Moon, Jae-In government." in *Economic Policy of Inclusion and Innovation*. Presidential Commission on Policy Planning (written in Korean).

_____. 2022d. "The logic of wage-led growth and the significance and limitations of its Korean adaptation." *Economy and Society* (Journal of the Critical Sociological Association of Korea), Iss. 135 (written in Korean).

OECD. 2021. Inclusive Growth Review of Korea: Creating Opportunities for All.

Statistics Research Institute. 2022. *Korean Social Trends 2022* (written in Korean).

제4부

# 경제 불평등 해소와 포용

제1장

# 불평등과 민주주의, 그리고 국민의 도덕성*

전강수 | 대구가톨릭대학교 명예교수

## 1. 들어가는 말

이명박 정부 시절 아래의 인용문이 사람들의 입길에 오르내린 적이 있다.

> 부패한 민주정에서는 언제나 최악의 인물에게 권력이 돌아간다. …… 최선의 인물은 바닥에 가라앉고 최악의 인물이 정상에 떠오른다. …… 국민성은 권력을 장악하는 자……의 특성을 점차 닮게 마련이어서 국민의 도덕성이 타락한다(조지, 2016: 533).

1879년에 발간된 헨리 조지(Henry George, 1839~1897)의 『진보와 빈곤(Progress and Poverty)』에 나오는 구절인데, 오래전에 쓰인 내용임에도 이명박 정권의 성격과 당시 한국 사회의 상태를 정확하게 묘사한다고 여겨져 여러 사람이 인용했던 것으로 기억한다. 2008, 2009년에는 부동산 때문에 한국 국민의 도덕성도 타락한 듯 보였다. 서울과 수도권에서는 주민들이 앞장서서 뉴타운 사업

* 이 글은 필자의 ≪오마이뉴스≫ 칼럼 2023년 7월 21일 자와 2023년 8월 28일 자를 합쳐서 수정·보완한 것임을 밝혀둔다.

지정을 요청했고, 2008년 총선에서는 서울의 48개 선거구에서 40개 의석을 한나라당(국민의힘 전신)이 차지했을 정도다. 당시 한나라당 후보들은 한결같이 뉴타운 사업으로 주민들에게 부동산 자본이득을 안겨주겠다고 공약했다. 그래서 혹자는 당시의 한국 정치를 '탐욕의 정치'라고 묘사했다. 유권자의 탐욕에 기대어 표를 얻으려 했다는 뜻이다.

헨리 조지는 고전학파의 '토지 중심의 경제학'을 복원하고 '시장친화적 토지공개념'을 설파한 경제학자다. 사회주의가 붕괴하고 신자유주의의 실패가 분명해진 요즘, 그의 경제사상은 전 세계에서 유력한 대안 사상으로 부상하고 있다. 그가 남긴 불후의 명저 『진보와 빈곤』과 『사회문제의 경제학』(조지, 2013)에는 뛰어난 경제사상이 들어 있을 뿐만 아니라, 위의 인용문에서 보듯이 군데군데 탁월한 정치적 견해도 담겨 있다.

## 2. 민주주의의 취약성을 지적한 헨리 조지

헨리 조지의 정치사상에는 두드러지는 점이 두 가지 있다. 하나는 민주주의의 취약성을 지적한 것이고, 다른 하나는 민주주의가 부패할 때에는 국민의 도덕성도 타락한다고 주장한 것이다. 그는 정치적 자유와 평등이 사회를 진보시키는 역할을 한다는 것을 인정한다. 민주주의가 도입되고 정치적 자유와 평등이 실현되면, 부와 권력의 평등한 분배도 실현된다. 문제는 평등한 부의 분배 상태가 지속하기 어렵다는 점이다. 특히 사회가 진보하면서 토지가치가 상승하면, 토지가 소수의 수중에 집중되기 시작하고 그로 인한 불평등이 심해지는데, 그것이 정치적 민주주의를 형해화시킨다. 헨리 조지는 형식적 민주주의는 일정한 조건만 있으면 간단히 전제체제로 변질할 수 있다고 주장한다. 전제체제가 국민의 이름과 힘으로 진전되기 때문이다. 민주 공화정을 가장 야만적이고 잔인한 전제체제로 바꾸는 데는 헌법을 고치거나 보통선거 제도를 포기할 필요가 없다.

토지독점으로 불평등이 심해지고 민주주의가 형해화하면, 국민성도 부패한다. 기득권층은 자신의 권리를 추구하느라 눈이 멀어 국민 전체의 이익을 고려하는 법이 없다. 형식적 민주주의에서 권력을 장악한 독재자가 폭정을 일삼아도, 그를 매수할 수 있다는 희망이 있는 한 맞서 싸우려고 하지 않는다. 그들은 손 하나 까딱하지 않아도 꾸준히 불어나는 재산을 바라보며 현상 유지에 애쓸 뿐이다. 그렇다고 가난한 대중이 국가를 정의롭게 만들고 국민 전체의 이익을 증대시키는 일에 나서지도 않는다. 그들은 하루하루 살아가는 일이 힘들어 허덕이고, 답답한 상황에 불만을 품고 부글거리기는 하지만, 고통의 원인이 무엇인지, 어떻게 하면 해결할 수 있는지에 대해서는 관심이 없다.

최악의 인물이 부패로 부와 권력을 장악하는 모습이 일상화한 나라에서는 국민 다수가 부패를 눈감아주다가 마침내 부패를 부러워하는 상태가 되고 만다. 기득권층도, 대중도 참 자유와 평등에 무관심해질 때, 악한 정치꾼들이 권력을 잡고 한참 동안 그 권력을 휘두르다가 나중에는 더 악한 선동가로 대체된다(조지, 2016: 532~533). 민주주의의 부패는 국민성의 부패로 이어지고, 국민성의 부패는 국가의 쇠락을 초래할 수밖에 없다고 비관적으로 단언한 헨리 조지의 견해가 오랜 세월이 지난 오늘날 새삼 주목을 받는 이유는 21세기 민주주의의 위기를 예언한 듯한 느낌을 주기 때문이다.

## 3. 헨리 조지의 패러다임에 비춰본 한국 사회

헨리 조지가 제시한 패러다임에 비추어 오늘날 한국 사회를 진단하면 어떻게 될까? '촛불혁명'으로 부패한 정권을 무너뜨리고 새로운 민주 정부를 수립하자, 전 세계는 대한민국을 주목했고, 민주주의를 회복하고 남북한 평화를 정착시키고자 한 문재인 대통령의 노력은 각광을 받았다. 대한민국은 전 세계에서

민주주의의 상징처럼 떠올랐다. 때마침 케이 컬처가 전 세계를 휩쓸었고, 코로나 방역에 성공적으로 대처하면서 한때 문재인 대통령은 '글로벌 대통령'으로 칭송받기까지 했다.

그런데 지금은 어떤가? 찬란했던 민주국가가 순식간에 박정희·전두환 치하의 독재국가처럼 변했다. 군인들이 총칼을 사용해 쿠데타를 일으킨 것도 아니다. 전체적으로 볼 때 현 정권의 집권 과정에 불법과 무력이 동원되지도 않았다. 민주주의의 형식적 절차가 훼손되지 않았는데도, 정권의 성격이 급변했으니 국민은 당황할 수밖에 없다. 하지만 헨리 조지에 따르면, 민주주의 사회에서 이런 일은 너무도 쉽게 일어난다. 원인은 바로 불평등에 있다.

그러고 보니 문재인 정부는 외형상 화려해 보이는 일에 몰두하느라, 사회 안에서 불평등이라고 하는 암종이 자라나는 것을 방치했다. 문재인 정부 임기 5년 동안 부동산값은 역대 정부 최고로 폭등했고, 한 곳의 투기를 잡으면 다른 곳으로 번지는 '풍선효과'는 역대 정부 최다로 발발했다. 부동산 문제로 인한 불평등은 노력소득의 격차로 인한 불평등에 비해 국민의 도덕성에 훨씬 나쁜 영향을 끼친다. 생산적 투자에는 관심 없이 비업무용 땅 사재기에 '올인'하는 기업, 대출받아서 갭투자 하는 데 관심과 정력을 다 쏟은 회사원, 부동산 특강 강사를 따라 아파트 사냥 투어에 나섰던 부녀자, '영혼'까지 끌어모아 주택을 매입한 2030 세대, 건물주가 꿈인 중학생 등이 한때 우리 사회의 상징처럼 부상한 것을 떠올려 보라. 부동산 과다보유자들과 토건족들은 희희낙락했고, 부동산 투기의 바람에 올라타지 못한 사람들은 원인을 따지지 않은 채 불만을 품고 부글거렸다. 우리 사회의 다수가 정의와 자유를 실현하고 국민 전체의 이익을 도모하는 데는 아무런 관심이 없었다. 촛불 정부의 실력자들도 매일매일의 지지율 동향에 전전긍긍하면서도 개혁적 부동산 정책을 과감하게 펼치는 데는 소홀했다.

국민 다수의 불만과 분노는 보통선거 제도하에서 소위 '검찰 정권'을 탄생시키는 쪽으로 표출되었고, 찬란했던 민주 정부는 역사의 뒤안길로 사라져 버렸다. 기본 인권을 마음껏 누리던 국민은 짧은 기간에 아주 사소한 일에서조차 정권의 탄압에 신경 써야만 하는 군색한 처지로 떨어지고 말았다. 권력을 손에 넣은 정치꾼들은 신난 듯 그 권력을 휘두르고 있다. 게다가 문재인 정부가 펼쳤던 몇 안 되는 불평등 완화 정책조차 모조리 후퇴시키고 있다. 우리 국민이 국민 전체의 이익을 외면한 후과(後果)가 너무 크다.

헨리 조지는 국민이 깨어나서 권력자를 제대로 제어하지 않으면, 더 악한 선동가에게 권력이 넘어갈 것이라 예언한다. 다음번 총선과 대선을 거치면 민주적이고 정의로운 정권이 회복되리라는 희망을 품은 사람들에게는 실로 끔찍한 예언이다. 관건은 국민 다수가 국민 전체의 이익을 생각하며 살 것인지 아닌지에 달려 있는데, 전망은 그다지 밝지 않다. 자기를 희생해 나라를 살리려는 의로운 부자도, 애국심과 정의감에 불타 나라를 바로 세우려는 정치인도, 부동산 투기가 아닌 땀과 노력으로 먹고살겠다고 결단하는 건강한 시민도, 열심히 공부해서 기업을 일구고 국가 발전에 이바지하겠다는 학생도 찾아보기 어려우니 말이다. 많은 사람이 정권의 횡포에 분노하지만, 나는 우리 국민의 전반적인 상태가 걱정스럽다.

국민의 전반적 상태에 대한 위의 진단을 증명하기라도 하듯이, 최근 학교 현장에서, 길거리에서, 공원에서 과거에 보지 못했던 끔찍한 일들이 계속해서 일어났다. 약간의 지각이라도 있다면, 이 모든 일이 하나의 깊은 원인에서 비롯되고 있다는 것을 어렴풋이 느낄 것이다.

## 4. '평등지권 사회'가 '부동산 공화국'으로 전락한 과정

국민의 전반적 상태가 이렇게까지 된 것을 두고 국민에게만 책임을 물을 수는 없다. 나라 살림을 맡은 정치인들, 여론 형성에 지대한 영향을 끼치는 언론들, 진리를 탐구하고 밝혀야 할 지식인들의 책임이 막대하다. 그들의 배후에서 온 나라를 쥐락펴락하는 기득권층의 책임이야 일러 무엇 하겠는가. 여기서 한 가지 의문이 생긴다. 도대체 왜 이렇게 됐을까.

제2차 세계대전 후 출현한 많은 신생 독립 국가들과는 달리, 한국은 농지개혁을 성공시켜 전 세계에서 가장 평등한 사회를 이룩했다. 지주의 땅을 유상몰수해서 소작농에게 유상분배하는 엄청난 개혁을 단행함으로써, 그 얼마 전까지 극도로 불평등했던 '대지주의 나라'를 '평등한 소농의 나라'로 급변모시킨 것이다. 나는 이를 '평등지권(平等地權) 사회'라고 부른다. 지주들 밑에서 고율 소작료에 시달리다가 자기 땅을 갖게 된 소농들은 밤낮 가리지 않고 일해서 재산을 불렸고, 그 돈으로 자녀 교육에 투자했다. 식량 증산과 우수한 노동력 공급, 사회 엘리트층 배출 등 경제성장에 꼭 필요한 중요한 요인들이 농지개혁의 효과로 출현했다. 외국의 학계에서는 한국의 경제성장이 매우 빨랐다는 것뿐만 아니라 성장 과정에서 분배문제를 일으키지 않았다는 점에 주목한다. 이른바 '공평한 고도성장'을 달성했다는 것이다.

농지개혁 단행 이후 한국 사회가 누렸던 평등성은 공업화·도시화가 급격히 진행되면서 약해지기 시작했다. 땀 흘려 일하고 열심히 노력하는 것 외에도 돈을 벌 수 있는 통로가 있다는 것이 드러나면서, 처음에는 권력자 주변 사람들, 나중에는 일반 국민까지 부동산 투기에 뛰어들었다. 급기야 한국 사회에서 돈을 벌려면 무조건 부동산을 사야 한다는 '신화'가 형성되었다. '토지 신화', '부동산 불패 신화'라는 신조어는 그렇게 등장했다. 농지개혁으로 실현된 평등성은 어디로 갔는지 자취를 감추고, 토지와 부동산이 소수의 수중에 집중되어 소득·자산 불평등의 핵심 원인으로 자리 잡았다.

오늘날의 대한민국은 '부동산 공화국'이라고 불러야 마땅하다. 부동산 때문에 불평등과 양극화가 심해졌고, 부동산 때문에 많은 중소기업과 자영업자들이 망한다. 부동산 때문에 등 붙일 공간을 마련하지 못한 서민들의 애환은 깊어가고, 부동산 때문에 청년들은 결혼과 출산을 피하고 있다. 부동산 때문에 경제 성장률은 떨어지고, 부동산 때문에 일자리 창출도 어렵다. 모든 경제문제의 뿌리에 부동산이 자리한다고 해도 과언이 아니다.

공업화·도시화가 진행되는 곳에서 토지가치가 상승하고 부동산 문제가 불거지는 것은 어찌 보면 자연스러운 현상인지 모른다. 하지만 한국의 경우는 찬란했던 평등지권 사회가 문제투성이의 부동산 공화국으로 추락했다는 점에서 유별나다. 여기에는 박정희 정권의 무분별한 도시개발, 그 후 정부들의 '냉열탕'식 부동산 정책 운용, 건설업체를 중심으로 한 토건족의 과대 팽창과 그로 인한 언론의 부패 등의 요인이 함께 작용했다.

하지만 수십 년에 걸쳐서 평등지권 사회가 부동산 공화국으로 전락하는 과정은 추락 일변도는 아니었다. 중간중간 부동산 투기와 불로소득을 근절하여 토지 정의를 실현하려는 시민과 정부의 노력이 있었고, 일정한 성과를 거두기도 했다. 문제는 한국 국민이 그 성과를 지키는 데 실패했다는 점이다.

첫째, 이승만 정부가 단행한 농지개혁 자체가 모든 농민에게 평등지권을 부여해 조선 후기 실학파들이 꿈꾸었던 사회를 창출했다. 이는 도저히 불가능해 보였던 이상(理想)을 실현한 놀라운 사건이었다. 최근 뉴라이트 인사들과 한동훈 법무부 장관이 농지개혁을 이승만의 치적으로 극구 상찬한다는 보도를 접했다. 이들이 왜 이런 발언을 하는지 이해가 가지 않지만, 사실 인식에 문제가 있음은 분명하다. 우선 이들은 지금 한국에서 농지개혁과 유사한 정책을 추진한다고 하면 거품 물고 반대할 사람들이다. 스스로 동조하지 못할 이상을 이승만이 실현했다고 상찬을 하고 있으니, 웃어야 할지 울어야 할지 모르겠다.

게다가 이승만은 농지개혁을 농민을 위한 정책이라고 여기고 추진하지는 않았다. 단지 미국의 압박과 당시 지주층의 견제를 누르고 농민층을 무마하기 위해 정략적으로 추진했을 뿐이다. 농지개혁을 개혁으로 여기고 성공시키기 위해서 헌신했던 사람들은 조봉암 초대 농림부 장관과 농림부 내 농지개혁법 기초위원회 인사들(조봉암, 강정택, 강진국, 이순탁 등 4인), 그리고 국회 내 혁신적 성향의 소장파 의원들이었다. 물론 이런 엄청난 개혁이 성공할 수 있었던 데는 당시 미국이 남한의 농지개혁에 적극적인 태도를 보였다는 사실이 결정적인 요인으로 작용했다.

둘째, 박정희 정권의 무분별한 도시개발의 결과로 부동산 투기 광풍이 불기 시작해 주기적 현상으로 발전하고 있을 때, 노태우 정부가 종합토지세와 토지공개념 3법을 도입했다. 1986년부터 이어진 국제수지 흑자가 1988년에 절정에 달하고, 그해 3월에 13대 총선, 9월에 서울올림픽이 치러지자, 막대한 유동성이 시중에 풀리면서 엄청난 투기가 발발한 것이다. 1989년 전국 평균 지가 상승률은 39%를 기록했다. 노태우 정권은 이를 사회의 토대를 흔드는 위험한 현상으로 받아들였고, 부동산 제도를 근본적으로 개혁하지 않으면 안 되겠다고 판단했다. 이때 결정적인 역할을 했던 것은 경제정의실천시민연합(경실련)과 조순·문희갑·김종인 등 개혁적 성향의 정부·청와대 인사들이었다. 노태우 정부의 이 정책에 대해 국민은 압도적인 지지를 보냈다. 토지공개념을 두고 행한 여론조사 지지율이 거의 90%에 달했으니 말이다. 이때는 조·중·동 등의 언론도 토지공개념을 지지하는 기사를 내보내고 있었다. 국민이 깨어 있고, 언론이 공정하며, 국민 여론에 부응하는 개혁가들이 있으면 상당히 의미 있는 경제개혁이 성공할 수 있음을 보여주는 좋은 사례다.

하지만 유감스럽게도, 토지공개념 3법은 위헌 소송의 대상이 되어 모두 위헌 또는 헌법 불합치 판정을 받았으며, 그 가운데 '택지 소유 상한에 관한 법률'은 1999년 위헌 판정이 내려지기 전 위헌 소송이 진행되는 도중에 폐지되었으며, '토지초과이득세법'은 1994년 헌법 불합치 판정을 받은 후 문제 조항의 개정을 거쳐 몇 년 동안 유지되다가 1998년에 폐지되었다. 단, 토지공개념 3법 가운데 '개발이익 환수에 관한 법률'은 1998년 위헌 판정을 받았지만, 문제 조항의 개정을 거쳐 현재까지 유지되고 있다. 오늘날 적지 않은 국민이 토지공개념을 위헌이라고 믿는 것은 토지공개념 3법이 이런 우여곡절을 겪었던 기억을 가졌기 때문이다.

셋째, 노무현 정부는 한국 사회에서 부동산이 근본 문제라는 인식을 깔고서 정책을 수립하고 집행했다. 노무현 대통령부터 2003년 11월 "강남이 불패라면 대통령도 불패로 간다"고 하고, 2006년 4월 "참여정부의 부동산 정책이 완화되거나 후퇴하는 일이 없도록 직접 챙기겠다"고 할 정도로 부동산 문제를 근본적으로 해결하려는 의지가 강했다. 실제로 노무현 정부의 부동산 정책은 역대 어느 정부도 펼치지 못한 기념비적인 것들이었다. 부동산 실거래가 제도를 도입하여 시장의 투명성을 획기적으로 높인 것, 부동산보유세 강화의 장기 로드맵을 만들어 법제화한 것, 개발이익 환수제도를 정비한 것, 지역 균형발전을 도모하기 위해 행복도시와 혁신도시 건설을 추진한 것, 공공임대주택 공급을 대폭 확대해서 주거복지의 수준을 높이고자 한 것 등 이루 열거하기도 어렵다. 이런 뛰어난 정책들이 추진될 수 있었던 데는 노 대통령의 결연한 의지, 이정우·정태인 등 개혁파 청와대 인사들의 맹활약이 중요한 역할을 했다.

부동산 문제를 근본적으로 해결하려고 했으니, 부동산 과다보유자들과 토건족이 가만히 있을 리가 없었다. 이들은 조·중·동 등 보수 언론과 시장 만능주의 학자들을 대거 동원했다. 보수 언론과 시장 만능주의 학자의 주장은 소위 '세금폭탄론'으로 집약되어, 당시 언론 지면을 연일 장식했다. 노무현 정부가 종합부동산세(종부세)를 도입해서 집 한 채 가진 서민들에게까지 막대한 세금을 부과하려고 한다는 내용이었다. 세수가 3조 원도 안 되는 작은 세목에 이렇게 맹렬한 공격이 가해진 것은 정말 신기한 일이다. 그러자 종부세 부담과 아무 관련이 없던 중산층과 서민층, 지방 주민들이 마치 노무현 정부가 자신들에게 세금'폭탄'을 퍼붓기라도 하는 것처럼 착각하기 시작했다. 게다가 노무현 대통령이 장담했던 집값 안정도 기대하기 어려운 상황이 이어지면서 대대적인 민심 이반이 일어났다. 노무현 대통령이 '깨어 있는 시민의 조직된 힘'을 그렇게도 강조했던 이유는 부동산 정책과 관련한 '싸움'에서 대중이 언론과 학자들의 여론조작에 너무도 쉽게 넘어가는 것을 목격했기 때문이 아닐까.

넷째, 이명박·박근혜 정부는 노무현 정부가 간난신고(艱難辛苦) 끝에 도입한 개혁적 부동산 제도를 모조리 뒤집었다. 두 정부의 임기 동안에 시장 만능주의적 부동산 정책은 절정기를 맞았다. 과거 보수 정부들은 그래도 부동산 투기를 해소하려는 노력을 어느 정도 했지만, 이명박·박근혜 두 정부는 거꾸로 부동산 투기를 부추기는 정책으로 일관했다(박근혜 정부의 '빚내서 집 사라' 정책을 기억하라). 이는 '보수 세력의 퇴락'이라고 불러도 좋겠다.

이명박 박근혜 정부의 시장 만능주의적 부동산 정책으로 부동산 투기에 불이 붙기 시작한 즈음 문재인 정부가 출범했다. 문 정부는 토지공개념을 명시하는 개헌안을 제안하는 등 일부 개혁적 행보를 보이기도 했으나, 집권 후 3년 동안 내내 시장을 적당히 마사지하는 일에 몰두했다. 부동산 문제를 근본적으로 해결할 중요한 정책들에는 관심을 기울이지 않았다. 부동산 시장이 걷잡을 수 없는 상황이 되자, 그제야 다주택자에게 정말로 세금폭탄을 퍼붓는 무리한 정책을 쏟아냈다.

노무현 대통령과는 달리, 문재인 대통령은 부동산 문제를 근본적으로 해결하려는 의지가 없었고, 참모들도 대통령의 심기를 살필 뿐 부동산 개혁을 추진할 생각이 없었다. 결과는 재집권 실패였다. 언론 환경은 노무현 정부 때보다도 더 나빠졌다. 조·중·동뿐만 아니라 거의 모든 언론이 시장 만능주의적 정책을 지지했다. 일반 시민의 생각도 크게 바뀌었다. 단순히 세금폭탄론의 영향을 받아서 정치적 판단을 그르치는 정도가 아니라, 적극적으로 투기에 나서서 자기 이익을 추구하는 것을 옳다고 믿게 되었다. '영끌족' 이야기, 건물주를 꿈꾸는 중학생 이야기 등은 이런 경향을 상징적으로 보여준다.

윤석열 정부는 문재인 정부의 부동산 정책 오류를 적극적으로 '활용'하여 이명박 정부보다도 더 빠르고 철저하게 시장 만능주의적 부동산 정책을 펼치고 있다. 종부세·재산세·양도소득세 등 부동산 불로소득 환수 장치들이 모조리 후퇴했고, 문재인 정부가 일부 성과를 낸 공공임대주택 확대 정책도 축소되었다. 재건축·재개발 규제는 완화되었고 금융규제도 마찬가지였다. 언론은 윤 정부의 이런 정책의 위험성에 대해서 경고하지 않는다. 이명박 정부 때는 노무현 정부의 정책을 뒤집는 데 대해서 시민들의 반발이 심했지만, 지금은 그보다 훨씬 더한 정책이 시행되는데도 큰 반발이 없다. 이를 두고 국민의 도덕성이 부패했기 때문이라고 하면 지나칠까.

## 5. 나가는 말

인간의 마음에는 이기심과 이타심이 뒤섞여 있다. 신고전학파 경제학자들은 인간은 이기적인 존재라고 가정하고 은근히 이기적으로 행동하는 것이 옳다고 암시하지만, 실제는 그렇지 않다. 일찍이 이 사실을 간파하고, 시민에게 진리의 힘, 이타심, 애국심을 고취하려고 노력했던 헨리 조지는 다음과 같이 말했다.

> 나는 내 목소리를 들을 수 있는 사람들에게 그들 자신의 권리를 요구하기보다는 힘없는 다른 사람들의 권리를 보장하기 위해 노력하라고 촉구하고 싶다. 이익을 따지는 마음보다는 의무감이 사회의 개선에 더 효과가 있으며, 이기심보다는 동정심이 더 강력한 사회적 힘이다. 모든 위대한 사회개혁은 자신의 기쁨만을 추구하는 정신이 아니라, 다른 사람들의 삶을 더 낫고 고상하고 행복하게 만들고자 노력하는 정신으로부터 시작되고 활성화된다. 왜냐하면 사악한 맘몬(부와 탐욕의 신)은 그럴만한 가치가 있다고 생각할 때는 언제라도 이기적인 사람들을 매수하지만, 이기적이지 않은 사람들을 매수할 수는 없기 때문이다(조지, 2013: 123~124).

앞에서 말했듯이, 현재 한국 국민의 전반적 상태는 별로 좋지 않다. 이 상태로 가면 다음번에는 "더 악랄한 선동가"에게 권력이 넘어갈 가능성도 있다. 하지만 희망이 없는 것은 아니다. 우리 국민이 자신의 현재 모습을 냉정하게 되돌아보고 예전에 가졌던 이타심과 애국심을 회복한다면, 대한민국은 농지개혁 이후 그랬던 것처럼, 다시 한 번 '정의의 길', '도약의 길'로 힘차게 나아갈 수 있다.

## 참고문헌

조지, 헨리(Henry George). 2013.『사회문제의 경제학』. 전강수 옮김. 돌베개.
_____. 2016.『진보와 빈곤』. 김윤상 옮김. 비봉출판사.

제2장

# 소득 불평등 현황과 대책*

홍민기 | 한국노동연구원 선임연구위원

이 글에서는 2010년대 이후 소득 불평등의 현황과 특징을 살펴본다. 소득은 크게 노동소득과 자본소득으로 나눌 수 있다. 소득 가운데 노동소득이 차지하는 비중인 노동소득 분배율의 현황을 알아본다. 소득 가운데 노동소득 전체와 자본소득의 일부(자영업자의 이윤, 금융소득)가 개인 소득으로 귀속된다. 이 글에서는 개인소득 불평등의 지표로 소득 비중의 변화를 살펴본다. 가구소득은 시장소득과 정부정책의 효과를 포함한 가처분소득으로 나눌 수 있다. 시장소득과 가처분소득 불평등도의 변화를 보면 정부정책의 영향을 가늠할 수 있다. 나아가 이 글에서는 불평등을 완화할 수 있는 정책 방안을 검토한다.

## 1. 2010년 이후 소득 불평등 현황

노동소득 분배율은 2010년 이후 증가하는 추세에 있다. 국민소득을 가계와

* 이 글은 2022년 10월 '경제불평등 심화, 어떻게 대응할 것인가' 심포지엄에서 발표한 내용을 문장으로 서술한 것이다.

〈그림 2-1〉 노동소득 분배율과 가계 소득의 비중 (단위: %)

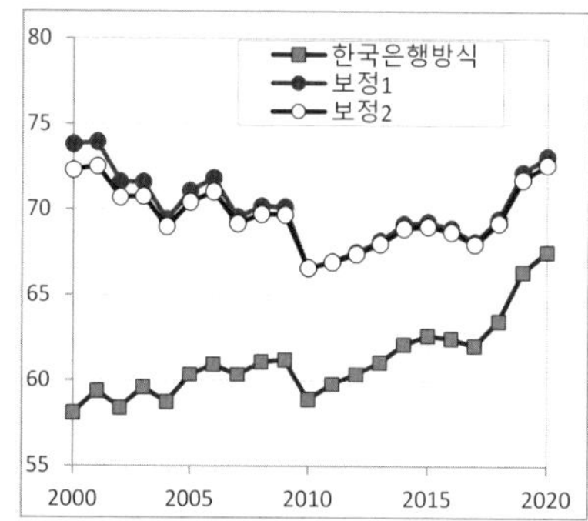


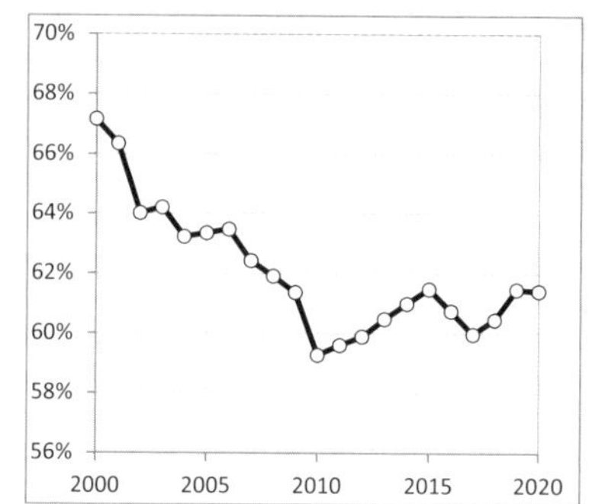


주: 한국은행방식: 자영업자 소득 = 이윤, 보정1: 자영업자 소득 중 노동소득의 비중이 경제 전체의 노동소득 분배율과 같다고 가정. 보정2: 자영업자 소득 2/3를 노동소득으로, 1/3을 자본소득으로 간주.
자료: 윤관석 의원실 보도자료(2020.10.8).

〈그림 2-2〉 노동소득 분배율 구성항목별 증가율(%)과 피용자 보수 증가액

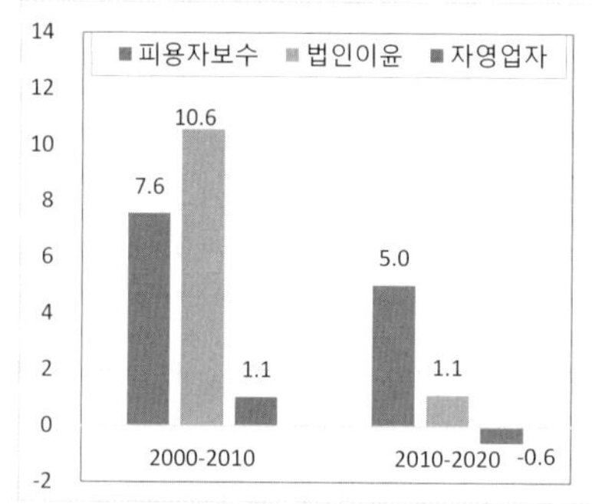


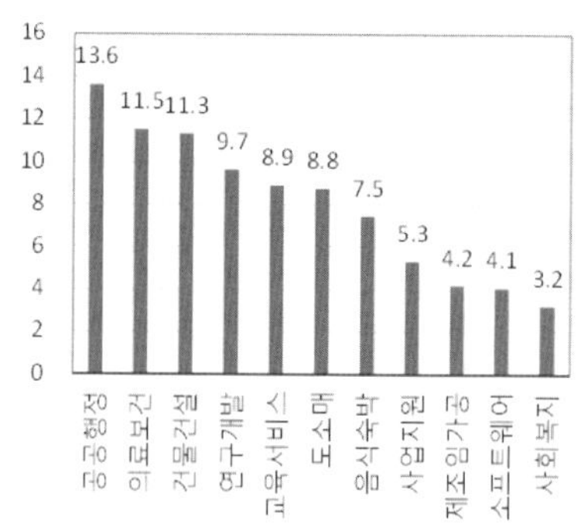


자료: 국민계정.

기업소득으로 나누었을 경우, 가계소득이 차지하는 비중은 2000년대 급격하게 감소하다가 2010년대에 하락세를 멈추었다.

노동소득 분배율의 변화는 무역의 변화와 관련이 깊다. 2000년대에는 세계 무역, 특히 중국과의 무역이 증가하면서 수출 대기업의 이윤이 크게 증가하였다. 그 결과 노동소득 분배율이 감소하였다. 2010년대에는 세계 무역이 정체하면서 수출 대기업의 이윤이 정체하였고, 이에 따라 노동소득 분배율이 증가하였다.

〈그림 2-3〉 최상위 소득 집단 비중과 소득 종류별 비중

최상위 집단 소득 비중

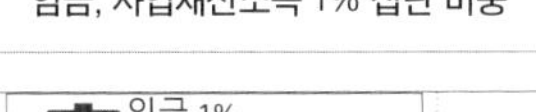


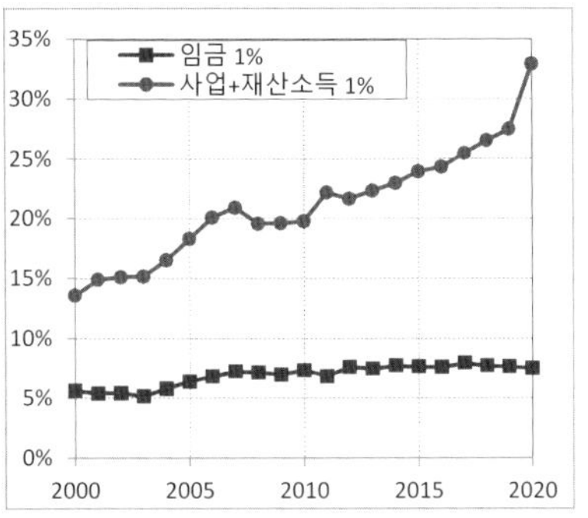


자료: 국세통계. 홍민기(2015).

〈그림 2-4〉 상위집단 금융소득과 임금 비중

금융소득(이자 + 배당) 소득 비중

임금 비중

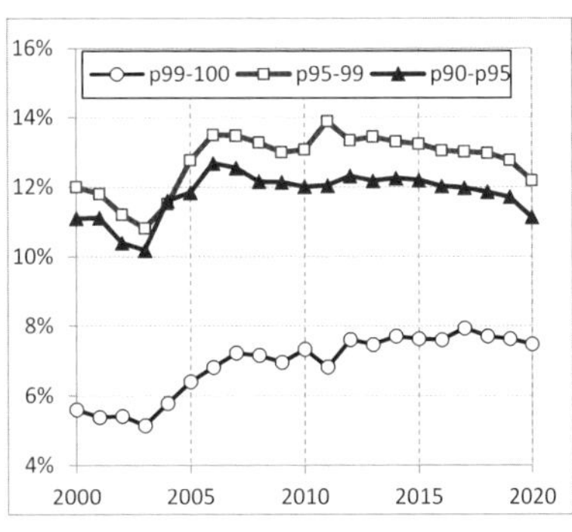


자료: 국세통계자료로부터 필자 계산. 홍민기(2015).

국민계정에서 피용자보수가 노동 소득에 해당한다. 피용자보수(취업자수×임금) 증가는 취업자수 증가와 임금 증가로 분해할 수 있다. 2010년대 이후 피용자 보수 증가의 70%는 임금 증가가 기여하였다. 피용자보수가 많이 증가한 산업은 사회서비스(공공행정, 의료보건, 교육서비스), 건물건설, 연구개발, 도소매, 음식숙박업이다.

2010년대 개인과 가구 시장소득 불평등은 큰 변화가 없다. 개인소득 상위 10% 소득 비중은 2010년 45.4%에서 2020년 50.7%로 약간 증가하였는데, 2000년대

〈표 2-1〉 주주수와 주식수 (단위: 1000명, 10억 원)

| 연도 | 합계 | | 3억 원 미만 | | 3억 원 이상 | | 비중 | |
|---|---|---|---|---|---|---|---|---|
| | 주주수 | 금액 | 주주수 | 금액 | 주주수 | 금액 | 주주수 | 금액 |
| | (1) | (2) | | | (3) | (4) | (3)/(1) | (4)/(2) |
| 2017 | 19,589 | 453,978 | 19,479 | 174,507 | 110 | 279,471 | 0.0056 | 0.616 |
| 2018 | 23,596 | 400,982 | 23,503 | 171,865 | 94 | 229,118 | 0.0040 | 0.571 |
| 2019 | 25,808 | 417,889 | 25,715 | 176,348 | 94 | 241,542 | 0.0036 | 0.578 |

자료: 윤관식 의원실 제공 보도자료.

〈그림 2-5〉 월임금액 분포의 변화 (단위: 1000원/월)

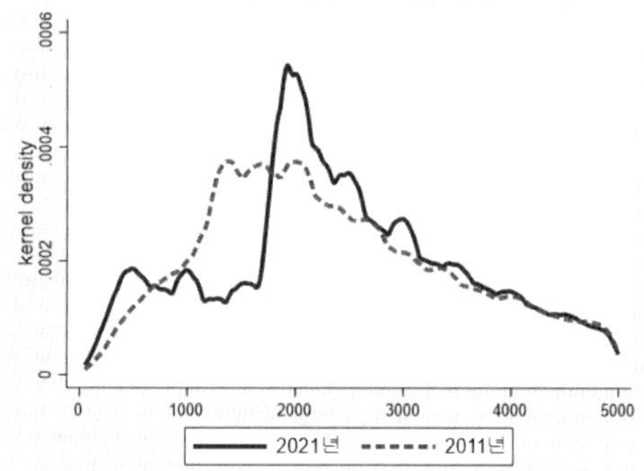


주: 월임금액 = 정액급여 + 초과급여 + 특별급여/12. 2021년 소비자물가로 표준화함.
자료: 고용형태별 근로실태조사.

소득 비중이 크게 증가한 것에 비하면 매우 점진적인 변화이다.

다만, 소득 항목별로 보면 추세의 차이가 있다. 최근 최상위 사업소득과 금융소득(이자 + 배당) 집중도가 증가하고 있다. 최상위 사업소득자는 의사, 제조업체 사장이다. 2020년 3억 원 이상 사업소득자(3만 4536명) 가운데 의사가 49.1%, 제조업 종사자가 15.1%. 도소매업 종사자가 9.9%를 차지한다.

주식 보유집중도가 매우 높은데, 최근 배당이 증가하면서 금융소득 불평등도가 증가하고 있다. 약 100명의 주주가 전체 주식의 57%를 보유하고 있다.

반면, 개인 임금 불평등은 큰 변화가 없다. 최상위 1% 임금 집단(관리자, 고위 사무직, 전문가)의 임금 비중은 큰 변화가 없는 반면, 상위 1~10% 집단(중간 사무직, 전문가, 고연봉 생산직)의 임금 비중은 조금씩 감소하고 있다.

최저임금은 2011~2021년 기간 동안 연평균 7.3% 증가하였다. 전체 명목 임

〈그림 2-6〉 가구 시장소득과 처분가능소득 지니계수

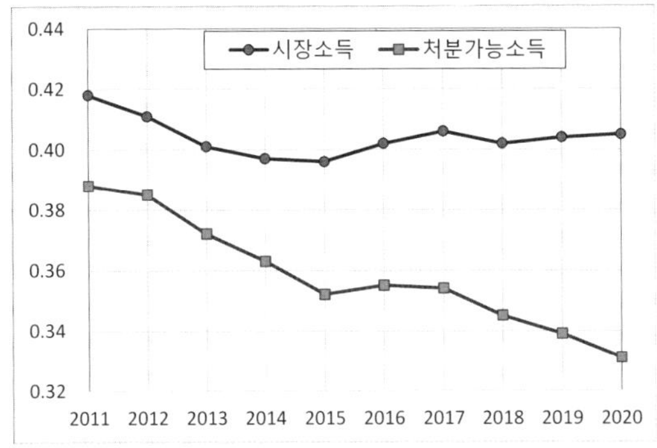


자료: 가계금융복지조사.

〈그림 2-7〉 가구소득 분위별 공적 이전소득과 사적 이전소득(2020)

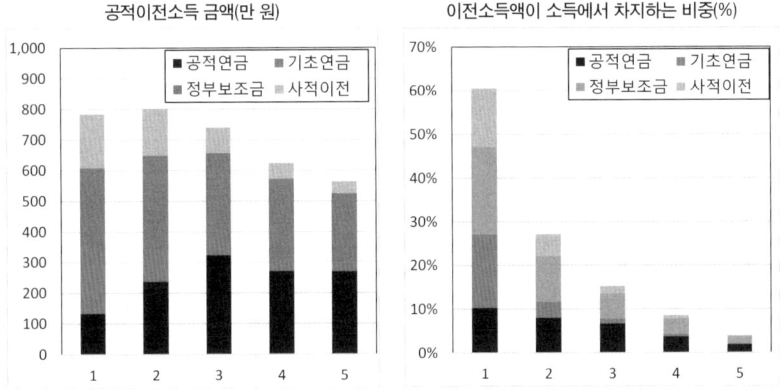


주: 가로축의 숫자는 가구소득 분위를 가리킴.
자료: 가계금융복지조사.

금은 이 기간 동안 연평균 3.3% 증가하였다(고용형태별 근로실태조사). 최저임금 상승이 저임금을 줄이고 중간임금 비중을 높이는 데 역할을 하였다. 그 밖에 저임금에 영향을 주는 정책(고용장려금 등)의 영향으로 100~200만 원 이하 저임금 일자리의 비중이 감소하고, 200~300만 원 중간임금이 증가하였다.

가구 시장소득 불평등은 2010년대 상대적으로 큰 변화가 없는 반면, 처분가능소득은 감소하고 있다. 저소득 가구에 대한 공적이전 가운데 기초연금이 가구소득 불평등을 줄이는 역할을 하고 있다. 저소득 가구가 주로 노인가구이기 때문이다.

정부보조금은 가구소득에 따라 큰 차이가 나지 않는다. 가구원에 비례해서 받는 보조금이 많기 때문이다. 공적이전의 절대금액은 2분위(649만 원), 3분위(657만 원)가 1분위(610만 원)보다 많다. 공적 이전소득이 가구소득에서 차지하는 비중은 1분위(47.1%), 2분위(22.0%)에서 높다.

공적연금은 소득재분배 기능이 약하다. 오히려 소득 역진적이다. 공적연금은 1분위보다 3, 4, 5분위 가구에서 많이 받는다.

## 2. 한국 불평등의 특징

이 장에서는 불평등 지표로 드러난 한국 불평등의 특징을 살펴본다. 외국과 비교하여 보면 한국의 특징이 잘 드러난다. 비교 대상이 되는 국가는 대체로 OECD 국가이다.

첫째, 한국은 개인 임금 불평등이 높고, 저임금 비중이 높다. 임금 불평등의 지표인 P90/P10(임금 90분위값을 임금 10분위값으로 나눈 것) 비율을 보면, 한국이 미국과 루마니아에 다음으로 높다.

한국의 임금 분포를 보면, 저임금과 중간임금의 비중이 매우 높은 것이 특징이다. 2021년 고용형태별 근로실태조사로 살펴보면, 임금 중위값은 월 258만 원이다. 300만 원 이하 임금이 전체 임금의 60%를 차지한다.

둘째, 개인 시장소득 불평등도는 높은데, 가구 시장소득 불평등도는 낮다. 가구의 시장소득 지니계수를 비교하여 보면, 한국은 약 0.4 정도이다. 다른 비교 국가들은 대부분 계수값이 0.45를 넘는다.

학력 수준이 비슷한 배우자를 찾는 경향은 나라별로 큰 차이가 나지 않는다. 가구 단위 불평등은 가구원의 소득 상관관계에 의해 좌우된다. 특히 배우자의

〈그림 2-8〉 임금 P90/P10 비율 비교

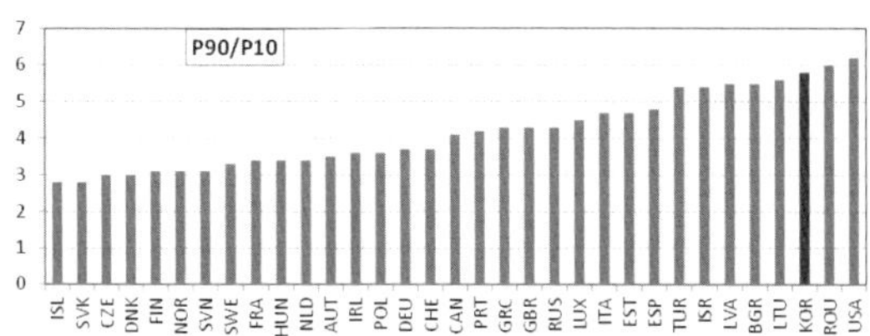


자료: OECD stat.

〈표 2-2〉 분위별 월 임금(2021) (단위: 만 원)

| 분위 | p10 | p20 | p30 | p40 | p50 | p60 | p70 | p80 | p90 |
|---|---|---|---|---|---|---|---|---|---|
| 임금 | 93 | 171 | 200 | 224 | 258 | 301 | 361 | 450 | 615 |

주: 월 임금액 = 정액급여 + 초과급여 + 특별급여/12.
자료: 고용형태별 근로실태조사.

소득이 결정적인 역할을 한다. 개인 단위 불평등은 높은데 가구 단위 불평등이 높은 이유는 한국 여성의 경제활동 참여율이 낮기 때문이다. 소득이 없는 배우자의 비중이 많은 나라일수록 가구 단위 불평등도가 낮다.

셋째, 시장소득과 가처분 소득 불평등의 차이가 적다. 다시 말해서, 정부 정책(조세정책, 정부지출)의 재분배 기능이 매우 약하다. 시장소득과 가처분 소득 지니계수의 차이[(시장소득 지니계수 - 가처분 지니계수)/시장소득 지니계수]를 비교하여 보면, 한국은 그 차이가 다른 나라들이 비해 압도적으로 작다. 정부 정책의 역할이 큰 나라들에서는 시장소득 불평등도는 높지만 누진적 조세정책과 적극적 정부지출 정책을 통해 가처분 소득 불평등이 낮다.

넷째, 노인소득 불평등과 빈곤율이 높다. 그림에서 보면, 다른 국가들에서는 대체로 64세 미만 집단의 가처분 지니계수와 65세 이상 집단의 지니계수가 비슷한 반면, 한국은 유독 65세 이상 집단의 지니계수가 높다.

다섯째, 소득 불평등은 높지만 자산불평등은 상대적으로 낮다. 개인소득 집중도를 가리키는 상위 10% 집단의 소득점유율은 한국 45.7%로 다른 나라와 비교하여(평균 36.1%) 높은 편이다. 이는 개인 임금 불평등이 높다는 것과 일관된다. 자산 상위 10% 집단의 자산 점유율은 한국이 59.3%로, 비교 국가들의 평균

〈그림 2-9〉 시장소득, 가처분소득 지니계수와 연령별 가처분 지니계수 국제 비교

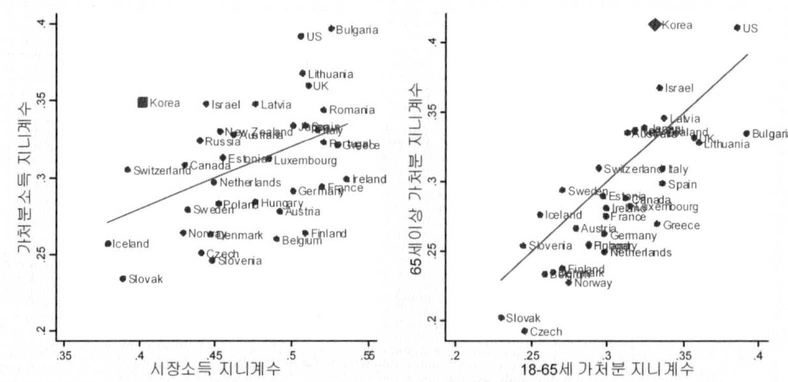


주: 2015~2019년 평균값임. 라틴아메리카 국가는 제외함. 왼쪽 그림 직선은 회귀선, 오른쪽 그림 직선은 45도선임.
자료: OECD stat, 2022. 10. 11. 추출.

〈그림 2-10〉 시장소득 지니계수와 가처분지니 계수의 차이 국제 비교 (단위: %)

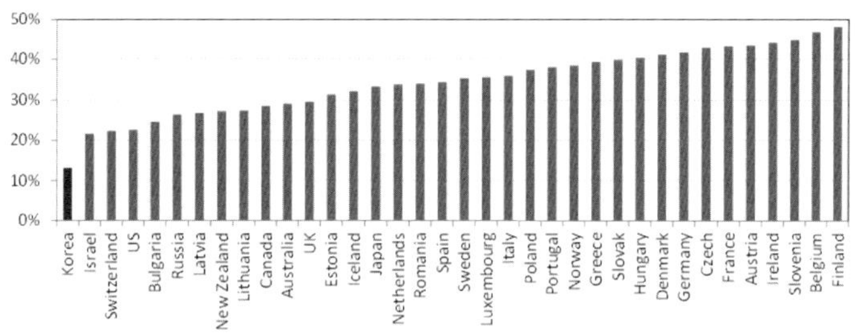


주: 차이 = (시장소득 지니계수-가처분 지니계수)/시장소득 지니계수. 지니계수는 2015~2019년 평균값임. 라틴아메리카 국가는 제외함.
자료: OECD stat, 2022. 10. 11. 추출.

(58.9%) 수준이다. 그림에서 나타나듯이, 국가 간 소득과 자산 불평등은 양의 상관관계 있다. 한국의 소득 불평등이 다른 나라에 비해 높다는 점을 감안하면 상대적으로 자산 불평등은 낮다고 할 수 있다.

자산은 크게 부동산 자산과 금융자산으로 구분된다. 두 종류의 자산 가운데 금융자산(예금, 채권, 주식 등)은 집중도가 매우 높고, 부동산 자산(토지, 건물 등)은 상대적으로 집중도가 낮다. 한국의 자산 불평등도가 상대적으로 낮은 것은 부동산 자산의 비중이 상대적으로 높기 때문이다.

〈그림 2-11〉 상위 10% 집단의 소득 비중과 자산비중(2015)

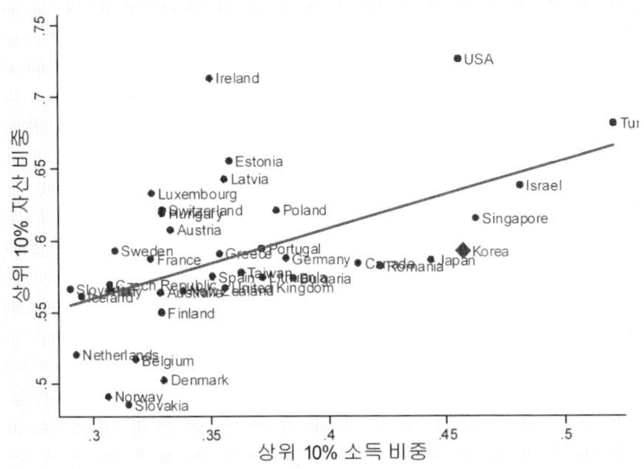


자료: World Income Database, 2022. 10. 14. 추출. 유럽과 아시아 국가만 포함.

부동산 자산의 비중이 높으면 소위 피케티 비율로 알려진 자산/소득 비율이 높다. 자산/소득 비율이 높은 것과 자산 불평등도가 낮은 것은 모두 부동산 자산의 비중이 높기 때문에 발생한 현상이다. 한 가지 원인을 가진 다른 현상이다. 부동산 자산의 가치가 평균적으로 높으면 자산/소득 비율이 높다. 반면, 자산 불평등도는 자산 가치의 분포(편차)를 수치로 나타낸 것이다. 한국은 주택 보유 비율이 높고, 월세보다는 전세가 많아서 다른 나라에 비해 주택자산의 집중도가 낮다.

이와 관련되어, 소득(근로소득 + 재산소득) 가운데 재산소득이 차지하는 비중이 상대적으로 낮다. 금융자산은 모두 금융소득을 발생시킨다. 반면 부동산 자산 가운데 자산소득이 발생하는 비중은 낮다. 부동산 자산으로 발생하는 소득은 월세와 양도차익이다. 외국에 비해 한국 임대 부동산은 월세의 비중이 낮고 전세의 비중이 높다. 월세는 부동산 소득이지만 전세는 부동산 소득에 포함되지 않는다.

금융자산과 부동산 자산에 대한 양도차익(자본이득)은 개인 총소득의 10% 수준이다. 부동산 양도차익 금액은 전체 부동산 보유액의 1% 수준이다. 특히,

〈그림 2-12〉 생산물 시장과 노동시장에서의 시장 지배력

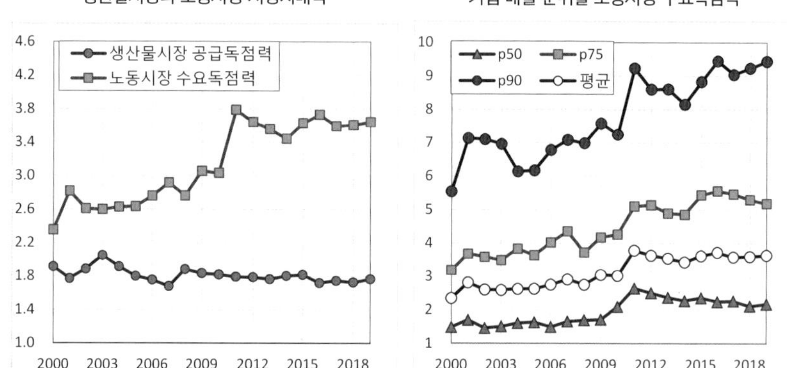


주: 생산물시장과 노동시장 지배력은 각각 마크업(markup)과 마크다운(markdown)으로 계산한 것임.
자료: 홍민기(2022).

거의 대부분의 양도차익은 일회적이다. 양도가액은 전체 개인 자산의 3% 수준이다. 즉, 자본이득을 실현하는 자산은 매년 개인 총자산의 3%를 차지한다.

## 3. 불평등의 구조적 기제

### 1) 수출 대기업 위주 성장 구조

수출 대기업의 이윤 변화에 따라 거시경제지표뿐만 아니라 불평등 지표와 조세수입이 크게 변화한다.

원청 대기업의 시장 지배력이 임금 격차에도 영향을 준다. 원청 대기업이 중간재 시장에서 행사하는 수요독점력이 크다. 원하청을 막론하고, 노동시장에서 기업의 수요독점력이 매우 크다. 노동시장 수요독점력이 클수록 완전경쟁시장에 비해 임금수준이 낮고, 고용량이 적다.

기업의 수요독점력이 매우 크고, 따라서 협상력이 매우 높기 때문에, 기업규

〈그림 2-13〉 연간 노동시간, 성별 고용률의 국제 비교(2019)

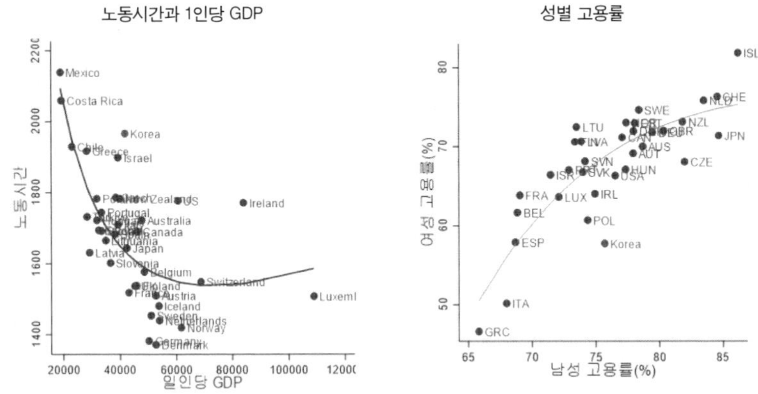


자료: OECD stat.

〈그림 2-14〉 용률 (단위: %)

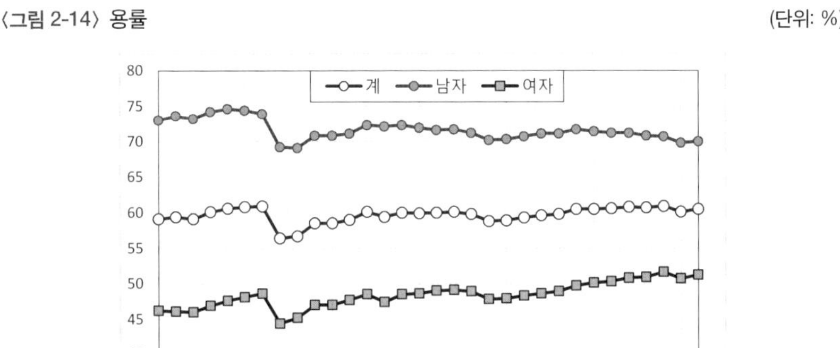


자료: 경제활동인구조사.

모별 임금격차를 완화하기 위한 정부 정책이 효과를 가지기 어렵다.

## 2) 저임금 장시간 노동 방식

2019년 한국 연 노동시간은 1967시간이다. OECD 국가 평균은 1742시간이다. 1인당 GDP가 비슷한 나라와 비교하여 연 323시간 많다. 주 1일 6.2시간씩 적게 일하면 평균과 비슷하다. 주 4일 근무하고, 1인당 GDP를 늘리면 OECD 평균과 비슷한 수준이다. 남성 위주 장시간 노동으로 자본주의 발전을 한 결과,

〈그림 2-15〉 10년 이상 근속노동자 비중과 실업급여 국제 비교

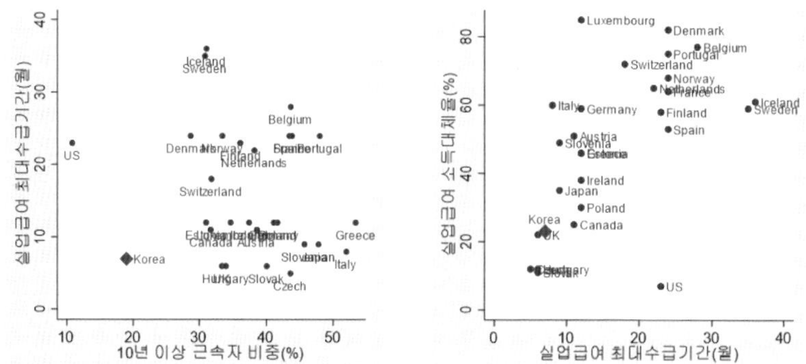


주: 40세 이상 근로자가 단절 없이 근로했다는 가정하에 받을 수 있는 최대 수급기간, 1년 이상 실업자에 대한 실업급여 소득 대체율임.

자료: OECD, Beneifts & Wages: Policies, 2010년 기준. 한국과 미국은 2021년 기준. 한국은 고용형태별 근로실태조사 원자료에서 필자가 계산. 미국은 BLS 통계.

남성 고용률에 비해 여성 고용률이 낮다. 점차 여성 고용률이 증가하고 있으나 증가 속도가 매우 느리다.

### 2) 장기근속 비중이 낮고 고용보험 보호 정도가 낮다

10년 이상 근속자의 비율이 매우 낮다. 1년 미만 단기 근속의 비중이 높다. 실업급여 수급기간도 짧고 실업급여의 소득 대체율도 낮다.

## 4. 정책 방향

### 1) 소득 불평등과 자산 불평등의 관계

자산불평등에서는 부동산 자산 불평등이 핵심이다. 부동산 자산의 이중성을 그대로 받아들여야 한다. 부동산 자산은 주거서비스 이면서 자산투자의 대상

이다. 부동산이 자산 투자의 대상인 것을 지나치게 강조하다 보면 정책의 방향이 어긋난다.

자본주의가 발전하면서, 일본을 제외하면, 부동산 가격이 지속적으로 상승하였다. 일자리와 사업기회가 많은 도시에서 더 나은 주택을 찾는 수요는, 도시가 발전할수록 증가한다. 다른 요인 때문에 일시적으로 투자수요가 증가해서 주택가격이 상승할 수는 있다. 적정한 상승률이 정책 목표가 된다. 그리고, 서민을 위한 공공주택 공급이 정부정책의 핵심이다.

소득과 자산 불평등은 밀접히 관련되어 있다. 다음기 자산은 다음과 같이 정의할 수 있다.

다음기 자산 = 소득 - 소비 + 금기자산 + 자산소득 + 증여상속

자산을 형성하는 방법은 ① 저축(소득 - 소비), ② 증여상속, ③ 자산소득, ④ 자본이득이다.

근로소득세나 자산소득세가 높으면 저축액이 감소하여 자산액이 줄어든다. 소득세는 자산에 누적적인 효과를 갖는다.

금융자산에 비해 부동산 자산의 비중이 높으면 자산소득액이 많지 않고, 따라서 자산소득이 자산 불평등에 기여하는 정도는 낮다. 양도차익을 실현한 자산 가운데 장기보유 자산의 비중이 높다. 보유기간이 4년 안에 양도차익을 실현하는 경우가 전체 자산의 20%를 차지한다. 1~2년 단기에 양도차익을 실현하는 경우가 투기성이 강하다고 할 수 있다. 현재에도 보유기간에 따라 양도세를 차등하고 있다.

누진적 소득세와 자산과세가 자산 불평등에 미치는 영향은 많이 연구되지 않았다. 어떤 것이 더 자산 불평등을 줄이는지는 단정하여 말할 수 없다. 조세 설계 방식에 따라 영향이 다를 수 있다.

### 2) 노인 빈곤, 불평등, 돌봄 서비스 제공 문제

현재 세대 노인을 대상으로 하는 노령연금 수급률, 소득 대체율이 낮다. 단시간에 노인 빈곤 문제를 완화하려면 기초 연금액을 높이고, 빈곤 노인에 관한 일자리를 늘려야 한다. 장기적으로는 국민연금(노령연금) 확대가 필요하다.

노령연금은 중산층을 위한 정책이다. 안정된 일자리에서 오래 근무하고 보험료를 납부한 사람들이 급여를 많이 받는 제도이다. 노인 소득 보장을 위해서는 연금의 소득 대체율을 높여야 한다. 국민연금의 재정문제를 생각하면 연금 기여율을 대폭 높여야 한다.

현재 소득 대체율과 연금 기여율을 조정하는 문제(소위 모수 개혁)를 국회를 중심으로 논의할 예정이다. 지난 정부에서 사회적 대회 기구에서 논의한 적이 있는데, 합의가 매우 어려웠다. 노력을 많이 기울이고 신뢰가 형성되어야 가능한데, 현재로서는 결과가 매우 불투명하다.

기초연금액을 30만 원에서 40만 원으로 인상하는 방안이 제시되어 있다. 기초 연금액을 인상하기 위해서는 연간 7~8조 원의 재정이 필요하다. 재원이 마련되어야 하는데, 긴축재정의 기조와 충돌된다.

공공형 노인 일자리 사업에 관해서는 질 나쁜 일자리를 양산하는 세금 낭비 사업이라는 비난이 있었다. 현 정부에는 공공형 노인 일자리 사업 예산을 삭감한다고 하였다. 공공형 노인일자리 사업은 사실상 빈곤 노인에 대한 소득 보전 정책이다. 연금을 받지 못하거나 연금액이 적은 70세 이상 빈곤 노인이 많이 참가하고 있다.

노인 의료 서비스 확대는 실질적으로 노인의 의료 지출 불평등을 완화하는 정책이다. 고령화에 따라 앞으로 건강보험 지출이 확대될 것이다. 현재 건강보험 누적수지 흑자는 약 20조 원이다. 현 정부에서는 건강보험 재정수지 적자를 전망하면서 지출을 축소하고자 한다. 지출 축소할 것인가, 수입액을 높여서(보험료율 확대 혹은 일반재정 산입 유지, 확대) 서비스를 확대할 것인가 선택의 문제이다.

〈그림 2-16〉 보건·사회복지서비스 취업자/65세 이상 인구 비율 (단위: %)

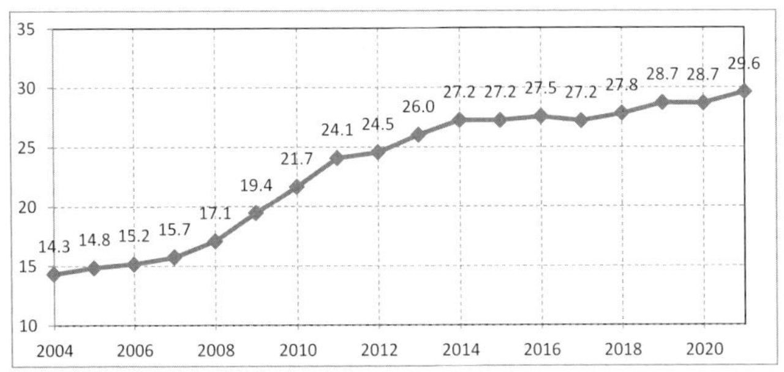


자료: 인구총조사, 경제활동인구조사.

보건·사회복지서비스 취업자/65세 이상 인구 비율이 30% 정도를 유지한다고 가정하면, 앞으로 보건사회복지 서비스 취업자수는 당분간 연평균 15만 명 이상 증가할 것으로 예상된다.

노인돌봄 서비스의 거의 대부분(99% 이상)은 민간 요양기관에서 담당하고 있다. 정부는 보조금을 지급하고 있다. 돌봄서비스의 질을 높이고, 종사자의 임금과 고용 안정성을 높이기 위해 공공 서비스의 비중을 10% 이상으로 확대할 필요가 있다.

노인 불평등을 완화하고 복지 서비스를 확대하기 위해서는 기초연금 확대, 노인 일자리 확대, 노인 돌봄 서비스 확대 등이 필요하다. 노인 대상 복지서비스의 확대는 불가피한 측면이 많다.

증세와 복지 확대에 관한 사회적 합의가 필요하다. 그런데, 기초연금, 건강보험, 일반재정 일자리 사업 등에 필요한 세금은 현재 근로 세대가 부담하고, 증세 및 복지확대 방향에 노인 계층이 우호적이지 않다. 정치적 의사 결정이 쉽지 않다. 재정 준칙과 감세 원칙을 유지하는 한, 기초연금 인상 등은 다른 복시 축소를 농반할 수 있다. 당분간은 현상 유지가 예상된다.

### 3) 불평등과 정부정책의 영향에 관한 인식

사회안전망이 취약하고 소득재분배 정책의 정도가 약해서 환경 변화에 강하게 영향을 받는다. 수출 시장에서 대기업의 성과가 좋아서 이윤이 증가하면 노동소득 분배율은 감소하고, 기업 규모별 임금 격차가 증가한다. 2010년대 이후 세계 무역, 특히 중국과의 무역이 정체하면 수출 대기업의 이윤이 상대적으로 정체하고 기업 규모별 임금 격차가 줄어든다. 정부의 가치나 지향의 영향이 매우 작다.

환경이나 시장구조 변화에 민감하다는 면에서 영미권 국가의 상황과 비슷하다. 한국과 영미권 국가에서는 기술변화, 세계화 등 시장 구조변화에 따라 불평등이 직접적으로 변화한다. 반면, 기술변화와 세계화가 진행되더라도 소득재분배 정책이 발달한 유럽국가에서는 불평등이 증가하지 않는다.

불평등이 시장구조 변화에 직접적으로 영향을 받는 영미권에서는, 불평등이 자본주의 발전(기술변화, 무역증가)의 필연적인 결과라는 연구가 많이 있다. 실제로 그러하다. 반면, 유럽에서는 정부 정책으로 불평등을 완화할 수 있다는 인식이 발전한다.

### 4) 노동 문제

#### (1) 근로시간 문제

그 동안 낮은 취업률, 남성 가구주 중심 장시간 노동을 기반으로 자본주의 발전을 한 결과가 여전히 강하게 남아 있다. 이러한 자본주의 축적 구조에서 벗어나야 한다. 근로시간 단축은 그 자체로도 중요하고 다른 정책과의 관련하여도 중요하다. 예를 들어, 일·가정 양립 제도는 대부분 마련되어 있는데, 긴 근로시간, 불확실한 퇴근 시간 등이 일·가정 양립 정책의 작동을 막고 있다.

현재 평균 근로시간이 매우 길다. 주 4.5일 혹은 4일 근무를 하면 근로 시간이 OECD 평균 정도가 된다.

사무직에 대해서는 포괄임금제(실제 근로시간을 따지지 않고 일정수당을 정하여 지급하는 방식)가 관습적으로 운영되고 있다. 포괄 임금제를 없애기 위한 법이 국회에서 제안되어 있다.

현행 초과근로시간은 주 12시간으로 제한되어 있다. 이번 정부에서는 12시간 제한을 월 단위로 바꾸고자 한다. 그런데 초과근로시간 제한을 풀어야 하는 근거가 약하다. 법이 개정되어도 적용이 되는 대상은 매우 작다. 사무직의 상당수는 포괄임금제, 재량근로를 수행하고 있다. 운수업과 보건사회복지는 초과근로시간 특례업종이다. 초과 근로는 대부분 제조업에서 발생하고 있다. 초과 근로 주 8시간 이상인 제조업 종사 근로자는 약 77만 명이다. 주 12시간 이상 초과근로가 필요할 수 있는 근로자는 79~110만 명으로 전체 임금 근로자의 3.7~5.3%이다. 그리고 초과 근로가 필요한 사업장에서는 이미 특별연장근로 제도를 활용하고 있다. 특별한 사정에 따라 초과 근로가 필요한 경우 특별연장근로가 가능하다. 2020년 이후 특별연장근로 신청건수가 급증하고 있다.

초과근로시간 제도를 개편하려면 근로기준법을 개정하여야 한다. 현재 국회의 구성이나 노동계의 반발 등을 고려하면 정부안이 통과될 가능성은 매우 낮다.

### (2) 임금체계 개편: 직무급제

현 정부에서는 호봉제를 대신하여 직무급제로 임금 체계를 개편하겠다고 하였다. 공공기관은 이미 호봉제를 폐지하였다. 임금체계를 민간 기업에 강제할 수 없다.

고용된 근로자 임금 삭감은 근로기준법(취업규칙불이익 변경) 위반이다. 노동조합이나 근로자 과반수의 동의를 받아야 하는데, 현실적으로 불가능하다. 신규 근로자의 근속·임금 스케줄만 조정이 가능하다. 신규 입직 근로자의 근속·

임금 스케줄을 좀 더 평평하게 하는 것은 가능하다. 그런데 임금 체계 개편 논의에서 신규, 저근속자의 임금 상향은 논의 대상조차 되지 않고 있다. 그래서 결국 임금 삭감을 위한 정책으로 평가된다.

현재 진행되고 있는 직무급 선정 방식은 현재 위계를 그대로 반영하고 있다. 동일가치를 산정하기보다는 기존의 직업 위계가 고착될 우려가 있다. 객관적인 직무 평가가 쉽지 않고 사회적 합의도 쉽지 않다.

### (3) 노동시장 유연 안정론?

고용을 유연화하고 사회안전망을 높이자는 논의가 지속적으로 있었다. 덴마크를 모델로 삼고 있다. 한국은 유럽 국가들에 비해 근속이 매우 짧고, 실업 급여액의 소득대체율, 수급 기간이 매우 짧다. 덴마크 정도 되려면 실업급여 수급 기간을 3배(8개월에서 24개월로) 늘리고, 소득 대체율도 23%에서 82%로 높여야 한다. 10년 이상 근속자의 비율도 한국은 19%이고 덴마크는 28.7%이다. 단체협약 적용율도 크게 차이가 난다.

현재 실업급여 상한액(6.6만 원)을 최대 240일 동안 받으면 1584만 원이다. 정규직 근로자의 입장에서 보면 터무니없이 적은 금액이다. 고용 유연화에 노동자가 동의하기 어렵다. 해고, 고용조정에 노동조합과 노동자가 극렬하게 반대할 수밖에 없다. 사회안전망을 먼저 대폭 확대해야 유연 안정에 관한 사회적 합의가 가능하다.

### (4) 단체협약

한국은 노동조합 조직률도 낮고, 단체협약 적용률도 낮다. 미국과 매우 비슷한 수준이다. 유럽의 많은 국가들은 노동조합 조직률이 높고 단체협약 적용률이 높거나, 노조 조직률이 낮아도 단체협약 적용률이 높다.

〈그림 2-17〉 노동조합 조직률과 단체협약 적용률

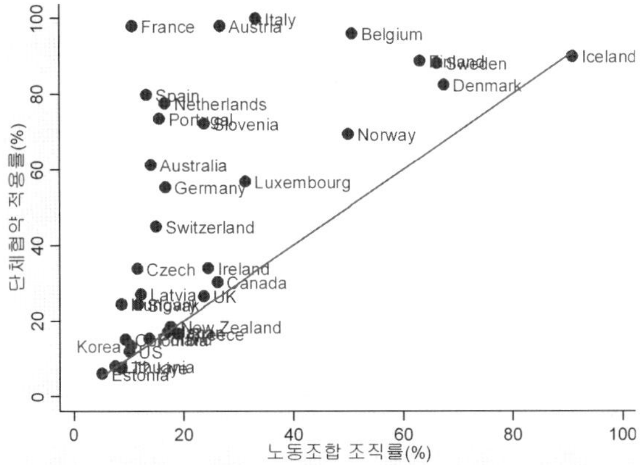


주: 직선은 45도선임.
자료: OECD stat.

노동조합은 대규모 제조업 사업장에서 조직되기 쉽다. 현재와 같은 산업구조 변화나 기업 발전 방향으로 보면 노조 조직률이 높아지기 어렵다. 대신 단체 협약 적용률은 법적 제도를 도입해서 높일 수 있다.

### 5) 사회보험 사각지대 해소와 보편적 사회보장

실업급여의 소득대체율이 낮고 지급 기간도 짧다. 고용보험 사각지대도 매우 넓다. 고용보험 사각지대를 해소하기 위해서는, 고용 형태에 상관없이 소득을 기준으로 고용보험을 적용하는 제도(소득기반 고용보험)로 전환하여야 한다.

소득기반 사회보험은 소득세와 고용보험료 신고 및 납부를 동시에 하는 것이다. 소득기반 사회보험으로 전환하기 위한 기술적 기반은 이미 마련되어 있고, 정보도 충분하다. 징수 업무를 국세청으로 일원화하고, 건강보험공단과 근로복지공단의 업무를 조정하고, 납부 기준을 정비하고, 실업급여 수급 요건을 정비하는 등 법적, 제도적 개편을 위한 작업이 필요하다.

사회보험의 사각지대에 있거나, 사회보험이 충분하지 않은 사람들을 위해

〈그림 2-18〉 부문별 정부지출의 산출 및 고용 효과

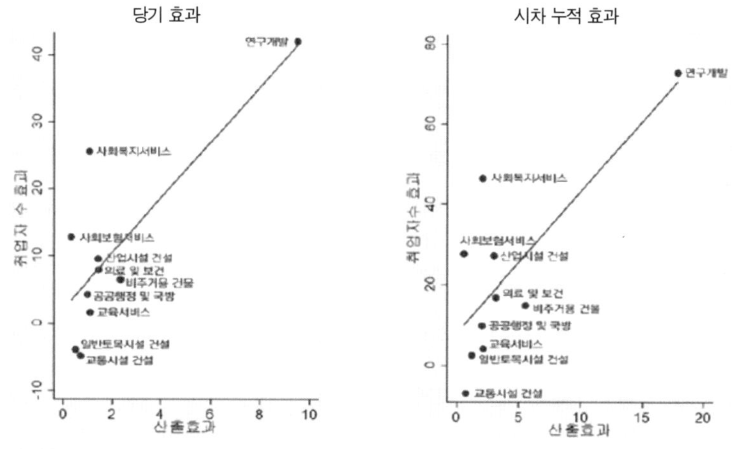


자료: 홍민기(2022).

기여와 상관없이 급여를 지급하는 사회수당이 필요할 수 있다. 사회수당에서도 보편 지급과 선별 지급으로 논의가 나뉠 수 있다. 그동안 행정 경험이 축적되었고 기술이 발전하면서, 선별 지원을 위한 행정 비용은 크지 않다. 보편이나 선별이냐 논의할 때 선별 비용은 큰 변수가 아니다.

사회보험이 취약한 나라에서 기본소득과 같은 보편적 사회수당이 지지를 받는 반면, 사회보험이 충분한 나라에서는 그렇지 않다. 사회보험 사각지대 문제가 해소되면, 보편적 사회수당의 필요성은 약해진다. 보편적 사회보장에 관한 논의나 노력이 사각지대를 해소하고 복지서비스를 확충하는 정책을 대체해서는 안 된다.

### 6) 정부지출의 역할

정부지출이 효과에 관해 서로 다른 이론이 있다. 신고전파 이론에 따르면, 정부지출이 증가하면 가계가 미래 조세 증가를 예상해서 소비를 줄이기 때문에 경제 전체적으로는 효과가 없거나 있더라도 크기가 작다. 뉴케인지언 모형

에 따르면, 임금이 경직적이고, 소비가 관습을 따르고, 지출이 부채로 조달되면 정부지출의 산출 효과가 크다. 그동안의 연구 결과에 따르면, 정부지출이 산출에 미치는 영향은, 지출 변화의 지속성, 정부지출 조달방식, 정부지출의 분배방식, 통화정책의 반응 등에 따라 다르다.

경제주체가 제한적 합리성(bounded rationality)을 가지고 있고, 매기마다 정부재정 균형이 엄격하게 준수되지 않는 상황임을 고려해야 한다. 이 경우 정부지출이 민간 소비, 투자를 구축하지 않고 견인할 수 있다.

부문별로 정부지출의 효과가 다르다. 연구개발은 산출효과와 고용효과가 매우 크다. 사회서비스(사회복지, 사회보험, 의료보건 공공행정, 교육서비스)는 고용효과가 크다. 산업시설건설, 비주거용건물에 대한 정부지출 효과도 크다. 일반토목시설 건설, 교통시설 건설은 산출 및 고용효과가 작다. 연구개발, 사회서비스, 산업시설건설 등의 산업에 정부 지출을 확대하는 것이 불가피하며 산출 및 고용효과도 크다.

정부지출이 산출과 고용에 미치는 영향을 충분히 감안하고, 부문별로 정부지출의 효과를 따져서 정책의 목표를 구체적으로 정할 필요가 있다.

## 참고문헌

홍민기. 2015.「최상위 소득 비중의 장기추세」. ≪경제발전연구≫, 21권, 4호, 1~34쪽.

_____. 2022a.「노동시장 수요독점력 측정」. ≪경제발전연구≫, 28권, 3호, 1~27쪽.

_____. 2022b,「정부지출의 고용 효과」. ≪예산정책연구≫, 11권, 2호, 75~99쪽.

제3장

# 비대칭적 시장지배력과 기업 간 임금격차*

지민웅 | 산업연구원 중소벤처기업연구본부 연구위원
박진 | 산업연구원 중소벤처기업연구본부 전문연구원

이 글은 노사정 공조하에 조사된 482개 자동차 부품 전문기업 실태조사에 고용보험 피보험자 원자료를 결합하여 구축한 기업·근로자 연계 패널 데이터를 활용하여, 현대자동차·기아자동차 그룹이 독점적 시장지배력을 가지고 있다고 해도 과언이 아닌 국내 자동차 시장에서 하도급 관계에 있는 부품 전문기업의 협상력이 소속 근로자의 임금 수준 및 임금 증가율에 미치는 영향을 분석하였다.

이 과정에서 도출된 주요 연구 결과는 다음과 같다.

첫째, 원·하청기업 간 협상의 결과인 납품단가 하락 여부는 하도급 기업의 임금 증가율에 가장 분명하게 부정적 영향을 미친다.

둘째, 협상력의 주요 결정요인 가운데 하청기업의 기술력(기술주도 혹은 기술공동개발형 대 기술 순응형)이 임금 수준에 긍정적인 영향을 미치지만, 해외 소재·해외 기업에 납품 여부는 임금 수준과 임금 증가율 어디에도 유의미한 영향

* 이 글은 경제인문사회연구회 협동연구사업으로 수행된 오상봉 외, 『임금격차 해소방안에 관한 정책연구』(2022) 중 제5장을 요약·정리한 것으로, 「비대칭적 시장지배력 완화를 통한 기업 간 임금격차 완화 방안」, ≪노동리뷰≫, 2022년 9월호(한국노동연구원)에 실린 바 있다.

을 미치지 못했다.

셋째, 전속거래 수준이 높아질수록 임금 수준이 감소되는 양상과 증가되는 양상이 모델에 따라 혼재되고 있는데, 이는 전속거래 수준이 임금 수준에 미치는 부정적 효과와 긍정적 효과가 공존하고 있음을 함의한다. 하지만 전속거래 수준이 증가할 때 납품단가가 하락한 하도급 기업의 임금 수준이 변동하지 않았거나 상승한 하도급 기업에 비해 더 크게 감소한 또 다른 결과는 전속거래 수준이 심화될수록 임금에 미치는 부정적 효과가 긍정적 효과를 압도하게 된다는 사실을 시사한다.

마지막으로, 전속거래 수준이 증가할 때 기술 주도형 기업의 임금 하락 수준은 기술 순응형 기업의 임금 증가 수준과 유의미한 차이를 나타내지 않았다. 이는 전속거래 수준이 심화될수록 거래 단절에 따른 전용자산에 대한 투자의 매몰비용화에 기초한 잠재적 위협이 커져 기술 주도성과 같은 하청기업의 기술력 수준도 더 이상 협상력의 주요 동인으로 작용하지 않게 된다는 점을 시사한다.

높은 전속거래 수준과 납품단가 인하가 일상화되어 있는 수요독점적 분업 생산구조하에서 경쟁적 시장구조로의 변화, 하도급 기업의 의미 있는 기술력 향상 및 판로 개척은 단기적으로 달성하기 매우 어려운 시장 실패적 성격을 띠는 만큼 정부는 긴 호흡 속에서 일관성 있는 각종 방안을 모색·추진할 필요가 있다.

## 1. 연구 개관

우리나라 중소기업이 인력 확보 및 유지에 큰 어려움을 겪고 있다는 사실은 어제오늘의 일이 아니다. 산업기술인력 수급 실태조사(2021)에 따르면 부족한 전체 기술인력 가운데 92.3%가 중소기업에서 발생하고 있고 이러한 문제는 사업체 규모가 작아질수록 더욱 커지고 있다.[1] 또한 중소기업은 상당수의 근로자가 입사 초기에 이직하는 양상으로 인해 인력 유지에도 큰 애로를 호소하고 있다. 구직자들이 중소기업에 취업을 꺼리고 설혹 취업한다고 해도 입사 초기에 상당수 이직하는 이러한 양상이 중소기업의 저임금과 장시간 근로로 상징되는 대기업 대비 중소기업의 낙후된 근로조건에서 주로 연유한다는 것은 박진·지민웅·윤명수(2017)를 비롯하여 수많은 문헌들이 주지하고 있는 사실이다.

문제는 이러한 대·중소기업 간 근로조건 격차와 이에 따른 중소기업의 구인난이 비대칭적 시장지배력에 의해, 특히 수·위탁거래 형태가 40%에 육박하는 (중소벤처기업부·중소기업중앙회, 2021 참조) 제조업에서 (중소)수탁기업의 자구 노력만으로는 해결하기 힘든 시장 실패적 성격을 띠고 있다는 점이다. 제조업 수위탁거래의 전형으로 알려져 있는 하도급 거래는 위탁기업과 수탁기업 간 쌍방향의 인질 관계에 기초한다. 위탁기업인 원청기업은 수탁기업인 하청기업이 싸고 좋은 품질의 제품을 제때에 납품하지 않으면 생산에 큰 차질이 발생한다. 반면 원청기업의 전용자산에 투자하는 하청기업의 경우, 물량이 감소하거나 거래가 단절되면 해당 투자가 매몰비용화된다. 따라서 하도급 관계의 협상력은 어떠한 인질적 속성이 상대적으로 강한가로 귀결된다.

이러한 하도급 거래의 전제적 속성이 재벌 대기업의 소유·지배구조 및 이에 따른 시장의 독과점화에 의해 심화된 수요독점적인 분업 생산구조와 결합하면서 비대칭적인 시장지배력을 양산하고, 이 과정에서 협상력의 절대적 열위에 놓이게 된 (하청)기업들의 상대적 임금 저하 혹은 임금 지체 양상이 초래될 수 있음은 물론이다. 소수의 원청기업에 다수의 하청기업군이 제품을 공급하기 위해 경쟁하는 우리나라와 같은 수요독점적인 시장구조에서 하청기업들은 주문량 감소·거래 단절이라는 잠재적 위협에 더 크게 직면할 수밖에 없다. 그 결과 원청기업과의 전속거래로부터 일정 수준의 (납품)매출을 보장받는 대신 이

1 (기업당 평균 기준) 산업기술인력의 부족률을 기업 규모별로 살펴보면, 대기업은 0.4%, 중견기업은 0.8%, 중소기업은 3.0%로 나타났다. 특히 중소기업 가운데서도 종사자 규모가 작아질수록 부족률이 증가되며 ─ 100~299인 규모에서는 1.6%, 30~99인 3.0%, 10~29인 4.1% ─ 종사자 규모가 가장 작은 기업군에서 산업기술인력 부족률이 가장 높은 것으로 관찰되었다.

에 대한 반대급부로 지속적인 납품단가 인하 등 각종 불리한 요구를 감내하면서 동일 품목을 생산하는 여타 하청기업들과 치열하게 경쟁하며 생존을 영위하고 있다. 이러한 상황에서 하청기업이 생존 전략으로 소속 근로자의 저임금과 장시간 근로에 의존하는 것은 어찌 보면 지극히 합리적이다. 저임금·장시간 근로 등의 노동비용 절감 전략에 기초하여 경쟁자들보다 낮은 가격의 제품을 원청기업에 적기에 공급할 수 있기 때문이다.

하지만 저임금·장시간 근로에 의존하게 될수록 하청기업의 경쟁력 제고는 현실적으로 요원해지고, 노동비용 절감형 전략에 의존하는 현실을 익히 알고 있는 구직자들은 이들 중소기업을 더욱 외면하게 된다. 이는 다시금 하청기업들의 경쟁력 약화와 (이에 따라) 납품 경쟁에서 살아남기 위해 근로자의 저임금·장시간 근로에 더욱 의존하게 되는 악순환[2] 양상으로 이어진다(지민웅, 2018).

하청기업의 근로조건 및 경쟁력 측면에서의 이러한 악순환 양상은 수요독점적인 분업 생산구조를 통해 소수의 재벌 대기업에 직접 납품하는 (그보다 많은) 1차 협력사 하청기업군부터, 1차 하청기업군에게 납품하는 (그보다 많은) 2차 하청기업군, 이후 후방의 납품단계에 위치하는 대규모의 하청기업군에까지 나타나고 있을 가능성이 있다. 다만 부품·소재를 공급하는 하청기업이 하위 납품단계에 위치할수록 (잠재)경쟁기업이 더 많이 존재하고 납품단계를 거치며 마진은 더욱 줄어들어, 임금 수준으로 대표되는 근로조건에의 악영향은 상위 단계 하청기업에 비해 훨씬 심화되고 있을 가능성이 있다.

비대칭적인 시장지배력을 공고히 하는 수요독점적인 하도급 분업 생산구조와 중소기업의 열악한 근로조건에 주목하여 그간의 선행연구들(이재성, 2007; 안주엽 외, 2015; 하봉찬·김성원, 2015; 김혜정·배진한·박창귀, 2017; 양준석·박태수, 2017; 문영만·홍장표, 2017; 문영만, 2019; 송상윤, 2018; 홍민기·황선웅·최한수, 2020)은 거래상 지위(예: 원청기업 대 하청기업 대 독립기업), 납품단계(예: 원청기업 대 1

---

2 악순환 체계와 관련된 보다 자세한 설명은 지민웅(2018)을 참고.

차 하청기업 대 2차 이하 하청기업), 거래 집중도 등에 따라 임금 격차가 존재하는지를 실증해 왔다. 이들 연구는 독립기업보다는 하청기업이, 하위 납품단계에 위치하는 하청기업일수록 감소하는 마진에 의해 임금으로 대표되는 근로조건이 낙후됨을 제시함으로써, 기업 규모별 임금 격차의 상당 부분이 '후단에 단계별로 위치하는 부품·소재 공급 대규모 중소기업군이 최정점에 위치하고 있는 소수의 재벌 대기업에 납품하는 하도급 분업 생산구조'에서 비롯되고 있음을 논하고 있다.

이 글은 노사정 공조하에 조사된 500여 개 자동차 부품 전문기업 실태조사에 고용보험 피보험자 원자료를 결합하여 구축한 기업·근로자 연계 패널 데이터를 이용하여, 현기차 그룹(현대자동차·기아자동차·현대모비스)이 독점적 시장지배력을 가지고 있고 하도급에 기반한 수직적 분업 생산구조가 가장 진전되었다고 해도 과언이 아닌 국내 자동차 부품산업에서 부품 전문기업의 협상력이 임금 격차에 어떠한 영향을 미치는지를 분석한다.

기존 1차 협력사 중심의 기업규모가 상당한 자동차 부품기업을 대상으로 한 이 글을 통해 낙후된 협상력이 임금 격차를 초래하거나 임금 증가율 지체로 이어지는 양상이 밝혀진다면, 소수의 대기업이 거의 전 부문에 뿌리내리고 있는 여타 제조업에서 동 연구의 조사대상 기업보다 규모가 작고 전문적이지 못한 하도급 거래 부품기업의 실태는 더욱 열악할 가능성이 있다고 추측할 수 있을 것이다.

그리고 (실증적 논거 제시 측면에서 선행연구들이 초점을 두지 않은) 수요독점적 시장구조 내 원·하청 기업 간 역학관계에 영향을 미치는 동인들이 하청기업 내에서도 임금 격차를 초래하는지 규명하는 과정에서 전속거래, 납품단가 인하 등 우리나라 하도급 거래에 구조화되어 있는 문제들은 물론 이로 인한 임금 격차 문제를 완화 혹은 해소할 수 있는 현실 적용 가능한 방안들을 모색한다.

## 2. 연구자료

### 1) 연구자료 개관

2020년 노사정 공조하에 이루어진 500여 개 자동차 전문 부품기업의 실태조사는 한국 자동차산업 협동조합의 1차 협력사 경험이 있는 전문 부품기업 833개사 리스트와 자동차산업 부품진흥재단의 2차 협력사 이하 전문 부품기업 415개사 리스트에서 주력 품목 등을 고려하여 샘플링한 후 설문조사한 결과로서, 지민웅 외(2020)가 자동차 부품산업의 전속거래 실태를 규명하는 과정에서 사용된 적이 있다. 동 설문조사를 통해 경영일반 현황 — 매출액, 수출액, 영업이익, 유형자산액, 연구개발비 등 —, 법정 기업 유형(대기업, 중견기업, 중소기업), 주력 생산품목(이하 주력 품목)[3] 관련 실태 — 주력 품목의 기술주도성 수준, 주력 품목의 납품단계, 주력 품목이 납품되고 있는 기업 수 등 —, 주거래기업[4] 유형(국내 대기업 혹은 대기업 계열사, 국내 중소·중견기업, 국내시장에 있는 해외 기업, 해외시장에 있는 국내 기업, 해외시장에 있는 해외 기업), 주거래기업과 거래관계 실태 — 전속거래 수준, 최근 3년간 제조원가 및 납품단가의 변동 수준, 주거래기업에 납품하는 경쟁기업 수 등 —, 혁신 관련 실태, 고용 및 노사관계 등 자동차산업 전문 부품기업의 종합적인 실태(대부분의 실태조사 결과는 2018년 기준)를 파악할 수 있어, 협상

---

3 (이하 주력 품목이라고 언급되는) 주력 생산품목이란 해당 부품기업의 매출에서 가장 큰 비중을 차지하는 한 가지 생산품목을 의미한다. 동 실태조사를 통해 조사된 505개 전문 부품기업의 주력 생산품목과 동 품목의 비중은 다음과 같다(지민웅 외, 2020) : 동력발생장치 관련 부품(13.66%), 동력전달장치 관련 부품(10.50%), 현가 부품(2.77%), 조향 부품(1.58%), 제동 부품(5.15%), 흡배기 관련 부품(1.78%), 공조 부품(3.76%), 시트 및 내장 관련 부품(7.33%), 차체 관련 부품, 전장 부품(31.68%), 전기동력차 관련 전용 부품(0.59%), 기타 부분품과 부속품(17.62%).

4 주거래기업은 실태 기준시점(2018년 12월 말)에 하청기업의 주력 품목 판매액에서 차지하는 비중이 가장 높은(즉, 주력 품목을 가장 많이 납품하고 있는) '수요'기업 1개사를 의미한다.

력 관련 정보를 포함한 수요독점적 하도급 거래에 편입되어 있는 전문 부품기업의 전반적인 정보가 요구되는 동 연구에 적합하다.

다만 조사 대상이 기업이었던 까닭에 동 실태조사를 통해 해당 기업의 개별 근로자 임금 정보까지 확인하지는 않았다. 이에 이 글은 고용노동부 협조하에 한국고용정보원이 구축하고 있는 2016~2019년 고용보험 피보험자 월별 데이터에서 실태조사에 응한 사업장의 개별 피보험자의 월평균 임금, 주당 소정 근로시간, 재직기간(근속), 직종, 성별, 연령 등의 정보를 제공받아 동 실태조사에 결합하였다.[5] 그리고 이러한 과정을 통해 연계된 기업(482개사)·근로자(9만 7979명) 연계(employer-employee matched) 불균형 패널 데이터를 활용하여,[6] 수요독점적인 하도급 거래구조에서 협상력 관련 요소들이 임금 격차에 미치는 영향을 실증적으로 규명한다.

### 2) 연구자료의 특성

먼저 분석 대상인 자동차 전문 부품기업 482개사의 특성을 살펴보자. 〈표 3-1〉의 상단에 위치한 '경영관련 주요 현황'에 따르면, 기업당 평균 매출액은 약 1714억 원, 평균 수출액은 약 147억 원, 전체 근로자 수는 약 175명 수준인

5 두 자료는 기업의 사업자등록번호를 기준으로 매칭되었는데, 자동차 부품산업 실태조사에서 조사된 총 505개 기업 가운데 최종적으로 482개 기업만이 고용보험 데이터의 유효한 정보와 결합되어 분석에 활용된다. 그 결과 임금 실태 분석에 사용된 (해당 482개 기업에 4년간 고용된) 전체 피보험자 관측치 수는 28만 9226명이다.

6 동 연구의 주된 목적은 (특정 하청기업의 협상력과 관련된 요소가) 개별 근로자의 임금 수준 및 임금 증가율에 미치는 영향을 규명하는 것인데 협상력이 월별로 변화한다고 가정하는 것은 무리이다. 따라서 개별 근로자의 '월별' 임금 수준이나 임금 증가율 등의 '월별' 정보가 아니라 '연도별' 임금 수준과 임금 증가율 등 '연도별' 정보에 주목한다. 이를 위해 이 글에서는 고용보험 데이터상의 개별 근로자의 월별 정보를 연도별로 '평균'하여 사용한다. 예를 들어, 특정 근로자의 월 임금 정보를 연도별로 평균한 후, 연도마다 한 개의 관측치로 간주하여 '월 평균 임금' 정보를 사용한다.

〈표 3-1〉 분석에 사용되는 자동차 부품기업의 기초통계량

| | | 평균 | 중위값 |
|---|---|---|---|
| 경영 관련 주요 현황 | 매출액(백만 원) | 171,469.15 | 29,944.50 |
| | 수출액(백만 원) | 14,663.55 | 0 |
| | 영업이익(백만 원) | 5,220.82 | 865.5 |
| | 유형자산액(백만 원) | 50,067.86 | 8,007.50 |
| | 연구개발비(백만 원) | 2,365.82 | 284.5 |
| | 총 근로자 수(명) | 174.63 | 70 |
| | 정규직 비중(%) | 97.85 | 100 |
| | 경쟁기업 수 1개 이상(%) | 97.72 | - |
| | 경쟁기업 수 3개 이상(%) | 84.86 | - |
| | 경쟁기업 수 5개 이상(%) | 39.42 | - |
| 자동차 부품기업 '근로자'의 임금 및 주요 근로조건 | 월 평균 임금(만 원) | 392.77 | 360.68 |
| | 시간당 임금(만 원) | 2.45 | 2.13 |
| | 주당 소정 근로시간(시간) | 40.47 | 40 |
| | 월 평균 임금의 1년 증가율(%) | 5.52 | 2.83 |
| | 시간당 임금의 1년 증가율(%) | 5.72 | 3.09 |
| | 재직기간(연) | 7.66 | 5 |

주: ① 표에 제시된 수치 가운데 '경영 관련 주요 현황'은 482개 자동차 부품기업을 대상으로 산출된(2018년 기준) 결과이며, '자동차 부품기업 근로자의 임금 및 주요 근로조건'은 482개 자동차 부품기업에 2016년부터 2019년까지 피보험자로 고용된 적이 있는 9만 7979명의 4년간 전체 관측치 수 28만 9226개로부터 산출한 결과임. ② 경쟁기업 수는 분석 대상기업의 주력 품목과 동일 혹은 유사한 품목을 주거래기업에 납품하고 있는 경쟁기업의 숫자를 의미하며, 동 변수는 전체 기업 가운데 해당 기업이 차지하는 비중을 나타냄. ③ 표에 제시된 결과 가운데 '자동차 부품기업 근로자의 임금 및 주요 근로조건'은 2016~2019년 기간 동안의 평균값을 의미함. ④ 시간당 임금은 월 평균 임금을 월 근로시간으로 나눈 1시간당 임금을 의미하는데, 월 근로시간은 정보로 제공되고 있는 주당 소정 근로시간에 4.3을 곱하여 환산된 값임.

자료 : 자동차 부품산업 실태조사(2020)에 2016~2019년 고용보험 피보험자 데이터를 결합한 불균형 패널 데이터.

데, 매우 큰 규모의 자동차 부품기업이 분석 대상임을 확인할 수 있다.[7]

한편 분석 대상 기업의 주력 품목과 동일 혹은 유사한 품목을 주거래기업에 납품하고 있는 경쟁기업의 수가 1개 이상 존재하는 기업의 비중이 98%, 심지

---

7 또한 분석대상 기업 가운데 법정 중견기업의 비중이 20.54%로서, (2020년 기준 통계청 기업생멸행정통계에 따르면) 전체 제조업 가운데 중견기업이 차지하는 비중이 0.35%임을 고려하면 규모가 큰 중견기업이 다수 포함되어 있다. 그뿐만 아니라 주거래기업이 완성차, 모듈업체를 포함한 1차 이상인 기업의 비중이 80%를 상회하고 있어 이 글의 분석 대상이 완성차 업체에 직접 납품한 이력이 있는 대형화된 전문 부품기업들 중심이라는 점을 재확인할 수 있다.

어 3개 이상 존재하는 기업의 비중은 85%에 달하는 것으로 나타났다. 이는 수요독점적인 자동차 부품산업에서 복수 이상의 기업을 서열 경쟁화(rank-order tournament)하여 고품질의 부품을 안정적으로 공급받고 납품단가를 지속적으로 인하하는 원청기업의 복사발주 전략이 일상화되어 있음을 함의한다.[8]

〈표 3-1〉의 하단은 전문 부품기업 482개사에 2016년부터 2019년까지 피보험자로 고용된 적이 있는 9만 7979명의 4년간 전체 관측치인 28만 9226개로부터 산출한 임금을 포함한 주요 근로조건 관련 기초통계량을 나타내고 있다. 이에 따르면 분석 대상 근로자의 월 평균 임금은 392.8만 원, 시간당 임금의 평균은 2.45만 원으로 나타났는데, 2019년 기준 제조업 전체 근로자의 월 평균 임금 370.8만 원, 시간당 평균 임금 2.20만 원(통계청, 2020)보다 유의하게 높은 수준임을 확인할 수 있다. 앞서 강조하였듯이 동 연구의 분석 대상 기업이 상대적으로 규모가 큰 부품기업인 특성에서 주로 연유하는 것으로 판단된다.

한편 근로자의 평균 주당 소정 근로시간은 40.47시간으로 나타났는데, 이는 2019년 기준 제조업 전체 근로자의 평균 주당 소정 근로시간인 35.60시간보다 긴 수준이다(통계청, 2020). 이러한 결과만을 두고 (어떠한 경우에라도) 적기 납품을 요구하는 원청기업에 자동차산업의 전문화된 하청 부품기업들조차 장시간 근로로 대응하고 있는 결과로 해석하기에는 무리가 있지만, 이하의 분석에서 임금 격차를 실증할 때 월 평균 임금과 더불어 시간당 임금도 함께 관찰해야 하는 이유로는 충분하다고 판단된다.

---

8 복사발주전략을 통해 원청기업은 안정적으로 부품을 수급할 수 있는 뿐만 아니라, 하청기업들의 원가 비교를 통해 최종재 생산에 최적화된 납품단가를 파악할 수 있다. 더 나아가 물량축소·거래단절 등을 무기로 하청기업의 제조원가를 자동적으로 파악할 수 있는 시스템을 구축하기도 한다.

## 3. 비대칭적 시장지배력과 자동차 부품기업의 협상력 실태

2절에서 완성차업체에 직접 납품한 이력이 있는 (상대적으로) 대형 전문 부품기업도 자동차산업의 수요독점적 분업 생산구조에서 근본적으로 연유하는 비대칭적 시장지배력에 의해 극심한 납품경쟁을 하고 있음을 확인할 수 있었다.

복사 발주로 상징되는 원청기업의 강력한 서열납품경쟁 구사 전략에서 하청기업이 자유로워질 수 있는 근본적인 방법은 원청기업과의 거래조건 협상에서 동등하거나 우위를 점하는 것이다. 특히 납품경쟁 기업 간 기술력 격차에 의해 특정 하청기업의 부품·소재 공급에 대한 원청기업의 의존도가 높아지면, 복사 발주를 통한 서열납품경쟁 전략은 상대적으로 제한될 수 있다. 더욱이 이러한 하청기업이 판로 다변화를 통해 타 원청기업에 납품하게 되는 경우, 대안적 판로에 기초하여 납품단가 결정을 포함한 모든 거래조건 협상에서 동등 수준 이상의 협상력을 점할 수 있다. 이는 양자 상호 간 협력관계를 더욱 증진시켜 원청기업은 관련 하청기업에 공급을, 해당 하청기업은 동 원청기업에 판매를 대부분 의존하는 쌍방독점에 가까운 거래관계로 이어질 수 있다. 심지어 이 과정에서 발생할 수 있는 특정 원청기업에 대한 하청기업의 높은 매출 의존성은 우호적인 거래조건과 맞물리면서, 해당 하청기업 소속 근로자가 좋은 근로조건을 제공받을 수 있는 초석으로 작용할 수 있다.[9]

상기 논의에 주목하여 이 절에서는 국내 원·하청 관계의 협상력에 크게 영향을 미치고 있다고 제기되어 온 주요한 요인들 — ① 전속거래 수준, ② 하도급기업의 기술력 수준, ③ 해외 소재·해외 기업 판로 보유 여부 — 및 원·하청 기업 간 협상의 결과인 '납품단가' 변동 실태가 국내 자동차 전문 부품기업에서는 어떠한지를 살펴본다.

---

9 물론 하청기업의 협상력 제고에 따른 영업이익의 증가가 반드시 소속 근로자의 임금 상승으로 이어진다는 보장은 없다.

### 1) 협상력 주요 결정요인의 실태

#### (1) 전속거래 수준

수요독점적인 분업 생산구조에서 협상력을 크게 좌우한다고 알려진 전속거래 수준과 임금과의 관계를 관찰하기 위해 이 글에서는 실태조사 과정에서 설문한 '특정 하청기업이 주거래 (원청)기업에게 주력 생산품목을 판매한 금액이 (해당 하청기업의) 전체 매출액에서 차지하는 비중, 즉 주거래기업에 대한 하청기업 주력 생산품목의 매출 의존도'를 전속거래 수준으로 정의한다.

〈표 3-2〉에 따르면 자동차 전문 부품기업들의 평균 전속거래 수준은 43%에 이르고 있다. 또한 〈표 3-2〉는 자동차 전문 부품기업들의 전속거래 수준을 3개의 유형으로 그룹화 – ① 주거래기업에 대한 주력 품목 매출 비중 33.3% 미만(전체 매출액에서 차지하는 비중이 1/3 미만), ② 매출 비중 33.3% 이상 50% 미만(전체 매출액에서 차지하는 비중이 1/3보다는 크고 1/2 미만), ③ 매출 비중 50.0% 이상(전체 매출액에서 차지하는 비중이 1/2 이상) – 하여 제시하고 있는데, 주거래기업에 주력 품목을 판매한 금액이 전체 매출액의 절반 이상을 차지하는 기업의 비중이 35%, 1/3 이상을 차지하는 기업의 비중은 60%에 달하고 있음을 확인할 수 있다.

이러한 결과는 자동차산업 대형 전문 부품기업들의 60%에 가까운 기업들조차 주거래기업과의 거래관계에서 예상치 못한 발주량 감소, 거래 단절 등의 변화가 발생할 경우 심각한 경영 위기에 노출될 위험성이 매우 높으며, 그 결과 생존을 위해 주거래기업의 각종 불합리한 요청을 수용하지 않을 수밖에 없는 현실에 놓여 있음을 함의한다.

반면 이러한 하청기업의 매출 의존성이, 주거래 원청기업이 공고한 협력관계를 구축한 하청기업에 물량을 몰아주는 과정에서 발생할 수 있다는 점도 강조될 필요가 있다. 뛰어난 기술력과 고품질의 적기 납품성 등을 보유한 하청기업과 장기지속거래를 유지할 유인이 있는 원청기업은 해당 하청기업에 상대적

〈표 3-2〉 분석 대상 자동차 부품기업의 전속거래 수준(2018년 기준) (단위: 개사, %)

| | 전체 | 주거래기업 매출 비중 33.3% 미만 | 주거래기업 매출 비중 33.3% 이상 50% 미만 | 주거래기업 매출 비중 50% 이상 |
|---|---|---|---|---|
| 관측치 수 | 482 | 190 | 121 | 171 |
| 비중 | (100.00) | (39.42) | (25.10) | (35.48) |
| **주거래기업에 대한 주력 품목 매출 의존도** | **42.99** | **21.98** | **40.68** | **68.09** |

주: ① 전속거래 수준을 정의하는 데 사용된 주거래기업 매출 비중은 주거래기업에 주력품목을 판매한 금액이 전체 매출액에서 차지하는 비중, 즉 주거래기업에 대한 주력 품목의 매출 의존도(%)를 의미. ② ( ) 안은 전체 자동차 전문 부품기업(482개사) 가운데 해당 유형이 차지하는 비중을 의미.
자료: 자동차 부품산업 실태조사(2020).

으로 우호적인 거래조건을 제공하면서 물량을 제공할 수 있는데, 그 결과 높은 수준의 전속거래 양상이 초래될 수 있다.

### (2) 기술력 수준: 주력 품목의 기술 주도성

연구개발비와 같은 혁신 변수, 동종 기업 대비 기술력 수준에 대한 주관적 체감도 등 많은 변수들이 기술력 관련 지표로 간주될 수 있지만, 이 글에서는 블랙박스 방식, 대여도 방식[10]으로 대표되는 자동차 부품산업 고유의 속성을 반영하고 협상력에 주요하게 영향을 줄 수 있는 하청기업의 기술 주도성을 기술력 수준 지표로 고려한다. 실태조사 과정에서 설문한 '주력 품목에 대한 기술 주도적 성격'을 활용하여, 주력 생산품목의 기술 주도권을 (수요기업이 아니라) 해당 하청기업이 보유하고 있거나 수요(원청)기업과 공동으로 협력하여 주력 품목을 개발하고 있다고 응답한 하청기업을 '기술 주도형 기업'으로, 주력 품목의 기술 주도권을 갖지 못하고 수요기업의 요청에 맞추어 제조하는 경향을 가

10 블랙박스 방식은 기본설계만 원청기업이 하고, 상세설계와 (이에 따른) 제조를 부품기업이 하는 방식을 의미한다. 한편 대여도 방식에서는 기본설계 및 상세설계를 원청기업이 하고, 부품업체는 그러한 상세설계에 기초하여 제조만 한다(지민웅, 2000).

〈표 3-3〉 분석 대상 자동차 부품기업의 기술 주도성(2018년 기준) (단위: 개사, %)

| | 전체 | 주거래기업 매출 비중 33.3% 미만 | 주거래기업 매출 비중 33.3% 이상 50% 미만 | 주거래기업 매출 비중 50% 이상 |
|---|---|---|---|---|
| 순응형 | 377 | 165 | 96 | 116 |
| | (78.22) | (86.84) | (79.34) | (67.84) |
| 주도형 또는 공동형 | 105 | 25 | 25 | 55 |
| | (21.78) | (13.16) | (20.66) | (32.16) |

주: ① 전속거래 수준을 정의하는 데 사용된 주거래기업 매출 비중은 주거래기업에 주력품목을 판매한 금액이 전체 매출액에서 차지하는 비중, 즉 주거래기업에 대한 주력 품목의 매출 의존도(%)를 의미. ② ( ) 안의 비중(%)은 각 유형의 총 기업 수 대비 해당 규모의 기업 수를 의미. 따라서 각 열 비중의 세로 합은 100%.
자료: 자동차 부품산업 실태조사(2020).

진 기업은 '기술 순응형 기업'으로 분류한다.

〈표 3-3〉은 분석 대상 자동차 부품기업의 주력 품목 관련 기술 주도성을 제시하고 있는데, 대형 자동차 전문 부품기업의 3/4 이상이 협상력의 열위를 초래하는 기술 순응적 성격을 띠고 있음을 확인할 수 있다.

이와 동시에 전속거래의 수준이 높아질수록 기술 주도성을 보유하고 있는 기업의 비중이 높아지는 흥미로운 양상도 관찰되고 있다. 이러한 현상은 앞서 설명한 바와 같이 특정 부품의 전문 기술력을 보유한 하청기업에 주문량을 집중함으로써 안정적으로 고품질의 부품을 공급받고자 하는 원청기업의 유인이 현실에서 작동하고 있음을 시사한다.

(3) 해외 소재·해외 기업 판로 보유 여부

물량이 감소하거나 거래가 단절되면 원청기업 전용 자산에 대한 하청기업의 투자가 매몰비용화되는 하도급 거래의 인질적 속성을 고려하면, 판로가 한정적인 하청기업, 특히 특정 원청기업에 대한 매출 의존도가 심한 기업은 해당 원청기업과의 거래 속에서 일정 수준의 매출을 보장받는 대신 이에 대한 반대급부로 납품단가 인하 등 각종 불리한 요구를 감내할 수밖에 없다. 이와 같은 현실에서 하청기업이 판로 다변화를 통해 타 원청기업, 특히 국내 시장이 아닌 해

〈표 3-4〉 분석 대상 자동차 부품기업의 주력 품목 납품기업 수(2018년 기준) (단위: 개사)

| | 납품하는 국내 소재 국내외 기업 수 | 납품하는 해외 소재 국내 기업 수 | 납품하는 해외 소재 해외 기업 수 | 납품하는 전체 기업 수 |
|---|---|---|---|---|
| 평균 | 9.93 | 0.42 | 1.07 | 11.41 |
| 중위값 | 4.00 | 0.00 | 0.00 | 5.00 |

자료: 자동차 부품산업 실태조사(2020).

〈표 3-5〉 해외 소재·해외 기업에 납품 여부별 주거래기업의 유형(2018년 기준) (단위: 개사)

| | 관측치 수 | 주거래기업 유형 | | | | | 주거래기업 매출 의존도(%) |
|---|---|---|---|---|---|---|---|
| | | 국내 대기업 혹은 대기업 계열사 | 국내 중소·중견 기업 | 해외 소재 국내 기업 | 국내 소재 해외 기업 | 해외 소재 해외 기업 | |
| 해외 소재·해외 기업에 납품하고 있는 기업 | **96** **(19.91)** | 61 [64.41] | 28 [29.17] | 7 [7.29] | **0** **[0.00]** | **0** **[0.00]** | 38.20 |
| 해외 소재·해외 기업에 납품하고 있지 않은 기업 | 386 (80.19) | 243 [62.95] | 137 [35.49] | 3 [0.78] | 3 [0.78] | 0 [0.00] | 44.21 |

주: ① ( ) 안은 전체 482개 기업 가운데 차지하는 비중(%)을 의미하는 한편, [ ] 안은 주어진 해외 소재·해외 기업 납품 유형에서 차지하는 비중(%)을 의미. ② 주거래기업 매출 의존도는 주거래기업에게 주력 품목을 판매한 금액이 전체 매출액에서 차지하는 비중(%)을 의미.
자료: 자동차 부품산업 실태조사(2020).

외 시장의 해외 기업에 납품하게 되는 경우, 이러한 대안적 판로를 지렛대 삼아 기존 국내 원청기업과의 납품단가 결정을 포함한 모든 거래조건 협상에서 협상력을 제고할 수 있다.

이에 주목하여 이 글에서는 협상력의 주요 결정요인 중 하나로서 '해외 소재·해외 기업에 납품 여부'를 고려하고, 이와 관련된 실태를 관찰한다.

〈표 3-4〉에 따르면 분석 대상 자동차 부품기업은 주력 품목을 평균 11.4개사의 기업에 납품하고 있는데, 이들 납품기업 가운데 약 1개사는 해외 소재·해외 기업이다. 하지만 이들 부품기업이 평균적으로 납품하고 있는 해외 소재·해외 기업 1개사의 존재 여부가 강력한 시장지배력을 보유하고 있는 국내 원청기업과의 협상에서 협상력의 동인으로 작동할 수 있을지 의문이다.

'해외 소재·해외 기업에 납품'하고 있는 자동차 부품기업은 전체 분석 대상 기업의 20%에도 못 미치고 있을 뿐만 아니라, 이들 기업 역시 주거래기업은 모두 국내 기업이기 때문이다. 심지어 이들 기업의 국내 주거래기업에 대한 매출 의존도가 40%에 육박하고 있어(〈표 3-5〉 참조), 해외 소재·해외 기업에 납품하고 있다는 사실에 기대어 국내 주거래기업의 주문량 감소나 거래단절 위협에 대응하기는 쉽지 않아 보인다.

### 2) 협상의 산물인 납품단가 변동 실태

부품·소재를 원청기업은 가능한 한 싼 값에 구매하기를 원하고 하청기업은 가능한 한 비싼 값에 판매하기를 바라는 원·하청 관계에서 납품단가는 원·하청기업 간 협상의 대표적 산물이다. 납품 계약과정에서 앞서 살펴본 전속거래 수준, 기술력 수준, 타 기업과의 거래 가능성 등을 고려하여 원청기업은 납품단가를 낮추기 위해 하청기업은 올리기 위해 협상한다.

이러한 협상에서 부품·소재 생산에 필요한 원재료비의 변동과 함께 시간당 생산량을 고려한 임률(제품 한 개를 생산하는 데 소요되는 인건비)이 납품단가 결정의 가장 주요한 요소라는 점은 상식으로 일컬어진다. 임률이 납품단가 결정의 주요 요소 중의 하나라면 영업 마진을 보장하지 않는 납품단가 하락은 임금에 부정적인 영향을 미칠 수밖에 없다. 소수의 원청기업에 납품하기 위해 다수의 하청기업이 경쟁하고 있는 수요독점적 시장구조에서는 납품단가 관련 경쟁이 과열되어 하청기업 근로자의 (추후) 임금 수준이 더 크게 하락할 가능성이 상존한다.

이러한 논의에 주목하여 이 글은 (수요독점적 시장구조에서 근본적으로 연유하는) 높은 전속거래 양상과 원청기업의 복사 발주 전략에 의한 하청기업 간 납품 경쟁이 일상화되어 있는 국내 자동차 부품산업에서 원·하청기업 간 협상의 산물인 납품단가 변동 실태를 관찰한다.

이를 위해 실태조사의 '최근 3년간(2016~2018년) 주력 품목의 납품단가 변동 추이' 관련 설문항목에 대한 부품기업의 응답을 세 유형 – ① 하락, ② 변동 없음

〈표 3-6〉 최근 3년간(2016~2018년) 주력 품목의 납품단가 변동 추이와 제조원가 변동 추이 간 관계

(단위: 개사)

| | | 납품단가 | | | |
|---|---|---|---|---|---|
| | | 하락 | 변동없음 | 상승 | 전체 |
| 제조원가 | 하락 | 43<br>(8.92) | 7<br>(1.45) | 1<br>(0.21) | 51<br>(10.58) |
| | 변동없음 | 5<br>(1.04) | 117<br>(24.27) | 9<br>(1.87) | 131<br>(27.18) |
| | 상승 | 30<br>(6.22) | 72<br>(14.94) | 198<br>(41.08) | 300<br>(62.24) |
| | 전체 | 78<br>(16.18) | 196<br>(40.66) | 208<br>(43.15) | 482<br>(100.00) |

주: ( ) 안의 비중은 전체 기업 482개 가운데 해당 유형(제조원가 변화 × 납품단가 변화)의 기업 수(%)를 의미.
자료: 자동차 부품산업 실태조사(2020).

③ 상승 ─ 으로 구분하고 납품단가 변동 수준의 지표로 활용한다.

〈표 3-6〉은 최근 3년(2016~2018년) 동안 자동차 부품기업의 납품단가 변동 추이와 제조원가 변동 추이를 교차 분석(cross-tab)한 결과를 제시하고 있다. 이에 따르면 제조원가 변동이 납품단가 결정에 온전히 반영되지 않아 납품단가가 인하되었다고 체감할 수 있는(즉, 짙은 음영 구역에 위치하고 있는) 하청기업의 비중[11]은 22%로 관찰된다.

이에 더해 옅은 음영으로 표현된 구역(제조원기와 납품단가가 모두 하락하거나 상승한 구역)에 위치한 기업(의 일부) 역시 제조원가 변동이 납품단가 결정에 온전히 반영되지 않아 납품단가가 인하되었다고 체감할 수 있다는 점도 강조될 필요가 있다.[12] 높은 전속거래 양상과 원청기업의 복사 발주 전략에 의한 하청

11 짙은 음영으로 표현된 구역에 위치한 기업(제조원가는 변동하지 않았거나 상승했는데 납품단가가 하락한 기업, 제조원가는 상승하였는데 납품단가가 변동하지 않은 기업)이 전체 분석 대상 기업에서 차지하는 비중이 22%이다.

12 납품단가와 제조원가 변동의 '폭'을 조사하지 않은 자료의 한계로 인해, 제조원가가 하락된 동일한 수준으로 납품단가가 하락되었는지, 제조원가 상승 폭이 온전히 납품단가 상승에 반영되었는지 확인이 불가능하다. 따라서 옅은 음영으로 표현된 구역에 위치한 기업(제조원가와 납품단가 모두가 상승하거나 하락한 기업)에 위치한 기업 가운데 제조원가 변동이 납품단가 결정에 온

기업 간 납품 경쟁이 일상화되어 있는 국내 자동차 부품산업에서 원청기업이 제조원가 상승분 이상으로 납품단가를 인상하거나 제조원가 하락분만큼만 납품단가를 인하할 가능성은 흔치 않을 것으로 추측된다. 옅은 음영으로 표현된 구역에 위치한 하청 기업(제조원가와 납품단가 모두가 상승하거나 하락한 하청기업)의 납품단가 '모두'가 이렇게 제조원가의 변동을 온전히 반영하지 못한다면, 납품단가가 인하되었다고 체감하는 하청기업의 비중은 72%에 이르게 된다. 외생적인 환경변화에 의해 변동된 제조원가가 온전하게 반영되지 않은 납품단가를 수용한 하청기업이 상대적으로 악화된 수익 구조 개선을 위해 저임금·장시간 근로와 같은 노동비용 절감형 전략에 더욱 의존하게 될 가능성은 앞서 주지한 바와 같다.

## 4. 연구방법 및 실증분석 결과

이 장에서는 임금 수준 혹은 임금 증가율에 영향을 미칠 수 있는 다양한 인적 속성, 규모를 포함한 각종 기업 속성, 노동조합 등 노사관계 속성, 심지어 관심 협상력 관련 요소를 제외한 여타 협상력 속성이 불변하는 상황에서, 원·하청 관계의 협상력 결정요인 — ① 전속거래 수준, ② 하도급기업의 기술력 수준, ③ 해외 소재·해외 기업 판로 보유 여부 — 과 원·하청 기업 간 협상의 산물인 '납품단가 하락 여부' 각각이 하도급 기업의 임금 수준과 임금 증가율에 어떠한 영향을 미치는지를 29만 명에 달하는 근로자를 관측치로 하는 기업·근로자 연계(employer-

---

전히 반영되지 않은 기업이 어느 정도인지 정확히 파악할 수는 없다. 이러한 편의(Bias)를 최소화하기 위해 이 글에서는 제조원가의 변동을 더미변수로 통제하여 납품단가의 변화가 임금에 미치는 영향을 추정하였다. 향후 보다 정확한 분석결과 도출을 위해서는 (사실 여부 확인이 불가능한 설문조사가 아닌) 공식적인 기업단위 납품단가 및 제조원가 정보가 요구되는데, 기밀에 가까운 이들 핵심 기업정보가 신뢰성 높은 수준으로 외부에 공개될 수 있을지 의문이다.

employee matched) 데이터에 패널 확률효과 모형을 적용하여 분석한다. 또한 협상력 주요 결정요인과 납품단가 하락 여부 간 매개효과(교호항)를 추가적으로 분석함으로써, 높은 수준의 전속거래와 납품단가에 제조원가가 충분히 반영되지 않는 양상이 일상화되어 있는 하도급 관계 현실에서 협상력 관련 주요 요소가 임금 수준 및 임금 증가율에 미치는 영향에 대한 함의를 더한다.

### 1) 연구방법

아래의 임금방정식 (1)은 협상력 및 임금에 영향을 주는 여타 요인들을 가능한 한 통제한 상황에서 하청기업의 협상력 관련 요소들이 소속 근로자의 임금 수준 및 임금 증가율에 어떠한 영향을 미치는지를 추정하는 Baseline 성격의 분석모형이다. 동 분석모형은 종속변수와 독립변수 간 1년의 시차를 두고 있는데, 임금이 계약기간 동안 혹은 다음 임금협상 시까지 변화하는 것은 흔치 않을 뿐만 아니라 임금 변화에 영향을 미치는 요인(납품단가 변동, 성과보상 등)이 임금에 반영되어 근로자에게 지급되는 과정 사이에는 시차가 존재하는 현실을 고려한 것이다.

$$wage_{ijt} = \beta_0 + \beta_1 exclusive_{(i)j} + \beta_2 tech_{(i)j} + \beta_3 market_{(i)j} + \beta_4 contract_{(i)j} + AX_{it-1} + \Gamma Z_{jt-1} + \gamma_{t-1} + \rho_i + \sigma_j + \xi_{ijt-1} \quad (1)$$

$wage_{ijt}$ : $t$기에 자동차 전문 부품기업 $j$에 종사하고 있는 근로자 $i$의 임금 수준(로그 월 평균 임금 및 로그 시간당 임금) 혹은 임금 증가율(월 평균 임금 증가율 및 시간당 임금 증가율)

$exclusive_{(i)j}$ : 〔협상력 관련 변수〕 근로자 $i$가 종사하고 있는 $j$기업의 전속거래 수준(전속거래 수준은 주거래기업에 주력 품목을 판매한 금액이 전체매출액에서 차지하는 비중)

$tech_{(i)j}$ : 〔협상력 관련 변수〕 근로자 $i$가 종사하고 있는 $j$기업의 주력 품목 기

술 주도성 여부 더미〔주력 품목의 기술 주도권을 가진 기술 주도형 성격을 보유하고 있거나 수요처와 공동으로 협력하여 주력 품목을 개발하고 있는 공동형 성격을 보유하고 있는 기업이면 '1', 그렇지 않은(기술 순응형) 기업이면 '0'의 값을 가지는 더미변수〕

$market_{(i)j}$ : 〔협상력 관련 변수〕 근로자 $i$가 종사하고 있는 $j$기업이 주력 품목을 해외 소재·해외 기업에 납품하고 있는지 여부 더미(납품하고 있는 기업이면 '1', 그렇지 않은 기업이면 '0'의 값을 가지는 더미변수)

$contract_{(i)j}$ : 〔협상력 관련 변수〕 근로자 $i$가 종사하고 있는 $j$기업 주력 품목의 지난 3년간(2016~2018년) 납품단가 하락 여부 더미(하락한 기업이면 '1', 변동하지 않았거나 상승한 기업이면 '0'의 값을 가지는 더미변수)

$X_{it-1}$ : $t$기 근로자 $i$의 임금 수준과 임금 증가율에 영향을 미치되, 시간에 따라 변화하는 $t$-1 기 $i$근로자의 속성 - 재직기간(근속), 연령, 직종 더미(표준직업분류 대분류)

$\rho_i$ : 근로자 $i$의 임금 수준과 임금 증가율에 영향을 미치되, 시간에 따라 불변하는 근로자의 속성 - 성별 더미

$Z_{jt-1}$ : $t$기 근로자 $i$의 임금 수준 및 임금 증가율에 영향을 미치되, 시간에 따라 변화하는 $t$-1 기 기업 $j$의 속성 - 업력, 매출액, 유형자산액, 연구개발비, 피보험자 수

$\sigma_j$ : 근로자 $i$의 임금 수준 및 임금 증가율에 영향을 미치되, 시간에 따라 불변하는 기업 $j$의 속성 - 지난 3년간 제조원가 변동 더미, 경쟁기업 존재 여부 더미, 납품 단계 더미, 주력 품목 유형 더미, 주거래 기업 유형 더미, 해당 기업의 법정 기억유형 더미, 다수 사업장 보유 여부 더미, 노동조합 존재 여부 더미, 근로자와 경영진 간 상호 신뢰 수준 더미, 지역 더미, 패널 확률효과 모형을 적용함으로써 제거하지 못하는 관찰되지 않은 기업 $j$의 속성은 기업 $j$를 대상으로 군집분석을 수행하여 표준오차를 조정함으로써 일정 부분 통제

$\gamma_{t-1}$ : $t$기 근로자 $i$의 임금 수준 및 임금 증가율에 영향을 미치되, 시간에 따라 변화하고 관찰되지 않는 요인 - 같은 해 이러한 요인들이 모든 종사자에게 동일하게 영향을 미친다고 가정하여 '연도 더미'로 통제

$\xi_{ijt-1}$ : 교란항

$t$ : (종속변수) 2017년, 2018년, 2019년(그 결과 $t$-1 기 독립변수 정보는 2016년, 2017년, 2018년)

〈표 3-7〉 임금방정식 (1)에 추가되어 분석되는 협상력 관련 변수들 간 교호항

| 식 (1)에 추가되는 교호항 | 교호항 변수 설명 |
|---|---|
| $\beta_{5a}$(exclusive × tech) | 전속거래 수준 × 주력 품목 관련 기술 주도성 |
| $\beta_{5b}$(exclusive × market) | 전속거래 수준 × 해외 소재·해외 기업에 주력 품목 납품 여부 |
| $\beta_{5c}$(exclusive × contract) | 전속거래 수준 × 납품단가 인하 여부 |

상기한 식 (1)은 임금에 영향을 미치는 여타 요인들이 고정되어 있을 때 관심 협상력 관련 변수가 임금 수준 및 임금 증가율에 미치는 영향을 추정한다. 하지만 전속거래 수준이 40%를 상회하는 현실에서, 전속거래 수준이 심화될 때 여타 협상력 수준에 따라 임금에 미치는 영향이 상이한지를 관찰할 수는 없다. 따라서 이 글에서는 이를 관찰하기 위해 식 (1)에 〈표 3-7〉을 통해 제시되고 있는 교호항(interaction-term), 즉 전속거래 수준과 기술 주도성·해외 소재·해외 기업 납품 여부·납품단가 하락 여부 간 교호항을 포함한 분석을 추가한다.

### 2) 실증분석 결과

#### (1) 임금 수준

〈표 3-8〉은 임금방정식 (1)을 적용, 개별 협상력 관련 변수가 월 평균 임금과 시간당 임금에 미치는 영향을 나타낸다. 다만 관심 협상력 관련 변수를 제외한

〈표 3-8〉 하도급 기업의 협상력이 임금 수준에 미치는 영향

| 관심변수 \ 종속변수 | 로그 월 평균 임금 | | | | 로그 시간당 임금 | | | |
|---|---|---|---|---|---|---|---|---|
| | Model1-1 | Model1-2 | Mode1-3 | Mode1-4 | Model1-1 | Model1-2 | Mode1-3 | Mode1-4 |
| 협상력 대리변수(1): 전속거래 수준(%) | 0.00112***<br>(0.00008) | | | | 0.00113***<br>(0.00008) | | | |
| 협상력 대리변수(2): 주력 품목의 기술주도성 | | 0.05014**<br>(0.02345) | | | | 0.04680**<br>(0.02240) | | |
| 협상력 대리변수(3): 해외 소재·해외 기업에 납품 | | | 0.00350<br>(0.02197) | | | | -0.00045<br>(0.02096) | |
| 협상력 결과변수: 납품단가 하락 여부 | | | | 0.00389<br>(0.00400) | | | | -0.00922**<br>(0.00420) |
| 관측치 수 | 152,160 | 152,160 | 152,160 | 152,160 | 144,991 | 144,991 | 144,991 | 144,991 |
| 패널 수 | 62,424 | 62,424 | 62,424 | 62,424 | 59,933 | 59,933 | 59,933 | 59,933 |

주: ① 표에 제시된 결과는 이하의 기업 속성, 원·하청 관계 속성, 근로자 속성 등이 모두 통제된 결과임.

- 기업 속성 : 해당 부품기업의 법정 중소기업 여부, 다수사업장 보유 여부, 업력, 지역, 노동조합 유무, 근로자와 경영진 간 상호 신뢰 수준, T-1기 매출액, T-1기 유형자산액, T-1기 연구개발비, T-1기 피보험자 수.
- 원·하청 관계 속성 : 주력품목 유형, 납품 단계 유형, 주거래기업 유형, 경쟁기업 존재 여부, 제조원가 상승 여부.
- T-1기 근로자 속성 : 직종(표준직업분류 대분류), 재직기간(근속), 연령, 성별.

② ( ) 안은 특정 기업 j에 대한 군집 분석(cluster analysis)을 적용한 강건 표준오차(robust standard error).

③ 이 표는 패널 확률효과 모형으로 추정한 결과이며, *, **, ***는 각각 10%, 5%, 1% 수준에서 통계적으로 유의하다는 것을 의미.

④ 이 표에 제시된 주요 변수들을 차례대로 설명하면 다음과 같음.

- 협상력 대리변수(1): 주거래기업에 주력 품목을 판매한 금액이 전체 매출액에서 차지하는 비중을 활용해 전속거래 수준을 측정.
- 협상력 대리변수(2): (수요기업이 아니라) 해당 기업이 주력 품목의 기술 주도권을 보유하고 있거나 수요처와 공동으로 협력하여 주력 품목을 개발하는 기업이면 "1", 그렇지 않은 기업(순응형)이면 "0"의 값을 가지는 더미변수.
- 협상력 대리변수(3): 주력 품목을 해외 소재·해외 기업에 납품하는 기업이면 "1", 그렇지 않은 기업(해외 소재 국내 기업 또는 국내 소재 기업에 납품하는 기업)이면 "0"의 값을 가지는 더미변수.
- 협상력 결과변수: 최근 3년간(2016~2018년) 주력 품목의 납품단가가 하락한 기업이면 "1", 변동 없거나 상승한 기업이면 "0"의 값을 가지는 더미변수.

자료: 자동차 부품산업 실태조사(2020)에 2016~2019년 고용보험 피보험자 원자료를 결합한 불균형 패널 데이터.

여타 협상력 관련 요소들은 통제하지 않은 결과이다. 한편 〈표 3-9〉의 Model 2-1의 결과는 여타 협상력 관련 요소들까지 통제한 후 분석된 추정치를 나타내고 있다.[13]

---

13 하청기업의 기술 주도성이 강할수록 전속거래 비중이 높은 경향이 있고, 해외 소재·해외 기업에 납품할 가능성이 높으며, (상대적으로 우수한 협상력에 의해) 하청기업 우호적인 납품단가가 책정될 가능성이 있음을 고려하면, 관심 협상력 변수를 제외한 여타 협상력 변수들까지 모두 통제된 〈표 3-9〉의 Model 2-1의 결과가 가장 설득력 있다고 판단된다.

〈표 3-9〉 하도급 기업의 협상력이 임금 수준에 미치는 영향(전속거래 수준과의 교호항 추가)

| 종속변수 / 관심변수 | 로그 월 평균 임금 | | | | 로그 시간당 임금 | | | |
|---|---|---|---|---|---|---|---|---|
| | Model2-1 | Model2-2 | Model2-3 | Model2-4 | Model2-1 | Model2-2 | Model2-3 | Model2-4 |
| 협상력 대리변수(1): 전속거래 수준(%) | 0.00106**<br>(0.00044) | 0.00080<br>(0.00052) | 0.00069<br>(0.00043) | 0.00277***<br>(0.00064) | 0.00100**<br>(0.00043) | 0.00076<br>(0.00051) | 0.00067<br>(0.00041) | 0.00264***<br>(0.00061) |
| 협상력 대리변수(2): 주력 품목의 기술주도성 | 0.03986<br>(0.02426) | 0.00101<br>(0.04697) | 0.04262*<br>(0.02430) | 0.03442<br>(0.02402) | 0.03670<br>(0.02323) | 0.00133<br>(0.04359) | 0.03944*<br>(0.02318) | 0.03234<br>(0.02312) |
| 협상력 대리변수(3): 해외소재·해외기업에 납품 | 0.00959<br>(0.02191) | 0.00995<br>(0.02177) | -0.05675<br>(0.04912) | 0.00473<br>(0.02072) | 0.00534<br>(0.02098) | 0.00569<br>(0.02085) | -0.05394<br>(0.04544) | 0.00049<br>(0.01991) |
| 협상력 결과변수: 납품단가 하락 여부 | 0.00474<br>(0.02369) | 0.00779<br>(0.02433) | 0.00342<br>(0.02374) | 0.14025***<br>(0.03956) | -0.00617<br>(0.02273) | -0.00366<br>(0.02326) | -0.00704<br>(0.02276) | 0.12367***<br>(0.03703) |
| 교호항: 전속거래 수준 × 협상력 대리변수(2) | | 0.00086<br>(0.00084) | | | | 0.00078<br>(0.00079) | | |
| 교호항: 전속거래 수준 × 협상력 대리변수(3) | | | 0.00166<br>(0.00119) | | | | 0.00147<br>(0.00113) | |
| 교호항: 전속거래 수준 × 납품단가 하락 | | | | -0.00310***<br>(0.00075) | | | | -0.00297***<br>(0.00072) |
| 관측치 수 | 152,160 | 152,160 | 152,160 | 152,160 | 144,991 | 144,991 | 144,991 | 144,991 |
| 패널 수 | 62,424 | 62,424 | 62,424 | 62,424 | 59,933 | 59,933 | 59,933 | 59,933 |

주: ① 표에 제시된 결과는 개별 협상력 관련 요소는 물론 식 (1)의 기업 속성, 원·하청 관계 속성, 근로자 속성 등이 모두 통제된 결과임. ② 기타 주석내용은 〈표 3-8〉과 동일.

자료: 자동차 부품산업 실태조사(2020)에 2016~2019년 고용보험 피보험자 원자료를 결합한 불균형 패널 데이터.

먼저, 전속거래 수준이 증가할수록 월 평균 임금 및 시간당 임금이 증가하는 것을 확인할 수 있다. 〈표 3-9〉의 Model 2-1의 분석 결과에 따르면 전속거래 비중이 10% 높아지면, 월 평균 임금과 시간당 임금이 약 1.1% 증가하는 것으로 나타났다. 이러한 결과는 '동일한 조건이라면 원청기업에 전력을 기울이는 하청기업에 우호적인 주문량 및 거래조건을 제공하는 과정에서 파생되는 임금에 대한 긍정적인 효과'가 '높은 전속거래 수준으로 인해 거래 단절 등의 잠재적 위협을 우려하여 불합리한 거래조건을 수용하게 되는 과정에서 파생되는 임금에 대한 부정적인 효과'를 압도하고 있음을 시사한다.

주력 품목에 대한 기술 주도성을 보유한 기업이 기술 순응형 기업보다 임금 수준이 높은 양상도 관찰된다. 〈표 3-9〉의 Model 2-1의 분석 결과에 따르면 기술 주도성 보유 기업이 기술 순응형 기업보다 월 평균 임금과 시간당 임금 수준이 약 4% 높은 것으로 나타났는데, (전통적인 수준에서는 통계적으로 유의하지 않았지만) 협상력 관련 변수 가운데 가장 큰 규모의 영향력을 자랑한다.[14] 이러한 결과는 우수한 기술력을 보유한 하청기업이 상대적으로 우월한 협상력에서 비롯된 높은 수준의 영업 마진에 기초하여 성과 보상 차원에서, 동시에 현재의 높은 기술력 수준을 유지하고 발전시킬 수 있는 우수 인재를 확보하고 유지하기 위한 차원에서 근로자에게 높은 수준의 임금을 제공한 결과로 이해된다.

반면 협상력 결정요인의 주요 변수 중 하나로 간주되던 해외 소재·해외 기업에 납품 여부는 임금 수준에 영향을 미치지 못하는 것으로 나타났다. 〈표 3-8〉과 〈표 3-9〉의 Model 2-1의 분석 결과 모두에서 해외 소재·해외 기업에 납품하는 기업의 월 평균 임금 및 시간당 임금은 그렇지 않은 기업과 통계적으로 유의한 차이를 보이지 않았다. 이러한 결과는 (3절에서 언급했듯이) 해외 소재·해외 기업에 납품하고 있는 모든 기업의 주거래기업이 국내 기업이고 전속거래 수준도 40%에 육박하고 있어, 해외 소재·해외 기업에 대한 납품 여부가 이들 주거래기업과의 협상에서 주요한 지렛대로 작동하지 않고 있음을 시사한다.

마지막으로, 협상의 산물인 납품단가 하락 여부는 임금 수준에 영향을 미치지 못하는 것으로 나타났다. 최근 3년간 제조원가 변동 추이와 협상력에 영향을 미치는 요인이 동시에 통제된 〈표 3-9〉의 Model 2-1 분석 결과에서 납품단가가 하락한 기업의 임금 수준은 변동하지 않았거나 상승한 기업과 통계적으로 유의한 차이를 보이지 않았다. 이러한 결과는 적어도 납품단가 하락과 같은 변동이 임금의 근본적인 수준에는 영향을 미치지 못한다는 점을 시사한다.

〈표 3-9〉는 전속거래 수준과 여타 협상력 관련 주요 요소 – 기술 주도성, 해외 소재·해외 기업 납품 여부, 납품단가 하락 여부 – 간 교호항(interaction-term) 분석을 추가한 결과도 제시하고 있는데, 해당 결과는 주거래기업에 대한 평균 전속거래 수준이 50%에 육박하는 현실에서 전속거래가 심화될 때 협상력 관련

14 동 변수의 월 평균 임금 관련 p-value는 0.100, 시간당 임금 관련 p-value는 0.114이다.

주요 요소들이 임금 수준에 미치는 영향을 관찰하는 데 적합하다.

먼저 전속거래 수준이 동일하게 상승할 때 기술 주도형 기업의 월 평균 및 시간당 임금 변화분과 기술 순응형 기업의 증가분 간 유의미한 차이가 없는 양상이 관찰된다. 〈표 3-9〉의 Model 2-2에 따르면, 전속거래 수준이 10% 증가할 때 기술 주도형 기업이 기술 순응형 기업에 비해 임금이 약 1%p 높게 증가하는 것으로 나타났지만 통계적으로 유의한 수준은 아니다. 이러한 결과는 전속거래 수준이 심화되면 거래 단절에 따른 전용자산에 대한 투자의 매몰비용화에 기초한 잠재적 위협이 커져 기술 주도성과 같은 하청기업의 기술력 수준도 더 이상 협상력의 주요 동인으로 작용하지 않게 된다는 점을 시사한다.

마찬가지로 전속거래 수준이 동일하게 상승할 때 해외 소재·해외 기업에 납품하는 기업의 월 평균 및 시간당 임금 변화분이 그렇지 않은 기업과 유의미한 차이가 없는 양상도 관찰된다. 해외 소재·해외 기업에 납품하고 있는 모든 기업의 주거래기업이 국내 기업이고 전속거래 수준도 40%에 육박하고 있어 해외 소재·해외 기업에 대한 납품 여부가 이들 주거래기업과의 협상에서 주요한 동인으로 작동하지 않는다는 앞선 함의가 전속거래가 심화되는 경우에도 지속된다는 점을 의미한다.

〈표 3-9〉의 Model 2-1에서 전속거래 수준이 변화하지 않을 때 임금 수준에 유의미한 영향을 미치지 못했던 납품단가 하락 여부가, 전속거래 수준이 동일하게 상승하는 상황에선 월 평균 임금 및 시간당 임금에 부정적 영향을 미치는 것으로 나타난 점은 주목할 만하다. 제조원가 변동이 통제된 〈표 3-9〉의 Model 2-4에 따르면, 전속거래 수준이 10% 증가할 때 납품단가가 하락한 기업이 변동하지 않거나 상승한 기업에 비해 임금이 약 3%p 이상 감소하는 것으로 나타났다. 전속거래 양상이 심화될수록 (인질을 무기로 한 원청기업의 위협 수준이 높아져) 하청기업의 납품단가는 더욱 낮아져서 결국에는 임금 수준까지 낮아지는 유발효과인 셈이다.

〈표 3-10〉 하도급 기업의 협상력이 임금 증가율에 미치는 영향

| 관심변수 \ 종속변수 | 월 평균 임금의 1년 증가율 | | | | 시간당 임금의 1년 증가율 | | | |
|---|---|---|---|---|---|---|---|---|
| | Model1-1 | Model1-2 | Mode1-3 | Mode1-4 | Model1-1 | Model1-2 | Mode1-3 | Mode1-4 |
| 협상력 대리변수(1): 전속거래 수준(%) | 0.00110<br>(0.00808) | | | | 0.00220<br>(0.00828) | | | |
| 협상력 대리변수(2): 주력 품목의 기술주도성 | | 0.12020<br>(0.44858) | | | | 0.09170<br>(0.45940) | | |
| 협상력 대리변수(3): 해외 소재·해외기업에 납품 | | | -0.41074<br>(0.34767) | | | | -0.43732<br>(0.35847) | |
| 협상력 결과변수: 납품단가 하락 여부 | | | | -1.09573**<br>(0.53642) | | | | -1.13916**<br>(0.53876) |
| 관측치 수 | 176,980 | 176,980 | 176,980 | 176,980 | 169,774 | 169,774 | 169,774 | 169,774 |
| 패널 수 | 74,883 | 74,883 | 74,883 | 74,883 | 72,365 | 72,365 | 72,365 | 72,365 |

주: 주석 내용은 〈표 3-8〉과 동일.
자료: 자동차 부품산업 실태조사(2020)에 2016~2019년 고용보험 피보험자 원자료를 결합한 불균형 패널 데이터.

### (2) 임금 증가율

〈표 3-10〉과 〈표 3-11〉은 임금방정식 (1)을 적용, 협상력 관련 변수가 월 평균 임금 증가율과 시간당 임금 증가율에 어떠한 영향을 미치고 있는지를 나타내고 있다.

앞서 살펴본 임금 수준에 더하여 임금 증가율에 미치는 영향을 추가적으로 살펴보는 이유는 납품단가 변동과 같은 협상력 관련 주요 요인들이 임금 수준 자체를 직접적으로 높이거나 낮추기보다는 임금 증가율에 영향을 미칠 가능성이 있다고 판단했기 때문이다. 일례로 원청기업과의 종전 계약하에서 임금을 연평균 1% 상승해 왔던 하청기업이 납품단가가 인하된 계약 갱신 후 근로자의 임금을 동결할 수 있다. 납품단가 인하에 따른 임금 증가율 지체 현상으로 인해 추후에는 타 기업 대비 임금 수준 자체가 낮아질 수 있음은 물론이다.

협상력 관련 변수 가운데 납품단가 인하 여부는 이러한 이론적 기대에 부합하는 것으로 나타났다. 임금 수준에는 영향을 미치지 않았던 납품단가 인하 여부가 해당 하청기업 근로자의 임금 증가율에는 부정적 영향을 미치는 것으로 확인되었는데, 제조원가 변동을 통제한 〈표 3-11〉의 Model 2-1에 따르면 납품

〈표 3-11〉 하도급 기업의 협상력이 임금 증가율에 미치는 영향(전속거래 수준과의 교호항 추가)

| 종속변수<br>관심변수 | 월 평균 임금의 1년 증가율 | | | | 시간당 임금의 1년 증가율 | | | |
|---|---|---|---|---|---|---|---|---|
| | Model2-1 | Model2-2 | Model2-3 | Model2-4 | Model2-1 | Model2-2 | Model2-3 | Model2-4 |
| 협상력 대리변수(1): 전속거래 수준(%) | 0.00053<br>(0.00751) | -0.00583<br>(0.00714) | -0.00097<br>(0.00827) | 0.01441<br>(0.01446) | 0.00083<br>(0.00767) | -0.00593<br>(0.00733) | -0.00080<br>(0.00843) | 0.01531<br>(0.01482) |
| 협상력 대리변수(2): 주력 품목의 기술주도성 | 0.07698<br>(0.42097) | -0.88690<br>(0.80210) | 0.09050<br>(0.42029) | 0.04107<br>(0.41520) | 0.03962<br>(0.43129) | -1.00267<br>(0.83927) | 0.05552<br>(0.43078) | 0.00873<br>(0.42576) |
| 협상력 대리변수(3): 해외 소재·해외 기업에 납품 | -0.33866<br>(0.33509) | -0.32913<br>(0.33386) | -0.62072<br>(0.71337) | -0.37497<br>(0.33608) | -0.37239<br>(0.34223) | -0.36132<br>(0.34111) | -0.68076<br>(0.73228) | -0.41163<br>(0.34409) |
| 협상력 결과변수: 납품단가 하락 여부 | -1.07596**<br>(0.51181) | -1.00030**<br>(0.49172) | -1.07956**<br>(0.51132) | 0.01611<br>(0.77140) | -1.09089**<br>(0.51604) | -1.01641**<br>(0.49613) | -1.09326**<br>(0.51577) | 0.04546<br>(0.78074) |
| 교호항: 전속거래 수준 × 협상력 대리변수(2) | | 0.02132<br>(0.01690) | | | | 0.02297<br>(0.01746) | | |
| 교호항: 전속거래 수준 × 협상력 대리변수(3) | | | 0.00710<br>(0.01687) | | | | 0.00771<br>(0.01724) | |
| 교호항: 전속거래 수준 × 납품단가 하락 | | | | -0.02493<br>(0.01729) | | | | -0.02589<br>(0.01771) |
| 관측치수 | 176,980 | 176,980 | 176,980 | 176,980 | 169,774 | 169,774 | 169,774 | 169,774 |
| 패널 수 | 74,883 | 74,883 | 74,883 | 74,883 | 72,365 | 72,365 | 72,365 | 72,365 |

주: ① 표에 제시된 결과는 개별 협상력 관련 요소는 물론 식 (1)의 기업 속성, 원·하청 관계 속성, 근로자 속성 등이 모두 통제된 결과임. ② 기타 주석 내용은 〈표 3-8〉과 동일.
자료: 자동차 부품산업 실태조사(2020)에 2016~2019년 고용보험 피보험자 원자료를 결합한 불균형 패널 데이터.

단가가 하락한 기업은 변동하지 않았거나 상승한 기업에 비해 임금 증가율이 약 1.1%p 낮았다. 납품단가 인하가 이를 수용한 하청기업 근로자의 임금 증가 지체 현상을 초래하고 있는 것이다.

반면 임금 수준에 긍정적인 영향을 미쳤던 하청기업의 전속거래 수준과 기술 주도성 여부는 임금 증가율에는 유의미한 영향을 미치지 못하는 것으로 나타났다. 이러한 결과는, 연도마다 크게 변화하기 어려운 하청기업의 전속거래 수준과 기술 주도성은 변동성이 상대적으로 심한 임금 증가율보다는 근본적인 임금의 수준 자체에 영향을 준다는 사실을 함의한다.

한편 해외 소재·해외 기업 납품 여부는 임금 수준에 미친 영향과 마찬가지로 임금 증가율에도 유의미한 영향을 미치지 못했다.

## 5. 결론

이 글에서는 노사정 공조하에 조사된 482개 자동차 부품 전문기업 실태조사에 고용보험 피보험자 원자료를 결합하여 구축한 기업·근로자 연계 패널 데이터에 패널 확률효과 모형을 적용하여, 현기차 그룹이 독점적 시장지배력을 가지고 있다고 해도 과언이 아닌 국내 자동차 시장에서 부품 전문기업의 하도급 관계에서의 협상력이 소속 근로자의 임금 수준 및 임금증가율에 어떠한 영향을 미치는지를 분석하였다. 이 과정에서 도출된 주요 연구 결과와 정책적 시사점을 요약하면 다음과 같다.

우선적으로, 여타 협상력의 주요 결정요인들과는 달리 원·하청기업 간 협상의 산물인 납품단가 하락 여부가 하도급 기업의 임금 증가율에 가장 분명하게 영향을 미치고 있음을 확인할 수 있었다. 전속거래 수준과의 교호항이 고려된 모형에서만 지난 3년간 납품단가가 하락한 기업이 그렇지 않은 기업에 비해 통계적으로 유의미하게 임금 수준이 낮았던 반면, 임금 증가율의 경우 모든 모형에서 납품단가 하락 기업이 그렇지 않은 기업에 비해 약 1%p 낮았다. 이러한 결과는 수요독점적 시장구조에서 하도급 기업이 불가피하게 수용할 수밖에 없는 원청기업의 납품단가 인하 요구에 하청기업이 노동비용 절감 전략으로 대응함으로써 악화되는 마진을 (일부) 보전하고 있음을 함의한다. 납품단가 하락에 따른 하도급 기업 근로자의 임금 증가율 정체는 누적되어 종국에는 원·하청기업 간 절대적 임금 수준의 격차 확대로 이어질 가능성이 있음은 물론이다. 심지어 최근과 같이 원부자재 가격이 폭등하는 경우에는 (협상력 열위에 의해) 납품단가에 그러한 제조원가의 상승을 온전히 반영하지 못하는 하도급 기업의 임금 증가율이 크게 정체되어 원·하청 기업 간의 임금 수준의 격차 양상이 더욱 확대될 가능성이 있다.

협상력의 주요 결정요인 가운데 주력 품목의 기술 주도성으로 측정된 하청기업의 기술력 수준이 임금 수준에 유의미한 영향을 미치는 결과도 확인되었다. 즉 원·하청 관계에서 기술을 주도하거나 원청기업과 공동기술 개발을 하는 등 주력 품목의 기술력이 상대적으로 높은 하도급 기업이 기술 순응적인 하도급 기업에 비해 임금 수준이 유의미하게 높았다. 특히 이러한 기술력 요인은 협상의 산물인 납품단가 인하 여부나 해외 소재·해외 기업 납품 여부와 같은 여타 협상력 결정요인과는 비교할 수 없을 만큼 크게 임금 수준을 높이는 것으로 나타났다. 이러한 결과는 우수한 기술력을 보유한 하청기업이 상대적으로 우월한 협상력에서 비롯된 높은 수준의 영업 마진에 기초하여 성과 보상 차원에서, 동시에 현재의 높은 기술력 수준을 유지하고 발전시킬 수 있는 우수 인재를 확보하고 유지하기 위한 차원에서 근로자에게 높은 수준의 임금을 제공한 결과로 이해된다. 수요독점적인 생태계 성격에 의해 비대칭적인 협상력이 공고한 원·하청 관계에서 하도급 기업의 기술력 제고가 임금 격차 완화는 물론 협상력을 제고할 수 있는 주요한 수단으로 작용할 수 있음을 시사한다.

반면 협상력 결정요인의 주요 변수 중 하나로 간주되던 해외 소재·해외 기업에 납품 여부는 임금 수준은 물론 임금 증가율에도 영향을 미치지 못하는 것으로 나타났다. 동 결과는 전속거래 수준이 유사한 하도급 기업 가운데 해외시장에도 부품을 납품하는 기업보다는 (국내 원청기업) 자사에 매출을 전력하는 하도급 기업에 주문량 증대를 포함한 상대적으로 우호적인 거래조건을 제공하는 원청기업의 전략에 의해 비롯된 것으로 풀이된다. 또한 해외 소재·해외 기업에 납품하고 있는 모든 기업의 주거래기업이 국내 기업이고 전속거래 수준도 40%에 육박하고 있어, 해외 소재·해외 기업에 대한 납품 여부가 이들 주거래기업과의 협상에서 주요한 동인으로 작용할 여지가 적은 양상도 주요한 몫을 담당하고 있는 것으로 풀이된다. 해외 소재·해외 기업에 납품 여부가 협상력의 주요 동인으로 작용하기 위해서는 유의미한 수준의 매출 달성이 가능한 해외 판로 개척 노력이 요구된다.

한편 전속거래 수준이 임금 수준에 미치는 결과는 매우 흥미롭다. 전속거래 수준이 높아질수록 임금 수준이 감소되는 양상과 증가되는 양상이 모델에 따라 혼재되어 관찰되었기 때문이다. 이는 국내 자동차 부품산업에서 전속거래 수준이 높아질수록 원청기업에 대한 매출 의존도가 높아져 협상력의 열위에 놓이게 되는 하도급 기업이 상대적으로 좋지 않은 거래조건을 수용할 수밖에 없는 현실과, 원청기업 입장에서 납품 물량이 적은 하도급 기업보다는 거래 물량이 많은 전속거래 기업과 협력관계를 구축하여 상대적으로 우호적인 거래조건을 제공할 필요가 있는 현실적 유인이 공존하고 있음을 함의한다.

마지막으로, 수요독점적인 성격에 의해 원청기업에 대한 하청기업의 매출 의존도가 매우 높고 (이에 따라) 원청기업의 납품단가 하락 요구가 일상적인 국내 자동차 부품산업에서, '전속거래 수준'과 납품단가 하락 여부를 포함한 협상력 주요 결정요인 사이의 교호항(interaction-term) 분석 결과는 시사하는 바가 크다. 먼저 전속거래 수준이 증가할 때 납품단가가 하락한 하도급 기업의 임금 수준이 변동하지 않았거나 상승한 하도급 기업에 비해 더 크게 감소하는 것으로 나타났다. 이는 전속거래 수준이 심화될수록 임금에 미치는 부정적 효과가 긍정적 효과를 압도하게 된다는 사실을 시사한다. 또한 전속거래 수준이 증가할 때 기술 주도형 기업의 임금 하락 수준은 기술 순응형 기업의 임금 증가 수준과 유의미한 차이를 나타내지 않았다. 이는 전속거래 수준이 심화될수록 거래 단절에 따른 전용자산에 대한 투자의 매몰비용화에 기초한 잠재적 위협이 커져 기술 주도성과 같은 하청기업의 기술력 수준도 더 이상 협상력의 주요 동인으로 작용하지 않게 된다는 점을 시사한다.

대·중소기업 간 임금 격차가 근본적으로 완화되기 위해서는 그 무엇보다 비대칭적인 시장지배력 문제를 초래하고 공고히 하는 수요독점적 시장구조가 경쟁적인 성격으로 변화될 필요가 있다. 경쟁적인 시장구조로 변화하는 과정에서 하도급 기업은 물론 소속 근로자의 화두인 전속거래의 폐해와 불합리한 납품단가 인하 요구가 감소될 것이기 때문이다. 동시에 하도급 기업의 경쟁력 향상도 수반되어야 한다. 분명 이러한 변화는 시장에 맡겨두어서는 해결되기 힘든 시장 실패의 영역이어서 정부의 적극적인 개입이 요구된다. 하지만 경쟁적

시장구조로의 변화, 하도급 기업의 경쟁력 향상은 단기적으로 달성하기 매우 어려운 과제인 만큼 긴 호흡 속에서 일관성 있는 각종 방안이 모색·추진되어야 할 것이다. 특히 가치사슬 시스템 및 경제 안보가 강조되고 있는 최근의 환경 변화에 주목, 원·하청 기업은 물론 소속 근로자의 경쟁력이 국내 분업 생산구조, 더 나아가 국가 경쟁력을 담보한다는 관점에 입각하여 각종 정책이 추진될 필요가 있다.

동시에 비대칭적인 협상력에서 근원하는 각종 하도급 문제, 특히 불공정거래에 대한 단호하고 강력한 처벌의 적용이 요구된다. (전속거래 양상을 심화시키는) 하청기업이 타 원청기업과 거래하는 것에 대한 보복과 생태계 자체를 뒤흔들 수 있는 무리한 납품단가 인하 요구에 대한 단호한 처벌이 대표적인 예이다. 이러한 조치는 단기적으로 해당 문제를 완화하는 동시에 수요독점적 시장구조하의 원·하청 관계에 대한 정부의 명확한 목표 및 방향, 그리고 의지를 민간 부문에게 전달하는 시그널(signal)로 작용할 것이다. 이와 함께 '불공정거래 행위에 대한 신고 유인의 제고'를 위한 정책적 지원 또한 강화될 필요가 있다. 신고 이후의 하도급 기업의 생존권이 보장될 때, 불공정거래에 대한 처벌은 물론 수요독점적 시장구조의 변화 및 하도급 기업의 경쟁력 향상을 위한 각종 정책 방안이 실효성을 띨 것이기 때문이다. 이 과정에서 대·중소기업 간 임금 격차가 일정 부분 완화될 것으로 기대된다.

## 참고문헌


김혜정·배진한·박창귀. 2017.「위탁대기업과 협력중소기업 간 임금격차 확대 영향요인」. ≪노동경제논집≫, 40권, 1호, 1~36쪽.

문영만. 2019.「대기업과 중소기업 임금격차 및 결정요인」. ≪노동경제논집≫, 42권, 1호, 43~72쪽.

문영만·홍장표. 2017.「원·하청기업 간의 임금격차 및 임금결정요인」. *Journal of The Korean Data Analysis Society*, Vol. 19, No. 3, pp. 1403~1417.

박진·지민웅·윤명수. 2017.「생애 첫 전일제 일자리에서의 자발적 이직 결정요인: 입사 초기에 발생하고 있는 높은 수준의 이직 문제를 중심으로」. ≪중소기업정책연구≫, 겨울호, 1~38쪽.

산업통상자원부·한국산업기술진흥원. 2021.「2021년도 산업기술인력 수급 실태조사 결과」.

송상윤. 2018.「기업규모 간 임금격차 원인 분석」. ≪노동경제논집≫, 41권, 4호, 63~105쪽.

안주엽 외. 2015.『산업과 고용구조 정상화를 위한 정책과제: 원하청관계를 중심으로』. 고용노동부.

양준석·박태수. 2017.「대중소기업간 임금격차 원인 분석: 최근의 쟁점을 중심으로」. ≪산업관계연구≫, 27권, 1호, 1~19쪽.

이재성. 2007.「기업규모별 임금격차의 원인에 관한 실증분석: 노사관계, 고용, 하청 및 기업지배 구조의 요인분석」. 성균관대학교 경제학 석사학위논문.

자동차산업 노사정포럼 - 산업통상자원부·고용노동부·한국자동차산업협회·한국자동차산업협동조합·전국금속노동조합·전국금속노동조합연맹·산업연구원·한국노동연구원. 2020.「자동차 부품산업 실태조사」.

중소벤처기업부·중소기업중앙회. 2021.「2020년 기준 중소기업실태조사 결과: 통계표(1) 제조업」.

지민웅. 2000.「일본식 하청체제 도입에 따른 한국 자동차 산업의 하청체제 변화에 관한 일 연구」. 인하대학교 경제학 석사학위논문.

_____. 2018.「제6장 하도급 정책 실효성 제고방안」. 조성재 외.『소득불평등과 임금격차 해소를 위한 전방위적 제도 개선방안』. 고용노동부·한국노동연구원, 173~208쪽.

지민웅 외. 2020.『중소기업 공정거래 기반 구축 및 혁신역량 강화』. 경제인문사회연구회.

통계청. 2020.「2019년 고용형태별근로실태조사 보고서」.

_____. 2021.「2020년 기업생멸행정통계 결과」.

하봉찬·김성원. 2015.「산업 내 거래네트워크가 기업 간 임금격차에 미치는 영향 분석」. ≪경제발전연구≫, 34권, 3호, 119~139쪽.

한국고용정보원.「고용보험데이터: 2016~2019년 원자료」.

홍민기·황선웅·최한수. 2020.『기업 이윤과 소득 불평등』. 한국노동연구원.

제4장

# 불평등 해소를 위한 재정정책

강병구 | 인하대학교 교수

## 1. 문제의 제기

한국은 1960년대 이후 급속한 성장을 이룩하여 마침내 선진국의 반열에 올랐지만, 양극화와 불평등은 여전히 한국사회의 발전을 가로막는 요인으로 작용하고 있다. 특히 외향적 성장전략으로 수출의존도가 높아진 경제에서 계층 간 소득 격차의 확대는 내수기반을 위축시켜 경제의 불안정성을 높이고 성장잠재력을 약화시키는 방향으로 작용한다.

주지하다시피 양극화와 불평등은 교육, 건강, 주거 등 다양한 영역에서 중층적으로 나타나고 있으며, 그 근저에는 소득과 자산의 불평등이 자리 잡고 있다. 시장소득으로 측정한 불평등도는 최근 증가세로 전환되고, 2017년 이후 자산의 불평등도는 확대되는 추세에 있다. 노동생산성 증가율을 밑도는 임금상승률과 대기업과 중소기업, 정규직과 비정규직, 숙련노동과 비숙련노동 간 임금 격차는 불평등구조의 근간을 형성하고 있으며, 인구, 기술, 기후 변화와 세계 경제의 블록화 경향 등 한국경제가 직면하고 있는 구조 변화는 소득불평등을 심화시킬 것으로 전망된다.

한국사회의 불평등구조를 개선하기 위해서는 시장소득과 자산 격차를 완화하는 분배정책과 함께 조세 및 재정을 통한 재분배정책을 적극적으로 활용해야 한다. 누진적 보편과세를 통한 세수확충, 임금 격차의 완화와 고용안정을 위한 세제 지원, 재정지출의 효율화와 고용 및 사회안전망의 확충, 재정의 자동안정화기능 강화와 적극적인 재정 운용 등은 분배구조 개선을 위한 주요 정책수단이자 포용 성장의 전제조건이기도 하다.

한편 '민간주도 성장'을 강조하는 윤석열 정부의 재정정책 기조는 '선성장 후분배'의 연장선에서 낙수효과(trickle-down)를 전제로 하고 있다. 하지만, 낙수효과가 작동하지 않는 현실에서 부자 감세의 기조를 유지한 채 재정건전성에 집착하면 조세 및 재정의 재분배기능과 안정화 기능이 약화되어 양극화와 불평등은 확대되고 성장잠재력도 떨어진다. 더욱이 정부지출 가운데 의무지출의 비중이 증가하고 경제성장률 전망치가 하향조정되는 상황에서 재정지출의 구조조정에는 한계가 있고, 세수의 자연증가도 불확실성이 커서 복지국가의 발전에 필요한 재원을 확보하기 어려울 것으로 판단된다.

이 글에서는 분배와 성장의 선순환이라는 관점에서 한국의 재정정책을 평가하고, 복지 확대와 고용증가, 그리고 재정의 지속가능성을 동시에 달성할 수 있는 재정정책의 방향과 과제를 모색한다. 1절의 문제 제기에 이어 2절에서는 분배와 성장의 관계를 검토하여 불평등 해소를 위한 재정정책의 필요성을 제시한다. 3절에서는 한국의 재정정책을 평가하고, 4절에서는 분배구조 개선을 위한 재정개혁의 방향과 과제를 제시한다. 5절은 맺음말이다.

## 2. 분배와 성장의 관계

한국의 소득불평등도는 완화하는 추세에서 최근 증가세로 전환되고, 순자산의 불평등도는 2017년 이후 확대되는 경향을 나타내고 있다. 〈그림 4-1〉에서 보듯이 시장소득 지니계수는 0.418에서 2015년 0.396으로 감소한 이후 2021년

〈그림 4-1〉 소득과 순자산의 지니계수 추이 (단위: 지니계수)

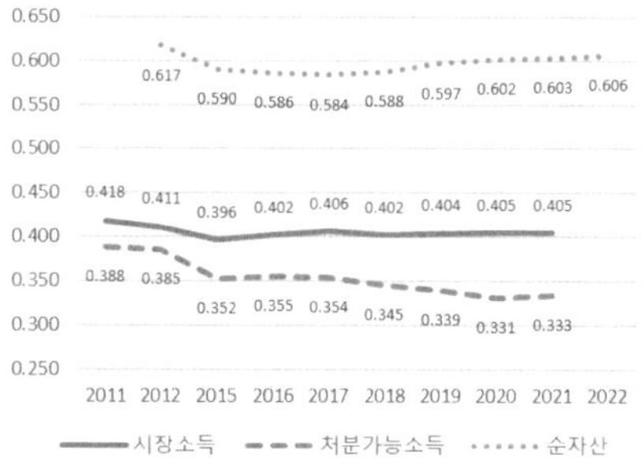


주: ① 지니계수는 0과 1 사이의 값을 가지며 1에 가까울수록 불평등도가 크다. ② 시장소득 = 근로소득 + 사업소득 + 재산소득 + 사적이전소득 - 사적이전지출. ③ 처분가능소득 = 시장소득 - 조세 + 공적 이전소득.
자료: 통계청, 「가계금융복지조사」.

0.405로 상승했다. 반면에 처분가능소득으로 측정된 지니계수가 2011년 0.388에서 2021년 0.333으로 하락하여 정부의 재분배정책으로 인한 분배구조 개선 효과는 증가하고 있다.[1] 순자산의 지니계수는 0.617에서 0.584로 하락한 이후 2022년 0.606으로 증가했다. 2017년 이후 주택가격의 급격한 상승과 코로나19의 충격은 소득과 자산 불평등 확대의 주된 원인으로 작용했다.

소득 불평등은 자산 불평등의 근원이며, 숙련 편향적인 기술 발전, 세계화의 진전에 따른 노동과 자본의 이동성 증가, 금융 심화(financial deepening), 노동시장의 규제 완화, 교육투자, 정부의 재분배정책 등에 의해 영향을 받는다.[2] 더욱이 우리나라의 소득 대비 부(wealth)의 비율은 매우 높고, 이는 자본소득분배율을 높여 소득불평등을 확대시키는 방향으로 작용한다.[3]

1 고소득자의 포착률이 높은 국세통계와 가계동향조사를 결합하여 지니계수를 추정한 홍민기(2017)에 따르면 보정 지니계수는 전체 가구 지니계수보다 10~18% 정도 높고, 2010년 이후 증가하는 추세를 보였다.

2 소득불평등의 원인에 대한 자세한 논의는 Dabla-Norris et al.(2015) 참고. 장지연·이병희(2013)와 전병유(2013)는 노동시장에서 불평등의 확대를 소득불평등 확대의 주된 원인으로 파악하였다. 강병구·윤명수(2003)에 따르면 근속연수, 성별 차이, 교육연수, 기업 규모 등은 근로소득 불평등의 주된 원인이다.

3 주상영(2014)에 따르면 한국의 국부 기준 부/소득 비율은 9.5배로 선진국에 비추어 상당히 높은

한편 분배와 성장의 관계에 대해서는 상반된 주장이 존재하지만, 불평등한 분배구조가 경제성장에 부정적인 영향을 준다는 사실에 대해서는 대체로 공감대가 형성되고 있다.[4] 〈표 4-1〉은 OECD 회원국을 대상으로 분석한 분배와 성장의 관계를 보여준다. 실증분석의 기간은 1980~2021년이며, 분석모형은 1계 차분 적률법(one-step difference GMM)이다. 모형(1)과 모형(2)에 따르면 시장소득 불평등의 증가는 경제성장률을 낮추지만, 지니계수 격차(시장소득 지니계수 - 처분가능소득 지니계수)로 측정된 소득불평등의 완화는 경제성장률을 증가시키는 것으로 나타났다. 분배와 성장이 선순환 관계에 있다는 것이다. 또한 모형(3)과 모형(4)의 추정 결과를 통해서 현실 경제에서 작동하는 것은 낙수효과(trickle-down)가 아니라 분수효과(trickle-up)임을 확인할 수 있다. 모형(3)에서 상위소득 20% 계층의 소득 비중에 대한 계수가 -0.047로 추정되어 경제성장률과 부(-)의 관계를 나타내지만, 모형(4)에서는 하위소득 40% 계층의 소득 비중에 대한 계수가 0.072로 추정되어 정(+)의 관계를 나타내고 있다.[5] 분배구조의 개선이 경제성장의 측면에서도 바람직하다는 것이다.

한편 법인세 인하에 따른 투자 및 고용증대는 낙수효과의 근거로 주장되지만, 현실에서는 그 효과가 미약한 것으로 평가된다.[6] 고용이 증가하더라도 실

---

수준인데, 이는 국민소득에서 토지자산이 차지하는 비중이 높기 때문이다. 이제민(2023)에 따르면 자영업자의 소득을 보정한 자본소득분배율은 1997년 외환위기 이후 상승했다가 2017년 이후 하락했지만, 여전히 외환위기 전보다 더 높은 수준을 유지하고 있다.

4 Myrdal(1968)은 불평등이 생산성에 부정적인 영향을 주어 경제발전을 저해한다고 주장했고, Aghion and Howitt(1998)는 자본시장이 불완전할 경우 재분배정책은 저소득층의 인적자본에 대한 투자 기회를 확대해 경제성장에 기여할 수 있다고 주장했다. 또한 Blank(2002)는 저소득 여성, 노인, 장애인, 아동 등을 대상으로 하는 복지정책의 경우 효율성 비용이 크지 않고, 오히려 사회자본의 형성을 통해 경제성장을 촉진시킬 수 있는 여지가 큰 것으로 평가한다. 조윤제·박창귀·강종구(2012)는 소득 불균형이 클수록 경제성장률이 낮아짐을 실증적으로 제시했다. 분배와 성장의 관계에 대한 자세한 논의는 강병구(2007) 참조.

5 이러한 실증결과는 159개 국가를 대상으로 분석한 Dabla-Norris et al.(2015)의 연구에서도 확인된다.

6 법인세 인하의 투자 및 고용, 성장 효과가 미약하다는 주장은 강병구·성효용(2008); 이준구

〈표 4-1〉 소득분배와 경제성장의 관계(종속변수 = 경제성장률)

| 변수 | 모형(1) | 모형(2) | 모형(3) | 모형(4) |
|---|---|---|---|---|
| 경제성장률(t-1) | 0.436*** | 0.408*** | 0.520*** | 0.515*** |
| 1인당 GDP(t-1) | -0.014*** | -0.012** | -0.005 | -0.005 |
| 시장소득 지니계수 | **-0.108***** | | | |
| 지니계수 격차 | | **0.312***** | | |
| 교차항 | | -0.007*** | | |
| 상위소득 20% | | | **-0.047**** | |
| 하위소득 40% | | | | **0.072**** |
| 국가 고정효과 | yes | yes | yes | yes |
| 시간 더미 | yes | yes | yes | yes |
| 관측치 | 354 | 354 | 313 | 313 |
| 국가 | 31 | 31 | 30 | 30 |

주: 지니계수 격차 = 시장소득 지니계수 - 처분가능소득 지니계수.

자료: World Bank, World Development Indicators; OECD, Stat, Income Distribution Database.

질임금 상승률이 노동생산성 증가율보다 낮다면 전반적으로 기업의 노동소득 분배율은 떨어지고, 소득분배도 더욱 불평등해진다. 법인세 실효세율과 규모별 임금 격차(중소기업 평균임금/대기업 평균임금) 간에는 정(+)의 관계를 보여 법인세율이 하락하면 중소기업보다 대기업 노동자의 임금이 더 많이 증가할 것으로 추정된다. 더욱이 기업의 투자가 확대되어 주주들의 배당소득과 양도소득이 증가할 수 있지만, 주식 보유의 상위소득 점유율이 높은 상태에서 법인세율 인하에 따른 세제 혜택은 주로 고소득계층에게 집중된다.[7]

---

(2012); Gechert and Heimberger(2022) 등 참조.

7 2020년 말 기준 유가증권 보유금액 100억 원 이상 주주 0.005%가 38%의 주식을 보유하고, 코스닥 보유금액 100억 원 이상 주주 0.007%가 29.2%의 주식을 보유하였다(이수진 의원실 보도자료, 2022.11.6). 2020년 배당소득 신고자 1123만 3636명 중 상위 0.1%, 1%, 10%의 배당소득 점유율은 각각 50.2%, 73.7%, 94.6%이고, 하위 50%의 점유율은 0.14%이다(고용진 의원실 보도자료, 2022.9.20). 한편 2021년 「가계금융복지조사」 자료에서 상위 1% 소득집단의 경상소득 대비 근로소득, 사업소득, 재산소득의 비중은 각각 50.2%, 25.4%, 22.9%이지만, 하위 40% 소득계층의 소득유형별 비중은 각각 31.6%, 11.2%, 7.4%를 기록했다. 법인세의 분배효과에 대해서는 강병구·성효용·정세은(2023) 참조.

분배와 성장, 법인세의 분배 효과에 관한 기존의 연구결과를 종합할 때, 현실에서 낙수효과는 작동하지 않는 것으로 평가되며, 오히려 불평등한 분배구조가 인적자본의 효율적 배분을 저해하고, 세대 간 계층 이동성을 제약하며, 사회적 갈등을 초래해 경제성장을 저해할 개연성이 크다.[8] 따라서 복지국가의 발전을 위해서는 불평등한 분배구조를 개선할 수 있는 정책 방안을 적극적으로 모색하고 시행해야 한다. 특히 수출부문의 비중이 큰 한국경제에서 분배구조의 개선은 자원의 효율적 배분과 고용증대는 물론 경제의 안정과 성장을 위한 필요조건이다.[9]

## 3. 재정정책의 평가

재정정책은 국민의 복리 증진을 궁극적인 목표로 하여 희소한 자원을 효율적으로 배분하고, 소득을 공평하게 분배하며, 경제의 안정과 성장을 유인해야 한다. 특히 재정의 재분배기능이 취약한 경우에 정부는 재정을 적극적으로 활용하여 분배와 성장의 선순환을 구축해야 한다. 하지만, 우리나라 재정의 재분배 효과는 증가하는 추세에도 불구하고 여전히 낮은 수준이고, 재정의 자동안정화장치가 취약한 상태에서 경기침체에 대응하는 재량적 재정정책도 미약하

8 Krueger(2012)는 '위대한 개츠비 곡선(the great gatsby curve)'으로 소득불평등이 클수록 세대 간 소득이동성이 낮다는 사실을 확인했고, 신지섭·주병기(2021)는 '개천용불평등지수'를 통해 한국에서 기회불평등이 확대되고 있음을 보였다. Perotti(1996)는 소득분배의 악화가 정치적·사회적 혼란을 초래하여 경제활동을 위축시킨다고 주장했다.

9 분배와 성장에 대한 이러한 인식은 문재인 정부의 소득주도성장과 맥락을 같이하고 있다. 홍장표(2022)에 따르면 소득주도성장의 핵심적인 정책과제는 소득 격차와 불평등 해소, 내수 증진을 통한 수출과 내수의 균형, 사람에 대한 투자와 사회안전망 강화를 위한 제도개혁이다. 하지만, 소득주도성장 정책은 소득 격차 완화에 주력했고, 자산 격차 문제에 제대로 대응하지 못한 것으로 평가된다. 소득주도성장체제하에서의 조세·재정정책은 강병구(2018; 2022a)와 강병구·조영철(2019) 참조.

〈그림 4-2〉 국민부담률과 공공사회복지지출 (단위: GDP 대비 %)

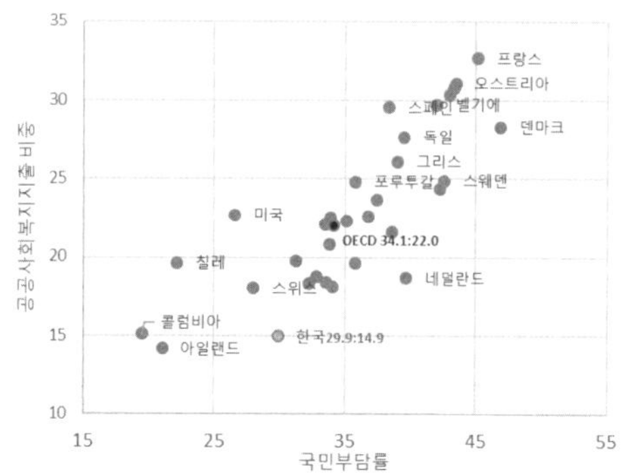


자료: OECD, Global Revenue Statistics Database, Social Expenditure, 2023.7.18. 추출.

여 경제의 안정은 물론 성장잠재력도 위협을 받고 있다.

첫째, '저부담·저복지' 상태에서 조세 및 공적 이전소득의 소득재분배 효과가 미약하다. 〈그림 4-2〉에서 보듯이 2021년 한국의 국민부담률은 29.9%로 OECD 회원국 평균 34.1%보다 4.2%p 작고, GDP 대비 공공사회복지지출 비중은 14.9%로 OECD 회원국 평균 22.0%보다 7.1%p 낮다. 한국의 국민부담률 29.9%는 22.1%의 조세부담률과 7.8%의 사회보장기여금으로 구성되며, OECD 회원국의 조세부담률과 사회장기여금 평균보다 각각 2.4%p와 1.8%p 작은 수준이다.

〈표 4-2〉에서 보듯이 시장소득과 처분가능소득의 지니계수 차이로 측정된 조세 및 공적 이전소득의 불평등 감소 효과는 2011년 7.2%에서 2021년 17.8%로 증가했지만, 여전히 2020년 기준 OECD 회원국 평균(31.1%)보다 작고, 처분가능소득으로 측정된 한국의 소득불평등도는 37개 OECD 회원국 중 12번째로 높다. 소득불평등 개선의 요인별 기여도를 보면, 전반적으로 공적 이전소득을 통한 불평등 완화 효과가 조세보다 크다.[10] 조세 및 공적 이전소득의 불평등 감소

10 세금과 달리 공적연금·사회보험료는 역진성을 보여 소득불평등도를 높이는 방향으로 작용한다. 따라서 재정의 소득재분배 효과를 높이기 위해서는 공적연금·사회보험료의 역진성을 개선

〈표 4-2〉 조세 및 공적 이전소득의 재분배 효과 (단위: 지니계수, %)

| | 시장소득(a) | 처분가능소득(b) | 불평등 개선 효과(a-b)/a |
|---|---|---|---|
| 한국(2011년) | 0.418 | 0.388 | 7.2 |
| 한국(2021년) | 0.405 | 0.333 | 17.8 |
| OECD(2020년) | 0.469 | 0.323 | 31.1 |
| 스칸디나비아 | 0.458 | 0.268 | 41.5 |
| 앵글로색슨 | 0.478 | 0.322 | 32.6 |
| 서유럽 | 0.489 | 0.281 | 42.5 |
| 남유럽 | 0.519 | 0.327 | 37.0 |

주: ① 스칸디나비아 국가(덴마크, 핀란드, 노르웨이, 스웨덴), 앵글로색슨 국가(호주, 캐나다, 아일랜드, 뉴질랜드, 영국, 미국), 서유럽 국가(오스트리아, 벨기에, 프랑스, 독일, 네덜란드), 남유럽 국가(그리스, 이탈리아, 포르투갈, 스페인). ② 한국(2021), 칠레(2017), 아이슬란드(2017), 일본(2018), 덴마크, 프랑스, 독일, 슬로바키아, 스위스, 튀르키예(2019).

자료: OECD Income distribution database; 통계청, "가계·금융복지조사".

효과는 복지국가 유형별로 차이를 보이는데, 서유럽형과 스칸디나비아형 복지국가에서 크고, 앵글로색슨형 복지국가에서 작다. 서유럽형과 스칸디나비아형 복지국가에서는 높은 조세부담률을 기반으로 보편적 복지제도가 발달했지만, 낮은 조세부담률과 선별적 복지제도를 특징으로 하는 앵글로색슨형 복지국가에서는 재정의 재분배기능이 상대적으로 취약하다.[11]

둘째, 재정의 자동안정화장치(automatic stabilizers)가 취약하다.[12] 재정의 자동안정화장치란 경기변동에 따라 재정수지가 자동으로 변화하면서 경기를 조절하는 기능으로서 재정 규모가 크고, 조세체계가 누진적이며, 사회안전망이 촘촘할수록 커진다. 특히 경기변동의 완화가 경제성장과 분배구조의 개선에 긍정적인 영향을 미친다는 사실을 고려할 때, 내수기반이 취약하고 해외 경기에 민감한 한국경제에서 자동안정화장치의 역할은 더욱 중요하다.

하는 방안도 모색할 필요가 있다.

11 복지국가 유형별 재정구조의 특징에 대해서는 강병구(2014a) 참조.

12 재정의 자동안정화장치는 GDP 대비 경기적 재정수지의 절대값을 GDP갭의 절대값으로 나누어 구하는데, 경기적 재정수지는 재정수지에서 경기조정재정수지를 뺀 값이다. IMF는 경기조정재정수지를 계산할 때 세수와 지출의 GDP 탄력성을 각각 1과 0으로 간주하지만, OECD는 정부수입과 지출을 구성하는 항목별로 탄력성을 다르게 적용한다. 자세한 내용은 강병구(2011); 박승준·이강구(2011); 김명규(2020) 참조.

〈표 4-3〉 재정의 자동안정화장치 (단위: %)

| | GDP갭률 (절대값 평균) | 자동안정화장치 크기 | |
|---|---|---|---|
| | | IMF 기준 | OECD 기준 |
| 김대중 정부(1998~2002) | 3.174 | 0.297 | 0.289 |
| 노무현 정부(2003~2007) | 0.919 | 0.296 | 0.328 |
| 이명박 정부(2008~2012) | 1.337 | 0.311 | 0.346 |
| 박근혜 정부(2013~2016) | 0.278 | 0.319 | 0.350 |
| 문재인 정부(2017~2021) | 0.836 | 0.353 | 0.424 |
| 한국(1998~2021) | 1.309 | 0.312 | 0.347 |
| OECD(1998~2021) | 2.188 | 0.430 | 0.608 |
| 한국/OECD | 59.8 | 72.6 | 57.1 |

주: ① 호주, 칠레, 콜롬비아, 코스타리카, 그리스, 이스라엘, 리투아니아, 라트비아, 멕시코, 뉴질랜드, 튀르키예 등을 제외한 27개 OECD 회원국을 대상으로 분석. OECD 평균은 한국을 제외한 수치임. ② 자동안정화장치(OECD 기준)의 크기가 20을 초과하는 경우는 이상치(outlier)로 처리. ③ 그리스는 직접세가 누락되어 자동안정화장치의 산출에서 배제.
자료: OECD Economic Outlook Database의 데이터를 이용하여 필자 산출.

〈표 4-3〉에서 보듯이 재정의 자동안정화장치는 문재인 정부에서 크게 향상되었고, 이는 조세부담률의 증가, 조세체계의 누진성 제고, 사회안전망의 확충 등이 복합적으로 작용한 결과이지만, 여전히 취약한 상태에 있다. 1998~2021년 기간에 한국 재정의 자동안정화장치는 OECD 회원국 평균의 72.6%(IMF 기준) 또는 57.1%(OECD 기준)에 불과하다.

셋째, 재정은 대체로 경기대응적인 방식으로 운용되었지만, 부분적으로는 안정화를 위한 재량적 재정정책이 미흡하였다. 정부의 재정정책 기조가 경기변동에 적절히 대응했다면 총산출갭(output gap)의 변화분과 구조적 재정수지의 변화분은 정(+)의 상관관계를 갖고, 재정기조지표 및 재정충격지수와는 부(-)의 상관관계를 보여야 한다. 총산출갭의 변화분이 양(+)의 값을 가질 때는 경기회복의 시점이므로 재정정책의 기조는 전기보다 긴축적이어야 하기 때문이다.[13]

13 재정기조지표(FIS)는 양(+)의 값을 가지면 해당 연도의 재정기조가 확장적이고, 음(-)의 값을 가지면 긴축적임을 의미한다. 재정충격지수(FI)는 양(+)의 값을 가지면 전년도보다 재정기조가 확장적이고, 음(-)의 값을 가지면 긴축적임을 의미한다.

1995~2021년의 기간에 총산출갭과 구조적 재정수지 변화분은 정(+)의 상관관계를 보이고, 재정충격지수는 부(-)의 상관관계를 나타내고 있다. 따라서 전반적으로 재정은 경기 대응적으로 운용되었다고 평가할 수 있다.[14]

하지만, 부분적으로 정부의 재정정책은 경기변동에 적절히 대응하지 못하였다. 〈표 4-4〉에서 보듯이 총산출갭이 양(+)의 값을 기록하여 긴축적인 재정정책이 필요했지만, 재정을 확장적으로 운용하거나(2004년, 2008년), 반대로 확장적인 정책이 필요했지만, 긴축적으로 재정을 운용하기도 했다(1998년, 2012년, 2016~2018년, 2021년). 2021년에는 결산기준으로 무려 61.4조 원의 초과 세수가 발생하여 재정기조지표가 양(+)의 값을 기록했음에도 실질적으로는 긴축재정으로 귀결되었다.[15] 만약 재정건전성을 중시하는 재정 당국에 의해 세수 오차가 구조적으로 발생하면 재정의 경기안정화 기능은 더욱 약화되고, 자원의 효율적 배분은 물론 분배와 성장에도 부정적으로 작용한다.[16]

재정의 자동안정화장치가 취약할 경우 정부는 재량적 재정정책을 통해 경기침체에 적극적으로 대응해야 한다. 만약 GDP의 장기 전망치 하락이 구조적 요인이 아니라 경기적 요인에 의해서 초래되었음에도 재정건전성에 집착하여 재정을 긴축적으로 운용하면, 산출에 미치는 부정적 효과는 더욱 확대될 것이다.

---

14 재정기조지표 $FIS = B^{n} - B(B^{n} = t_0 Y - g_0 Y^{*})$이며, 재정충격지수 $FI = \Delta(FIS/Y)$이다. 여기서 $Y$는 GDP, $B$는 재정수지, $B^{n}$는 경기조정 재정수지, $t_0$와 $g_0$는 총산출갭이 영(0)에 가장 가까운 시점의 GDP 대비 재정수입과 재정지출, $Y^{*}$는 잠재GDP를 나타낸다. 재정기조지표는 재정수입과 재정지출의 탄력성이 실제GDP와 잠재GDP에 대하여 각각 1이라는 가정하에 시산된다. 구체적으로 FIS는 〔($t_0$ × 경상$GDP$ - $g_0$ × 경상잠재$GDP$) - 재정수지〕로 산출되며, FI는 〔(금년 FIS/금년 경상GDP) - (전년 FIS/전년 경상GDP)〕× 100으로 산출된다. 자세한 내용은 김성태(2012); 국회예산정책처(2022b) 참조.

15 국회예산정책처(2023a)에 따르면 예상외의 경기호조로 발생한 초과 세수로 재정지출이 증가하거나 세수결손을 보전하기 위해 재정 당국이 세출 감액으로 대응할 경우 재정의 경기대응성은 약화될 수 있다.

16 강병구(2022b)에 따르면 2003~2022년의 기간에 초과세수는 2년 전의 관리재정수지 적자 규모와 반대 방향으로 움직여 재정적자 폭이 클수록 초과 세수가 더 커지는 경향을 보였다. 이러한 경향은 재정건전성을 중시하는 재정 당국의 고려가 세수 추계에 어느 정도 반영된 결과로 판단된다.

〈표 4-4〉 재량적 재정정책 지표 (단위: 조 원, %)

| | 총산출갭 | 구조적 재정수지 | 재정기조지표(FIS) | 재정충격지수(FI) |
|---|---|---|---|---|
| 1998년 | -0.0323 | 12.9 | -5.1 | -0.73 |
| 2004년 | 0.0005 | 0.3 | 13.9 | 1.51 |
| 2008년 | 0.0025 | 16.8 | 0.7 | 0.77 |
| 2012년 | -0.0017 | 25.8 | -2.5 | -0.08 |
| 2016년 | -0.0036 | 31.9 | -3.5 | -1.12 |
| 2017년 | -0.0023 | 42.4 | -12.6 | -0.48 |
| 2018년 | -0.0014 | 50.1 | -19.4 | -0.34 |
| 2021년 | -0.0040 | 4.9 | 30.0 | -1.88 |
| 2023년 | -0.0039 | 7.7 | 31.7 | -1.93 |

주: 2021년 이후는 IMF 추정치임.
자료: IMF(2022); World Economic Database, October 2022.

다시 말하면, 긴축정책의 부정적 영향이 이력효과(hysteresis effects)를 통해 항구적으로 나타날 수 있다는 것이다.[17]

넷째, 코로나19 팬데믹의 대응과정 국가채무가 가파르게 증가했지만, 우리나라의 재정여력(fiscal space)은 양호한 상태에 있다. 〈표 4-5〉에서 보듯이 IMF의 41개 선진국은 2017~2021년의 기간에 5.11%의 종합재정수지와 4.24%의 구조적 재정수지적자를 경험했지만, 한국은 각각 0.57%와 0.84%의 흑자를 기록했다. 일반정부의 총부채와 순부채는 각각 2021년 GDP 대비 51.3%와 20.9%로 선진국 평균 117.9%와 86.2%를 크게 밑돌고 있다. 특히 순부채가 선진국 평균보다 낮은 이유는 정부의 금융성 지원 비중이 높기 때문이며, 이는 우리나라 가계부채의 높은 비중과 재정의 재분배기능이 취약한 원인이기도 하다. 국제통화기금(IMF)에 따르면 코로나19에 대응한 한국의 재량적 재정지출 규모는 2021년 9월 기준 GDP 대비 6.4%로 G20 국가 평균(11.7%)보다 작지만, 대출과

17 이력효과는 실직과 휴폐업 등 과거의 경험이 경제활동에 영향을 미쳐 실제의 성장률이 잠재성장률보다 낮게 되는 현상이다. 이를 지지하는 연구는 Ball(2014); Gechert, Horn, and Paetz(2017); Engler and Tervala(2018); Fatas and Summers(2018) 등을 참조.

〈표 4-5〉 정부와 가계의 재정상태 (단위: GDP 대비 %)

| | | 한국 | 선진국 |
|---|---|---|---|
| 일반 정부 | 구조적 재정수지(2017~2021년) | 0.84 | -4.24 |
| | 종합재정수지(2017~2021년) | 0.57 | -5.11 |
| | 총채무 | 51.3 | 117.9 |
| | 순채무 | 20.9 | 86.2 |
| 가계부채 | | 105.8 | 75.6 |

자료: IMF Government Finance Statistics; Bis Statistics.

채무보증 등을 통한 기업의 지원 규모(10.13%)는 선진국 평균(11.4%)에 근접했다. BIS 기준의 가계부채는 GDP 대비 105.8%로 43개국 평균 60.2%는 물론 선진국 평균 75.6%를 크게 웃돌고 있다.[18]

한편 윤석열 정부 재정정책의 기조는 '민간주도 성장을 뒷받침하는 재정 정상화 및 재정의 지속가능성 확보'로 집약된다. 이는 2022년 5월 3일 발표된 '윤석열 정부 110대 국정과제' 중 5번째 과제이며, 재정준칙의 도입과 지출 효율화, 재원조달의 다변화, 재정성과관리체계 강화 등을 통한 재정의 지속가능성 확보를 목표로 하고 있다. 2022년 6월 16일 '새정부 경제정책방향'에서는 대기업과 고소득자에 대한 감세 정책 위주의 세제개편 방향이 발표되었고, 2022년 세법개정안으로 구체화되었다. 7월 7일 개최된 '2022년 국가재정전략회의'에서는 재정준칙의 법제화와 재량지출뿐만 아니라 의무·경직성 지출도 구조조정하는 방안이 제시되었다.

2022년 세법개정안에 따르면 이명박 정부 이래 가장 큰 규모의 감세가 전망되며, 서민·중산층과 중소·중견기업보다 고소득자와 대기업의 감세 규모가 더 큰 것으로 추정된다. 더욱이 정부는 2023년의 경제성장률 전망치가 하향조정됨에도 불구하고 긴축재정 기조로 전환하였다. 그 결과 2023년의 재정기조지표는 양(+)으로 추정되지만, 재정충격지수가 음(-)으로 추정되어 전 년도에 비해 재정의 경기대응적 역할이 약화될 것으로 전망된다. 낙수효과가 작동하지

18 자세한 내용은 강병구(2023) 참조.

않는 현실에서 고소득자와 대기업 위주의 감세 기조를 유지하면서 재정건전성을 강조할 경우 조세 및 재정의 재분배기능과 안정화기능이 약화되어 양극화와 불평등은 심화되고, 성장잠재력은 둔화될 수 있다.[19]

## 4. 재정정책의 방향과 과제

### 1) 재정정책의 방향

재정이 건전성의 틀에 갇혀 경직적으로 운용되면 단기의 경기 안정은 물론 미래의 성장잠재력도 약화된다. 특히 내수기반이 취약하고 재정의 자동안정화 장치가 미약한 상태에서는 경기순환에 대응하여 재정을 탄력적으로 운용하고, 재정지출도 분배와 성장의 선순환에 부응하는 방향으로 개편해야 한다.[20] 더욱이 재정의 지속가능성이 위협받을 때는 사회복지 지출이 먼저 삭감되고 그로 인해 저소득 취약계층의 부채가 큰 폭으로 증가할 수 있다는 점에서 경직적인 재정 운용은 적절하지 않다.[21] 재정을 유연하게 운용함으로써 조세의 변동에 따른 사회적 비용을 낮출 수 있고, 미래세대가 정부지출의 수혜자일 경우 재정적자를 통해 조세 부담의 일부를 미래세대에 전가하는 것이 정당화될 수 있다.[22] 따라서 복지국가의 지속가능성이라는 관점에서 볼 때 균형예산 규칙을 엄격히 적용하기보다는 재정을 탄력적으로 운용해야 한다.

---

19 한국경제에 대한 IMF(2023년 4월)의 성장률 전망치는 IMF(2021년 10월)에 비해 전반적으로 하향조정했다. 2024년(2.57% → 2.44%), 2025년(2.47% → 2.34%), 2026년(2.38% → 2.28%).

20 불평등 완화를 위한 재정정책에 대해서는 Clements et al.(2015) 참조.

21 Burger(2003)에 따르면 국가채무비율의 감소는 사회지출의 삭감을 위주로 하는 정부지출의 감축을 통해 달성되기 때문에 민간부문의 부채 비율을 증가시킨다.

22 경직적인 재정 운용에 대한 비판적 검토에 대해서는 Mankiw(2000) 참조.

〈표 4-6〉 복지국가 유형별 재정건전성, 고용, 분배지표 (단위: GDP 대비 %, %)

| | 재정건전성(일반정부) | | 고용률(15~64세) | | | 분배(처분가능소득) | |
|---|---|---|---|---|---|---|---|
| | 총부채 | 재정수지 지속가능성 격차 | 전체 | 남자 | 여자 | 지니계수 | 상대빈곤율 |
| 스칸디나비아 | 44.9 | 3.4 | 74.5 | 76.5 | 72.5 | 0.270 | 7.6 |
| 앵글로색슨 | 75.5 | -1.4 | 72.9 | 77.3 | 68.6 | 0.333 | 12.5 |
| 서유럽 | 80.7 | -0.9 | 71.3 | 75.1 | 67.5 | 0.287 | 9.1 |
| 남유럽 | 142.3 | -3.2 | 61.8 | 68.5 | 55.2 | 0.317 | 12.8 |
| 한국 | 44.3 | 2.4 | 66.5 | 75.6 | 57.2 | 0.339 | 16.3 |

주: ① 일반정부 총부채와 고용률은 2017~2021년 평균값. ② 분배지표는 2019년 처분가능소득 기준이며, 호주는 2020년, 아일랜드와 이탈리아는 2018년 수치. ③ 재정수지의 지속가능성 격차(overall fiscal balance sustainability gap)는 재정여력 지표임.
자료: OECD.Stat; World Bank Group(2022); Kose et al.(2022).

나아가 분배와 고용 그리고 재정의 지속가능성을 동시에 달성할 수 있는 재정체계를 구축해야 한다. 이를 위해서는 재정지출의 효율화와 구조 개편, 세입 기반의 확충으로 고용안전망과 사회안전망, 인적자본에 대한 투자를 강화하고, 혁신의 생태계를 지원해야 한다. 일찍이 Iversen and Wren(1998)은 서비스 부문의 비중이 커지면서 재정건전성, 평등한 분배, 고용 증대는 동시에 달성하기 어려운 트릴레마(trilemma)의 관계에 있으며, 개별 국가가 어떠한 조합을 선택할 것인가는 해당 국가의 정치연합, 제도, 정치경제적 제약 조건에 따라 달라진다고 주장했다. 그러나 〈표 4-6〉에서 보듯이 우리는 스칸디나비아형 복지국가의 역사적 경험을 통해 인적자본에 대한 투자 증대와 불평등 축소가 생산성 향상과 고용 창출을 유발하고, 세수 기반의 확충으로 이어져 재정의 지속가능성도 달성하게 된다는 사실을 확인할 수 있다.[23]

한편 재정개혁 과제를 수행하기 위해서는 통합적이고도 포용적인 관점에서 재정을 관리할 수 있는 재정 운용 거버넌스를 구축하고, 조세제도는 '누진적 보편과세'를 통해 '중부담-중복지'에 필요한 세수를 확충하는 방향으로 개편되어

---

23 이정우(2021)는 대안적 복지자본주의 모델로 북유럽 복지국가에 주목한다. 복지, 고용, 재정건전성의 선순환 관계에 대해서는 Obinger et al.(2010) 참조.

야 한다.[24] 누진적 보편과세는 보편주의와 선별주의 복지제도가 합리적으로 결합되는 복지체제에 조응하는 조세체계이며, 조세체계의 재분배기능은 급여체계와 통합적으로 평가되어야 한다. 재정건전성을 넘어 '복지국가의 지속가능성'을 확보하기 위해서는 '넓은 세원 적정 세율'의 원칙하에 모든 국민이 부담하되 능력에 따라 차등적으로 분담하여 조세의 공평성을 높이고, 소득세(개인소득세, 법인소득세)와 자산세 중심의 세입확충을 기반으로 고용안전망과 사회안전망을 강화하면서 재정지출의 증가에 따라 점차 소비 과세의 확충을 모색하고, 사회보험재정의 안정화를 위한 구조개혁과 급여 및 보험료율의 개편도 추진해야 한다.[25]

단계적 증세를 통한 고용안전망 및 사회안전망 확대의 필요성은 조세와 공공사회복지지출 항목의 소득재분배 효과에 의해서도 확인된다. 〈표 4-7〉에서 보듯이 GDP 대비 소득 세수와 사회보장기여금의 비중이 클수록 시장소득과 처분가능소득 간 지니계수 격차가 확대되어 조세의 재분배기능이 강화되지만, 소비 세수는 소득재분배 효과를 감소시키는 방향으로 작용한다. 재산 과세의 추정계수는 값이 작을 뿐만 아니라 통계적으로도 유의미하지 않다. 세목별 재분배기능의 차이는 개별 세목의 특성에 기인하는데, 일반적으로 소득세는 누진적이지만, 소비세는 역진적인 성격을 갖는다. 다만, 소비세수를 지출하는 과정에서 저소득층에 대한 지원을 확대하는 경우 재정의 재분배기능이 강화될 수 있다. 따라서 조세 및 공적 이전소득의 재분배 효과를 높이기 위해서는 개인소득, 기업소득, 자본이득에 대한 소득세 중심으로 세수를 확충하고, 공공사

24 World Inequality LAB(2021)에 따르면 누진적인 소득세는 고소득자의 적극적인 소득 증대 유인을 약화시켜 세후소득뿐만 아니라 세전소득의 불평등 완화에도 기여한다. 부와 상속에 적용하는 누진세제 또한 재분배를 위한 주요 정책수단이다.

25 스칸디나비아형 복지국가의 경우 역진적인 소비세의 비중이 높지만, 누진적인 개인소득세의 비중 또한 높고 보편적 복지제도를 기반으로 적극적인 재분배정책을 취하기 때문에 조세 및 이전지출의 재분배효과가 큰 것으로 평가된다. 자세한 내용은 Kato(2003) 참조.

〈표 4-7〉 조세와 공적 이전소득의 재분배효과

| 종속변수 (시장소득과 처분가능소득 지니계수 차이) | | 종속변수 (시장소득과 처분가능소득 지니계수 차이) | |
|---|---|---|---|
| 시장소득 지니계수(t-1) | 1.199*** | 시장소득 지니계수(t-1) | 1.070*** |
| 1인당 GDP(t-1) | -0.396*** | 1인당 GDP(t-1) | -0.102* |
| 소득세 | 0.213*** | 노인·유족 | 0.212*** |
| 소비세 | -0.365*** | 근로무능력·보건 | -0.295*** |
| 자산과세 | -0.015 | 가족·주거 | 0.213*** |
| 사회보장기여금 | 0.673*** | 노동시장 | 0.111*** |
| 국가 고정효과 | yes | 국가 고정효과 | yes |
| 시간더미 | yes | 시간더미 | yes |
| 관측치 | 316 | 관측치 | 267 |
| 국가 | 29 | 국가 | 28 |

주: ① 조세 변수는 GDP 대비 비율이고, 공공사회복지지출 항목은 정부지출에서 차지하는 비중임. ② 패널 자료 분석은 one-step difference GMM 이용. ③ 소득세는 개인소득, 기업소득, 자본이득에 대한 과세를 포함하고, 소비세는 판매세, 부가가치세, 개별소비세 등으로 구성.

자료: World Bank; World Development Indicators; OECD, Stat, Income Distribution Database; Social Expenditure Database; Global Revenue Statistics Database.

회복지지출의 규모가 확대됨에 따라 점차 소비세수도 확충해야 한다. 공공사회복지지출의 경우 가족·주거, 노인·유족, 노동시장의 순서로 소득재분배 효과가 크고, 근로무능력·보건 지출은 오히려 소득재분배 효과를 감소시키는 것으로 나타났다.

### 2) 정책과제

재정의 재분배기능을 강화하기 위해서는 재정지출구조의 개편과 효율화를 통해 복지재정을 늘리고, 조세체계의 누진성을 높이는 방식으로 세수를 확충해야 한다. 경기순환에 대응하여 재정을 탄력적으로 운용하고, 세수 추계의 정확성을 높이는 한편 지역균형발전을 촉진하는 방식으로 재정 분권을 추진하여 지역 간 격차를 해소해야 한다. 하지만 이러한 개혁 과제가 실현되기 위해서는 무엇보다 재정 운용 거버넌스의 개편과 선거제도의 대표성 강화를 통해 다양한 계층의 요구가 재정정책에 반영될 수 있는 재정민주주의 기반을 구축해야 한다.

〈표 4-8〉 일반정부의 기능별 재정지출(2020) (단위: %)

| | 일반 행정 | 국방 | 공공 질서 | 경제 사업 | 환경 보호 | 주거 | 보건 | 오락 문화 | 교육 | 사회 보호 |
|---|---|---|---|---|---|---|---|---|---|---|
| 스칸디나비아 | 12.2 | 2.7 | 2.2 | 10.9 | 1.0 | 0.9 | 15.1 | 3.0 | 11.4 | 40.6 |
| 앵글로색슨 | 9.7 | 4.5 | 4.1 | 15.6 | 1.2 | 1.6 | 19.7 | 1.5 | 11.9 | 30.2 |
| 서유럽 | 10.6 | 2.1 | 3.2 | 12.9 | 1.9 | 1.0 | 15.8 | 2.3 | 9.8 | 40.4 |
| 남유럽 | 13.7 | 2.5 | 3.8 | 12.8 | 1.9 | 0.8 | 13.5 | 1.9 | 8.5 | 40.5 |
| 한국 | 12.4 | 7.3 | 3.6 | 15.2 | 2.9 | 3.2 | 14.7 | 2.8 | 13.6 | 24.4 |
| OECD 평균 | 11.4 | 3.3 | 3.7 | 13.7 | 1.6 | 1.2 | 15.2 | 2.7 | 11.2 | 36.0 |

자료: OECD; General Government Accounts.

### (1) 재정지출구조의 개편과 효율화

우리나라의 재정지출은 국방과 경제 사업에 대한 높은 비중과 사회보호에 대한 낮은 비중으로 공공자원의 효율성과 재정의 재분배기능이 취약하다. 〈표 4-8〉에서 보듯이 2020년 한국의 총지출 대비 국방과 경제 사업 지출 비중은 각각 7.3%와 15.2%로 OECD 국가 평균 3.3%와 13.7%보다 크지만, 사회보호지출은 24.4%로 OECD 회원국 평균 36.0%보다 크게 낮다. 재정의 재분배 효과가 가장 큰 스칸디나비아형 복지국가의 사회보호지출 비중은 40.6%로 높고, 앵글로색슨형 복지국가는 30.2%를 기록했다. 공공사회복지지출의 구성도 재분배기능을 강화하는 방향으로 재편되어야 한다. 〈표 4-9〉에서 보듯이 한국의 공공사회복지지출이 정부의 재정지출에서 차지하는 비중이 작고, 특히 노인, 가족, 주거, 근로무능력 분야에서의 지출이 OECD 회원국 평균보다 크게 낮다.

재정의 재분배기능을 강화하기 위해서는 사회보호지출과 공공사회복지지출의 비중을 높이되 사회투자(social investment)와 인내자본(patient capital)에 대한 투자를 확대하여 재정의 사회적 생산성을 높여야 한다.[26] 사회투자는 기본

26 Mazzucato(2016)에 따르면 인내자본(patient capital)은 투자의 불확실성이 크고 투자자금의 회수 기간이 긴 프로젝트를 인내하며 기다릴 수 있는 자본이다. 민간기업의 이윤 중 아주 적은 부

〈표 4-9〉 공공사회복지지출의 복지국가 유형별 구성(2019) (단위: %)

| | 전체 | 노인 | 유족 | 근로무능력 | 보건 | 가족 | 주거 | 노동시장 | 기타 |
|---|---|---|---|---|---|---|---|---|---|
| 스칸디나비아 | 53.1 | 20.2 | 0.6 | 7.6 | 12.6 | 6.3 | 1.0 | 3.1 | 1.7 |
| 앵글로색슨 | 49.3 | 13.0 | 0.7 | 4.3 | 18.6 | 5.0 | 1.6 | 4.1 | 2.1 |
| 서유럽 | 52.5 | 20.0 | 2.6 | 5.1 | 13.9 | 4.9 | 0.8 | 3.7 | 1.6 |
| 남유럽 | 55.1 | 25.9 | 4.9 | 4.1 | 13.1 | 3.1 | 0.1 | 3.0 | 0.9 |
| 한국 | 36.2 | 9.1 | 1.1 | 2.1 | 14.3 | 4.1 | 0.3 | 2.4 | 2.9 |
| OECD 평균 | 47.7 | 17.4 | 1.8 | 4.7 | 14.2 | 5.0 | 0.8 | 2.7 | 1.3 |

주: 노동시장은 적극적 노동시장정책과 실업 관련 지출의 합.
자료: OECD.Stat; Social Expenditure Database.

적으로 '일을 통한 복지(workfare)'를 중시하며, 인적자본에 대한 투자, 여성과 아동에 대한 지원, 적극적인 노동시장정책 등을 주된 내용으로 한다. 수출부문의 비중이 큰 한국경제에서 노동소득분배율을 높이고 분배구조를 개선하는 바람직한 방법은 인적자본과 여성 및 아동에 대한 투자로 노동생산성을 증대시키는 것이다. 다만 사회투자 전략이 효과적으로 작동하기 위해서는 노동생산성 증대가 임금 상승으로 반영되는 분배체계의 개편과 소득불안정의 문제를 해소하는 소득보장제도의 개편이 수반되어야 한다.

다음으로 재정지출의 효율화는 재정의 재분배기능을 강화하기 위한 전제조건이다. '중복지-중부담'으로 나아가는 과정에서 증세에 대한 조세저항을 낮추고 국민적 수용성을 높이기 위해서는 재정지출의 효율화를 통한 재원 마련 방안이 선행되어야 한다.[27] 첫째, 일반정부(국세 + 지방세 + 사회보장기여금) 기준으로 재정 총량을 관리하는 통합적이고도 거시적인 재정 운용이 필요하다. 둘째, 주요 분야 또는 부문의 재정사업에 대한 평가를 통해 사업의 우선순위를 정하고 세출 구조조정 방안을 마련하는 등 전략적 지출검토(strategic review)의 결과

분만 생산적 분야에 재투자하는 경제에서 공공 부문이 제공하는 헌신적 장기자본, 즉 '인내자본'의 필요성은 점점 더 중요해진다.

27 재정지출의 효율화 방안에 대해서는 재정개혁특별위원회(2019) 참조.

가 '국가재정운용계획'에 반영되도록 재정 제도를 개편해야 한다. 셋째, 기금, 특별회계 등 특정 재원을 독점하는 재정 운용의 칸막이를 제거하여 지출의 필요성이 긴요한 부분으로 자금이 투입되도록 해야 한다. 넷째, 조세정보와 나라살림에 대한 재정정보를 정확하고 투명하게 공개하여 정부에 대한 국민의 신뢰도를 높이고, 재정개혁에 대한 국민적 동의를 확보해야 한다.[28] 조세 및 재정정보의 정확하고 투명한 공개는 국민의 납세협력과 '중복지-중부담' 실현을 위한 재정개혁의 중요한 전제조건이다. 다섯째, 지역균형발전과 상호보완적일 수 있는 방식으로 재정의 분권화가 추진되어야 한다. 재정 분권이 지역자원의 배타적 사용을 넘어 지역 간 균형발전의 가치를 담보할 때, 지역 이기주의를 탈피하여 국민경제 전체의 발전으로 이어질 수 있다.[29]

### (2) 조세체계의 개편

조세체계와 세율구조는 경제구조 및 복지제도와 밀접하게 관련되어 있으며, 조세의 재분배기능을 결정하는 요인이다. 〈표 4-10〉에서 보듯이 한국은 OECD 회원국 평균과 비교하여 GDP 대비 법인세와 자산 과세의 비중은 높지만, 소득세, 소비세, 고용주 사회보장기여금의 비중이 작다. 법인세수와 자산 과세의 비중이 높은 이유는 과세대상 법인소득과 자산가치가 크기 때문이며, 기업과 개인이 부담하는 실효세율은 높지 않다. 한국의 2020년 법인세 실효세율(지방세 포함)은 20.5%로 영국(2020년 19.8%)과 캐나다(2018년 20.2%)보다는 높지만, 미국(2019년 21.0%), 일본(2019년 25.1%), 호주(2020년 24.8%)보다는 낮다.[30]

28 OECD(2023)에 따르면 한국 정부에 대한 국민의 신뢰도는 2006년 22.6%에서 2021년 43.4%로 20.8%p 상승했지만, 여전히 OECD 국가 평균(47.0%)에 비해 낮은 수준이다.

29 우명동(2014)에 따르면 우리나라의 실질적인 재정분권화는 매우 취약한 것으로 평가된다.

30 2022년 OECD 회원국 중 35개 국가는 단일세율을 적용하고, 이들 가운데 12개 국가는 제한적으로 경감세율을 적용하고 있다. 법인세 실효세율의 국제비교는 강병구(2022c) 참조.

〈표 4-10〉 세수 구성의 국제비교(2021) (단위: GDP 대비 %)

| | 소득과세 | | | 소비과세 | | | 자산과세 | | | | 사회보장기여금 | | |
|---|---|---|---|---|---|---|---|---|---|---|---|---|---|
| | | 소득세 | 법인세 | | 일반 소비세 | 개별 소비세 | | 부동산 보유세 | 상속세 증여세 | 금융 자산 거래세 | | 종업원 | 고용주 |
| 한국 | 9.9 | 6.1 | 3.8 | 6.9 | 4.3 | 2.2 | 4.5 | 1.2 | 0.7 | 2.6 | 7.8 | 3.4 | 3.5 |
| OECD | 11.7 | 8.3 | 3.1 | 10.8 | 7.3 | 2.8 | 1.9 | 1.0 | 0.2 | 0.5 | 9.2 | 3.5 | 5.1 |
| 스칸디나비아 | 20.5 | 15.1 | 4.8 | 12.7 | 9.1 | 3.0 | 1.4 | 0.8 | 0.1 | 0.3 | 7.7 | 2.4 | 4.9 |
| 앵글로색슨 | 14.3 | 10.8 | 3.3 | 8.1 | 5.6 | 2.0 | 2.8 | 2.2 | 0.1 | 0.4 | 4.2 | 1.7 | 2.3 |
| 서유럽 | 13.0 | 9.9 | 3.1 | 11.4 | 7.4 | 3.2 | 2.2 | 1.0 | 0.4 | 0.7 | 14.2 | 5.0 | 7.5 |
| 남유럽 | 10.7 | 9.0 | 2.4 | 12.9 | 7.6 | 2.7 | 2.5 | 1.1 | 0.1 | 0.9 | 12.6 | 2.9 | 8.4 |

자료: OECD; Global Revenue Statistics Database.

자산 과세 가운데 부동산보유세, 상속·증여세, 금융자산거래세는 OECD 회원국 평균을 상회하고 있다.[31] 2020년 한국의 부동산보유세 실효세율은 0.19%로 OECD 11개 회원국 평균(0.35%)보다 낮지만, GDP 대비 민간부동산의 자산가치는 5.4배로 11개 회원국 평균(3.7배)보다 높다.[32] 상속세 및 증여세는 2020년에 OECD 36개 회원국 중 24개 국가에서 도입하고 있으며, 자본소득세 및 부유세와 상호보완적인 관계에 있다. 상속세의 경우 한국을 포함하여 4개 국가는 유산세 방식을 채택하고 있고, 20개 국가는 유산취득세 방식을 적용하고 있다. 캐나다와 호주는 상속세를 폐지하고 자본이득세를 도입했다.[33] 2021년 과세미달자를 포함한 상속 및 증여세의 실효세율은 각각 8.7%와 7.6%이고, 과세미달자를 제외할 경우 실효세율은 각각 16.0%와 10.5%이다.

31 부동산보유세는 종합부동산세와 재산세의 합이다. 2021년 종합부동산세 결정세액 7조 2681억 원은 주택분(60.7%), 종합합산토지분(23.1%), 별도합산토지분(16.2%)으로 구성된다. 종부세의 51.1%는 개인이 부담하고, 나머지 48.9%는 법인이 부담한다. 2020년 금융·자산거래세(2.4%)는 취득세(1.54%p), 등록세(0.11%p), 증권거래세(0.46%p), 농특세(0.25%p), 인지세(0.05%p)로 구성되며, 취득세수의 비중이 높은 것은 거래 자산의 가치가 크고 거래빈도가 높기 때문이다.

32 부동산보유세 실효세율 = 부동산보유세/민간부동산자산. 2020년 주택, 주택외 건축물, 토지에 대한 정보가 모두 제공된 11개 국가를 대상으로 산출했다. 이진수·남기업(2017) 참조.

33 OECD 회원국의 상속·증여세 도입 현황에 대해서는 OECD(2021a) 참조.

한편 우리나라 소득세수의 비중이 낮은 것은 다양한 소득공제 및 세액공제, 최고세율이 적용되기 시작하는 높은 수준의 과세표준, 자산소득에 대한 제한적 과세 등에서 원인을 찾을 수 있다. 소득세 최고세율(지방세 포함)이 적용되기 시작하는 과세표준은 2021년 근로자 평균소득 대비 22.8배로 OECD 회원국 평균(6.3배) 3배 이상이고, 최고세율을 적용받는 근로소득 신고자와 과세대상 소득은 각각 0.02%와 1.15%에 불과하다. 이자·배당, 임대 소득에 대해서는 2000만 원까지 14%의 낮은 세율을 적용하고, 소액주주의 상장주식 양도차익과 개인이 직접 투자한 채권의 매매차익에 대해서는 과세하지 않는다.[34] 부가가치세수의 비중이 낮은 것은 표준세율과 실효세율이 낮기 때문이다. 한국의 부가가치세 표준세율은 2021년 10%로 OECD 국가 평균 19.2%보다 크게 낮지만, 실효세율은 7.2%로 OECD 국가 평균(11.1%)과의 차이가 3.9%p로 줄어들고, 부가가치세 세수율은 0.72로 OECD 국가 평균 0.61보다 높다.[35]

사회보장기여금의 비중이 낮은 이유는 비정규직과 특수고용직 노동자를 중심으로 사회보험의 사각지대가 크고 사회보험료율이 낮기 때문이다. 2021년 8월 기준으로 비정규직의 사회보험가입자 비율은 50% 이하를 기록하고 있다. 고용보험의 경우 고용보험법이 정한 적용 대상대비 실제 가입자의 비율은 2020년에 80.9%이지만, 전체 취업자를 기준으로 보면 50.9%에 불과하고, 실업자 대비 실업급여 수급자 비율은 약 50% 내외로 추정된다. 공적연금의 경우 종업원보다 고용주가 부담하는 보험료율이 낮다. 2020년 기준 한국의 국민연금은 종업원과 고용주가 4.5%씩 부담하여 실효기여율이 9%이지만, OECD 회원

34 정부는 2020년 12월 2일 소액주주의 상장주식과 채권 양도소득을 과세대상에 포함시키고, 상장주식 양도차익에 5000만 원과 기타 금융투자소득에 250만 원 공제, 손익통산과 손실 이월공제 허용, 2단계 세율구조(과세표준 3억 원 20%, 초과분 25%)를 주요 내용으로 하는 금융투자소득세를 신설하고 도입을 2년 유예했으며, 2022년 세법개정을 통해 다시 2년을 유예했다.

35 부가가치세 실효세율 = 부가가치세수/잠재적 과세표준. 부가가치세 세수율(VRR) = 부가가치세수/(잠재적 과세표준 × 표준세율). 잠재적 과세표준은 국민소득계정의 P3(최종소비지출)에서 부가가치세를 제거한 수치임. 자세한 내용은 OECD(2020) 참조.

국 평균은 종업원 7.5%와 고용주 10.8%로 실효기여율은 18.2%에 달하고 있다. 평균소득의 배수로 측정한 연금보험료 적용 상한도 한국의 1.31배는 6번째로 낮은 수준이다. 낮은 연금보험료율로 인해 국민연금의 소득대체율도 낮다. 남자 평균소득자의 소득대체율은 31.2%로 OECD 회원국 평균(51.8%)보다 낮고, 연금가입자의 짧은 가입 기간으로 인해 전체 수급자의 실질 소득대체율은 23% 정도에 불과하다.[36]

우리나라 조세체계와 개별 세목의 특성을 고려할 때, 조세의 재분배기능을 강화하기 위해서는 다음과 같은 세제개편이 필요하다.[37] 소득세의 경우 첫째, 최고세율이 적용되는 과세표준의 시작점을 낮추고, 전 소득 구간에서 세율인상을 모색해야 한다. 2012년 이후 고소득 구간을 중심으로 한계세율이 인상되었지만, 고소득층만을 대상으로 한 세율인상으로는 재원조달에 한계가 있다. 초과누진세제 하에서는 저소득구간에서 세율이 인상되면 고소득층의 경우 적용 소득 범위가 넓어져 세 부담도 더 많이 증가한다. 둘째, 상장주식 양도차익 기본공제와 금융소득(이자, 배당)에 대한 과세 기준금액을 낮추면서 궁극적으로 종합과세해야 한다. 셋째, 소득세 공제제도는 저출생·고령화에 대응하고, 공적이전소득과 현물급여의 확대를 고려하여 과세형평성을 높이는 방향으로 개편되어야 한다. 근로소득공제를 축소하되 인적공제를 확대하여 가계 단위의 생계지원 기능을 강화하고, 사업자의 소득포착률이 높아진 현실을 고려하여 근로소득세액공제는 폐지하며, 사업자 과표양성화를 위해 도입된 신용카드 소득공제도 점진적으로 축소·폐지해야 한다. 고등학교 무상교육과 대학 국가장학금 확대에 따라 자녀 교육비 공제를 축소·폐지하고, 기초연금의 확대에 따라 경로우대공제를 정비해야 한다.

법인세의 재분배기능을 강화하기 위해서는 첫째, 현행 4단계 세율체계를

36 공적연금 보험료와 소득대체율에 대해서는 OECD(2021b) 참조.

37 우리나라 세제개편의 주요 과제에 대해서는 강병구(2022d) 참조.

2~3단계로 단순화하면서 최저세율을 인상하고 최고세율이 적용되는 과세표준을 낮추어 최고세율과 최저세율의 격차를 축소해야 한다. 둘째, 법인세 공제·감면 중 최저한세의 적용을 받지 않는 항목의 축소와 과세표준 3000억 원 초과액에 적용하는 최저한세율을 인상해야 한다. 2017년 법인세 최고세율이 22%에서 25%로 인상된 후 2023년 24%로 낮아졌지만, 과세표준 1000억 원 초과액에 적용하는 최저한세율은 여전히 17%를 유지하고 있다. 더욱이 2021년 법인세 공제 및 감면액의 38.0%가 과세표준 3000억 원 이상의 대기업에 귀속되고, 44.7%는 최저한세의 적용을 받지 않는다.

저출생·고령화에 따른 과세기반의 변화를 고려할 때, 세대 간 과세형평성 및 복지재원 확충을 위해 부가가치세율의 인상도 검토할 수 있다. 다만, 부가가치세의 역진적인 성격과 인플레이션 등 경제에 미치는 파급효과를 고려하여 소득세와 자산세 중심의 세입확충을 기반으로 국민의 삶의 질을 개선하면서 재정지출의 확대에 따라 점차 소비세의 확충도 모색하는 단계적 접근이 필요하다.[38] 부가가치세 수입을 기초연금과 아동수당, 국민기초생활보장급여 등 사회보장지출과 연계하여 부과할 경우 역진성을 완화할 수 있다. 일본은 소비세율(부가가치세율)을 기존의 5%에서 단계적으로 10%까지 인상하여 확대된 재원을 사회보장의 목적에 사용됨을 소비세법에 명시하였고, 마침내 2019년에 소비세율을 10%로 인상했다.[39]

한편 자산의 불평등한 분배는 소득과 기회의 불평등을 확대할 뿐만 아니라 자산으로부터 획득한 이자·배당금·임대료 등 불로소득이 생산과 재생산의 기

38 Magnus(2009)에 따르면 고령화의 진전에 따라 소비세로의 전환이 불가피한 측면이 있지만, 사회가 이러한 전환을 받아들이기 위해서는 부유층, 고소득자, 기업에 대한 높은 세율을 적용해 소비세로의 전환 정책이 공정하다는 것을 알릴 필요가 있다.

39 일본의 소비세법 제1조 2. 소비세 수입은 지방교부세법(쇼와 25년 법률 제221호)에서 정하는 바에 의한 것 외에 매년 제도로 확립된 연금, 의료 및 간병의 사회보장급부와 저출생 대책에 필요한 경비를 충당한다.

반을 형성하게 되면, 경제의 생산 동력이 떨어지기 때문에 자본주의 시장경제의 역동성을 유지하기 위해서도 자산에 대한 과세가 필요하다.[40]

자산의 불평등구조를 완화하기 위해서는 무엇보다 상속세 및 증여세의 '완전포괄주의'를 실현하여 실효세율을 높이고, 공평과세의 차원에서 가업상속공제와 기업의 일감몰아주기 과세를 개선해야 한다. 첫째, 매출액 5000억 원 미만인 기업에게 최대 600억 원을 상속재산에서 공제하는 가업상속공제는 재산상속을 통한 부의 세습과 집중을 완화하여 국민의 경제적 균등을 도모한다는 상속 및 증여세 본연의 기능에도 전혀 부합하지 않는다. 가업상속공제를 축소하되 상속세로 가업의 지속이 어려운 경우에는 과세이연제도를 적용하여 세부담을 분산시킬 수 있다. 둘째, 기업의 일감몰아주기 과세와 관련하여 증여이익의 산출시 정상거래비율과 한계보유비율을 기본공제율로 적용하는 것은 '소득 있는 곳에 세금 있다'는 과세원칙에 부합하지 않는다. 일감몰아주기 판단기준으로 내부거래 비중뿐만 아니라 내부거래 절대 금액도 고려하고, 매출거래뿐만 아니라 매입거래를 통한 일감몰아받기와 회사기회유용을 통한 편법적인 부의 이전행위에 대해서도 과세해야 한다.[41] 셋째, 유산세에서 유산취득세 방식으로의 상속세 개편은 동일한 피상속인의 상속인 간에는 부의 집중을 완화하고 기회의 평등을 높이는 효과가 있을 수 있지만, 상위 자산계층의 상속세 부담이 줄어들면서 사회 전체적으로는 반대의 효과를 초래할 수 있다. 더욱이 지하경제 규모가 크고 소득 과세가 취약한 상태에서 기존의 세율체계를 유지한 채 유산취득세 방식으로 변경하는 것은 공평과세의 측면에서 바람직하지 않다. 유산취득세 방식으로의 변경은 지하경제의 양성화, 소득 과세의 정상화, 상속 및 증여세 세율체계의 개편, 조세회피와 탈세 방지를 위한 제도적 장치 마련 등을 전제조건으로 한다.[42]

---

40 자산과세에 대한 필요성은 Piketty(2014) 참조.

41 기업의 일감몰아주기 과세에 대해서는 채이배(2013)과 강병구(2014b) 참조.

부동산보유세의 강화는 부동산가격의 안정화로 자산의 불평등 완화에 기여한다.[43] 첫째, 부동산 유형별, 지역별, 가격대별로 불균등한 공시가격의 시가반영률을 개선하면서 응능과세의 원칙이 적용되도록 해야 한다. 다만, 납세이연제도를 도입하여 가구의 유동성 문제를 해소하고, 주택가격의 상승으로 기존의 수급자들이 사회보장제도의 선정에서 탈락하지 않도록 조정장치를 마련해야 한다. 둘째, 주택의 경우 투기적 수요를 억제하고 실수요자를 지원하는 방향으로 세제를 개편해야 한다. 다주택자에 대한 보유세와 양도소득세를 강화해 투기적 수요를 차단하고, 1세대 1주택자에 대한 비과세 방식을 세액감면 또는 소득공제 방식으로 전환하여 조세 지원 현황을 정확히 파악하며, 응익과세의 원칙에 부합하도록 조세지원을 양도가액에서 양도차익 기준으로 개편해야 한다. 셋째, 임대사업자에 대한 과도한 세제 혜택은 투기적 수요를 유발하여 부동산시장을 교란하고 자산의 불평등을 확대하므로 임대사업자에 대한 세제 혜택은 최소한으로 유지해야 한다.

사회보험의 사각지대를 해소하고 재분배기능을 개선하기 위해서는 첫째, 기존의 사회보험제도를 점차 소득기반 사회보험제도로 전환해야 한다.[44] 특히 임금노동자를 중심으로 설계된 고용보험제도를 소득기반 고용보험제도로 전환하여 실업이나 출산으로 인한 급여의 사각지대를 줄여야 한다. 다만, 자영업자의 제도 편입을 위해 두루누리사업 등으로 사회보험료 지원을 확대하고 소득파악체계를 개선해야 한다. 둘째, 국민연금은 개별 연금제도를 개선하는 모수적 개혁(parametric reform)과 제도 간 역할 분담을 재구조화하는 구조적 개혁(structural reform)의 적절한 결합을 모색해야 한다. 국민연금의 보장성 강화를 위해서는 사각지대 축소(가입기간 확대) 및 소득대체율의 인상과 함께 보험료

42 일본은 1950년 유산세에서 유산취득세로 전환하였으나, 세부담 경감을 위한 위장분할 등의 문제로 인해 1958년 법정상속분 과세방식으로 변경하였다.

43 보유세의 주택시장 안정화 효과에 대해서는 Van den Noord(2005) 참조.

44 소득기반 사회보험제도에 대해서는 장지연(2022) 참조.

부과 대상 기반의 확대, 보험료율 인상 및 누진성 강화 등이 필요하다. 국민기초생활보장제도, 기초연금, 국민연금, 퇴직연금 등과 연계하여 노후 소득보장제도의 연계성과 보장성을 강화해야 한다.

나아가 근로빈곤층에 대한 세제지원을 통해 저임금근로자와 영세자영업자의 소득지원과 근로욕구를 증진시키고 사회보험의 사각지대를 축소해야 한다. 최저임금과 근로장려세제의 상호보완적 특성으로 인해 적정 수준에서 두 제도의 결합은 근로빈곤층에 대한 소득지원 효과를 높일 수 있다. 근로장려세제로 인해 저숙련노동자의 노동공급이 증가할 경우 최저임금제도는 임금하락을 방지하면서 근로장려세제의 소득지원 효과를 강화할 수 있다.[45]

탈세를 방지하여 공평과세와 조세 정의 기반을 구축해야 한다. 조세도피처를 이용한 역외탈세는 조세 정의를 훼손할 뿐만 아니라 분배구조를 악화시켜 지속가능한 경제성장을 저해하는 요인으로도 작용한다. 역외거래로 조성된 비자금이 차명계좌를 통해 자사주 또는 계열사의 주식 매입에 이용되는 경우에는 기업의 지배구조를 비정상적으로 강화하는 수단이 되어 경제민주화에도 역행한다. 역외탈세를 방지하기 위해서는 해외금융계좌 및 보유 부동산에 대한 성실신고를 유인하는 동시에 부실 신고에 대한 벌칙을 강화해 역외에서 이루어지는 금융거래를 정확히 파악해야 한다.

한편 최근의 경제위기 과정에서 확대된 불평등한 분배구조를 개선하기 위해 횡재세(windfall profits tax)의 도입을 검토할 필요가 있다. 코로나19 팬데믹, 러시아와 우크라이나 간 전쟁, 인플레이션 등 복합위기(polycrisis)에 직면하여 에너지와 금융업을 중심으로 일부 기업은 사상 최고의 이윤을 기록하는 가운데 생필품 가격과 난방비의 상승으로 서민층의 어려움이 가중되고 있다. 횡재세는 기업이 비정상적인 시장 요인으로 인해 높은 수익을 올린 것으로 간주되는 부분에 부과하는 세금이다.[46]

45 최저임금제도와 근로장려세제의 상호보완적 역할에 대해서는 강병구(2009) 참조.

유럽연합은 2022년 9월 '연대기여금(solidarity contribution)'이라는 명칭으로 횡재세를 도입하기로 하였다.[47] 연대기여금의 과세표준은 2018~2021년 4개년 평균보다 20% 넘게 늘어난 초과이윤으로 하고, 화석연료 부문의 기업이 2022년·2023년에 벌어들이는 초과이윤에 대해 최소 33%의 세율을 부과할 예정이다. 횡재세 수입은 주로 에너지 취약계층과 중소기업 지원에 쓰일 예정이며, 회원국이 별도의 횡재세를 도입한 경우 연대기여금은 적용되지 않는다. 우리나라도 21대 국회에서 정유사와 은행 등을 대상으로 횡재세를 부과하는 내용의 법인세법 개정안 4건이 발의되어 기획재정위원회 법안소위에 계류되어 있다.

### (3) 재정민주주의 기반 확충

재정의 재분배기능을 강화하고, 분배와 성장의 선순환 구조를 지원하기 위해서는 선거제도에서 대표성의 제고, 참여예산제도의 활성화, 재정운용의 거버넌스 개편 등을 통해 재정민주주의의 기반을 확충해야 한다. 재정민주주의는 국민의 의사를 재정운영에 실질적으로 반영하는 과정으로 정치체제와 불가분의 관계를 갖는다.[48] 다수대표제(majoritarian system)를 채택하고 있는 국가에서 부동표는 소득분포와 정치이데올로기의 중간지점에 위치하기 때문에 정당은 중산층과 무당파 유권자들의 표를 얻으려고 노력하지만, 빈곤계층은 직접적인 관심의 대상이 아니다. 반면에 비례대표제(proportional system)에서는 빈곤층의 표가 곧 의석수에 영향을 미치기 때문에 자신들의 정당으로 대표되거

---

46 기업이 수행하는 산업 활동의 직접적인 결과가 아닌 금전적 이득의 사례는 금융당국의 통화정책에 따른 은행의 영업이익과 해외 원자재 공급망의 교란에 따른 수입업체의 영업이익 증감 등이 있다. 횡재세의 도입 논의와 현황에 대해서는 나원준(2022); 이세진·황성필(2023) 참조.

47 유럽의 횡재세 도입 현황에 대해서는 Enache(2023)참조.

48 옥동석(2004)에 따르면 재정민주주의 또는 재정책임성은 국가가 재정을 통해 국민들의 의사에 순응하는 행동을 하고 그에 따른 책임을 지는 것이다.

〈표 4-11〉 선거제도와 사회경제적 성과 (단위: %)

| 의회 선거제도 | 국민부담률 (2021년) | 공공사회복지지출 (2019년) | 소득불평등 개선 (2019년) | 빈곤율 감소 (2019년) | 자동안정화장치 (2014~2021년) | 경제성장율 (2014~2021년) |
|---|---|---|---|---|---|---|
| 비례대표제 | 39.5 | 24.1 | 39.8 | 68.7 | 1.64 | 1.2 |
| 혼합형 | 36.6 | 22.4 | 30.7 | 49.7 | 0.34 | 0.8 |
| 다수득표제 | 33.4 | 21.5 | 30.1 | 54.1 | 0.73 | 0.9 |

注: ① 선거제도의 유형은 IDEA의 분류를 따랐으며, 비례대표제(오스트리아, 벨기에, 덴마크, 핀란드, 그리스, 아일랜드, 네덜란드, 노르웨이, 포르투갈, 스페인, 스웨덴), 혼합형(독일, 이탈리아, 일본, 한국, 뉴질랜드), 다수득표제(호주, 캐나다. 프랑스, 영국, 미국)로 구분. ② 국민부담률(호주 2020), 소득재분배와 빈곤율감소 효과(호주, 일본 2018).

자료: www.oecd.org/statistics; www.idea.int(International IDEA); www.imf.org/en/Publications/WEO/weo-database/2022/October.

나 중도 좌파 정당의 지지를 받을 수 있다.[49]

이러한 차이로 인해 비례대표제를 채택하고 있는 국가에서는 다수대표제 국가보다 사회지출의 규모가 크고 빈곤에 대응하는 정책도 활성화된다. 〈표 4-11〉에서 보듯이 의회 선거제도에서 비례대표제를 채택하고 있는 국가들은 혼합형과 다수득표제를 채택한 국가들보다 국민부담률과 공공사회복지지출의 비중이 높고 자동안정화장치도 크다. 그 결과 조세와 공적 이전소득을 통한 불평등 완화 및 빈곤율 감소 효과가 크고 경제성장률도 높은 수준을 기록하고 있다.

한편 재정민주주의와 재정책임성을 강화하기 위해서는 참여예산제도를 활성화하고 국회의 예산안 심의 절차를 개선해야 한다. 우리나라의 주민참여예산제도는 2011년 3월 '지방재정법' 개정을 통해 도입되었지만, 그 성공 여부는

49 Sachs(2011)에 따르면 미국의 다수대표제 하에서는 빈곤층의 필요를 경시하는 경향이 있을 뿐만 아니라 전국 정당의 규율이 약하고 제한적이며, 소선거구제로 선거가 치러지는 경우 지방의 주요 산업체와 각 선거구의 부유한 유권자들이 막강한 영향력을 행사하기 쉽다. 더욱이 거액의 선거비용으로 인해 기업지배체제(corporatocracy)가 강화되는 경향이 있다. 즉, 기업의 부는 선거자금 기부와 로비, 그리고 정부와 산업 간의 회전문 인사를 통해 정치권력으로 전화되고, 정치권력은 감세와 탈규제, 그리고 정부와 산업간 특혜성 계약을 통해 큰 부로 되돌아온다. 부는 권력을 낳고, 권력은 다시 부를 낳는 것이다. 그 결과 정당들은 의회 활동에서 중위투표자(median voter)들이 선호하는 정책으로 수렴하는 것이 아니라 선거자금을 기부할 사람들에게 비대칭적으로 영합하게 된다.

예산을 집행하는 지방정부의 의지와 시민단체 및 지역주민들의 적극적인 참여에 달려 있다. 나아가 국회의 예산안 심의 절차를 개선해야 한다. 현 제도하에서는 경기전망 및 주요지표 등 재정여건은 물론 재정운용 방향 및 예산 총량 등 예산골격과 기조에 대한 국회 심의가 부재하고, 예산안의 심사 기간이 짧고, 상임위 예비심사와 예산결산특별위원회의 종합심사가 중복될 뿐만 아니라 불투명한 예산심의와 이른바 쪽지 예산으로 예산 낭비에 대한 우려가 만연되어 있다. 이러한 문제를 개선하기 위해서는 예산결산특별위원회에서 예산 기조, 분야별, 회계·기금별, 부처별 수입과 지출 총액, 재정적자와 국채발행 규모 등 예산 총액을 심사하고, 그 한도에서 사업예산을 조정하는 방식(top down)으로 예산안 심사방식을 변경할 필요가 있다.

## 5. 맺음말

우리나라 재정의 재분배 효과는 개선되고 있지만, 처분가능소득으로 측정된 불평등은 여전히 높은 수준이고, 순자산의 분배구조는 부동산가격의 상승으로 2017년 이후 악화하는 추세에 있다. 세계불평등 보고서에 따르면 소득 및 자산의 상위소득집중도는 커지고 있다. 더욱이 소득과 자산의 불평등한 분배는 세대를 건너 불평등구조를 재생산하고 있다. '위대한 개츠비 곡선(Great Gatsby Curve)'이 '개천용불평등지수'를 통해 한국 사회에서도 확인되는 것이다.

낙수효과가 작동하지 않고, 법인세 인하의 투자 및 고용 효과가 미약한 상태에서 불평등은 성장을 저해하는 요인으로 작용한다. 특히 수출부문의 비중이 큰 한국경제에서 고소득층으로의 소득집중은 내수기반을 취약하게 만들어 성장에 미치는 부정적 효과를 확대시킨다. 자동안정화장치가 취약한 상태에서 재정을 경직적으로 운용할 경우 경제의 불안정성이 증폭되면서 성장잠재력 약화의 충격은 저소득계층을 넘어 중상위 소득계층으로 확산될 것이다. 따라서 한국 사회에서 분배구조의 개선은 저소득계층에 대한 소득지원의 차원을 넘어 지속가능한 성장과 복지국가의 발전이라는 시각에서 접근하고 해법을 모색해야 한다.

한편 분배구조의 개선을 위해서는 조세와 재정정책 수단을 적극적으로 활용해야 하며, 노동시장, 복지, 주거, 교육, 산업, 금융정책 등과 정합성을 갖추면서 정책효과를 극대화하는 방식으로 재분배정책을 설계해야 한다. 그것은 곧 한국 사회의 특수성을 고려하되 복지국가 발전의 일반성을 배제하지 않는 방식으로 고용과 분배, 재정의 지속가능성을 확보할 수 있는 조세·재정체계를 구축하는 것이다.

먼저 재정지출의 효율화 및 구조 개편은 세수확충을 위한 전제조건이다. 재정지출이 효율적이지 못할 경우, 재정 당국은 납세자들의 조세저항에 부딪혀 필요한 세수를 확보하기 어렵다. 국방과 경제 사업의 효율화와 사회보호지출의 확대로 고용안전망과 사회안전망을 확충하여 노동시장의 불안정성에 대응해야 한다. 재정의 통합적 관리, 전략적 지출검토, 재정 운용의 칸막이 제거, 조세 및 재정정보의 투명한 공개, 재정분권 등도 재정지출의 효율화를 위해 필요한 정책이다.

다음으로 조세체계의 재분배기능을 강화하기 위해서는 '누진적 보편과세'의 관점에서 단계적인 증세방안을 모색해야 한다. 누진적 보편과세는 보편주의와 선별주의적 복지제도가 적절히 결합된 복지국가에 부응하는 조세체계이다. 조세체계를 보편적이면서 누진적으로 설계하기 위해서는 먼저 소득세와 자산 과세로 세수를 확충하고, 복지제도의 발전에 따라 소비세의 인상도 모색해야 한다. 소비세의 역진성은 지출과정에서의 재분배 효과를 높이는 방식으로 보완될 수 있다. 생애주기의 측면에서 보면, 소득세와 소비세의 누진성 격차는 줄어든다. 세제개편과 함께 기존의 임노동 기반 사회보험체계를 소득기반 체계로 개편하여 사회보험의 사각지대를 축소해야 한다. 나아가 코로나19 팬데믹과 인플레이션 등으로 큰 폭의 초과이윤을 획득한 기업에 대해 한시적으로 횡재세의 도입을 검토해야 한다.

하지만 2022년에 세법은 오히려 우리 사회의 분배구조를 악화시키는 방향으로 개정되었고, 2023년 세법개정안도 그 연장선에 있다. 낙수효과가 작동하지 않는 현실에서 고소득자와 대기업 위주의 감세는 양극화와 불평등을 심화시킬 것으로 평가되지만, 미세조정을 거친 세법개정안이 국회를 통과했다. 우리나라 조세 정치의 현실을 고려할 때, 재정의 재분배 효과를 개선하기 위해서는 전 소득계층의 대표성을 높이는 방식으로 선거제도를 바꾸고, 국회의 예산편성 및 심의기능을 강화하는 방향으로 재정 운용 거버넌스를 개편해야 한다.

## 참고문헌


강병구. 2007. 「양극화 해소를 위한 조세재정정책」. ≪경제발전연구≫, 13권, 1호, 31~66쪽.

_____. 2009. 「근로장려세제와 최저임금제도의 고용 및 소득분배 개선 효과」. 이병희 외. 『근로빈곤의 실태와 지원정책』. 한국노동연구원.

_____. 2011. 「사회지출의 자동안정화기능에 대한 연구」. ≪경제발전연구≫, 17권, 1호, 57~85쪽.

_____. 2014a. 「복지국가의 대안적 재정체계」. ≪민주사회와 정책연구≫, 통권 26호, 13~47쪽.

_____. 2014b. 「재벌의 세제혜택과 개혁 과제」. ≪사회경제평론≫, 44호, 105~134쪽.

_____. 2018. 「소득주도성장과 조세정책」. ≪재정정책논집≫, 20집, 1호, 89~113쪽.

_____. 2022a. 「조세·재정정책의 성과와 과제」. 『소득주도성장, 끝나지 않은 여정』. 소득주도성장특별위원회.

_____. 2022b. 「세수 추계오차의 현황과 개선방안」. 더불어민주당 초과세수 진상규명과 재정개혁추진단 보고서.

_____. 2022c. 「2022년 법인세제 개편안의 평가와 과제」. 『법인세 인하, 경제위기 헤쳐나갈 주춧돌 될 수 있을까?』. 토론회 자료집.

_____. 2022d. 「세제개혁의 방향과 과제」. ≪재정정책논집≫, 24집, 3호, 3~29쪽.

_____. 2023. 「재정준칙의 도입이 필요한가?」. 서울사회경제연구소. ≪SIES 이슈와 정책≫, 62호.

강병구·성효용. 2008. 「법인세의 경제적 효과분석」. ≪재정정책논집≫, 10집, 3호, 39~67쪽.

강병구·성효용·정세은. 2023. 「법인세의 분배 효과에 관한 연구」. ≪경제발전연구≫, 29권, 3호, 35~63쪽.

강병구·윤명수. 2003. 「근로소득의 불평등변화에 대한 요인분석」. ≪경제발전연구≫, 9권, 1호, 155~175쪽.

강병구·조영철. 2019. 『우리나라 재정 운용의 평가와 과제』, 소득주도성장특별위원회.

고용진 의원실. 2022.9.20. “주식부자 상위 0.1%, 배당 50.2% 가져가.” 보도자료.

국회예산정책처. 2020. 『예산안 총괄 분석 I』.

_____. 2021. 『예산안 총괄 분석 I』.

_____. 2022a. 『2022년 세법개정안 분석』.

_____. 2022b. 『예산안 총괄 분석 I』.

_____. 2023a. 『세수오차의 원인과 개선과제』.

_____. 2023b. 『2022년 개정세법 심의 결과 및 주요 내용』.

김명규. 2020. 『재정의 자동안정화장치와 경기조정: dBrain 자료를 이용하여』. 한국재정정보원.

김성태. 2012. 『구조적 재정수지를 이용한 재정정책 평가』. 한국개발연구원.

나원준. 2022. 「인플레이션 시기 초과이윤 통제와 횡재세 도입 필요성」. 국회토론회 “한국형 횡재세법: 쟁점과 입법과제”. 국회의원 용혜인·국회의원 이성만.

박승준·이강구. 2011. 『재정의 경기안정화 효과 분석: 자동안정화장치를 중심으로』. 국회예산정책처.

신지섭·주병기. 2021. 「한국노동패널과 가계동향조사를 이용한 소득기회불평등의 장기추세에 대한 연구」. ≪경제학연구≫, 69권, 1호, 51~95쪽.
옥동석. 2004.「예산법률주의와 지출승인법」. ≪공공경제≫, 9권, 2호, 217~251쪽.
우명동. 2014.「재정개혁 논의의 평가와 과제: 정부 간 재정관계 취급실태 분석을 중심으로」. ≪재정정책논집≫, 16집, 4호, 29~75쪽.
이세진·황성필. 2023.「횡재세 도입 논의의 현황과 과제」. 국회입법조사처. ≪이슈와 논점≫, 2076호.
이수진 의원실. 2022.11.6. "2020년 주권상장법인 주주 현황(2020년 12월 31일 기준)". 보도자료.
이정우. 2021.『왜 우리는 불평등한가』. EBS BOOKS.
이제민. 2023.「자본이득을 고려한 요소소득 분배의 장기 추이」. 2023년 경제학 공동학술대회 한국경제발전학회 동계 학술대회 발표논문집.
이준구. 2012.「미국의 감세정책 실험: 과연 경제 살리기에 성공했는가?」. ≪경제논집≫, 51권, 2호, 207~261쪽.
이진수·남기업. 2017.「주요국의 부동산 세제 비교 연구 ①: 보유세 실효세율 비교」. ≪토지+자유 리포트≫, 2017-3(14호).
장지연. 2022.「근로연령대 소득보장을 위한 취업자 사회보험 구축방안」.『사회보장제도 진단과 대안 모색』. 소득주도성장특별위원회.
장지연·이병희. 2013.「소득불평등 심화의 메커니즘과 정책 선택」. ≪민주사회와 정책연구≫, 통권 23호, 71~109쪽.
재정개혁특별위원회. 2019.「재정개혁보고서」.
전병유. 2013.「한국 사회에서의 소득불평등 심화와 동인에 관한 연구」. ≪민주사회와 정책연구≫, 통권 23호, 15~40쪽.
조윤제·박창귀·강종구. 2012.『한국의 경제성장과 사회지표의 변화』. 한국은행.
주상영. 2014.「한국경제의 피케티 비율과 주요 쟁점」. 서울사회경제연구소 2014년 9월 월례토론회 발표자료.
채이배. 2013.「일감몰아주기에 대한 증여세, 과세실적 분석」. 경제개혁연구소. ≪이슈&분석≫, 2013-16호.
홍민기. 2017.「보정 지니계수」. ≪경제발전연구≫, 23권, 3호, 1~22쪽.
홍장표. 2022.「소득주도성장 5년을 되돌아보며」.『소득주도성장, 끝나지 않은 여정』. 소득주도성장특별위원회.
Aghion, Philippe and Peter Howitt. 1998. *Endogenous Growth Theory*. Cambridge MA: The MIT Press.
Arellano, M. and S. Bond. 1991. "Some tests of specification for panel data: Monte Carlo evidence and an application to employment equations." *Review of Economic Studies*, Vol. 58, pp. 277~297.
Ball, L. M. 2014. "Long-term damage from the great recession in OECD countries." *European Journal of Economics and Economic Policies*, Vol. 11, No. 2, pp. 149~160.
Blank, Rebecca M. 2002. "Can Equity and Efficiency Complement Each Other?" *NBER Working Paper*, 8820.
Burger, P. 2003. *Sustainable Fiscal Policy and Economic Stability: Theory and Practice*. Cheltenham:

Edward Elagr.

Clements, B., Ruud de Mooij, Sanjeev Gupta, and Michael Keen. 2015. *Inequality and Fiscal Policy*. IMF.

Dabla-Norris, Era et al. 2015. "Causes and Consequences of Income Inequality: A Global Perspective." IMF Staff Discussion Note, SDN/15/13.

Enache, Cristina. 2023. "What European Countries Are Doing about Windfall Profit Taxes." Tax Foundation.

Engler, Philipp and Juha Tervala. 2018. "Hysteresis and Fiscal Policy." *Journal of Economic Dynamics and Control*, Vol. 93, pp. 39~53.

Fatas, Antonio and Laurence Summers. 2018. "The Permanent Effects of Fiscal Consolidations." *Journal of International Economics*, Vol. 112, pp. 238~250.

Gechert, S. and P. Heimberger. 2022. "Do corporate tax cuts boost economic growth?" *European Economic Review*, Vol. 147, pp. 1~15.

Gechert, Sebastian, Gustav Horn, and Christoph Paetz. 2017. "Long-term Effects of Fiscal Stimulus and Austerity in Europe." *IMK Working Paper*, No. 179.

Iversen, T. and A. Wren. 1998. "Equality, Employment, and Budgetary Restraint: The Trilemma of the Service Economy." *World Politics*, Vol. 50.

Kato, Junko. 2003. *Regressive Taxation and the Welfare State*. Cambridge University Press.

Kose, M. A, Sergio Kurlat, Franziska Ohnsorge et al. 2022. "A Cross-countrey database of fiscal space." *Journal of International Money and Finance*, Vol. 128, pp. 1~19.

Krueger, A. 2012.1.12. "The Rise and Consequences of Inequality in the United States." Paper presented to the Center for American Progress. Washington.

Magnus, G. 2009. *The Age of Aging: How Demographics are Changing the Global Economy and Our World*. John Wiley & Sons〔홍지수 옮김. 『고령화 시대의 경제학: 늙어가는 세계의 거시경제를 전망하다』. 부키. 2010〕.

Mankiw, N. G. 2000. *Macroeconomics*. Worth Publishers.

Mazzucato, M. 2016. "Innovation, the State and Patient Capital." Michael Jacobs and Mariana Mazzucato(eds). *Rethinking Capitalism: Economics and Policy for Sustainable and Inclusive Growth*. Wiley Blackwell〔정태인 옮김. 『자본주의를 다시 생각한다』. 칼폴라니사회경제연구소. 2017〕.

Myrdal, G. 1968. *Asian Drama: An Inquiry into the Poverty of Nations*. New York: Twentieth Century Fund.

Öbinger, H. et al. 2010. *Transformation of the Welfare State: Small States, Big Lessons*. Oxford University Press.

OECD. 2020. *Consumption Tax Trends 2020: VAT/GST and Excise Rates, Trends and Policy Issues*. OECD Publishing, Paris.

_____. 2021a. "Inheritance Taxation in OECD Countries." *OECD Tax Policy Studies*, No. 28. Paris:

OECD Publishing. https://doi.org/10.1787/e2879a7d-en.

_____. 2021b. *Pensions at a Glance 2021: OECD and G20 Indicators*. Paris: OECD Publishing. https://doi.org/10.1787/ca401ebd-en.

_____. 2023. "How's Life? Well-Being." OECD Social and Welfare Statistics(database). https://doi.org/10.1787/b8a8569d-en (accessed on 19 July 2023).

Perotti, R. 1996. "Growth, Inocme Distribution and Democracy: What the Data Say." *Journal of Economic Growth*, Vol. 1, No. 2, pp. 149~187.

Piketty, Thomas. 2014. *Capital in the Twenty-First Century*. The Belknap Press of Harvard University Press.

Roodman, D. 2009. "How to do xtabond2: An introduction to difference and system GMM in Stata." *The Stata Journal*, Vol. 9, No. 1, pp. 86~136.

Sachs, Jeffery. 2011. *The Price of Civilization*. New York: Random House〔김현구 옮김. 『문명의 대가』 21세기북스. 2012〕.

Van den Noord, P. 2005. "Tax Incentives and House Price Volatility in the Euro Area: Theory and Evidence." *Economie Internationale*, Vol. 101.

World Bank Group. 2022. A Cross-Country Database of Fiscal Space. Version: Fall 2022.

World Inequality LAB. 2021. "World Inequality Report 2022."

제5장

# 금융포용 전략과 정책과제

배영목 | 충북대학교 경제학과 명예교수

## 1. 머리말

금융포용이란 가계와 기업이 그들이 필요로 하는 지급, 저축, 신용, 증권, 보험 등 다양한 금융서비스에 책임성 있고 지속적인 방법으로 접근할 수 있고 효과적으로 이용할 수 있는 것을 말한다. 금융포용은 포용성장의 주요구성부분으로서 경제성장에서도 중요하고 빈곤퇴치와 불평등 해소와 연관되어 있다. 금융포용의 격차는 무엇보다는 소득격차와 연관되어 있기 때문에 소득수준에 따른 금융포용 격차에 주목하고 있다(IMF, 2017b). 또한 금융포용의 확대는 금융불안정을 초래할 수 있지만 적절한 건전성 감독이 있다면 금융이용의 다양성과 경제안정을 해치지 않으면서 금융발전과 경제성장을 촉진할 수 있고(IMF, 2015), 나아가 금융포용의 확대는 통화정책과 재정정책 효율성을 높임으로써 거시적 경제안정의 정책효과도 증대시킬 수 있기 때문에(IMF, 2018a) 이에 대한 관심이 높아졌다. 특히 글로벌 금융위기 이후 금융의 사회적 역할에 대한 요구가 증대되면서 금융포용이 주목을 받게 되었다. 이 위기 이후 선진국까지 금융서비스의 중개기능 강화와 관련하여 저소득층이나 한계계층에 대한 금융서비스 기회와 범위를 확대하려는 경향이 강화되었다(한국은행, 2015).

우리나라에서도 경제적 취약층을 대상으로 하는 각종 금융지원정책은 '서민금융'이란 이름으로 일찍부터 실시되었다. 이 정책은 경제적 취약층의 금융서비스로의 접근과 이용뿐 아니라 이들에 대한 금융적 복지를 확대하려는 정책으로서 서민에 대한 정책금융의 확대와 서민금융기관의 확장으로 추진되어 왔다. 그러나 정책성 서민금융과 민간의 상업형 서민금융은 상충되거나 중복되는 문제가 나타났다(이재연, 2018). 또한 서민정책금융이 빠르게 늘어났지만 저소득층 금융부담은 별로 줄지 않고 저신용층에 대한 선별기능도 약화되어 기존의 서민금융정책의 실효성에 대한 의문도 제기되었다(금융위원회, 2018: 12). 따라서 우리나라가 수용해야 할 금융포용전략은 무엇이며 이를 실현시킬 실효성 있는 정책이 무엇인가도 탐색해야 할 것이다.

우리나라에서도 금융포용에 관한 논의나 연구는 연구자의 관심에 따라 다양하게 이루어져 왔다. 우리나라의 금융포용과 관련하여 서민금융정책의 개선방향에 대한 연구가 시작되었고(이건범, 2012), 금융포용전략과 관련된 국제적 동향을 참고하여 한국의 금융포용 전략과제를 제시하고 있고(노형식·이순호, 2014), 한국은행은 금융안정이라는 측면에서 주요 선진국과 우리나라의 서민금융제도의 기원과 실태를 연구하여 보고서로 제시한 바 있다(한국은행, 2015). 또한 금융포용의 소득불균형에 효과에 대한 실증적 연구가 있고(김종희, 2018), 서민금융진흥원 전후 서민금융 이용실태를 비교한 연구도 있고(김민정·곽민주, 2019), 가계금융복지조사 자료를 이용하여 대출유형과 연체 여부와의 관계를 분석한 연구도 있었다(최철, 2019). 금융포용이 우리나라 내에서 계층별 격차와 관련되어 있음에도 불구하고 소득격차와 가계부채와 관련을 살펴보는 정도에 그쳤다(배영목, 2016). 따라서 우리나라의 금융포용 수준과 금융포용전략의 특징을 국제비교를 통해 분석하고 이어서 국내 계층별 금융포용 격차도 분석한 다음, 이를 바탕으로 우리나라의 금융포용전략과 이와 연관된 정책과제가 무엇인가를 점검할 필요가 있다. 다만 우리나라에서 중소기업에 대한 금융지원정책은 경제발전 전략의 한 부분으로서 오랜 역사를 가지고 있고 별도의 추진전략과 정책체계가 있으므로 중소기업을 대상으로 하는 금융포용 문제는 여기서 다루지 않을 것이다.

우리나라의 금융포용 문제를 다음과 같은 순서로 살펴보고자 한다. 첫째, 국제적 포용금융 지표를 활용하여 주요 10개국과의 국제비교를 통해 한국의 금융포용 수준을 가늠해 본다. 둘째, 국제적 금융포용전략의 분석 틀을 점검한 다음, 국제비교에 의거하여 한국의 금융포용전략의 특징을 살펴본다. 셋째, 가계금융복지조사 자료에 근거하여 소득계층별 금융격차를 검토하고 나아가 가계의 금융기관 신용 접근 수준을 결정하는 사회경제적 요인을 회귀분석을 통해 검토해 본다. 마지막으로 우리나라가 금융포용과 관련하여 추진해야 할 정책과제가 무엇인가를 점검해 본다.

## 2. 한국의 금융포용 수준

### 1) 금융포용의 정의와 지표

금융포용(financial inclusion)은 글로벌 금융위기 당시에는 경제의 모든 구성원의 공식적 금융제도의 접근, 이용가능성, 이용을 보장하는 과정이라고 정의되었다(Sarma, 2008). 최근에는 금융포용을 가계와 중소기업의 금융서비스로의 접근과 금융서비스의 이용으로 단순하고 포괄적으로 정의하고 있다(IMF, 2018). 이와 같이 금융포용은 모든 경제주체가 제도권에서 제공하는 금융상품이나 금융서비스에 접근하여 이용하는 것을 의미하지만 사회·경제적으로 취약한 가계나 소기업이 제도금융에 어느 정도 접근하여 얼마나 이용하는가에 더 많은 관심을 두고 있는 것으로 보인다. 나아가 가계나 소기업이 접근하여 이용할 수 있는 금융서비스의 양은 물론 질도 중요하므로 가계나 중소기업이 저축, 지급결제, 대출, 보험, 투자상품 등 다양한 금융서비스를 잘 이용할 수 있도록 금융

소비자의 금융지식이나 역량, 금융당국의 시장관리와 금융소비자 보호, 금융의 거래비용이나 거래장애 등도 금융포용과 관련된 문제로 파악되고 있다.

제도 금융기관이 제공하는 금융서비스를 이용하지 않은 상태를 금융소외(financial exclusion)라고 한다. 금융소외라도 금융지식 부족, 종교적인 이유, 금융기관 불요 등으로 제도권 금융기관을 이용하지 않는 자발적인 금융소외와 저소득, 저신용, 차별, 정보부족, 가격장벽 등 시장불완전성 때문에 제도금융권으로부터 배제당하는 비자발적 금융소외로 구분되어야 한다(World Bank, 2014: Fig 1.1). OECD는 금융포용에는 개인이 저축, 모바일화폐, 보험, 신용계정 및 거래계정 등 다양한 금융서비스에 접근하는 것뿐 아니라 감당할 수 있고 적기에 충분한 접근(affordable, timely and adequate access)이 가능해야 하며, 경제적 사회적 포용은 물론 금융적 복지를 증진시킨다는 차원에서 금융지식이 부족한 계층을 포함하여 모든 계층이 서비스에 접근하는 것까지 포함시킬 것을 제안하고 있다(OECD, 2018: 9). 최근의 금융포용에서 금융이용을 강조하고 이에 따라 금융소비자 보호와 금융교육도 금융포용의 범위에 포함시키고 있으므로 글로벌 기준으로 보면 금융포용은 서민금융 확대에 그치는 문제는 아닐 것이다.

우리나라의 금융포용의 수준은 국제비교로 알 수 있지만 이 비교는 의미 있는 것이어야 한다. 우리나라 금융포용 수준은 뒤늦게 금융포용전략을 수립하여 실행한 후진국이나 다른 신흥국과는 큰 차이가 있다. 금융포용 수준이 매우 낮은 아시아 아프리카, 중남미 많은 나라와 금융포용 정도를 비교하는 것은 의미가 적다. 이 연구에서 금융적으로 우리나라보다 선진국이고 그 비중이 큰 미국, 영국, 독일, 프랑스, 일본과 신흥국으로서 인구나 경제적으로 비중이 큰 중국, 러시아, 브라질, 인도, 인도네시아 등 합계 10개국을 비교대상 국가로 선정하였다. 일부 국가는 데이터 문제로 비교대상에서 종종 제외될 수 있다.

각 나라의 금융포용 수준은 ① 금융포용의 금융기관으로 접근성, ② 개인의 금융서비스 및 금융기관 이용, ③ 금융지식과 금융교육, ④ 신용장벽, ⑤ 금융기관의 공시, 분쟁해결, 소비자 보호 등과 관련되는 규제 또는 감독 체계, ⑥ 금

〈표 5-1〉 10개국의 은행 지점 수 (단위: 성인 10만 명당 은행 지점수)

| | 2010 | 2015 | 2016 | 2017 | 2018 | 2019 | 2020 | 2021 |
|---|---|---|---|---|---|---|---|---|
| 한국 | 18.2 | 16.8 | 16.2 | 15.4 | 15.2 | 15.1 | 14.3 | 13.6 |
| 미국 | 35.4 | 32.7 | 32.1 | 31.2 | 30.9 | 30.5 | 29.5 | 28.3 |
| 영국 | 24.7 | | | | | | | |
| 독일 | 15.7 | 14.1 | 13.5 | 13.0 | 11.2 | 11.0 | 9.4 | |
| 프랑스 | 41.6 | 37.6 | 37.2 | 36.0 | 34.8 | 34.2 | 33.6 | 33.3 |
| 일본 | 33.8 | 34.1 | 34.1 | 33.9 | 33.9 | 33.8 | 33.8 | 33.9 |
| 중국 | | 8.5 | 8.8 | 8.7 | 8.8 | 8.8 | 8.7 | 8.8 |
| 러시아 | 35.0 | 32.9 | 30.1 | 29.2 | 26.3 | 25.6 | 24.6 | |
| 인도 | 10.0 | 13.5 | 14.2 | 14.5 | 14.4 | 14.7 | 14.7 | 14.6 |
| 인도네시아 | 8.1 | 17.6 | 17.3 | 16.7 | 16.1 | 15.6 | 15.2 | 15.8 |
| 브라질 | 18.3 | 20.6 | 20.4 | 19.5 | 19.0 | 18.7 | 17.8 | 17.1 |

자료: IMF Financial Access Survey.

융인프라와 금융감독체계, ⑦ 포용금융정책체계 등을 중심으로 어느 정도 비교 가능하다. 비교가능한 항목을 중심으로 이들 나라와 비교하여 우리나라의 금융포용 수준을 가늠해 본다.

### 2) 금융기관으로의 접근과 금융서비스의 이용

모든 계층이 금융상품이나 금융서비스를 이용하기 위해서는 이를 제공하는 금융기관이 있어야 하고 이 금융기관에 쉽게 접근할 수 있어야 한다. 금융기관 수도 중요하지만 쉽게 이용할 수 있는 점포나 이를 대신할 장치가 있어야 접근이 쉬워진다. 이러한 점에서 ATM이나 POS(Point of Sale)는 물론이고 모바일뱅킹이나 홈뱅킹을 가능하게 하는 인터넷과 같은 정보통신기술의 발전이 금융기관으로 접근을 획기적으로 개선시켰다고 할 수 있다.

〈표 5-1〉을 보면, 은행의 지점은 프랑스, 미국, 일본, 러시아 등이 많은 편이고 중국, 인도, 인도네시아 등은 적은 편이다. 한국에서 은행 지점은 선진국보다는 훨씬 적은 편일 뿐 아니라 미국, 독일, 프랑스에서처럼 빠르게 줄어들고 있다. 반면에 중국, 인도, 인도네시아 등은 아직도 증가하는 추세를 보인다. 한

〈표 5-2〉 10개국의 성인 10만 명당 ATM수

| | 2010 | 2015 | 2016 | 2017 | 2018 | 2019 | 2020 | 2021 |
|---|---|---|---|---|---|---|---|---|
| 한국 | 265.0 | 275.9 | 271.6 | 272.9 | 267.1 | 264.3 | 259.5 | |
| 영국 | 122.0 | 131.3 | 129.5 | 127.9 | 115.4 | 110.3 | 98.8 | 96.2 |
| 독일 | 117.0 | 122.3 | 82.5 | 81.2 | | 81.5 | 79.4 | |
| 프랑스 | 106.0 | 107.2 | 104.7 | 102.2 | 98.1 | 96.2 | 93.5 | |
| 일본 | 131 | 127.6 | 127.7 | 127.7 | 127.4 | 127.1 | 121.3 | 116.9 |
| 중국 | 25.0 | 76.4 | 61.2 | 83.8 | 96.4 | 94.8 | 87.3 | 81.4 |
| 러시아 | 96.0 | 172.7 | 168.7 | 164.0 | 161.0 | 165.5 | 164.9 | |
| 인도 | 13.0 | 19.6 | 21.2 | 22.0 | 21.7 | 21.0 | 21.4 | 21.4 |
| 인도네시아 | 7.0 | 53.0 | 54.3 | 55.1 | 54.4 | 53.4 | 51.7 | 48.1 |
| 브라질 | 118.0 | 115.0 | 112.1 | 107.9 | 106.5 | 102.7 | 96.6 | 94.5 |

자료: IMF Financial Access Survey.

국은 은행 지점만을 보면 많은 나라가 아니고 그 지점도 점차 줄어들고 있어 은행에서의 대면거래는 점차 불편해지고 있고 이에 따라 그 이용도 줄어들고 있다. 코로나19 발발 이후에 다른 나라는 거의 변화가 없지만 우리나라는 크게 줄어들고 있다.

〈표 5-2〉를 보면, 은행의 지점을 대신할 ATM은 영국, 프랑스, 일본, 러시아, 브라질 등이 많은 편이고 중국, 인도, 인도네시아 등이 적은 편이다. 한국에는 인구대비 가장 많은 ATM이 배치되어 있다. ATM은 중국, 인도, 인도네시아 등에서는 계속 늘어나고 있는 반면에 선진국에서는 도리어 줄어들고 있다. 인터넷을 이용하는 금융거래가 증가한 결과로 보인다. 한국은 다른 선진국에 비해 은행 지점은 1/2 정도 적은 반면에 ATM은 2배 이상 많은 것은 은행이 ATM을 은행 지점으로 대체시킨 결과일 것이다.

많은 금전거래가 POS, 즉 결제단말기를 통하여 이루어지기 때문에 POS는 제도 금융기관의 주요 접근지표가 될 수 있으나 이를 확인할 자료가 없다. 대신에 개인의 체크카드나 신용카드의 사용을 기준으로 개인의 금융제도 접근시설을 점검해 볼 수는 있다. 〈표 5-3〉에서 보듯이 체크카드(debit card) 이용은 전 세계적으로 확산되는 추세이지만 신용카드는 이에 비해 늦은 편이다. 한국의 체크카드 이용은 전 세계 평균은 물론이고 신흥국보다 더 보편화되어 있지

〈표 5-3〉 10개국의 성인 중 체크카드와 신용카드 소유자 비율 (단위: %)

| | 체크카드 | | | | 신용카드 | | | |
|---|---|---|---|---|---|---|---|---|
| | 2011 | 2014 | 2017 | 2021 | 2011 | 2014 | 2017 | 2021 |
| 전 세계 | 30.7 | 40.6 | 47.7 | 52.8 | 14.9 | 17.6 | 18.4 | 24.5 |
| 한국 | | 66.8 | 75.3 | 84.0 | | 56.0 | 63.7 | 68.4 |
| 미국 | 71.8 | 76.2 | 80.2 | 82.8 | 61.9 | 60.1 | 65.6 | 66.7 |
| 영국 | 87.6 | 96.4 | 91.5 | 95.5 | 51.6 | 61.7 | 65.4 | 62.1 |
| 독일 | 88.0 | 92.0 | 90.6 | 94.0 | 35.7 | 45.8 | 52.5 | 56.5 |
| 프랑스 | 69.2 | 81.1 | 84.7 | 86.3 | 37.5 | 44.1 | 40.9 | 39.8 |
| 일본 | 13.0 | 88.1 | 87.0 | 88.3 | 64.4 | 66.1 | 68.4 | 69.7 |
| 중국 | 41.0 | 48.3 | 66.8 | 75.8 | 8.2 | 15.8 | 19.5 | 37.9 |
| 러시아 | 37.0 | 44.3 | 56.6 | 65.3 | 9.7 | 21.0 | 20.1 | 25.1 |
| 인도 | 8.4 | 22.1 | 32.7 | 27.1 | 1.8 | 4.2 | 3.0 | 4.6 |
| 인도네시아 | 10.5 | 25.9 | 30.8 | 35.1 | 0.5 | 1.6 | 2.4 | 1.6 |
| 브라질 | 41.2 | 59.2 | 59.3 | 66.0 | 29.2 | 32.0 | 27.0 | 40.4 |

자료: 세계은행; Global Findex.

만 선진국보다는 덜 보편화되어 있다. 반면에 신용카드의 이용은 세계 평균은 물론 다른 선진국과 비교해도 비슷하거나 더 보편화되어 있다. 따라서 한국 성인이 통장에만 의존하기 보다는 체크카드 신용카드를 이용하여 POS 또는 ATM을 통해 금융기관에 접속하여 결제나 금융업무를 보는 것은 다른 선진국에 못지않을 정도로 보편화되어 있다고 할 수 있다.

금융기관이 설립되고 결제기구가 작동하더라도 필요한 사람만이 이용한다. 금융기관을 실제로 이용하는 첫 단계가 금융기관에 계좌를 개설하는 것이다. 세계은행 설문조사에 의하면, 〈표 5-4〉에서 보듯이 금융기관의 계좌계설 비율이 점차로 늘어나 전 세계 평균이 2011년 50.6%에서 2021년에는 74.0% 정도가 된다. 미국이 가장 낮지만 대부분의 선진국 계좌개설 비중은 95%를 넘어서고 있나. 반면에 신흥국의 계설 비중은 높아졌지만 90% 미만에 그치고 있다. 한국은 그 비율이 서서히 높아져 2021년 98%에 가깝다.

〈표 5-4〉에서 보듯이 금융계좌를 계설하였지만 거래실적이 없는 성인의 비율이 선진국의 경우 1% 이하로 금융계좌 이용은 일상화되었다. 계좌를 개설하였지

〈표 5-4〉 성인의 금융기관 계좌 보유 비율과 지난 1년 거래 실적 (단위: %)

| | 성인의 금융기관 계좌 | | | | 거래실적 없음 | | |
|---|---|---|---|---|---|---|---|
| | 2011 | 2014 | 2017 | 2021 | 2014 | 2017 | 2021 |
| 전 세계 | 50.6 | 61.2 | 67.1 | 74.0 | 9.4 | 12.9 | 9.8 |
| 한국 | 93.0 | 94.4 | 94.9 | 98.7 | 3.3 | 1.0 | 0.6 |
| 미국 | 88.0 | 93.6 | 93.1 | 95.0 | 0.4 | 0.6 | 0.3 |
| 영국 | 97.2 | 98.9 | 96.4 | 99.8 | 0.8 | 0.4 | 0.4 |
| 독일 | 98.1 | 98.8 | 99.1 | 100.0 | 0.7 | 0.5 | 0.4 |
| 프랑스 | 97.0 | 96.6 | 94.0 | 99.2 | 2.2 | 0.9 | 0.5 |
| 일본 | 96.4 | 96.6 | 98.2 | 98.5 | 1.4 | 1.0 | 0.9 |
| 중국 | 63.8 | 78.9 | 80.2 | 88.7 | 6.4 | 7.8 | 1.9 |
| 러시아 | 48.2 | 67.4 | 75.8 | 89.7 | 5.9 | 4.0 | 1.4 |
| 인도 | 35.2 | 52.8 | 79.8 | 77.5 | 32.7 | 38.3 | 35.4 |
| 인도네시아 | 19.6 | 35.9 | 48.4 | 51.8 | 9.6 | 17.3 | 17.2 |
| 브라질 | 55.9 | 68.1 | 70.0 | 64.0 | 3.2 | 9.5 | 5.3 |

자료: 세계은행; Global Findex.

만 이용하지 않은 경우는 인도, 인도네시아, 브라질순으로 높다. 그것은 정부의 권유에 따라 계좌를 계설하였지만 필요성이 없어 사용하지 않은 결과로 보인다.

〈표 5-5〉를 보면, 금융기관은 물론 개인 간 대차를 포함하는 신용의 이용, 바꾸어 말해 차입을 경험한 성인의 비율은 전 세계 평균은 50% 정도가 되지만 한국은 70% 정도가 된다. 이 수준은 미국, 영국보다는 낮은 수준이지만 독일 프랑스 일본보다는 높은 수준이다. 이 수준은 다른 신흥국에 비해 20~30%p 높은 수준이다. 금융기관의 신용이용, 즉 금융기관 대출을 기준으로 비교해 보면, 성인은 전 세계로는 2021년 28.4%인데 한국은 68.6%로 한국의 금융기관 신용이용 수준은 다른 선진국 이상으로 높은 수준이다. 특히 한국의 경우 신용카드를 이용한 판매신용 이용이 보편화되면서 이 비율이 높아진 것으로 보인다.

### 3) 금융거래의 디지털화

정보 통신기술의 발전이 금융서비스의 규모, 범위, 접근을 확대함으로써 금

〈표 5-5〉 성인의 지난 1년간 차입 경험 여부과 금융기관 차입 여부 (단위: %)

| | 차입 경험 여부 | | | 금융기관 차입 경험 여부* | | |
|---|---|---|---|---|---|---|
| | 2014 | 2017 | 2021 | 2014 | 2017 | 2021 |
| 전 세계 | 50.5 | 47.5 | 52.9 | 22.2 | 22.3 | 28.4 |
| 한국 | 67.9 | 72.6 | 74.7 | 56.9 | 63.2 | 68.6 |
| 미국 | 77.4 | 77.4 | 76.2 | 64.6 | 68.4 | 66.2 |
| 영국 | 70.3 | 74.6 | 61.8 | 62.4 | 64.7 | 55.0 |
| 독일 | 55.2 | 64.1 | 66.4 | 45.8 | 54.6 | 54.7 |
| 프랑스 | 51.1 | 51.6 | 52.6 | 43.3 | 45.2 | 44.4 |
| 일본 | 59.4 | 56.6 | 64.2 | 54.4 | 54.1 | 61.2 |
| 중국 | 43.3 | 44.8 | 55.7 | 20.2 | 21.7 | 39.2 |
| 러시아 | 37.0 | 41.3 | 51.0 | 21.9 | 23.0 | 29.7 |
| 인도 | 47.8 | 42.4 | 44.8 | 9.1 | 8.1 | 11.8 |
| 인도네시아 | 56.8 | 54.8 | 41.6 | 13.7 | 18.4 | 12.9 |
| 브라질 | 40.3 | 40.0 | 58.8 | 33.8 | 26.3 | 40.7 |

주: * 신용카드 등을 모바일금융계좌을 이용한 차입도 포함.
자료: 세계은행; Global Findex.

융포용에서의 계층별 격차를 해소하는 것에도 적지 않게 기여한 것으로 평가되고 있다(IMF, 2017a). 이러한 디지털 금융의 발전은 개인, 기업의 결제, 저축, 대출, 보험 등 다양한 서비스를 신속하고 저렴하고 편리하게 제공할 수 있게 하고 다양한 정보의 활용을 할 수 있게 하여 신용장벽까지 낮추고 있다.

디지털 방식의 금융서비스 접근은 자금의 입출금, 바꾸어 말해 지급이나 수취가 디지털 방식으로 이루어짐으로써 훨씬 쉬워졌다. 〈표 5-6〉에서 성인의 디지털방식의 금융거래 비율은 지급기준으로 보면 세계적으로 2014년 36.5%, 2021년에 58.8%로 급격히 증가하였고 수취기준으로 보면 세계적으로 2014년 33.2%, 2021년 42.6%로 빠르게 증가하고 있다. 이러한 금융거래의 디지털화는 선진국과 신흥국 간의 큰 차이를 보인다. 한국의 금융거래의 디지털화 수준은 영국 독일 프랑스에 비해서는 다소 늦었으나 최근에는 거의 비슷한 수준에 이르렀고 수취에서는 도리어 앞서 나가고 있다.

한국의 포용금융 수준은 금융서비스로의 접근, 금융기관 및 금융서비스 이용의 측면에서 세계 전체 또는 주요 10개국과 비교한 결과를 정리해 보면, 신

〈표 5-6〉 성인의 디지털 방식에 의한 지급 수취 비율 (단위: %)

| | 디지털 지급 | | | 디지털 수취 | | |
|---|---|---|---|---|---|---|
| | 2014 | 2017 | 2021 | 2014 | 2017 | 2021 |
| 전 세계 | 36.5 | 44.9 | 58.8 | 33.2 | 34.1 | 42.6 |
| 한국 | 83.3 | 90.8 | 96.2 | 68.3 | 61.0 | 85.9 |
| 미국 | 88.3 | 89.0 | 91.3 | 78.0 | 65.0 | 69.4 |
| 영국 | 95.6 | 94.2 | 98.6 | 85.4 | 75.5 | 67.0 |
| 독일 | 93.3 | 96.5 | 99.5 | 93.3 | 96.5 | 99.5 |
| 프랑스 | 90.0 | 89.5 | 98.4 | 70.5 | 68.3 | 52.2 |
| 일본 | 80.5 | 88.6 | 89.2 | 63.2 | 79.8 | 87.3 |
| 중국 | 37.6 | 59.4 | 84.5 | 37.4 | 35.2 | 52.3 |
| 러시아 | 44.3 | 61.6 | 82.4 | 51.4 | 55.8 | 74.1 |
| 인도 | 15.7 | 20.0 | 24.7 | 11.6 | 16.5 | 19.4 |
| 인도네시아 | 16.4 | 26.8 | 29.1 | 17.7 | 21.4 | 23.0 |
| 브라질 | 47.0 | 45.9 | 70.7 | 39.3 | 38.8 | 49.8 |

자료: 세계은행; Global Findex.

홍국보다는 물론 높은 수준이고 다른 선진국과 비교해도 낮은 수준이 아니라고 할 수 있다. 그러나 이러한 금융기관의 이용이 대면서비스보다 비대면서비스에 의존하는 금융의 디지털화에 지나치게 의존한 결과로 이에 미숙한 고령자에 대한 금융접근성의 제약이나 금융학대를 방지할 수 있는 정책이나 서비스의 필요성이 제기되고 있다(송홍선, 2020).

## 3. 한국의 금융포용 전략

### 1) 금융포용 전략의 국가별 비교

국가별 금융포용 전략(National Financial Inclusion Strategy)의 구체적인 내용은 세계은행의 「금융포용 및 소비자보호 서베이」(World Bank, 2017b)를 통해 알 수 있다. 이 자료는 정책당국이 금융포용과 소비자보호 환경을 조성하고 개

〈표 5-7〉 국가별 유형별 금융기관 해당 비율 (단위: %)

| | 상업은행 | 기타 은행 | 금융협동조합 | 기타 예금 취급 기관 | 미소신용기관 | 비은행전자화폐 발행자 |
|---|---|---|---|---|---|---|
| 전체 | 100 | 57 | 65 | 56 | 52 | 59 |
| 고소득국가 | 100 | 46 | 67 | 33 | 33 | 64 |
| 상위중소득국가 | 100 | 59 | 57 | 57 | 49 | 54 |
| 하위중소득국가 | 100 | 68 | 68 | 71 | 71 | 59 |
| 저소득국가 | 100 | 45 | 73 | 73 | 64 | 64 |
| 한국 해당여부 | ○ | ○ | ○ | ○ | | |

자료: World Bank(2017); Global Financial Inclusion and Consumer Protection(FICP) Survey.

선할 때 기준점을 제시하기 위해 2016년 11월부터 2017년 7월까지 보고된 내용을 정리한 것이다. 이 설문조사는 141개국을 대상으로 금융포용과 소비자보호를 개선하려는 핵심정책, 법규, 규제 감독 정책 등에 대한 설문 응답을 정리한 것이다.

금융포용전략은 각 나라의 금융제도에 따라 다른 차이가 있을 수밖에 없다. 〈표 5-7〉을 보면, 응답국가 중에서 상업은행은 모든 나라에 있지만 다른 금융기관은 그렇지 않다. 응답국가 중에서 기타은행은 57%, 금융협동조합은 65%, 기타예금취급기관 56%, 미소신용기관은 52%, 비은행전자화폐발행기관은 59%만 있다. 기타예금취급기관이나 미소신용기관은 고소득국가보다 하위중소득국가나 저소득국가에서 그 비중이 높다. 우리나라는 미소신용기관이 없는 기관으로 보고되어 있다. 하지만 2008년 휴면예금을 기반으로 하는 소액서민금융재단(2009년 미소금융중앙재단으로 확대 개편)이 출범하였고 2016년에는 미소금융을 포함한 서민대출을 통합 관리하는 서민금융진흥원이 설립되었다. 따라서 이 보고와는 달리 한국의 미소신용기관은 공적기관의 일부로 조직되어 운영되고 있다고 할 수 있다.

국가별 금융포용전략(NFIS)은 각 나라들이 금융포용을 정책목표로 설정하고 금융포용을 위한 개혁노력을 강화하고 이해관계자 간의 협력을 증진시키기 위한 방안의 하나이다. 〈표 5-8〉을 보면, 2016년 기준으로 국가별 금융포용전략

〈표 5-8〉 국가별 유형별 금융포용전략의 해당국가 비율 (단위: %)

| | 국가금융 포용전략 | | 금융포용을 포함한 금융발전전략 | | 금융포용을 포함한 국가발전전략 | | 미소금융전략 | | 금융역량 지식교육전략 | | 특정 표적 존재 |
|---|---|---|---|---|---|---|---|---|---|---|---|
| | 존재 | 준비 | 존재 | 준비 | 존재 | 준비 | 존재 | 준비 | 존재 | 준비 | |
| 전체 | 27 | 23 | 27 | 9 | 26 | 6 | 20 | 6 | 35 | 22 | 71 |
| 고소득국가 | 8 | 8 | 13 | 5 | 10 | 8 | 10 | 10 | 49 | 15 | 33 |
| 상위중소득국가 | 38 | 22 | 35 | 11 | 38 | 3 | 14 | 3 | 35 | 27 | 57 |
| 하위중소득국가 | 29 | 44 | 38 | 12 | 32 | 9 | 35 | 9 | 26 | 24 | 80 |
| 저소득국가 | 55 | 27 | 27 | 0 | 27 | 0 | 36 | 0 | 18 | 27 | 100 |
| 한국해당여부 | ○ | | | | | | ○ | | ○ | | ○ |

자료: 〈표 5-7〉과 같음.

을 가지고 있는 나라가 27%이고 준비 중인 나라가 23%이다. 글로벌 금융위기 이후 세계은행과 G20이 국가별 금융포용전략(NFIS)을 강조함에 따라 최근에 작성 중인 나라가 많아지고 있다. 이 NFIS는 고소득 국가보다는 저소득국가에서 많이 작성하고 있다. 고소득 국가에 NFIS가 많은 것은 아니지만 우리나라는 명문화된 NFIS는 없음에도 불구하고 다른 고소득국가와 마찬가지로 서민금융 지원체계를 가지고 있는 만큼(한국은행, 2015) 금융포용전략은 이미 가지고 있는 나라로 보고되어 있다.

국가별 금융포용이 금융발전 전략의 주요 부분이라고 인식한 나라들은 금융포용을 포함한 금융발전전략을 별도로 수립하고 있다. 전 세계적으로 금융발전전략이 별도로 존재하는 나라는 27%, 준비 중인 나라가 9%인데, 금융발전이 지체된 중위소득 국가가 주로 이것을 작성하고 있다. 지면의 제약으로 표에서 제시하지 못했지만 비교대상국가 10개국 중에서 이를 작성한 나라는 일본, 러시아, 인도네시아 등이다. 이와는 달리 금융포용이 국가발전의 주요부분이라고 인식한 나라들이 금융포용을 포함한 국가발전전략을 별도로 수립하고 있다. 이 안은 주로 중저소득국가가 가지고 있는데 한국은 이러한 나라에 속하지 않는다.

금융포용정책의 하나인 미소금융의 육성을 위해 미소금융전략을 별도로 가

〈표 5-9〉 국가별 금융포용 세부전략의 해당국가 비율과 한국의 해당여부

| 세부 전략 | 세부 내용 | 세부 항목 | 국가유형별 해당 비율(%) | | | | | 한국 해당여부 |
|---|---|---|---|---|---|---|---|---|
| | | | 세계 전체 | 고소득 | 중상위소득 | 중하위소득 | 저소득 | |
| 미소 금융 기관 | 미소금융 | | 35 | 8 | 22 | 65 | 82 | |
| | 미소신용 | | 41 | 16 | | 50 | 45 | |
| | 미소저축 | | 13 | 0 | | 15 | 36 | |
| 금융 상품 규제* | 이자율규제 | 전부 | 28 | 31 | 29 | 24 | 18 | ○ |
| | | 일부 | 23 | 34 | 23 | 21 | 2 | |
| | 상품허가 | 항상 | 33 | 14 | 33 | 38 | 73 | ○ |
| | | 때때로 | 25 | 19 | 28 | 35 | 18 | |
| 중개인 활용 | 전체 | | 85 | 85 | 84 | 91 | 73 | ○ |
| | 상업은행 | | 81 | 81 | 83 | 82 | 80 | |
| | 기타은행 | | 70 | 73 | 76 | 65 | 60 | |
| | 금융협동조합 | | 65 | 88 | 47 | 65 | 57 | ○ |
| | 기타예금기관 | | 61 | 80 | 63 | 55 | 63 | ○ |
| | 미소금융기관 | | 47 | 67 | 33 | 57 | 33 | |
| 신용 보고 | 상업은행 | | 56 | 46 | 57 | 74 | 55 | ○ |
| | 기타은행 | | 54 | 40 | 59 | 68 | 80 | ○ |
| | 금융협동조합 | | 36 | 40 | 38 | 38 | 68 | ○ |
| | 기타예금기관 | | 52 | 50 | 45 | 68 | 50 | ○ |
| | 미소금융기관 | | 46 | 42 | 35 | 65 | 33 | |
| 기타 금융 포용 정책 | 점포개설 지원 | | 24 | 10 | 22 | 50 | 9 | |
| | 특정집단우선대출 | | 38 | 26 | 41 | 56 | 27 | ○ |
| | 저축장려 조세 감면 | | 24 | 36 | 24 | 18 | 9 | ○ |
| | 정부자금지급계좌이용 | | 67 | 56 | 76 | 76 | 55 | |

주: * 금융상품 규제는 상업은행(예금은행)에 대한 규제임.
자료: 〈표 5-7〉과 같음.

지고 있는 나라는 전 세계적으로 20%이다. 주로 저소득국가가 이 전략을 수립하고 있다. 한국은 고소득 국가임에도 불구하고 이 전략을 가지고 있는 나라에 속한다. 우리나라는 오래전부터 사회·경제적 취약층을 구제 또는 보호하기 위해 실시한 서민금융정책에 미소금융이 포함되어 있었고, 현재는 서민금융진흥원이 이를 담당하고 있다.

금융포용정책이 효과를 거두기 위해서는 금융소비자의 역량(capability), 해득(literacy), 교육(education) 전략이 병행되어 수립되고 실행되는 것이 중요하

다. 이러한 금융소비자 능력의 제고시키기 위한 전략을 수립한 나라는 전 세계적으로 35% 정도가 된다. 이 전략은 소득수준이 높아질수록 중요시되어 저소득국가보다는 고소득국가가 더 많이 수립하고 있다. 우리나라는 다른 고소득국가와 마찬가지로 이 전략을 수립하여 실행하고 있다. 세부전략의 한국의 해당여부는 〈표 5-9〉에 제시된 바와 같다.

### 2) 금융포용 증진을 위한 세부 전략

#### (1) 미소금융기관의 육성

미소금융기관은 제도금융 소외층의 경제적 자활을 돕고자 소액예금과 소액대출을 통해 저소득층과 저신용층을 금융적으로 포용하는 금융기관이다. 전체 국가 중에서 미소금융기관은 36%, 미소신용기관은 41%, 미소저축기관은 13%만 존재하는 것으로 나타나고 있다. 이 금융기관은 저소득국가에서 더 확산되어 있고 고소득국가에서 이러한 금융기관은 없는 경우가 대부분인 것으로 나타나고 있다(〈표 5-9〉 참조).

비교대상 10개국 중에서 이 표에서는 제시되지 않았지만 미소금융 제도를 명시적으로 수용하고 있는 국가는 브라질, 프랑스, 인도네시아, 인도, 러시아 등인데, 프랑스를 제외하면 모두 개도국들이다. 개도국에서 이 제도를 수용하는 것에서 나아가 육성정책도 실시되고 있는 것으로 보인다. 우리나라는 2009년부터 미소대출을 실시하고 있고 현재는 서민금융진흥원이 미소금융업무를 취급하고 있지만 미소금융(전담)기관은 존재하지 않는 나라로 보고되고 있다.

#### (2) 금융상품 규제

새로운 금융상품의 출시나 기존상품의 변경은 금융정책이나 금융소비자 보호 등에 대한 영향도 적지 않기 때문에 금융당국은 이에 대해 규제와 감독을 하고 있다. 금융상품 가격(이자율)제한, 상품허가요건, 수수료나 요금 등에 대한 규제가 이에 속한다(〈표 5-9〉). 이러한 규제는 나라별로 차이도 있고 금융기관별로 출시하는 개별상품의 차이로 인해 차이가 있을 수 있다. 예금이나 E-화폐와 같이 통화관리와 관련되는 경우 더 강화 규제를 받는 반면에 통화관리에 대한 영향이 적거나 상호금융만을 취급하는 금융기관의 신상품 출시나 기존상품의 변경에 대해서는 규제는 없거나 있더라도 제한적이다.

금융상품에 대한 규제를 모든 금융기관별로 제시하는 것은 지면의 제한으로 어렵기 때문에 상업은행에 대한 규제만 살펴본다. 〈표 5-9〉를 보면, 상업은행에 대한 이자율 상한이나 가격제한 정책은 전부 하는 나라가 28%, 하지 않는 나라가 49%이고 일부만 하는 나라가 23%이다. 상품허가요건은 항상 적용하는 나라는 25%, 하지 않는 나라는 43%이다. 상대적으로 소득이 높은 국가일수록 이자율 상한은 더 많이 적용하고 있고 상품허가요건은 덜 규제하고 있다. 우리나라는 고소득국가임에도 불구하고 이자율 상한제를 시행하고 있고 상품허가요건도 항상 적용하고 있는 것에서 알 수 있듯이 규제도 강한 편이다. 금융상품의 완전한 판매와 이용은 이러한 금융당국의 규제뿐 아니라 금융기관의 책임성과 금융소비자의 역량이 뒷받침되어야 달성 가능한 것이다.

(3) 중개인 활용

많은 개도국에서 금융소비자의 거래의 편의를 증진시키고 물리적 접근을 쉽게 하기 위해 중개인 또는 모집인이 금융소매점으로 활동하고 있다. 세계 전체적으로 보면, 금융중개인을 활용하고 있는 국가가 85%에 이르고 있다. 저소득국가보다는 고소득국가가 금융중개인을 더 많이 활용하고 있다(〈표 5-9〉). 금융중개인을 활용하고 금융기관의 비율은 상업은행 81%, 기타은행 70%, 금융협동조합 65%, 기타예금기관 61%, 미소금융기관 47%로 금융기관별로 격차가 있다. 우리나라는 다른 나라와 달리 은행의 금융중개인은 허용하고 있지 않지만 다른 금융기관에 대해서는 별다른 규제를 하지 않고 있는 나라에 속한다.

(4) 신용보고제도

신용보고제도는 금융시장의 비대칭적 정보 문제를 완화하는 핵심적인 제도 중의 하나이다. 신용정보 부족이나 불량신용자로 낙인되어 금융기관으로부터 소외된 금융소비자, 이른바 금융소외층에게 더 많은 신용기회가 제공되려면 다양한 정보가 신용대체정보로 활용될 수 있어야 하고, 현재 활용되고 있는 정보도 더 정밀해져야 한다. 특히 저신용자에 대한 은행대출이 차단되면 그들은 더 나쁜 조건의 신용을 이용할 수밖에 없다. 때문에 신용보고제도의 개선은 금융기관별로 분리되어 저신용자를 배제하는 방향에서 이루어지기보다는 저신용자를 포용할 수 있도록 다양한 정보가 통합되는 방향으로 이루어져야 할 것이다.

신용보고제도는 금융기관별로 차이가 있을 수 있기 때문에 금융기관별로 국가별로 얼마나 정비되어 있는가를 검토할 필요가 있다. 〈표 5-9〉를 보면, 세계 전체적으로는 상업은행은 56%, 기타은행은 54%, 금융협동조합은 36%, 미소금융기관은 46%가 신용보고체계에 편입되어 있다. 여기서 특징적인 것은 고소득국가의 신용보고비율이 높지 않고 특히 비은행금융기관의 신용보고비율이 낮다는 점이다. 선진국의 신용보고비율이 낮은 것은 금융기관의 신용정보의무가 없는 경우가 많고 비은행금융기관기관은 더 많기 때문인 결과로 보인다. 개도국이나 후진국은 선진국과 달리 국가가 구축한 국가신용보고체계 속에 개별금융기관이 편입되어 개별금융기관의 신용보고 의무가 있는 경우가 많아서 이들 중소득 이하 국가의 신용보고비율이 높게 나타난 것으로 보인다. 우리나라는 다른 고소득국가와 달리 신용보고의무가 있고 개방적인 신용정보체계를 도입하고 있어 개도국과 더 비슷하다고 할 수 있다.

### (5) 금융포용 개선을 위한 기타 정책

지금까지 논의된 정책과제 이외에도 기타 정책으로는 ① 특정집단을 위한 금융점포 개설 시 조세감면이나 보조금 지원, ② 특정집단 우선대출, ③ 저축증진을 위한 조세감면, ④ 예금취급기관에 기초(정책)상품 취급 요구, ⑤ 정부보조금이나 기금 지급 시 계좌이용 등이 있다(〈표 5-9〉).

세계적으로 많은 나라가 도입한 정책을 보면, ⑤ 정부보조금이나 기금 지급 시 계좌이용 등이 67%로 가장 많이 도입되었고, ④ 예금취급기관에 기초상품 취급 요구가 54%, ② 특정집단 우선대출이 38%, ① 특정집단을 위한 금융점포 개설 시 조세감면이나 보조금 지원과 ③ 저축증진을 위한 조세감면 등이 24% 정도 도입되었다. 그리고 해당제도가 전혀 도입되지 않은 나라도 11%나 된다. 우리나라는 ② 특정집단 우선대출과 ③ 저축증진을 위한 조세감면 두 가지 제도만 도입하고 있다.

금융포용과 관련하여 가장 중요시하는 정책수단은 ② 특정집단 우선대출인데, 이 제도는 전 세계적으로 38%로 많이 나라가 채택하고 있다. 고소득국가나 저소득국가보다는 개도국에 해당하는 중소득국가가 이 제도를 더 많이 활용하고 있다. 저축증진을 위한 조세감면은 비교대상 국가 중에서는 브라질, 프랑스, 영국, 인도네시아, 일본 등이 채택하고 있고 저소득국가보다는 고소득국가가 더 많이 채택하고 있다. 고소득국가도 저소득층의 저축증진을 통한 자산형성이 금융포용 확대에 적지 않게 기여할 것이라고 보고 많은 관심을 두고 있음을 알 수 있다.

## 4. 가계 금융이용의 소득계층별 격차와 결정요인

신용장벽은 이 시장의 정보비대칭성으로 인해 수요와 공급이 일치되도록 가격메커니즘이 잘 작동되지 않아 해당 시장가격을 기꺼이 지불할 용의가 있음에도 불구하고 신용이용에서 제외되거나 제약되는 경우에 형성된다. 대출은 미래의 약속이나 계약 이행을 전제로 실시되기 때문에 차입자의 약속 이행여부, 이른바 채무불이행 가능성에 대한 정보가 매우 중요하다. 이러한 신용정보가 충분히 축적되지 않은 상황에서는 차입자의 자산, 소득 등 상환능력을 쉽게 판단할 수 있는 정보에만 의존한다.

가계에 축적된 재산이 없거나 소득수준이 낮거나 소득이 불안정하거나 금융에 대한 이해도가 낮거나 디지털 금융에 익숙하지 않는 계층은 금융기관이 담보나 소득의 증빙 요구에 쉽게 응할 수 없고 대체정보를 제시할 수도 없고 사회적인 평판도 낮기 때문에 그 소득이나 자산의 수준에 비해서도 금융이용도가 더 낮아질 수 있다. 이러한 금융이용 상의 불평등은 국제적으로 보면 사회·경제적으로 취약한 계층인 여성, 저소득층, 자산빈곤층, 농촌지역, 소기업에 더 심각한 것으로 나타나고 있다(IMF, 2017b).

대부분의 나라에서는 금융서비스를 제공하는 금융기관으로는 은행이 가장 중요하다. 은행은 가계와 소기업에 금융서비스를 제공하는 금융기관 중에서 가장 비중이 클 뿐 아니라 정책금융기관 다음으로 낮은 비용으로 금융서비스를 제공하고 있기 때문에 금융포용의 수준을 측정할 때 은행이용 수준이 가장 중요하다고 할 수 있다. 그렇지만 경제적 취약층이 은행을 제대로 이용하지 못하거나 다른 금융기관이 이들에게 더 나은 금융서비스를 더 많이 제공할 수도 있다. 우리나라의 경우 은행보다는 상호금융, 신용조합, 새마을금고, 저축은행, 보험회사, 여신전문기관 등의 비은행금융기관이나 기타 서민금융정책기관들이 저신용층인 경제적 취약층을 주로 상대하고 있다. 따라서 금융포용은 모든 제도권 금융기관의 이용을 기준으로 논의하는 것이 합당하다고 할 수 있다.

우리나라에서도 가계의 금융기관 신용에의 접근이나 이용에서 성, 연령, 소득, 교육, 고용상태 등으로 구분되는 계층별 격차가 있을 수 있다. 이 문제를 살펴보기 위해 2017년에서 2021년까지의 가계금융복지조사 DB를 활용하여 가

〈표 5-10〉 금융기관별 소득분위별 차입가구 비율 (단위: %)

| | | 1분위 | 2분위 | 3분위 | 4분위 | 5분위 | 전체 |
|---|---|---|---|---|---|---|---|
| 은행대출 | 2017 | 11.8 | 27.5 | 41.6 | 47.9 | 51.6 | 34.7 |
| | 2019 | 10.1 | 24.4 | 39.1 | 50.2 | 52.3 | 33.4 |
| | 2021 | 9.9 | 26.7 | 40.0 | 50.9 | 52.4 | 33.6 |
| 비은행기관 대출 및 신용카드대출 | 2017 | 10.7 | 19.9 | 20.5 | 19.7 | 17.9 | 17.4 |
| | 2019 | 11.1 | 21.4 | 21.7 | 21.1 | 19.8 | 18.7 |
| | 2021 | 10.3 | 19.3 | 21.1 | 20.4 | 17.5 | 17.3 |
| 금융부채 (기타부채 포함) | 2017 | 25.5 | 50.6 | 62.2 | 67.5 | 67.9 | 53.3 |
| | 2019 | 25.4 | 49.9 | 62.5 | 69.8 | 69.3 | 53.5 |
| | 2021 | 23.8 | 48.9 | 61.6 | 69.0 | 67.6 | 51.7 |

자료: 가계금융복지조사 DB(2017년, 2019년 2021년).

계의 소득분위별 나타나는 금융형태의 차이를 분석하고, 나아가 회귀분석을 통해, 가계의 소득, 부동산, 금융저축뿐 아니라 가구주의 성, 연령, 교육수준, 종사상지위 등 가구주의 사회경제적 조건이 금융기관 대출액에 어떤 영향을 미치고 있는가를 분석해 본다.

### 1) 가계의 소득수준별 금융이용 실태와 차이

금융이용의 격차에서 가장 중요한 요인이 소득격차이지만 성별 연령별 격차와도 무관한 것이 아니다(IMF, 2017b). 은행이 신용을 제공하거나 대출을 할 경우에 가장 중요시하는 것은 차입자의 상환능력이다. 이 상환능력을 결정하는 핵심 요소가 자산과 소득임으로 고려할 때 저소득가구가 적당한 담보자산이 없는 경우에는 은행의 신용접근이 쉽지 않다고 보고 신용장벽이 낮은 비은행 금융기관이나 다른 고금리대출업자에게 접근하게 될 것이다.

가계의 유형별 금융이용을 이용 여부를 기준으로 소득분위별로 비교한 표가 〈표 5-10〉이다. 가계의 은행대출 이용가구 비율은 소득분위 높아질수록 높아지고 있는데 특히 소득 1분위 2분위에 가구의 비율이 특히 낮다. 가계의 비은행기관 및 신용카드 대출 3분위까지는 높아지다 4, 5분위에서는 다소 낮아진

〈표 5-11〉 금융기관별 소득분위별 차입가구의 평균차입액 (단위: 만 원)

| | | 1분위 | 2분위 | 3분위 | 4분위 | 5분위 | 전체 |
|---|---|---|---|---|---|---|---|
| 은행대출 | 2017 | 4,076 | 5,434 | 7,613 | 9,527 | 17,583 | 10,189 |
| | 2019 | 3,337 | 4,820 | 7,336 | 10,230 | 17,885 | 9,480 |
| | 2021 | 5,588 | 6,885 | 8,947 | 11,545 | 19,503 | 11,795 |
| 비은행기관 대출 및 신용카드대출 | 2017 | 2,724 | 3,098 | 4,518 | 6,348 | 12,034 | 5,723 |
| | 2019 | 2,624 | 3,117 | 4,814 | 7,400 | 10,540 | 5,699 |
| | 2021 | 2,606 | 3,751 | 6,043 | 7,666 | 13,221 | 6,541 |
| 금융부채 (기타부채 포함) | 2017 | 3,365 | 4,496 | 6,926 | 9,056 | 17,133 | 8,941 |
| | 2019 | 4,584 | 6,050 | 8,162 | 10,351 | 18,804 | 11,109 |
| | 2021 | 3,912 | 5,720 | 8,446 | 11,446 | 19,316 | 10,459 |

자료: 가계금융복지조사 DB(2017년, 2019년 2021년).

다. 소득분위가 높아짐에 따라 이용비율이 확실히 높아지는 것은 은행이다. 최저소득층인 1분위는 은행 비은행 모두 가장 낮다. 모든 형태의 금융이용 비율을 보여주는 금융부채 이용가구 비율을 보면 4분위까지 높아지지만 더 이상 높아지지는 않는다. 금융의 이용비율은 종류와 상관없이 소득분위에 따라 높아지나 은행대출 이용비율이 비은행기관보다 이용비율에서 더 큰 차이를 보인다. 최저소득층 1분위 속하는 가계는 모든 종류의 금융을 포함할 경우에도 이용비율이 낮고 그다음으로 2분위가 낮지만 3분위 이상에서 은행 이용에서 차이가 크지 다른 면에서는 차이가 크지 않다.

가계의 금융이용을 이용여부가 아닌 금액을 기준으로 소득분위별로 비교한 표가 〈표 5-11〉이다. 은행대출은 물론 비은행대출을 기준으로 보더라도 5분위는 1분위 비해 대략 4배 정도 대출을 받고 4분위에 비해 2배 가까이 받는다. 모든 종류의 신용을 포함하는 것, 즉 금융부채 전체를 기준으로 보면 5분위는 1분위에 비해 4배 정도, 3분위에 비해서는 대략 2.5배 정도 더 차입을 한다. 소득분위가 낮아질수록 신용기회는 물론 신용액도 크게 줄어든다. 바꾸어 말해 소득분위가 높아질수록 더 많은 금융이용 기회를 가지고 이용 금액도 많아지는데, 특히 최상위소득층인 5분위가 가장 많은 기회를 가지고 있다.

가계의 채무 상환부담이 과도하거나 재무구조가 바쁘거나 이를 조합한 위험

〈표 5-12〉 가계의 소득분위별 위험가구 비율 (단위: %)

| | | 1분위 | 2분위 | 3분위 | 4분위 | 5분위 | 전체 |
|---|---|---|---|---|---|---|---|
| DSR 〉 40% | 2017 | 9.3 | 12.0 | 11.5 | 11.3 | 10.4 | 10.9 |
| | 2019 | 8.1 | 10.7 | 11.1 | 11.0 | 10.5 | 10.2 |
| | 2021 | 7.3 | 10.5 | 11.4 | 11.9 | 10.8 | 10.2 |
| DTA 〉 100% | 2017 | 4.3 | 4.3 | 2.4 | 1.3 | 0.6 | 2.7 |
| | 2019 | 4.9 | 4.0 | 2.8 | 1.4 | 0.8 | 3.0 |
| | 2021 | 4.3 | 4.8 | 2.8 | 1.4 | 0.9 | 3.0 |
| HDRI* 〉 100% | 2017 | 5.1 | 4.7 | 2.9 | 2.0 | 1.6 | 3.4 |
| | 2019 | 5.5 | 4.7 | 3.3 | 2.2 | 1.3 | 3.6 |
| | 2021 | 4.5 | 4.8 | 3.2 | 2.6 | 1.4 | 3.5 |

注: * HDRI = 〔1 + (DSR-0.4)〕× 〔1 + (DTA - 1)〕× 100.
자료: 가계금융복지조사 DB(2017년, 2019년 2021년).

지수가 높은 가계의 비율을 제시한 것이 〈표 5-12〉이다. DSR(연이자 및 원금상환액/연소득)로 본 채무의 상환부담은 1분위가 낮지만 다른 분위는 거의 비슷하다. DTA(총부채/총자산)으로 본 가계의 재무구조는 소득이 적을수록 더 나쁜 것으로 나타나고 있다. 한국은행이 이를 결합하여 만든 위험지표 HDRI를 기준으로 보면 소득분위가 낮을수록 더 나쁜 것으로 나타나고 있다. 이것은 상대적으로 저소득가구가 상대적으로 부채에 비해 상대적으로 자산이 적기 때문에 이러한 결과가 나타난다. 어떻든 가계부채 위험의 소득분위별 격차는 금융기관이 신용제공에 있어 고소득층에 상대적으로 후하고 저소득층에 상대적으로 박한 결과일 것이다.

〈표 5-13〉을 보면, 가계가 여유자금을 운용할 때 가장 선호하는 방법은 소득수준에 따라 약간의 차이가 있다. 소득분위와 상관없이 대부분의 가구주가 선호하는 자금운용 방법은 금융기관 예금이다. 그러나 다른 자금운용에서는 소득분위별로 차이가 있나. 소득분위가 높아질수록 개인연금·보험을 더 선호한다. 개인적으로 연금이나 보험을 통해 미래에 대비하는 자금운용에 주력하는 경우는 소득이 낮은 경우는 여유자금의 부족으로 드문 것으로 보인다. 이와 상관없이 소득분위가 높아질수록 증권투자비율이 높아지고 있는데 이것은 소득

〈표 5-13〉 가계의 소득분위별 금융자산 주요 운용방법 (단위: %)

| | | 1분위 | 2분위 | 3분위 | 4분위 | 5분위 | 전체 |
|---|---|---|---|---|---|---|---|
| 예금 | 2017 | 97.3 | 95.9 | 92.0 | 90.4 | 86.0 | 92.6 |
| | 2019 | 97.1 | 94.8 | 92.8 | 89.5 | 84.6 | 92.2 |
| | 2021 | 95.6 | 89.2 | 86.7 | 80.2 | 72.1 | 85.9 |
| 연금 보험 | 2017 | 1.3 | 2.3 | 4.1 | 4.8 | 4.9 | 3.4 |
| | 2019 | 1.6 | 2.6 | 3.5 | 4.2 | 5.3 | 3.3 |
| | 2021 | 1.2 | 2.8 | 2.8 | 3.7 | 4.6 | 2.8 |
| 증권투자 | 2017 | 1.2 | 1.5 | 3.6 | 4.5 | 8.7 | 3.7 |
| | 2019 | 0.8 | 2.3 | 3.4 | 6.2 | 9.5 | 4.1 |
| | 2021 | 2.9 | 7.9 | 10.3 | 15.9 | 23.0 | 11.0 |
| 기타 | 2017 | 0.2 | 0.4 | 0.4 | 0.3 | 0.3 | 0.3 |
| | 2019 | 0.5 | 0.3 | 0.3 | 0.2 | 0.6 | 0.4 |
| | 2021 | 0.3 | 0.2 | 0.2 | 0.3 | 0.4 | 0.3 |

자료: 가계금융복지조사 DB(2017년, 2019년, 2021년).

수준이 높아질수록 자금운용에서 안정성보다 수익성을 더 중시한 결과로 보인다. 특히 코로나19 발발 이후 저금리로 주식시장 호황을 보이자 전체적으로 증권투자에 주력하는 비율이 큰 폭으로 증가하였다.

### 2) 금융기관 차입액 결정요인과 계층별 격차

금융기관의 가계에 대한 대출 규모는 가계의 신용상태와 가계의 신용수요가 상호작용하여 결정된다. 가계의 신용 이용 수준을 판단하는 한 방법이 가계의 금융기관 차입액이다. 가계의 금융기관 차입 규모는 가계의 상환능력, 예를 들어 소득이나 담보자산에 의해 제한되고 있다. 나아가 이러한 금융기관 차입액이 가구주의 사회·경제적 특성, 예를 들어 가구주의 성, 연령, 교육수준, 종사상 위치 등에 따라 어떻게 달라지는가를 알 수 있다면 신용이용 수준에서 계층별 격차가 존재하는가 간접적으로 살펴볼 수 있을 것이다.

금융기관 차입액이 가계의 상환능력과 가계의 사회·경제적 특성에 의해 결정된다고 하면 종속변수는 금융기관별 차입액이 된다. 종속변수는 모형 A1에

〈표 5-14〉 가계의 금융기관별 대출액 토빗회귀분석 결과

| 종속변수 | | 모형 A1 금융기관 대출액(만 원) | 모형 A2 은행금융기관 대출액(만 원) | 모형 A3 비은행기관 대출액(만 원) |
|---|---|---|---|---|
| 설명변수 | | 계수 | 계수 | 계수 |
| 성 | 여성 | -1,424*** | -2,684*** | -914*** |
| | 남성 | omitted | omitted | omitted |
| 연령 | 연령(만ㅇ세) | 2,340*** | 2,173*** | 3,134*** |
| | 연령 제곱 | -4,770*** | -5,908*** | -4,894*** |
| 교육 수준 | 초등학교 이하 | -2,485*** | -6,605*** | 783.9* |
| | 중학교 | -299.3 | -4,492*** | 3,423*** |
| | 고등학교 | 326.3* | -1,889*** | 2,831*** |
| | 대학 이상 | omitted | omitted | omitted |
| 종사상 위치 | 임시일용근로자 | -559.3* | -3,917*** | 2,009** |
| | 자영업자 | 4,566*** | 2,486*** | 6,218*** |
| | 무직(미취업자) 등 | -2,518*** | -4,372*** | -1,621** |
| | 상용근로자 | omitted | omitted | omitted |
| 기타 변수 | 경상소득(만 원) | 0.3703*** | 0.3901*** | 0.1872*** |
| | 부동산보유액(만 원) | 0.1619*** | 0.1545*** | 0.0620*** |
| | 금융저축액(만 원) | -0.1634*** | -0.1509*** | -0.1912*** |
| | 은행대출액(만 원 ) | | | -0.1876*** |
| | 상수 | -1,358** | -5,716*** | -20,529** |
| 관측수 | | 91,794 | 91,794 | 91,794 |
| Log likelihood | | -568,280 | -377,021 | -206,927 |
| Prob 〉 chi2 | | 0.0000 | 0.0000 | 0.0000 |
| Pseudo R2 | | 0.0276 | 0.0319 | 0.0133 |
| 좌측절단관측수 | | 42,977 | 60,692 | 75,248 |

주: p〉|t| 값 0.01 미만 *** 0.05 미만 ** 0.1 미만 *.

서 전체 금융기관 차입액, 모형 A2에서 은행 차입액, 모형 A3에서 비은행 금융기관 차입액이다. 설명변수는 가구주의 성, 연령, 교육수준, 종사상 위치, 가계의 경상소득, 부동산가액, 금융저축액 등이다. 그런데 가계금융복지조사 패널에 속하는 가구 중에서 금융기관 차입액이 있는 가구는 전체 금융기관 53.2%, 은행 33.9%, 비은행금융기관 18.0%이다. 따라서 이 모형의 회귀분석은 좌측 절단형 토빗회귀분석을 적용해야 하는데 그 분석결과는 〈표 5-14〉에 제시되어 있다.

금융기관 차입은 물론 다른 형식의 채무까지 망라한 전체 금융부채 전체를

종속변수로 하는 모형 A1에서 통계적으로 유의한 변수는 경상소득, 부동산, 금융저축, 가구주의 성, 교육수준, 종사상위치 등이었다. 전체 금융기관 차입액은 경상소득이 많을수록 부동산이 많을수록 많아지지만 금융저축액은 많을수록 적어진다. 또한 이 차입액은 가구주는 여성에 비해 남성일수록 많고 대학교육을 받지 않은 가구주가 더 많고 상용근로자에 비해 자영업가가 더 많지만 임시일용근로자나 무직은 적은 것으로 나타났다.

은행대출액만을 종속변수로 하는 모형 A2에서 설정한 설명변수 중에서 통계적으로 유의한 변수는 가계의 경상소득, 부동산, 금융저축, 가구주의 성, 가구주의 연령, 교육수준, 종사상위치 등으로 나타났다. 은행대출액은 경상소득이 많을수록 부동산이 많을수록 많아지지만 금융저축액은 많을수록 적어진다. 또한 은행대출액은 가구주가 여성이 경우 남성보다 가구주의 연령이 많을수록 적어지고 대학교육을 받은 사람에 비해 그보다 교육을 적게 받은 가구주의 은행대출액이 더 적고, 상용근로자에 비해 고용인을 둔 자영업자가 더 많지만 임시일용근로자나 무직 등은 더 적었다.

비은행금융기관 차입과 신용카드대출 등을 망라한 모형 A3에서 설정한 설명변수 중에서 통계적으로 유의한 변수는 가계의 경상소득, 부동산, 금융저축, 은행대출액, 가구주의 교육수준, 종사상위치 등이었다. 비은행 금융기관 차입액은 경상소득이 많을수록 부동산이 많을수록 많지만 금융저축액은 많을수록 은행대출이 많을수록 더 적은 것으로 나타났다. 고등교육을 받은 가구주에 비해 그렇지 않은 가구주의 대출액이 더 많고 상용근로자에 비해 자영업주나 임시일용근로자가 비은행금융기관에서 더 많은 대출을 받을 것으로 나타났다. 여기서 조건이 더 좋은 은행대출을 많이 받는 경우는 비은행기관대출을 더 적게 받는 것으로 나타났는데 이것은 조건이 나쁜 비은행금융기관의 대출이 은행대출을 대신하기 있기 때문일 것이다.

앞의 분석결과를 종합해 보면, 금융기관의 가계에 대한 대출액은, 대출 유형과 상관없이 신용이용 수준은 소득이 많을수록 부동산이 많을수록 많지만 금융저축이 많을수록 적었다. 바꾸어 말하면 가계의 신용이용은 유동성부족 때문에 나타나는 것이지만 소득이 많을수록 자산이 많을수록 신용접근이 더 쉬워 이용액이 더 많았다고 할 수 있다. 그리고 계층별 격차를 보면, 여성가구주는 남성가구주에 비해 이용액이 더 적고, 고등교육을 받지 않은 가구주가 대학이상을 받은 가구주에 비해 금융비용이 더 높은 비은행기관 대출을 더 많이 이용하고 있고 상용근로자에 비해 자영업자가 그 수요가 크기 때문에 이용액이 더 많지만 임시일용직이나 무직(미취업자) 등이 신용접근의 어려움 때문에 더 적은 것으로 나타났다. 따라시 가계의 신용이용 수준은 기본적으로 상환능력을 결정하는 소득, 자산이나 유동성 상태에 좌우되는 금융저축 등에 의해 결정된다. 하지만 가구주의 성, 고등교육 여부, 종사상 위치 등 사회적인 요인도 신용접근이나 신용이용 수준에 영향을 미치고 있다고 할 수 있다.

## 5. 금융포용을 위한 정책과제

우리나라의 금융포용 수준은 다른 선진국과 비교해도 낮은 수준이 아니고 다른 고소득국가나 개도국과 비교해도 체계적인 금융포용 추진전략을 구비하고 있다고 할 수 있다. 그러나 국제적인 금융포용 전략은 각 나라의 금융제도, 금융발전 및 경제발전 수준에 맞추어서 수립되는 것이기 때문에 한국이 국제적인 기준을 따르는 것만은 충분하지 않다. 따라서 우리나라의 소득수준이나 금융발전 수준, 그리고 계층별 금융포용 격차까지 고려해 볼 때 현 단계에서 어떤 금융포용전략이 적합하고 이와 관련되는 정책과제를 정리해 볼 필요가 있다.

금융포용은 글로벌 금융위기 이후에 금융소비자 보호와 함께 그 중요성이 강조되었지만 우리나라에서 이를 대신할 수 있는 '서민금융'이라는 개념이 일찍부터 정착되었다. 서민금융과 관련되는 정책이 수없이 발표되었고 저축은행, 새마을금고, 신용협동조합 등과 같은 지역밀착형 금융기관이 서민을 대상으로 한 많은 금융상품을 출시하고 있고, 서민금융진흥원이라는 서민금융상품을 총괄하는 정책금융기관까지 설립되어 있다. 포용적 금융정책 또는 금융포용정책이라는 말은 사용하지 않더라도 우리나라에서 전개된 서민금융 확장은 경제적 취약층인 서민에 대한 금융적 지원을 통해 경제활동을 강화하여 빈곤을 줄이고 불평등을 완화하는 것을 핵심으로 하고 있어 우리나라의 대표적인 금융포용전략이라고 할 수 있다. 현재 포용적 금융정책은 서민의 금융부담 완화, 취약 채무자보호, 국민재산형성 지원, 금융의 사회적 책임강화 등의 여러 정책과제를 포괄하고 있다(한재준, 2018).

우리나라의 서민금융지원은 원래 경제적 취약층에게 경제적 기회를 확대하여 빈곤을 퇴치하고 경제주체 간의 불평등을 줄이기 위해서 추진되었다(금융위원회, 2014; 2018; 2021). 그러나 금융포용의 확대가 경제성장이나 경제안정에 어떤 효과를 미칠 것인가에 대한 검토와 연구는 거의 없었다. 외국의 국가비교연구에 의하면 금융포용의 확대는 경제안정에 대해서 명확하지 않지만 빈곤퇴치, 일자리 창조, 경제성장에는 긍정적인 효과를 미친 것으로 보고되고 있다(IMF, 2015; 2018a). 따라서 한국의 금융포용의 증대가 경제성장이나 경제안정에 미치는 영향을 알고자 한다면 먼저 이 정책의 경제성장이나 경제안정에 미치는 경로나 그 효과에 대한 분석이 있어야 할 것이다.

우리나라는 1997년 외환·금융위기를 계기로 금융안정이 물가안정 다음으로 중요한 통화정책목표가 되었다. 이에 따라 금융기관은 건전성을 유지해야 했고 이를 위해 신용평가를 엄격히 시행함에 따라 저신용자는 은행 등 우량 금융기관 이용을 쉽게 이용할 수 없게 되고 고금리대출로 몰리게 되었다. 금융포용은 건전성을 위한 적절한 금융감독이 수반되면 금융안정이나 금융혁신과 상충되지 않을 수도 있다. 따라서 우리나라가 서민금융의 확장과 금융혁신과 금융안정과 어떻게 상충되는가를 면밀히 검토하여 적절한 타협점을 찾을 필요가 있다.

우리나라는 다른 선진국에 비해 지점이 적어 대면거래가 상대적으로 불편하고 인터넷이나 모바일 거래를 통한 비대면거래에 많이 의존하고 있기 때문에 이에 익숙하지 않은 계층은 금융 접근이 더 어려워졌다. 따라서 이들이 쉽게 접근할 수 있는 금융기관의 금융서비스를 확대하거나 디지털 금융거래와 관련되는 교육이나 프로그램의 개발과 보급을 통해 금융정보 격차 해소에도 노력을 기울여야 한다.

우리나라는 다른 선진국 못지않게 다양한 금융서비스를 제공하고 있다. 하지만 다양한 금융서비스는 금융기관의 맞춤형 금융서비스의 제공과 함께 금융소비자의 금융역량이 있어야 이용 가능하다. 한국의 금융소비자 역량은 평균적으로는 세계적으로도 높은 수준이지만 아직도 금융자산의 보유비율은 높지 않는 나라에 속한다. 그리고 한국의 대부분은 증권이나 연금·보험보다도 예금이라는 단순한 금융상품에 몰려있다. 따라서 금융소비자 수요와 그 다양성을 중시하는 맞춤식 금융상품의 출시에 대해서는 불필요한 규제를 적극적으로 줄이는 규제합리화가 필요하다.

우리나라의 계층별 신용접근 격차는 앞의 실증분석 결과에 따르면 성별, 연령대, 소득수준, 자산, 고용형태 등에 따라 중층적으로 존재하고 있다. 소득분위별 신용이용 수준의 차이는 특히 은행대출에서 뚜렷하게 나타났다. 특히 소득이나 자산 등으로 나타나는 상환능력이 같더라도 여성가구주, 청년가구주, 임시일용직과 미취업자나, 1인 자영업자 등의 은행대출 금액이 적은 것으로 나타났다. 비은행기관대출은 은행대출을 보완하는 대출인 것으로 나타났다. 따라서 신용장벽은 기본적으로 소득격차나 자산격차가 완화되어야 낮아지는 것이지만 상환능력이 같더라도 신용평가 등에서 핸디캡이 있는 여성, 청년, 임시일용직, 미취업자, 1인 자영업자 같은 경제적 취약층에 대한 정책적 배려는 지속되어야 할 것이다. 사회계층별 신용접근 격차는 주로 정책금융의 확장으로 해소될 수밖에 없기 때문이다.

대표적인 정책금융은 은행 등이 취급하는 새희망홀씨대출, 서민진흥원과 지역밀착금융기관이 취급하는 미소금융, 햇살론, 바꿔드림론, 신용회복위원회의

〈표 5-15〉 정책 서민금융 공급실적 (단위: 억 원)

| | 공급실적 | | | | | 대출잔액 |
|---|---|---|---|---|---|---|
| | 2016 | 2017 | 2018 | 2019 | 2020 | |
| 미소금융 | 4,207 | 4,573 | 4,022 | 3,564 | 3,899 | 7,808 |
| 근로자햇살론 | 18,286 | 29,799 | 26,028 | 30,272 | 33,170 | 50,912 |
| 햇살론17 | | | | 3,807 | 9,990 | 10,232 |
| 햇살론유스 | | | | | 2,234 | 2,186 |
| 바꿔드림론 | 1,343 | 763 | 1,174 | 975 | | 1,163 |
| 새희망홀씨 | 22,720 | 29,991 | 36,612 | 37,563 | 36,794 | 66,377 |
| 합계 | 46,556 | 65,126 | 67,836 | 76,182 | 86,087 | 138,678 |

자료: 금융위원회; 김을식·임수정 외(2021: 32).

소액대출, 한국장학재단의 학자금대출 등이다. 서민을 대상으로 하는 정책금융 중에서는 〈표 5-15〉에서 보듯이 새희망홀씨대출과 햇살론이 압도적이다. 여기서 거의 반은 차지하는 새희망홀씨대출은 은행이 자율적으로 결정하는 저신용자에 대한 고금리대출이므로 순수한 정책자금은 2020년 기준으로 7조 원을 넘은 수준에 그치고 있다. 정부의 정책자금은 지원대상을 확대하기 위해 대출재원으로 이용하기보다는 이차보전이나 손실보전에 주로 활용되고 있다. 이것도 정책자금 재원의 한계로 그 수혜 대상 폭은 제한적이고 그로 인해 신용평가는 더 엄격해질 수밖에 없다. 따라서 상업금융기관의 중금리 상품의 개발과 확장을 통해서 서민에 대한 신용장벽을 낮출 수 있는 방안이 더 현실적일 수 있다.

현존하는 신용장벽은 현재 적용되고 있는 담보나 보증 같은 대출관행 때문에 강고한 것이지만 소득, 자산, 금융거래 이력 등 경제적 취약층에 절대적으로 불리한 신용평가기준 때문이기도 하다. 〈표 5-16〉에서 보듯이 신용의 대부분은 4분위 5분위 소득계층이 차지하고 있고 차입조건이 좋은 은행대출은 더욱 그렇다. 소득이나 자산이 적거나 금융거래 이력이 아예 없거나 좋지 않은 경제적 취약층은 신용도가 낮아 높은 금리의 소액대출에만 접근할 수 있다. 서민금융을 담당한 정책금융기관은 경제적 취약층의 공과금 납입, 부채상환 실적, 미래의 사업성 같은 정보를 대체신용정보로 활용하고자 하고는 있지만 이러한 정보의 인프라 부족이나 경험부족으로 단기간에 성과를 기대하기는 어렵다.

〈표 5-16〉 금융유형별 소득분위별 차입액 비중 (단위: %)

| | 1분위 | 2분위 | 3분위 | 4분위 | 5분위 |
|---|---|---|---|---|---|
| 은행금융기관 | 3.5 | 9.8 | 17.6 | 25.8 | 43.2 |
| 비은행기관 | 5.9 | 13.6 | 22.0 | 24.2 | 34.3 |
| 금융부채(기타부채 포함) | 4.3 | 11.0 | 18.8 | 25.4 | 40.5 |

자료: 가계금융복지조사 DB(2021년).

그럼에도 금융당국은 경제적 취약층의 신용대체정보의 구축과 활용을 유도하는 정책을 중단 없이 추진해가야 할 것이다.

직업이 안정적이고 소득이 많거나 순자산이 많아 담보력이 있으면서 금융거래 실적이 좋은 사람은 은행을 이용하여 낮은 금리로 많은 자금을 차입할 수 있으나 그렇지 못한 사람은 비은행 금융기관의 고금리상품으로 차입할 수밖에 없다. 금리는 다소 높지만 중신용자가 많이 이용하는 금융기관이 지역밀착금융기관이다. 상호금융, 신용협동조합, 새마을금고 등이 이에 속한다. 이들 금융기관도 건전성 기준을 지켜야하기 때문에 은행처럼 엄격한 신용평가를 실시해야 하고 그 결과에 따라 대출금리나 대출한도를 정하기 때문에 이 금융기관도 정책적 지원 없이는 저신용자에 대한 대출은 쉽지 않다. 따라서 이 금융기관뿐만 아니라 인터넷 은행들도 이미 구축한 정보망을 활용하여 우선 중신용자를 흡수하고 나아가 정책금융 소외자를 흡수할 수 있는 금융상품을 개발하고 감독당국은 이에 대해 규제를 완화해 주는 방안을 강구해 볼 필요가 있다.

후진국이나 개도국의 경우 경제적 취약층의 제도금융 이용을 확대하되 또한 위험도 분산하기 위해 무담보 무보증에 의한 소액대출을 기본으로 하는 미소금융을 확장하여 이들의 경제적 자활을 돕고 있다. 우리나라는 민간이 자발적으로 미소금융기관을 설립하여 운영하는 경우는 많지 않고 〈표 5-15〉에서 보듯이 정책자금의 일부가 미소금융에 활용되고 있으나 그 비중은 매우 낮은 편이다. 따라서 상호금융을 취급하는 금융기관을 중심으로 사회적 기부금이나 정책적 유휴기금을 활용한 미소금융을 적극 확장하는 방안을 강구해 볼 필요가 있다.

정책금융인 서민금융의 재원은 점차로 고갈될 가능성이 높다. 복권기금처럼 출연이 한시적이거나 휴면예금처럼 재원이 감소하거나 다른 정책재원도 추가 출연이 어려워지고 있기 때문이다. 반면에 정책자금의 수요는 경제적 취약층 증가에 따라 계속 증가하고 있다. 개인금융을 취급하는 민간금융기관의 출연이 줄거나 재정자금의 투입이 줄어 재원고갈이 현실화될 가능성이 커졌다. 따라서 외부자금의 유입에 의존하는 기존의 서민금융체제를 재정비하거나 새로운 출연금을 마련해야 할 것이다.

금융포용정책이 정책금융에 주로 의존하면서부터 정책금융과 상업금융 간의 이차만 누리는 이용자가 늘어나고 금융기관이 정책적 보증제도를 악용하여 고금리상품을 판매하는 현상까지 나타나고 있다. 이것은 금융포용정책이 금융복지로 기울어진 결과이기도 하다. 따라서 서민금융 중에서 경제적 취약층에 대한 포용금융 프로그램은 신용격차 해소나 경제적 자활 능력의 제고에 초점을 두고 정책대상에 대한 심사기능을 강화하여 정책금융의 중복 수혜나 반복 수혜를 줄여야 할 것이다. 자활능력에 대한 고려 없이 사회경제적 취약층이라는 이유만으로 신용불량자의 채무를 탕감하거나 삭감해주는 단순한 소비적 금융복지의 확대는 채무자의 도덕적 해이와 정책금융의 고갈 등 그 부작용이 너무 크기 때문에 정책적 고려에서 제외되어야 할 것이다. 이러한 소비적 금융복지를 제한하는 것이 당장 어렵다면 정책금리만이라도 시장금리에 접근시켜 적어도 이차만으로 증대한 정책자금 수요만은 줄여야 할 것이다.

금융소비자 보호는 금융기관의 투명성과 책임성, 금융소비자의 역량, 그리고 금융감독기관의 효과적인 감독까지 함께 작동해야 성과를 거둘 수 있다. 한국의 금융소비자 보호체제는 법규, 감독기관, 분쟁조정제도 등 다른 나라와 비교하여서 잘 정비되어 있지만 금융기관의 투명성이나 책임성 부족한 경우가 종종 나타나고 있다. 금융기관의 불성실한 공시와 금융소비자, 특히 위험을 경시하고 수익만을 중시하는 복합금융상품의 불안전 판매가 이루어지거나 사후 분쟁해결 거부 등이 종종 문제가 되고 있다. 이로 인해 발생하는 금융기관과 금융소비자 간의 분쟁해결의 절차, 방법, 결과보고 등이 체계화되어 있으나 그것만으로 이러한 분쟁이 소멸될 수는 없다. 따라서 금융상품 판매 금융기관이 금융상품에 관한 더 정확하고 자세한 정보를 제공하도록 하고 금융기관의 분쟁해결 책임을 강화하고, 금융감독기관은 새로운 금융상품을 출시할 때 사전심사를 강화하는 동시에 전문성도 높여야 할 것이다.

한국의 금융소비자는 다른 선진국에 비해 금융기관 접근도도 낮지 않고 금융역량도 높은 것으로 나타나고 있다. 그렇다고 모든 계층이 많은 금융거래 경험이나 금융지식을 갖고 있는 것은 아니다. 예를 들어 소득이 적은 계층은 금융차입 참여비율도 낮고 은행대출 등 참여비율도 낮다. 상대적으로 저소득층은 금융거래 기회가 적기 때문에 금융지식도 적고 금융역량도 낮을 수밖에 없지만 반대로 고소득층은 수익성을 지나치게 중시하고 안전성을 경시하는 문제가 있을 수 있다.

서민금융진흥원과 금융감독원이 금융포털을 구축하여 대출이용자, 청년, 대학생 등을 대상으로 실시하고 있고 각 교육기관이 별도과목은 아니지만 금융에 대한 기본교육을 실시하는 정도로 금융소비자에 대한 교육이 실시되고 있다. 금융교육은 금융거래 시 필요한 정보를 얻고 이용하는 것도 중요하지만 기초역량을 갖추지 않고서는 교육효과를 거둘 수가 없다. 그런데 금융에 대한 관심이 많은 계층은 젊은 층이고 고등교육을 받고 소득도 많은 계층이고 이들은 기초역량을 갖추고 있을 것이다. 그렇지 못한 저학력 고령층 금융소비자들은 금융상품의 불안전 판매에 휩쓸리거나 잘못된 보증이나 보이스피싱 같은 금융사기에 휘말릴 가능성이 높다. 따라서 금융거래 시에 필요한 금융정보를 얻을 수 있는 공공 금융포털도 확장되어야 할 것이고 초등학교 교과과정부터 금융생활 교육을 단계적으로 실시하여 모든 국민이 합리적인 경제생활에서 더 나아가 건전한 금융거래를 할 수 있는 금융역량을 강화하는 교육정책도 병행되어야 할 것이다.

〈표 5-17〉 우리나라의 금융포용 세부전략과 주요 정책과제의 개요

| 금융포용 세부전략 | 주요 정책과제 |
|---|---|
| 금융포용정책 목표의 다원화 | 금융포용정책의 정책효과의 경로 및 효과의 분석 |
| | 금융포용정책의 금융안정, 금융혁신과의 상충 여부 점검 |
| 금융기관 접근성과 금융서비스 다양성 제고 | 비대면거래 미숙 계층을 위한 금융 서비스 및 시설 확장 |
| | 디지털 금융 이용 절차 단순화 및 정보격차 해소 |
| | 맞춤식 금융 상품 개발과 규제 합리화 |
| 경제적 취약층에 대한 신용장벽 완화 | 저신용층 신용접근 확장과 금융부담의 완화 |
| | 중금리 신용대출 상품의 개발과 확장 |
| | 금융기관의 대체신용정보망의 구축과 활용 |
| 지역밀착 금융기관의 차별화 | 지역관계망을 활용한 중신용자에 대한 대출의 확장 |
| | 정책금융 소외자를 위한 대출상품 개발 |
| | 사회적 기부와 정책적 출연에 의한 미소금융의 확장 |
| 지속가능한 서민금융체제로의 전환 | 외부자금 출연에 의한 정책성 서민금융 지속성 제고 |
| | 정책지원 대상의 선별 강화를 통한 소비적 금융복지 제한 |
| | 서민정책금융과 상업서민금융 간의 이자율 격차 축소 |
| 금융기관의 투명성과 책임성 제고 | 금융상품 관련정보 제공 범위 확대 |
| | 금융기관의 분쟁해결 책임 강화 |
| | 금융상품 출시 사전 감독 강화 |
| 금융소비자의 금융역량 제고와 금융교육의 강화 | 개인의 금융투자 건전성과 책임성 강화를 위한 교육 |
| | 금융거래정보 제공 채널의 다양화 |
| | 금융생활교육의 교육과정 강화 |

## 6. 맺음말

국제적인 금융포용 전략은 각 나라의 금융제도, 금융발전 및 경제발전 수준에 맞추어서 수립되는 것이기 때문에 한국이 국제적인 기준을 따르는 것만은 충분하지 않다. 이런 점에서 우리나라의 소득수준이나 금융발전 수준, 그리고 계층별 금융포용 격차까지 고려해 볼 때 현 단계에서 어떤 금융포용전략이 적합하고 이와 관련되는 정책과제가 무엇인가를 정리해 보았다.

포용금융의 국제적 기준과 한국의 현실을 감안하여 이 글에서는 ① 금융포용 정책 목표의 다원화, ② 금융기관 접근성과 금융서비스 다양성 제고, ③ 경제적 취약층에 대한 신용장벽의 완화, ④ 지역밀착금융기관의 차별화, ⑤ 지속

가능한 서민정책금융체제로의 전환, ⑥ 금융기관의 투명성과 책임성 제고, ⑦ 금융소비자의 역량 제고와 금융교육의 강화 등을 우리나라가 수용해야할 금융포용 세부전략으로 제시하였고 이와 관련하여 검토해야 할 주요 정책과제를 제시하였는데, 정리해 보면 〈표 5-17〉과 같다.

그런데 이 글에서 제시되고 있는 정책과제는 금융포용에만 관련된 것이 아니라 금융안정이나 금융혁신 등과 같은 다른 정책목표와도 관련되어 있다. 국제적인 기준에서 금융포용은 우리나라 오랫동안 추진해 왔던 서민금융 확장보다 훨씬 넓은 범위에서 정의되고 추진되고 있으며 금융포용전략도 더 많은 내용을 담고 있다. 이를 감안해서 금융포용정책이 지속가능성이 낮아지고 있는 서민금융 확장에만 집중할 것이 아니라 금융안정, 금융혁신, 금융소비자 보호 등과 조화와 균형을 이룰 수 있는 방향에서 외연을 확대하면서 정책과제를 재정립할 필요가 있다. 이러한 정책과제 중에서도 다원적이고 사회적이면서 시장친화적인 것을 중심으로 선정하여 개선해 나가야만 다른 정책과의 마찰도 줄이면서 지속가능한 정책으로 자리 잡을 수 있을 것이다.

## 참고문헌


금융위원회. 2014.7.16.「서민금융지원체계 개편방안」.

_____. 2016.9.23. 서민금융총괄기구인 서민금융진흥원 설립 보도자료.

_____. 2018.12.「서민금융지원체계 개편방안」.

_____. 2021.11.15. 서민금융 지원성과 및 향후 계획 보도자료.

금융위원회·금융감독원. 2015.9.10.「민간서민금융회사 역할 강화방안」.

금융위원회·신용회복위원회. 2019.2.18.「개인채무자 신용회복지원제도 개선방안」.

김민정·곽민주. 2019.『금융소외자를 위한 금융포용정책의 이용 특성과 효과성에 관한 연구: 서민금융진흥원 출범 전·후 비교를 중심으로』. 한국금융소비자학회 학술발표논문집.

김을식·임수정 외. 2021.10.「경기도 기본금융정책 도입방안 연구」. 경기연구원.

김종희. 2018.「금융포용의 질적 요인의 확대가 소득불균형 완화에 미치는 영향에 대한 연구」. ≪금융지식연구≫, 16권, 2호, 87~128쪽.

노형식·이순호. 2014.4.「금융포용의 개념과 전략과제」. 금융 VIP 시리즈. 한국금융연구원.

박창균·연태훈·허석균. 2016.「가계의 금융지식 및 금융형태에 관한 실증연구: 가계부채를 중심으로」. ≪금융지식연구≫, 14권, 3호, 55~81쪽.

배영목. 2016.「제4장 가계의 소득격차와 가계부채」. 서울사회경제연구소 편.『경제불평등과 금융부채』. 한울.

송홍선. 2020.「인구구조 변화에 따른 고령친화적 금융서비스의 발전방향」. ≪자본시장포커스≫, 2020-11호.

이건범. 2012.「금융포용과 서민정책 개선 방안」. ≪경제와 사회≫, 96호, 141~177쪽.

이규복. 2019.「취약금융소비자 대상 확대 및 보호 강화 방향」. ≪금융브리프≫, 28-7.

이재연. 2018.「시장서민금융과 정책서민금융의 역할 정립을 통한 지속가능 서민금융체계의 구축 방향」. ≪금융브리프≫, 27-2.

최철. 2019.「우리나라 가계대출 수요와 서민금융 정책 방향」. ≪금융소비자연구≫, 9권, 1호, 91~110쪽.

한국은행 금융안정국. 2015.「주요국의 서민금융제도」.

한재준. 2018.「신정부 양대 금융정책과 향후 과제」. ≪한국경제포럼≫, 11권, 3호, 67~85쪽.

International Monetary Fund. 2014. "Assessing Countries' Financial Inclusion Standing: A new Composite Index." *IMF Working Paper* WP/14/16.

_____. 2015. "Financial Inclusion: Can It Meet Multiple Macroeconomic Goals?" *IMF Staff Discussion Note* 15/17.

_____. 2017a. "Fintech and Financial Services: Initial Considerations." *IMF Staff Discussion Note* 17/05.

_____. 2017b. "Inequality in Financial Inclusion, Gender Gaps, and Income Inequality." *IMF Working Paper*, No. 17/236.

_____. 2018a. "Financial Inclusion in Asia-Pacific." *Asia and Pacific Departmental Paper*, No.18/17. led by Elena Loukoianova and Yongzheng Yang.

_____. 2018b. "What is Driving Women's Financial al Inclusion Across Countries?" *IMF Working Paper*, No. 18/38.

_____. 2018c. "Financial Inclusion Under the Microscope." Sumit Agawai, Thomas Kigabo, Camelia Minoiu, Andrea Presbitero and Andre Silva. *IMF Working Paper*, No. 18/208.

_____. 2019a. "The Financial Inclusion of Small and Medium-Sized Enterprises in the Middle East and Central Asia." Middle East and Central Asia Department. *IMF Working Paper*, No. 19/02.

_____. 2019b. "Fintech in Financial Inclusion Machine Learning Application in Assessing Credit Risk." *IMF Working Paper*, No. 19/109.

_____. "Financial Access Survey." http://data.imf.org/FAS.

OECD. 2017. "G20/OECD Infe Report on Adult Financial Literacy in G20 Countries."

_____. 2018. "Financial Inclusion and Consumer Empowerment in Southeast Asia."

Sarma, M. 2008. "Index of financial Inclusion." *Indian council for research on international economic relations working paper*, No. 215.

World Bank. 2012. "Financial Inclusion Strategies Reference Framework."

_____. 2014. "Global Financial Development Report 2014."

_____. 2017a. "The Global Findex Database 2017 Overview."

_____. 2017b. "Global Financial Inclusion and Consumer Protection Survey 2017 Report."

_____. 2018. "Developing and Operationalizing a National Financial Inclusion Strategies." Toolkit Enterprise Surveys. World Bank. http://www.enterprise surveys.org/.

_____. "Financial Development and Structure Dataset." http://www.worldbank.org/en/publication/gfdr/data/financial-structure-database.

_____. Global Findex (both country level data and individual level microdata). http://www.world bank.org/en/programs/globalfindex

_____. World Development Indicators. http://data.worldbank.org/data-catalog/world-development-indicators.

제6장

# 소득기반 사회보험 전환 쟁점과 과제*

이병희 | 한국노동연구원 선임연구위원

## 1. 문제 제기

디지털 전환에 따라 고용관계의 유연화와 외부화가 가속화되고 있다. 임금 근로자와 자영업자의 경계에 있는 비전형 취업자가 증가하고, 플랫폼 종사자와 초단시간 근로자가 급증하는 등 일자리의 파편화도 진행된다. 자영업자의 경영 및 소득 불안정도 지속되고 있다.

그러나 안정된 임금 노동을 전제로 한 사회보험은 이러한 노동시장 변화에 대응하지 못하고 있다. 국민을 출산·양육·실업·질병·상해·장애·노령 등의 사회적 위험으로부터 보호하는 사회보장제도에서 사회보험이 가장 큰 역할을 차지한다. 앞으로도 사회보장제도에서 사회보험의 비중은 더 커질 전망이다.[1] 사회보험의 사각지대를 해소하지 못하면 노동시장 지위에 따라 사회보험 보호로부터 배제되는 문제가 심화되어, 사회보험이 노동시장의 불평등을 오히려 심

* 이 글은 경제인문사회연구회 협동연구과제 『소득기반 사회보험 혁신』의 제8장 "소득기반 사회보험 연계·조정의 쟁점과 과제"를 수정·보완한 것이다.

1 제4차 중장기 사회보장 재정 추계에 따르면, 공공사회복지 지출에서 사회보험이 차지하는 비중이 2020년 63.9%인데, 2060년에는 82.6%로 더 증가할 전망이다(사회보장위원회, 2020).

화시키는 방향으로 작용할 수 있다.

사회보험 사각지대가 발생하는 원인은 기본적으로 비정규·비전형 취업형태 확산으로 대표되는 노동시장의 구조 변화지만, 사각지대를 발굴하지 못한 행정적인 요인도 크다. 소득 파악이 적기에 이루어지지 않고, 조세 행정과 사회보험 행정이 이원화되어 있어서 사회보험에 가입하지 않은 취업자들이 어디에서 일하는지, 어떻게 일하는지를 제대로 파악하지 못하고 있기 때문이다. 사회보험료를 일부 지원하는 정책을 실시하고 있지만, 금전적인 인센티브 제공만으로 사회보험 미가입자들을 고용하고 있는 사업주를 유인하는 데 한계가 있었다.

코로나19는 삶을 위협하는 위기였지만, 사회보험의 사각지대를 해소할 수 있는 계기도 마련되었다. 실업과 생계 위협이 비공식 근로자, 특수형태근로종사자·프리랜서·플랫폼 노무제공자, 영세 자영업자 등 고용보험의 보호를 받지 못하는 취업 형태에 집중되면서 2020년 5월 전 국민 고용보험의 단계적 추진이 공식화되었다. 취업과 실업의 경계가 불명확하고, 근로일과 근로시간을 구분하기 어려우며, 소득의 변동성이 큰 취업자를 고용보험으로 보호하기 위해서는 적기의 소득 정보가 필수적이기 때문에(이병희, 2020) 소득을 적기에 파악하는 체계를 구축하는 데 역점을 두었다.

이제까지 사회보험 행정은 조세 행정과 별도로 소득을 파악하며, 조세 행정의 정보를 활용하는 것도 제한적이었다. 그 결과 상용근로자의 소득은 보험료를 원천 징수하는 사업주를 통해 파악할 수 있지만, 고용과 소득이 불안정한 취업자는 사각지대에 방치되기 일쑤였다. 가입자 본인이 신고하는 연간 소득 정보만으로는 소득에 비례한 보험료를 부과하기 어려워, 건강보험은 지역가입자에게 소득 이외에 재산과 자동차에 보험료를 부과하여 형평성 논란도 낳았다.

정확성과 적시성이 높은 조세 행정의 소득 정보를 활용하면, 노동시장 지위와 관계없이 사회보험 보호를 보편적으로 구현할 수 있으며, 실제 소득에 따라 보험료를 부과하고 보험급여를 지급함으로써 취업형태 간 형평성을 높일 수도 있다. 또한 조세 행정과 사회보험 행정을 연계하여 사업주의 이중 신고 부담을 없애고 사회보험 행정의 효율화를 추진할 수 있다. 그러나 소득기반 사회보험으로 전환하기 위해서는 사회보험 행정의 전면적인 개편, 사회보험 간 정합성 제고, 이해당사자간 합의 등 많은 과제를 해결해야 한다. 이 글은 실시간 소득 파악체계의 진전이 가지는 의의를 소개하고, 소득기반 사회보험으로 전환을 둘러싼 쟁점을 검토한다.

## 2. 실시간 소득 파악의 진전

전 국민 고용보험 로드맵에 따른 소득파악 체계 개선에 따라 소득을 적기에 파악할 수 있는 대상이 크게 늘어났다. 실시간 소득 파악의 주된 대상은 원천징수 방식으로 소득세가 사전 징수되는 근로자와 인적용역 사업자다(국세청, 2021). 근로자 가운데 일용근로자의 상당수는 사회보험의 실질적인 사각지대에 놓여 있는데, 일용근로소득의 지급명세서 제출이 2021년 7월 매분기에서 매월로 단축됨에 따라 국세청 신고소득 정보를 사회보험 행정에서 활용할 수 있는 시차가 크게 단축되었다.

한편 인적용역 사업자는 임금노동과 비임금노동의 경계에 있는 개인 사업자인데, 소득 파악 방법에 따라 세 가지 유형으로 분류된다. 첫째, 인적용역 제공자의 수입은 소득세를 원천 징수하는 수입지급자를 통해 파악할 수 있는데, 2021년 7월부터 수입지급자는 매월 간이지급명세서를 제출해야 한다. 둘째, 플랫폼 종사자를 포함한 용역 제공자는 최종 소비자와 직접 거래를 하는 경우가 많기 때문에 수입의 직접적인 지급자가 아닌 사업장제공자(용역을 알선·중개하는 사업자를 포함)에게 과세자료 제출 협조의무를 부여하여, 2021년 11월부터 매월 용역 제공자의 신원과 수입을 파악할 수 있게 되었다. 셋째, 물적 시설을 가지고 있는 개인사업자는 사업자 등록을 해야 하는 부가가치법상 과세 대상인데, 그 가운데 차량 등 물적시설을 이용하여 용역을 공급하는 건설기계운전

〈표 6-1〉 근로·사업소득자의 소득세 신고 유형별 인원 및 소득금액(2021)

| | | 인원(1000명) | 소득금액(조 원) | 소득 파악 방법 |
|---|---|---|---|---|
| 근로소득 | 근로소득 연말 정산자 | 19,959 | 807 | 2024.1 매월 파악 |
| | 일용근로소득자 | 6,928 | 60 | 2021.7 매월 파악 |
| | 인적용역제공자의 사업소득 | 7,879 | 123 | 2021.7 매월 파악 |
| 사업소득 | 플랫폼 종사자 | 450 | | 2021.11 매월 파악 |
| | 종합소득 신고 개인사업자의 사업소득 | 8,029 | 140 | |
| 소득세 신고자(중복 제외) | | 32,204 | 874 | |
| 매월 소득 파악 가능자(중복 제외) | | 24,175 | 733 | |

자료: 국세청, 국세통계연보(2022)를 이용하여 필자 추정(이병희 외, 2023 참조).

원, 화물차주, 택배기사, 가전제품배송기사를 고용·산재보험은 자영업자가 아닌 노무제공자로 분류하여 당연 적용 대상으로 하고 있다. 이들의 수입을 적시에 파악하기 위해 전자세금계산서 의무발급 대상을 확대하였다. 2023년 8월 현재 사업자등록형 인적용역 사업자와 거래하는 법인 사업자와 직전 연도 공급가액 합계액 2억 원 이상의 개인 사업자(2024년 7월에는 공급가격 8000만 원 이상인 일반과세자까지 확대될 예정이다)는 전자세금계산서를 발급해야 하는데, 발급 즉시 국세청으로 전송되는 매출 정보를 이용하여 소득 추정이 가능하게 되었다.

〈표 6-1〉은 2021년 귀속 소득 기준으로 매월 소득 파악이 가능한 취업자 규모를 제시한 것이다. 원천 징수를 통해 수입 정보를 매월 파악할 수 있는 취업자는 근로소득 연말정산자, 일용 근로소득자, 원천징수 대상 인적용역 제공자, 사업장 제공자의 과세자료 제출 대상인 용역 제공자 등이다. 한 해 소득세 신고자 가운데 다른 소득을 중복으로 신고한 사람들을 제외하면, 수입 정보를 매월 파악할 수 있는 취업자는 2021년 기준으로 한 해 동안 소득세를 신고하는 취업자의 75.1%에 이를 만큼, 소득의 실시간 파악이 획기적으로 진전되고 있다. 연말 정산이나 종합 소득 신고를 통해 수입에서 경비와 비과세소득을 공제한 소득이 확정되지만, 매월의 수입 정보를 이용하여 소득을 추정할 수 있게 된 것이다.

## 3. 소득기반 사회보험 전환 쟁점

사회보험별로 다양한 사각지대가 존재한다. 국민연금은 다른 공적연금 가입자와 조기노령수급권자를 제외한 18세 이상 60세 미만의 국내에 거주하는 모든 국민을 대상으로 한다. 따라서 연령 요건을 제외하면, 취업자 가운데 제도적인 사각지대가 존재하지 않는다. 건강보험의 적용 대상은 의료급여 수급권자를 제외한 모든 국민이다. 피부양자 제도와 지역가입 세대원 지위가 존재하여 소득 활동을 하지 않는 자도 보호하기 때문에 제도적인 사각지대가 존재하지 않는다. 반면 산재보험과 고용보험은 전통적으로 근로자를 대상으로 하기 때문에 모든 취업자를 보호하지 못한다. 2021년 7월부터 종속성이 강한 노무제공자로 적용 대상을 확대하였지만, 사업자 등록을 하지 않은 프리랜서는 여전히 배제되고, 자영업자는 임의 가입이 가능할 뿐이어서, 취업자의 절반이 제도적인 사각지대에 놓여 있다.

그러나 제도적인 사각지대가 없다는 것이 실질적인 사각지대가 없다는 것을 의미하지 않는다. 한국복지패널 16차년도(2020년 귀속소득)를 사용하여 일정 수준 이상의 노동소득을 버는 취업자 가운데 사회보험의 실질적 사각지대를 살펴보았다. 고용보험에 가입할 수 있는 노무제공자의 소득 기준이 월 보수 80만 원 이상인 점을 고려하여, 근로소득 또는 사업소득이 월 평균 80만 원 이상인 취업자를 대상으로 사회보험 사각지대를 분석하였다.

〈표 6-2〉에서 공적 연금을 보면, 월평균 근로소득과 사업소득의 합이 80만 원 이상인 취업자 가운데 12.5%가 지역 납부 예외자, 6.1%가 적용 제외자로 나타난다. 납부 예외 또는 적용 제외 취업자의 대부분은 임시일용 근로소득자와 사업소득자다. 취업형태별로 자세히 살펴보면, 월 평균 80만 원 이상인 임시일용 근로소득자의 26.0%가 지역 가입자지만 납부 예외 상태에 있으며, 15.1%가 적용 제외 상태에 있다. 월 80만 원 이상인 사업소득자에서도 20.9%가 납부 예외 상태에 있다.

〈표 6-2〉 월 평균소득 80만 원 이상 취업자의 사회보험 가입 현황(2020) (단위: 천 명, %)

| | | 근로 + 사업소득 80만 원 이상 | | | | | | | |
|---|---|---|---|---|---|---|---|---|---|
| | | | | 상용 근로소득 80만 원 이상 | | 임시일용 근로소득 80만 원 이상 | | 사업소득 80만 원 이상 | |
| 공적 연금 | 납부 예외 또는 미납 | 2,866 | (12.5) | 440 | (3.3) | 2,012 | (26.0) | 538 | (20.9) |
| | 미가입 | 385 | (1.7) | 140 | (1.1) | 218 | (2.8) | 39 | (1.5) |
| | 적용 제외 | 1,383 | (6.1) | 115 | (0.9) | 1,169 | (15.1) | 99 | (3.8) |
| | 적용 대상 취업자 | 22,863 | (100.0) | 13,187 | (100.0) | 7,739 | (100.0) | 2,567 | (100.0) |
| 건강 보험 | 직장 가입자의 피부양자 | 3,396 | (13.1) | 408 | (3.0) | 2,760 | (28.3) | 314 | (10.2) |
| | 적용 대상 취업자 | 25,855 | (100.0) | 13,703 | (100.0) | 9,769 | (100.0) | 3,065 | (100.0) |
| 고용 보험 | 미적용 | 7,122 | (28.8) | 2,430 | (17.9) | 2,351 | (26.3) | 2,521 | (87.6) |
| | 미가입 | 3,223 | (13.0) | 366 | (2.7) | 2,808 | (31.5) | 150 | (5.2) |
| | 적용 대상 취업자 | 24,707 | (100.0) | 13,571 | (100.0) | 8,925 | (100.0) | 2,878 | (100.0) |

주: 월 평균 노동소득이 80만 원 이상인 취업자로서, 공적연금 18~59세, 고용보험 15~64세 대상이며, 건강보험은 연령 제한을 두지 않음.
자료: 한국보건사회연구원, 한국복지패널 제16차년도 자료.

건강보험을 보면, 월평균 노동소득이 80만 원 이상인 취업자의 13.1%가 직장 가입자의 피부양자로 나타난다. 직장 피부양자 지위는 건강보험의 혜택을 받을 수 있기 때문에 사각지대는 아니지만, 일정한 노동소득이 있는데도 보험료를 기여하지 않는다는 점에서 보험료 부담의 형평성 문제를 야기한다. 취업형태별로 살펴보면, 월 평균 80만 원 이상의 임시일용 근로소득자 가운데 직장 피부양자가 28.3%로 높은 수준이다. 사업소득자 가운데 직장 피부양자인 비율은 10.2%로 나타난다. 사업자등록이 있는 사업소득자는 직장 피부양자가 될 수 없기 때문에 사업자 등록을 하지 않은 인적용역 사업자가 여기에 해당할 것이다.

고용보험을 보면, 일용직은 당연 적용 대상이지만, 임시일용 근로소득자의 31.5%가 고용보험 미가입으로 응답하여 실질적인 사각지대가 넓다. 전속성이 높은 직종의 노무세공사에게 고용보험이 적용 확대된 2021년 이전의 조사 자료이므로, 사업소득자의 대부분은 적용 제외 상태로 분류되어 있다.

보편적인 사회보험을 구축하기 위해서는 사회보험 적용과 자격관리, 보험료 부과 체계를 소득 중심으로 전환할 필요가 있다. 근로자에 대한 사회보험 적용은 근로기간, 근로시간, 근로일 정보를 기준으로 한다. 그러나 근로시간의 기록·관리·공개가 제대로 이루어지지 않는 관행을 고려하면, 사회보험 행정에서 이를 정확히 확인하기는 어렵다. 근로시간 여부를 구분하기 어려운 노무제공자와 자영업자에게서 사회보험을 적용하기 위해서도 소득 정보가 유일하다. 사회보험 행정에서 소득 활동자가 직접 신고하는 소득 정보와 달리 조세 행정의 소득 정보가 정확성이 더 높다.[2] 조세 행정에 매월 신고되는 소득 정보를 활용하면 사회보험의 사각지대를 해소할 수 있는 획기적인 계기를 마련할 수 있다.

그러나 현재 소득에 기반한 사회보험 운영이 행정적인 어려움에 비해 실익이 있을지에 대한 의문이 여전히 존재한다. 안정적인 고용관계에 기초한 사회보험에서는 현재 소득에 기초하여 제도를 운영할 유인이 크지 않았다. 대표적으로 장기 보험의 성격이 강한 국민연금에서는 소득이 변동하더라도 보험료를 정산하지 않는다. 그러나 전년도 소득에 기초하여 사회보험을 적용하고 보험료를 부과하면 소득의 변동성이 큰 비정규·비전형 취업자의 사회보험 사각지대를 방치하거나 보험료를 과소 부과[3]하는 결과로 귀결될 수밖에 없다. 입이직이 빈번한 취업자에게 사회보험을 소급 적용하거나 보험료를 특히 이직한 사업주에게 소급 부과하는 것이 실질적으로 가능하지 않기 때문이다.

현재 소득에 기반한 사회보험으로 전환하면 국민연금 급여액이 하락할 수 있다는 우려 또한 존재한다. 국민연금 급여액은 가입자 개인의 생애 소득뿐만 아니라 전체 가입자의 평균 소득에 의해서도 결정되기 때문에 가입자로 유입

---

2 조세 행정에서는 수입 지급자와 소득 활동자의 소득 신고 유인이 다른 점을 이용하여 소득 활동자가 아닌 수입 지급자의 신고를 통해 실제 소득을 파악하고 있다. 소득 활동자는 세 부담을 줄이기 위하여 과소하게 신고하려는 유인이 있지만, 수입 지급자의 입장에서는 지급되는 수입을 필요경비로 인정받아 세 부담을 줄일 수 있으므로 과소하게 신고할 이유가 없다. 따라서 수입지급자, 즉 소득세를 원천징수하거나 용역을 중개하거나 제공받은 사업자가 신고하는 소득 정보의 정확성이 더 높다.

3 국민연금 지역가입자의 기준소득월액 분포를 보면, 중위값이 100만 원에 불과하여 전년도 소득에 기초한 보험료 부과의 한계를 상징적으로 보여준다.

되는 취업자의 소득이 낮으면 기존 수급자의 급여액에 부정적인 영향을 미칠 수 있다. 그러나 납부제외자의 월평균 노동소득은 낮지 않은 것으로 알려져 있으며,[4] 지역가입자의 신고 소득에 의존한 기준소득월액에 비해 조세 행정에서 파악하는 소득이 높을 것이다. 국세청 소득자료를 이용하여 신규 가입 대상자의 실제 소득을 분석하여 이러한 우려를 해소할 필요가 있다.

현재 소득에 기초하여 사회보험을 적용하고 보험료를 부과하는 체계로 전환할 경우 사회보험 행정의 어려움이 가중될 것이라는 우려도 있다. 사회보험이 적용되는 최저 소득선 주위의 소득 변동에 따라 자격의 상실과 재취득이 반복될 수 있으며, 소득 변동에 따라 보험료의 매월 변동이 불가피하다는 것이다. 그러나 월 평균소득을 적용과 보험료 산정의 기준으로 하고 다음 해 또는 이직 시점에 보험료를 정산하면 이러한 난점은 어렵지 않게 해결할 수 있을 것이다.[5]

현재 소득 정보에 기반한 사회보험 운영이 바람직하더라도 보험료 부담이 늘어나는 집단은 소득기반 사회보험 전환에 순응하지 않을 수 있다. 사각지대에 놓인 취업자의 소득을 대부분 파악할 수 있게 됨에 따라 국민연금 납부 예외자, 건강보험의 피부양자, 일용근로자 가운데 보험료 부담이 새로 발생하는 집단이 대거 발생한다. 사회적 보호의 확대 필요성에도 불구하고 주로 취약계층에서 보험료 부담이 증가한다는 점에서, 적용과 보험료 부담을 둘러싼 갈등을 최소화할 수 있는 지원 정책이 필요하다.

산재보험을 제외한 사회보험에서 사업장 가입자의 보험료는 사업주가 근로자와 균등 부담하고 있다. 고용·산재보험에서는 노무제공자와 예술인 프리랜

4 2020년 귀속 소득 기준으로 국민연금 납부예외자의 60%는 노동소득으로 월 평균 80만 원 이상을 벌고 있다(한국복지패널, 16차년도 자료 분석 결과).

5 예를 들어 전년도 소득 정보가 있는 경우엔 올해 예상되는 월 평균소득을 기준으로 보험료를 부과하고 추후 정산한다. 전년도 소득 정보가 없는 신규 취득자는 예상되는 월 평균소득을 기준으로 하거나, 월 소득을 기준으로 하더라도 적용 소득 기준선을 일시적으로 하회할 때 당사자가 희망하지 않으면 피보험자격을 유지하고 적용 최저 소득 수준으로 보험료를 부과하며, 추후 정산을 실시하면 월 소득의 변동성 문제를 해결할 수 있을 것이다.

서로 확대 적용하면서 보험료를 근로자와 마찬가지로 사업주에게 균등 부과하고 있다. 소득기반 사회보험 전환에 따라 일용근로자와 노무제공자를 국민연금·건강보험에서도 사업장 가입자로 편입해야 한다는 논의가 불가피할 것이다. 고용·산재보험은 사업주와 보험료를 균등 부담하는 방식을 선택하였지만, 요율이 높은 국민연금과 건강보험에서는 사업주의 부담분에 대한 논란이 클 수밖에 없다. 노무제공자의 범위 또한 고용보험은 종속성이 강한 일부 직종을 중심으로 적용하고 있지만, 세법상의 인적용역 사업자로 확대하려는 논의가 본격화되면 보험료를 일부 부담하는 사업주를 정하는 문제를 둘러싸고 논란이 커질 것이다.

취업형태 간 사회보험료 차이는 고용의 외부화 유인을 제공한다. 심혜정(2020)에 따르면, 근로자가 아닌 개인사업자로 계약하였을 때 기업의 총 노동비용은 줄어들며, 그 주된 차이는 사회보험료에서 발생한다고 지적한다. 이러한 취업형태 간 차등적인 보험료 부담은 사업주가 근로계약을 기피하는 경제적 유인을 제공한다. OECD(2020)는 노동법과 사회보험의 보호를 받지 못하는 근로형태의 확산을 막기 위해 근로자 오분류를 억제하고 근로형태별 노동비용 격차(payment wedge)로 인한 고용의 외부화 유인을 줄이는 정책이 필요함을 강조하고 있다.

사회보험에서 사업주 의무는 보험료 부담 의무와 피보험자격의 취득·상실 신고·보험료 납부 의무의 두 가지로 나눌 수 있다. 정영훈(2022)은 노무를 활용하는 사업자까지 사업주 개념을 확대하여 보험료 부담 의무를 부여하거나 사업장 제공자에게 보험료 부담자가 아니더라도 보험료 원천징수·납부 의무자로 정하는 방안을 제안하고 있다. 소득기반 사회보험 전환에 따른 보험료 부담의 증가에 대응하여 사업주의 사회보험료를 경감하는 전환기 지원정책이 필요하다(김혜원, 2023).

일용근로자뿐만 아니라 특수형태근로종사자, 플랫폼 종사자, 프리랜서 등은 입이직이 활발하고 여러 일자리에서 동시에 일하거나 취업형태 간 이동이 빈번하다. 상호 배제적인 사업장가입자·지역가입자와 같은 자격 기반의 국민연금·건강보험이나 일자리 단위의 고용보험으로는 이러한 노동시장의 변화에 대응하기 어렵다(김문정·김빛마로, 2022).

노동시장 지위 간 이동이 활발하고 겸업도 늘어나는 노동시장의 변화에 대응하기 위해서는 사업장이 아닌 개인별 관리체계로 전환이 불가피하다. 개인별 관리체계는 근로소득이든 사업소득이든 노동을 통해 얻은 소득을 개인별로 모두 합산하여 사회보험을 적용하고 보험료를 부과하며, 합산 소득에 따라 보험 급여를 지급하는 것을 의미한다. 그러나 일자리별 소득 정보를 개인별로 합산하는 인프라 구축은 사회보험 행정의 노력만으로는 불가능하다.

## 4. 조세 행정과 사회보험 행정의 연계

소득기반으로 사회보험을 적용하고 보험료를 부과하는 행정으로 전환하기 위해서는 정확하고 적시의 소득 정보가 필요하다. 조세 행정에서 실시간 소득 파악이 진전되면서 정확성과 적시성이 높은 소득 정보를 파악할 수 있게 되었다. 그러나 조세 행정의 소득 정보는 아직 제한적으로 활용되고 있다. 조세 행정에 매월 신고되는 소득 정보는 고용보험 행정에만 제공되는데, 제공 내용도 고용보험 적용 대상자의 일용근로소득과 사업소득금액 정보에 한정되고 있다. 2021년 7월부터 노무제공자에게 적용되는 고용보험은 실 보수 기준으로 적용 및 보험료 부과가 이루어지는 소득기반 관리체계로 운영되고 있지만, 고용보험 행정에 사업주가 별도로 신고하는 소득 정보에 의존하고 있다. 조세 행정에서 제공하는 소득 정보가 제한적이기 때문이다. 고용보험 적용대상이 아닌 업종코드로 거주자의 사업소득이 신고되면 조세 행정의 소득 정보를 제공받을 수 없다. 또한 일부 사업자등록형 노무제공자(화물차주, 건설기계운전기사)에 대한 전자세금계산서상의 공급가액이 노무 제공과 관련된 매출인지를 식별할 수 있는 정보가 없다. 이러한 문제 때문에 조세 행정과 고용보험 행정에 이중적인 신고가 유지되고 있으며, 노무제공자 고용보험 운영은 고용보험 행정에 사업주가 신고하는 소득 정보에 의존하고 있다. 또한 복수의 일자리에서 얻는 소득을 합하여 적용 기준인 월 80만 원을 상회하더라도 신청자에 한하여 합산소득으로 고용보험을 적용한다. 조세 행정에서 제공되는 소득 정보는 고용보험 미가입자를 발굴하거나 고용보험 행정에 신고되는 소득과 비교하는 용도로 활용하는 데 그치고 있다.

조세 행정에 신고되는 소득 정보가 정확성과 적시성이 더 높다는 점을 감안하면, 소득기반 사회보험은 조세 행정에서 파악하는 소득 정보를 활용하는 것이 바람직하다. 우선 조세 행정의 소득 정보 활용을 높이기 위해 조세와 사회보험 신고의 일원화를 추진할 필요가 있다. 조세와 사회보험 부과·징수 업무가 완전히 분리되어 있기 때문에, 동일한 내용이어도 국세청과 사회보험공단에 이중 신고해야 한다. 실제 신고 내용은 중복 또는 유사한 내용이 포함되어 있어 사업주는 이중으로 신고해야 하는 부담을 안고 있다. 조세와 사회보험 간 공통 신고 서식을 마련하고, 신고 시기 및 창구까지 점진적으로 일원화하면 사업주의 이중 신고 부담을 경감하고 조세 행정의 소득 정보 활용도를 높일 것이다.

나아가 현재의 소득 정보로 사회보험 행정이 이루어지기 위해서는 조세 행정의 소득 정보가 사회보험 행정과 적시에 연계되어야 할 것이다. 자격관리와 보험료 부과 징수가 현재 소득에 기반하여 이루어지기 위해서는 소득 발생월로부터 2개월 내 소득 정보가 사회보험 행정에 제공되어야 한다. 중장기적으로 소득세와 사회보험료의 통합 징수를 지향할 필요가 있다. 조세 행정의 소득 정보를 활용하더라도 사회보험 행정에서 별도로 보험료를 부과하는 방식에서는 소득 정보를 연계하는 과정에서 시차가 불가피하게 발생한다. 사회보험료를 소득세와 함께 원천징수하여 신고 납부하고 다음 해에 정산하는 방식으로 전환하면 빈번한 소득 변동에 따른 자격 관리와 보험료 부과의 복잡성을 해소할 수 있을 것이다. 나아가 사회보험 행정에서 국세청 소득 정보를 모아서 합산소득 기준으로 개인별 관리체계를 구축하기는 어렵다. 조세 행정에서 소득을 합산하여 적용과 자격관리, 보험료 징수를 하는 것이 효율적일 것이다. 조세·사회보험료의 통합 징수로 전환하기 위해서는 이해관계의 조정을 포함한 사회적 합의가 선결되어야겠지만, 소득세와 통합 징수가 용이한 사회보험부터 단계적으로 일원화하는 것도 가능할 것이다.

## 참고문헌

국세청. 2021.「한 권으로 보는 실시간 소득파악 해설」.

김문정·김빛마로. 2022.「플랫폼 노무제공자의 현황 및 조세·재정 정책함의」. ≪조세재정 Brief≫, 130호.

김혜원. 2023.「사회보험료 지원 방안」. 이병희 외.『소득기반 사회보험 혁신』. 경제인문사회연구회.

사회보장위원회. 2020.「제4차 중장기 사회보장 재정 추계」.

심혜정. 2020.「고용형태의 변화와 개인소득 과세체계: 현행 과세체계가 고용형태 간 선택에 영향을 미치는가?」. ≪예산정책연구≫, 9권, 3호, 187~215쪽.

이병희. 2020.「보편적 고용보험의 쟁점과 과제」. ≪노동리뷰≫, 6월호, 57~71쪽.

이병희 외. 2022.『임금근로자를 대상으로 한 소득기반 고용보험 관리체계 구축방안 연구』. 고용노동부.

_____. 2023.「소득기반 사회보험 혁신」. 경제인문사회연구회.

정영훈. 2022.「노무제공자 고용보험 사업주 개념의 확대 쟁점 검토」. 이병희 외.『임금근로자를 대상으로 한 소득기반 고용보험 관리체계 구축방안 연구』. 고용노동부.

OECD. 2020. "How Tax Systems Influence Choice of Employment Form." *Taxing Wages 2020*.

제7장

# 사회적기업의 경제이론과 한국 사회적기업 정책의 함의

김혜원 | 한국교원대학교 교수

## 1. 서론

사회적기업은 경제적 가치와 사회적 가치를 동시에 추구한다. 영리기업은 경제적 가치만을 추구하며 비영리조직은 사회적 가치만을 추구한다. 사회적기업의 활동 분야를 살펴보면 ① 취약계층의 일자리 제공, ② 취약계층에 대한 서비스 제공, ③ 지역 공동체 활성화를 위한 사업, ④ 환경 문제에 대한 대응, ⑤ 기타 사회적 문제에 대한 대응 등이다.

취약계층에 대한 일자리나 서비스 제공에서 사회적기업이 필요한 이유는 영리기업에 의해서는 취약계층에 대한 일자리나 서비스 제공이 충분히 이루어지지 않기 때문이다. 일자리 제공에 초점을 맞추어 생각해보자. 이윤을 우선시하는 영리기업은 생산성이 낮은 근로자를 채용할 유인이 없다. 사회적기업이 취약계층을 고용하는 이유는 이윤이 없더라도 취약계층을 도울 수 있고 취약계층의 개선을 바라는 시민의 편익도 증가시킬 수 있기 때문이다. 한편으로 이타적인 목적이기도 하지만 다른 한편으로 사회에 공공재를 공급하는 문제이기도 하다.

그동안 사회적기업에 대한 논의는 주로 경영학이나 사회복지학, 정책학 등의 분야에서 이루어졌다. 이에 비해 경제학에서 사회적기업에 대한 논의는 부족한 편이었다. 사회적기업의 목적이 사회적 가치 생산이며 사회적 가치에 대한 시장에서의 보상이 충분하지 않다는 점에서 사회적기업은 공공재를 생산하는 민간 기업이라고 할 수 있다. 경제학에서는 한편으로 공공재 공급을 정부의 역할로 설명하는 공공경제학이 발전하였고 다른 한편으로 공공재의 사적 공급 이슈를 기부와 연결하여 비영리조직의 경제이론이 발전되었다. 사회적기업은 영리기업이 공공재를 공급한다는 점에서 독특한데 이에 대한 이론은 Besley and Ghatak(2007)을 제외하고 거의 없다.

Besley and Ghatak(2007)은 기업의 사회적 책임 활동을 공공재의 사적 공급이라는 각도에서 이론화하였는데 이들의 이론에서는 영리기업의 사회적 책임 활동만을 다루고 있을 뿐 사회적기업에 대해서는 다루고 있지 않다. 이 글에서는 사회적기업을 공공재의 사적 공급 맥락에서 명시적으로 도입하여 사회 후생 측면에서 영리기업 균형과 비교할 때 어떤 특성을 갖는지 살펴보고 정부의 지원 방식과 효과 측면에서 어떤 차이가 있는지 검토한다. 이론적 검토에 기초하여 한국의 사회적기업 제도와 지원 사업을 평가한다.

이 글은 다음과 같이 구성된다. 2절에서는 기본 이론을 제시하고 3절에서는 기본 이론을 확장하여 정부 지원의 효과를 중심으로 살펴본다. 4절에서는 2절과 3절의 이론에 기초하여 한국의 사회적기업 인증 제도와 재정지원 정책을 평가한다. 5절에서는 주요 내용을 요약하고 이 글의 한계를 설명한다.

## 2. 사회적기업의 경제학

### 1) 공공재의 사적 공급과 영리기업 경쟁균형

경제학 이론에서 사회적 가치는 외부효과 논의에서 등장한다. 외부효과는 거래 참여자 사이에 거래되는 상품의 소비나 생산 과정에서 거래에 참여하지 않은 제3자가 경험하는 긍정적, 부정적 효과를 의미한다. 사적 가치만이 아니라 긍정적 외부효과(부정적 외부효과)가 있을 경우 완전경쟁 시장에서 긍정적 외부효과는 과소공급(과다공급)된다.

외부효과에 대한 경제학의 처방 중 한 가지는 외부효과를 내부화하여 기업이 적정한 양의 생산량을 선택하도록 하는 것이다. 다른 한 가지는 정부가 규제를 통해서 외부효과를 적정 생산되도록 하는 것도 있으며 또 다른 대안은 정부가 직접 외부효과를 생산하는 것인데 이 논의는 공공재의 정부 생산과 이어진다.

외부효과에 대한 기존의 이론이 정부의 역할 문제에 집중되어 있었던데 비해 Weisbrod(1975)는 비영리조직의 활동과 외부효과를 연결시켰다(Kingma, 1997). 앞서 언급한 취업취약계층에 대해 일자리를 제공하는 활동을 영리기업이 하기보다는 비영리조직이 하는 경향이 있다. 비영리조직이 취약계층에게 서비스를 제공하는 자선 사업을 시행하고 사업 운영에 필요한 비용을 시민들의 기부를 통해서 충당하는 방식을 떠올릴 수 있다. 취약계층은 소득이 부족하여 시장에서 필요한 서비스를 구매하지 못하는데 비영리조직은 시장가격보다 저렴하게 또는 무료로 취약계층에게 서비스를 제공함으로써 취약계층을 돕는다. 시장경제에 비영리조직 및 그 활동이 자생적으로 존재하는 이유는 일부의 시민들이 취약계층의 서비스 향유를 가치 있는 것으로 여기며 취약계층에게 서비스를 제공하는데 드는 비용을 기꺼이 지불할 용의가 있기 때문이다.

Weisbrod(1975)는 (일부) 시민이 가치 있다고 생각하는 외부효과를 공공재로 명명하고 이론을 전개했다. 공공재의 교과서적 정의는 배제불가능하고 경합성이 없는 재화 또는 서비스를 의미한다. 대표적인 공공재인 국방 서비스는 국경 내에 일부 시민에게 제공을 배제하는 것이 불가능하며 일부 시민이 국방 서비스를 누린다고 해서 다른 시민들이 국방 서비스를 누리는 것이 줄지 않는다. 국방서비스는 시장에서 공급되지 않으므로 정부가 세금으로 직접 생산한다. 이와 유사하게 취약계층을 돕는 일이 미치는 영향은 사회 내 일부의 향유를 배제할 수 없으며 일부가 그것을 향유한다고 해서 다른 이들이 향유할 수 있는 양이 줄어드는 것이 아니므로 경합적이지 않다. 취약계층을 돕는 일이 제공하는 가치는 배제불가능하면서 또한 경합성이 없다는 점에서 공공재라고 할 수 있다.

사적 재화와 동시에 공공재를 생산하는 경우와 공공재를 별도로 생산할 수 있는 경우를 구분하는 것이 유용하다. 국방서비스나 치안서비스, 소방서비스는 사적재화의 생산과 별도로 독립적으로 생산된다. 별도로 생산할 수 있는 경우 정부가 직접 생산할 것인지, 아니면 비영리조직이 생산할 것인지 아니면 영리기업이 생산할 것인지로 구분하고 어떤 방식으로 생산하는 것이 적절한지를 논의할 수 있다.

공공재가 사적 재화와 동시에 생산되는 경우란 어떤 것일까? 쿠키를 생산하면서 취업이 어려운 중증 장애인을 채용하는 것은 사적 재화와 동시에 공공재를 생산하는 것이 하나의 사례이다. 중증 장애인에게 일자리를 제공하는 가치가 공공재인 이유는 중증 장애인이 만든 쿠키를 구매하는 이들만이 누리는 가치가 아니라 쿠키를 구매하지 않았지만 중증 장애인 고용 현실에 안타까워하는 시민들 전체가 함께 누리는 가치이고(비배제성) 구매하지 않은 이들이 함께 누린다고 해서 중증 장애인 고용 개선이라는 가치가 줄어들지도 않기 때문이다(비경합성).

쿠키를 구매하지 않더라도 쿠키 생산과정에서 공공재가 공동생산되는 경우는 정부가 직접 생산하는 것이 현실적이지 않을 가능성이 크다. 왜냐하면 정부가 중증 장애인 고용을 목적으로 쿠키를 생산하여 판매한다면 정부와 쿠키 생산 민간업자가 쿠키 시장에서 경쟁하게 되고 불공정 경쟁 이슈가 불거질 것이다.

기업이 생산활동을 하는 과정에서 환경오염 물질을 배출하는데 환경오염 물질을 줄이는 기술을 채택하는 활동도 사적 재화와 동시에 생산되는 공공재의 사례로 볼 수 있다. 후진국에서 선진국 기업에 납품하기 위해 신발을 제조하면서 저렴한 아동노동을 활용하지 않는 행동도 사적 재화와 동시에 생산되는 공공재이며, 버려진 플라스틱 물병을 폴리에스테르 옷감으로 재활용하고 농약과 화학 비료를 쓰지 않고 기른 목화로 만든 순면을 사용하여 옷을 만드는 기업 역시 사적 재화와 공공재를 함께 생산한다고 볼 수 있다. 영리기업이 이러한 활동을 하는 것을 두고 기업의 사회적 책임 활동 또는 공유가치창출(Creating Shared Value: CSV)이라고 부른다. CSV는 기업이 자선사업에 기부를 하는 기업 사회공헌(Corporate Charitable Contribution)과 구별된다. CSV와 CCC를 모두 합한 광의의 개념으로서 기업 사회공헌 또는 기업의 사회적 책임 활동(Corporate Social Responsibility: CSR)이 있다.

이 지점에서 제기되는 하나의 의문은 왜 영리기업이 사적재화와 결합된 공공재를 생산하는가이다. 사적 재화와 결합된 공공재 생산에 비용이 소요되는데 생산한 공공재에 대한 보상이 없다면 영리기업은 손해를 보게 될 것이며 손해를 보는 기업은 시장에서 소멸될 것이기 때문에 어떤 경로로 이런 기업이 손해를 보지 않고 시장에서 소멸하지 않을 것인지는 의문이다.

이에 대한 답변은 크게 소비자 측면과 기업가 측면으로 나누어 볼 수 있다. 구매자 측면에서의 답변은 소비자들이 기업이 생산하는 제품에 포함된 사회적 가치를 높게 평가하고 이를 사회적 가치가 없는 제품에 비해 높은 가격으로 구매할 경우 기업의 CSR 실천이 지속가능하다는 것이다. 이런 설명에서 기업은 모두 이윤만을 추구한다고 가정하고 소비자들이 두 그룹으로 구분된다고 가정한다. 소비자는 사적 재화에 결합된 공공재에 큰 가치를 부여하는 집단, 즉 윤리적 소비자(ethical consumer)와 사적 재화에만 관심 갖고 이에 결합된 공공재에 관심을 갖지 않는 집단, 즉 중립적 소비자(neutral consumer)로 구분된다. 윤리적 소비자는 공공재가 내재된 제품 구매에 지불할 용의가 중립적 소비자보다 더 높을 것이다. 이윤을 추구하는 기업 중에서 어떤 기업은 윤리적 소비자의 이러한 구매 의사에 조응해서 사적 재화 제공과 함께 공공재와 높은 가격의 조합을 제시하고 또 다른 기업은 중립적 소비자의 구매 의사에 조응하여 공공재가 없는 사적 재화와 낮은 가격의 조합을 제시할 것이다. 시장 균형에서 윤리적 소비자는 높은 가격으로 공공재가 내포된 사적 재화를 구매하고 중립적 소비자는 낮은 가격에 공공재가 없는 사적 재화를 구매할 것이며 윤리적 제품을 생산하는 기업도 중립적 제품을 생산하는 기업도 모두 동일한 이윤을 누릴 것이다.

기업가 측면의 답변은 이윤을 낼 수 있는 우수한 기업가가 공공재에 대해 큰 가치를 부여할 경우 CSR이 지속가능하다는 것이다. 우선 소비자는 모두 중립적이라고 가정하자. 이에 비해 기업가는 한편으로 경영능력 차원에서 차이가 있고 다른 한편으로 공공재에 대한 가치 부여 측면에서 차이가 있다고 하자. 기업가는 사회적 가치 생산에 관심 있는 이들 즉, 윤리적 기업가와 전혀 관심이 없는 이들 즉, 중립적 기업가로 구분될 수 있다. 예를 들어 환경 가치에 민감하게 생각하는 기업가는 비용이 들더라도 환경 개선을 위해 고비용의 생산기술을 채택할 수 있으며 취약계층의 고용이 가치 있다고 생각하는 기업가는 생산성이 낮더라도 취약계층을 채용할 수 있다.

희소한 자원인 높은 수준의 경영 능력을 가진 기업가는 완전 경쟁 시장에서도 지속적인 이윤을 누릴 수 있다. 높은 수준의 경영 능력을 가진 기업가는 다시 윤리적 기업가와 중립적 기업가로 구분되는데 윤리적 기업가는 이윤을 희생하면서 사회적 가치를 생산할 것이고 중립적 기업가는 이윤을 전유할 것이다. 이에 비해 낮은 수준의 경영 능력을 가진 기업가는 사회적 가치 생산에 높은 선호를 가지고 있더라도 비용을 감당하지 못해 CSR을 실천하지 못할 것이고 중립적 기업가는 CSR을 실천할 능력도 의향도 없다.

이상에서 경쟁 시장에서 공공재가 생산되는 균형이 가능한 경우를 살펴보았는데 이와 함께 시장 균형에서 생산되는 공공재의 양이 충분한지에 대해서도 검토가 필요하다. 외부 효과가 있는 경우 시장 균형에서 최적의 생산이 이루어지지 않는다는 것은 잘 알려져 있는데 사적 재화와 결합된 공공재 생산에서도 이러한 원리는 적용될 것이다. 앞에서 설명한 구매자 주도의 사회적 가치 생산과 기업가 주도의 사회적 가치 생산으로 나누어 좀 더 자세히 살펴보자.

우선 구매자 주도의 사회적 가치 생산의 시장 균형이 왜 비효율적인지 검토한다. 최적의 공공재 양은 윤리적 소비자 전체의 공공재 수요곡선의 수직합이 공공재 공급의 한계비용과 같아지는 수준에서 결정된다. 그런데 개별 윤리적 소비자는 다른 사람들의 공공재 수요가 주어져 있을 때 자신의 공공재 한계 편익이 공공재 공급의 한계비용과 같아지는 수준에서 자신의 공공재 수요량을 결정한다. 개별 윤리적 소비자의 내시 균형으로 결정되는 사회 전체의 공공재 수요량은 최적 공공재 수요량보다 작다. 이러한 결과는 전형적인 용의자의 딜레마 상황이며 내시 균형은 최적 균형에 비해 비효율적이다.

기업가 주도의 사회적 가치 생산에서 유사한 논리를 적용할 수 있다. 소비자들을 모두 중립적 소비자로 가정하고 기업가들만이 일부는 윤리적 기업가이고 다른 일부는 중립적 기업가라고 하자. 소비자는 모두 중립적이므로 윤리적 기업가가 공급하는 공공재에 대해 추가 비용을 지불할 용의가 없을 것이다. 윤리적 기업가 중에서 높은 경영능력으로 이윤을 낼 수 있는 기업가만이 공공재의 추가 비용을 감당할 수 있다. 개별 윤리적 기업가의 공공재 공급 희망량은 다른 윤리적 기업가들이 공급하려는 양이 주어졌을 때 공급의 한계편익이 한계비용과 같아지는 지점에서 결정된다. 윤리적 기업가들의 내시 균형 공급량의 합이 시장 균형의 공급량이다. 최적의 공급량은 윤리적 기업가들의 한계편익의 수직합이 한계비용과 일치하는 수준에서 결정되는데 그 양은 내시 균형에 비해 많고 비효율적이다.

### 2) 정부와 기업의 사회적 책임

밀턴 프리드먼은 1970년 ≪뉴욕타임스≫에 기업의 목적과 책임은 주주의 이익 창출이며 경영자가 주주 이외의 다른 이해관계자의 이익을 고려하면 안 된다는 요지의 칼럼을 기고했다(Friedman, 1970). 프리드먼이 사회적 가치와 직결되는 공공재나 외부효과를 고려하지 않은 것이 아니며 프리드먼은 그것은 기업의 사명이 아니라 정부의 역할이라고 명확한 선을 그은 것이다.

앞에서 제시한 논리는 기업이 사회적 책임 활동을 하는 것이 경쟁 시장에서의 이윤 극대화 활동과 배치되지 않는다는 것이라는 점에서 프리드먼의 기업의 사회적 책임 부정론의 일각을 반박한다. 소비자가 주도하는 상황에서 기업가가 사회적 가치를 창출하는 활동을 하지 않아야 한다면 윤리적 소비자가 원하는 공공재는 생산되지 않을 것이다. 그런데 기업이 사적 재화 생산과 함께 공공재를 생산하지 않는 균형은 공공재가 함께 생산되는 균형보다 비효율적이다. 기업가 주도의 상황에서도 윤리적 기업가와 중립적 기업가가 병존하는 시장과 중립적 기업가만 있는 시장을 비교한다면 전자의 시장이 더 효율적이다. 기업의 사회적 책임 활동이 효율성을 높인다는 점에서 프리드먼의 주장 중 일부는 기각된다.

프리드먼의 또 하나의 주장은 사회적 가치 생산은 정부의 역할이고 기업은 사회적 가치 생산에 기여할 바가 없다는 것이다. 소비자가 공공재 공급을 주도하는 상황에서 정부 개입이 없을 경우 내시 균형에 따른 윤리적 소비자의 공공재 수요량이 결정된다. 외생적으로 정부가 공공재를 공급한다면 윤리적 소비자의 공공재 수요량은 비례적으로 줄어들 것이다. 정부 개입이 없는 경우의 균형 공공재 양만큼 정부가 공공재를 공급한다면 윤리적 소비자의 공공재 수요는 사라질 것이며 이에 따라 기업은 시장에서 공공재 수요가 없기 때문에 공공재를 공급하지 않을 것이다. 앞서 언급한대로 내시 균형의 공공재 양은 최적 수준의 공공재 양보다 적으므로 정부가 최적 수준의 공공재 양을 공급한다면, 기업은 사회적 가치 생산에 기여할 바가 없을 것이다. 이 경우 프리드먼의 주장은 맞다. 문제는 정부가 최적 수준의 공공재를 공급할 것인가이다.

민주주의 체제 하에서 정부는 시민들의 투표에 의해 정책을 결정한다. 공공경제학에서 중위투표자가 결정하는 공공재의 양이 사회적 최적의 공공재 양과 일치하는 것은 우연에 불과하다는 점이 잘 알려져 있다. 이런 점에서 프리드먼의 주장은 정부가 최적 수준의 공공재를 공급한다는 점을 가정한다는 점에서 취약한 근거 위에 서 있다.

만약 윤리적 소비자가 중립적 소비자에 비해 적을 경우 다수결에 의해 정부의 공공재 공급은 0이 될 것이다. 이에 따라 정부가 공공재 생산에 개입하지 않는 상황에서 사회적 가치를 생산하는 기업이 없는 균형보다 존재하는 균형에서 사회적 잉여는 더 커질 것이다. 반대로 윤리적 소비자가 중립적 소비자에 비해 많은 수라면 다수결에 의해 윤리적 소비자의 의견이 반영되어 공공재가 양의 값으로 공급될 것이다. 그런데 이때 공공재의 공급량은 최적 양보다 커질 것이다. 왜냐하면 공공재 공급의 비용을 중립적 소비자를 포함한 전체 국민이 균등하게 부담하도록 세금을 매긴다고 하면 다수를 차지하는 윤리적 소비자들이 공공재 공급비용을 과소평가하게 되어 정부의 공공재 공급이 과도해질 수 있다.

정부가 공공재를 공급하더라도 실제로 제대로 공급할지는 집권 정치인이 국민을 속이지 않고 제대로 공급할지 불확실한 정보 비대칭의 상황에서 정부의 공공재 공급 여부가 크게 불투명할 경우 공급되는 공공재 공급량은 정부가 개입하지 않은 기업의 사회적 가치 공급량이 더 많을 수 있다.

### 3) 기업의 기회주의적 행동과 경쟁 균형

지금까지 우리는 사적 재화와 공공재를 동시에 생산하는 공급자를 이윤극대화를 목적으로 하는 영리기업으로 전제하고 논의를 전개했다. 그런데 현실에서 이런 공급자는 영리기업에 한정되지 않는다. 쿠키 생산과 함께 중증 장애인을 고용하는 민간업자는 영리기업일 수도 있고 비영리조직일 수도 있다. 비영리조직이란 영리기업과 대조적으로 사회적 목적을 추구하는 것을 사명으로 하는 조직이고 특히 조직의 소유자에게 사업 활동의 잉여를 전혀 배분하지 않는 것을 특징으로 하는 조직이다. 비영리조직은 쿠키를 생산하면서 중증 장애인 고용에 나설 수 있고 비영리조직이 쿠키를 생산한다고 해서 영리기업이 불공정 경쟁 이슈를 제기할 이유가 없기 때문이다. 시장에서 소비자들이 쿠키의 가격과 품질을 보고 선택할 것이며 비영리조직의 쿠키를 일부 소비자들이 구매한다면 비영리조직은 시장 경쟁 속에서 지속가능할 것이다.

비영리조직이 영리기업과 차이 나는 것은 무엇일까? 비영리조직은 이윤배분을 하지 않는다는 점이 우선적으로 중요하다. 비영리조직은 이윤이 남을 경우 이윤까지 공공재 생산에 투입한다. 앞서 설명한 윤리적 소비자와 중립적 소비자가 공존하는 상황에서 영리기업만이 아니라 비영리조직이 사적 재화와 공공재의 공동 생산에 참여하는 경우를 검토해보자. 이윤분배제약 이외에 비영리조직과 영리기업의 차이가 없다면 균형에서 비영리조직과 영리기업은 전혀 구별되지 않을 것이다. 왜냐하면 경쟁 균형에서 이윤이 0이 되므로 비영리조직이 영리기업에 비해 갖는 우위가 전혀 없기 때문이다.

이윤을 공공재 생산에 투입하는 비영리조직이 유의미하기 위해서는 양의 이윤이 균형에서 존재하는 상황을 검토해야 한다. 우선 비영리조직은 없고 영리기업만 있는 상황에서 양의 이윤이 존재할 수 있는 경우를 먼저 살펴보자. Besley and Ghatak(2007)에서는 기업이 약속한 공공재 생산이 지켜지지 않을 도덕적 해이 상황을 가정하였다. 기업은 약속한 양의 공공재를 생산하지 않을 수 있고 그것이 소비자에 의해 발각될 확률이 1보다 작고 만약 발각될 경우 소비자들은 해당 기업의 제품을 다시는 구매하지 않는다고 하자. 이럴 경우 기업이 약속한 양의 공공재를 생산하는 전략이 속이는 전략보다 낫기 위해서는, 공공재가 포함된 재화의 가격이 한계비용보다 더 높아서 정직하게 공공재를 생산하는 것의 이윤이 보장되고 속여서 들킬 때 이윤을 포기해야 하는 비용을 치러야 한다. 발각될 확률이 1로 수렴한다면 재화 가격은 한계비용과 같아지고 이윤은 0이 된다. 발각될 확률이 낮아질수록 재화 가격은 더 높아지고 이윤의 크기는 커지며 발각될 확률이 일정 수준 이하가 될 경우 가격이 너무 높아져서 윤리적 소비자가 공공재가 포함된 사적 재화를 구매할 수 없게 된다.

공공재 생산을 약속한 기업이 윤리적 소비자를 속일 때 발각될 확률이 1보다 작고 일정 수준 이상일 때 양의 이윤이 존재하는 균형이 가능하다. 이러한 상황에서 비영리조직이 공급자로서 병존하는 상황을 생각해보자. 비영리조직과 영리기업의 차이는 영리기업은 이윤을 전유하지만 비영리조직은 이윤을 공공재 생산에 재투입한다는 것이다. 비영리조직은 영리기업과 동일한 가격을 매기면서 이윤 전체를 공공재 생산에 투입할 것이다. 윤리적 소비자는 비영리 조직의 사회적 가치 제품을 영리기업의 사회적 가치 제품보다 우선 구매할 것이다. 왜냐하면 동일한 가격에 더 많은 공공재를 구매할 수 있기 때문이다. 비영리조직의 수가 외생적으로 한정되어 있다면 윤리적 소비자는 우선 비영리조직의 제품을 구매하고 다음으로 영리기업의 제품을 구매할 것이다.

비영리조직의 수가 충분히 늘어나서 영리기업이 사회적 가치 제품을 생산하지 않을 경우에 효율성은 더 증진되는가? 도덕적 해이 문제가 존재하는 영리기업 균형의 공공재 공급량과 비교한다면 전혀 속이지 않는 비영리조직들이 공공재를 공급하는 경우에 공공재 공급량은 더 많을 것이다.

비영리조직의 경우 전문 경영인을 고용하여 경영을 맡기는 것이 일반적이고 전문 경영인의 연봉은 성과급보다는 고정급을 지불한다. 전문 경영인이 정직하게 공공재를 생산할 수도 있지만 부정직하게 공공재 생산 비용을 개인적으로 편취할 위험이 있다. Glaeser and Shleifer(2001)에서 지적한 것처럼 비영리조직의 이윤배분제약은 전문 경영인의 부정직한 편취를 제약하여 전문 경영인은 부정직한 행동을 취하더라도 공공재 생산 비용 전부를 편취할 수는 없고 일부만을 가질 수 있다. 도덕적 해이 행동을 막는 방법은 전문 경영인에게 효율 임금을 지불하는 것이고 효율 임금은 전문경영인의 지대 편취 비율이 높을수록 증가하고 낮을수록 감소한다. 그리고 이 효율 임금은 공공재 생산의 비용 일부를 구성한다.

만약 비영리조직에서 전문경영인의 편취 비율이 100%로 영리기업과 차이가 없다면 비영리기업의 공공재 생산비용은 영리기업의 공공재 생산비용과 동일하며 영리기업 균형과 비영리조직 균형의 공공재 공급량에서도 차이가 없다. 비영리조직의 이윤 배분 제약은 전문 경영인이 기회주의적 행동을 취했을 때 잉여를 편취하는 비율도 제약할 것이다.[1] 전문 경영인의 편취 비율이 100% 이

---

1 영리기업의 경우 기회주의적 행동을 선택했을 때 이윤을 모두 전유하는 것에 제약이 없는 것과 비교할 때의 의미이다.

하로 낮아진다면 여타 기술적 조건이 동일할 때 기회주의적 행동의 가치가 하락하고 전문 경영인에게 보상할 임금액은 상대적으로 낮아질 것이다. 이에 따라 비영리조직의 공공재 생산비용이 낮아지고 비영리 균형에서의 공공재 공급량은 영리기업 균형보다 더 클 것이다.

#### 4) 사회적기업 경쟁균형

사회적기업은 비영리조직과도 다르고 영리기업과도 다르다. 사회적기업은 사회적 가치를 추구하면서 동시에 경제적 가치를 추구한다. 이 글에서는 소유자·기업가가 이윤의 일부만을 수취하면서 나머지 이윤을 사회적 가치 생산에 투입하는 기업으로 사회적기업을 정의한다. 예를 들어 1/3의 이윤만을 소유자·기업가가 수취하며 2/3의 이윤액은 공공재 생산에 투입하는 사회적기업을 생각할 수 있다. 영리기업은 100% 이윤을 소유자·기업가가 수취하며 비영리조직은 소유자·기업가가 이윤을 전혀 수취하지 못한다는 점에서 영리기업과 비영리조직의 하이브리드 조직이라고 할 수 있다.

기업가가 공공재 생산에서 도덕적 해이 행동을 취할 가능성이 있을 경우 정직한 활동을 위해서는 균형에서 기업가의 이윤을 보장해 주어야 한다. 사회적기업가는 이윤의 일부만을 전유하는데 이에 따라 사회적기업가에게 정직한 행동 선택의 가치는 이윤 전체를 전유하는 영리기업가의 정직한 행동 선택의 가치에 비해 상대적으로 낮다. 부정직한 행동 시에는 사회적기업가든, 영리기업가든 단기적으로 공공재에 투입하지 않은 금액 전체를 전유할 수 있다고 하면 동일한 적발 확률하에서 사회적기업가가 정직한 행동을 자발적으로 선택하도록 하려면 더 높은 이윤이 보장되어야 하며 따라서 더 높은 가격을 책정해야 한다. 사회적기업은 이윤을 전유하지 않겠다는 약속 때문에 더 큰 이윤이 있어야 약속을 지킬 수 있고 높은 이윤을 보장하는 높은 가격 때문에 경쟁력이 약화된다.

윤리적 소비자는 영리기업의 사회적 가치 제품과 사회적기업의 사회적 가치

제품 중에서 무엇을 선택할까? 한편으로 가격 측면에서 사회적기업의 제품 가격이 높지만 다른 한편 공공재의 양은 사회적기업에서 더 많을 수 있다. 왜냐하면 사회적기업은 판매하는 사적 재화 생산과 함께 공공재를 생산하면서 추가적으로 이윤의 일부를 투입하여 공공재를 생산하기 때문이다. 사회적기업의 이윤이 많으면 많을수록 공공재 생산도 비례적으로 늘어난다. 윤리적 소비자는 단순히 사회적기업의 제품 가격을 기준으로 선택하는 것이 아니라 이윤 일부를 투입하여 생산하는 공공재까지 포함하여 계산한 실질 판매단가를 감안하여 결정한다. 사회적기업의 공공재 생산 1단위의 판매 단가는 공공재 설정가격에 수량을 곱한 액수를 사회적기업이 생산하는 총 공공재 양으로 나눈 값으로 계산되며 소비자가 인식하는 공공재 가격은 바로 이 판매단가이다. Besley and Ghatak(2007) 모형하에서 사회적기업의 판매단가는 영리기업의 사회적 가치 제품 판매단가와 동일하다. 사회적기업의 공공재 생산 마진은 이윤배분제약 때문에 높지만 총 공공재 양이 같은 비율만큼 늘어나서 공공재 판매단가는 영리기업 판매단가와 같아진다. 판매단가가 동일하면 내시 균형에서 기업 당 공공재 생산량도 동일하므로 영리기업 균형과 사회적기업 균형은 무차별하다.[2]

사회적기업에서 소유자·기업가가 기회주의적 행동을 선택할 때 과연 이윤 전부를 자신의 것으로 하는 것이 영리기업처럼 가능할까? 사회적기업은 이윤배분제약을 천명하고 있기 때문에 기회주의적 행동을 선택했을 때도 이윤의 일부를 편취하는데 제약이 있을 것이다. 만약 사회적기업가가 기회주의적 행동을 선택했을 때도 이윤배분비율만큼 이윤을 가져갈 수 있다면 사회적기업이 정직한 행동을 유인할 가격은 영리기업의 가격과 동일할 것이다. 윤리적 소비자 입장에서 영리기업과 사회적기업이 동일한 가격을 매기지만 이윤의 일부를 공공재 생산에 재투입하는 사회적기업을 더 선호할 것이다. 사회적기업 균형

2 이상의 결과는 전문경영인의 편취 비율이 영리기업과 같은 수준이라면 비영리 균형과 영리 균형은 동일하다는 것과 유사하다.

은 영리 기업 균형보다 공공재 공급량이 더 많은 파레토 개선 효과를 갖는다.

### 5) 품질에 대한 정보 비대칭과 사회적기업

사회적기업이 생산하는 제품이 공공재가 포함된 제품에만 한정되지 않는다. 앞서 언급한 것처럼 취약계층에 대한 일자리 창출이나 서비스 제공 영역, 환경 문제를 해결하는 사회적기업만 있는 것이 아니라 일반 시민들에게 질 높은 사회서비스를 제공하는 사회적기업도 있다. 사회서비스는 돌봄 서비스, 의료서비스, 복지서비스, 교육서비스, 고용서비스, 문화서비스 등을 총칭하는데 영리기업이 공급하는 경우 이윤 추구로 인해 서비스의 품질에 대한 의구심이 큰 서비스라는 공통점을 갖는다.

사회서비스는 경합적이고 배제성이 있다는 점에서 앞서 언급한 취약계층 지원, 환경 문제 해결 등과 같이 공공재 특성을 갖는 경우와 차이가 있다. 사회서비스는 공공재가 아니라 사적 재화이다. 사회서비스 제공에서 시장 실패가 나타나는 이유는 품질 정보의 비대칭성 때문이다. 서비스를 공급하는 기업은 제공하는 서비스의 품질을 알고 있지만 소비자는 품질을 모르고 있고 이러한 정보 비대칭 상황에서 기업은 이윤 동기에 의해 품질을 속이거나 높은 가격을 부과하는 경향이 있고 사회적으로 최적의 품질 수준이 공급되지 않게 된다. 이러한 상황에서 비영리조직 또는 사회적기업은 영리기업에 대한 대안이 될 수 있다.

품질 문제를 설명하는 논리는 앞에서 공공재를 설명하는 논리와 유사한데 두 가지 수정이 필요하다. 첫째, 기업은 기본적인 품질의 서비스를 생산하면서 추가 비용을 들여서 고품질을 생산하여 기본 품질 서비스와 결합하여 판매한다. 둘째, 품질은 공공재가 아니라 사적 재화이다. 한 기업이 공급한 품질은 추가 가격을 내고 구매한 소비자만이 향유할 수 있고 구매하지 않은 소비자는 고품질을 향유할 수 없다.

소비자는 품질 중시 소비자와 품질 무관 소비자의 두 유형으로 구성된다. 기업은 이러한 소비자를 대상으로 서비스를 공급하면서 이윤을 추구한다. 고품질 여부를 확실히 구별할 수 있다면 즉, 품질에 대한 정보 비대칭이 없다면 기업은 고품질 서비스를 공급하는 기업과 저품질 서비스를 공급하는 기업으로 나뉘고 고품질 서비스는 품질 제고를 위한 비용 투입에 따라 높은 가격을, 저품질 서비스는 낮은 가격을 매긴다. 품질 중시 소비자는 (고품질, 높은 가격)의 조합을 선택하고 품질 무관 소비자는 (기본 품질, 낮은 가격)의 조합을 선택하며 기업의 이윤은 0이 되는 경쟁균형에 도달한다. 품질은 외부효과를 갖지 않으며 품질에 대한 정보 비대칭이 없다고 가정했으므로 경쟁균형은 효율적이다.

정보의 비대칭성을 도입하면 경쟁 균형은 비효율적인 특성을 갖게 된다. 품질이 낮은 서비스가 제공되었을 때 적발될 확률이 1보다 작은 값으로 주어지고 소비자들은 기업이 기회주의적 행동을 해서 적발되면 서비스 공급기업 제품을 향후에 전혀 구매하지 않는다고 하자. 이 경우 기업이 한계비용보다 높은 가격으로 고품질 서비스를 공급하는 균형이 존재할 수 있다. 기업은 정직하게 고품질 서비스를 공급하는 전략과 한 번 저품질 서비스를 공급하여 이득을 보는 전략 중에서 하나를 선택한다고 하자. 정직한 전략이 우월해야 고품질 서비스가 지속 가능하게 공급된다. 정직한 전략이 우월하기 위해서는 이윤이 0이어서는 안 된다. 고품질 서비스의 가격이 한계비용보다 더 높아져 양의 이윤이 존재하고 일정 수준 이상이면 정직한 전략이 자발적으로 선택될 수 있게 된다. 정보 비대칭 때문에 가격이 한계비용보다 높아지고 자원 배분은 비효율적이고 품질 수준은 최적 수준보다 낮아진다.

만약 적발 확률이 너무 낮아지면 고품질과 저품질 병존 균형은 불가능하다. 왜냐하면 적발 확률이 크게 낮아지면 고품질 서비스의 가격이 너무 높아지고 이에 따라 품질 중시 소비자도 고품질 서비스를 구매하지 않을 수 있기 때문이다. 이 경우 균형 상태에서 저품질 서비스만이 남게 되고 자원 배분의 비효율성이 매우 높은 상태가 된다.

이러한 영리기업 균형의 비효율성이 비영리조직이나 사회적기업의 출현과 활동에 의해 개선될 가능성이 있다. 비영리조직이라고 기회주의적 행동의 가능성이 없는 것이 아니다. 전문경영인을 고용하여 서비스 공급에 나설 때 전문경영인이 약속한 고품질을 공급하지 않고 이윤을 자신이 전유할 위험이 있다. 하지만 이윤배분제약 하의 비영리조직에서는 이윤 전부를 전문경영인이 빼돌리기 어렵고 이로 인해 전문경영인이 기회주의적 행동을 할 유인이 약화된다. 결과적으로 비영리조직은 영리기업보다 저렴한 비용으로 생산할 수 있고 소비자들은 품질의 비용이 낮아짐에 따라 더 높은 품질을 수요하게 된다.[3] 비영리조직이 충분한 숫자가 있다면 고품질 시장은 전적으로 비영리조직에 의해 공급되고 저품질 시장은 영리기업이 공급하게 될 것이다.

사회적기업의 경우 이윤의 일부만을 소유자·기업가가 전유하며 나머지 이윤을 품질 제고에 투입할 것이다. 저품질 제품의 적발 확률이 1보다 작은 값으로 있는 정보 비대칭 상황에서 기회주의적 행동을 취했을 때 사회적기업의 이윤 전유가 불완전할 경우 사회적기업은 영리기업보다 저렴한 비용으로 더 높은 품질의 서비스를 공급할 수 있다. 사회적기업 수가 매우 많다면 고품질 시장은 사회적기업에 의해 장악되고 저품질 시장은 영리기업이 담당하게 될 것이다.

## 3. 이론의 확장

### 1) 생산 비용과 적발 확률의 차이

이상에서 사적 재화와 결합된 공공재 생산 문제를 비교제도적 관점에서 정부, 영리기업, 비영리조직, 사회적기업 중에서 어디가 수행하는 것이 적절한지

3 품질 1단위를 높이는 한계비용은 낮아지지만 품질 수요가 높아지므로 실제 서비스 가격은 영리기업에 비해 높아질 수 있다.

검토했다. 어떤 조직이 우위가 있는지를 살펴보기 위해 조직, 제도의 운영 원리의 차이를 중심에 놓고 다른 조건은 동일하게 두었다. 하지만 설명을 위해 동일하다고 본 몇 가지 조건은 현실에서 제도와 조직 간에 차이를 보인다.

사적 재화와 함께 생산되는 공공재를 생산하는 비용은 중요한 파라미터이다. 예를 들어 중증 장애인을 고용하여 쿠키를 만드는 기업은 비장애인을 고용하여 쿠키를 만드는 기업에 비해 쿠키 1단위 생산의 비용이 더 높게 들지만 이 비용 안에는 장애인 고용이라는 공공재 생산 비용이 포함되어 있다. 공공재 생산 비용의 조직 간 차이란, 같은 중증 장애인을 고용하더라도 더 낮은 비용으로 고용을 유지할 수 있는 기업과 높은 비용으로 고용을 유지하는 기업의 차이를 말한다. 조직 형태 간 차이도 있을 수 있는데 영리 기업이 중증 장애인을 고용하는 데 드는 비용과 비영리조직이나 사회적기업이 중증 장애인을 고용하는 데 드는 비용 차이가 존재할 수 있다.

앞서 비영리조직이 이윤 배분 제약을 가지고 있고 이로 인해 부정직한 행동을 선택했을 때 전유할 수 있는 금액이 낮기 때문에 상대적으로 저렴한 비용으로 정직한 행동을 이끌어낼 수 있다고 언급한 바 있다. 공공재 생산비용이 동일할 때 비영리조직이 공공재 생산에 있어서 우월한 대안일 수 있지만, 만약 공공재 생산비용에서 영리기업이 우위에 있다면 제도-조직의 우선순위는 역전될 수 있다.

두 번째로 중요한 파라미터는 기업의 기회주의적 행동으로 인해 공공재를 제대로 생산하지 않았을 때 이것이 적발될 수 있는 확률이다. 앞에서는 정부와 영리기업, 비영리조직, 사회적기업의 적발 확률이 모두 동일하다고 두고 논의를 전개했는데 이 역시 조직 간에 차이가 나타날 수 있다. 비영리조직은 세제상 혜택을 보고 있으며 혜택에 대한 반대급부로 기관 운영에 대한 감시가 활발한 편이다. 이에 비해 영리기업은 비교적 자유롭게 기업 활동을 하고 기업 활동의 비밀이 보장되는 경향이 있다. 적발 확률이 낮을수록 기회주의적 행동을 억제하기 위해 높은 이익을 보장해야 하며 그 결과 시장 경쟁력을 잃는다. 앞서 언급한 대로 공공재 생산 비용 측면에서 영리기업이 우월하더라도 높은 운영의 불투명성으로 인해 영리기업은 불리할 수 있다.

적발 확률을 높이는 것은 공공재를 공급하는 영리기업, 사회적기업의 경쟁 수단이 될 수 있다. 적발 확률이 높아질수록 공공재의 생산비용은 낮아지므로 가격 경쟁에서 우위를 점할 수 있기 때문이다.

적발 확률을 높이는 방법 중 하나는 기업 지배구조를 변경하는 것이다. 영리기업은 해당 기업에 자본을 투자한 소유자들이 이사회를 구성하고 있으므로 소유자로서의 이익이 중시된다. 공공재 생산을 감시할 수 있는 제3자 특히 중립적이고 전문성 있는 이사가 이사회의 일원이 될 경우 적발 확률이 높아질 수 있다.

지배구조를 개선하는 방안은 기업 내부에 감시자를 배치하는 것인데 기업 밖에서 감시자를 배치하는 것도 가능하다. 외부의 평가기관이 기업의 공공재 생산을 측정하고 공개하는 방식이 그것이다.

적발 확률을 높이는 방안 논의는 소유자·기업가의 성향이 조건이 허락할 때 기회주의적 행동을 언제든 할 수 있다는 가정에 기초하고 있다. 달리 말하면 소유자·기업가는 공공재 생산에 가치를 부여하고 있지 않고 금전적 이득만에 관심 있다는 가정에 기초하고 있다. 이는 이론을 전개하기 위한 단순화 가정에 불과하며 현실에서 소유자·기업가 역시 윤리적 소비자와 중립적 소비자의 구분처럼 윤리적 기업가와 중립적 기업가로 구분될 수 있다. 이에 대해서는 앞 소절에서 기업가 주도의 공급 모형에서 설명한 바 있다. 기업가의 성향에 따라 공공재 생산을 가치 있게 생각하는 경영자와 그렇지 않은 경영자로 나눌 수 있다. 기업의 소유자는 공공재 생산의 미션에 헌신하는 경영자를 선별하여 기업 경영을 맡기는 방안이 가능하다.

### 2) 정부 보조금과 민간 기부금

정부 보조금의 효과를 검토해보자. 우선 공공재를 생산하는 경우를 기준으로 설명하고 마지막에 적정 품질을 생산하는 사회적기업을 검토한다.

정부가 공공재가 포함된 사적 재화 생산 기업에 대해 사적 재화 1단위 생산에 보조금을 지급한다고 가정하자. 보조금은 기업의 비용을 줄여주는 효과를 낳고 사적 재화의 가격을 낮추지만 공공재 생산의 한계비용을 줄이는 효과는 낳지 않는다. 공공재 생산의 한계비용이 줄어들지 않으면 공공재 수요량은 변하지 않고 이에 따라 공공재 수량에 아무런 영향을 주지 않는다. 이에 비해 정부가 공공재 1단위당 보조금을 지급할 경우 결과는 달라진다. 공공재 1단위당 보조금이 지급되면 기업이 지불하는 공공재 생산의 한계비용이 감소하게 되고 이에 따라 공공재의 공급가격이 하락하여 윤리적 소비자가 수요하는 공공재의 양이 증가하게 된다.

사회적기업은 보조금에 대해 영리기업과 달리 반응한다. 공공재 1단위당 보조금을 받는 경우만이 아니라 사적 재화 1단위 생산에 대해 보조금을 받더라도 사회적기업은 공공재 생산을 늘린다. 왜냐하면 사회적기업은 이윤의 일부를 공공재 생산에 투입하는데 사적 재화에 대한 보조금이든 공공재 보조금이든 사회적기업의 이윤을 늘릴 것이고 이에 따라 공공재 공급이 늘어나게 될 것이기 때문이다. 사회적으로도 공공재 수요가 늘어나는데 그 이유는 공공재 평균단가가 낮아지기 때문이다.

사회적기업에 대해 정액의 보조금을 지급하는 방안과 공공재 1단위 생산에 비례하여 지급하는 방안 중에서 어느 것이 더 효과적일까? 정액의 보조금은 간접적으로 공공재를 늘리는 반면 동일한 액수의 보조금을 공공재 1단위 생산에 비례하여 지급하는 방안은 공공재 생산비용을 낮춰서 공공재를 늘리고 이윤을 늘려서 또 공공재를 늘리므로 전자보다 더 우월하다.

동일한 액수의 보조금을 지급하더라도 영리기업에서 생산하는 공공재 양보다 사회적기업에서 생산하는 공공재 양이 더 크다. 왜냐하면 사회적기업은 이윤의 일부까지 공공재 생산에 투입하기 때문이다. 보조금을 지급하는 정부 입장에서는 영리기업보다 사회적기업에 대한 보조금 지급을 우선하게 될 것이다.

한정된 재원으로 정부가 공공재를 생산하는 기업 중에서 사회적기업에만 보조금을 지급하는 것은 공공재를 더 많이 생산할 수 있다는 점에서 정당성을 갖는다. 하지만 공공재를 생산하는 영리기업 입장에서는 정부의 사회적기업 지원으로 인해 경쟁에서 패배하게 된다는 점에서 불공정하다고 비판할 수 있다. 사회적기업은 늘어난 이윤을 공공재 생산에 투입할 수도 있지만 보조금에 힘입어 판매 가격을 인하할 수 있다. 불공정 경쟁의 논란을 피하기 위해서는 사회적기업에 한정하여 보조금을 지급하는 것보다 공공재 생산에 비례하여 보조금을 지급하는 것이 나을 것이다.

정부가 보조금을 지급하는 것과 민간이 기부금을 지급하는 경우의 효과는 효과 측면에서 동일하다. 민간이 누구에게 기부금을 지급할 것인지 따져볼 필요가 있다. 민간이 공공재를 생산하는 영리기업에 대해 정액을 기부하는 것은 비합리적이다. 왜냐하면 정액 기부는 단순히 영리기업의 이윤을 증가시키는데 그것은 공공재 생산의 한계비용에 아무런 영향을 미치지 않으므로 공공재의 추가 생산이 전혀 없다. 따라서 아무런 이득이 없는 기부를 할 이유는 없다. 민간도 공공재 생산에 비례하여 기부를 해야 한다.

이에 비해 사회적기업에 대한 기부는 정액이든 공공재 생산 비례이든 합리적인 행동이다. 왜냐하면 정액을 기부하더라도 사회적기업 이윤 증가를 경유하여 사회적 가치 생산이 증가하기 때문이다.

품질 문제에 대한 정부 보조금의 효과를 검토해보자. 정부가 고품질 생산 기업에 대해 서비스 1단위 생산에 보조금을 지급한다고 가정하자. 보조금은 기업의 비용을 줄여주는 효과를 낳고 서비스의 가격을 낮추지만 정보 비대칭으로 인한 품질 생산의 한계비용을 줄이는 효과를 낳지 않는다. 이에 따라 품질 수준에는 변화가 없고 품질 중시 소비자들이 좀 더 저렴한 값으로 서비스를 구매할 수 있을 뿐이다. 정부가 품질 1단위당 보조금을 지급한다고 가정할 경우에는 결과는 달라진다. 기업이 직면하는 품질 1단위 제고의 한계비용이 감소하게 되고 기업이 생산하는 품질은 높아진다.

사회적기업은 보조금에 대해 영리기업과 달리 반응한다. 서비스 1단위 생산에 대해 보조금을 받더라도 사회적기업은 품질을 높인다. 왜냐하면 사회적기업은 이윤의 일부를 품질 제고에 투입하기 때문인데 보조금은 사회적기업의 이윤을 늘릴 것이고 이에 따라 품질이 높아진다. 품질 중시 소비자들의 품질 수요도 늘어나는데 그 이유는 품질의 평균단가가 낮아지기 때문이다.

## 4. 한국 사회적기업 정책에의 함의

한국의 사회적기업 제도는 인증제를 기본으로 한다. 인증제는 사회적기업으로서 갖추어야 할 몇 가지 요건을 충족하는지를 정부가 심사하여 기업에 인증을 부여하는 제도이다. 인증 요건은 ① 취약계층에게 사회서비스 또는 일자리를 제공하거나 지역 사회에 공헌함으로써 지역 주민의 삶을 높이는 등 사회적 목적의 실현을 조직의 주된 목적으로 할 것, ② 유급근로자를 고용하여 재화와 서비스의 생산, 판매 등 영업활동을 할 것, ③ 영업활동을 통해 얻는 수입이 노무비의 50% 이상일 것, ④ 상법상 회사는 배분 가능한 이윤의 2/3 이상을 사회적 목적을 위해 우선 사용하고 해산 및 청산 시 잔여재산이 있으면 역시 2/3 이상을 다른 사회적기업 또는 공익적 기금 등에 기부할 것, ⑤ 이해관계자가 참여하는 의사결정구조를 갖출 것, ⑥ 사회적기업으로서의 요건을 정관이나 규약으로 명문화할 것, ⑦ 법인 등의 조직 형태를 갖출 것 이다.

요건 ①은 기업의 사명이 공공재 생산 또는 사회적으로 과소하게 공급되는 품질을 제고하는 등 사회적 가치를 생산하는 것임을 명확히 하는 것이다. 요건 ②와 ③은 주로 기부금에 기반하여 활동하는 조직과의 차별성을 명확히 하는 조건이다. 요건 ④는 소유자에 대한 이윤 배분 비율을 최대 1/3로 한정하여 이윤을 기업 소유자가 모두 전유하는 영리회사와의 차별성을 보여주는 조건이자 잉여 배분을 완전히 배제하는 비영리조직과의 차별성을 보여주는 조건이다.

요건 ⑤는 이윤을 경영자가 사적으로 전유하기 어렵게 하기 위한 지배구조 차원에서의 제약이다. 요건 ⑥은 앞서 언급한 중요한 특징을 명문화하여 중요한 변경이 있을 경우 누구나 알 수 있도록 하는 조건이다. 요건 ⑦은 개인사업자에 대한 인증을 배제하는 조건이다.

현실에서 공공재를 공급하는 개별 기업들은 자신들이 공공재를 공급한다는 것 자체를 시민들에게 알리는 것에서 어려움을 겪는다. 인증제는 시민들이 어떤 기업이 공공재를 생산하는 기업인지 쉽게 알 수 있도록 만들어진 제도이다. 윤리적 소비자는 인증제를 통해 공공재를 생산하는 기업을 쉽게 알 수 있다.

공공재를 공급하는 기업이 모두 인증을 받는 것은 아니다. 첫째, 인증을 받지 않은 기업들은 상대적으로 개별적인 홍보나 평판을 통해서 자신들이 공공재를 공급한다는 것을 윤리적 소비자에게 알리는 데 자신 있는 기업일 것이다. 둘째, 인증을 받고 인증을 유지하는 데 행정 비용이 소요된다. 행정 비용이 높다고 생각하는 기업들은 인증을 회피할 수 있다. 셋째, 인증 기업들의 공공재 생산 수준이 낮아서 자신의 가치가 저평가될 위험이 있다고 생각하는 기업도 인증을 회피할 것이다.

인증 기업이 100% 공공재를 공급하는 것은 아니다. 첫째, 기업 매출은 일시적 충격으로 낮아질 수 있고 적자를 기록할 수 있다. 사회적 가치 생산에 투입할 이윤 자체가 없는 시기에 공공재를 공급할 수는 없다. 둘째, 공공재에 자원을 투입하더라도 결과로서 공공재가 산출되지 않을 수 있다. 셋째, 공공재를 생산하지 않았을 때 항상 적발되는 것은 아니며 이 때문에 기업가는 공공재를 생산하지 않고 이윤을 전유할 가능성이 있다. 넷째, 인증제도는 공공재 생산의 잠재적 가능성이 있는 기업을 선별하지 실제로 공공재를 공급하는 기업을 선별하기에는 불완전한 측정도구이다.

정부가 운영하는 사회적기업 인증제는 한국이 유일하다. 우리나라에서 정부 인증제를 둔 것은 사회적기업에 대한 정부 지원 제도를 통해 사회적기업을 육성하고자 했다는 것과 직접적인 관련을 가지고 있다. 인건비 지원금 등의 직접적인 재정지원을 제공할 때 사회적기업 여부를 알 수 있는 공신력 있는 기준이 필요했다. 민간에 사회적기업 여부에 대한 공신력 있는 기준이 발달해 있었다면 이를 차용할 수 있었겠지만 법 제정 당시 이러한 기준이 없었기 때문에 정부가 직접 기준을 마련한 측면도 있다.

사회적기업 인증제가 갖는 한계는 첫째, 사회적기업 인증제는 일반적인 사회적기업 요건을 충족하는지를 측정하므로 구매자가 관심 갖는 특정 공공재 생산 영역에서 성과를 내는지에 대해서는 충분한 정보를 제공하지 못한다는 것이다. 두 번째 한계는, 인증 기업 사이의 차이, 예를 들어 사회적 가치 생산량의 차이에 대한 정보를 제공하지 못한다는 것이다. 사회적기업이 생산하는 사적 재화를 구매하려는 자는 자신의 구매 행위로부터 공공재가 가장 많이 증가할 수 있는 기업의 재화를 구매하고자 할 것이라는 점에서 인증 기업 사이의 차이는 중요하다.

첫 번째 한계는 사회적기업 인증제에 추가하여 각 영역 고유의 인증제를 통해 보완될 수 있다. 예를 들어 공정무역 영역에서는 국제공정무역기구 등이 부여하는 공정무역 인증 마크가 있으며, 친환경 농산물과 관련해서는 환경부가 관리하는 친환경 농축산물 인증제도가 있다. 장애인 고용과 관련해서는 한국장애인고용공단에서 발표하는 장애인고용 우수사업주 인증이 있다.

두 번째 한계를 극복하기 위해 다양한 지표가 발전하고 있다. SK의 사회적가치연구원에서 시행하고 있는 사회성과 측정 사업은 기업이 창출하는 외부효과를 화폐가치로 측정하는 사업이다(라준영 외, 2018). 매년 사회성과 측정 사업에 참여한 기업을 대상으로 창출한 사회성과에 비례하여 금전적 인센티브를 부여하고 있는데 이를 사회성과 인센티브(Social Progress Credit: SPC) 사업이라고 부른다. 정부 인증제를 지원하는 공공기관인 한국사회적기업진흥원은 사회적기업이 창출하는 사회적 성과와 영향을 측정하는 도구인 사회적가치지표(Social Value Index: SVI)를 적용하여 인증 사회적기업을 100점 만점에서 몇 점인지 점수 수준에 따라 탁월, 우수 등의 세부 등급을 부여하고 있다.

한국은 사회적기업에 대한 직접적인 재정지원 정책이 다른 나라에 비해 발달해 있다(김혜원, 2017). 한국의 재정지원 정책은 크게 세 가지 특징을 갖는다. 첫째는 재정지원이 초기 인증 기업에 집중되어 있다는 것이다. 두 번째 특징은 인건비 지원의 비중이 크다는 것이다. 세 번째 특징은 일정 기간 동안만 지원을 받을 수 있다는 것이다.

한정된 재정을 인증 기업에 배분하는 기준 중 하나는 인증 직후 몇 년간에 한정하여 지원하는 것이다. 우수한 성과에 비례하여 재정을 배분하는 것도 가능한 대안이지만 사회적기업 성과를 측정하는 기법이 발달하지 않았기 때문에 성과에 기초한 재정 배분은 육성정책 초기에 채택되지 않았다. 정책의 관성에 따라 육성정책 초기의 정책 기조가 쉽게 변하지 않았다.

인건비 지원의 비중이 높은 이유는 인건비 지원금이 부적절한 지출을 통제하는 데 편리하기 때문이었다. 인건비 지원금의 사용처는 직접적으로 쉽게 측정될 수 있는 반면, 비인건비 지원은 상대적으로 어떻게 지출되는지 확인하기 어렵다. 이처럼 인건비 지원금은 기업가가 사적으로 전유할 위험이 적다는 점에서 선호되지만, 과잉 인력을 고용하게 하고 지원금이 종료된 후 인력의 유지 부담 또는 고용조정에 대한 비판 부담이 있다는 점에서 단점도 많은 지원 수단이다.

일정 기간 동안만 지원을 받는 원칙을 채택한 이유는 사회적기업이 일반 기업과 사적 재화의 판매 시장에서 경쟁하고 있다는 점과 관련 있다. 사회적기업은 정부 지원으로 저렴한 가격으로 사적 재화를 판매할 수 있고 이에 따라 공공재를 생산하는 영리 기업은 불공정한 경쟁으로 피해를 볼 수 있다. 인증 초기 기업은 기업 발전이 미성숙한 기업일 가능성이 높고 기업의 초기 단계에 일정 기간 동안만 지원함으로써 불공정 경쟁의 논란을 줄일 수 있었다.

사회적기업 지원 정책을 시행한 기간이 길어짐에 따라 업력이 오래되고 기업 성장 단계에서 초기 단계를 벗어난 사회적기업이 절대 다수를 차지하게 되었다. 기존의 지원 정책이 초기 단계의 기업을 성장시키는 데 초점을 맞추었다면 초기 단계를 벗어난 기업이 사회적 가치를 생산하는 것을 지원하는 것에 좀 더 방점을 찍을 필요가 있다.

사회적 가치 생산을 많이 생산하는 기업일수록 더 많은 지원을 받는 방향으로 지원 방식을 설계할 필요가 있다. 이때 지원 방식은 사회적기업에 한정하여 지원하는 것이 아니라 비인증기업이라도 사회적 가치를 생산하면 모두 지원을 받을 수 있는 방식이 적절하다. 예를 들어 취약계층에 대한 일자리 제공이 중요한 사회적 가치가 있으므로 취약계층에 대해 일자리를 제공하는 영리기업, 사회적기업, 비영리조직이 공통적으로 활용할 수 있는 고용보조금 사업을 제공하는 것이 적절하다.

사회적기업에 한정한 지원 사업이 필요한 영역은 해당 사회적 가치가 충분한 사회적 지지와 정책적 관심을 받지 않은 영역이다. 지원 사업을 설계하려면 일정 규모 이상의 사업량이나 대상자가 요구되는 데 해당 영역에 대한 시민의 관심이 작고 활동하는 기업들이 적을 경우 별도의 지원 사업을 설계하는 것이 어렵다. 이럴 경우 사업이 특정되지 않은 사회적기업 일반 지원 사업을 통해 지원하는 것이 필요하다.

## 5. 결론

이 글은 사회적기업의 경제이론을 제시하고 이에 기초하여 한국의 사회적기업 정책을 검토하는 것을 목적으로 작성되었다. 사회적기업에 대한 논의는 경영학, 정책학, 사회복지학 등에서 주로 논의되었고 경제학에서 충분히 검토되지 않았다. 이 글은 비영리조직에 대한 경제이론과 기업의 사회적 책임과 기부에 대한 경제이론을 확장하여 사회적기업에 대한 경제이론을 제시했다. 그리고 경제이론에 기초하여 한국의 사회적기업 제도 및 지원 정책을 평가하였다.

사회적기업의 핵심적인 특성을 사회적 가치가 포함된 사적 재화를 생산하여 일반 시장에서 판매하며 이윤의 일정 비율 이상을 사회적 가치에 재투입하는 것으로 규정하였다. 이때 사회적 가치는 외부효과를 갖는 공공재일 수도 있고 시장 실패로 과소 공급되는 적정 품질일 수도 있다. 이 글의 2절 초반부에서는 사회적 가치가 공공재인 경우를 중심으로 사회적기업의 경제학을 제시했고 2절 후반부에서는 사회적 가치가 적정 품질인 경우를 다루었는데 주된 논의는 공공재 생산 사회적기업에 집중하였다.

Besley and Ghatak(2007)의 입론에 따라 기업가의 기회주의적 행동이 존재할 때 공공재를 공급하는 영리기업과 사적 재화만을 공급하는 영리기업의 병존하는 경쟁 균형이 존재하며 이때 사회적으로 최적인 공공재 양보다 적은 양이 공급된다. Besley and Ghatak(2007)에서는 비영리조직이 영리기업 균형을 개선할 가능성을 검토하고 있는 데 비해서, 이 글에서는 사회적기업이 도입될 경우 이윤을 공공재 생산에 투입하는 특성으로 인해 영리기업보다 같거나 더 많은 공공재를 공급할 수 있어 사회적기업 균형이 영리기업 균형보다 파레토 우월하다는 결과를 제시하였다.

공공재를 공급하는 영리기업에 대해 정액의 보조금을 지급하는 것은 공공재 공급에 아무런 영향을 미치지 않지만 공공재를 공급하는 사회적기업에 대해 정액의 보조금을 지급하는 것은 공공재 공급을 촉진할 수 있다. 그리고 정액의 보조금보다 공공재 양에 비례한 보조금이 더 나은 정책 수단임을 밝혔다. 또한 동일한 규모의 재정을 사회적기업에 한정하여 지원하는 것이 영리기업에도 지원하는 것보다 사회적인 관점에서 즉, 공공재 공급 측면에서 더 나은 효과를 낳지만 영리기업 입장에서 공정 경쟁을 해친다는 반발을 불러올 수 있다.

한국의 인증제는 사회적기업의 인지도를 상향시키고 사회적기업 진입을 촉진하는데 기여했지만 사회적 가치 생산의 수준에 대한 정보를 담고 있지 않다는 점에서 한계가 나타나고 있다. 한국의 사회적기업 재정 지원은 기업 성장 단계에서 미성숙 단계의 사회적기업에 3년 동안만 지원을 한정했고 지원 내역을 인건비에 집중하였다. 미성숙 단계의 기업에 대한 지원은 이들 기업의 성장에는 효과가 있지만, 성숙 단계의 사회적기업을 지원하는 것이 사회적 가치의 공급 측면에서 더 우월하다는 점에서 단점을 갖는다. 또한 영리기업과의 불공정 논란을 피하고자 3년으로 지원을 한정하였고 지원금 지출에서 기회주의적 행동을 최소화하는 목적으로 인건비 지원에 집중하여 과잉 고용의 문제를 낳았다. 사회적 가치 생산 수준에 대한 정보 생산을 확대하고 사회적 가치 생산 수준에 비례해 지원이 늘어나는 구조의 지원정책 재설계가 필요하다.

이 글의 한계는 다음과 같다. 첫째, 일자리 제공형 사회적기업과 사회서비스 제공형 사회적기업에 대해서는 공공재와 적정 품질 개념을 이용하여 경제이론을 전개하였지만 지역사회공헌형이나 창의혁신형에 대해서는 이론적 설명이 미흡하다. 둘째, 기업가 중심의 사회적기업 경쟁균형에 대해서는 충분한 논의가 이루어지지 않았다. 셋째, 사회적기업에 대한 지원 제도·정책으로 금융 지원이나 공공조달 차원의 지원이 중요한데 이론적으로 관련 지원이 어떤 영향을 주는지에 대해 검토하지 않았고 이에 따라 한국의 금융 및 공공조달 정책에 대한 평가도 제시하지 않았다. 이상의 한계를 넘어서는 추가적인 연구가 필요하다.

## 참고문헌

김혜원. 2017.「한국 사회적기업 정책 10년의 평가와 개선과제」. 민주사회정책연구원. ≪민주사회와 정책연구≫, 33호.

라준영 외. 2018.「사회성과인센티브(SPC)와 사회적기업의 사회적 가치 측정: 사회성과의 화폐가치 환산」. 사회적기업연구원. ≪사회적가치와 기업연구≫, 11권, 2호.

Besley and Ghatak. 2007. "Retailing public goods: The economics of corporate social responsibility." *Journal of Public Economics*, Vol. 91.

Friedman, Milton. 1970. "The Social Responsibility of Business Is to Increase Its Profits." *The New York Times Magazines*. September 13, 1970.

Glaeser and Shleifer. 2001. "Not-for-profit enterepreneurs." *Journal of Public Economics*, Vol. 81, No. 1.

Hansmann. 1980. "The roel of nonprofit enterprise." *Yale Law Journal*, Vol. 89.

Kingma. 1997. "Public good theories of the non-profit sector: Weisbrod revisited." *Voluntas*, Vol. 8, No. 2.

Weisbrod. 1975. "Toward a Theory of the Voluntary Nonprofit Sector in a Three-Sector Economy." E. Phelps(ed.). *Altruism, Morality and Economic Theory*. Russell Sage Foundation.

## 지은이(수록순)


장세진 서울사회경제연구소 소장
정기준 서울대학교 명예교수
정일용 한국외국어대학교 명예교수
이정우 경북대학교 명예교수
이종기 상영무역주식회사 회장
양동휴 서울대학교 명예교수
김용복 서울사회경제연구소 수석연구위원
원승연 명지대학교 교수
이현우 한국에너지공과대학교 에너지AI 트랙 조교수
박복영 경희대학교 교수
강철규 서울사회연구소 이사장, 서울시립대학교 명예교수
박진도 충남대학교 명예교수, 국민총행복전환포럼 이사장
이근식 서울시립대학교 경제학부 명예교수
박동철 서울사회경제연구소 연구위원
이병천 강원대학교 명예교수
강남훈 한신대학교 명예교수
김윤자 혁신더하기연구소 이사장, 한신대학교 국제경제학과 교수
이재우 한국수출입은행 해외경제연구소 산업경제팀 팀장
안충영 중앙대학교 국제대학원 석좌교수
류근관 서울대학교 경제학부 교수
정세은 충남대학교 경제학과 교수
이상영 명지대학교 부동산학과 교수
유재원 건국대학교 경제학과 명예교수
나원준 경북대학교 경제통상학부 교수
전강수 대구가톨릭대학교 명예교수
홍민기 한국노동연구원 선임연구위원
지민웅 산업연구원 중소벤처기업연구본부 연구위원
박진 산업연구원 중소벤처기업연구본부 전문연구원
강병구 인하대학교 교수
배영목 충북대학교 경제학과 명예교수
이병희 한국노동연구원 선임연구위원
김혜원 한국교원대학교 교수